PURCHASE

PITT POETRY SERIES

PURCHASE

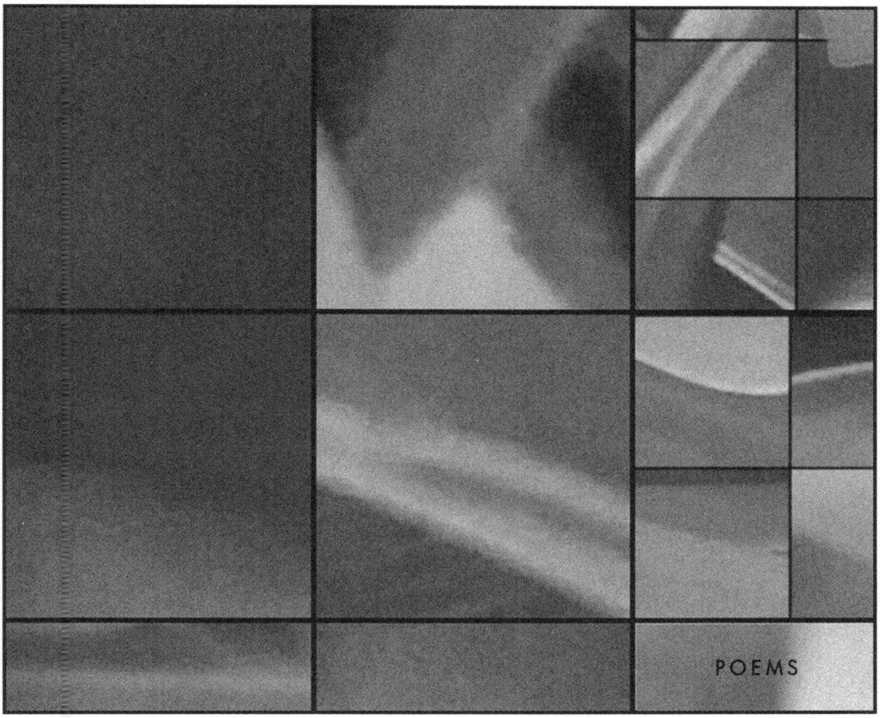

LYRAE VAN CLIEF-STEFANON

Published by the University of Pittsburgh Press, Pittsburgh, Pa., 15260

Manufactured in the United States of America
Printed on acid-free paper
10 9 8 7 6 5 4 3 2 1

ISBN 13: 978-0-8229-6729-3
ISBN 10: 0-8229-6729-4

Cover art by Lyrae Van Clief-Stefanon
Cover design by Alex Wolfe

CONTENTS

PURCHASE

CURRENTS

Think of the way blood is.
A host listening. Roiled under the tide—.

A windowsill cat's making a new language
For birds, cracks his whisper into chittering. Day breaks like silver levered
Trays once cracked opaque cubes to scattered white sheering, skittered. The secret to beats
A shattering—the world is cold. I could have been a better host to love.
But look there. Under the creek bank's tangled branches

A delicate line of ice blossoms—made, swayed by the freezing brook bump . . .

WATCH

Set a watch, O Lord, before my mouth; keep the door of my lips.
—Psalm 141: 3

They cannot tell me
what to see-—: I understand
the heart-—: in
the eye-—: a hand placed over
the mouth-—: to blow a kiss
a kind of peek-a-boo-—: ghost-
writing whispered-—: touching
light a host-—:
a woman might-—: come to
Understand-—: between lines

to say them-—: unsaid unfortunate
un\\\\ forgiven given a maddening
whistle to blow doubtless
would wring \\\\\

from grace
a tremor

SPINE

That is when, and only when
We come to it.
—Maya Angelou

when it came down to it   nothing
had been   good enough   i stood
therein   the *let me had been* laughing
her head off with no person beside me
in the weeks after waves meant to drive
me beside myself   wave after wave
goodbye i let my beloveds go   abandoned
to laughter   crushed

my spine shapes now   a question   as of
interiors   this temporality   of no

privacy-—: *when\had\therein\her\in\me\goodbye\to* \ \
intimacy   might as well   crumpled

like earth   folded   a hand   claw-
hammering against   friendless evening score-—: \\\\\
nail scrape   thumb drops   i am still

herein   in love with Jesus   has the
hidden   violence of this passion   escaped
all   notice   beloveds unspoken pardon
my always so   a sudden gloaming flurries
swirling cloud through gold   light   toward
my doorstep   my doorstep where   someone has laid every doctrine
with   the dead

BOP: PURCHASE

Plastic toy—a little blue man—a man once dropped
into the cupholder of my car: an anchor
had been until then metal weight. Holding
a ship—[&]still[?], what I know about a ship?
I can't drink all that water, I'd told my mama as
a girl, meaning the Atlantic and, for me, *No cruises.*

] *Cause all I ever have*
Redemption songs [

. . . . *I didn't think you*] [*were afraid of anything* . . . ,
Mama said. (Hoist anchor here from the bottom
of a pond. Longing—take up. Leap into the gap
between *you were* as though her silence were
a body of water. All vessels weighted hulls) hush
no jingle lifts, in 1984—*in the morning, in the evening*—
refusing the tv host dancing someone's idea
of luxury. Other melodies) holding me.

] *Cause all I ever have*
Redemption songs [

What mass—did that man want me to drag
wherever I traveled? Someone else's playlist
seeping insidious through my drives until
I unpair the device—*if they could see me now* . . . but
a roller's advertisement—ghosting again. { I
wait the holy name to which my soul welling belongs,

] *Cause all I ever have*
Redemption songs [

MORTIFY

3 July 2023

When a black fly arrives
in the kitchen, rubs
front legs together on
the bright sink ledge
like a fiend, search your heart.
Pounded from within,

I fainted, bruised meat,
my face against ceramic
tiles. The unpleasant scene
I'd landed in, swiped,
swept away. Death.
Not. Lean. Clean.

. . .   .

Bring your body near

to death. Let them touch.
They have been always
intimates. Where privacy is
lost, everything personal is
public. Roasted

fish, a honeycomb, a menu
for living. Taste this, I want
to say. After: life, lives,
live gathering.

Inmates know, to live is labor.
The nation travails.
Each day lingering

in a warm bath like a woman
who would give

birth. On the street
someone starves.
The prone person
on the grate

strains to rise.

. . . .

What pulse keeps
time in the stomachs
of the tender-hearted?

SELECT

sparkle
always seemed to
come back and bite me. My love:
silver linings ignored. How glitter
sands, scuffs us up. Why choose
what's puffed? Under adhesive
sheets, grey and gritty, glam's glib.
Choices: all well
and good—I get armor, chosen,
chide the showiness. Select,
glamour gets you
got.

WHERE DO THEY HIDE THEMSELVES?

walking the rind edge down from the meadow,
root-way, down blood rush and stumble, down
the rust needle redolent pine path. where coyotes
tucked somewhere their night pack air-biting,
morning river curls into boulder crooks. holds black
girl blinking,
a grey tide stonewashing whispers through ripple
swirl. where do they hide themselves? their confetti
shred yippy yaps yanked her out of bed to peer over
the deck rail out into the unseen last night. she sits
beside the water
in the quiet of her heart skip, loverless, full of love
where living is fog arc lifting from stream kiss.
this kiss come to meet her, kiss alone to come to
grips with. some nights five sound like fifteen. some
nights she howls back until they hush and whitetails
in the dark field flick skittish. sometimes she crosses
the black road toward the grass, wary of the slope
drop in the pasture deep enough to hide a man.
what waits on a log inside the lap sound: waiting,
sleeping inside the sound's lap.

MO]NU[MENT

bulb
thin as a wish

brooding between

bluster & spool
howl & pulse

needles grey
cloudbank's dark

loom banging
antenna tip tunes—

scrapes low cover
November's

landscape dashing
river

:: temple in a tempest
tempo tempers

just what calls them? perhaps
vibrant—what shiver brightens
with warp, one color stretching
into neon a forest quickening:
she ate that. making infinite
a loving moment. about to say
i've never done it, remember
the little ping, the pattern after
those—what is a mushroom?—
chewy, dry, lacking any real
flavor, giving nothing of a blunt's
smoky float but—a fungus—
opening to notice a tree bark's
fashion-inspiring rumple, umber
creasing. why walk past this to—
what's over there? a space
movie, a talking machine taking
the ocean apart, a voice with no
belly

WORK

I know not how to make a bowl
of clay, much less
a woman made of flesh.
Makeup I learned by watching, trial

and error. I put on, my face
a process, pounce, brush, sweep,
line and look, how powdered
I may move, brown and black.
And black bow deeply, serving now
my only audience whose excellence
gives blackness back
for which I weep and will
bow deeper still and cry. I'm made,

feel praiseworthy, fearfully.
How stuffed with joy I've been,
how overfull. Dusted.
The children say I'm dead.
They laugh, not killing themselves.
I laugh. Don't say you're killing me.
Destroyers suffer. Mockery

kills, fills pockets. Empties
mouths. Dumb. Don't eat the dust.
Caking my sponges daily, dallied,
how long have I been
here? Who can believe this
is my job? This is the job,
I recognize when surfacing.
Doubt, destroyed. What work
is good? Thorough

winter's blasting melts,
unburying the deck, then freezes
to make steps treacherous.
One sunny day erases all evidence.
I make my way to church.
To face what grace, what God
might see, what breathes, shapes,
sparks beyond the musty theatre.
(I smashed a bowl I loved.
I raised a rock above my head
and brought it down until

the piece I'd loved was shards,
until I broke the rock I'd
weaponized. I wandered later
through the makeup aisle, then
out to face my loss. There was
a child, twirling blithely through
the parking lot. She spun
so close, her serene smile right
under my nose, her face my broken-
hearted conviction. I still want to
make something of

] myself [

WHEN THERE'S NOTHING IN IT

a moment's vocabulary

bleeds into the week
that follows, bleeds
under—what's missing
there? Leave. Leave

the house empty, unraked
leaves as evidence. Metallic warmth
with which the season suffused
suffered

begged

a series of questions—the first
a bulge in the carotid. What
procedures are performed in the space
where weakness shapes your life?

] There. Take that.

The neurosurgeon
taken with his view instructed
from beyond a Versed veil
leaving you

unconvinced of
your own presence. [Baby,
can you open your eyes?

Reduced to sore at the crook
of your thigh, had you slipped
yourself? Snatched from soul slot
you're where—oh my God where—

are you hiding now? You've searched,
been searched in contrast—the channels
that sear[1] split sight.

Beautiful, fugitive—

they'll never find the bleed.

1. how nobody took
your word as anything but
artifact, error

SLUMBER

The left eye is a darkening

blear, a heavy welling

nothing-stare hooded droop with pupil lift—

not squint but sharp-cornered

almond shape pared to slit

drug-eye, knick-bruised beneath, dragging

the last of contempt from couldn't care

less. The right eye—

is art an other-world

aftershock x-ray blast

white with a white ring ultra-

open iris,

tear-stripped? A dark drop clings

to bottom rim

impossibly, pupil dangling

at lash line as if

prepared reversibly

to slide back   up to faded horror. No bridge

separates

left from right. No thing where nose would be

if faced, to keep white gape

from swallowing the dark edge—

a canoe pulled toward
a whirlpool.

In the center of the drift above

the closet, the board

does not dream—dead tree,

a knot is not a dream. Two knots

burled over boudoir do not sweep

in rapid eye   over to mind

a sleeper streaming

a film lilting about her
a lullabied]   [surveillance
a rock-   a-burst the trees top
a beam from which a word's purged
a branch felling a forest
a blanched refrain

from slumber, knotted

grain sliced—   Cut. Cut.   What sweetness

another   state was—   stealing fro[redacted] her

MEASURED

If space makes the pattern, her absence is filling a quota.

The president says, "we're a nation of laws"—
a limerick—under her dreaming—that lilting.

        At seven a Seuss-rhyme's still funny?
        And who's to say wouldn't have been still at 30?
        The Sneetches or What Was I Scared Of?

She's seven, asleep on the living room sofa.

        ] in amphibrachs [—
                        who hears her
                                breathing?

If space makes the pattern, her absence is filling a quota.

                        This absence—   Aiyana.

        But what was the officer scared of? What reaches
        for him in the recesses of—

                his attention?

What formal suggestion of
        darkness needs stagger
                to formless?

If space makes the pattern—egregious—

This grief in the rhythm
of uplift too
graphic—
a measure of struggle. Which struggle
with law
holds the dark
in it? Keeps the dark
of LaToya, Kimkesia, Oneka, Natasha, Breonna . . .
my still-breathing cousins
] your still-breathing cousins [
alive in it.   Aiyana. Her breath in perfection—
at seven—   This measure   for measure   on measure   on measure   or else—

ECLIPSE

("Oh, when the moon goes down in blood . . .")

a period is a pebble, a rock that blocks a ray—

arrays my heart

a beatbeat in my ears, a chorus-thud
of marching boots

a crunch from which my eyes flee—

blaze— the gaze lifts
then
ellipses. . . .
wobbling slip toward . . . strabismus.
. . . cloisters . . . the cellular's locatable

mais, alas, the signal's scrambled—these devices, *aidelem?* . . .

Where
am I—
in a book, in the bath, in a clawfoot tub, claw-hammering

a past, moment in a current, set afloat on the edge
of insight, of an uncooperative vision—

a blackbody wrapped in a white towel,
anxious
to reveal then abandon . . .

In unison: Can you tell me how to get back to the sentence so I can serve it?

There, a period is an embolus,

a ticking clock, a *bumbaclot!,*
a green-fuzzed tennis ball
struck
with such force—
who almost sees stars?
Who's almost-lost-
from-whose-lack-of-listening
girl. . . . .
adrift on an ocean
not] always the Atlantic [easing
the mind of a woman
looking toward a child
across the way.

No one is white here . . .

Only the towel is white.

Lay it on the sand, lie down and
relax. I would
end here.

Except the period's full of blood, the towel's
soaked, the sand, the stone,
the whole sea
been gone red

IN THE NOISE AND WHIP

It is lonesome, yes. For we are the last of
the loud.

Nevertheless, live.
—Gwendolyn Brooks

The whirlwind forms ahead, approaches
                                        flittingly
                                            as a butterfly
                                        might,
as if it would alight upon my sister and me, strengthens, becomes
visible, picking up
        debris,
                waves its hubris like a flag,
would whisk us as the country is
now whisked except
for our mothers'
                                        bind-you prayers
                over us their] *peace, be still* [tsk & tell-storm-that
        harmonized knocks whether down, keeps us
weighted against dry conversion
        to bland husks of death.
                                        Not only can I
                                        cry, I cry.
                                I have a gift
        for life, my only gift.
How young I learned,
                to live
                nevertheless requires—
an elegance I put on like a woolen stole,
then sheepish, dropped my head as I walked
in it, somehow ashamed. How soon
I learned how late—

Break the line the way that you would break,
have broken— with
those who taught you you
would] *still* [. . . Run.
Break the narrative.

A body is a story—
a severed snake's head in the sassafras.
And breakdown
tears
a fluid space from which
we might
reassemble— flight

"FORGET YOU. THIS IS ABOUT WAITING"

—Phillip Levine

Yesterday it was the dark eyed juncos.
You used to sing the song
when no one asked. You could not tell
how flat your tone, the sparrow
of your warbling a clamorous invention
of your happy melody's marble cat-eye.
But one quartz-pink beak stops your weeding,
as gravel grey they hop and pick
the last of winter's seeds, blending as
they flit across the hemline of grey nightfall.
This is your new life under shadow.
The first mourning dove heralds
the arrival of the light. A wound-
pink band of earthworm glimpsed
as you heave slate from wet mud
to plant a black calla lily.
Other bulbs. What *is* a city?
Almost no one ever drives the road
you choose for your commute. You watch
the odometer's slow count. A sudden red fox,
the black tip of his tail slipping under the guardrail.
Hunger wrestles heavy lids. Steering
past service stations into town, you're tuned
for every message. Curve and fog.
Friendly Friendly read the mud flaps
on the blue car in the next lane.
The white Pop-a-lock van rides its bumper.

REINING

I get, down in can get, down in
where deep down the soft mallet
pummeling orchestrates as
tapotement between bass &
beat. my heart was raining.
microphoned bass pulse footsteps—
something awry. whoosh-backs dis-
appeared from any ear to breast—
a stranger like back when the other
blood started. the wish-flow. no telling
room for women stripped by rule.
wanting me. to hush. creek shy,
winter-iced treading dread despite
afternoon's thaw. St. Valentine's
chilly circle—days away. no telling.
now, telling spangle, silver fringe,
cloudburst come down, shushing
the sideshow-snare, telling *come*
they told me ecstatic room, telling
every pulse itself. and its hurt,
that hurt. that hurt. now health.

TROUBLESOME

Are you alright? I walked with M to the edge of the water. Not sweeping but raging. Not washing but wrenching. A turtle clasps a clotted mess of grass, debris, tangled scraps, wisps churned together and bobbing against the bridge pillar. The rough current reeks of gasoline. M and I are standing behind the gas station, then suddenly, to the left, the officer is there too. When I ask, something changes in his face but there are no words for how his face changes. He points but he is pointing toward a gap in time. I walk over and touch him because I understand something about the gap. I did not know that water. Mud-milky and welting, lashing, the water struggles against the town; tears at it; tears it. The water ripped the doors off the building where I was supposed to have been sleeping but wasn't. Because my nephew had Covid-19, my room assignment had been changed. Up in Stucky on the hill, I was asleep through all the rising. All night, dead asleep. When I walked out of the bedroom, I wasn't sure I was awake. The living room was crowded with belongings, packed with people who had not been there when I went to bed. There was a little dog in front of me. I think I said, "Good morning," but no one spoke. I stood there like a ghost in bare feet and a white cotton night gown feeling strange even to myself. Wake up. I looked to my right out the window and saw the people gathered on the porch. There had been a party going on at the Gathering Place when I went to bed. Grippos. G in the kitchen telling stories, hilarious. The music circle. B is singing "You'll Never Leave Harlan Alive" and it feels like everything in nature has stopped to listen to him. Utter stillness. The night loves his voice like I do. At the last verse, the winds arrive. Like presence, they tiptoe in then shift, audience, then participant. The winds sing. Then the rain comes down hard in sheets. And we are sitting in a gap the roof makes in the rain at the Gathering Place. Then I am in a deep rain sleep all night, dreaming the party has moved to the porch at Stucky. In the grey light the ducks on the hill look so white they make the green lawn seem neon. Then I see Troublesome Creek. Overnight a trickle has become not a river but a stranger. When I touch the officer's arm, he is welling up. He points to where the gap moves, much more slowly than the current. I see but cannot see through to what he sees. There is no way to cross this water to get through to the place where he is pointing. There is a doorway over there— two people standing in that doorway. Do not try to cross that gap. I wrap my arms around him.

ASYLUM

A garden in Pittsburgh, in Lexington a guinea fowl
A boulder in Goshen, a flat rock, five skips
Early morning, a gobble, mid- a gaggle, a rafter
A street sign in Houserville, a cherry tree, charcuterie
A barn full of fat sheep, (lambs bleating your name?)
A gathering, a drive-in, a spring walk, a sharp curve
A black arrow, a fast car, a dust up, a hazard
A driver who whips it, who skids through a hot turn
A mechanical pencil, piano, a harmony, a hymn in a hospital
A banjo, a crow's caw, a raven, a roll call
A bakery in Polebridge, Black Dogs in Missoula
A cistern, kerosene heat, a tiny house not *quite* square
A KZ, a tight grip, a new lid, a good lean
A ripe fig, a clear stream, purple stones, huckleberry steam
A suspension bridge, a salt float, just washed locs, wood smoke
A mink in Ithaca, fresh mint, a raggedy sweatshirt, rent.

~

Discreet, little mink, you wrankle
the dog, but delight as you dart
and slink along the river's edge.
I love your not quite
skunk scent, your sleek

black—eyes jewel
black beads-—luminous
asylum. Madness is not

💯 Generations
slaughtered. Adynaton
glitch. A bond breaking.

Undomesticated,
you might shriek, scratch.
Slip back into your den.

In mind, unmined.

FOR EVERYTHING YOU DO

whatever name
the wounded

~

the tree touched with
tongue's tip:

wounded
girl's blessing to taste.
ndole. chinotto.

pointedly,

~

to dig, in-

appropriately root
from rough rut
the slang

snipped: honey-
dipped Cuban rolled
succour-punched

snicker meant
to fat lip—

what is a bittern?
Hurt, prefer the bird,

search its strange
pump-er-lunk, beak snap,
stretch my neck,

quick shrink from
puff, dare, trust,
strut

~

pipe song,
low toned, round
and watery,

back somewhere
belly low, lower
than the trap where
my wedding ring's
lost

~

kitchen drain
singing after gallon
swallows

~

my mother's back
teeth clenched
holding back

a tide
as the leg clot
kills her

coming for her
lungs

~

hear the hollow?

~

pulmonary
bird song

ur moan

I'm hurt in
bittern's grasp

singing at
the kitchen sink

water worn

~

solitaire

digest
submerged

~

mother
plunged, stunned
discovering herself
humored

who were those
children, so blah
fresh from the font?

~

galleons

of offspring, oars
in horror, roars
in water, wars

and rumors
warring

~

in daughter's
morning

she sits in the word

at shoreline
I sit in

the word
at the shoreline
own my mourning

~

’morning, bittern

~

blanket, berebere,
forced bulbs,
conference

~

’morning, Comforter

IRON

Not even the idea
of cotton

candy: whirlwind
sugar spun to pastel web
mats like dog fur wet-
weeping in the mouth
a sickening cellular
Gossypium—stop.

Not cotton. Not candy.
I sought

softness, a soft space,
rest like a sudden rest
in variations

on a Korean folk song
making me well up as in
the midst of orchestra
in junior high I held

my clarinet and waited
to give my breath
to the next

note. Not sweet
{was never, may not be so
sweet as anyone might

have believed but} i wanted

to be soft with a fierce
like silk thread that cuts
when held tightly in both hands.

I cut through cake

like wire. {*Babygirl*}}} yes, I cut
my teeth on what's passed
through bolls and blood.

Good Friday, grateful
in green *I was glad...* indeed
when they said unto me

let us go . . .

though flesh and mind
strayed long so—I forgot
I was supposed to wear

black. Remember
paradise a precept pastor
after pastor makes plain.
O heavy—*Do, Lord, remember.*
None other I worship.
Remember, the weight

of my black study,
Bible in my palms,
this soft. Hallelujah.
The choir sings. I lift
my soft hands.

COMFORT

Chartreuse held me together.

Late April, early May, framed by my writing space window and glowing in first morning light, chartreuse buds bloom pom flare to spring boutonniere puffs against Ithaca's grey sky. At my best—spiritually, emotionally—I would have wakened naturally at 4:30 a.m. Eyes suddenly popped open, song in heart, I enjoy the morning dark, the quiet, my favorite chair, hot water with lemon, the word, study. But instead, this week, this month, struggling, I resist breaking my eyes' seal, yearning dreams still near, just behind closed lids; fret the hour with guilt; give the day my back, disappointed in advance. The sun beats me awake. Still, there is grace: that neon shock of green out the window, the old maple tree budding, blooming, leafing out in front of the red barn.

Both bright and busy, one a riotous blue and purple profusion of irises, the other impossibly plum peonies, the leaves on each the same greening yellow bordering on chartreuse, two fabrics from the same line inspired the quilt I sleep beneath each night. Spotting them in the quilt shop with my then mother-in-law more than twenty years ago, I fell in love. I was just learning to quilt, building stash, obsessed with material. I remember the saleswomen's gaping disapproval at my plan to put the clashing fabrics side-by-side. How they shook their heads when I added a purple batik splashed with turquoise roses, then picked up a blue and green hombre turtle shell pattern, then added fat quarter chrysanthemums, orange, yellow, and fuchsia with black edged butterflies. Everything floral appeals to me. Now washed and worn in, a material nostalgia, this quilt weights my nest of bed coverings. I remember driving the long-arm to finish it, stitching pieced top and batting to a moonlit forest backing in freeform loops, a kind of dancing. I curl into myself, slumber under a thing I made.

A warm exterior and a cold center. I've slandered my heart with the phrase for years, trying to explain to whomever might ask how people fall out of my life: the outlaws I adore lost to the divorce; friends lost to my silent withdrawals.

With the camera on my cell phone, I try to capture the fluorescent hue of the maple at its peak, miss the shade, catch instead a deeper less luminous green.

I lose my thread. Something dead in language. Search for light.

In an old self-portrait I find, my now gone monstera deliciosa flounces in the background. I hide my face in my locs in the pic, my hair, twisted, arced like the plant's stems, trailing, alive. After keeping me company during lockdown, the oversized split leaf philodendron withered and died, rejecting a move, one repositioning turn too many, some fundamental misunderstanding on my part of the ways the leaves needed sun.

Lord, keep me under the shadow of your wings. I breathe. I look up the reference for my prayer, find the opening of the verse: *Keep me as the apple of the eye, hide me . . .* (Psalm 17:8). I make things. And. I make things sometimes out of my longing—for care. Sometimes I might make something out—of my desire to hide. Sometimes I might make myself out. Last month, I baked two apple galettes, rediscovering the pleasure of thin slicing the Cortlands, Honey Golds, Galas, and Granny Smiths I'd selected, the work of rolling a cold crust between two wax paper sheets. I learned to bake one of the three times I quit school, my life as a baker so long ago now, I had forgotten the joy of knowing by scent—apple, honey, sugar, cinnamon, crust—when a thing is done. A survival skill, being able to tell this way after what feels like three lifetimes, this joy: I baked the galettes to give them away.

I have been afraid of people. Afraid of displeasing my God of love with my own distrust and dread, I prefer to practice kindness at some remove. I genuinely enjoy strangers and wish not ill on those who have harmed me unless one thinks of ill as my preference to have them never again near me. Of course, this is harm, a meanness sometimes inflicted in advance. I wince away, feeling ashamed. Imagined a little hater standing watch over the girl making quilts and baking pies. The baker, the maker, is happy, wakes with song (4:30 a.m.!) praising God for a new day. Florida, who makes sure no one gets too close, means not to make a prison but a haven. Enjoy this galette just for yourself, the girl offers. Florida refuses. People have been unkind. She's tired of fighting. She doesn't want dessert; she wants to sleep. But not even Florida can resist chartreuse.

I like the way patchwork makes pattern in a quilt, as in a poem I have loved forms refusing, making the exploded sonnet, or a bop opening *somewhere put can't get.* Florida Man bopped through my old poems, a disembodied embodiment of a harm done to him. Something in me asks, did I not love him right? Watching as he passed, I filed and folded him. For this moment, when, I see myself in him. The phone rings. An artist friend I haven't seen in months. I let the call go to voice mail. How can I trust him? I cannot trust myself to love him well enough to answer. He leaves a message about Jenga. I've pulled my piece, leaving a gap, set it atop an unstable tower.

The quilts I'm making now are digital.

And now, as suddenly, I have stopped making them.

I hate devices, their constant intrusion, their creepy feedback, trappings flashing *I know what you want.* A rapey barrage. I want no part of this surveillance. The internet mimics the feeling of living with one's molester; computers and the web, a labyrinthine nightmare house through which a dreamer is chased. What's presented: recurrent slow motion in high speed.

No.

I still know how to say it. How to live through what unfolds, saving my thanks for God.

As I typed the paragraph about Florida yesterday, a shelter dog at the SPCA next door let out a chilling caterwaul, a round, low yowling. I'd typed the word murderer. The dog kept screaming through the sentence as if in pain. As I typed the words "in me," the pitch got higher, the mouth sound wider, the pup howling, "No, Rye-rae, nooooo." (This really happened.) When finding grief absurd, I have to laugh. No murderer lives in me. I must forgive the places I pass through, states I abandon.

Trying to make the device's ubiquity work. For rather than against me, somehow. Outdoing the violence. Pinch. Snap. Crop. Capture. Repeating the motion of fragmenting what I saw. Abstracting the way my life is abstracted, fractally consumed. Recalling poems, designing a line of thumbnails reminiscent of stained-glass. Making, from dread, art. My life feels glorious. A miserable semester, terrific. After the last class, I lay in the spring sun on the lawn of the arts quad on a felt rag quilt I made years ago, zooming stars across the squares with my outlaws—my then sister-in-law and mother-in-law—the first quilt she taught me to make. I rested my head on a star-stitched square, a wild neon chartreuse, and briefly napped. I must look dead to them I thought as I drifted off to sleep. A dead black woman on the university lawn. I've felt throughout the term at the mercy of systems meant to destroy, systems to destroy *me*. I've felt throughout the term as well God's mercy.

I cannot sleep beneath a digital quilt. Neither will its thumbnail pattern cover me, spare me from cruel scrutiny. A pixel quilt is not a comforter. I swipe my thumb across the screen, leaving a thick cobalt blue smudge. Swipe again. Between strokes, a figure made of seeming to emerge from the screen's black background. I edit and select. Rotate. Screen shot. Search the photographs I took this week. Zoom in on a tulip until I've made a pink court with white lines. Press the heart beneath to make the court's capture easier to find. Favoriting. Pinch out on the nude self-portrait with the monstera until the cinnamon and honey graham tones of my skin reveal themselves. The gradient lines as the plant's green deepens, shades aloe to forest. Under, blue filled hearts lose their color in successive selected screen shot panels. Shrunken, now white, the hearts sit in the left bottom corners of three panels. Two hover, over dividing lines, the quilt's seams, the other floats in a blurred shadow on my skin. I title the grouping "Playing Favorites," sending the file out with eleven others to artist friends, several with whom I have been weeks, months out of touch. Make a plan to meet someone for a walk; then at the last minute, cancel.

Chartreuse days, done, come again. Last night, I warmed a slice of galette, devoured it with scoops of caramel mint chip and honey earl grey sorbets I'd made. I woke this morning so grateful.

YARDAGE

If anything Is :—:
Secret :—: then everything
Must Be :—: as Sacred
As a City :—: mapped
Each route :—:
A Poetry :—: a Citizen
Progressing :—: a Stranger
Learns :—: by feel
And Feeling :—: zealous
Takes a part :—:
Her parting
Yard by yard

(SOL)ACE

A hummingbird hovers in air between droplets of rain } showers in a single stream. The storm } whole, broken into } sparkling strands into globules cracked } like clear casks over the bird's jewel-toned crown } splashes silver. Delight wings] *go little rockstar* [40 beats per second } tiktok but stillness. Suspense. A hummingbird breaks the day. Suspense sustains. Slow me, then } in rarefaction. You moved into } rain between } black and green, where lift resides. } dwelling come to } singing, buzzing (A crow knows what it knows.) We are made giddy } delayed. A shared vibration holds us up. Black } greening } shade to determine } the shape of the body, the body's inclination } the density of the air

folded like a note
passed between two huddled girls
laughter }} ruby-throats . . .

for e.

DOCS

Included in the exhibit

of Black Dolls, the Runaway

Advertisement for Harriet Jacobs
lists her *tricked out*

in gay and fashionable finery.
What is a slaver's definition
of *cause*

or provocation?

Consider with me
etymology's *glad*

on the move. *Flaneur*

against a white construct's
paging—blank blanketing
ping ping

documenting my pink
satin laces. I'll wear
whatever. I am free to wear.
Should I be loved, not in

alone but at my finest
I shall

love. Should I provoke—
lost to all, unprofitable,
in death, alive,

a thread, running under
a slate of manuscripts,
a hmmm, a hum

coincidence will claim
such texts. I gave away

my dolls.
Should I not have
fitted sole—

abashed, head down, eyes
down, meant to stare
at my shoes,

thick treads crushing
the manicured blades
I'll cut across until cut—!

down? Cut out

:—:

Notions have always been material

:—:

a flight (to Paris)
a pattern unfolded

from a paper pouch
marked *facile*

:—:

a snap—to make

the delicate sound
punctuate

an afternoon in
mother's sewing room

:—:

press the small square
plastic box to trap
epingles in a clear case

then step on a hidden pin
(prick!) snagged in
pink shag

:—:

underfoot
a silver stitch   in time

wounds nothing
heals

the rift   between

mother-time]   [mine
on my knees   pinning

pattern to paper
punctures the fabric

:—:

orphaned girls spill out—

like glass head pins spilled
from a case map vectors
on *rue des Anglais*—

the haberdashery
a wife study workshop

in 1838 :—: in 1988

mother wields the
pounce wheel

chalks tracks teeth
showing the way

a nation's violent

—the needle jumps

but a presser foot keeps
material flat while
feed dogs grip

yellow seersucker
from below where
what a wife is is
still

:—:

mechanical
something held
something pierced
something guiding the process
something rhythmic sometimes I feel

:—:

like a motherless child

sometimes I feel

the orphaned girls

like piecing—a shortage
remedied by joining

:—:

such lengths—a line

of women in leg of mutton
gigot sleeves ballooned
over their arms like parachutes

deflating—gone to study

seeded &
shrinking

:—:

where   is she? —   the black wife
someone's seeking
to be   if not lingering   where?

:—:

people press themselves

prone over lengths

of silks that saved their lives

pressing
the last of the air out

:—:

where piecing hides
a lack—

to the untrained

:—:

without a notion how

hangar—haberdashery

joined
themselves in
a motherless child

join
a motherless child

to an age
to ages

FOR A SECOND

Suddenly, I understand how
to love my neighbor. Will it hold? I hope
this knowledge will not dissipate.
Keep like a flame
that old metaphor of early uprights
with a glowing coal, warmth again, again long—
material devotion. Suddenly—
the job makes again
for a second sense.

FAVORITES

[redacted]

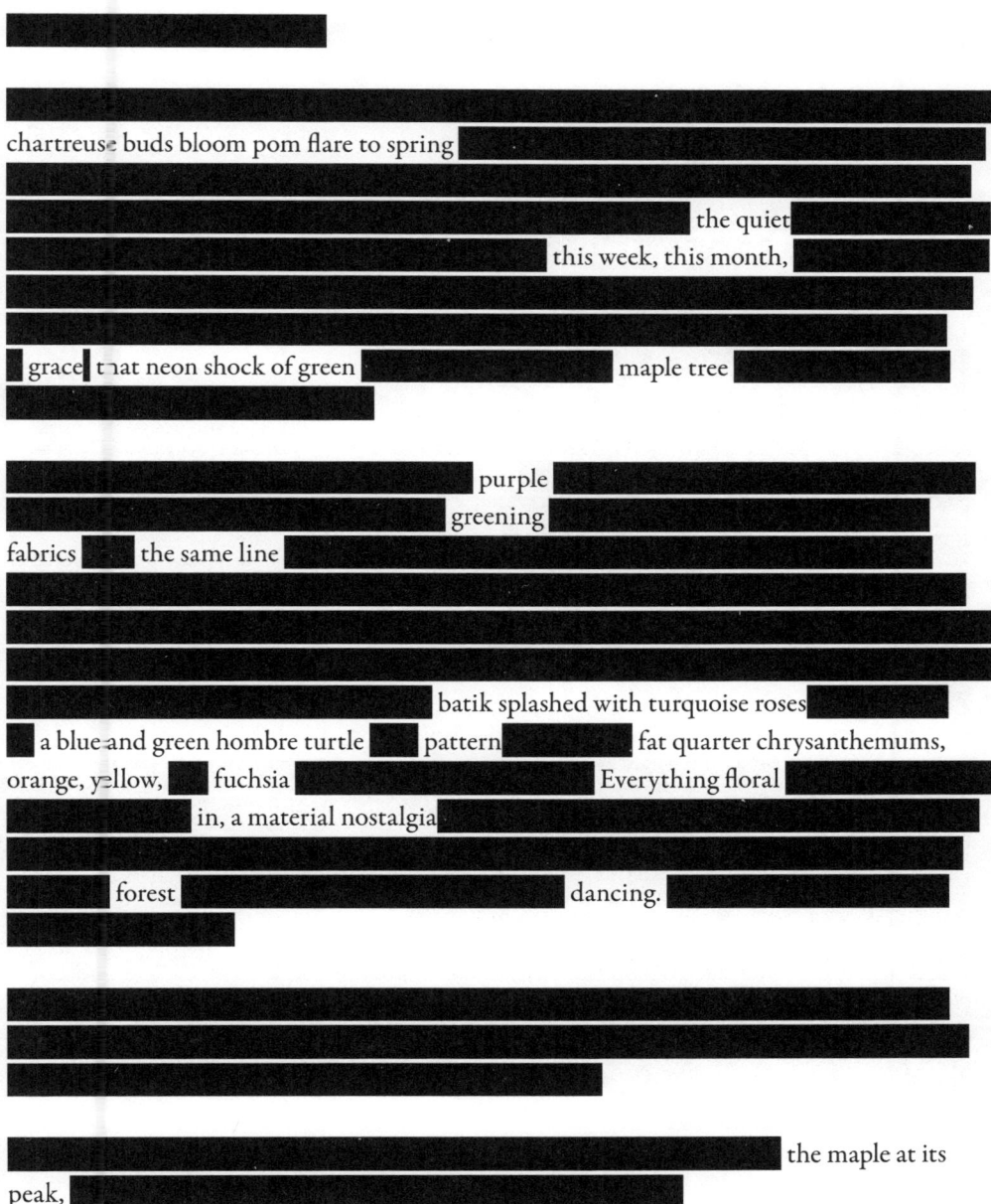

[redacted]
chartreuse buds bloom pom flare to spring [redacted] the quiet [redacted] this week, this month, [redacted] grace [redacted] that neon shock of green [redacted] maple tree [redacted]

[redacted] purple [redacted] greening [redacted]
fabrics [redacted] the same line [redacted] batik splashed with turquoise roses [redacted] a blue and green hombre turtle [redacted] pattern [redacted] fat quarter chrysanthemums,
orange, yellow, [redacted] fuchsia [redacted] Everything floral [redacted] in, a material nostalgia [redacted] forest [redacted] dancing. [redacted]

[redacted]

[redacted] the maple at its
peak, [redacted]

[redacted]

[redacted] alive [redacted] the oversized split leaf philodendron [redacted] fundamental [redacted] understanding [redacted]

Lord, [redacted] the shadow [redacted] reference [redacted] *the apple of the eye, hide me . . .* (Psalm 17:8). [redacted] Sometimes I [redacted] make [redacted] rediscovering [redacted] pleasure [redacted] thin slicing [redacted] joy [redacted]

[redacted] God of love [redacted] watch over the girl making [redacted] this galette [redacted]

[redacted] trust [redacted] love [redacted]

[redacted]

[redacted]

[redacted] the
feeling [redacted] living [redacted]
[redacted] present [redacted] current [redacted]

[redacted]

I still know how [redacted] to live [redacted]

[redacted] laugh [redacted]
forgive [redacted]

[redacted] life [redacted]
glorious [redacted] in [redacted] spring sun [redacted] mercy [redacted] God's [redacted]

[redacted] heart [redacted]

[redacted]

MEASURE

Gravitational
waves: to parse
this remnant:

my great grandmama's
care. a model

of the known
universe: her hand-tied
patchwork

landed heavily on me—
a laying on of
layering

I slept under,
loose-ends,

red knots tight—
fastening.
to *gal*—

third-born
after
two siblings she slant-
rhymed to their names
before the baby
brother she called simply
boy pronounced
a hidden "w" like
a questioning
goodbye? *Bwah*—?

what ail you?—

if dictionaried
to centimeter,
gram, minute, if
together with
grounding
nomenclature; if
unified

to field—
to fern, an
inexact exacting
heavy: curving
a road in Crescent City,

now accelerating
toward grace—

no longer left
to my own devices where
I might have
under moss and
humid night lay me down—

gal, quit cuttin' the fool—

what ail you? hear her question

pull me up. Faithful,
love will never fall.
Love is my inheritance.

. . . IN B—. QUICK

in the ring. Power
in the wall. Green
in a stone. Long johns
in winter. A key
mystery in F. A rosy
black cat in A—.
Grace in J—.
A scoop sport in nostalgia.
A former student at
a conference. All right
back when. A hot
pepper on a taco.
A fruit preserve at
breakfast. "It's not
easy" in junior high.

~

A song: tralala falala trillium blanketing Mon. whisper
in the tin, a string, a neighbor's comforting
voice, menagerie's (hey, hay-scent)
in language, a mule, a newborn, a nurse—
the laboratory poetry,
lace, the week, (my weak), the lady
running merrily along alone, the hoopla earth's
paths through . . .

~

In peace-making, (men?)
hurt and owe (in the middle).
Within, seeing temptation, (men?) begin
simultaneously against, with, atop what
(men?) see, pulling back to look
back at mystery, at history, at the current
state, to give—can a man's ruin be
the start of desperation cut short?
On one hand, the peace-making, or
the wanting to be
seen making peace, on the other
an apprehension of ruin moving
toward an unsayable— to write
unnamable is too close—annihilation.
An opening, refusal, a tying up, clearing
a way— one giving in to yes
before this central apprehension moving.
Humor, an intelligence
in performance, a short hand, moving
through, slurring,
calling forth a question
disrupting an initial concept
of home, moving interior to it
becoming first seed,
spread, holding
within what was
before all
power

MAGNIFIED\\\\2\23\2023

For the milky turquoise universe, pink aglow with opaque inclusions—:

For the flat-white disk galaxy with a gleaming clear center—:

For the yolk-yellow shining held in aspic against a matte stone—:

For the magenta jam flower blossoming like a slick-sticky gerbera daisy—:

For the crystal grouse track—:

For the undulant rectangle, opalescent cells bumping toward one corner of a crowded slide—:

For the puffed platelet starred with liquid rose quartz sparkles—:

For the aqua spiral like a solid ocean—:

For the candy crescent with neon fuchsia stripes—:

For the gleaming grapefruit gummy—:

For the magnificent lizard, brown with olive highlights and freeform black markings lined in carnelian—:

For the cream-colored gnocchi supercell cloud—:

For the burnt orange corn cob—:

For the billbug horn—:

For the petrified pebble of umber earwax—:

For the silver stardust iridescence crumpled, flashing like purple taffeta silk—:

For the rocketing sea kite pumped octopus ink—:

For the topographic map in buttercream—:

For the grey marble with a shadow inside—:

For the amber safe holding the black legs of a mystery—:

For the perforated golden honey drop coral—:

I will not ask permission; I will praise God.

Begging, I made my mouth a tomb. Unsaying

Love, I lay down. But vibrations shook me from the catacomb. My hands tremble. Praise wells me.

For the pink tongue nestled in layered cowls—:

For the fresco of a city, cobalt and vermilion—:

For the lavender shard of a vase—:

For the green slate ear pocked by ringing—:

To speak fully my wonder—:   :—Lord, have mercy—:

Jesus

Mercies uncountable   grains of sand.

ACKNOWLEDGMENTS

I thank God for every good and perfect gift, for your thoughts toward me. Lord have mercy.

Grateful acknowledgement to the editors of journals where some of these poems first appeared: *Prairie Schooner*, *Poem-a-Day* (Academy of American Poets), *Honey Lit*, and *Interim Journal.*

There are not words enough for how important, inspiring, and life-changing Cave Canem has been to me. I thank you all from the bottom of my heart for including me. To Evie, thank you for years, for sharing, for poems. For P. E. W., thank you for conversations we had.

Thank you to the editors of Pitt Poetry Series. And to Alex Wolfe, thank you for your time and your patience.

Thank you to NYSCA / NYFA for an artist fellowship. Thank you Civitella Ranieri and Lannan Foundation for generous support, for time and beautiful space to think and write, for the people I met, who shared work, walks, and wonderful meals with me. Thank you Hindman for inviting me to teach. Thank you Cornell University, and to my colleagues in the department of Literatures in English. To Ken, Helena, Steve, Dag, Greg, Cathy, and Keith, for teaching with me; to the C.I.V.I.C. group for bouncing ideas. To C & J for opera and dinners. To Lucy, to Jason, for laughter and dinners. Thank you to my colleagues in the Creative Writing program. To my students, for every year, every note. Thank you to the Cherry Arts for theatre, for asking me to be a part. To Dag, for listening to poem after poem, year after year: you fed me, and spoiled me, and made me feel treasured. To Margie, for walking in the rain with me. Love to you both always for the beach, where work felt like joy, as it should. To Cathy, to N&H, thank you for every talk and for opening your home. To Robin for "now what are you doing?" on the phone for how many years. To my family (born, made, and found), I love you. To my sister, I love you. Thank you. Thank you. Lord, I pray to live up to and within the love I have received throughout my life. Let me always know, feel, believe love. Let me be love and peace.

Verzeichnis der Diskutanten

Dr. med. R.-U. Burdinski,
Psychiatrische Klinik der Krankenanstalt Gilead
in den Bodelschwingh'schen Anstalten Bethel,
Remterweg 69/71, 33617 Bielefeld

Dr. med. T. Kohler,
Abteilung Psychiatrie,
Universität Ulm im Psychiatr. Landeskrankenhaus,
88214 Ravensburg-Weißenau

Dr. med. M. A. Oschinsky,
Landeskrankenhaus Schleswig,
Stadtfeld und Hestersberg,
Am Damm 2, 24837 Schleswig

Prof. Dr. med. J. Vesper,
Königin-Elisabeth-Krankenhaus,
Herzbergstr. 79, 10365 Berlin

Neurogenetik/Neurodegeneration

Demenz bei Morbus Huntington

H. PRZUNTEK und J. FILGER-BRILLINGER

Der Morbus Huntington ist eine autosomal-dominant vererbte Erkrankung. Im Laufe der über 100jährigen Beschreibung dieser Krankheit zeichneten sich im Rahmen medizinischer methodischer Fortschritte fortlaufend Differenzierungsmöglichkeiten gegenüber anderen Erkrankungen ab bis zu dem Zeitpunkt, da das pathologische Gen auf dem Chromosom 4 sowie das pathologische Genprodukt Huntingtin entdeckt wurde und somit eine genetische differenzierte Zuordnung möglich ist.

Obwohl vor George Huntington mehrere Mediziner die hereditäre Chorea als Krankheit beschrieben und ihre Erblichkeit bereits erkannt hatten (Waters 1841; Gorman 1846; Lund 1860), erreichte erst George Huntington die allgemeine Beachtung dieses Leidens, da er das Krankheitsbild klar definierte und von anderen Erkrankungen abgrenzte.

George Huntington beschrieb am Beispiel betroffener Familien aus Easthampton, Long Island, New York exakt den autosomal-dominanten Erbmodus und das Manifestationsalter der Krankheit in mittleren Lebensjahren. Anhand eigener Erfahrungen mit Chorea-Patienten veranschaulichte er deren antisoziales Verhalten und die Entwicklung depressiver und dementer Symptome.

George Huntington beschrieb 1872 das Krankheitsbild und hob drei besondere Merkmale hervor:

1. die hereditäre Natur,
2. die Tendenz zu Wahnsinn und Suizid,
3. die Manifestation der Krankheit in ihrer schweren Form im Erwachsenenalter.

Die Meinung von George Huntington, daß die nach ihm benannte Krankheit sich erst im mittleren Lebensalter manifestiere, ist leider ein bis heute weitverbreiteter Irrtum geblieben. Dies mag in einer Zeit, in der die ärztliche Beobachtung aufgrund geringer Arztdichte gering war und das Wissen um neurologische Frühsymptome kaum zu vermitteln war, zu entschuldigen gewesen sein. Heute aber, da die tägliche Arbeit wesentlich höhere Anforderungen an die motorischen wie kognitiven Fähigkeiten stellt und die Lebenserwartung deutlich verlängert ist, sollte die Krankheit früher bemerkbar sein. Heute, da wir in der Lage sind, kognitive Störungen mit psychometrischen Methoden früh zu erkennen und Störungen komplexer motorischer Leistungen mit kinesiologischen Methoden leichter sichtbar machen können, sollte es nicht schwierig sein, die Krankheitssymptome des Morbus Huntington wesentlich früher als bislang nachzuweisen.

Die molekularbiologische Zusatzuntersuchung des genetischen Substrats könnte überdies entscheidend zur Sicherung der Diagnose in frühen Stadien beitragen. Es darf aber dennoch nicht außer acht gelassen werden, daß die genetische Beratung unter Einschluß der molekular-genetischen Aufklärung in Deutschland erst vom 18. Lebensjahr an durchgeführt wird. Darüberhinaus ist die Genuntersuchung alleine und die Mitteilung,

daß ein Patient Genträger sei, nach dem bisherigen Entwicklungsstand nicht aussagekräftig genug, um Rückschlüsse auf die Entwicklung und Ausprägung der Symptome der Huntington-Erkrankung zuzulassen.

Die bisherigen Untersuchungen lassen allenfalls eine vage Korrelation zwischen Genstruktur und Erkrankungsalter zu, zur Zeit aber noch nicht zwischen Ausprägung der Erkrankung und genetischer Information. Aus diesem Grunde ist der Kliniker mehr als zuvor gefordert, zusammen mit Kollegen aus genetischen Instituten frühzeitig eine detaillierte klinische Umschreibung des Befindens von Huntington-Patienten zu erstellen, und diese mit den detaillierten molekular-biologischen Ergebnissen zu korrelieren. Dies könnte dazu führen, eine zunehmend differenziertere Therapie bei Morbus Huntington auch in frühen Stadien der Erkrankung zu erzielen. Hauptziel des derzeitigen Bemühens um Patienten mit Huntington-Erkrankung ist es, die Krankheit so früh wie möglich zu erkennen, um sie einer optimierten Therapie zuzuführen, die neben der medikamentösen Applikation die begleitende Psychotherapie beinhaltet.

Es scheint nicht nur wichtig, die Gruppe in den Huntington-Familien zu beraten und therapeutisch zu betreuen, die das Huntington-Gen geerbt hat, sondern auch die Risikopersonen, bei denen sich zum Schluß herausstellt, daß sie das Huntington-Gen nicht geerbt haben, denn diese haben ebensolche Schwierigkeiten, sich an die Information zu adaptieren, wie die Genträger.

Das klassische motorische Symptom Chorea und darüberhinaus in unterschiedlichem Ausmaße Dysarthrie, Akinese, Rigor, Tic, Myoklonie, Dystonie, spastische Bewegungsstörung stellen eine Seite der Erkrankung dar, während Störungen des Affektes und der Kognition die andere Seite darstellen neben einer mit dem Fortschreiten der Erkrankung einhergehenden Gewichtsreduktion.

Im affektiven Bereich zeigen sich in frühen Phasen der Erkrankung vermehrt erhöhte Reizbarkeit, Dysphorie, affektiver Kontrollverlust und Aggressivität oder aber auch zunehmende Gleichgültigkeit, Introvertiertheit, auffällige affektive Verarmung und depressive Verstimmung.

Zu den Affektstörungen gehören in erster Linie depressive Verstimmungszustände und Psychosen mit halluzinativen und wahnhaften Elementen. Im intellektuellen Bereich sind Merkfähigkeitsstörung, Konzentrationsschwäche und Zeitgitterstörung zu beobachten. Die schwerste Beeinträchtigung der Huntington-Patienten schlechthin ist aber die Demenz.

Die Erfahrung der beginnenden Konzentrationsstörung und des zunehmenden Gedächtnisverlustes, die Unfähigkeit einer kontinuierlichen zielgerichteten Handlung, einhergehend mit einer sozialen Desintegration, wird sehr früh von Huntington-Patienten selber bemerkt. Dies geht einher mit der Ängstigung und Ungewißheit, wann der Morbus Huntington, das in der Familie seit Generationen bekannte Krankheitsbild, eintreten könnte. Ob dies zu Beginn das ganze Vollbild der Depression ausmacht oder ob es sich bei den Huntington-Patienten auch in frühen Stadien schon um eine Mischung aus reaktiver und organisch bedingter Form der Depression handelt, ist schwer auszumachen, zumal nach neueren Untersuchungen zumindest zum Zeitpunkt der genetischen Beratung auch die Nachfahren von Huntington-Patienten, die das pathologische Gen nicht haben, depressiv verstimmt sind. In Frühstadien der Depression kommt es gehäuft zu Suizidversuchen, sehr häufig mit Todesfolge. Im Sozialverhalten wird eine zunehmende Insuffizienz, beruflichen und privaten Anforderungen gewachsen zu sein, beschrieben. Die Veränderung in der Persönlichkeit der Betroffenen wie auch die Bewegungsstörungen weisen erhebliche Variationen auf. Die Frage nach dem Zeitpunkt

der Krankheitsmanifestation ist daher für die meisten Huntington-Patienten und deren Angehörige nicht ganz eindeutig zu beantworten, wenngleich häufig Mütter von Huntington-Patienten intuitiv bereits die Kinder differenzieren zu können glauben, die die Krankheit bekommen von denen, sie nicht bekommen. Die Ängstigung dieser Mütter wird über lange Phasen ihres Lebens getragen, häufig aber sehr spät geäußert. Hierzu paßt auch, daß über den Morbus Huntington in vielen Familien nicht gesprochen wird.

Der Beginn einer choreatischen Überbewegung zeigt sich häufig nur in einem Überstrecken der oberen Extremitäten, in der Schulter und leichter Hyperlordosierung des Körpers, in einer leichten Spreizbewegung der Finger oder in einer Schnaufbewegung sowie in einer Entharmonisierung des Gangbildes. Diese frühen charakteristischen choreatischen Bewegungen werden meist auch von erfahrenen Neurologen, die mit der Krankheit nicht vertraut sind, übersehen. Sehr früh zeigt sich eine Reduktion des Muskeltonus, vor allem nachweisbar in der Handmuskulatur, sowie die Unfähigkeit, eine Stehwaage durchzuführen.

Vor den klassischen, für jedermann erkennbaren choreatischen Bewegungsstörungen fallen aber sowohl in der Selbst- wie Fremdbeobachtung häufiger Veränderungen im Verhalten, Befinden und Selbsterleben der Betroffenen auf. Die detaillierte Anamneseerhebung von Huntington-Familien illustriert sehr deutlich den schleichenden Beginn der Krankheit in Form subtiler, intellektueller und psychischer Veränderungen der Patienten meist Jahre vor dem Auftreten klassischer Symptome der Huntington-Erkrankung.

Morbus Huntington und Demenz

Bei der Multidimensionalität der Huntington-Erkrankung ist es nicht einfach, die Demenz als isoliertes Phänomen aus den anderen zentralnervösen Störungen herauszuschälen.

In deutschen Lehrbüchern wird die Demenz häufig definiert als chronisch fortschreitende Minderung von Intelligenz, Gedächtnis und Auffassungsgabe mit Persönlichkeitsveränderungen, Nachlassen des logischen Denkens, Kritik- und Urteilsvermögens sowie des Neugedächtnisses, einhergehend mit zeitlicher Desorientierung. In späteren Stadien kommt eine Verminderung des Altgedächtnisses sowie des räumlichen Orientierungsvermögens und Zunahme der Verkennung von Personen, einhergehend mit Verwirrtheitszuständen und Antriebsminderung sowie Störung des sozialen Verhaltens hinzu. Dies paart sich mit einer Persönlichkeitsverflachung.

In Anlehnung an das diagnostische statistische Handbuch für Geisteserkrankungen (Diagnostical Statistical Manual of Mental Disorders (DSMIII)) der Amerikanischen Gesellschaft für Psychiatrie wird die Demenz definiert als

1. ein Verlust der ausreicht, um sozialen und Beschäftigungsfunktionen nicht mehr gewachsen zu sein,
2. Verringerung der Gedächtnisfähigkeiten,
3. eines der folgenden Symptome:
   a) vermindertes Abstraktionsvermögen
   b) vermindertes Beurteilungsvermögen
   c) Aphasie
   d) Apraxie
   e) Agnosie

f) Persönlichkeitsveränderungen
g) die Schwierigkeit, schöpferisch und konstruktiv tätig zu sein und
4. Keine Beeinträchtigung des Bewußtseins.

Sowohl das DSMIII wie auch die umfassendere deutsche Definition der Demenz umschreiben nicht die unterschiedlichen Formen der Demenzen bei unterschiedlichen Krankheitsbildern und die Differenzierungsmöglichkeit zum Beispiel der Huntington-Demenz von anderen Demenzformen. Im folgenden soll vor allem zwei Fragen nachgegangen werden:

1. Unterscheiden sich die Huntington-Demenz und andere Demenzformen voneinander?
2. Wann sind Zeichen der Demenz bzw. der kognitiven Beeinträchtigung bei Huntington-Patienten zu finden?

Erste psychopathometrische Untersuchungen an Huntington-Patienten wurden mittels des Hamburg-Wechsel-Intelligenz-Testes durchgeführt. Es zeichnete sich ein Bild globaler intellektueller Beeinträchtigung ohne Hinweise auf fokale Ausfälle kognitiver Funktionen als Kennzeichen für die Huntington-Demenz ab.

Bei kritischer Betrachtung dieser ersten Untersuchungen zeigte sich, daß entscheidende Variable, wie z. B. Erkrankungsdauer, Alter bei Krankheitsbeginn, prämorbides Intelligenzniveau, pharmakotherapeutische Behandlung, in der Zusammenstellung der zu untersuchenden Patientengruppen unberücksichtigt blieben.

Fehler dieser Art werden bis heute in Studien, gleich welcher Art, von klinisch weniger Erfahrenen immer wieder gemacht. Die an einer dermaßen heterogenen Patientengruppe, vor allem bezüglich der unterschiedlichen Schweregrade der Krankheit, in Abhängigkeit von der Krankheitsdauer gewonnenen Untersuchungsergebnisse gilt es zu hinterfragen.

Es muß angenommen werden, daß die globale Minderung intellektueller Fähigkeiten bereits Ausdruck eines fortgeschrittenen Krankheitsstadiums ist. Die von Aminoff et al. (1975) untersuchten Huntington-Patienten waren bereits durchschnittlich 6,3 Jahre krank, wobei krank meint, daß die Krankheit für jedermann sichtbar war.

Folgerichtig wurden daraufhin Studien durchgeführt, in denen Patienten nach Krankheitsdauer unterschieden wurden, um vor allem im frühen Stadium fokale Defizite ausfindig machen zu können. Frühes Stadium meint hier auch ein frühes Stadium der Erkrankung, wie es für jedermann sichtbar ist. Butters et al. (1976, 1978) führten eine Vergleichsstudie zwischen Huntington-Patienten mit einer Krankheitsdauer von weniger als 12 Monaten und solchen mit einer Krankheitsdauer zwischen 3 und 15 Jahren durch. Die erste Gruppe wurde als frisch diagnostizierte Huntington-Erkrankung (recently diagnosed Huntington's disease = RHD) und die zweite als fortgeschrittene Huntington-Erkrankung (advanced Huntington's disease = AHD) eingestuft. Wesentlicher Bestandteil der angewandten neuropsychologischen Untersuchung war der Hamburg-Wechsler-Intelligenz-Test für Erwachsene (HAWIE), bei dem sich die deutlichsten Defizite in den Subtests rechnerisches Denken, Zahlennachsprechen, Zahlensymboltest und Bilderordnen zeigten. Während die AHD-Patienten ein generell gemindertes Leistungsprofil in sämtlichen Testleistungen aufwiesen, bewegten sich die RHD-Patienten in ihrem Gesamt-IQ-Bereich im Normbereich, wobei jedoch deutliche Defizite in bestimmten Einzelleistungen auffielen. Insgesamt lag der IQ im Handlungsteil des HAWIE unter dem IQ im Verbalteil. Mittels der übrigen Tests der psychometrischen Studie ergaben sich ausgeprägte Gedächtnisstörungen schon bei den RHD-Patienten sowohl in der Prüfung des Kurzzeit- als auch des Langzeitgedächtnisses.

Aus den Ergebnissen ihrer psychometrischen Vergleichsstudie zwischen Huntington-Patienten in frühen und in fortgeschrittenen Stadien der Erkrankung folgerten Butters et al. (1978), daß Gedächtnisstörungen als frühe fokale Zeichen der Huntington-Demenz anzusprechen sind und einer ausgedehnteren intellektuellen Minderung im weiteren Verlauf der Krankheit vorausgehen.

Die Studie von Josiassen et al. (1982) ist der Studie von Butters et al. (1978) in Methode und Ergebnis vergleichbar. Mittels des Hamburg-Wechsler-Intelligenz-Tests für Erwachsene sollten intellektuelle Defizite von Huntington-Patienten mit kurzer Krankheitsdauer im Vergleich zu symptomlosen Nachkommen aus Huntington-Familien aufgedeckt werden.

Die Vergleichsstudie von Josiassen et al. (1982) basierte auf den Ergebnissen der Langzeituntersuchung von Lyle u. Gottesman (1977) an 88 Nachkommen aus Huntington-Familien. In den 50er Jahren wurden Nachkommen von Huntington-Patienten, die klinisch als völlig unauffällig eingestuft wurden, im Rochester State Hospital, Minnesota, unter Leitung von John S. Pearson psychometrisch getestet. 1977 wurden die 88 Risikopersonen in der Nachuntersuchung von Lyle u. Gottesman erneut mit den gleichen Tests überprüft. Die Ergebnisse wurden mit denen von Pearson verglichen und ausgewertet. Aus der damals einheitlichen Gruppe der Risikopersonen ohne klassische choreatische Symptomatik hatten sich zwei Gruppen gebildet:

Gruppe 1: 60 Nachfahren, die noch immer unauffällig waren,
Gruppe 2: 28 Nachfahren, die in der Zeit zwischen den beiden Testungen an Morbus Huntington erkrankt waren und deutliche Bewegungsunruhen zeigten.

Die Auswertung bestätigte die These, daß Leistungseinbußen, d. h. allgemein schlechtere Testergebnisse, schon viele Jahre vor der für jeden sichtbaren Krankheitsmanifestation zu verzeichnen sind. Dabei erwies sich, daß der HAWIE in seinem Handlungteil besonders empfindlich ist. Es waren bereits bei der ersten Testung signifikante Unterschiede zwischen denen, die sich später als Huntington-Patienten erwiesen und denen, die bei der Nachuntersuchung gesund waren, nachzuweisen. Vor diesem Hintergrund haben die Ergebnisse der Josiassen-Studie bestätigende Wirkung. Auch hier prägen die im Vergleich zu den übrigen Untertests schlechteren Ergebnisse im rechnerischen Denken, Zahlennachsprechen, Zahlensymboltest und Bilderergänzen das Beeinträchtigungsmuster der Patientengruppe. In der Gruppe der Risikopersonen zeigte sich eine signifikant erhöhte Variabilität der ansonsten im Normbereich liegenden Subtests untereinander, d. h. die Subtest-Scores korrelieren weniger miteinander als bei Kontrollpersonen. Zahlennachsprechen und Bilderrechnen fallen in dieser Beziehung besonders auf. Die aufgezeigte Variabilität ließe sich als Ausdruck fokaler Frühzeichen intellektueller Beeinträchtigung von klinisch als symptomlos angesehenen Genträgern der Huntington-Erkrankung deuten.

Moses et al. (1981) haben Huntington-Patienten in frühen, mittleren und späten Krankheitsstadien, nämlich die

Gruppe 1: bei Dauer der Erkrankung weniger als 12 Monate,
Gruppe 2: bei Dauer der Krankheit zwischen 36 und 66 Monaten,
Gruppe 3: bei Dauer der Krankheit mehr als 72 Monate untersucht.

Von der Einteilung der Patienten nach Krankheitsdauer in Monaten versprachen sich auch Moses et al. (1981) eine differenzierte Erfassung der Huntington-Demenz. Das besondere Design dieser Studie verschafft dem Untersucher einen Überblick über Verlauf

und Progression der Demenz. Die Ergebnisse der Studie mittels der Luria-Nebraska-Neuropsychologischen Batterie zur Prüfung motorischer, rhythmischer taktiler, visueller, rezeptiver und expressiver Funktionen sowie Schreiben, Lesen, Rechnen, Gedächtnis und Intelligenz bestätigen die Ergebnisse vorangegangener Untersuchungen: Die Patientengruppe in frühem Krankheitsstadium unterschied sich von denen im mittleren und späten Stadium in allen Variablen, von der gesunden Kontrollgruppe jedoch nur in zwei Variablen, nämlich Gedächtnis und visuelle Wahrnehmung.

Eine eingehende Umschreibung der Huntington-Demenz wurde von Caine und Shoulson (1983) vorgenommen. Während eines stationären Aufenthaltes zeigten Huntington-Patienten ohne stark beeinträchtigende kognitive und psychiatrische Symptome im täglichen Erleben und im persönlichen Gespräch enorme Schwierigkeiten bei Aufgaben, die Organisation und Planung, folgerichtige Einhaltung von Handlungssequenzen und Abrufung von gespeicherter Information aus dem Gedächtnis erfordern. Der analytischen Betrachtung der Gedächtnisstörungen legten Caine und Shoulson in einer weiterführenden Studie ein Modell für Speicherung und Abrufung von Informationen zugrunde, das eine Vorstellung von dem Prozeß zwischen Aufnahme und Wiedergabe stimulierenden Materials geben soll. Es wird ein Muster für eine Informationsspeicherung von der Exposition zum Stimulus über die initiale Registration, das Enkodieren, bis zur Wiedergabe des Gedächtnisinhaltes gegeben. Ziel der Studie war es, das gestörte Glied in der Kette der Informationsspeicherung und -abrufung ausfindig zu machen. Mittels ihrer standardisierten psychometrischen Verfahren kamen sie zu dem Schluß, daß eine signifikante Störung bei der Enkodierung, als Verschlüsselung neuer Information, vorliegen müsse, und damit konsekutiv natürlich auch die Abrufung gespeicherter Informationen gestört ist, während das Registrieren von Informationen kaum beeinträchtigt erscheint.

Ein Beispiel für die gestörte Enkodierung ist die Störung der selektiven Erinnerung. Testpersonen sollen eine Anzahl von Wörtern in einer bestimmten Zeit auswendig lernen, um sie später aus dem Gedächtnis wiederzugeben. Das dargebotene Wortmaterial setzt sich aus bildhaften Wörtern wie Zug, Haus und wenig bildhaften Wörtern wie Freude, Rat usw. zusammen. Bei Normalpersonen werden wesentlich mehr bildhafte Wörter wiedergegeben als abstrakte. Huntington-Patienten hingegen unterscheiden nicht zwischen bildhaften und abstrakten Wortgruppen. Größere Bildhaftigkeit von Wörtern diente den Huntington-Patienten also nicht als Hilfe, diese Wörter leichter zu erinnern.

Diese Beobachtung widerspricht grundlegenden Untersuchungen der Lernpsychologie, nach denen Wortcharakteristika wie Bildhaftigkeit eines Wortes das verbale Lernen und die Wiedergabe des Gelernten beeinflussen.

Bildhafte Wörter werden leichter erinnert und wiedergegeben als weniger bildhafte Wörter. Diese Beobachtung spricht für eine stärkere Gedächtniseinprägung der bildhaften Wörter und läßt sich nur dadurch erklären, daß möglicherweise eine zweifache Verschlüsselung von Wörtern stattfindet, nämlich einerseits eine visuelle und andererseits eine verbale. Auch andere Hilfestellungen, wie z. B. die Nennung von Kategorienamen, um die dazugehörigen Begriffe leichter zu erinnern, z. B. Kategorie Kleidungsartikel mit den dazugehörigen Begriffen Hemd, Hose, Strümpfe, Handschuhe, Mantel usw., wirken sich bei Huntington-Patienten im Gegensatz zu Normalpersonen nicht verbessernd auf deren Ergebnisse aus. Durch eine Minderung assoziierender und kategorisierender Mechanismen wird bei Huntington-Patienten neue Information während des Prozesses der Speicherung weniger bearbeitet im Sinne ihrer Verschlüsselung. Sie kann unbearbeitet wiedergegeben werden. Dafür sprechen die unauffälligen Ergeb-

nisse bei Aufgaben der sofortigen freien Wiedergabe von Wörtern aus dem Gedächtnis. Die Wahrscheinlichkeit der Abrufbarkeit von gespeicherter Information ist abhängig von der Intensität ihrer Bearbeitung zum Zeitpunkt der Speicherung. Wenig bearbeitetes Material wird zwar im Gedächtnis vorhanden sein, die geringe Aufzeichnungsstärke wird eine konsequente Wiedergabe dieses Materials nicht ermöglichen. Auch die auffallenden Schwierigkeiten von Huntington-Patienten bei der Einhaltung der richtigen Reihenfolge von Einzelschritten innerhalb einer Handlungssequenz lassen sich aus den postulierten Speicherdefiziten erklären. Die einzelnen Handlungsschritte können nicht in der Weise gespeichert werden, daß der jeweils nachfolgende Schritt sich aus dem vergangenen ableiten ließe.

Brandt et al. (1984) haben in sehr einfachen Tests gefunden, daß Alzheimer-Patienten nicht in der Lage sind, eine Sequenz von Wörtern aufzuzählen, während dies Huntington-Patienten durchaus noch können, während Patienten mit Huntington-Erkrankung eher nicht geeignet waren im Vergleich zu Alzheimer-Patienten 100 weniger 7 infolge zu rechnen. 83 % der Alzheimer-Patienten und 84 % der Huntington-Patienten waren mit diesen einfachen Testuntersuchungen zu diskriminieren.

Salmon et al. (1989) versuchten, die Demenz von Huntington- und Alzheimer-Patienten ebenfalls zu differenzieren. Grob klinisch zeichnet sich die Alzheimer-Erkrankung durch eine Neurodegeneration hippocampaler und kortikaler Areale ab und ist durch Amnesie und Sprachdefizite gekennzeichnet, während bei Chorea-Patienten die Bradyphrenie im Beginn überwiegt. Salmon et al. (1989) untersuchten die Patienten mittels einer „Dementia Ratingscala" und fanden, daß die Alzheimer-Patienten wesentlich schlechtere Ergebnisse im Gedächtnissubtest, insbesondere Orientierung und Recall, zeigten, und die Huntington-Patienten schlechter abschnitten bei dem sog. Initiationssubtest, hier insbesondere der verbalen Repetition.

Ereigniskorrelierte Potentiale (P300)

Verleger (1993) untersuchte Huntington-Patienten mit der Methode der sog. ereigniskorrelierten Potentiale (P300). Wenngleich im fortgeschrittenen Stadium alle definitiv an Huntington-Chorea erkrankten Personen auffällige P300-Antworten zeigen, so ist bei Risikopersonen die P300-Antwort unterschiedlich. Es muß somit hinterfragt werden, ob der prognostische Wert der P300-Komponente bei einfacher Aufgabenstellung als früher Parameter für das Vorliegen eines dementiellen Prozesses bei Huntington-Patienten gewertet werden darf, da die Verteilung der individuellen P300-Latenzen weite Streuungen zeigt, die keine individuelle Zuordnung der Einzelbefunde erlauben. Hier ist sicherlich eine Wiederholung dieser Untersuchungen notwendig, wenn genauere molekular-biologische Untersuchungen an größerem Patientengut möglich sind.

Retrograde Amnesie bei Huntington-Patienten

Die bislang beschriebenen psychometrischen Untersuchungen haben deutliche Schwächen im Kurzzeitgedächtnis als markant für die Huntington-Erkrankung in frühen Stadien herausgestellt.

Im Vergleich zur Beobachtung dieses anterograden amnestischen Defizites ist die Frage nach einer retrograden Funktionsminderung bei Huntington-Patienten ebenfalls zu untersuchen. Albert et al. (1979, 1981) prüften das Gedächtnis von Huntington-Patienten im Anfangs- und fortgeschrittenen Stadium der Krankheit in Bezug auf zeitlich zurückliegende Fakten und Ergebnisse mittels der sog. Remote Memory Battery, die ursprünglich zur Untersuchung der retrograden Amnesie von Korsakow-Patienten entwickelt wurde.

In dieser Testbatterie sind die Patienten aufgefordert, prominente Persönlichkeiten der Vergangenheit auf Fotographien zu identifizieren und Fragen zu öffentlich wichtigen Ereignissen und zu berühmten Personen zu beantworten. Die Aufgaben umspannen den Zeitraum der zurückliegenden 50 Jahre und sind nach 10-Jahresblöcken eingeteilt, in denen die jeweiligen Ereignisse und Gesichter zugeordnet sind. Durch die Einteilung in 10-Jahresblöcke soll geprüft werden, inwieweit sich das Erinnerungsvermögen in Abhängigkeit von der zeitlichen Distanz beeinträchtigt zeigt.

Bei der Untersuchung zeigte sich folgendes: Die Huntington-Patienten wiesen eine deutliche Beeinträchtigung des Erinnerungsvermögens bezüglich vergangener Fakten und Ereignisse auf, so daß man durchaus von einer retrograden Amnesie bei der Huntington-Krankheit sprechen kann. Sowohl die erst kurzfristig manifest erkrankten Huntington-Patienten als auch die schon längere Zeit Erkrankten zeigten Erinnerungsdefizite bezüglich der Vergangenheit, die sich quantitativ, aber nicht qualitativ voneinander unterschieden. Die retrograde Amnesie von Huntington-Patienten zeigte in ihrer Ausprägung keine zeitliche Abhängigkeit. Es handelte sich um eine globale retrograde Amnesie, die alle Zeitblöcke gleichermaßen betraf. Diese Beobachtung stellt ein wesentliches Unterscheidungsmerkmal z. B. zur retrograden Amnesie von Korsakoff-Patienten dar. Die retrograde Korsakow-Amnesie zeigt einen temporalen Gradienten, indem Ereignisse der fernen Vergangenheit besser erinnert werden als solche der nahen Vergangenheit. Es ist offenbar so, daß die Huntington-Krankheit in allen Stadien ihrer Progredienz eine retrograde Amnesie aufweist, die durch eine zeitlich unabhängige Einbuße an Engrammen des Langzeitgedächtnisses charakterisiert ist.

Unterschiede zwischen Korsakow-Patienten und Huntington-Patienten zeigten sich auch mittels des Brown-Peterson-Distractor-Testes. Worttriaden, wie z. B. Hals, Stuhl, Gürtel, wurden als verbale Stimuli gezeigt oder vorgelesen. Nach zeitlicher Verzögerung von 3, 9 oder 18 s, die alternativ gefüllt (= Zerstreuung) oder leer (= Möglichkeit der Wiederholung und Einprägung des dargebotenen Wortmaterials) war, sollte der Patient sich die dargebotene Worttriade ins Gedächtnis zurückrufen. Bei der Testdurchführung mit dazwischengeschalteter Zerstreuung zeigten Korsakow- wie Huntington-Patienten ähnlich schwache Ergebnisse. Bei der Durchführung mit der Möglichkeit der eigenen Wiederholung konnten die Korsakow-Patienten im Gegensatz zu den Huntington-Patienten ihre Ergebnisse deutlich verbessern.

In einem weiteren Test, dem Make-A-Picture-Story-Test, wurden vergleichend Huntington-, Korsakow- und Alzheimer-Patienten untersucht. Dabei wurden zwei verschiedene Testbedingungen durchgeführt:

1. eine rein visuelle Wahrnehmung von Bildszenen, die es später wiederzuerkennen galt,
2. eine visuelle Wahrnehmung mit zusätzlich sprachlicher Vermittlung durch Vorlesen einer Geschichte zu den einzelnen Szenen.

Ausgehend von der Theorie, daß sprachliche Fähigkeiten von Huntington-Patienten bis zum späten Stadium der Erkrankung intakt bleiben im Gegensatz zu frühen und später

schweren aphasischen Störungen von Alzheimer-Patienten und semantischen Verständnisschwächen von Korsakow-Patienten, schien der Testansatz geeignet und interessant, um zu überprüfen, ob und inwieweit sich sprachliche Hilfestellungen bei den verschiedenen Patientengruppen unterschiedlich auf das bildliche Erinnerungsvermögen auswirken.

Die Testergebnisse bestätigten die These, daß verbale Kennzeichnungen und Vermittlung in einem Kontext erhaltener Sprachfähigkeit als Hilfestellung dienen kann, und dann bei gestörter Sprachfähigkeit die verbale Kennzeichnung nicht mehr wirksam ist.

Bei allen drei Patientengruppen zeigten sich unter der Testbedingung Nr. 1 (Wiedererkennen der Szenen nach visueller Präsentation) vergleichbare schwache Ergebnisse im Unterschied zu der normalen Kontrollgruppe. Unter der zweiten Testbedingung jedoch, bei der zu den gezeigten Szenen eine Geschichte vorgelesen wurde, erbrachten die Huntington-Patienten eine signifikante Verbesserung ihrer Ergebnisse im Unterschied zu den Korsakow- und Alzheimer-Patienten.

Dieses Resultat spricht dafür, daß es auch für Huntington-Patienten durchaus Mediatoren gibt, die zu einer Verbesserung kognitiver Leistungen beitragen. Es mußte trotz allem unklar bleiben, ob es sich hier um einen spezifischen Ausfall neuroanatomischer Strukturen, die für die Speicherung von Information notwendig sind, handelt. Es muß als möglich erachtet werden, daß intakte intellektuelle Möglichkeiten, da wo sie unmittelbar angesprochen werden, mindernde bzw. ausgleichende Wirkung auf andere gestörte Funktionen haben, indem sie über intakte Bahnen das stimulierende Material verschlüsseln und die Aufzeichnungsstärke im Gedächtnis vertiefen und damit seine Wiedergabe verbessern.

Deklaratives und methodisches Verständnis

Das deklarative Verständnis meint die Erfassung inhaltlicher grundlegender Bedeutungen. Das methodische Verständnis bedeutet das Erfassen technischer, den äußeren Ablauf einer Sache betreffender Vorgaben. Zur Prüfung und Unterscheidung von deklarativem und methodischem Verständnis wurde die Mirror Reading Task von Cohen und Squire an Huntington-Patienten, Korsakow-Patienten und Kontrollpersonen angewandt. Dabei gilt das Lesen von spiegelschriftlich geschriebenen Wörtern als relativ reiner Indikator für technische Fertigkeit und Geschicklichkeit (methodisches Verständnis), das Erkennen des Wortmaterials im Sinne des semantischen Abfassens als Indikator für deklaratives Verständnis. Hier wird das Wortmaterial durch einen Worterkennungstest abgefragt.

Das Testergebnis wies eine mögliche Differenzierung zwischen Huntington- und Korsakow-Patienten auf zwei Dimensionen auf:

1. Die Korsakow-Patienten zeigten, wie auch die Normalpersonen, eine signifikante Verbesserung ihrer Lesetechnik durch Reduzierung der dafür notwendigen Zeit im Laufe der Testung. Bei den Huntington-Patienten war keine signifikante Verbesserung zu erzielen.
2. In dem anschließenden Worterkennungstest zur Prüfung der Erfassung der spiegelbildlich dargebotenen Wörter identifizierten die Huntington-Patienten die bereits gelesenen Wörter unter neuen Wörtern in einem mit den Normalpersonen vergleichbaren Maß. Die Korsakow-Patienten dagegen erkannten die dargebotenen Wörter im Vergleich zum Normalkollektiv signifikant seltener.

Diese Untersuchung mittels der Mirror Reading Task verdeutlicht, daß Korsakow-Patienten trotz schwerer Beeinträchtigung ihres Erinnerungsvermögens – das dargebotene Wortmaterial wurde kaum wiedererkannt – die Fähigkeit zur Aneignung von Fertigkeiten in einem den Normalpersonen ähnlichen Maße behalten. Methodische Fähigkeiten bleiben also bei Verlust deklarativer Fähigkeiten erhalten. Das Umgekehrte ist bei den Huntington-Patienten der Fall. Huntington-Patienten waren beeinträchtigt, sich Fertigkeiten und Geschicklichkeiten anzueignen, während ihr Gedächtnis für verbale Stimuli unbeeinträchtigt erschien. Bei ihnen gehen also methodische Fähigkeiten verloren, während deklarative Fähigkeiten kaum gemindert sind.

Diese Ergebnisse lassen sich durch Untersuchungen von Cermak et al. (1973), Corkin (1968), sowie Winocur u. Weiskrantz (1976) untermauern.

Wir selber haben eine Testbatterie entwickelt, um frühe psychologische Ausfälle bei sog. Risikopersonen auszumachen. Die mit dem psychometrischen Verfahren verbundenen Zielsetzungen waren:

1. ein kognitives und emotionales Profil von Risikopersonen zu erstellen,
2. Beeinträchtigungsmuster, die als präklinischer Indikator der Huntington-Erkrankung dienen könnten, herauszustellen,
3. die Bewertung neuropsychologischer Defizite bei Huntington-Patienten.

Um diesen Ansätzen gerecht zu werden, ist eine psychometrische Testbatterie erstellt worden, die auch in frühen Stadien psychische Störungen aufweisen und als Hilfe für die genetische Beratung dienen sollte.

Bei der Auswahl der einzelnen Tests waren eine Reihe von Forderungen ausschlaggebend:

1. eine möglichst hohe Validität, d. h. tatsächliche Erfassung der beschriebenen intellektuellen und affektiven Defizite bei der Huntington-Erkrankung,
2. eine Ökonomie der Testung, d. h. der Test muß für den Patienten zumutbar sein und soll nicht zu lange dauern, und
3. die Testung muß praktikabel sein.

Die von uns verwandte Testbatterie bestand aus dem

1. Syndrom-Kurz-Test
2. Mehrfach-Wortschatz-Test,
3. Raven-Test,
4. Hamburg-Wechsler-Intelligenz-Test für Erwachsene,
5. der Paranoid-Depressivitäts-Skala,
6. dem Depressionsfragebogen nach Zung und
7. dem Benton-Test.

Der Syndrom-Kurz-Test (SKT) wird in der Psychologie zur Erfassung von Aufmerksamkeits- und Gedächtnisstörungen, vor allem zur Verlaufskontrolle des Durchgangssyndroms, durchgeführt. Mit diesem Test wird der erste leichte Störungsgrad psychischer Funktionen wie Aufmerksamkeit oder Gedächtnis erfaßt.

Der Mehrfach-Wortschatz-Test (MWT-B) dient zur Messung des prämorbiden Intelligenzniveaus durch Messung der sogenannten kristallinen Intelligenz. Es ist damit die erworbene Intelligenz, d. h. die Aneignung von Wissen und Fertigkeiten gemeint, die vorwiegend durch die soziokulturelle Umgebung geprägt wird. Sie überschneidet sich größtenteils mit der sprachlichen Intelligenz. Sie ist durch psychische Störungen im

Gegensatz zur flüssigen Intelligenz weniger beeinflußbar. Es geht hier im wesentlichen um Wiedererkennen von präsentierten Wörtern, nicht um das semantische Verständnis.

Der Benton-Test dient zur Messung des visuellen Gedächtnisses und der visuell-motorischen Koordination. Der Proband hat die Aufgabe, vorgegebene Karten mit geometrischen Figuren aus dem Gedächtnis nachzuzeichnen. Hieraus ergibt sich ein Index für die Genauigkeit von Perzeption und Reproduktion. Der Benton-Test ist in seiner Konzeption dem Bender-Gestalt-Test nicht unähnlich, der in den neuropsychologischen Studien von Huntington-Patienten, z. B. durch Lyle u. Gottesman (1977) in signifikant erniedrigten Ergebnissen am empfindlichsten die kognitiven Defizite der Huntington-Patienten gegenüber der Kontrollgruppe widerspiegelte.

Der Raven-Test ist ein sprachfreier Test zur Messung der allgemeinen Intelligenz. Der Proband soll aus einem vorgegebenen Konfigurationsmuster eine fehlende analoge Figur ergänzen. Der Raven-Test stellt einen Indikator für kognitive Fähigkeiten dar, die unabhängig von Ausbildung und soziokultureller Umwelt sind.

Der Hamburg-Wechsler-Intelligenz-Test für Erwachsene dient als Test zur Erfassung der globalen Intelligenz.

Die Paranoid-Depressivitäts-Skala (PD-S) ist ein mehrdimensionaler klinischer Selbsteinschätzungsfragebogen zur Erfassung von Depressivität, Paranoia und Krankheitsverleugnung.

Der Patientenfragebogen nach Zung ist ebenfalls ein Selbsteinschätzungsbogen mit Feststellung über das eigene Befinden, der in gewisser Weise Depressivität widerspiegelt.

Die Testergebnisse bei bis dahin als unauffällig deklarierten Nachfahren von Huntington-Patienten ergaben unterschiedliche Testprofile:

1. Es zeigten sich bei 50% der Patienten erhöhte Werte in der Depressionsskala.
2. In den Leistungstests lassen sich drei unterschiedliche Profile herauszeichnen:
   a) ein allgemein erniedrigtes Niveau,
   b) ein normales Niveau,
   c) ein partiell erniedrigtes Niveau, wobei Benton-Test und Handlungsteil des HAWIE besonders als pathologisch auffallen. Die letzte Gruppe ist mit Sicherheit als früher Hinweis für die Entwicklung einer Huntington-Störung anzusehen.

Stellenwert neuropsychometrischer Testverfahren für die Deskription psychologischer Veränderungen in frühen Stadien der Huntington-Erkrankung

Die Untersuchungsergebnisse zeigen, daß die Huntington-Demenz im frühen Stadium kein globales Defizitsyndrom darstellt. Abhängig von der Progredienz höherer kognitiver Funktionsstörungen zeigen sich spezifische pathopsychologische Querschnittsbilder. Fokale Ausfallserscheinungen sind insbesondere im Bereich visueller Retention, visuomotorischer Koordination, Kurzzeitgedächtnis und Merkfähigkeitsleistung auffällig. Zudem imponiert bei Huntington-Patienten eine stark ausgeprägte Störung bei der Planung, Organisation und Einhaltung der richtigen Reihenfolge komplexer Handlungsfolgen. In der analytischen Aufschlüsselung dieser Funktionsstörung scheint die These von einer Enkodierungsstörung bei Huntington-Patienten am weitesten tragfähig. Differentielle Aspekte der Huntington-Demenz, die eine Herausarbeitung dieser Demenzform aus dem Gros ätiologisch anders bedingter dementiver Abbauformen erlauben, ergeben

sich allein aus Forschungsansätzen, die sich nuanciert und spezifisch dem Leistungsprofil dementer Patienten nähern.

Die Ergebnisse zahlreicher psychometrischer Untersuchungen an Huntington-Patienten und deren symptomfreien Nachkommen stimmen trotz aller Unterschiedlichkeit in methodischem Testansatz, Testbedingungen, Testgruppenzusammensetzungen usw. in einer Reihe von Punkten erstaunlich überein.

Die weitgehende Identität der Untersuchungsresultate dem Zufall zuzusprechen, ist bei dem vorhandenen Materialreichtum als höchst unwahrscheinlich anzusehen.

Es zeigt sich Übereinstimmung darin, daß Gedächtnisstörungen und Erinnerungsvermögen sowie Störungen im visuomotorischen Bereich weltweit beobachtet werden. Dennoch scheint es ausgesprochen wichtig, auf die Grenzen neuropsychometrischer Testverfahren hinzuweisen. Neuropsychologische Tests können das Maß 100%iger Genauigkeit und Aussagesicherheit nicht erfüllen. Spreen u. Benton (1967) selber geben für die richtige Identifizierung von Personen mit subtilem Hirnschaden mittels neuropsychologischer Testbatterien im bestmöglichen Fall 70–80% Testgenauigkeit an.

Gerade jetzt, in der Zeit, da Huntington-Patienten bzw. Erbmalsträger molekularbiologisch aufs genaueste anhand der Genanalyse und der Bestimmung des Huntingtons identifiziert werden können und sich unterschiedliche CAG-repeat-Längen auf dem Chromosom 4 nachweisen lassen, bedarf die Zuordnung früher Choreasymptome in Korrelation zu der genetischen Information einer neuen Aufarbeitung. Wichtig für solche Untersuchungen ist, daß molekular-biologische Untersuchungen von sehr empfindlichen und gut validierten klinischen und psychometrischen Untersuchungen begleitet werden. Dies scheint im Augenblick nicht der Fall zu sein. Neuere Untersuchungen, wie die von Strauß et al. (1985), die Patienten mit pathologischem Gentest und neuropsychologischen Beeinträchtigungen untersuchten, konnten bislang keine direkte Korrelation zwischen Gentestergebnis und neuropsychologischem Testergebnis erbringen. Dies dürfte aber daran liegen, daß die meisten dieser Untersuchenden mit zu kleinen Fallzahlen arbeiten. In der Anwendung neuropsychometrischer Testverfahren an Huntington-Patienten und deren symptomfreien Nachkommen ist eine ständige Verbesserung in der Exaktheit der Methode und der statistischen Evaluation notwendig, vor allem im Hinblick auf das prämorbide Intelligenzniveau der Krankheit. Die Vielzahl der eingehenden Faktoren und die mitbestimmenden unbekannten Variablen setzen allerdings der Vergleichbarkeit von Testpersonen ihre Grenzen. Ein wesentlicher Parameter ist z. B. der Streßfaktor, der bei Huntington-Patienten sicherlich eine größere Rolle spielt als bei Kontrollpersonen. Ein weiterer Bias dürfte sein, daß intellektuelle Leistungen ein höchst multifaktorielles Phänomen sind: Alter, soziale Herkunft, Intelligenz, Bildung, kontinuierliche Ängstigung fließen prägend und bestimmend in die geistigen Leistungsvollzüge ein. Die Erfassung kognitiver Leistungsfähigkeit muß vor allem da, wo sie zu wertenden Aussagen kommen will, diese Faktoren möglichst umfassend miteinbeziehen.

Trotz der kritischen Skepsis, die sich aus den soeben genannten Aspekten ergibt, wird man nicht umhinkommen, die Sinnhaftigkeit einer psychopathometrischen Aufschlüsselung der dementiellen und affektiven Störungen bei Huntington-Patienten in unterschiedlichen Stadien zu betonen.

Dies gilt besonders jetzt, da genetische Analysen zur Verfügung stehen. Es wird sich auch nach der Analyse des Genmaterials und des pathologischen Genproduktes das therapeutische Procedere neben der Beeinflussung des motorischen Störmusters an den psychopathologischen Störmustern orientieren müssen sowohl auf dem Gebiet neuropsychologischer als auch pharmakologischer Behandlung. Bei den molekular-biologisch

diagnostizierten aber noch als präsymptomatisch geltenden Huntington-Patienten wird sich das gesamttherapeutische Konzept auf die psychischen Störungen und subjektiven Leidensmomente der Patienten einlassen müssen.

Für die Neuropsychophysiologie ergibt sich aus dem komplexen Krankheitsbild der Huntington-Erkrankung eine interessante wissenschaftlich außerordentlich fruchtbare Schnittstelle zwischen genetisch-pathophysiologischer Primäralteration und klinisch-psychologischen Ausdrucksformen. Schnittstellen solcher Art dürften für die Humanwissenschaft und insbesondere für die Neuropsychologie eines der aufregendsten Forschungsfelder der Zukunft darstellen.

Interdisziplinäre Ansätze bieten zum ersten Mal die Möglichkeit, psychosomatische Störungen mit valider molekular-biologischer und klinisch neuropsychologischer sowie modernster kinesiologischer Methodik angehen zu können. Zugleich wird sich auch aus der Kooperation von Grundlagenforschern und klinischen Forschern ein Konzept entwickeln lassen müssen, das sowohl der biologischen Aspekthaftigkeit menschlichen Seins gerecht zu werden fähig ist, als auch dem individuellen persönlichen Erleben und Befinden des einzelnen Menschen entspricht, oder, um mit Karl Popper zu sprechen, reduktionistische Betrachtungsweise des Naturwissenschaftlers und holistische Betrachtungsweise des Arztes müssen im Interesse des Patienten eine fruchtbare Symbiose eingehen, um zu einer sinnhaften Problemlösung beizutragen.

Diskussion

Frage: Angenommen, ein Patient kommt in die Psychiatrie und hat gewisse psychische Auffälligkeiten, hat aber wohl noch keine sicheren motorischen Zeichen einer Chorea Huntington. Unter welchen Umständen würden Sie zu einer Gendiagnostik raten? Sollte man bestimmte motorische Symptome der Chorea voraussetzen, bevor man sich zur Gendiagnostik entschließt?

Antwort: Wir können uns nicht auf die klinischen motorischen Zeichen diagnostisch verlassen. Die psychologischen Befunde werden mit Hilfe doch sehr komplexer Methoden bei diesen Patienten erhoben. Deshalb müssen wir auch gute komplexe motorische Untersuchungen durchführen. Das ist sicherlich etwas, was wir neu in unserer Ausbildung mitaufnehmen müssen. Wir müssen Patienten, die psychische Auffälligkeiten haben, auch motorisch exakt untersuchen.

Immer dann, wenn Kinder psychisch auffällig werden durch Aggressivität und durch Nachlassen der Schulleistungen oder durch Unkonzentriertheit, müssen Sie darüber nachdenken, daß eine Chorea Huntington vorliegen kann, wenn entsprechende familienanamnestische Daten vorhanden sind.

Frage: Was ist eigentlich besser, die quälende Ungewißheit oder die manchmal negative Sicherheit? Was sagen denn die Patienten selber dazu, Selbsthilfegruppen oder entsprechende Institutionen?

Antwort: Ich kann Ihnen vielleicht erste Beobachtungen schildern. Als die Gendiagnose nicht möglich war, haben die Familien gesagt, wir möchten gerne eine diagnostische Abklärung haben. Als wir soweit waren, diese durchzuführen, fiel auf, daß sich viele Familien zurückgezogen haben und nicht an dem genetischen Test teilnehmen wollten.

Mittlerweile gibt es einen zunehmenden Anteil von Familienmitgliedern, welche genetische Aufklärung wünschen. Das ist darauf zurückzuführen, daß wir die psychologische Begleitbehandlung und -betreuung wesentlich verbessern konnten. Mit der Verbesserung der Copingstrategien – „Wie gehe ich mit der Krankheit um?"; „Wie werde ich mit der Krankheit umgehen?" – ist ein zunehmendes Bedürfnis nach diagnostischer Sicherheit eingetreten. Außerdem sollten wir nicht mehr so negativ der Therapie gegenüberstehen. Die ganze Krankheit gilt ja heute als nicht kausal therapierbar. Ähnliches gilt auch für den Morbus Parkinson. Wenn wir in der Lage sind, psychologische und motorische Defizite früh zu erkennen, dann haben vielleicht bei der Chorea Huntington Thymoleptika und auch Substanzen wie Physostigmin ihre Berechtigung neben jenen Medikamenten, die die überschießende Motorik dämpfen. Und damit dürfte in Zukunft die Akzeptanz der Diagnose leichterfallen.

Frage: Sie deuten darauf hin, daß die Hyperkinese erst eine Spätmanifestation ist und die früheren motorischen Störungen mehr in einer Hemmung der motorischen Differenziertheit bestehen. Wie weit kann man diese Symptome von den Störungen beim Morbus Parkinson unterscheiden? Die zweite Frage ist: So wie Sie dargestellt haben, gibt es vielleicht doch schon sehr frühzeitig ein typisches Muster, bestehend aus motorischen und psychopathologischen Störungen, welches für das Vorliegen einer Chorea spricht. Wie pathognomonisch ist denn dieses Muster?

Antwort: Die Bestätigung für dieses diagnostisches Muster, das wir postulieren, werden wir aus der Kooperation mit der Humangenetik erhalten können. Die genetische Analyse wird uns in die Lage versetzen, diese Patienten sehr früh zu erkennen. Wir werden dann vielleicht in einigen Jahren über die pathognomische Stichhaltigkeit dieser Befunde Antwort geben können.

Was die motorischen Befunde betrifft, ist es tätsächlich zunächst eine Organisationsstörung der Motorik, die auffällt. Die motorischen Störungen im Frühstadium des Morbus Parkinson und der Chorea Huntington sind dabei durchaus vergleichbar.

Frage: Sie haben die Chorea als ein Beispiel für die Notwendigkeit einer neuen fachlichen Spezialität genommen. Es tut sich im Moment einiges im Weiterbildungsbereich: einerseits qualifiziert sich die Psychiatrie, aber nicht in neuropsychologischer, sondern eher in psychotherapeutischer Kompetenz. Andererseits wird es wieder einen Nervenarzt geben. Schließlich hört man Diskussionen, man solle doch künftig in der psychiatrischen Ausbildung die Neurologie streichen. Dies führt begreiflicherweise zum Protest. Jetzt habe ich nicht ganz verstanden: Soll der Neurologe künftig die spezielle Expertise, die sie angesprochen haben, erwerben? Soll der Psychiater sie erwerben? Oder soll es einen Dritten geben, den „Motorik-Spezialisten"? Welche Expertise setzen Sie im Team Ihres Chorea-Zentrums voraus, um diesem Bedarf Rechnung zu tragen?

Antwort: Das Problem ist, daß wir bei allen zerebralen neurologischen Störungen, wenn wir nur genau hinsehen, auch psychologische Störungen finden. Auf der anderen Seite wird versucht, die Motorik wieder in stärkerem Maße in die Psychiatrie einzuführen. Ich muß immer vom Patienten ausgehen. Es gibt Patienten, die sowohl psychologische wie motorische Störungen haben. Muß das nicht ein Arzt sein, der diesen einen Patienten behandelt? In der Endausbaustufe unseres Chorea-Zentrums wird es so sein, daß dort ein Facharzt für Neurologie und Psychiatrie mit schwerpunktmäßiger Ausbildung in Psych-

iatrie sein wird. Und es wird ein Facharzt sein mit schwerpunktmäßiger Ausbildung in der Vermessung der motorischen Störung. Schließlich gibt es einen Sozialarbeiter und einen Psychologen. Diese bilden ein Team, welches den Choreapatienten betreuen wird. Wir sollten insgesamt keine Psychiatrieausbildung ohne Neurologie betreiben und wir sollten keine Neurologieausbildung ohne Psychatrie durchführen.

Frage: Was Sie angedeutet haben, bedeutet ja letztlich, konsequent weitergedacht, daß wir für jede Krankheit einen eigenen Arzt haben müssen. Ich sehe das unter einem anderen Aspekt. Wenn Sie spezielle Krankheiten mit ihrer jeweiligen Problematik betreuen wollen, und Sie sagen, ich kann das am besten im Team, dann bedeutet das doch, daß eine intensivere Kooperation stattfinden muß. Wenn Sie jetzt einzelne Facharztweiterbildungen so weit streuen, daß nachher eine sehr differenzierte Kompetenz gar nicht mehr erwartet werden kann, weil das Wissen in den Einzelbereichen zu breit gegliedert ist, dann kaufen Sie dafür Inkompetenz ein. Ich plädiere für eine Disziplinkompetenz. Deswegen stehe ich für die Trennung von Neurologie und Psychiatrie, allein aus der Bewältigung des Wissens und der Fachkompetenz. Eine verstärkte Kooperation würde alle Nachteile dieser Differenzierung beseitigen lassen. Und ich denke, was Sie mit Ihrem Team realisieren, ist ja ein gutes Beispiel für die erfolgreiche Anwendung der Kooperation.

Antwort: Die Realität der behandelten Patienten mit Chorea ist ja, daß sie zunächst neurologische Patienten sind, und dann, ab einem bestimmten Schweregrad der Erkrankung, zu psychiatrischen Patienten werden. Ich bin nicht ein eigentlicher Anhänger der Trennung der Disziplinen. Ich halte es nicht für gut, wenn die neurologische Kompetenz in der Psychiatrie überhaupt nicht mehr gegeben ist.

Frage: Die genetische Diagnostik stützt sich auf die Analyse von Blutzellen. Man kann davon ausgehen, daß auch andere Organe wohl die charakteristischen Veränderungen zeigen. Dann stellt sich die Frage: Untersuchen wir die Patienten zu oberflächlich und meinen, es ist nur eine Erkrankung des zentralen Nervensystems, oder ist das Genprodukt nur im Striatum wichtig? Welche Erkenntnisse liegen zu dieser Frage vor?

Antwort: Wenn Sie Neurologe sind, denken Sie natürlich daran, daß das nigrostriatale System zunächst das wichtigste sein könnte. Wenn Sie Psychiater sind, denken Sie über andere Hirnzentren nach. Wenn Sie aber Dermatologe sind, denken Sie darüber nach, daß die Haut gestört sein kann, und Sie wissen, daß wir auch einen gestörten Hautstoffwechsel bei Chorea Huntington-Patienten haben. Das hängt also von Ihrer Blickweise ab.

Frage: Ich wollte noch mal kurz die neuropsychologische Diagnostik ansprechen. Wir haben im psychiatrischen Weiterbildungskatalog minimale oder fast keine Vorgaben an erforderlichen Kenntnissen hinsichtlich neuropsychologischer und psychometrischer Diagnostik. Gerade die Psychiater sollten jetzt zusammen mit Neurologen mit Motorikschwerpunkt arbeiten, um die Operationalisierung motorischer Störungen weiter zu verbessern. Das wäre auch ein Unterschied zu den Leonhardologen, wo es in erster Linie um den klinischen Eindruck geht. Ich denke, wir sollten die apparative Seite der Diagnostik weiterentwickeln.

Antwort: Die Leonhardologen haben ja nun die Motorik in fortgeschrittenem Stadium beobachtet. Wir können natürlich auch die instrumentelle Untersuchung verfeinern. Die Methoden, die wir jetzt anwenden müssen, müssen sehr viel moderner und viel präziser sein als bisher. Gerade auch mit den neueren Auswertungen, die mit der elektronischen Datenverarbeitung möglich sind, lassen sich weitere Differenzierungen durchführen. Man sollte darüber nachdenken, dieses Verfahren tatsächlich in die Neurologie und auch in die Psychiatrie einzuführen. Wir sind in der Neurologie auch noch weit davon entfernt, diese Methoden überhaupt in unseren Weiterbildungskatalog aufzunehmen.

Literatur

Albert M, Butters N, Brandt J (1981) Patterns of remote memory in amnesic and demented patients. Arch Neurol 38: 495 – 500

Albert MS, Butters N, Levin J (1979) Temporal gradients in the retrograde amnesia of patients with alcoholic Korsakow's disease. Arch Neurol 36: 211 – 216

Aminoff MJ, Marshall J, Smith F (1975) Pattern of intellectual impairment in Huntington's chorea. Psychol Med 5: 169 – 172

Avanzini G, Girotti F, Caraceni T, Spreafilo R (1979) Oculomotor disorders in Huntington's chorea. J Neurol Neurosurg Psychiatry 42: 581 – 589

Backenridge CJ (1982) Prognostic factors in Huntington's disease of early on set. Eur Neurol 21 (2): 112 – 116

Bamfort KA, Caine ED, Kido DK et al. (1989) Clinicalpathologic correlation in Huntington's disease. Neurology 39: 796 – 801

Barette J, Marsden CD (1979) Attitudes of families to some aspects of Huntington's chorea. Psychol Med 9: 327 – 336

Baroff GS, Falek A, Haberlandt W (1980) Impairment of psychomotor function in the early diagnosis of Huntington's chorea. Wr Z f Nervenheilkunde XV/1 – 4: 28 – 37

Boll T, Heaton R, Reitan R (1974) Neuropsychological and emotion correlates of Huntington's chorea. J Nerv Ment Dis 158: 61 – 69

Brandt J, Strauß ME, Larus J et al. (1984) Clinical correlates of dementia and disability in Huntington's disease. J Clin Neuropsychol 6 (4): 401 – 412

Butters N (1984) The Clinical aspects of memory disorders: Contributions from experimental studies of amnesia and dementia. J Clin Neuropsychol 6 (1): 17 – 36

Butters N, Tarlow S, Cermak LS, Sax D (1976) A comparison of the information processing deficits of patients with Huntington's chorea and Korsakow's syndrome. Cortex 12: 134 – 144

Butters N, Sax D, Montgomery K, Tarlow S (1978) Comparison of the neuropsychological deficits associated with early and advanced Huntington's disease. Arch Neurol 35: 585 – 589

Caine ED, Shoulson I (1983) Psychiatric syndromes in Huntington's disease. Am J Psychiatry 140: 728 – 733

Cermak LS, Lewis R, Butters N, Goodglass H (1973) Role of verbal mediation in performance of motor tasks by Korsakow patients. Percept Mot Skills 37: 259 – 262

Clark AW, Parhad IM, Folstein SE et al. (1983) The nucleus basalis in Huntington's disease. Neurology 33: 1262 – 1267

Corkin S (1968) Acquisition of motor still after bilateral medial temporal-lobe excision. Neuropsychologia 6: 255 – 265

Doshay LJ, Constable K (1949) Artane therapy of parkinsonism. JAMA 140: 1317 – 1322

Fedio P, Cox CS, Neophytides A et al. (1979) Neuropsychological profile of Huntington's disease: Patients and those at risk. Adv Neurol 23: 27 – 35

Fisher JM, Kennedy JL, Caine ED, Shoulson I (1983) Dementia in Huntington's disease: a cross-sectional analysis of intellectual decline. Adv Neurol 38: 229 – 238

Folstein SE, Folstein MF (1983) Psychiatric features of Huntington's disease: recent approaches and findings. Psychiatr Dev 2: 193 – 206

Folstein S, Franz ML, Jensen B et al. (1983) Conduct disorder and affective disorder among the offspring of patients with Huntington's disease. Psychol Med 13: 45 – 52

Gorman CR (1846) On a form of chorea, vulgarly called Magrum's. Thesis, Jefferson Med Coll Philadelphia

Huber StJ, Paulson GW (1987) Memory impairment associated with progression of Huntington's disease. Cortex 23: 275 – 283

Huntington G (1872) On chorea. Med Surg Rep Philadelphia 317 – 321

Josiassen RC, Curry L, Roemer RA et al. (1982) Patterns of intellectuall deficit in Huntington's disease. J Clin Neuropsychol 4 (2): 173 - 183
Leblhuber F (1993) Frühe und präsymptomatische Erkennung der Chorea Huntington. Fortschr Neurol Psychiatr 61: 1 - 21
Lund JC (1860) ‚Chorea sancti Viti i Saetesdalen'. Beretning om sundhedstilstanden og medicinal-forholdene i Norge: p 137
Lund JC (1868) ‚Om Saitesdalen'. Beretning om sundhedstilstanden og medicinalfor-holdene i Norge: p 16
Lyle OE, Gottesman II (1977) Premorbid psychometric indicators of the gene for Huntington's disease. J Consult Clin Psychol 45 (6): 1011 - 1022
Lyle O, Quast W (1976) The Bender Gestalt: use of clinical judgment versus recall scores in prediction of Huntington's disease. J Consult Clin Psychol 44 (2): 229 - 232
Lyon JW (1863) Chronic hereditary chorea. Amer med Tms 7: 289 - 290
Martone M, Butters N, Payne M et al. (1984) Dissociations between skill learning and verbal recognition in amnesia and dementia. Arch Neurol 41: 965 - 970
Meudell P, Butters N, Montgomery K (1978) The role of rehearsal in the short-term memory performance of patients with Korsakow's and Huntington's disease. Neuropsychol 16: 507 - 510
Moses JA jr., Golden CJ, Berger PA, Wisniewski AM (1981) Neuropsychological deficits in early, middle and late stage of Huntington's disease as measured by the Luria-Nebraska-Neuropsychological Battery. Int J Neuro Sci 14: 95 - 100
Norton JC (1975) Patterns of neuropsychological test performance in Huntington's disease. J Nerv Ment Dis 161: 276 - 279
Pericak-Vance MA, Elston RC, Conneally PM et al (1983) Age-of-onset heterogeneity in Huntington's disease families. Am J Med Gent 14: 49 - 59
Pillon B, Dubois B, Ploska A, Agid Y (1991) Severity and specificity of cognitive impairment in Alzheimer's, Huntington's, and Parkinson's diseases and progressive supranuclear palsy. Neurology 41: 634 - 643
Propert DN (1980) Presymptomatic detection of Huntington's disease. Med J Aust 1: 609 - 612
Reyes MG, Gibbons S (1985) Dementia of the Alzheimer's type and Huntington's disease. Neurol 35 (2): 273 - 277
Salmon DP, Kwo-on-Yuen PF, Heindel CW et al. (1989) Differentiation of Alzheimer's disease and Huntington's disease with the Dementia Rating Scale. Arch Neurol 46: 1204 - 1208
Spreen O, Benton A (1967) Comparative Studies of some psychological tests for cerebral damage. J. Nerv. Ment. Dis. 140: 323 - 333
Strauss ME et al. (1985) Is there increased WAIS pattern variability in Huntington's disease? J. Clin. Exp. Neuropsychol. 7: 122 - 126
Verleger R (1993) Endogene EEG-Potentiale in der Neurologie: Psychologische Forschung im biologischen Gewand. Bericht über den 38. Kongreß der Deutschen Gesellschaft für Psychologie, Bd. 2, Hogrefe Verlag Göttingen, Berlin, Toronto, Seattle. p 408 - 421
Waters CO: Letter dated 5th May 1941. In: Dunglison R (1848) Practice of medicine, vol 2, 1st edn. Philadelphia, Lea & Blanchard, pp 245, 1843 and vol 2, 3rd edn, pp 216 - 218
Weingartner H, Caine ED, Ebert MH (1979) Imagery, encoding, and retrieval of information from memory: some specific encoding - retrieval changes in Huntington's disease. J Abnorm Psychol 88 (1): 52 - 58
Webb M, Trzepacz PT (1987) Huntington's disease: Correlations of men tal status with chorea. Soc Biol Psychiatr 22: 751 - 761
Wilson RS, Garron DC (1987) Psychological features of Huntington's disease and the problem of early detection. Soc Biol 27 (1): 11 - 19
Winocour G, Weiskrantz L (1976) An investigation of paired-associate learning in amnestic patients. Neuropsychologia 14: 97 - 110

Zur Gendiagnostik neurologischer Erkrankungen

J. T. Epplen

Einleitung

Neue gentechnologische Errungenschaften werden nach vorsichtigen Einschätzungen mindestens die Hälfte der medizinischen Heilversuche in den nächsten 20–30 Jahren ausmachen, auch wenn diese Entwicklungen derzeit erst allmählich angedacht und eingeleitet werden können. Dagegen hat die molekulargenetische Diagnostik bereits heute einen kaum überschätzbaren Stellenwert in der theoretischen und klinischen Medizin. Im Hinblick auf die routinemäßig einsetzbaren DNA-Untersuchungen sind zunächst zwei Prinzipien zu unterscheiden, die *direkte* und die *indirekte Gendiagnostik* (Epplen et al. 1994a, 1995a, Abb. 1). Während direkte Gendiagnostik veränderte oder variable Basenabfolgen unmittelbar im Gen oder den Expression-regulierenden Sequenzen aufspürt, nutzt man auf dem indirekten Anmarschweg (zumeist hochinformative) DNA-Marker. Diese Marker lassen aufgrund genetischer Kopplung Aussagen über die Zustandsform benachbarter Gene zu (Normalallel oder krankheitsauslösende Mutation, Polymorphismus oder seltene Variante ohne krankheitsrelevante Bedeutung). Die Aussagesicherheit auf der Basis indirekter DNA-Diagnostik ist abhängig vom „Informationsgehalt" der untersuchten Familiensituation und von der ‚genetischen' Entfernung des Markers vom interessierenden Merkmal: Geringe Rekombinationshäufigkeit in der Generationenfolge ergibt aussagekräftige Segregationsergebnisse. Wiewohl dieses Prinzip

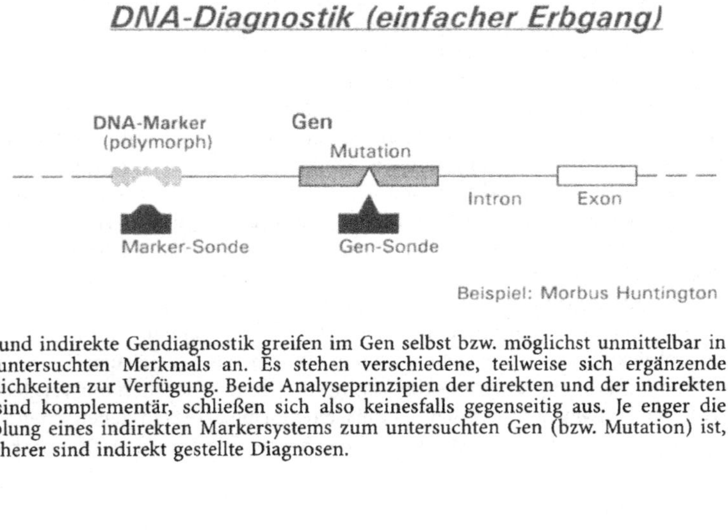

Abb. 1. Direkte und indirekte Gendiagnostik greifen im Gen selbst bzw. möglichst unmittelbar in der Nähe des untersuchten Merkmals an. Es stehen verschiedene, teilweise sich ergänzende technische Möglichkeiten zur Verfügung. Beide Analyseprinzipien der direkten und der indirekten Gendiagnostik sind komplementär, schließen sich also keinesfalls gegenseitig aus. Je enger die genetische Kopplung eines indirekten Markersystems zum untersuchten Gen (bzw. Mutation) ist, desto aussagesicherer sind indirekt gestellte Diagnosen.

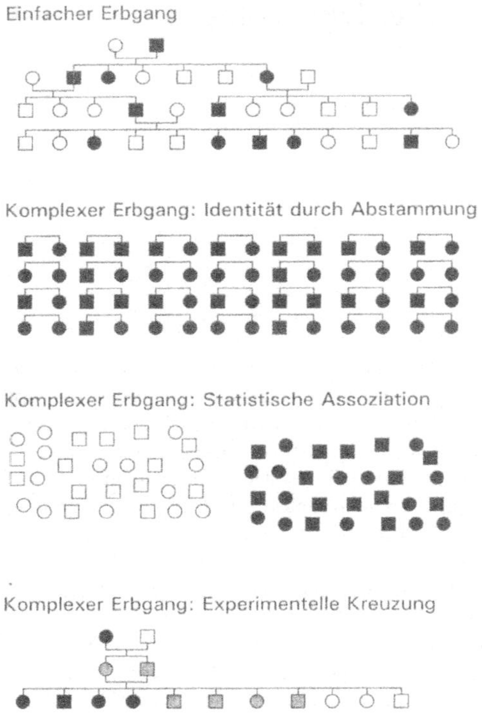

Abb. 2. Strategien zur Kandidatengenanalyse als Voraussetzung für die (direkte) DNA-Diagnostik bei Erkrankungen mit einfachem und komplexem Vererbungsmodus. Mutationen in Kandidatengenen bei einfachen Erbgängen können auf der Basis von DNA-(Blut-)Proben von informativen Familien sehr effizient demonstriert werden. Die Untersuchungsstrategien ‚Identität durch Abstammung' und ‚statistische Assoziation' erfordern sehr große Kollektive von Betroffenen (und Kontrollen). Die experimentelle Kreuzung kann natürlich nur im Tiermodell für menschliche Erbkrankheiten sehr aufschlußreich sein

der indirekten Diagnostik zunächst nur als Übergangsstadium zu direkten Nachweisverfahren erscheinen mag, so wird hier zu diskutieren sein, welche Bedeutung beiden diagnostischen Möglichkeiten aktuell und zukünftig zukommen wird. Welche weiteren Entwicklungen können heutzutage mit einiger Verläßlichkeit prognostiziert werden? Wird z. B. die totale Genomanalyse beim Menchen weitere grundlegend neue Erkenntnisse bringen, die die gendiagnostischen Anwendungen allgemein und in der Neurologie im besonderen befruchten werden?

Bevor die DNA-Diagnostik eingesetzt werden kann, muß zumindest die genomische Lokalisation des betroffenen Gens möglichst detailliert bekannt sein bzw. müssen Mutationen charakterisiert werden. Die gegenwärtigen Möglichkeiten zur molekularen Analyse genetischer Erkrankungen können nach dem jeweiligen Vererbungsmodus differenziert werden (Abb. 2). Zum Aufspüren von Mutationen bei monofaktoriellen Erkrankungen hat sich der *Kandidatengenweg* als besonders erfolgreich erwiesen. Hierbei wird ein bestimmtes Gen als vermeintlich bester ‚Kandidat' für die weiterführende Charakterisierung des ‚erblichen Defekts' auf der Basis aller verfügbaren Vorkenntnisse ausgewählt. Es werden dann im Kandidatengen Mutationen gesucht, die natürlich vollständig mit dem gegebenen Krankheitsbild kosegregieren müssen, d. h. in derselben Vererbungsphase weitergegeben werden. Wegen des vergleichsweise enormen Arbeitsaufwands ist die sog. *Positionsklonierung* von Krankheitsgenen nur vergleichsweise selten erfolgreich angewandt worden. Es müssen enorme Strecken genetischen Materials überstrichen und vergleichsweise eingehend charakterisiert werden. Erst nach der Identifika-

tion eines Kandidatengens in der fraglichen genomischen Position kann die gezieltere Mutationssuche wie oben angedeutet beginnen. Der durchschnittliche Arbeitsaufwand für eine ausführliche Mutationssuche ist beträchtlich: Ein trainierter, fleißiger Mitarbeiter kann ein durchschnittlich großes Gen pro Jahr erfolgreich ‚beackern'. Ausnahmen bei der Betrachtung der vergleichsweise niedrigen Effizienz über den Positionsklonierungsweg stellen diejenigen Krankheitsbilder dar, bei denen zufällig gefundene Chromosomenaberrationen oder sog. Trinukleotidblock-Verlängerungen den Vorverdacht auf eine kausale Beziehung des Gens zum Krankheitsbild (Kandidatenschaft) nahegelegt haben.

Bei komplexen Erbgängen können je nach der Struktur und der Verfügbarkeit des angesammelten Patientenguts zwei verschiedene Strategien zur Identifizierung von krankheitsrelevanten Genen verfolgt werden (s. Abb. 2): genetische Identitätsanalyse von Genen/Markern aufgrund der Abstammung („*identity by descent*") oder statistische Assoziation eines definierten Krankheitsbilds mit Genen/Markern in der Population im Vergleich mit einem Normalkollektiv. Die rein experimentelle Kreuzung ist besonders aufschlußreich und natürlich nur auf tierische Modellsysteme für menschliche Erkrankungen beschränkt.

Zusammen mit dem Verständnis des Potentials molekulargenetischer Werkzeuge erlaubt dieser sehr vereinfachte und gestraffte theoretische Unterbau ein gezieltes Vorgehen zur Charakterisierung von Kandidatengenen für Erkrankungen. Die eigentliche DNA-Diagnostik wird anschließend abhängig vom nachzuweisenden Effekt etabliert und basiert dann meist auf der einen oder anderen Version von spezifischer Vervielfältigung des entsprechenden Genabschnitts mittels der Polymerasekettenreaktion (PCR; inklusive anschließender gelelektrophoretischer Analytik zur Molekulargewichtsbestimmung der Amplifikate). Die Erörterungen hier sind im wesentlichen auf diejenigen Krankheitsbilder beschränkt, die bevorzugt in einer neurologischen Fachklinik vorgestellt werden sollten.

Jede (monofaktoriell bedingte neurologische) Erbkrankheit bedarf eigens etablierter indirekter bzw. direkter DNA-Diagnostik

Derzeit sind bereits mehr als 5700 monofaktoriell bedingte Erbkrankheiten systematisch zusammengestellt worden (s. Katalogisierung von McKusick u. Amberger 1993; OMIM data base im Internet). Die allermeisten dieser Erkrankungen sind sehr selten oder gar nur in vereinzelten Familien beschrieben worden. Der gegenwärtige Stand der DNA-diagnostischen Möglichkeiten bei neurologisch relevanten Erbkrankheiten ist in Tabelle 1 zusammengefaßt. Ungefähr die Hälfte der diagnostizierbaren Krankheitsbilder kann bisher ausschließlich indirekt angegangen werden. Für die indirekte Analyse ist natürlich eine informative Familiensituation notwendig, in der die Vererbungsphase der interessierenden genetischen Region über möglichst eng an das Krankheitsgen gekoppelte Marker verfolgt werden kann. Es muß in der Regel mindestens die DNA einer erkrankten Person in der betreffenden Familie für die Untersuchung verfügbar sein. Weiterhin müßten oftmals Familienmitglieder eingeschlossen werden, die eigentlich an der Untersuchung wenig interessiert sind bzw. diese Verfahren grundsätzlich ablehnen. Diese Problematik wird in der genetischen Beratung eingehend besprochen, bevor die interessierten Familienmitglieder selbst – und nur sie selbst – die Initiative zur Befragung der einzubeziehenden Verwandten ergreifen können.

Tabelle 1. Gegenwärtiger Stand (Mai 1995) der gendiagnostischen Möglichkeiten bei neurologischen Erkrankungen

Krankheits-gruppe	Erkrankung	Vererb. Modus[a]	Gen Locus	Gen-Defekt[b]	Gendiagnose Direkt	Gendiagnose Indirekt	Chromosomale[c] Lokalisation
Basalganglien Erkrankungen	M. Huntington	ad	Huntingtin	Tri	ja		4p16.3
	Familiäre Hyperekplexie (M. Startle)	ad	Glycin Rezeptor (GLRA1)	Pm	ja		5q
	Torsion Dystonie (1)	ad				heterogen	9q32 – 34
	DRPL Atrophy	ad	Atrophin	Tri	ja		12
	Dystonia (dopamin sensitive)	ad				ja	14
	McLeod-Syndrome	Xr	XK	De, Pm	ja		Xp21
	Torsion Dystonia (3)	Xr			ja		Xq11.2 – 21.3
	Dystonia-Parkinson-Syndrome	Xr					14q
	M. Kennedy (BSMA)	Xr	Androgen-Rezeptor	Tri	ja		Xq21.3
Heredo-Ataxien	Spinozerebellare Ataxie (1)	ad	SCA-1	Tri	ja		6p
	Ataxie mit Sel. Vit. E Defizienz (AVED)	ar				ja	8q
	Friedreich-Ataxia	ar				ja	9q13 – 21.1
	Ataxia Teleangiectatica	ar				heterogen	11q22 – 23
	Spinocerebellar Ataxia (2)	ad				ja	12
	Spinocerebellar Ataxia (3)	ad				ja	14
	M. Machado-Joseph	ad					14
	Spinocerebellar Ataxia (4)	ad					?
Neuro-degenerative Erkrankungen	M. Alzheimer (Frühmanifestation)	ad					14q23 – 24.1
	M. Alzheimer (Spätmanifestation)	ad					19q13.2
	M. Alzheimer (Frühmanifestation)	ad	?Apolipoprotein E4?				21q21.3 – 22
	M. Alzheimer (Frühmanifestation)	ad					?
Fehlbildung Epilepsien	Miller-Dieker-Lissenzephalie	sp	LIS-1	De	(ja)		17p13.3
	Juvenile Myoklonusepilepsie	ad			(ja)		6p21.3
	Progr. Kindheitsepilepsie (Northern)	ar				heterogen	8pter-p22
	Benigne famil. neonatale Krämpfe	ad				?	8q
	Benigne famil. neonatale Krämpfe	ad				?	20q13.2
	Progr. Myoklonusepilepsie (Lundborg)	ar				?	21q22.3
Heredodege-nerative Rücken-marksläsionen	Spinale Muskelatrophien						
	-Werdnig-Hoffmann Typ (SMA1)	ar				ja	5q11.2 – 13.3
	-Intermediary Typ (SMA2)	ar				ja	5q11.2 – 13.3
	-Kugelberg-Welander Typ (SMA3)	ar/ad					5q/?
	-Erwachsenen-Form (SMA4)	ar/ad				heterogen	?

Krankheits-gruppe	Erkrankung	Vererb. Modus[a]	Gen Locus	Gen-Defekt[b]	Gendiagnose		Chromosomale[c] Lokalisation
					Direkt	Indirekt	
	Famil. amyotrophische Lateralsklerose	ad	SOD1	Pm	ja		21q22.1
	Famil. amyotrophische Lateralsklerose	ar				heterogen	2q33 - 35
	„MASA Syndrom"	X	Neuronales L1CAM	Pm	ja		Xq28
	Hydrozephalus	X	L1CAM	Pm	ja		Xq28
	Spastische Spinalparalyse (1)	Xr	L1CAM	Pm	ja		Xq28
	Spastische Spinalparalyse (2)	Xr	Proteolipid	Pm	(ja)		Xq21 - 22
	M. Pelizaeus-Merzbacher	Xr	Proteolipid	Du	(ja)		Xq21 - 22
	Famil. spastische Paraplegie	ad					2p21 - 24
	Famil. spastische Paraplegie (SPG5A)	ar					8
	Famil. spastische Paraplegie (SPG3)	ad					14q
Neuropathien	M. Charcot-Marie-Tooth 1B	ad	Myel in PO	Pm	ja		1q23.3 - 23
	M. Charcot-Marie-Tooth 2A	ad					1p35 - 36
	M. Charcot-Marie-Tooth 2B	ad					?
	M. Charcot-Marie-Tooth 2C	ad					?
	M. Charcot-Marie-Tooth 4A	ar					8q13 - 21.1
	M. Charcot-Marie-Tooth 1A	ad	Myelin 2 (PMP22)	Du, Pm	ja		17p11.2
	M. Charcot-Marie-Tooth 1C	ad					?
	M. Charcot-Marie-Tooth X	Xr	Connexin 32	Pm	ja		Xq13.1
	M. Déjerine-Sottas (HSMN III) DSDB	ar, sp	Myelin PO	Pm	ja		1q23.3 - 23
	M. Déjerine-Sottas (HSMN III) DSDA	sp, ad	PMP 22	Pm	ja		17p11.2
	Heredit. Neuropathie+Drucklähmung (HNPP)	ad	PMP 22	De, Pm	ja		17p11.2
	Amyloid-Polyneuropathie	ad	Transthyretin	Pm	ja		18q11.2 - 12.1
Neuromuskuläre und Muskel Erkrankungen	Facioscapulohumerale Muskeldystrophie	ad			(ja)		4q33 - 35
	Maligne Hyperthermie	ad				heterogen	7q
	kongenitale Muskeldystrophie	ar	Merosin			heterogen	6q2
	Fukuyama kongenitale Muskeldystrophie	ar			ja		9q31 - q33
	Muskeldystrophie	ar	Adhalin	Pm	ja	heterogen	17q12 - 21.33
	Central Core Disease	ad	Ryanodin-Rezeptor (RYR1)	Pm	ja		19q12 - 13.2
	Maligne Hyperthermie	ad	Ryanodin-Rezeptor (RYR1)	Pm	(ja)	heterogen	19q12 - 13.2
	Myotonische Dystrophie	ad	Proteinkinase (Muskel)	Tri	ja		19q13.3
	Muskeldystrophie (Duchenne)	Xr	Dystrophin	De, Pm, Tr	ja	heterogen	Xp21.2
	Muskeldystrophie (Becker)	Xr	Dystrophin	De (frame)	ja	heterogen	Xp21.2
	Muskeldystrophie (Emery-Dreyfuß)	Xr					Xq28

Krankheits-gruppe	Erkrankung	Vererb. Modus[a]	Gen Locus	Gen-Defekt[b]	Gendiagnose Direkt	Gendiagnose Indirekt	Chromosomale[c] Lokalisation
Fam. Per. Paresis	Hypokaliäm. periodische Parese	ad, sp	Dihydropyr. Rezp. (CACNLIA3)	Pm	ja		1q31 – 32
Myotonien	Myotonia Congenita (Thomsen)	ad	Chlorid-Kanal (CLCN1)	Pm	ja		7q35
	Generalisierte Myotonie (Becker)	ar	Chlorid-Kanal (CLCN1)	Pm, De	ja		7q35
	Periodische Ataxie mit Myokymie	ad	Kalium-Kanal (KCNA1)	Pm	ja		12p
	Paramytonia Congenita	ad	Natrium-Kanal (SCN4A)	Pm	ja		17q23
	Myotonia Permanens	ad	Natrium-Kanal (SCN4A)	Pm	ja		17q23
	Hyperkaliäm. famil. periodische Parese	ad	Natrium-Kanal (SCN4A)	Pm	ja		17q23
Phacomatosen	M. Von Hippel-Lindau	ad				heterogen	3p25
	Tuberöse Sklerose (TSC1)	ad				ja	9q34.3
	Tuberöse Sklerose (TSC2)	ad	Tuberin	De	(ja)	ja	16p13.3
	Neurofibromatose 1 Recklinghausen	ad	NF1		ja		17q11.2
	Neurofibromatose 2	ad	NF2		ja		22q11 – 13.1
Speicher-Krankheiten	M. Gaucher	ar	Glucocerebrosidase	Pm	ja		1q21
	M. Wilson	ar	Cu-binding ATPase	De, Pm	ja		13q14.3
	M. Niemann-Pick	ar	Sphingomyelinase PDE1				17
	Metachromatische Leukodystrophie	ar	Arylsulfatase A	Pm	ja		22q13.31
	M. Menkes	Xr	Cu-bindende ATPase	De (16%)	ja		Xq13.3
	Adrenoleukodystrophie	Xr					Xq28
Mitochondriale Erkrankungen	Leber's Her. Opticus-Neuropathie (LHON)	mit	Complex I, III, IV	Pm	ja		mit
	Myoclonus Epilesie (MERFF)	mit		Pm	ja		mit
	Myoclonus Epilesie (MELAS)	mit		Pm	ja		mit
	Kearns-Sayre Syndrome (KSS)	mit		ext. De, Du	ja		mit
	Progr. externe Ophthalmoplegie (PEO)	mit		ext. De	ja		mit

[a] Vererbungsmodus: *ad* autosomal dominant, *ar* autosomal rezessiv, *sp* spontan, *X* X chromosomal, *Xr* X-chromosomal rezessiv, *mit* mitochondrial
[b] Kategorien genetischer Defekte: *De* Deletion (*ext.* extensiv; *frame* im Leserahmen), *Du* Duplikation, *Pm* Punktmutation, *Tr* Translokation, *Tri* Trinukleotiderkrankung.
[c] Genlokalisation, Chromosom, Arm (*p* kurzer Arm; *q* langer Arm), Region, Subregion etc. ? widersprüchliche Literaturangaben

Das herausragende Werkzeug für die indirekte DNA-Diagnostik sind gegenwärtig hochinformative Mikrosatellitensysteme (Litt u. Luty 1989; Epplen et al. 1994b), die durch PCR-Technologie mit vergleichsweise geringem Aufwand dargestellt werden können. Mikrosatelliten bestehen im wesentlichen aus simplen repetitiven DNA-Elementen, also Tandem-Abfolgen von kurzen Sequenzmotiven (Einheiten von 1–6 Basen) wie z. B. ...CACACACACACACACACACA... Die Anzahl der hintereinandergeschalteten Motiveinheiten ist in den verschiedenen Ausprägungsformen eines genetischen Locus innerhalb einer Population variabel. Bei bis zu 20 (und mehr) verschiedenen Allelen pro Locus in menschlichen Bevölkerungen werden sogar Heterozygotieraten von maximal 99% erreicht. Aufgrund der Eigenschaften der Mikrosatelliten und der zumindest teilweisen Automatisierbarkeit der meist vergleichsweise technisch anspruchsarmen Untersuchungsgänge haben diese Systeme weniger informative und arbeitsintensivere Polymorphismustypen (z. B. Restriktionsfragmentlängen-Polymorphismus, RFLP) bereits weitgehend ersetzt.

In der direkten DNA-Diagnostik bedient man sich eines Spektrums verschiedener molekulargenetischer Methoden, um die eigentlich krankheitsauslösenden Mutationen eindeutig darzustellen: Größere Deletionen in Genen, Duplikationen oder Amplifikationen (via Southernblot-Hybridisierung restriktionsenzym-verdauter DNA; [PCR]), Punktmutationen (mutationsspezifische Oligonukleotidhybridisierung, selektive PCR oder gelegentlich Restriktionsenzymverdau) und Trinukleotidblock-Verlängerungen (siehe unten; PCR, Southernblot-Hybridisierung restriktionsenzymverdauter DNA) können unmittelbar erfaßt werden. Selbst wenn die direkte Diagnostik fest etabliert ist, wie bei M. Huntington (s. unten), gibt es in der genetischen Beratungspraxis immer wieder Indikationen für indirektes Vorgehen: z. B. wenn ein Elternteil als Risikoperson den eigenen Genträgerstatus nicht wissen will, jedoch das Krankheitsgen beim heranwachsenden Feten definitiv auszuschließen ist. Dazu muß dann nachgewiesen werden, daß ein normales Allel vom nicht betroffenen Großelter vererbt wurde.

Trinukleotidkrankheiten – ein neues Paradigma

Verstärktes Interesse an Mikrosatelliten wurde nicht nur durch indirekte Gendiagnostik bei neuropsychiatrischen Erkrankungen geweckt, sondern auch als ein neuer Mutationsmechanismus bei einigen dominant vererbten neuropsychiatrischen Leiden entdeckt worden war, der simple repetitive Trinukleotidblöcke in kodierenden Genabschnitten betraf. Die Mutationen beim Fragilen X (FRA X) Syndrom (Fu et al. 1991), der myotonen Dystrophie (Brook et al. 1992), der spinozerebellaren Ataxie Type 1 (SCA 1; Orr et al. 1993), der Dentato-Rubro-Pallido-Luys-Atrophie (Koide et al. 1994), bei Morbus Kennedy (La Spada et al. 1991) und M. Huntington (The Huntington's Disease Collaborative Research Group 1993) beruhen auf der Verlängerung simpler Trinukleotidblocks (Übersicht in Ross et al. 1993) über einen kritischen Grenzwert hinaus. Auf der Basis dieser sog. dynamischen Mutationen können auch *de novo* verlängerte Trinukleotidblöcke in bis dahin nicht betroffenen Familien auftreten (Neumutationen; Richards u. Sutherland 1992). Zusätzlich zu den bereits identifizierten, neuropsychiatrisch relevanten Erkrankungsgenen sind zwischenzeitlich zahlreiche weitere Gene mit Trinukleotidblocks definiert worden, deren mögliche (Dys-)Funktionen noch völlig offen sind. Im Gehirn des Menschen beherbergen bis zu 0,3% aller mRNAs repetitive $(CTG)_n/(CAG)_n$-Blöcke mit mehr als 10 hintereinandergeschalteten simplen Motiven. Sie können als Kandidatengene

für neuropsychiatrische Erkrankungen direkt herangezogen werden. Daher werden bereits einige familiäre Erkrankungen mit entsprechender Symptomatik intensiv auf Veränderungen in diesen Genabschnitten begutachtet.

Die differentialdiagnostischen Möglichkeiten in der Klinik verbessern sich vor allem durch die direkte Gendiagnostik beträchtlich. Als Beispiel sei nur die SCA1-Diagnostik angeführt (Schöls et al. 1995). Weniger als 15% der spinozerebellaren Krankheitsbilder entfallen in einem deutschen Patientenkollektiv auf die SCA1. Mindestens 3 weitere chromosomale Lokalisationen sind bereits für diese symptomatisch vergleichsweise einheitlichen Ataxieformen definiert. In nicht allzu ferner Zeit wird man damit insgesamt eine völlig neue Kategorisierung der spinozerebellären Krankheitsbilder erreicht haben. Zugleich wird über Expressionsstudien und Zellkulturexperimente (Schmitt et al. 1995) sowie transgene Tiermodellsysteme, z. B. auch für M. Huntington, die kausale Pathogenese zunehmend aufgeklärt werden können. Die Auswirkungen dieses Wissens auf therapeutische Neuanfänge bleiben bis auf weiteres völlig offen.

Wird DNA-Diagnostik bei komplex vererbten, multifaktoriell bedingten Erkrankungen wie multiple Sklerose möglich?

Im Gegensatz zu den mendelnden Erbkrankheiten sind komplex vererbte Erkrankungen nach wie vor beinahe als Alpträume für den Genetiker zu bezeichnen – besonders auch für den humangenetisch beratenden Arzt. Die überragende Relevanz dieser Erkrankungen, wie rheumatoide Arthritis (RA) oder multiple Sklerose (MS), ergibt sich unmittelbar aus deren Häufigkeiten in der Bevölkerung. Meist ist völlig unklar, wieviele Gene überhaupt an der Krankheitsauslösung und am Verlauf beteiligt sind. Ein weiterer Unsicherheitsfaktor in der kausalen Pathogenese ist das Ausmaß der möglichen und tatsächlichen Beeinflussung durch die Umwelt. Auch die Molekulargenetik kann augenblicklich noch keinen entscheidenden Beitrag zur (Differential)Diagnostik geschweige denn zur Therapie dieser weitgespannten Krankheitskategorie leisten. Dennoch könnten die ersten umfassenderen Strategien zur Analyse der kausalen Pathogenese, z. B. des Diabetes mellitus (Thomson 1994) und auch der multiplen Sklerose, verhalten optimistisch stimmen. Hier sollen lediglich unsere ersten eigenen Ergebnisse zu den genetischen Komponenten der MS und deren weitere Implikationen gestreift werden, ohne jedoch auf die Komplexität der eigentlichen immunologischen Implikationen einzugehen. Detaillierte Übersichten zu den Möglichkeiten der indirekten Gendiagnostik auch bei (auto)immunologischen Phänomenen wurden erst kürzlich veröffentlicht (Epplen et al. 1995b; Schwaiger u. Epplen 1995).

Zur umfassenden genetischen Analyse einer komplex vererbten Erkrankung wie der MS ist es derzeit praktisch nur möglich, das gesamte Genom im Vergleich von vielen Patienten und ebenso vielen Normalpersonen durchzumustern, wenn ein modernst eingerichtetes, weitgehend automatisiertes Labor sich dieser Aufgabe mit mehreren technischen und betreuenden wissenschaftlichen Mitarbeitern ausschließlich widmet. In Ermangelung derartiger Möglichkeiten versuchen wir zunächst, uns auf möglichst relevante Gene/Genomabschnitte bei diesen Erkrankungen zu beschränken. Unsere Strategie schließt daher initial die Untersuchung von mehr als 20 verschiedenen Genorten ein, die für das einwandfreie Funktionieren des Immunsystems von besonderer Bedeutung zu sein scheinen (‚Immunoprinting'). Die verschiedenen Ausprägungsformen der

Gene (Polymorphismen) werden indirekt über intragenische (in den Introns befindliche) oder eng benachbarte Mikrosatelliten diagnostiziert. Bei vergleichbar vererbten Volkskrankheiten wie der RA stellen spezifische Kombinationen von ansonst offensichtlich völlig physiologischen Polymorphismen genetische Prädispositionsfaktoren für die Krankheitsmanifestation dar (Gomolka et al. 1995).

Interessanterweise ließen sich bisher bei der MS genetische Einflüsse vieler immunologisch relevanter Gene ausschließen. Lediglich die Anlagen für Tumor-Nekrose-Faktor α, den antigenspezifischen T-Lymphozytenrezeptor kodierenden α/-Locus und natürlich bestimmte *HLA-DRB*-Gene scheinen Prädispositionsfaktoren in bestimmten Gruppen von Erkrankten darzustellen (Epplen et al. 1995b). Gegenwärtig werden weitere große Kollektive von Erkrankten und Kontrollen in diese umfassende Strategie mit einbezogen. Damit soll eine statistische Absicherung der Befunde auch in verschiedenen Populationen erreicht werden.

Ausblick

Die unvorhersagbare Natur absoluter Quantensprünge bei den Entwicklungen in der Molekularbiologie bedingt, daß epochale Veränderungen selbstverständlich nicht geweissagt werden können. Welche Entwicklungen können aus dem gegenwärtigen Stand der Wissenschaft mit annehmbarer Sicherheitsperspektive prognostiziert werden? Eine fortschreitende Automatisierung der derzeit noch personalintensiven Arbeiten wird eine extreme Ausdehnung des Dienstleistungsangebots für DNA-Diagnostik erlauben. Wenn im nächsten Jahr alle menschlichen Gene über cDNA-Sequenzen bekannt und über internationale Datennetze zugänglich sein werden, ist es eine Frage des eingesetzten Personals, um die maximal erforderlichen 60 000 bis 100 000 Personen x Jahre für die umfassende Mutationsanalyse wirklich aller Erbmerkmale bereitzustellen.

Diesem ungeheuren diagnostischen Potential steht heute leider noch ein grundsätzliches und verbreitetes Unverständnis der besonderen Implikationen humangenetischer Diagnosen auch innerhalb der medizinischen Profession gegenüber. Die kausalpathogenetische Analyse vieler multifaktorieller Erkrankungen bedürfen wohl der mehr oder weniger kompletten Sequenzanalyse des menschlichen Genoms als Grundvoraussetzung. Daher werden sich die diagnostischen Möglichkeiten auf absehbare Zeit (ungefähr in den nächsten 10 Jahren) auf wenige besser untersuchbare Zusammenhänge beschränken müssen. In wieweit dann die therapeutischen Konzepte und Durchbrüche aufgeholt haben gegenüber aussagekräftigsten Diagnosen, ist sicher viel entscheidender für den Patienten bzw. den symptomfreien, präklinischen Anlageträger. Daher sind entsprechende Prioritäten alsbald auch für die Förderung der therapeutischen Forschung zu setzen. Die hochinteressanten aber extrem komplexen genetischen Grundlagen für Verhalten und Befinden müssen zuallererst in Tiermodellen einigermaßen verstanden werden (Lubjuhn et al. 1995; Schneider-Stock u. Epplen 1995), bevor irgendwelche Rückschlüsse auf ähnliche Zusammenhänge beim Menschen überhaupt möglich und zulässig erscheinen. Dennoch kann die in diesen Monaten breit angestoßene Diskussion erblicher Komponenten bei Verhaltens- und Befindlichkeitsmerkmalen größere Bevölkerungskreise auf möglicherweise einschneidende Entwicklungen auf diesem Sektor aufmerksam machen und entsprechende Kritikfähigkeit und Behutsamkeit langsam wachsen lassen.

Schlußbetrachtung

Direkte DNA-Diagnostik wird aus dem vertieften kausalen Verständnis der genetisch (mit-)bedingten Erkrankungen eine völlig neue Krankheitskategorisierung auf der Basis eines Einordnungsprinzips der betroffenen Gene erlauben. Die Diagnosesicherheit und -genauigkeit nähert sich bereits heute für einige Erkrankungen zusehends dem theoretischen Optimum (100%) und ist damit praktisch als sicher anzusehen. Insbesondere auch Differentialdiagnosen werden praktisch unzweifelhaft ohne die vormals verbliebene Spanne an erheblichen Unsicherheitsfaktoren.

Prädiktive Diagnostik ist bereits für einige spät manifestierende Erbkrankheiten möglich mit all' jenen Argumenten pro und contra, die in der genetischen Beratungsstelle mit den Klienten/Patienten und deren Angehörigen im Sinne der individuellen Situation des Ratsuchenden besprochen werden müssen. Die Entscheidungsfindung der Ratsuchenden bleibt autonom, wiewohl das Beraterteam auch später beständig für die Klienten zur Verfügung stehen muß. Grundsätzlich neue ethische Implikationen der DNA-Diagnostik müssen dauerhaft im größeren Zusammenhang überdacht werden, inklusive einer Diskussion im Kreise möglichst vieler gesellschaftlicher Interessenvertreter und Gruppen. Konsensfähige Übereinkünfte zu prinzipiellen Problemen der genetischen Diagnostik sollten unmittelbar an diese Diskussionen angestrebt werden. Auch mehr als 200 Selbsthilfegruppen allein in Deutschland leisten unüberschätzbare Beiträge, da man oftmals Familien/Individuen mit ähnlich gelagerter Alltagsproblematik mit Problemlösungsmöglichkeiten zu Rate ziehen kann, die von den professionellen Mitarbeitern in den Beratungsstellen und im Gesundheitswesen mangels eigener Alltagspraxis nicht erbracht werden können.

Diskussion

Frage: Man gewinnt den Eindruck, die Huntington-Krankheit ist eine monogene Krankheit. Wie verhält es sich aber mit jenen Huntington-Kranken, die einen negativen Gennachweis haben? Stimmt es also nicht, daß Morbus Huntington eine monogene Krankheit ist? Wie kann man das erklären?

Antwort: Wir werden auf der Ebene der molekulargenetischen Befunde zu einer neuen Kategorisierung von Krankheiten kommen. Für einige Erkrankungsbilder kommen durchaus verschiedene Gene als Kandidaten in Frage. Es ist sicherlich nur ein Bruchteil derjenigen Gene bekannt, die zu Trinukleotidkrankheiten prädisponieren können bzw. kausal daran beteiligt sind. Wir werden noch einige Jahre warten müssen, um Ihre Frage zu klären.

Anmerkung: Es gibt noch eine ganze Reihe hereditärer Choreaformen, die keine klassische Chorea Huntington darstellen. Es besteht die Gefahr, daß bei unzureichender klinischer Untersuchung diese Formen mit der Chorea Huntington verwechselt werden. Dann ist natürlich auch kein positiver Gennachweis zu erwarten. Wenn ich klinisch eine falsche Diagnose stelle, kann ich vom Humangenetiker nicht erwarten, daß die genetische Diagnostik die Aufklärung gibt.

Frage: Ich befürchte, daß diese Patienten mit negativem Gentest in klassischen Huntington-Familien gefunden wurden. In diesen Fällen gilt, daß der Kliniker gut untersucht habe, und der Genetiker zu dem Schluß kommt, die Vorfahren haben eine klassische Chorea Huntington. Wie sind in diesen Einzelfällen die Ergebnisse der genetischen Untersuchung zu erklären? Und dann ist die Frage, wie sich die Repeatlängen von Generation zu Generation verändern.

Antwort: Wir haben in einer unter 125 erfaßten Familien ein Individuum, das jahrelang bereits unter der Diagnose Chorea Huntington geführt wurde. Mittlerweile ist diese Person etwa 60 Jahre alt. Und es stellt sich heraus, daß der Patient keine Trinukleotidverlängerung hat. Es ist somit klar, daß seine Symptomatik nicht kausal mit dem Hungtington-Gen zusammenhängt. Es gibt wenige dieser Konstellationen. Mir sind aus der Literatur insgesamt 4 Fälle bekannt.

Frage: Bei der hereditären sensomotorischen Neuropathie (HSMN), der sog. neuralen Muskelatrophie, gibt es phänotypisch praktisch identisch aussehende Krankheiten, deren Schädigung auf differenter genetischer Lokalisation beruht. Eine Erklärungsmöglichkeit für die genannten Konstellationen wäre, daß auch bei der Chorea Huntington phänotypisch gleich aussehende Krankheiten aufgrund von Veränderungen an verschiedenen Genorten entstehen.

Anmerkung: Wenn Sie sehr gezielt mit differenzierten Tests diese Patienten untersuchen und detailliert motorische Muster berücksichtigen, kommen Sie unter Umständen bei diesen Kranken zu unterschiedlichen Phänotypen von Chorea. Es gibt Choreatiker, die führen ihre choreatischen Bewegungen nach außen und überstrecken die Hände. Und es gibt Patienten mit Chorea, die führen diese Bewegung zur Körperachse hin. Man muß sauber differenzieren. Ich finde es beschämend, wenn klinische Symptome ungenau beschrieben werden, und dann einem Genetiker zugemutet wird, diese verschiedenen Symptome unter einer Diagnose zu führen.

Antwort: Bei HSMN Typ 3 gibt es zwei unterschiedliche Gene, die, soweit ich das aus der Literatur entnehmen kann, absolut das gleiche phänotypische Krankheitsbild hervorrufen. Wir haben also da auch dieselbe Endstrecke, ähnlich wie in verschiedenen multifaktoriell bedingten Erkrankungen.

Frage: Was weiß man inzwischen über die Spontanmutationsrate?

Antwort: In einer größeren Studie in Kanada und Amerika wurde eine Rate zwischen 3 und 4% an Spontanmutation nachgewiesen. In unseren Daten, die in Deutschland ungefähr 600 Diagnosen und zusammen mit Dänemark und Frankreich knapp 1000 Diagnosen umfassen, ist die Rate etwas niedriger, etwa 2%.

Frage: Gibt es Hinweise für ethnische Abhängigkeiten? Wir dachten früher, daß Chorea Huntington in erster Linie aus dem europäischen Raum kommt.

Antwort: Da die Spontanmutationsrate doch sehr viel höher ist, als früher vermutet wurde, ist anzunehmen, daß auch z. B. bei Asiaten Spontanmutationen auftreten. Sie müßten durchaus das Krankheitsbild auch außerhalb Europas diagnostizieren können.

Frage: Gibt es neuere Erkenntnisse über den Zusammenhang zwischen der Anzahl der Repeats und dem Schweregrad der klinischen Symptomatik, d. h. der motorischen und psychiatrischen Symptome?

Antwort: Unsere Arbeitsgruppe ist im Begriff, diese Zusammenhänge systematisch zu untersuchen. Im Augenblick können wir noch keine Daten vorlegen. Wir haben den Eindruck, daß es keine eindeutige Korrelation der Repeatlänge mit der klinischen Symptomatik gibt. Anders verhält es sich mit der Beziehung zwischen Repeatlänge und Erstmanifestationsalter der Symptome.

Literatur

Brook JD, McCurrach ME, Harley HG et al. (1992) Molecular basis of myotonic dystrophy: expansion of a trinucleotide (CTG) repeat at the 3′ end of a transcript encoding a protein kinase family member. Cell 68: 799–808

Epplen JT, Buitkamp J, Bocker T, Epplen C (1994a) Indirekt gene diagnosis for complex multifactorial diseases. Gene, im Druck

Epplen JT, Mäueler W, Epplen C (1994b) Exploiting the informativity of „meaningless“ simple repetitive DNA from indirekt gene diagnoses to multilocus genome scanning. Biol Chem Hoppe Seyler's, im Druck

Epplen JT, Buitkamp J, Epplen C et al. (1995a) Indirekt DNA/gene diagnoses via electrophoresis – an obsolete principle? Electrophoresis, im Druck

Epplen C, Buitkamp J, Rumpf H et al. (1995b) Immunoprinting reveals different genetic bases for (auto)immune diseases. Electrophoresis, im Druck

Fu Y-H, Kuhl DPA, Pizzuti A et al. (1991) Variation of the CGG repeat at the fragile X site results in genetic instability: resolution of the Sherman paradox. Cell 67: 1047–1058

Gomolka M, Menninger H, Saal JE et al. (1995) Immunoprinting: Various genes are associated with increased risk to develop rheumatoid arthritis in different groups of adult patients. J Mol Med, im Druck

The Huntington's Disease Collaborative Research Group (1993) A novel gene containing a trinucleotide repeat that is expanded and unstable on Huntington's disease chromosomes. Cell 72: 971–983

Koide R, Ikeuchi T, Onodera O et al. (1994) Unstable expansion of CAG repeat in hereditary dentatorubral-pallidoluysian Atrophy (DRPLA). Nature Genet 6: 9–13

La Spada AR, Wilson EM, Lubahn DB et al. (1991) Androgen receptor gene mutations in X-linked spinal and bulbar muscular atrophy. Nature 352: 77–79

Litt M, Luty JA (1989) A hypervariable microsatellite revealed by in vitro amplification of a dinucleotide repeat withion the cardiac muscle actin gene. Am J Hum Genet 44: 397–401

Lubjuhn VT, Curio E, Muth S et al. (1995) Paternal care in great tits (*Parus major*) depends on genetic relatedness. Behavior, zur Veröffentlichung eingereicht

McKusick VA, Amberger JS (1993) The morbid anatomy of the human genome: chromosomal location of mutations causing disease. J Med Genet 30: 1–26

Orr HT, Chung M, Banfi S et al. (1993) Expansion of an unstable trinucleotide CAG repeat in spinocerebellar ataxia type 1. Nature Genet 4: 221–226

Richards RI, Sutherland GR (1992) Heritable unstable DNA sequences. Nature Genet 1: 7–9

Ross CA, McInnis MG, Margolis RC, Li SH (1993) Dynamic mutations. Trends Neurosci 16: 254–257

Schmitt I, Bächner D, Hameister H, Epplen JT, Rieß O (1995) On the expression of the *Huntingtin* gene in the mouse embryo. Hum Mol Genet, zur Veröffentlichung eingereicht

Schneider-Stock R, Epplen JT (1995) Congenic AB mice – a novel means for studying the genetics of aggression. Behav Neural Biol, zur Veröffentlichung eingereicht

Schöls L, Rieß O, Schöls S et al. (1995) Spinocerebellar ataxia type 1: Clinical and neurophysiological characteristics of the genetically defined subtype of dominant hereditary ataxias in German kindreds. Neurology, zur Veröffentlichung eingereicht

Schwaiger FW, Epplen TJ (1995) Exonic *MHC-DRB* polymorphisms and intronic simple repeat sequences: Janus' faces of DNA sequence evolution. Immunol Reviews, zur Veröffentlichung eingereicht

Thomson G (1994) The analysis of complex genetic disease: progress and paradigms. Nature Genet 8: 108–110

Ethische Problematik prädiktiver genetischer Tests bei neurodegenerativen Erkrankungen

W. Maier

Innerhalb sehr kurzer Zeit werden für viele genetisch bedingte Störungen Gene identifiziert oder zumindest auf dem Genom lokalisiert sein, deren Mutanten für das Auftreten monogen übertragener Erkrankungen verantwortlich sind oder deren Mutanten erheblich zum Erkrankungsrisiko beitragen. Damit ergeben sich insbesondere für monogene Erkrankungen (d. h. Mutationen an einem Genort verursachen die Störung) neue diagnostische Möglichkeiten:

a) Die *klinischen Diagnosen* können durch einen genetischen Test abgesichert werden, worauf im weiteren aber nicht eingegangen wird.
b) Bei asymptomatischen Angehörigen Erkrankter kann noch vor oder während der Risikoperiode das Erkrankungsrisiko präzise geschätzt werden; bei monogenen Erkrankungen mit nahezu vollständiger Penetranz, wie der Huntington-Erkrankung, kann z. B. mit an Sicherheit grenzender Wahrscheinlichkeit das zukünftige Auftreten der Erkrankung vorausgesagt oder ausgeschlossen werden (*prädikativer genetischer Test*).
c) Durch *pränatale Diagnostik* kann der Risikostatus bestimmt werden.

Prädikative genetische Tests werden derzeit für viele genetische Störungen verfügbar. Diese Angebote richten sich v. a. an Angehörige von Erkrankten. Prädiktive genetische Tests sind vor allem dann von entscheidender Bedeutung, wenn präventivmedizinische Interventionen möglich sind, die die Expression des Phänotyps entweder verhindern oder zumindest abschwächen oder verzögen. Ein Beispiel ist die Hämotochromatose, bei der eine prädiktive Testung ebenso wie präventivmedizinische Interventionen möglich sind (Motulsky 1994).

Auch für einige genetisch bedingte neurodegenerative Erkrankungen sind prädiktive Diagnosestellungen verfügbar bzw. möglich. Das wichtigste Beispiel ist M. Huntington. Deren Anwendung ist in ethischer Hinsicht aus folgenden Gründen besonders kritisch:

1. Für diese Erkrankungen gibt es *keine Prophylaxe und keine Therapie*; es gibt nicht einmal eine symptomatische Therapie, die den Krankheitsverlauf verlangsamt.
2. Die Erkrankungen treten i. d. R. erst *in der zweiten Lebenshälfte* auf; die Kenntnis des Grades des Erkrankungsrisikos kann die Lebensführung in der ersten Lebenshälfte erheblich und dabei auch nachteilig beeinflussen.
3. Bei Anlageträgern bzw. zu Beginn bestimmter neurodegenerativer Erkrankungen besteht eine erhöhte *Suizidalität*, die möglicherweise durch das Wissen, gegenwärtig oder in naher Zukunft an einer progressiv verlaufenden Erkrankung mit verherrenden psychosozialen Folgen zu leiden, ausgelöst oder zumindest verstärkt werden kann (di Maio et al. 1993; Farrer 1986).

Exemplarisch wurden die sich daraus ergebenden Anwendungsproben im Bereich neurodegenerativer Erkrankungen für die Testung auf Vorliegen des Gens für die Huntington-Erkrankung in mehreren Zentren erarbeitet, die Programme zur prädiktiven Diagnostik bei M. Huntington etabliert haben. Diese Leitlinien können zugleich als Modelle für andere genetisch bedingte neurodegenerative Erkrankungen diskutiert werden.

Huntington-Erkrankung

Aufgrund der Kopplungsanalysen von Gusella et al. (1983) wurden Mitte der 80iger Jahre erstmals prädiktive genetische Tests für die Huntington-Erkrankung verfügbar. Diese Tests waren zunächst indirekte Tests, die sich auf genetische Marker stützen, die in unmittelbarer Umgebung (im Kopplungsungleichgewicht) des Erkrankungsgens lagen; die prädiktive Diagnose erfolgte in Form einer Kopplungsanalyse. Sie ist weitgehend nur auf familiäre Fälle anwendbar. Sensitivität und Spezifität des indirekten Tests waren zunächst noch nicht perfekt, aber meist über 95%. Seit kurzem sind direkte Mutationsanalysen möglich, die das Krankheitsgen sicher identifizieren können (Huntington's Disease Collaborative Research Group 1993). Sie sind auch bei nichtfamiliären Fällen anwendbar.

In einigen Ländern wurde es für dringend erforderlich gehalten, daß vor einer breiten Anwendung dieses Tests in ausgewählten Einrichtungen modellhaft Programme zur prädiktiven Testung auf der Grundlage der Kopplungsmethode etabliert werden, die einer systematischen Evaluation unterzogen werden:

In Balitmore (Codori et al. 1994), Vancouver (Huggins et al. 1992) und Leyden (Tibben et al. 1992) wurden Programme auf der Grundlage der indirekten Kopplungsanalyse eingerichtet. Vor kurzem wurde auch das erste Programm für die prädiktive Testung durch direkte Mutationsanalyse (Vancouver) vorgestellt (Benjamin et al. 1994).

Evaluation der Modellprogramme zur prädiktiven Diagnostik bei M. Huntington

Diese Programme und ihre Evaluation können modellhaft auch für zukünftige Programme für andere genetische Erkrankungen gelten. Sie helfen die Chancen und Risiken der prädiktiven genetischen Diagnostik abzuschätzen und können damit Grundlage der ethischen Beurteilung zur Indikationsstellung sein. Bestandteile dieser Programme sind:

a) *vor Testung psychologische Untersuchung und Beratung, genetische Beratung* über a priori Risiko sowie über mögliche Testergebnisse und deren Konsequenzen;
b) *Testung nach informierter Entscheidung* des Probanden; Möglichkeit zum Widerruf der Entscheidung für eine prädiktive Diagnostik während einer Latenzperiode;
c) *nach Ergebnismitteilung Fortführen der psychologischen Beratung und Selbsthilfegruppe.*

Die Ergebnisse dieser Untersuchungen unter mit erhöhtem Krankheitsrisiko belasteten Angehörigen von Patienten mit Huntington-Erkrankung ergaben:

1. Befragungen zur Einstellung von Risikoprobanden zu prädiktiven Tests vor deren Verfügbarkeit (also 1983–1985) ergaben, daß eine große Mehrheit an der Durchführung dieses Tests bei ihrer Person interessiert ist. Das Interesse nach Einführung der direkten

Tests war aber deutlich niedriger als erwartet. Nur 10 – 50 % der Risikopersonen nahmen das Angebot wahr. Dabei gab es eine deutliche Variation zwischen verschiedenen Zentren und Ländern. In der BRD sind nach einer Untersuchung des Freiburger Instituts nicht mehr als ca. 20 % der Risikopersonen zu einer prädiktiven Testung bereit (Wolf u. Walter 1992). Die ausführliche Aufklärung über verschiedene Risiken und deren Konsequenzen und über das Fehlen therapeutischer Möglichkeiten vor der Durchführung der genetischen Testung führte in einigen Programmen bei bis zu 25 % der Risikopersonen, die ursprünglich einen prädiktiven Test nachfragten, zu einem Widerruf dieser Entscheidung (Benjamin et al. 1994).

2. Als häufigster Grund für die Teilnahme wurde die aus der Unsicherheit erwachsende Erwartungsangst vor einer möglichen schweren, progredient verlaufenden Erkrankung genannt. Fragen der Familienplanung (Kinderwunsch) stellten in einer deutschen Untersuchung nur den zweithäufigsten Beweggrund dar. Bei den Teilnehmern wurde die Unsicherheit über das Erkrankungsrisiko jeweils als mehr beeinträchtigend gewertet, als die mögliche Sicherheit über ein zukünftiges Krankheitsschicksal (Codori et al. 1994; Wolf u. Walter 1992; Meissen et al. 1991). In einer Freiburger Untersuchung wurden Risikoprobanden auch zum Grund der Nichtteilnahme an Programmen zur prädiktiven Diagnostik gefragt. Angst vor Extremreaktionen (Suizid) war dabei der wichtigste Grund (Wolf u. Walter 1992). Andere amerikanische Arbeitsgruppen kommen jedoch zu unterschiedlichen Schlußfolgerungen (Quard u. Morris 1993).

3. Die Risikopersonen, die sich zu einer Testung bereit finden, unterscheiden sich durch affektive Stabilität, stabile Persönlichkeitsstruktur, Fehlen psychischer Störungen in der Anamnese und effiziente Bewältigungsstrategien von den Risikopersonen, die eine Testung ablehnen oder dieser ambivalent gegenüberstehen (Codori et al. 1994). Die ablehnenden Risikopersonen haben eine eher pessimistische Grundeinstellung und erwarten im Fall einer positiven prädiktiven Diagnose (d. h. Diagnose eines hohen Erkrankungsrisikos) ausgeprägtere Schwierigkeiten für sich und für ihre Bezugspersonen und Kinder (inklusive depressiver Reaktionen) als diejenigen Risikopersonen, die eine prädiktive Diagnostik wünschen (van der Steenstraden et al. 1994). Es ist bemerkenswert, daß diese ablehnenden Risikopersonen über ihre mögliche genetische Belastung häufiger sehr früh, d. h. während der Kindheit erfahren haben und nicht erst im Erwachsenenalter, wie dies bei den Risikopersonen, die eine prädiktive Diagnostik wünschten, der Fall war; die Ablehner hatten also ihre wichtigsten schulischen, beruflichen und privaten Lebensentscheidungen in Kenntnis ihrer möglichen genetischen Belastung getroffen, was bei den Teilnehmern an Programmen der prädiktiven Diagnostik überwiegend nicht der Fall war (van der Steenstraden et al. 1994).

4. Risikopersonen zeigten unmittelbar nach Mitteilung eines *positiven Testergebnisses* (d. h. Diagnose eines hohen Erkrankungsrisikos) erwartungsgemäß depressive, ängstliche und wütende Reaktionen, die aber nach 2 – 3 Monaten meist nicht mehr feststellbar waren (Tibben et al. 1992; Bloch et al. 1992). Bei einer Teilgruppe von Probanden mit einem positiven Testergebnis wurde aber auch von langdauernden Anpassungsschwierigkeiten berichtet, die sich auch in behandlungsbedürftigen psychischen Syndromen niederschlugen und zu überdauernde erhebliche Schwierigkeiten im Alltagsleben führten (Tibben et al. 1993). Obwohl bei Probanden, die aufgrund der prädiktiven Diagnostik kein erhöhtes Erkrankungsrisiko aufwiesen, vorwiegend positive Langzeitwirkungen berichtet werden, sind auch häufig negative Auswirkungen zu erkennen (Codori u.

Brandt 1994). Ein Teil der Risikopersonen mit *negativen Testergebnissen* berichteten z. B. von Schuldgefühlen gegenüber betroffenen Angehörigen (*"Survivors guilt"*), die vor Bekanntwerden des Untersuchungsergebnisses nicht antizipiert wurde (Codori u. Brandt 1994; Tibben et al. 1992, Frets et al. 1991).

Weder unmittelbar nach Bekanntgabe des Testresultats noch in dem überschbaren nachfolgenden Verlauf wurde in keinem der drei genannten Zentren über Suizide oder Suizidversuche bei Teilnehmern des Testprogramms berichtet. Dabei hatten die getesteten Risikopersonen nach dieser Testung an längerdauernden psychosozialen/psychotherapeutischen Betreuungsprogrammen teilgenommen und davon (nach subjektiver und objektiver Beobachtung) entscheidend profitiert (Tibben et al. 1992; Chapman 1993).

5. In regelmäßigen Verlaufsuntersuchungen konnten bei Risikopersonen mit negativem Testergebnis (d. h. Ausschluß des Erkrankungsrisikos) einerseits günstige, andererseits ungünstige Folgen im Rahmen der Partnerschaft und des Familienlebens festgestellt werden. Überraschenderweise traten negative Langzeitfolgen auch bei den Risikopersonen mit negativem Testergebnis in beruflicher und familiärer Hinsicht auf. Dieses Ergebnis wurde für mehrere Zentren berichtet (Huggins et al. 1992).

Die Beobachtungen sollten nicht dazu verleiten, das Risiko für mögliche negative Folgen prädikativer Tests als vernachlässigbar anzusehen. Die getroffenen Feststellungen sind an die folgenden Rahmenbedingungen gebunden:

a) Die genannten Ergebnisse wurden in Programmen erhoben, die extensiv und langfristig durch *psychosoziale therapeutische Betreuung* begleitet waren, die möglicherweise Extremreaktionen verhindert haben; es ist wünschenswert, daß sich auch außerhalb dieser Modellprogramme Finanzierungsmöglichkeiten für solche unterstützenden Maßnahmen finden lassen (z. B. Tibben et al. 1992, 1993).

b) Diejenigen Risikopersonen, die sich zur prädiktiven genetischen Testung bereit erklärten, sind nicht repräsentativ für die Gesamtgruppe von Risikopersonen. Es fand ein *Selbstselektionsprozeß* statt (Mastromauro et al. 1987; Codori et al. 1994). Die Risikoprobanden, die einen prädiktiven Test durchführen ließen, waren durch ein höheres Maß an psychischer Stabilität charakterisiert und daher möglicherweise einem reduzierteren Risiko für suizidale und andere Extremreaktionen ausgesetzt als die Ablehner. Bei einer breiteren Verfügbarkeit prädikativer Tests wird sich möglicherweise die Ablehnschwelle reduzieren; daher könnten mehr Risikopersonen mit geringer Kapazität zur Problembewältigung und evtl. erhöhtem Suizidrisiko an Testungen teilnehmen.

c) Die genannten Evaluationsuntersuchungen nehmen auf Programme der letzten Jahre Bezug, in denen lediglich mit der indirekten genetischen Testung, nicht aber mit der direkten Testung gearbeitet wurde. Es liegen derzeit noch keine empirischen Untersuchungen über die Reaktionen auf die Mitteilung des genetischen Risikostatus bei Teilnehmern von Programmen zur direkten prädiktiven Diagnostik vor. Viele der Teilnehmer an diesen Programmen haben die vorher eine mögliche indirekte Testung wegen mangelnder Kooperativität oder Verfügbarkeit anderer Familienmitglieder nicht in Anspruch genommen. Für die indirekte, auf Kopplungsuntersuchungen basierende Diagnostik ist nämlich die Kenntnis des Genotyps mehrerer anderer, informativer Familienangehöriger erforderlich. Möglicherweise ist aber die erforderliche Kooperativität der Familie zugleich *ein Prädikator für die Unterstützung*, die eine Risikoperson nach

Kenntnis des Testergebnisses erfahren kann. Dieser mögliche Selektionsmechanismus könnte teilweise für die günstigen Langzeitergebnisse der Modellprogramme für die indirekte genetische Diagnostik verantwortlich sein. Unter dieser Bedingungen wäre bei der jetzt möglichen direkten Testung ähnlich günstige Verarbeitungen ungünstiger Testergebnisse nicht mehr zu erwarten.

d) Die beobachtete Verlaufsstrecke ist relativ kurz. Insbesondere bleibt abzuwarten, ob die bekannte Häufung von Suiziden zu Beginn der Huntington-Erkrankung bei Personen, die eine prädikative Testung erhielten, zunimmt oder zu einem früheren Zeitpunkt auftritt.

Somit muß trotz der überraschend günstigen Ergebnislage bei den Modellprogrammen zur prädikativen Testung in der Diskussion ethischer Rahmenbedingungen die Möglichkeit nachteiliger Folgen vor allem für Risikopersonen, die ein positives Testergebnis (d. h. für Träger des Krankheitsgens) erhalten, zumindest vorläufig bedacht werden. Dies gilt insbesondere bei einer größeren Verbreitung und Propagierung des prädikativen Testens. Eine wichtige Konsequenz der Modellprogramme ist jedenfalls, daß prädikatives genetisches Testen bei Erkrankungen der zweiten Lebenshälfte ohne suffiziente prophylaktisch oder kurativ wirksame Therapien nur dann ethisch vertretbar ist, wenn langfristige psychosoziale/psychotherapeutische Unterstützungen zugleich angeboten werden (z. B. Tibben et al. 1993) und wenn Risikopersonen mit ambivalenter Einstellung nicht zum Test gedrängt werden (Sharpe et al. 1994a). Anderenfalls sind ungünstige Extremreaktionen nicht auszuschließen.

Kriterien der ethischen Beurteilung prädiktiver Diagnostik

Für die ethische Beurteilung der Anwendung prädiktiver genetischer Diagnostik sind verschiedene regulative Prinzipien entwickelt worden (Chapman 1990; Bloch u. Hayden 1990):

1. Als vorrangiges Prinzip wird allgemein die *Autonomie* der Risikopersonen anerkannt. Dieses Prinzip beinhaltet zunächst die ausschließliche Souveränität über den eigenen Körper und damit die ausschließliche Entscheidungsbefugnis über Interventionen, die die körperliche Integrität berühren. Im Rahmen der genetischen Beratung wird dieses Prinzip allgemein noch weiter ausgelegt:

- Es umfaßt auch das Recht, über Wissen oder Nichtwissen eines Risikostatus zu entscheiden;
- es umfaßt das Recht, über das Schicksal einer Schwangerschaft zu entscheiden.

Die Inanspruchnahme des Prinzips der *Autonomie* erfordert aber auch eine Orientierung an allgemeinen ethischen Normen. Daher wird es durch die Verpflichtung zur moralischen Verantwortlichkeit der Entscheidungen und Handlungen (Yarborough et al. 1989) eingeschränkt.

Hieraus ergaben sich für die prädiktive genetische Diagnostik die folgenden Leitlinien: Die Entscheidung über die Inanspruchnahme einer prädiktiven genetischen Diagnostik bleibt allein dem Risikoprobanden überlassen; ohne explizite Zustimmung des Probanden im Rahmen eines "*informed consent*" (Sharpe et al. 1994b) kann prädiktive Diagnostik nicht durchgeführt werden.

Da das Wissen um ein deutlich erhöhtes Krankheitsrisiko die Lebensführung erheblich beeinflussen kann, ist auch das Recht auf Nichtwissen zu respektieren. Falls in der pränatalen Diagnostik ein erhöhter Risikostatus des künftigen Kindes festgestellt wird, wird in den meisten Kulturen eine Entscheidung zum Schwangerschaftsabbruch aus medizinischer Indikation als mit dem Prinzip der moralischen Verantwortlichkeit verträglich angesehen; diese allgemeine Feststellung basiert allerdings auf der Annahme des Fehlens prophylaktischer und therapeutischer Möglichkeiten und dem möglichen frühen Beginn der progredient verlaufenden Erkrankung, die mit schwersten Belastungen für den Kranken und seine Bezugspersonen verbunden ist. Angesichts der entscheidenden Erkenntnisfortschritte der Ätiologie des M. Huntington ist diese Voraussetzung aber möglicherweise nicht mehr lange gültig. Damit würde auch die Grundlage für einen Schwangerschaftsabbruch problematisch.

2. Aus der Autonomie der Risikoprobanden ergibt sich auch die Verpflichtung zu einer *nichtdirektiven* genetischen Beratung bei M. Huntington. Dies gilt insbesondere für die Entscheidung über die Durchführung eines prädiktiven Tests und für Fragen des Schwangerschaftsabbruchs nach einer pränatalen Diagnostik (Sharpe 1994b). Diese derzeit gebotene Zurückhaltung des genetischen Beraters würde aber dann problematisch werden, wenn prophylaktische Möglichkeiten verfügbar würden (Motulsky 1994). Unter dieser, derzeit noch hypothetischen Bedingung wäre die moralische Verantwortlichkeit z. B. einer Entscheidung eines Risikoprobanden gegen die Inanspruchnahme der prädiktiven genetischen Diagnostik zumindest problematisch.

3. Eine autonome, verantwortliche Entscheidung über die Durchführung eines prädiktiven Tests setzt eine hinreichende Kenntnis der unterschiedlichen Ergebnisse, ihrer möglichen Konsequenzen und Risiken voraus; dieser Konstellation ist gegen die Risiken der Fortführung des Lebens unter Kenntnis des prädiagnostischem Risikostatus voraus. Bedingung für eine autonome verantwortliche Entscheidung ist also die Verfügbarkeit umfassender Informationen über die Konsequenzen eines jeden möglichen Risikostatus (*"informed decision"*). Einer Entscheidung für oder gegen die Durchführung eines prädiktiven genetischen Tests bei einer Risikoperson muß also eine umfassende genetische Beratung vorausgehen. Die etablierten Programme zur prädiktiven Diagnostik belegen, daß diese Beratungsphase eine erhebliche psychologische Belastung darstellt; daher ist deren Begleitung durch psychosoziale Hilfsangebote erforderlich, um die Entscheidungsfähigkeit der Risikoprobanden zu garantieren.

Die Wahrung des Prinzips der Autonomie gebietet es, daß die Erkenntnisse über den Ablauf des Entscheidungsprozesses beim Risikoprobanden aus den Modellprogrammen genutzt werden. Die relativ hohe Rate von Risikoprobanden, die vor der Durchführung der prädiktiven Diagnostik oder der Ergebnismitteilung ihren ursprünglichen Diagnostikwunsch widerrufen, zeigt, wie wichtig mehrwöchentliche Latenzperioden zwischen Beratung, Testung und Ergebnismitteilung sind.

4. Autonome Entscheidungen sind nicht allen Risikoprobanden möglich. Diese Feststellung gilt insbesondere für ungeborene und heranwachsende Kinder. Unter diesen Bedingungen müssen andere Personen als der direkt Betroffene ersatzweise die Entscheidung für oder gegen eine prädiktive Diagnostik treffen. In dieser Situation ist das dem Prinzip der Autonomie analoge regulative Kriterium das *Wohl des Risikoprobanden bzw. dessen vermeintliches Wohl*; aufgrund dieses Kriteriums sollten sich die Entscheidungen, die dem Risikoprobanden ohne erkennbare Nachteile für einen späteren Zeitpunkt

überlassen werden können, aufgeschoben werden, und zwar solange, bis eine autonome Entscheidung möglich ist; z. B. ergeben sich aus der prädiktiven genetischen Diagnostik von M. Huntington bei einem Kind unter den gegenwärtigen Behandlungsbedingungen in der Regel keine unmittelbaren Konsequenzen, die für das Wohl des Kindes entscheidend wären. Folglich wäre es in dieser Situation angemessener, die prädiktive Diagnostik bis zu dem Zeitpunkt zurückzustellen, in dem eine autonome Entscheidung möglich ist.

5. Auch das Vorliegen psychopathologischer Syndrome, die im Vorfeld von M. Huntington häufig auftreten (Watt u. Seller 1993), kann die Fähigkeit, eine autonome Entscheidung zur Durchführung der prädiktiven Diagnostik zu fällen, einschränken. Psychopathologisch relevante Reaktionen können aber auch durch die Beratungssituation im Vorfeld der prädiktiven Diagnostik induziert werden. Dem *Interesse des Risikoprobanden* ist unter diesen Bedingungen wohl dann am besten gedient, wenn die Entscheidung über die Durchführung der Diagnostik auf einen Zeitpunkt nach der Remission der psychischen Störung verschoben wird.

6. Es besteht ein potentielles Interesse von Dritten (Arbeitgeber, Versicherungsunternehmen) an Daten prädiktiver genetischer Tests. Das Untersuchungsergebnis ist Eigentum des Ratsuchenden und wird nur bei schriftlicher Genehmigung des Untersuchten an Dritte weitergegeben. Der Proband kann zu jedem Zeitpunkt von der Untersuchung zurücktreten bzw. auf die Mitteilung des Ergebnisses verzichten (z. B. Allen u. Oester 1993).

Dieses Prinzip ist insbesondere bei Adoptionsfällen nur schwer durchsetzbar. Biologische Eltern, Adoptionseltern oder Adoptionsvermittler wünschen manchmal eine Feststellung des genetischen Risikostatus vor Adoptionen. Die Folgen eines Tests sind dabei für den Risikoprobanden vorwiegend negativ (Bloch u. Hayden 1990). Daher ist auch in dieser Situation zur Wahrung des vermeintlichen Wohles des Risikoprobandens ein zurückhaltender Einsatz der prädiktiven Diagnostik angesagt.

Konflikt zwischen Recht auf Wissen und Recht auf Nichtwissen

Der exakte Risikostatus einer Risikoperson kann auch informativ für das Risiko anderer Angehöriger sein: wenn z. B. die Huntington-Erkrankung in der Großelterngeneration auftrat und wenn zusätzlich durch prädiktive Testung auch bei einem Enkel das Krankheitsgen bzw. Marker für dieses Gen identifiziert worden ist, folgt, daß das dazwischenliegende Elternteil auch Genträger ist. Nun ist die Konstellation denkbar, daß ein Großelternteil mit M. Huntington verstorben ist, ein gesunder Enkel eine prädiktive Testung wünscht, daß aber dessen Eltern ihr Recht auf Nichtwissen wahrnehmen und sich dazu entscheiden, den wahren Risikostatus nicht wissen zu wollen. Damit entsteht ein Konflikt mit dem Recht auf Wissen bei der anderen Risikoperson (Enkel). Beide Rechte sind also gegeneinander abzuwägen (Shaw 1987).

Diese Situation ist insbesondere deshalb zunehmend relevant, als es seit kurzem einen direkter Test auf Vorliegen der pathogenen Mutation gibt. Diese Analyse stützt sich ausschließlich auf das Genom der zu testenden Risikoperson; bis vor kurzem war lediglich ein indirekter Test möglich, der über eine Kopplungsanalyse erfolgte. Hierzu waren auch Blutproben von anderen Verwandten erforderlich, so daß bei mangelnder Zustimmung zu einem prädiktiven Test in der Familie wahrscheinlich die für die Testung erforderlichen Materialien nur selten verfügbar wurden.

Grundsätzlich können zwei Positionen bezogen werden (de Wert 1992):

a) Ein Kriterium ist das Wohl der nachfragenden Risikoperson. Diesem Prinzip folgen die Empfehlungen der Weltgesellschaft für Neurologie (IHA, WFN 1994). Diese legen zwar nahe, daß die Risikopersonen, deren Risikostatus durch Testung eines Angehörigen exakt bekannt wurde, um Zustimmung gebeten werden: Im Konfliktfall geben sie aber grundsätzlich dem Recht auf Wissen der nachfragenden Risikopersonen die Priorität. Diese Mehrheitsposition, die dem genetischen Berater die Arbeit erheblich erleichtert, ist jedoch nicht unumstritten (de Wert 1992).
b) Ein weiteres Kriterium ist der Grundsatz "primum non nocere". Dabei wäre im Einzelfall abzuwägen, ob dem Angehörigen, der eine Testung ablehnt, durch die mögliche Mitteilung des Tests Schaden widerfährt. Wenn ja, wäre abzuwägen, ob dessen Schaden den Nutzen aufwiegt, den der Proband von einem Testergebnis haben kann (de Wert 1992).

Dieser Zusammenhang sowie die starke emotionale Betroffenheit von Mitgliedern von Risikofamilien, die entweder ein maximales oder geringes Erkrankungsrisiko haben, hat folgende Frage aufgeworfen: ist die einzelne Risikoperson, die um einen Test nachfragt, der Klient oder ist es dessen Familie? Die tiefgreifenden emotionalen Reaktionen innerhalb der Familie sprechen vorwiegend für die letztgenannte Version. Sie wird in der Literatur durch viele empirische Untersuchungen belegt (Kessler u. Bloch 1989; Kessler 1994; Chapman 1990). Die inzwischen vielerorts befolgten Richtlinien des neurologischen Weltverbundes respektieren diese Position leider nur bedingt.

Pränatale prädiktive Testung für M. Huntington

Auch eine pränatale Gendiagnostik ist für die Huntington-Erkrankung möglich und wird von Risikopersonen auch in der Bundesrepublik in Anspruch genommen (z. B. Thies et al. 1992). Die ethische Beurteilung wird durch die Überlagerung der berechtigten Interessen der Eltern und der mutmaßlichen Interessen des zukünftigen Kindes erschwert. Der Indikationsstellung für die pränatale Diagnostik werden allgemein zwei Grundprinzipien zugrundegelegt:

1. Entscheidend ist nicht nur der Wunsch der werdenden Mutter zur pränatalen Diagnostik, sondern auch die beabsichtigten Entscheidungen bei den verschiedenen, möglichen Ergebniskonstellationen. Insbesondere ist eine pränatale Diagnostik angezeigt, wenn ein Schwangerschaftsabbruch unter der Bedingung beabsichtigt ist, daß beim werdenden Kind der pathogene Genotyp nachgewiesen wird.
2. Weiterhin ist zu beachten, daß wegen fehlender therapeutischer Konsequenzen das Wissen eines Heranwachsenden um den genauen Risikostatus dessen Wohl in aller Regel nicht fördert (z. B. van der Steenstraten 1994); zugleich wird auf diese Weise eine spätere Wahrnehmung seines Rechts auf Nichtwissen verhindert, d. h. eine autonome Entscheidung gegen die Durchführung prädiktiver Tests ist nicht mehr möglich.

Folglich ist die Indikation für eine prädiktive genetische Diagnostik im Rahmen einer Schwangerschaft bei einer Risikoperson insbesondere dann gegeben, wenn bei einem Testergebnis, das für ein hohes Erkrankungsrisiko beim werdenden Kind spricht, ein Schwangerschaftsabbruch erfolgen soll. Falls dies nicht der Fall ist, hätte das Interesse des Kindes (also das unter 2. genannte Prinzip) Vorrang.

Bei pränataler Diagnostik, die ohne Absicht eines Schwangerschaftsabbruchs bei positivem Ergebnis (d. h. hohem Risiko für das zukünftige Kind) durchgeführt werden soll (wenn also das unter 1. genannte Prinzip keine Anwendung findet), wird allgemein Zurückhaltung empfohlen (IHA, WFN 1994; Benjamin et al. 1994). In diesem Fall wird nämlich die autonome Entscheidung des Kindes, einen solchen Test durchführen zu lassen oder nicht durchführen zu lassen, vorweggenommen; das Recht des Kindes auf Wissen bzw. Nichtwissen wäre damit berührt. Mangels therapeutischer Möglichkeiten wäre also die Entscheidung über die Durchführung der prädiktiven Diagnostik auf jenen späteren Zeitpunkt zu verschieben, an dem das betroffene Kind selbst eine autonome Entscheidung treffen kann. Wird ein positives Ergebnis (d. h. hohes Risiko) der pränatalen Diagnostik dem Kind frühzeitig mitgeteilt, so kann damit in dessen Lebensplanung und Lebensführung erheblich eingegriffen werden. Die Möglichkeit zur Bewältigung des zu erwartenden Krankheitsschicksals werden unter dieser Bedingung eher unzureichend realisiert (z. B. van der Steenstraten et al. 1994).

Dagegen stünden bei genetischen Erkrankungen, deren Manifestation durch prophylaktische Maßnahmen zu verhindern wäre oder deren ungünstiger Verlauf zumindest gemildert werden kann, der Wunsch der Eltern nach pränataler Diagnostik grundsätzlich im Einklang mit dem mutmaßlichen Interesse des Kindes. Dies muß selbst für Erkrankungen angenommen werden, für die solche Maßnahmen in gesicherter Form nicht existieren, wo aber die Hoffnung besteht, durch frühzeitige gezielte Förderung den weiteren Verlauf günstig zu beeinflussen. Dies wäre z. B. beim fragilen X-Syndrom der Fall. Dort ist durch Förderungsmaßnahmen u. U. vor dem 16. Lebensjahr eine günstigere Entwicklung möglich; nach dem 15. Lebensjahr sind Einflußmöglichkeiten dagegen sehr begrenzt (Wiegers et al. 1992).

Die ethischen Rahmenbedingungen für die prädiktive genetische Diagnostik bei der Huntington-Erkrankung sind intensiv in der Literatur diskutiert (unter Zugrundelegen des indirekten genetischen Tests mittels der Kopplungsanalyse). Für die jetzt verfügbar gewordene direkte genetische Testung gelten diese ethischen Überlegungen ebenfalls.

Alzheimer-Erkrankung

Seit mehreren Jahren sind auch für die *Alzheimer-Erkrankung* replizierte Kopplungsbefunde (zum Chromosom 14 und 21) bekannt. Einige Mutationen, die die Erkrankung wahrscheinlich hervorrufen können, sind mittlerweile bekannt. Diese Befunde haben aber nur für eine sehr kleine Anzahl von mehrfach belasteten Familien Gültigkeit; bei multiplen Familien mit vorwiegendem Erkrankungsbeginn vor dem 60. Lebensjahr stehen ca. 60 % der Familien mit einem der beiden Kopplungsbefunde in Übereinstimmung. Prädiktive Diagnosestellungen für Subtypen des M. Alzheimer in Form direkter oder indirekter genetischer Tests sind damit möglich. Für die verbleibenden, früh beginnenden familiären Erkrankungsformen (oder zumindest einer Teilgruppe) wurde neuerdings ein Kopplungsbefund zu Chromosom 1 bekannt. Das pathogene Gen ist noch nicht identifiziert. Für diesen Subtyp sind derzeit also indirekte Tests prinzipiell möglich. Auf die mögliche prädiktive Diagnostik in multipel belasteten Familien mit früh beginnender DAT können die analogen ethischen Überlegungen, wie bei der prädiktiven Diagnose zu M. Huntington angewandt werden.

Unter beiden Konstellationen liegen den familiären DAT-Fällen kausale Gene zugrunde. Seit ca. 1 Jahr ist auch eine gut abgesicherte Assoziation zwischen der DAT und dem APO-E4-Allel auf Chromosom 19 bekannt. Träger dieses Allels tragen ein erhöhtes Risiko für DAT, im Mittel 2- bis 4-mal bei Heterozygoten und wesentlich höher bei den, allerdings relativ seltenen Homozygoten (Corder et al. 1994). Früh und spät beginnende Fälle sind mit diesem Allel assoziiert. Es handelt sich um ein Suszeptibilitätsgen, das alleine für die Krankheitsentstehung nicht ausreicht.

Die relativen Risiken sind altersabhängig: Sie nehmen mit zunehmendem Alter deutlich ab. Die relativen Risiken für Träger des heterozygoten Genotyps E3/E4 (über alle Altersbereiche gemittelt) liegen zwischen 3.9 und 4.4 und für Träger des homozygoten Genotyps zwischen 15.6 und 19.3 (Corder et al. 1994).

Die genannten relativen Risiken sind von breiten Unsicherheitsintervallen umgeben. Sie müssen aber auch im Vergleich zu anderen klassischen Risikofaktoren gesehen werden (van Duijn et al. 1991). Das relative Risiko für die häufigen Heterozygoten mit Apo E4 ist dabei nicht wesentlich höher als für mehrere andere epidemiologische Risikofaktoren. Lediglich die relativ seltenen Homozygoten mit Apo E4 (ungefähr 4% in der Allgemeinbevölkerung) sind mit einem deutlich höheren Risiko verbunden.

Die Voraussagen, die bei Suszeptibilitätsgenen möglich sind, stellen grundsätzlich nur Wahrscheinlichkeitsaussagen dar; dagegen sind bei Vorliegen von kausalen Genen relativ sichere Aussagen für den Betroffenen möglich. Suszeptibilitätsgene stellen nämlich lediglich Risikofaktoren dar, die zusammen mit anderen genetischen und nichtgenetischen Risikofaktoren das Gesamtrisiko festlegen. Risikofaktoren können miteinander interagieren; gesichertes Wissen zur Modulation des Erkrankungsrisikos durch Kumulationen verschiedener Risikofaktoren fehlt. Damit fehlt eine gesicherte Grundlage für die Schätzung des Erkrankungsrisikos in Einzelfällen. Bei der Mitteilung des Apo-E-Genotyps an einen nachfragenden Klienten sollte daher auch die fehlende Sicherheit bei der Wertung des Befundes für einen Einzelfall betont werden. Standards für die Risikobestimmung anderer in gesundheitlicher Hinsicht komplexen Störungen, die alle Risikofaktoren berücksichtigen, sind ebenfalls noch nicht entwickelt worden (Motulsky 1994).

Der Mangel an gesichert wirksamen prophylaktischen therapeutischen Möglichkeiten wird gelegentlich als Argument genannt, den Apo-E-Genotyp an nachfragende Klienten nicht mitzuteilen (Förstl et al. 1994). Wie anhand der Beratungssituation bei M. Huntington ausgeführt, steht diesem Vorbehalt das Recht des autonom entscheidenden Klienten auf das Wissen seines Risikostatus entgegen. Allerdings sollte sichergestellt werden, daß dem Klienten eine angemessene Wertung eines einzelnen genetischen Risikofaktors bei einer komplexen genetischen Störung möglich ist. Hierzu ist eine ausführliche, kompetente Beratung erforderlich.

Zusammenfassung

Prädiktive genetische Tests werden mittelfristig für viele neuropsychiatrischen Erkrankungen verfügbar sein. Sie können dann von eminentem präventivmedizinischem Nutzen sein, wenn prophylaktische Therapien oder Frühinterventionen möglich sind, die den weiteren Verlauf günstig beeinflussen. Sie bergen aber auch erhebliche Risiken und Gefährdungen. Prinzipiell ist die Situation bei der Einführung von Programmen zur prädiktiven genetischen Testung ähnlich der Situation bei der Einführung neuer pharmakologischer Therapien: Der implizierte Nutzen wie die implizierten Risiken sollten vor

der breiten Anwendung hinreichend dokumentiert sein; ebenso sollten begleitende Evaluationen (Anwendungsbeobachtungen) die Sicherheit und den deutlichen Nutzen in der breiten Anwendung belegen. Die Etablierung von umfassenden Evaluationsprogrammen bereits zu Beginn des Aufbaus von Programmen zur prädiktiven Testung ist der beste Garant dafür, daß diese neuen diagnostischen Möglichkeiten nicht ähnlich eingehenden juristischen Rahmenbedingungen ausgesetzt werden, wie dies für pharmakologische Therapien zur Regel geworden ist.

Diskussion

Kommentar (Przuntek): Ich möchte noch einmal zu bedenken geben, daß die Depression und der Suizid nicht am Beginn der Krankheitssymptome stehen. Die Frühsymptome sind Krankheitssymptome, die eigentlich bis jetzt nicht zur Chorea Huntington gezählt wurden, nämlich Kopfschmerzen und Abgeschlagenheit. Aufgrund dieser Störungen, die diese Kinder und Jugendlichen an sich wahrnehmen, fühlen sie sich krank und neigen dann zur Suizidalität. Deshalb ist aus meiner Sicht die frühe Diagnostik mit entsprechenden Hilfestellungen wichtig, damit keine einseitige internistische Abklärung erfolgt.

Zum Problem, daß Enkelkinder wissen wollen, ob sie später auch erkranken, da das Elternteil noch nicht erkrankt ist, meine ich, daß in der Regel die Krankheit vertuscht wird. Das habe ich bei meinen Untersuchungen immer wieder erlebt.

Antwort: Ich meine, man sollte mit der Diagnose zurückhaltend umgehen. Das heißt aber auch, daß das Depressions- und Suizidrisiko bedacht werden sollte und eine entsprechende engmaschige psychologische oder psychiatrische Betreuung bei getesteten Risikopersonen durchgeführt werden sollte. Problematisch an den Guidelines ist, daß die Autonomie und die Freiwilligkeit der Entscheidung gefordert wird. Im Falle von Kindern können die Eltern meines Erachtens nur dann ihr Einverständnis zur Testung geben, wenn sie mit Sicherheit zum Wohle des Kindes handeln. Dies ist aber nicht zu beweisen, wenn keine Therapie verfügbar ist. Auch nach meiner Erfahrung ist es so, daß der Wille, an Untersuchungen von psychiatrischen Erkrankungen in Familien nicht partizipieren zu wollen, in der Regel mit einer ausgeprägten Symptomatik verbunden ist.

Fragen: Ich meine nicht, daß man schlußfolgern sollte, ohne eine spezifische Therapie für eine genetisch bedingte Erkrankung könne man nicht zum Wohle des Kindes handeln und sollte deshalb dann auch keine Diagnostik genetischer Art betreiben. Es gibt auch eine Reihe von unspezifischen Symptomen, die man sinnvoll mit Medikamenten oder supportiv behandeln kann. Außerdem kann durch die richtige Diagnosestellung erreicht werden, daß dieser Patient nicht in falsche Kanäle kommt, z. B. zu einer fehlindizierten Psychotherapie.

Grundsätzlich ist zu sagen, wenn wir nicht ganz klare differentialdiagnostische Indikationen haben, werden Kinder bis zum 18. Lebensjahr nicht getestet, das schreiben die derzeitigen Richtlinien vor. Wenn aufgrund der klinischen Diagnostik eine therapeutische Intervention sinnvoll erscheint, dann sollte man diese durchführen, ich sehe dies unabhängig von der Durchführung eines genetischen Tests. Ich meine, daß wir den über 18jährigen Kindern von Risikopersonen, die also ein 25%iges Risiko haben, die Diagnostik nicht verweigern dürfen. Sonst machen diese kommerzielle Institutionen und die

Betreffenden fallen aus einer möglichen Betreuung eines Huntington-Zentrums völlig heraus.

Mich erinnert diese Thematik sehr an die Diskussion um den HIV-Test; dort ist es doch erstaunlich, daß Suizidversuche oder Suizide bei einem asymptomatischen Patienten nach einem positiven Testergebnis extrem selten sind.

Mir ist nicht klar geworden, wie Ihr Standpunkt hinsichtlich der Konsequenzen einer pränatalen Diagnostik ist. Meinen Sie, daß ein Schwangerschaftsabbruch in Frage kommt oder nicht?

Es scheint mir ethisch sehr problematisch, einen Schwangerschaftsabbruch vorzunehmen im Fall einer positiven Prädiktion einer Erkrankung, die doch relativ spät auftritt. Als Zuspitzung könnte man sich ja dann vorstellen, daß Eltern das Recht haben, über einen Schwangerschaftsabruch im Falle einer Voraussage einer genetisch bedingten Alzheimer-Krankheit zu entscheiden, d. h. also zu entscheiden, wie sie das Lebensende ihres Kindes sich vorstellen oder nicht. Das scheint mir außerordentlich problematisch.

Kann man im Rahmen des Betreuungsrechtes eine Diagnostik veranlassen, bei Schizophrenen, bei symptomatischen Chorea-Patienten?

Wie ist das Wissen um die „frühen Störungen" der Kinder, um die Pathogenese? Welche Bedeutung haben psychogene Faktoren?

Antwort: Eine Parallele mit der Suizidalität bei HIV-Patienten sehe ich nicht: die Literatur belegt deutlich eine Häufung von Suiziden im Zusammenhang mit der Huntington-Erkrankung. Diskrete feinmotorisch-neuropsychologische Störungen sind auch häufige Symptome; die Anwendung einer prädiktiven genetischen Diagnostik sehe ich hier als problematisch an, da jemand, der noch eine lange Verlaufsstrecke bis zum Ausbruch der Erkrankung haben könnte, diese lange Zeit im Wissen um die spätere Erkrankung anders verbringen wird als ohne dieses Wissen. Ich glaube nicht, daß es ratsam wäre, hier zu einer prädiktiven Diagnostik zu drängen. Eine prädiktive genetische Diagnostik ist für mich in der Regel nur dann sinnvoll, wenn in der Familie bereits auf genetischer Basis ein Fall mit Huntington-Erkrankung identifiziert worden ist.

Die deutschen Beratungsinstitutionen würden eine direkte Testung durchführen selbst wenn der evtl. betroffene Elternteil eine Testung ablehnt und auf sein Nichtwissen pocht.

An den Beratungsinstitutionen wird hinsichtlich eines vorzeitigen Schwangerschaftsabbruchs eine direkte genetische Testung nur dann durchgeführt, wenn die Eltern erklären, daß sie bei Vorliegen eines positiven Testresultates, also einer Mutation beim Kind, einen Schwangerschaftsabbruch zumindest in Erwägung ziehen. Hinsichtlich des Schwangerschaftsabbruches liegt nach unserer Rechtsauffassung die Entscheidung zunächst im Ermessen der Mutter. Das Recht auf sein zukünftiges Wohl, das das zukünftige Kind hat, ist ein nachrangig zu behandelnder Gesichtspunkt. Nach meiner Auffassung ist bei einer Erkrankung, die mit einer relativ hohen Wahrscheinlichkeit in den ersten 2–4 Lebensdekaden nicht so symptomatisch wird, daß die Lebensfunktionen erheblich einschränkt, es ethisch unbedingt gerechtfertigt, einen Schwangerschaftsabbruch durchzuführen.

Literatur

Allen W, Ostrer H (1993) Invited editorial:: Anticipating unfair uses of genetic information. Am J Hum Genet 53: 16–21

Benjamin CM, Adam S, Wiggins S et al. (1994) Proceed with care: Direct predictive testing for Huntington disease. Am J Hum Genet 55: 606-617

Bloch M, Hayden MR (1990) Opinion: Predictive testing for Huntington disease in childhood: challenges and implications. Am J Hum Genet 46: 1-4

Bloch M, Adam S, Wiggins S et al. (1992) Predictive testing for Huntington disease in Canada: The experience of those receiving an increased risk. Am J Med Genet 42: 499-507

Chapman MA (1990) Invited editorial: Predictive testing for adult-onset genetic disease: Ethical and legal implications of the use of linkage analysis for Huntington disease. Am J Med Genet 47: 1-3

Chapman MA (1992) Invited editorial: Canadian experience with predictive testing for Huntington disease: Lessons for genetic testing centers and policy makers. Am J Med Genet 42: 491-498

Chapman MA (1993) Reply essay: Ensuring consumer safety. Predictive testing for Huntington disease: Response to Dr. Seymour Kessler, "reinventing the wheel". Am J Med Genet 45: 698-710

Codori AM, Brandt J (1994) Psychological costs and benefits of predictive testing for Huntington's disease. Am J Med Genet 54: 175-184

Codori AM, Hanson R, Brandt J (1994) Self-selection in predictive testing for Huntington's disease. Am J Med Genet 54: 167-173

Corder EH, Saunders AM, Risch NJ et al. (1994) Protective effect of apolipoprotein E typ 2 allele for late onset Alzheimer disease. Nature Genetics 7: 180-183

de Wert G (1992) Predictive testing for Huntington disease and the right not to know. Some ethical reflections. Birth Defects 28: 133-138

di Maio L, Squittieri F, Napolitano G et al. (1993) Suicide risk in Huntington's disease. J Med Genet 30: 293-295

Farrer CA (1986) Suicide and attempted suicide in Huntington disease: Implications for preclinical testing of persons at risk. Am J Med Genet 24: 305-311

Förstl H, Czech C, Sattel H, Geiger-Kabisch C (1994) Apolipoprotein E und Alzheimer-Demenz. Nervenarzt 65: 780-786

Frets PG, Verhage F, Niermeijer MF (1991) Characteristics of the postcounseling reproductive decision-making process: An explorative study. Am J Med Genet 40: 298-303

Gusella JF, Wexler NS, Conneally PM et al. (1983) A polymorphic DNA marker genetically linked to Huntington's disease. Nature 306: 234-238

Hayden MR (1991) Invited editorial comment: Predictive testing for Huntington disease: Are we ready for widespread community implementation? Am J Med Genet 40: 515-517

Huggins M, Bloch M, Wiggins S et al. (1992) Predictive testing for Huntington disease in canada: Adverse effects and unexpected results in those receiving a decreased risk. Am J Med Genet 42: 508-515

Huntington's Disease Collaborative Research Group (1993) A novel gene containing a trinucleotide repeat that is expanded and unstable on Huntington's disease chromosome. Cell 72: 971-983

International Huntington Association (IHA) and World Federation of Neurology (WFN) (1994) Guidelines for molecular genetics predictive test in Huntington's disease. J Med Genet 31: 555-559

Kessler S, Bloch M (1989) Social system responses to Huntington disease. Fam Proc 28: 58-67

Kessler S (1994) Predictive testing for Huntington disease: A psychologist's view. Am J Med Genet 54: 161-166

Mastromauro C, Myers RH, Berkman B (1987) Attitudes toward presymptomatic testing in Huntington disease. Am J Med Genet 26: 271-282

Meissen GJ, Mastromauro CA, Kiely DK et al. (1991) Understanding the decision to take the predictive test for Huntington disease. Am J Med Genet 39: 404-410

Motulsky AG (1994) Predictive genetic diagnosis. Am J Hum Genet 55: 603-605

Quaid KA, Morris M (1993) Reluctance to undergo predictive testing: The case of Huntington disease. Am J Med Genet 45: 41-45

Sharpe NF (1994a) Informed consent and Huntington disease: A model for communication. Am J Med Genet 50: 239-246

Sharpe NF (1994b) Psychological aspects of genetic counseling: A legal perspective. Am J Med Genet 50: 234-238

Shaw MW (1987) Invited editorial comment: Testing for the Huntington Gene: A right to know, a right not to know, or a duty to know. Am J Med Genet 26: 243-246

Spurdle A, Kromberg J, Rosendorff J, Jenkins T (1991) Prenatal diagnosis for Huntington's disease: A molecular and psychological study. Prenat Diagn 11: 177-185

Thies U, Zühlke C, Bockel B, Schröder K (1992) Prenatal diagnosis of Huntington's disease (HD): Experiences with six cases and PCR. Prenat Diagn 12: 1055-1061

Tibben A, Vegter-Van der Vlis M, Skraastad MI et al. (1992) DNA-testing for Huntington's disease in the netherlands: A retrospective study on psychosocial effects. Am J Med Genet 44: 94-99

Tibben A, Duivenvoorden HJ, Vegter-van der Vlis M et al. (1993) Presymptomatic DNA testing for Huntington disease: Identifying the need for psychological intervention. Am J Med Genet 48: 137-144

Van der Steenstraten IM, Tibben A, Roos RAC et al. (1994) Predictive testing for Huntington disease: Nonparticipants compared with participants in the dutch program. Am J Hum Genet 55: 618 - 625
Van Duijn CM, Clayton D, Chandra V, Fratiglioni et al. (1991) Familial aggregation of Alzheimer's disease and related disorders: A collaborative re-analysis of case-control studies. Int Epidemiol 20 (Suppl 2): S13 - S20
Watt DC, Seller A (1992) A clinico-genetic study of psychiatric disorder in Huntingtons chorea. Psychol Med Mon Suppl 23
Wiegers AM, Curfs LMG, Fryns JP (1992) A longitudinal study of intellegence in dutch fragile X boys. Birth Defects 28: 93 - 97
Wolff G, Walter W (1992) Attitudes of at risk persons for Huntington disease toward predictive genetic testing. Birth Defects 28: 119 - 126
Yarborough M, Scott JA, Dixon LK (1989) The role of beneficience in clinical genetics: non-directive counseling reconsidered. Theor Med 10 (2): 139 - 149

Das mitochondriale Genom*

H. Reichmann, B. Janetzky und P. Seibel

In der Entwicklungsgeschichte der Eukarionten kam es zu einer Symbiose von Zellen mit einer Struktur, die an Bakterien erinnerte, und ihr eigenes Genom mitbrachten. Diese Strukturen nennen wir heute Mitochondrien. Sie sind in allen menschlichen Zellen zu finden und gelten als „Kraftwerke“ der Zelle, da sie 90% des Energiebedarfes der Zelle durch die Synthese von Adenosintriphosphat (ATP) abdecken. Es ist daher naheliegend, daß insbesondere solche Zellen oder Organe viele Mitochondrien enthalten, die einen hohen Energiebedarf haben. So gehören Herz- und Skelettmuskel sowie das Gehirn zu den Organen mit überdurchschnittlich vielen Mitochondrien. Eine Übersicht über den zellulären Energiestoffwechsel zeigt die Abb. 1. Hier ist zu erkennen, daß im Anschluß an den Abbau von Glukose (Glykolyse, Zytosol) Pyruvat durch das Enzym Pyruvat-Dehydrogenase zu Acetyl-CoA umgewandelt und als Substrat in den Zitratzyklus (Mitochondrien) eingeschleust wird. Fettsäuren werden aktiviert, mit Hilfe von Carnitin und

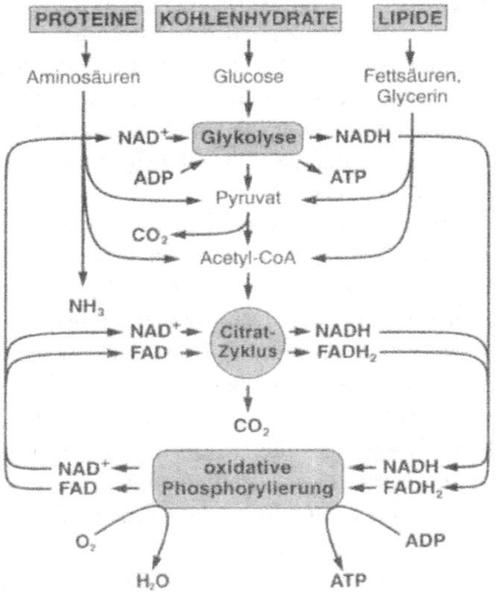

Abb. 1. Schematische Darstellung des aeroben Energiestoffwechsels

* Diese Arbeit wurde durch Mittel der Deutschen Forschungsgemeinschaft und des Bundesministerium für Forschung und Technologie unterstützt.

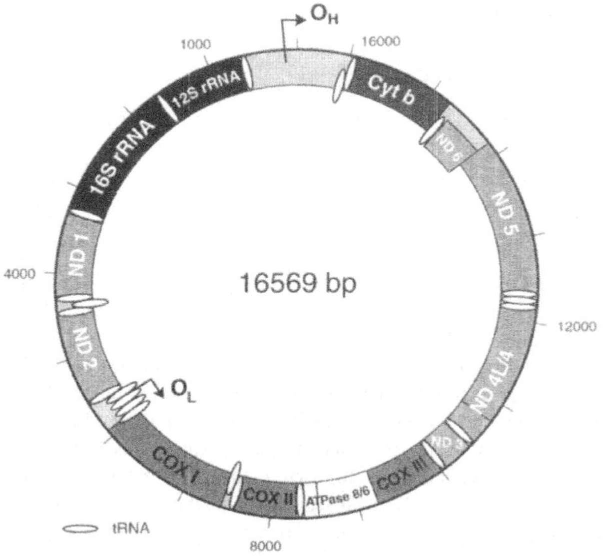

Abb. 2. Das mitochondriale Genom des Menschen. *ND1-6* Untereinheiten des Komplex I der Atmungskette (NADH-Dehydrogenase), *Cyt b* Untereinheit des Komplex III der Atmungskette (Cytochrom b), *COX I–III* Untereinheiten des Komplex IV der Atmungskette (Cytochrom-c-Oxidase), *ATPase 6/8* Untereinheiten des Komplex V der Atmungskette (ATP-Synthetase), O_H O_L Ursprungspunkte der DNA-Replikation

der Carnitinpalmitoyl-Transferase durch die innere Mitochondrienmembran geschleust und ebenfalls als Acetyl-CoA im Anschluß an die β-Oxidation dem Zitratzyklus zugeführt. Während der Stoffwechselreaktionen entsteht NADH und $FADH_2$, die als Substrate der Atmungskette dienen. Die Atmungskette, die an der inneren Mitochondrienmembran lokalisiert ist, wird durch fünf Enzymkomplexe gebildet. Die bei der Oxidation von NADH und $FADH_2$ zu NAD^+ und FAD freiwerdende Energie wird in mehreren Schritten dazu benutzt, Protonen (H^+), in den Intermembranraum zu pumpen. Die ATP-Synthetase (Komplex V) nutzt schließlich die Energie des kontrollierten Rückstroms der Protonen zur Synthese von ATP.

Während Ausdauersportler sich durch eine Zunahme des mitochondrialen Volumens an höhere Leistungen adaptieren, wurde erstmals 1962 von Luft et al. der Verdacht auf eine Funktionsstörung der Mitochondrien gestellt (mitochondriale Myopathie, MM). Seither gehören zur Diagnose einer MM 1. ein typisches klinisches Bild mit Ausdauerschwäche und proximaler Muskelschwäche, 2. morphologisch veränderte Mitochondrien und 3. der Nachweis eines biochemischen Defekts, im Idealfall gemessen an isolierten Mitochondrien. Da der Skelettmuskel einen besonders hohen Energiebedarf hat, war es nicht erstaunlich, daß in diesem Organ erstmals Störungen des mitochondrialen Energiestoffwechsels gefunden wurden. 1977 erweiterten Shapira und Mitarbeier den Begriff der MM auf „mitochondriale Enzephalomyopathien" (Shapira et al. 1977; Egger et al. 1981) und prägten den Begriff „mitochondriale Zytopathie", um damit auszudrücken, daß nahezu alle menschliche Zellen einen mitochondrialen Defekt aufweisen können.

Gerade in der Neurologie, die sich in erster Linie mit Erkrankungen des zentralen Nervensystems und der Muskulatur beschäftigt, wurde eine Vielzahl von Erkrankungen beschrieben, die auf Störungen des mitochondrialen Energiestoffwechsel zurückzuführen sind. Während man in den 70er und 80er Jahren Mitochondriopathien biochemisch in Defekte der Pyruvatoxidation, des Lipidstoffwechsels, des Zitronensäurezyklus sowie der

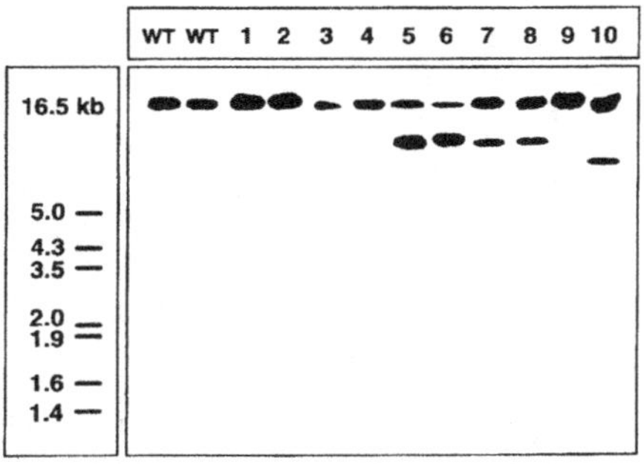

Abb. 3. Southern-blot-Analyse mitochondrialer DNA. Genomische DNA wird aus Biopsiematerial der Patienten isoliert, mit den Restriktionsendonukleasen Bam HI oder Pvu II behandelt und elektrophoretisch aufgetrennt. Nach dem Transfer der Nukleinsäuren auf eine Membran ("southern-Blot") wird die mtDNA spezifisch über radioaktive markierte Sonden angefärbt. *Spuren 1 und 2* normale mtDNA von Kontrollen, *Spuren 3, 4 und 9* Patienten DNA ohne Längenvariation, *Spuren 5–8 und 10* Patienten DNA mit unterschiedlichem Gehalt an deletierter mtDNA

oxidativen Phosphorylierung einteilte, stehen heute molekulargenetische Einteilungen im Vordergrund.

Wie eingangs bereits erwähnt, enthalten Mitochondrien ein eigenes kleines zirkuläres Genom mit 16569 Basenpaaren (Anderson et al. 1981). Vergleicht man das menschliche mitochondriale (mt) Genom mit dem der Hefe und anderer Pilze, so ist es bis zu 150 mal kleiner (Levings u. Brown 1989). Vergleicht man es gar mit der nukleären DNA, die 3 Mrd. Basenpaare enthält, oder mit dem größten menschlichen Gen, dem Dystrophin-Gen, das 2 Mio. Basenpaare ausmacht, ist es verschwindend klein. Man geht heute davon aus, daß im Zuge der Evolution nichtessentielle Informationen verloren gingen oder der Zellkern diese Informationen in sein Genom integrierte. Das mtGenom kodiert für 13 Proteine der Atmungskette. Sieben kodieren für den aus etwa 40 Untereinheiten bestehenden Komplex I. Weiter werden eine von 10 Untereinheiten des Komplex III, drei Untereinheiten von 13 des Komplex IV (Zytochrom-c-Oxidase) und zwei von 14 Untereinheiten des Komplex V (ATP-Synthetase) mitochondrial kodiert. Daneben enthält das mtGenom noch die Information für zwei ribosomale RNAs (16S und 12S) sowie für 22 tRNAs (Abb. 2). Diese Kompaktheit erlaubt im Gegensatz zum nukleären Genom keine Introns, sondern nur kodierende Exons einschließlich der Regulationsbereiche für Replikation und Transkription. Neben der Besonderheit der fehlenden Introns unterscheidet sich das mtGenom vom nukleären Genom auch noch durch einen abweichenden genetischen Code und durch seine maternale Vererbung. Letzteres läßt sich dadurch erklären, daß Eizellen eine Vielzahl von Mitochondrien enthalten, wohingegen das penetrierende Spermium den mitochondrienreichen Schwanzteil abwirft und sich in seinem Kopfteil keine Mitochondrien befinden. Diese Beobachtungen veranlaßten 1981 die Zeitschrift "Nature" einen Artikel mit dem Titel "small is beautiful" über das mt Genom zu publizieren (Borst u. Grivell 1981).

Neben "small is beautiful" ist das mtGenom heute als Ursache für einige neurologische Erkrankungen erkannt worden. 1988 beschrieben Holt et al. erstmals Patienten mit einer MM, in deren Muskulatur eine Deletion des mtGenoms nachweisbar war. Im gleichen Jahr beschrieben Lestienne u. Ponsot bei einem Patienten mit Kearns-Sayre-Syndrom (KSS) eine Deletion, bevor anfangs 1989 die Arbeitsgruppe um DiMauro 123 Patienten mit MM untersuchten und bei 32 Patienten ebenfalls Deletionen des mtGenoms fanden (Moraes et al. 1989). All diese Patienten waren an KSS oder chronisch progressiver externer Ophthalmoplegie (CPEO) erkrankt. Die einfachste Nachweismethode für diese Deletionen ist die 'Southern-blot'-Technik, wo letztenendes über eine Gelelektrophorese der Nachweis der mtDNA geführt wird (Abb. 3). Während Normalpersonen lediglich eine

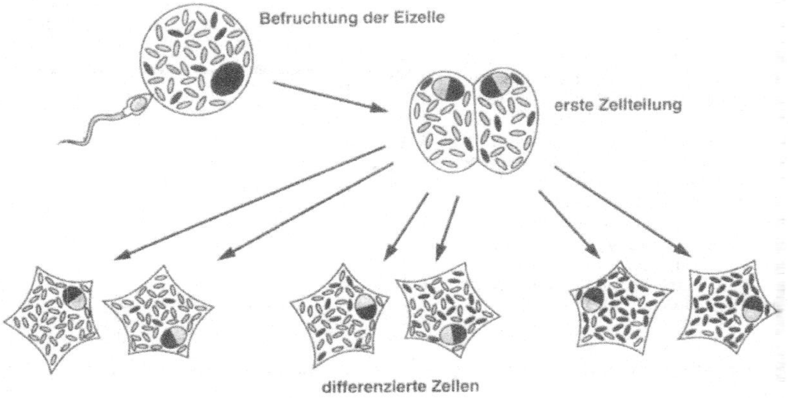

Abb. 4. Segregation defekter Mitochondrien. Nach der Befruchtung einer heteroplasmatischen Eizelle unterliegen die Mitochondrien einer statistischen Segregation. Die ausdifferenzierten Zellen zeigen unterschiedliche Mengen an defekten Mitochondrien. Die Anzahl defekter Mitochondrien ist auch in einer ausdifferenzierten Zelle nicht konstant, da die Mitochondrien einem natürlichen Turnover unterliegen

Bande, entsprechend der Originalgröße des mtGenoms von 16.5 kb, zeigen, weisen die meisten Patienten mit KSS oder CPEO eine zusätzliche kleinere zweite Bande auf. Diese zweite Bande (Abb. 3) entspricht der deletierten mtDNA und ist entsprechend der Größe der Deletion weiter ins Gel gewandert. Die Eindringtiefe vermittelt einen guten Hinweis auf die Größe einer Deletion, während die Stärke der Bande einen Eindruck über die Menge an deletierter DNA wiedergibt. Das gleichzeitige Auftreten einer Mischpopulation von intakter und deletierter mtDNA wird als Heteroplasmie bezeichnet. Da jedes Mitochondrium 6–10 mtDNA-Moleküle enthält (Murphy et al. 1984), ist noch unklar, ob sogar in einem einzelnen Mitochondrium Heteroplasmie herrschen kann. Gesichert ist jedoch, daß z. B. entlang einzelner Muskelfasern, neben normalen Mitochondrien fokal Mitochondrienhaufen mit deletierter mtDNA liegen (Shoubridge et al. 1990; Reichmann 1992). Man geht davon aus, daß von einem „defekten" Mitochondrium, aufgrund eines Replikationsvorteiles der kleineren DNA, vermehrt Mitochondrien mit deletierter DNA abstammen. Es gibt aber auch Hinweise, daß neben der langsamen Vermehrung von Mitochondrien mit Deletionen, was das relativ hohe Alter beim Beginn erster Krankheitssymptome erklären könnte, auch das Gegenteil, nämlich das Verschwinden von Mitochondrien mit Deletionen vorkommen kann. Die unterschiedliche Verteilung von Mitochondrien mit Deletionen in verschiedenen Organen (Segregation, s. Abb. 4) erklärt das bunte klinische Bild mitochondrialer Zytopathien. Obwohl, wie in Abb. 3 gezeigt, Deletionen unterschiedlicher Größe zu einer CPEO oder einem KSS führen können, gibt es doch überdurchschnittlich viele Patienten, die die sog. "common deletion" von 5 kb aufweisen, die von 13 identischen Basenpaaren flankiert wird (Schon et al. 1989). Neben einfachen Deletionen des mtGenoms, wurden auch Patienten mit multiplen Deletionen beschrieben (Zeviani et al. 1989; Reichmann et al. 1993), wobei die erste Familie aus Italien stammt, einem autosomal-dominantem Erbgang folgt und deren Mitglieder an Ptosis, PEO, Dysphagie, Katarakt und Ausdauerschwäche litten und früh verstarben. Unsere Patienten waren unter anderem an einem KSS (Reichmann et al. 1993) bzw. an

einem M. Madelung (Klopstock et al. 1994) erkrankt. Die Menge an deletierter DNA nahm bei der italienischen Familie mit zunehmendem Alter zu und entsprach der Schwere des Krankheitsbildes (Servidei et al. 1991), was bei den singulären Deletionen nicht der Fall war. Hier hatte man von der Größe und Menge der deletierten DNA nicht auf den Phänotyp zurückschließen können.

Eine weitere Spielart ist die Duplikation von mtDNA. Poulton und Mitarbeiter berichteten von 2 Patienten mit KSS und Ophthalmoplegie plus, die neben der normalen auch mtDNA mit einer Duplikation von etwa 8 kb aufwiesen (Poulton et al. 1989).

Noch neueren Datums sind der Nachweis von mtDNA Depletionen bei zunächst 5 Kindern mit MM (Tritschler et al. 1992). Diese Kinder waren meist im 1. Lebensjahr mit Muskelschwäche und Störungen ihrer psychomotorischen Entwicklung aufgefallen und früh verstorben. Sie zeigten eine bis zu 98 % Depletion an mtDNA und konsequenterweise biochemisch multiple Störungen der Atmungskettenkomplexe sowie histologisch 'ragged red fibers' (RRF). 'Ragged red fibers' stellen eine vermehrte subsarkolemmale Ansammlung von Mitochondrien mit abnormer mtDNA dar und sind auch morphologisch spezifisch kennzeichnend für CPEO und KSS. Deletionen, Duplikationen und Depletionen führen somit zu verringerter Expression von Atmungskettenuntereinheiten und von tRNAs.

Daneben beschrieb die Arbeitsgruppe um Wallace erstmals eine Punktmutation des mtGenoms, die zu einer mitochondrialen Zytopathie, nämlich zur Leber-Optikusatrophie (LHON) führt (Wallace et al. 1988). LHON äußert sich in einem raschen bilateralen zentralen Sehverlust sowie kardialen Rhythmusstörungen. Es sind insbesondere junge Männer zwischen 20 und 24 Jahren betroffen und teilweise findet sich eine maternale Vererbung. Die bekannteste mit LHON assoziierte Punktmutation ist an Position 11778 des mtGenoms (Singh et al. 1989). Diese Untereinheit betrifft die 340. Aminosäure der NADH-Dehydrogenase Untereinheit 4 und führt besonders im Sehnerven zu einer reduzierten Enzymaktivität des Komplexes I. In den letzten Jahren sind jedoch noch mindestens 7 weitere Punktmutationen beschrieben worden, die heute mit LHON assoziiert werden.

Die übrigen bisher beschriebenen Punktmutationen des mtGenoms liegen überwiegend in Genabschnitten, die für tRNAs kodieren. In diesem Zusammenhang sind das MERRF- (Myoklonusepilepsie, "ragged red fibers") und das MELAS-Syndrom (mitochondriale Enzephalopathie mit Laktatazidose und schlaganfallsähnlichen Episoden) zu nennen. Beim MERRF-Syndrom ist an Position 8344 des mtGenoms eine Mutation der tRNA für Lysin, die den T-Ψ-C Loop betrifft, charakterisiert worden (Shoffner et al. 1990). In den ersten 3 beschriebenen Familien fanden sich altersentsprechende Korrelationen zwischen Genotyp und Phänotyp, wobei die Patienten und ihre weniger stark betroffenen maternalen Verwandten zwischen 2 und 27% wildtyp DNA aufwiesen. Biochemisch wirkt sich die Mutation dieser tRNA auf die Aktivität von Komplex I und IV aus, die durch verringerte mitochondriale Proteinsyntheseraten induziert werden (Seibel et al. 1991). Beim MELAS-Syndrom liegt die Punktmutation an Position 3243 (Goto et al. 1990) und alternativ, wenngleich seltener an Position 3271 des mtGenoms (Hayashi et al. 1993). Die Mutation an Position 3243 liegt in der tRNA für Leucin (UUR). Interessant ist die Frage, ob die intrazerebralen Durchblutungsprobleme, die zu Schlaganfällen führen, auf vermehrten Mitochondrien in den Endothelien mit Verringerung des Gefäßlumens beruhen, oder ob aufgrund von Störungen des zerebralen Energiestoffwechsels lokale Schlaganfälle entstehen. Diese Frage ist immer noch nicht schlüssig beantwortet.

Ein weiteres Krankheitsbild, das mit dem Acronym NARP (proximale neurogen bedingte Muskelschwäche, Ataxie und Retinitis pigmentosa) verknüpft wurde, betrifft die Umwandlung eines hoch konservierten Leucins zu Arginin in der Untereinheit 6 der ATP-Synthetase (Komplex V) von Position 8993 des mitochondrialen Genoms (Holt et al. 1990). Besonderes Interesse findet diese Punktmutation, da bei maternal vererbtem infantilen Leigh-Syndrom (MILS) diese Punktmutation häufig nachzuweisen ist (Tatuch et al. 1992; Ciafaloni et al. 1993).

Zunehmend häufig werden auch Punktmutationen bei Krankheiten, die bisher mit Deletionen des mtGenoms verknüpft wurden, beschrieben. So haben wir schon mehrere Patienten gefunden, die klinisch ein klassisches KSS oder CPEO hatten, die aber genetisch statt einer Deletion die typische MELAS-Punktmutation an Position 3243 aufwiesen. Desweiteren fanden wir eine neue Punktmutation an Position 5692, die wahrscheinlich zu einer Konformationsänderung im Anticodon der tRNA für Asparagin führt (Seibel et al. 1994). Durch diese Konformationsänderung kommt es vermutlich zu einer Störung in der Proteinsynthese.

Trotz dieser Erkenntnisse ist die Umsetzung der beschriebenen Deletionen und Punktmutationen in den tRNAs oder Strukturgenen noch nicht bzgl. des resultierenden Phänotyps und der Störungen der Proteinsynthese endgültig aufgeklärt und derzeit Gegenstand intensiver Forschung.

Infolge seiner charakteristischen Eigenschaften findet das mtGenom bereits interessante Anwendungen, wie bei der Frage, wo die Ursprünge der Menschheit liegen, wobei Afrika (Äthiopien oder südliche Sahara) favorisiert wird (Merriwether et al. 1991). Ferner gelingt mit Hilfe des mtGenoms der Verwandtschaftsnachweis beim Vergleich von Kindern mit ihrer Mutter. So konnten nahezu zweifelsfrei in Rußland die Überreste der ermordeten Zarenfamilie den Romanows zugeschrieben werden (Gill et al. 1994). Besonderes Interesse findet das mtGenom mittlerweile auch bei neurodegenerativen Erkrankungen, wie z. B. dem Morbus Parkinson (Lestienne et al. 1991). Es ist bei diesen Krankheiten mit dem vermehrten Auftreten von freien Radikalen zu rechnen, so daß Alterationen gerade der mitochondrialen DNA hoch wahrscheinlich wären, da ja im Bereich der Atmungskette besonders viele Radikale zu vermuten sind und die mtDNA über keine Histone verfügt und einen nur unzureichenden Reparaturmechanismus besitzt (Tritschler u. Medori 1993). Es ist auch davon auszugehen, daß mit zunehmendem Alter Fehler in der mtDNA akkumulieren und diese sogar beschleunigend auf Störungen im Energiestoffwechsel des alten Menschen wirken. Hinweise für solche Assoziationen gibt es bereits für das Gehirn und den Herzmuskel (Lestienne 1992; Müller-Höcker et al. 1992; Corral Debrinski et al. 1992). Somit werden Analysen des mtGenoms sicherlich ein zukunftsträchtiges Feld neurologischer Forschung bleiben. Nicht unmöglich erscheint uns, daß auch in näherer Zukunft eine Korrektur solcher Deletionen oder Punktmutationen durch das Einschleusen intakter mtDNA (Seibel et al. 1995) gelingen wird.

Diskussion

Frage: Handelte es sich bei den von Ihnen im Vortrag erwähnten Patienten mit Morbus Down, die in 20% eine Punktmutation ihres zirkulären Genoms 5.460 aufwiesen, um gesicherte Trisomien?

Antwort: Ja, die Diagnose war gesichert. Man sagt ja immer, das Down-Syndrom sei die galoppierende Seneszenz des Adoleszenten. Die neuropathologischen Veränderungen des Gehirn eines Patienten mit Morbus Down ähneln sehr stark jenen Veränderungen, die sich im Gehirn von Patienten mit Morbus Alzheimer finden. Man sagt deshalb häufig, daß Morbus Down ein Modell ist für die Pathologie des Morbus Alzheimer. Wir haben diese Patienten deshalb als eine Vergleichsgruppe ausgewählt.

Frage: Ich kann aber doch eigentlich nicht erwarten, daß sich bei Patienten mit Morbus Down eine andere Häufigkeit an Mutationen in dieser Position herausstellt als bei den anderen Untersuchten.

Antwort: Das ist richtig. Aber eine gewisse Relevanz scheinen diese Befunde zu haben. Ich hoffe, daß hier niemand ableitet, Morbus Alzheimer sei eine Mitochondriopathie. Aber es scheint Zusammenhänge mit dieser DNA zu geben. Bei den neurodegenerativen Erkrankungen wird als möglicher Pathogenesemechanismus zur Zeit die Bildung freier Radikale diskutiert. Im Gegensatz zum nukleären Genom besitzt das mitochondriale Genom keine Histone, es kann sich nicht reparieren. Man kann sich deshalb sehr gut vorstellen, daß häufig dieses mitochondriale Genom in Mitleidenschaft gezogen wird. Deshalb ist es für mich eine interessante Struktur.

Frage: Wenn diese Mutation des zirkulären Genoms keine Neumutation ist, müßte diese Mutation, die von der Mutter übertragen würde, familiär stark gehäuft vorkommen. Wenn diese Mutation eine erhebliche krankheitsrelevante Wirkung hätte, müßten bevorzugt Familien betroffen sein, in denen Geschwisterpaare an Morbus Alzheimer erkrankt sind. Wissen Sie etwas über die Familien der Probanden, die Sie untersucht haben?

Antwort: Es handelte sich nicht um Fälle mit familiärem Morbus Alzheimer. Die Gesetze der Vererbung über das mitochondriale Genom folgen aber nicht den Mendel'schen Regeln. Im Ovar der Mutter finden sich sehr viele verschiedene Eizellen. Deletionen im mitochondrialen Genom können auch nur einzelne Eizellen betreffen. Deshalb ist es selten, daß viele Geschwister erkranken. Es kommt aber vor. Die wichtigere Frage, die wir uns stellen, ist: Was ist mit der Mutter unseres Patienten? Da die Verteilung des Genoms über verschiedene Organe sehr mosaikhaft ist, kann es vorkommen, daß die Untersuchung z. B. des Blutes der Mutter negative Befunde ergibt, weil das falsche Organ untersucht wurde. Diese Frage können wir also mit unseren derzeitigen Methoden leider noch nicht beantworten.

Frage: Die senile Demenz vom Alzheimer-Typ ist eine der Erkrankungen, welche noch für Spekulationen zur genetischen Heterogenität Anlaß gibt. Und bei der Trisomie 21 sollen nach neueren Studien nicht alle Patienten im klassischen Sinne eine Demenz entwickeln. Inwieweit hat die von Ihnen nachgewiesene Punktmutation einen Einfluß auf den Krankheitsverlauf oder die spezifische Symptomausprägung?

Antwort: Zur klinischen Symptomatik können wir zur Zeit noch keine Beziehungen herstellen. Wir sind im Begriff, diese Zusammenhänge zu untersuchen.

Frage: Wir führen inzwischen zu der Klärung verschiedener Erkrankungen Muskelbiopsien zur Frage einer mitochondrialen Störung durch. Manchmal stellt der Pathologe

eine Mitochondriopathie fest, während Ihre Untersuchung des Enzym- und Genombesatzes ein negatives Ergebnis erbringt. Wie erklären Sie diesen Widerspruch?

Antwort: Das ist für mich kein Widerspruch. Wie gesagt, die Krankheit ist sehr mosaikhaft. Es kann also passieren, daß der Morphologe unter tausend Muskelfasern zwei erkrankte Fasern entdeckt. Unsere biochemischen Methoden wären für diese Situation nicht sensibel genug, da die extrahierten Proteine dieser gemischten eintausend Fasern untersucht würden. Beide hinsichtlich ihres Proteinbesatzes veränderte Fasern würden sich nicht auf das Meßergebnis auswirken. Wir besitzen jetzt zwar eine Apparatur, die Aktivitäten einzelner Fasern und Neurone messen kann, aber dieses Verfahren ist in der Routinediagnostik noch nicht einsetzbar. Was das Genom betrifft, können wir mit der PCR (Polymerasekettenreaktion) geringe Mengen von Deletionen hochamplifizieren. Wir wissen alle, wie viele Fehler mit dieser Methode entstehen können. Also muß auch hier ein gewisser Anteil erkrankten Gewebes vorliegen, um die Diagnose stellen zu können. Schließlich können aber auch morphologische Veränderungen bestehen und eine Funktionsstörung der Mitochondrien, ohne daß die richtige Punktmutation gefunden wird. Wir kennen erst 20 Punktmutationen, nahezu jedes viertel Jahr kommt eine neue hinzu. Es ist anzunehmen, daß wir bei vielen Krankheitsbildern die richtige Mutation noch nicht kennen.

Frage: Ich möchte zwei Fragen stellen. Erstens: Nicht alle genetisch bedingten Erkrankungen werden durch Punktmutationen hervorgerufen, sondern es gibt auch pathogene Deletionen. Gibt es hierbei einen Unterschied hinsichtlich der Krankheitsausprägung und -schwere? Zweitens: Wie viele Organe oder welche Organe sollte man angesichts der Mosaikartigkeit betroffener Organe untersuchen? Sollen wir das Blut untersuchen, auch die Haut, das geht technisch noch einfach, aber sollen wir auch noch andere Organe biopsieren?

Antwort: Das Kearns-Sayr-Syndrom ist eine sehr schwer verlaufende Erkrankung, die auf Deletionen beruht. Der Morbus Leigh führt häufig zum Tode, hat aber eine Punktmutation. Man kann somit nicht sagen, daß eine Deletion besser oder schlimmer als eine Punktmutation ist. Man würde ja denken, eine Deletion ist schlimmer, weil sie sowohl tRNA codierende Abschnitte als auch Abschnitte, die für Proteine codieren, betrifft. Man weiß aber, daß manche Krankheiten durch Punktmutationen einen sehr schweren Verlauf nehmen. Eine allgemeine Aussage zur Korrelation mit dem Schweregrad der Erkrankung ist deshalb nicht zu treffen.

Welches Organ untersucht werden soll, ist ebenfalls außerordentlich schwer zu entscheiden. Für den Neurologen ist nach wie vor die Muskelbiopsie hilfreich, weil der Muskel gut morphologisch untersucht werden kann. Mit biochemischen und molekulargenetischen Methoden ist häufig die Diagnose nicht zu stellen, so daß die Aussage des Morphologen nach wie vor entscheidend ist. Welches Material am besten untersucht werden soll, hängt auch von der Fragestellung ab. Bei Verdacht auf MERRF-Syndrom (Myoklonusepilepsie, "ragged red fibers") sollte der Muskel untersucht werden. Bei Verdacht auf MELAS-Syndrom (mitochondriale Enzephalopathie mit Laktatazidose und schlaganfallsähnlichen Episoden) reicht die Untersuchung des Blutes. Dann gibt es die Leber-Optikusatrophie, bei der eine Haarwurzel untersucht werden kann. Die jeweilige Verdachtsdiagnose muß deshalb zwischen klinisch und im Labor tätigen Ärzten diskutiert werden.

Frage: Macht es keinen Sinn, prinzipiell Blut, Haar und Haut zu untersuchen?

Antwort: Das sprengt die vorhandenen Laborkapazitäten. Man sollte mit der Blutuntersuchung beginnen.

Frage: Gibt es Untersuchungen über die Frage, ob mit zunehmendem Alter der Mutter vermehrt Deletionen oder Punktmutationen stattfinden. Das wäre interessant, insofern man sagen könnte, daß vielleicht Erstgeborene gegenüber Spätgeborenen weniger leicht eine Mitochondriopathie bekommen können.

Antwort: Aus der Literatur gewinnt man den Eindruck, daß ältere Mütter gefährdeter sind bzgl. der Übertragung dieser Erkrankungen. Eindeutige Schlußfolgerungen sind allerdings aus der mir bekannten Literatur nicht möglich. Es zeigt sich aber, daß wir eigentlich alle mitochondrial erkrankt sind. Die Störungen der Mitochondrien ist ein ganz wesentliches Phänomen des Altwerdens. Deletionen sowohl im zentralen Nervensystem als auch vor allem im Herzmuskel, werden mit zunehmendem Alter signifikant häufiger. Für die normale Lebensspanne ist dieses Phänomen aber kein echtes Problem.

Literatur

Anderson S, Bankier AT, Barrell BG et al. (1981) Sequence and organization of the human mitochondrial genome. Nature 290: 457-465

Borst P, Grivell LA (1981) Small is beautiful - portrait of a mitochondrial genome. Nature 290: 443-444

Ciafaloni E, Santorelli FM, Shanske S et al. (1993) Maternally inherited Leigh syndrome. J Pediatr 122: 419-422

Corral Debrinski M, Horton T, Lott MT et al. (1992) Mitochondrial DNA deletions in human brain: regional variability and increase with advanced age. Nat Genet 2: 324-329

Egger J, Lake BD, Wilson J (1981) Mitochondrial cytopathy. A multisystem disorder with ragged red fibres on muscle biopsy. Arch Dis Child 56: 741-752

Gill P, Ivanov PL, Kimpton C et al. (1994) Identification of the remains of the Romanov family by DNA analysis. Nat Genet 6: 130-135

Goto Y, Nonaka I, Horai S (1990) A mutation in the tRNA (Leu) (UUR) gene associated with the MELAS subgroup of mitochondrial encephalomyopathies. Nature 348: 651-653

Hayashi J, Ohta S, Takai D et al. (1993) Accumulation of mtDNA with a mutation at position 3271 in tRNA (Leu) (UUR) gene introduced from a MELAS patient to HeLa cells lacking mtDNA results in progressive inhibition of mitochondrial respiratory function. Biochem Biophys Res Commun 197: 1049-1055

Holt IJ, Harding AE, Morgan-Hughes JA (1988) Deletions of muscle mitochondrial DNA in patients with mitochondrial myopathies. Nature 331: 717-719

Holt IJ, Harding AE, Petty RK, Morgan-Hughes JA (1990) A new mitochondrial disease associated with mitochondrial DNA heteroplasmy. Am J Hum Genet 46: 428-433

Klopstock T, Naumann M, Schalke B et al. (1994) Multiple symmetric lipomatosis: abnormalities in complex IV and multiple deletions in mitochondrial DNA. Neurology 44: 862-866

Lestienne P (1992) Mitochondrial DNA mutations in human diseases: a review. Biochimie 74: 123-130

Lestienne P, Ponsot G (1988) Kearns-Sayre syndrome with muscle mitochondrial DNA deletion. Lancet 1: 885

Lestienne P, Nelson I, Riederer P et al. (1991) Mitochondrial DNA in postmortem brain from patients with Parkinson's disease. J Neurochem 56: 1819

Levings CS, Brown GG (1989) Molecular biology of plant mitochondria. Cell 56: 171-179

Luft R, Ikkos D, Palmieri G et al. (1962) A case of severe hypermetabolism of non-thyroid origin with a defect in the maintenance of the mitochondrial respiratory control: a correlated clinical, biochemical and morphological study. J Clin Invest 41: 1776-1804

Merriwether DA, Clark AG, Ballinger SW et al. (1991) The structure of human mitochondrial DNA variation. J Mol Evol 33: 543-555

Moraes CT, DiMauro S, Zeviani M et al. (1989) Mitochondrial DNA deletions in progressive external ophthalmoplegia and Kearns-Sayre syndrome. N Engl J Med 320: 1293 - 1299

Müller-Höcker J, Seibel P, Schneiderbanger K et al. (1992) In situ hybridization of mitochondrial DNA in the heart of a patient with Kearns-Sayre syndrome and dilatative cardiomyopathy. Hum Pathol 23: 1431 - 1437

Murphy BJ, Robin ED, Tapper DP et al. (1984) Hypoxic coordinate regulation of mitochondrial enzymes in mammalian cells. Science 223: 707 - 709

Poulton J, Deadman ME, Gardiner RM (1989) Duplications of mitochondrial DNA in mitochondrial myopathy. Lancet 1: 236 - 240

Reichmann H (1992) Enzyme activity analyses along ragged-red and normal single muscle fibres. Histochemistry 98: 131 - 134

Reichmann H, Gold R, Meurers B et al. (1993) Progression of myopathology in Kearns-Sayre syndrome: a morphological follow-up study. Acta Neuropathol Berl 85: 679 - 681

Schon EA, Rizzuto R, Moraes CT et al. (1989) A direct repeat in a hotspot for large-scale deletion of human mitochondrial DNA. Science 244: 346 - 349

Seibel P, Degoul F, Bonne G et al. (1991) Genetic biochemical and pathophysiological characterization of a familial mitochondrial encephalomyopathy (MERRF). J Neurol Sci 105: 217 - 224

Seibel P, Lauber J, Klopstock T et al. (1994) CPEO is associated with a new mutation in the mitochondrial tRNA (Asn). Biochem Biophys Res Commun, im Druck

Seibel P, Trappe J, Villani G et al. (1995) Transfection of mitochondria: strategy towards a gene therapy of mitochondrial DNA diseases. Zur Publikation eingereicht

Servidei S, Zeviani M, Manfredi G et al. (1991) Dominantly inherited mitochondrial myopathy with multiple deletions of mitochondrial DNA: clinical, morphologic, and biochemical studies. Neurology 41: 1053 - 1059

Shapira Y, Harel S, Russell A (1977) Mitochondrial encephalomyopathies: a group of neuromuscular disorders with defects in oxidative metabolism. Isr J Med Sci 13: 161 - 164

Shoffner JM, Lott MT, Lezza AM et al. (1990) Myoclonic epilepsy and ragged-red fiber disease (MERRF) is associated with a mitochondrial DNA tRNA (Lys) mutation. Cell 61: 931 - 937

Shoubridge EA, Karpati G, Hastings KE (1990) Deletion mutants are functionally dominant over wild-type mitochondrial genomes in skeletal muscle fiber segments in mitochondrial disease. Cell 62: 43 - 49

Singh G, Lott MT, Wallace DC (1989) A mitochondrial DNA mutation as a cause of Leber's hereditary optic neuropathy. N Engl J Med 320: 1300 - 1305

Tatuch Y, Christodoulou J, Feigenbaum A et al. (1992) Heteroplasmic mtDNA mutation (T-G) at 8993 can cause Leigh disease when the percentage of abnormal mtDNA is high. Am J Hum Genet 50: 852 - 858

Tritschler HJ, Medori R (1993) Mitochondrial DNA alterations as a source of human disorders. Neurology 43: 280 - 288

Tritschler HJ, Andreetta F, Moraes CT et al. (1992) Mitochondrial myopathy of childhood associated with depletion of mitochondrial DNA. Neurology 42: 209 - 217

Wallace DC, Singh G, Lott MT et al. (1988) Mitochondrial DNA mutation associated with Leber's hereditary optic neuropathy. Science 242: 1427 - 1430

Zeviani M, Servidei S, Gellera C et al. (1989) An autosomal dominant disorder with multiple deletions of mitochondrial DNA starting at the D-loop region. Nature 339: 309 - 311

Psychosen, Halluzination und visuelle Perzeptionsstörungen

Halluzinationen bei endogenen Psychosen

T. FUCHS

Abb. 1 „Wie lange haben Sie denn schon diese Halluzinationen?" Harald R. Sattler

Einleitung

Die obige Zeichnung illustriert zunächst die seit jeher gängige Verknüpfung von Halluzination und psychischer Krankheit, die im populären Verständnis fast synonym miteinander sind; darüber hinaus zeigt sie aber auch, daß Halluzinieren für den psychotisch Erkrankten nicht nur bedeutet, etwas wahrzunehmen, was für andere nicht da ist, sondern auch ein Sich-Verhalten zu diesem Wahrgenommenen als neuer Realität impliziert: ein Befangen- und Gefangensein in seiner halluzinatorisch veränderten Welt. Esquirol hat demgemäß 1838 in seiner ersten wissenschaftlichen Definition der Halluzination als Wahrnehmung ohne äußeres Objekt von einem *«état d'hallucination»* gesprochen, also einem Halluzinations*zustand*, in dem der Betroffene sich befinde (Esquirol 1838).

Die folgenden Ausführungen zur Epidemiologie, Phänomenologie und Ätiologie psychotischer Halluzinationen lösen sie als Symptom aus dieser Erlebnisgesamtheit heraus; dies ist gerechtfertigt, solange im Bewußtsein bleibt, daß das Halluzinieren nicht zu einer isolierten Wahrnehmungsanomalie verkürzt werden kann, sondern letztlich im Zusammenhang des psychotisch veränderten Weltverhältnisses zu sehen ist.

Epidemiologie, diagnostische und prognostische Wertigkeit von Halluzinationen

Modalität

So auffallend und eindrucksvoll die Halluzinationen des Psychotikers für seine Umgebung sind, so problematisch bleibt ihre Bedeutung und Aussagekraft für den Psychiater. Ihr beinahe ubiquitäres Auftreten schwächt ihre diagnostische Relevanz; selbst in Populationen Gesunder, wie etwa bei 375 Studenten in der Untersuchung von Posey u. Losch (1983), fanden sich 71 %, die zumindest kurzzeitig im Wachzustand schon einmal Stimmen gehört, und 39 %, die bereits ein Lautwerden ihrer Gedanken erlebt hatten. Dabei handelte es sich natürlich in der Regel um pseudohalluzinatorische Phänomene mit negativem Realitätsurteil.

Offenbar erhalten Halluzinationen erst im Kontext der Erkrankung eine diagnostische Bedeutung, die traditionell vor allem in den verschiedenen *Sinnesmodalitäten* gesucht wurde. Akustische Halluzinationen sollten für die Schizophrenie wegweisend sein, optische hingegen für organische oder affektive Psychosen. Empirische Daten belegen zwar die Häufigkeit akustischer Trugwahrnehmungen bei Schizophrenen: nach einer Übersicht von Slade u. Bentall (1988) über 16 Studien mit insgesamt 2924 Patienten litten etwa 60 % unter akustischen, nur knapp die Hälfte (29 %) aber unter optischen Halluzinationen. Die International Pilot Study der WHO (1975) fand akustische Halluzinationen sogar bei 74 % von 1202 schizophrenen Patienten. – Die entsprechenden Angaben für akustische und optische Halluzinationen bei affektiven Störungen schwanken beträchtlich, von 2 % bis über 50 % (Spitzer 1988, S. 457), wobei jedenfalls die Häufigkeit bei bipolaren Psychosen meist deutlich höher liegt als bei den unipolaren (Taylor u. Abrams 1975; Winokur 1984).

Dennoch ist die Spezifität der Modalitäten als gering zu veranschlagen. Goodwin et al. (1971) untersuchten 116 fortlaufend aufgenommene Patienten mit prominenten Halluzinationen; von denen, die „Stimmen" hörten, erwiesen sich nur 35 % als Schizophrene, die restlichen 65 % gehörten den Diagnosegruppen affektive Psychosen, Alkoholismus, organisches Psychosyndrom und Hysterie an. Optische Halluzinationen waren häufiger bei den Hirnorganikern (89 %) und Alkoholikern (85 %), traten aber auch bei etwa 3/4 der affektiven und schizophrenen Patienten auf. In einer verwandten Untersuchung von Lowe (1973) an 60 halluzinierenden Patienten ergab die Diskriminanzanalyse für die Modalität keine diagnostische Wertigkeit; am besten differenzierten *Frequenz* und *Dauer* der Halluzinationen zwischen den verschiedenen Gruppen: Manisch-depressive und organische Patienten halluzinieren seltener und kürzer als paranoide. – Auch in Studien von Nathan et al. (1969) und Cutting (1987) trennten akustische und optische Halluzinationen nicht befriedigend zwischen organischen und funktionellen Psychosen. Am ehesten läßt sich noch sagen, daß optische Halluzinationen bei Schizophrenen nicht isoliert auftreten (wie häufig bei Hirnorganikern), sondern in Verbindung mit Trugwahrnehmungen anderer Modalitäten (Nathan et al. 1969; Frieske u. Wilson 1966).

Zudem zeigt der interkulturelle Vergleich, daß die Häufigkeit von Halluzinationen in Psychosen kulturabhängig ist. Insbesondere treten optische Halluzinationen außerhalb der westlichen Welt ungleich häufiger auf. So fand Zarroug (1975) bei 69 Schizophrenen in Saudi-Arabien optische Trugwahrnehmungen in 62 %, annähernd gleich häufig wie akustische. Ähnliche Ergebnisse zeigten sich in Ländern wie Mexiko, Cuba, Kenia, in der erwähnten internationalen WHO-Studie sowie in vergleichenden Untersuchungen bei Euro-Amerikanern und Afrikanern (Slade u. Bentall 1988; Murphy et al. 1963). Sie legen

die These nahe, daß die unterschiedliche psychotische Symptomatik auf ein eher bildhaft-symbolisches, weniger abstrakt-diskursives Denken und Erleben in außerwestlichen Kulturen zurückzuführen ist.

Interessanterweise gibt es Hinweise darauf, daß in früheren Zeiten auch in Europa optisches Halluzinieren häufiger zu beobachten war (Al-Issa 1977). Lenz (1964) analysierte 430 Krankengeschichten schizophrener Patienten der letzten 100 Jahre in Wien und fand einen deutlichen Symptomwandel von optischen zu akustischen Halluzinationen: „‚Erscheinungen' werden immer weniger beobachtet, das abstrakte Denkfunktionen voraussetzende wahnhafte Geschehen auf akustischer Ebene wird immer häufiger" (Lenz 1964, S. 44). Optische Halluzinationen treten vorwiegend in akuten, stark angst- und affektbesetzten psychotischen Zuständen auf, seltener dagegen in chronischen Schizophrenien; für akustische Halluzinationen gilt eher das Umgekehrte (McCabe et al. 1972; Asaad u. Shapiro 1986). Der beschriebene Symptomwandel könnte daher, zusammen mit der deutlich abnehmenden Häufigkeit katatoner Symptombilder in unserem Jahrhundert (Cooper u. Sartorius 1977), auf einen kulturell bedingten Rückgang „ekstatischer", visuomotorisch gebundener psychotischer Erlebnisformen hinweisen.

Inhalt

Die Sinnesmodalität von Halluzinationen, insbesondere das Hören von „Stimmen", kann, wie gezeigt, nicht als valider differentialdiagnostischer Indikator gelten. Aussichtsreicher erscheint die Beurteilung ihres *Inhalts*. – So erwies sich in einer Studie von Winokur et al. (1985) an 269 Patienten unterschiedlicher Diagnosegruppen die Differenzierung von stimmungskongruenten und -inkongruenten Halluzinationen als zuverlässiger Parameter: obgleich die 140 schizophrenen Patienten häufig depressive (69 %) oder maniforme (25 %) Syndrome aufwiesen, zeigten sie so gut wie keine (1 – 6 %) stimmungskongruenten Halluzinationen (d. h. etwa Stimmen schuldhaften oder grandiosen Inhalts). Umgekehrt fehlten stimmungsinkongruente Halluzinationen bei den unipolar-affektiven Patienten völlig, bei den bipolaren weitgehend (3 – 7 %). Der begleitende Affekt kann also bei der klinischen Beurteilung von Halluzinationen von großer Bedeutung sein.

Das wichtigste inhaltliche Kriterium ist seit Kurt Schneider (1980) die sprachliche Form verbaler akustischer Halluzinationen. Bekanntlich hat Schneider den miteinander *dialogisierenden* und den *kommentierenden* Stimmen besonderen Rang als pathognomonischen Symptomen der Schizophrenie zuerkannt, da gerade in der indirekten Bezugnahme auf die Person des Halluzinierenden eine hochgradige Entfremdung und Externalisierung der inneren Vorstellungswelt zum Ausdruck kommt. Hinzu treten als akustische Phänomene ersten Ranges die lautwerdenden Gedanken, in denen diese Enteignung der psychischen Gehalte bereits begonnen hat (s. unten). – Der pathognomonische Wert der Erstrangsymptome ist zwar nicht absolut zu nehmen – in der erwähnten Studie von Goodwin et al. (1971) waren dialogisierende und kommentierende Stimmen affektiven Erkrankungen sogar ebenso häufig zuzuordnen wie schizophrenen; Carpenter et al. (1973) fanden Erstrangsymptome bei einem Viertel affektiver Psychosen; in organischen und schizophrenen Psychosen treten akustische Phänomene ersten Ranges in vergleichbarer Häufigkeit auf (Johnstone et al. 1988). Dennoch ist in der internationalen WHO-Studie (1975) die Bedeutung der dialogisierenden und kommentierenden Stimmen als Bestandteil des schizophrenen Kernsyndroms und als differentialdiagnostisches Kriterium gegenüber den affektiven Psychosen eindrucksvoll bestätigt

worden. Dabei kam die gleiche diagnostische Dignität aber auch der *imperativen* Form des Stimmenhörens zu, die bereits Huber in seiner Fortentwicklung der Psychopathologie nach Schneider als Erstrangsymptom anerkannt hatte (Huber et al. 1979).

Nach den Ergebnissen verschiedener großer Studien (Mellor 1970; Carpenter u. Strauss 1974; Köhler et al. 1977; Huber et al. 1979; Marneros 1984) liegt die Häufigkeit akustischer Erstrangphänomene bei etwa einem Fünftel schizophrener Erstaufnahmen und steigt im weiteren Krankheitsverlauf auf 40–50% (Huber et al. 1979). Für das Gedankenlautwerden werden dabei sehr unterschiedliche Anteile von 1,5% (Köhler et al. 1977) bis 28% (Carpenter u. Strauss 1974) angegeben. Mit zunehmendem Alter bei Erstmanifestation nimmt die Häufigkeit von akustischen im Gegensatz zu anderen Erstrangsymptomen deutlich zu, von 18% bei den unter 40jährigen, auf 30% bei den über 40jährigen (Marneros 1984). Schließlich weisen die Spätschizophrenien (Manifestationsalter >45–50 Jahre) und Altersparaphrenien (>60 Jahre) einen besonderen Reichtum an Trugwahrnehmungen aller Modalitäten auf, wobei akustische Erstrangsymptome mit bis zu 50%, optische Halluzinationen mit 40–60% vertreten sind (Marneros u. Deister 1984; Pearlson et al. 1989; Howard et al. 1994).

Ob Halluzinationen allgemein auch eine prognostische Bedeutung zukommt, ist nach den in der Literatur vorliegenden Ergebnissen nicht klar zu entscheiden (Spitzer 1988, S. 455 ff.). Hingegen erwies sich in der Bonner Verlaufsstudie unter den Erstrangsymptomen eine Gruppe, nämlich die der akustischen Halluzinationen, als signifikanter Prädiktor für einen ungünstigen Langzeitverlauf schizophrener Psychosen (Gross u. Huber 1987). Die akustischen Trugwahrnehmungen neigen auch zu Persistenz und Verschlechterung im Alter (Ciompi u. Müller 1976, S. 91 ff.). Hingegen spricht das Gedankenlautwerden als initiales Symptom eher für eine günstige Prognose; nach Gross u. Huber könnte dieser Unterschied mit der frühzeitig ausgeprägteren „Auflösung der Ich-Kontur", dem Durchlässigwerden der Ich-Umwelt-Schranke bei den dialogisierenden und imperativen Stimmen in Zusammenhang stehen (Gross u. Huber 1987).

Zur Phänomenologie und Entstehung akustischer Halluzinationen

Dimensionalität halluzinatorischen Erlebens

Daß die akustischen Halluzinationen der Schizophrenen offensichtlich ihrer eigenen Erinnerungs- und Gedankenwelt entstammen, ihr Denken andererseits typische assoziative Störungen erkennen läßt, hat bereits der deutschen Psychiatrie der Jahrhundertwende einen Zusammenhang zwischen Denk- und Wahrnehmungsstörungen nahegelegt. Wernicke (1906) führte die typischen akustischen Halluzinationen letztlich auf eine „Lockerung im Gefüge der Assoziationen" zurück, mit der Folge des Eindringens „autochthoner", automatischer Bewußtseinsinhalte in den Gedankenablauf. Schröder (1926) sah die Halluzinationen bereits als Endstufe einer schrittweisen, über das Gedankenlautwerden führenden Versinnlichung der eigenen Gedanken an. Eine gewisse Hemmnis für die weitere Erforschung dieses Zusammenhangs bedeutete allerdings der von Jaspers postulierte „Abgrund übergangsloser Verschiedenheit" zwischen den sog. „Pseudohalluzinationen" im inneren Vorstellungsraum und „leibhaftig im äußeren objektiven Raum" erlebten Trugwahrnehmungen (Jaspers 1973, S. 59 f.).

In der klinischen Praxis wurden jedoch schon seit Bleuler (1911, S. 90) Zwischenstufen und Übergänge zu den eigentlichen Halluzinationen im Sinn von Jaspers immer wieder

beobachtet; gerade die Bestrebungen zu einer validen Schizophreniediagnostik im internationalen Vergleich hatten mit einem hohen Anteil (bis zu 40%) fraglicher, nicht eindeutig als vorhanden oder abwesend beurteilbarer Halluzinations- und Wahnphänomene zu kämpfen (Strauss 1969). Daher herrscht heute die Tendenz vor, Halluzinationen, Pseudohalluzinationen und Gedankenlautwerden nicht mehr streng kategorial zu trennen. Es erscheint sinnvoller, an diesen Phänomenen verschiedene *Dimensionen* zu unterscheiden, die sich kontinuierlich (und nicht unbedingt parallel zueinander) verändern können: dazu gehören vor allem Klarheit, Intensität, Sinnlichkeit (Leibhaftigkeit), räumliche Lokalisierung, Ichgehalt bzw. Ichfremdheit, Realitätsurteil bzw. wahnhafte Verarbeitung sowie begleitender Affekt.

In der unterschiedlichen Phänomenologie der „Stimmen" in der akuten und der chronischen Schizophrenie lassen sich einige dieser Dimensionen illustrieren. In der akuten Psychose können die Patienten ihre Stimmen häufig nur schwer beschreiben; sie gebrauchen Wendungen wie „als ob" oder „wie wenn", sprechen von einer „Flüstersprache", von Hören „mit der Seele", „mit dem Gehirn" oder dem „Gedächtnis" (Hillers 1963). Es mangelt den Stimmen an der vollen sinnlichen Qualität; ihre Lokalisierung innerhalb des eigenen Körpers kommt nicht nur vor, sondern ist sogar häufig (>40% nach Junginger u. Frame 1985). Ihre Herkunft aus dem eigenen Ich ist gewissermaßen latent noch gegenwärtig: Das Hören ist eher ein „Empfangen" oder „Innewerden" als eine Wahrnehmung im eigentlichen Sinn; der Kranke und seine Stimmen bilden eine innige Erlebniseinheit. Staunen, Bannung oder Angst charakterisieren häufig die emotionale Befindlichkeit. Insgesamt eignet hier also dem Halluzinieren ein eher *zuständlicher* als gegenständlich wahrnehmender, d. h. ein nur wahrnehmungs*ähnlicher* Erlebensmodus.

Anders in der chronischen Schizophrenie: erst hier kann man in der Regel von „eigentlichen" Halluzinationen im Sinn von Jaspers sprechen. Sie werden leibhaftig im äußeren Raum erlebt, vom eigenen Ich klar abgegrenzt, äußeren und ich-fremden Quellen (Sendern u. a.) wahnhaft zugeschrieben. Eine Konsolidierung hat stattgefunden: Die Stimmen werden im Gegensatz zur akuten Psychose nun auch durchgängig in Gegenwart anderer gehört (Goodwin et al. 1971), sie sprechen nur noch bedingt auf neuroleptische Therapie an, ihr Inhalt ist einförmig, die affektive Beteiligung des Kranken meist gering (Glatzel 1971). Insgesamt tragen sie am ehesten den Charakter *gegenständlicher Wahrnehmung*.

Einen anderen Beleg für ein kontinuierliches Erlebensspektrum in den verschiedenen Dimensionen liefern Beobachtungen über die Rückbildung von Halluzinationen unter der Therapie. Nach den Beobachtungen von Kruse (1959), Hoehn-Saric u. Gross (1968) und Larkin (1979) gehen zunächst v. a. die Häufigkeit und die Intensität der Stimmen zurück; sie werden seltener, weniger dominierend und schwächer erlebt, die negative emotionale Beeindruckung läßt nach oder wandelt sich sogar in angenehme Empfindungen infolge positiverer Inhalte. Im weiteren Verlauf kommt es häufig zu einer Umkehrung des Realitätsurteils, zur Umbenennung von „Stimmen" in „Gedanken", teilweise auch zur räumlichen (Rück-)Verlagerung der Phoneme von außen nach innen (Kruse 1959). Mitunter sind die Patienten sogar in der Lage, ihre Halluzinationen willentlich zu beeinflussen, sie also wieder der Ich-Aktivität zu unterstellen.

Diese Beobachtungen zeigen, daß Kontinua in den Dimensionen halluzinatorischen Erlebens bestehen, wenn sie sich auch keineswegs immer gleichsinnig verändern müssen. Hat diese Feststellung nun auch Bedeutung für die *Genese* der akustischen Erstranghalluzinationen? Bevor wir dieser Frage weiter nachgehen, soll ein Schema zwei dabei wesentliche Dimensionen zueinander in Beziehung setzen, nämlich die *Leibhaftigkeit*

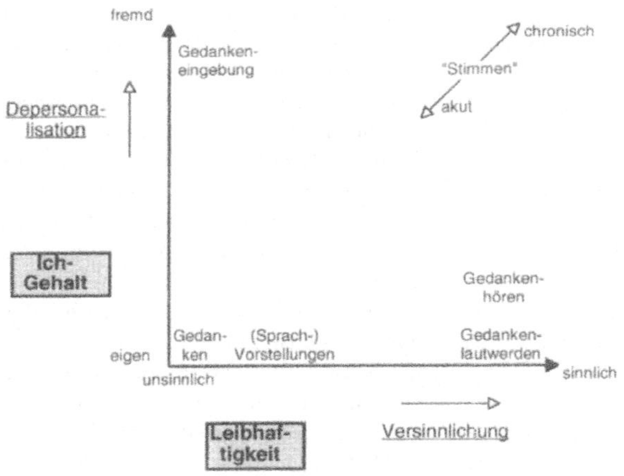

Abb. 2. Psychotische Externalisierung von Bewußtseinsgehalten

(Sinnlichkeit), also den Wahrnehmungscharakter psychotischer Phänomene einerseits, und den Grad ihrer *Ich-Zugehörigkeit* andererseits.

Die eine Dimension (Ordinate) beschreibt also eine zunehmende *Versinnlichung* oder *Wahrnehmungsähnlichkeit* der Bewußtseinsgehalte, die andere (Abszisse) ihre zunehmende *Ich-Fremdheit* oder *Depersonalisation*. Dem Nullpunkt sind die gewöhnlichen, selbst gesteuerten Gedanken zuzuordnen; eine erste Versinnlichungskomponente wird in vorgestellten, das Denken begleitenden Sprechakten erreicht, wie sie sich alltäglich vollziehen (in den neueren kognitiven Psychosemodellen als "*inner speech*" bezeichnet; vgl. Hoffmann 1986). Das Gedanken*lautwerden* trägt dann schon sensorischen Charakter, wobei aber die inhaltliche Beziehung zum eigenen Denken noch erhalten bleibt. Streng genommen muß davon noch das Gedanken*hören* differenziert werden, bei dem „die eigenen Gedanken des Kranken von anderen ausgesprochen werden" (Bleuler 1983, S. 37; vgl. auch Klosterkötter 1988, S. 128), also bereits eine Ich-Entfremdung und Außenattribution hinzugetreten ist. Die eigentliche „autopsychische Depersonalisation" der Bewußtseinsgehalte (Wernicke 1906) ist aber erst mit dem *Stimmenhören* erreicht; dabei lassen sich, wie wir gesehen haben, die akustischen Halluzinationen in der akuten und der chronischen Schizophrenie in Bezug auf ihren Grad an Gegenständlichkeit und Ich-Fremdheit typisierend unterscheiden. – Die gleiche Entfremdung der Gedanken kann schließlich aber auch ohne gleichzeitige Versinnlichung erfolgen, was zum Erlebnis der *gemachten* Gedanken oder Gedanken*eingebung* führt.

Entstehung der akustischen Erstranghalluzinationen aus Basissymptomen

Wie die Abb. 2 zeigt, stehen akustische Halluzinationen 1. Ranges, Gedankenlautwerden und Gedankeneingebung in enger phänomenaler Beziehung zueinander. Daß dies auch ihrer Genese entspricht, hat Klosterkötter (1988) in seiner eingehenden Untersuchung der Übergangsreihen zwischen defizitären und produktiven Schizophreniesymptome zeigen können. An 121 ausgewählten Patienten einer größeren Stichprobe ließen sich auf der Grundlage des Basisstörungskonzepts nach Huber (1983) vorwiegend kognitive, an sich

noch uncharakteristische Prodromalsymptome (unterhalb der Schwelle äußerlich erkennbarer Denkzerfahrenheit) eruieren, die nach bestimmten Verlaufsmustern regelhaft in die produktiven Erstrangphänomenen der Psychose mündeten. Den akustischen Halluzinationen (n = 48) gingen dabei in allen Fällen zunächst noch paroxysmale Störungen der Denkvorgänge im Sinne von Gedankendrängen, -perseveration, -interferenz oder -blockade voraus. Die immer intensivere, schließlich pausenlose Folge unkontrollierbarer Gedankenfragmente nahm häufig bereits die Form unwillkürlicher Selbstinstruktionen, Selbstkommentare und Selbstgespräche an. Darauf folgte in allen Sequenzen ein Gedankenlautwerden, daß dann mit zunehmender, beängstigender Intensität den Eindruck fremden Sprechens hervorrief. Am Ende wurden aus den Selbstinstruktionen von außen erteilte Befehle, aus den Selbstkommentaren fremde Bemerkungen über das eigene Tun und aus den inneren Selbstgesprächen fremde Dialoge. Dazu ein Beispiel aus den Erlebnisschilderungen der Patienten:

Ganz zu Anfang habe er nur Konzentrationsstörungen bemerkt und dann auch schon einmal, daß „unsinnige Sachen" in sein Denken eingedrungen seien, die er nicht habe „unterbrechen" können ... das quälende „Durcheinander" (habe) immer ausgedehnter die Form solcher „Selbstgespräche" angenommen ... Er habe wohl noch gewußt, daß es alles seine Gedanken gewesen seien. Doch sei so eine „Klangfarbe" hinzugekommen, wie wenn die einzelnen Gedanken von „inneren Stimmen" ausgesprochen würden. Deren „Sprechweise" habe dabei mit den Stimmen bekannter Personen übereingestimmt.... (Schließlich habe er) sich unwillkürlich die Frage stellen müssen, ob man nicht tatsächlich gerade draußen über ihn gesprochen habe (Klosterkötter 1988, S. 134 f.).

Diese Erlebnismodalität des „als ob" kann schließlich unter dem Druck der äußerst verstörenden Erfahrungen nicht mehr aufrechterhalten werden; das Meinhaftigkeitsbewußtsein für die auditiven Eindrücke geht verloren und der Prozeß der psychotischen Externalisierung ist im Hören fremder Personen mit vollem Realitätsurteil zum Abschluß gekommen.

Das Gedankenlautwerden entspräche demnach einer Zwischenstufe im Übergang zu vollständig depersonalierter auditiver Wahrnehmung. – Anders die *Gedankeneingebung*: in ihrem Vorfeld herrschen nach den von Klosterkötter erfaßten Symptomfolgen Gedankeninterferenz und -perseverieren vor, ohne daß die Intensität pausenlosen Gedankendrängens erreicht würde. Der „Verlust der Leitbarkeit der Denkvorgänge" (Huber 1983) verläuft hier gewissermaßen flacher; die im Vordergrund stehende Neu- und Fremdartigkeit der eigenen kognitiven Akte führt deshalb ohne vorherige Versinnlichung zur autopsychischen Depersonalisation, d. h. zum Eindruck, die erlebten Gedanken würden „von anderswoher" vollzogen.

Da die akustischen Halluzinationen und die Gedankenbeeinflussungsphänomene also auf der gleichen Grundlage von Denkstörungen entstehen, die Halluzinationen aber einem höheren Grad dieser Basisstörungen entsprechen, ist zu erwarten, daß beide Symptome nicht gleichzeitig auftreten können, was auch in der Tat den Befunden entspricht (Klosterkötter 1988, S. 182). – Durch eine Steigerung der kognitiven Desintegration im weiteren Krankheitsverlauf wäre aus dem gleichen Grund auch die schon erwähnte (s. S. 62) Zunahme und Chronifizierung gerade der akustischen Erstranghalluzinationen zu erklären.

Die hier nur skizzierte Herleitung von produktiven Erstrangsymptomen aus kognitiven Basisstörungen soll nun nicht den Eindruck erwecken, als handele es sich bei der schließlichen psychotischen Externalisierung um eine einfache gedankliche Weiterver-

arbeitung im Sinne von Erklärungswahnideen für irritierende Erlebnisse. Diese rationalistische Vorstellung wird in den derzeitigen angloamerikanischen Schizophreniekonzeptionen favorisiert (z. B. Hoffmann 1986; Maher 1988); sie reicht jedoch auch für Klosterkötter nicht aus, um die tiefgreifende Erlebnisumwandlung und unerschütterliche Gewißheit im psychotischen, insbesondere halluzinatorischen Geschehen zu begründen. Halluzinationen können, wie bereits zu Beginn hervorgehoben, nicht als unabhängiges Symptom mit eigener Ätiologie begriffen werden; sie entspringen vielmehr einem umfassenden Zusammenbruch innerer Ordnungen und der Einheit des Ich. Erst die psychotische Umstrukturierung der Person mit einer Außenverlagerung struktureller Teilbereiche (Kisker 1960) läßt die zunehmende Intensität kognitiver Störungen in die Grenzauflösung zwischen inneren Vorstellungen und äußeren Wahrnehmungen umschlagen.

Ätiologische Modelle

Auf der Grundlage der bisherigen Ausführungen wäre nun von ätiologischen Modellen der Genese akustischer Halluzinationen vor allem zu erwarten, daß sie zum einen das Eindringen unwillkürlicher Bewußtseinsinhalte in die normalen Denkabläufe, zum anderen den Verlust der Diskrimination von Vorstellung und Wahrnehmung im Erleben zu erklären vermögen. Unter diesem Gesichtspunkt sollen einige Theorien in Umrissen betrachtet werden.

Eine der ersten und nachhaltig weiterwirkenden Konzeptionen ist die von J. H. Jackson, nach der psychopathologische Symptome durch den Mechanismus der Enthemmung oder *Disinhibition* untergeordneter Funktionszentren des ZNS zustandekommen (Berrios 1985). Dem Paradigma der Epilepsie folgend, postulierte Jackson eine "top-down"-Inhibition, d. h. eine Hierarchie hemmender Einflüsse im gesunden zentralen Nervensystem. Der Ausfall höherer regulierender Zentren hätte dann die Konsequenz einer sekundären Disinhibition stammesgeschichtlich älterer Funktionen oder Automatismen – z. B. von Halluzination und Wahn. Dieses Modell bildet bis heute eine Grundlage zahlreicher theoretischer Überlegungen zur Genese psychischer Störungen, insbesondere der Schizophrenie. Dabei hielt man jedoch nicht immer am Prinzip der hierarchischen, „abwärts“ gerichteten Inhibition fest: Nach der "*perceptual release*"-Theorie der Halluzinationsentstehung, die West 1962 formulierte, hat auch der ständige Zustrom sensorischer Afferenzen von der *Peripherie* her inhibitorische Wirkung, nämlich auf engrammatisch gespeicherte Gedächtnisinhalte. Ein Verlust strukturierter Wahrnehmung oder Reizentzug, wie z. B. im Schlaf oder bei sensorischer Deprivation, führt danach gleichfalls zu einer Disinhibition und Freisetzung ("*release*") gespeicherter Wahrnehmungserinnerungen in Form von Träumen oder Halluzinationen (West 1962, 1975).

Wests Theorie wird unter anderem durch die Beobachtung von Halluzinosen gestützt, die durch sensorische Beeinträchtigung, d. h. Seh- und Hörverlust ausgelöst werden, also möglicherweise als „release“-Phänomene infolge Deafferenzierung zu interpretieren sind (Charles-Bonnet-Syndrom bzw. musikalische Halluzinose; vgl. Fuchs u. Lauter 1992). Zudem war schon Bleuler bekannt, daß die Halluzinationen Schizophrener in isolierter Umgebung zunehmen (Bleuler 1911, S. 88). Auch nach neueren experimentellen Untersuchungen mit verschiedenen auditiven Reizbedingungen (Slade 1974; Margo et al. 1981) inhibiert strukturierte, vor allem sprachliche Stimulation die Halluzinationen am meisten, während Stille oder „weißes Rauschen“ ihre Häufigkeit und Intensität steigern. –

Allerdings läßt sich aus der Modifikation bereits bestehender Halluzinationen nicht ohne weiteres auf ihre Genese schließen; es erscheint sehr fraglich, ob etwa der soziale Rückzug in den Prodromalstadien der Psychose einen ausreichenden Reizentzug darstellt, um Halluzinationen auszulösen. Wests Theorie basiert zudem in hohem Maß auf der sensorischen Deprivationsforschung der 60er Jahre und ihrer Beschreibung halluzinationsähnlicher Phänomene, deren Vergleichbarkeit mit psychotischen Halluzinationen aber heute überwiegend bezweifelt wird (Slade u. Bentall 1988).

Neuere Theorien nehmen in der Regel ihren Ausgang von den kognitiven Schizophreniemodellen der Neuropsychologie: Danach sind die basalen, experimentell nachweisbaren Defizite Schizophrener charakterisiert durch Störungen der selektiven Aufmerksamkeit, der Auswahl relevanter und Hemmung irrelevanter Reize sowie ihrer Weiterverarbeitung und Integration mithilfe der Abrufung früherer Erfahrungsmuster zu Vergleichsprozessen. Diese Störungen der Informationsverarbeitung müssen sich im Gegenzug aber auch in Fehlsteuerungen beim Aufbau intentionaler Denk- und Sprechakte auswirken, also in den exekutiven Denkfunktionen. – Auf diesen Modellen basieren – je nach Schwerpunktsetzung in dem komplexen Gefüge von Wahrnehmung und Denken – unterschiedliche Theorien der Halluzinationsentstehung, von denen hier nur einige herausgegriffen werden können:

a) Nach den Ergebnissen der neueren kognitiven Psychologie und Neurophysiologie (Gregory 1973; Marcel 1983) stellt Wahrnehmung keine nur passive Rezeption von Daten dar, sondern selbst einen aktiven (wenn auch nicht bewußt gesteuerten) Prozeß, in dessen Verlauf semantische Entscheidungen in Abhängigkeit von früher ausgebildeten Mustern, Konzepten oder Schemata getroffen werden. Die sensorisch eintreffenden „Indizien" aktivieren gespeicherte Schemata, die dann in diesen Indizien wiedererkannt werden. Wahrnehmung basiert also auf der Interaktion von sensorischen Stimuli und konzeptueller Verarbeitung oder von Sinnesdaten und „hypothesengenerierenden Systemen" (Emrich 1988). Nach *Hemsleys* Modell ist nun diese Interaktion bei Schizophrenen gestört: sie vermögen nicht in ausreichendem Maß, bekannte oder erwartete Muster im sensorischen Material wiederzuerkennen; infolgedessen ist ihre Informationsverarbeitungskapazität schneller überfordert (Hemsley 1977, 1990). Resultat ist eine erhöhte Mehrdeutigkeit oder *Ambiguität* des Wahrgenommenen, subjektiv als sensorische, insbesondere auch als *Sprachverständnis*störung erlebt (Chapman 1966; Bull u. Venables 1974; Gross u. Huber 1972). Diese unstrukturierte Reizaufnahme hat aber zur Folge, daß die autonome Produktion von Schemata aus dem Langzeitgedächtnis kompensatorisch gesteigert wird. Damit dringt gespeichertes Material unintendiert ins Bewußtsein und wird halluzinatorisch bzw. externalisiert wahrgenommen. – Auch in diesem Modell spielt also die Disinhibition eine Rolle: Die Fähigkeit zur Strukturierung des sensorischen Materials inhibiert danach die Eigenproduktion von „Wahrnehmungshypothesen".

b) Betrifft nach Hemsley die Störung vor allem die sensorische Informationsaufnahme und -verarbeitung, so ist nach den beiden folgenden Modellen die *Produktion* von Denk- und Sprechakten betroffen. – Nach *Hoffmann* (1986) sind verbale Halluzinationen nichts anderes als Sprachvorstellungen oder „subvokales", inneres Sprechen, das aber anders als beim Gesunden aufgrund eines desorganisierten Sprachaufbaus als fremd und unbeabsichtigt im Bewußtsein erlebt wird. Bei Schizophrenen sei die Generierung von Sprechakten gestört, die sich normalerweise an gespeicherten, als solchen nicht bewußten Sprachplänen orientiere. Als Folge davon kämen ungeplante Sprachkonstrukte zu Bewußtsein, die als abweichend vom eigentlich Intendierten erlebt werden ("mismat-

ching"). Diese Abweichung werde dann von den Betroffenen mit der Herkunft der fremden Gedanken aus der Außenwelt erklärt. Hoffmann verweist u. a. auf die Beobachtungen etwa Chapmans (1966), wonach Schizophrene ihre sprachlichen Äußerungen vielfach als unpassend zu dem betrachten, was sie eigentlich sagen wollten. Die gleiche Erfahrung in den subvokalen Sprach*vorstellungen* liege den Halluzinationen zugrunde.

Offensichtlich basiert Hoffmanns Modell auf einer Reihe nicht unproblematischer Annahmen. Daß akustische Halluzinationen nur die sinnliche Qualität inneren Sprechens haben – also eigentlich eher unsinnliche Qualität – entspricht zumindest häufig nicht dem Erleben der Kranken. Ebensowenig bestehen vor oder gleichzeitig mit allen Halluzinationen Sprachintentionen, die als abweichend von den halluzinatorischen Gedankeninhalten erlebt werden könnten. Auch konnte Hoffmann eine zu erwartende statistische Korrelation zwischen dem Auftreten von Halluzinationen und Sprachstörungen bei Schizophrenen nicht sicher nachweisen (Slade u. Bentall 1988; S. 133). Sehr rationalistisch mutet schließlich die Vorstellung an, die halluzinierten Inhalte würden nicht sensorisch, sondern nur infolge eines gewissermaßen wahnhaften Fehl*urteils* nach außen verlagert (vgl. zur Kritik die Kommentare zu Hoffmann 1986).

c) Ähnliche Diskrepanzen zwischen inneren Sprechakten und vorgegebenen kognitiven Sprachplänen sehen auch *Frith u. Done* (1988) als Ausgangspunkt der Genese von Halluzinationen an. Nur bestehen sie nach ihrem Modell nicht tatsächlich, sondern werden durch Ausfälle eines internen Monitors für ablaufende Sprechakte vorgetäuscht. Ein solches *Monitor- oder Reafferenzprinzip* verhindert z. B., daß bei willkürlichen Augenbewegungen die wahrgenommenen Gegenstände „hin- und herspringen", während dies bei äußerem Druck auf die Bulbi der Fall ist. Frith u. Done postulieren nun ein Monitorsystem für alle intendierten Akte einschließlich der eigenen Gedanken. Ein Ausfall dieses Monitors hätte zur Folge, daß eine Sprachvorstellung zwar korrekt produziert werden kann, über ihre Quelle beim Betroffenen jedoch Unklarheit herrschen muß. Da ihm also sein Denken der eigenen Gedanken nicht mehr bewußt ist, attribuiert er die fremden Gedanken in die Außenwelt. – Frith u. Done versuchen auch, dieses Monitorsystem nach aktuellen neurophysiologischen und -anatomischen Konzeptionen im Hippokampus bzw. seiner Verbindung zum präfrontalen Kortex zu lokalisieren.

Bei allen Unterschieden im Einzelnen haben die vorgestellten Modelle doch erkennbare Gemeinsamkeiten: Verbale Halluzinationen entstehen demnach durch bestimmte neuropsychologische und neurolinguistische Störungen, die zu einer Verselbständigung der internen Produktion von Sprachvorstellungen führen. Die nun automatisch und unintendiert ins Bewußtsein dringende, subvokale Sprache wird als ich-fremd erlebt und deshalb einer äußeren Quelle zugeschrieben. – So plausibel diese neueren Modellvorstellungen aufgrund psychopathologischer und experimentalpsychologischer Beobachtungen erscheinen, lassen sie doch eine Reihe von Fragen offen, die abschließend aufgeworfen werden sollen:

1. Wie kommt es zur akustischen Versinnlichung der eigentlich nur vorgestellten oder subvokalen Phänomene? Die skizzierten Modelle vermögen zwar die Entstehung von Gedankeneingebungen, also die Depersonalisationskomponente in Abb. 2 verständlich zu machen, nicht jedoch die zunehmende *Leibhaftigkeit* der automatischen Eindrücke. – Möglicherweise ist es erst die zunehmende Intensität der erlebten kognitiven Störungen (Gedankeninterferenz, -jagen) zusammen mit der psychotischen Irritation und Angst, die das Diskriminationsvermögen zwischen Denken und Hören zusammenbrechen läßt (Klosterkötter 1988).

2. Läßt sich die Fremdattribution der „Stimmen“ wirklich durch einen normalpsychologisch verständlichen Fehlschluß aus abnormen Wahrnehmungen erklären? – Zahlreiche Bilder und Gedanken tauchen täglich unwillkürlich in unserem Bewußtsein auf, ohne daß wir nach einer äußeren Quelle dafür suchen. Zudem müßte sich der solchermaßen Sich-Täuschende doch von alternativen Erklärungen überzeugen lassen. Die psychotische Externalisierung erscheint daher nicht erklärbar ohne die Einbettung der abnormen Erfahrungen in eine grundlegende Umstrukturierung der Person, mit der Reaktivierung eines phylo- und ontogenetisch älteren, subjektzentristischen Realitätsbezugssystems, wie dies bereits Conrad angenommen hatte (Klosterkötter 1988, S. 226ff.).
3. Wenn Halluzinationen generell fehlgesteuerten Denkakten entspringen, wie ist dann ihr uniformer Inhalt zu erklären? Warum kommt es nicht zu neutralen, sondern ganz überwiegend zu anklagenden, herabsetzenden, bedrohlichen oder obszönen Stimmen? – Freud hat ursprünglich eben aus diesen Inhalten von Halluzinationen auf eine beobachtende Instanz in der Psyche, das Über-Ich geschlossen (Spitzer 1988, S. 209f.). Geht die psychotische Umstrukturierung der Person mit einer Entbindung seelischer Komplexe einher, denen gegenüber das Ich sich nur noch entmächtigt, verurteilt und verloren erleben kann? – Wie sich zeigt, verlassen wir mit solchen Überlegungen die Ebene der kognitiven Neuropsychologie. Wie aber psychodynamische und -genetische Erklärungen (die nicht notwendig der psychoanalytischen Theoriebildung folgen müssen) mit den skizzierten kognitiven Modellen der Halluzinationsentstehung in Verbindung gebracht werden können, ist gegenwärtig eine noch offene Frage.

Diskussion

Frage: Wie ist der Stand der biologischen Forschung („biologische Marker“) hinsichtlich Halluzinationen, was zeigen Kernspin-, SPECT- oder PET-Befunde? Kann man anhand bildgebender Verfahren zwischen akustischen und optischen Halluzinationen separieren? Wie ist die neurobiochemische Befundlage, z. B. HVA?

Antwort: Ich habe in neueren Arbeiten keine diesbezüglichen Befunde gefunden.

Frage: Dies war ein sehr schöner Überblick über die Versuche einer phänomenologischen Analyse, ich habe allerdings den Eindruck einer Sackgasse. Die verschiedenen beschriebenen Modelle sollten einer entsprechenden Überprüfung zugeführt werden, sie müßten von Neurowissenschaftlern operationalisiert, d. h. z. B. mit einfachen Stimuli wie ein neuropsychologisches Symptom untersucht werden. Es sollte ein Brückenschlag versucht werden und nicht das Thema auf Halluzinationen bei Schizophrenie eingeengt werden, deshalb die Frage, wie ist es bei den exogenen Psychosen?

Antwort: Leider ist dies ein noch offenes Gebiet, zu dem ich im Moment keine fundierte Darstellung geben kann.

Kommentar: Eine andere Art der Halluzination wird relativ selten beschrieben, nämlich die Musikhalluzinationen. Diese treten ja typischerweise bei älteren Leuten auf, die langsam – über Jahrzehnte hinweg – ertauben. Ab einem bestimmten Zeitpunkt hören sie plötzlich Musik wie aus dem Radio oder von einem Plattenspieler, wobei sie sich von

diesem Phänomen noch distanzieren können. Hierzu liegen ja recht interessante topographisch-funktionelle-organpathologische Befunde vor.

Frage: Sie hatten ja zu Anfang Ihres Referates auf die bekannte Dichotomie zwischen optischen und akustischen Halluzinationen hingewiesen und auf die Zuordnung zur exogenen Psychose und zur eher endogenen Psychose. Meine Frage betrifft nun Schizophrene mit optischen Halluzinationen. Kommen nach Ihrer Erfahrung diese optischen Halluzinationen gleichzeitig, koexistierend vor, dominieren sie dann, wenn sie vorkommen und sind es bestimmte Patientengruppen, die bevorzugt optische Halluzinationen zeigen?

Antwort: Bei Schizophrenen kommen die optischen Halluzinationen ganz überwiegend in Verbindung mit anderen Modalitäten vor, es sind Phänomene der akuten Erkrankung, der akuten Psychose, die aber überwiegend in Verbindung mit olfaktorischen oder akustischen Halluzinationen auftreten.

Frage: Steht die optische Wahrnehmung inhaltlich im Zusammenhang mit den akustischen Phänomenen oder ist das völlig losgelöst?

Antwort: Nein, das ist häufig in inhaltlicher Verbindung mit akustischen Halluzinationen. Ob dies eine besondere Patientengruppe ist, kann ich nicht sicher sagen, ist aber nicht mein Eindruck und dazu gibt es auch keine Befunde in der Literatur. Offenbar spielt aber ein kultureller Faktor eine Rolle.

Frage: Ich wollte noch einmal an die alten Reizversuche bezüglich optischer Halluzinationen erinnern (Area 17, 18, 19). Es existieren ja offenbar primäre Reizphänomene an der Hirnrindenstruktur – dies kennen wir ja auch bei Anfallserkrankungen, hier existieren ja halluzinatorische Anfallstypen nach Epilepsie-chirurgischen Eingriffen. Interessieren würde mich die Abgrenzung zum Traum, gibt es Befunde, die das Traumerleben dieser Patienten in irgendeiner Weise mit einer Halluzination in Verbindung bringen können?

Antwort: Die Patienten beschreiben ihre Träume deutlich anders, umgekehrt Halluzinationen als sehr andersartiges Erleben als das Traumerleben. Das Traumerleben dieser Patienten entspricht unserem normalen Traumerleben, es bleibt auf einer sehr imaginativen, fantastischen Stufe und verwandelt sich nicht etwa in eine zunehmende Sinnlichkeit, die die Halluzinationen im Gegensatz dazu ja doch aufweisen.

Literatur

Al-Issa I (1977) Social and cultural aspects of hallucinations. Psychol Bull 84: 570–587
Asaad G, Shapiro B (1986) Hallucinations: Theoretical and clinical overview. Am J Psychiatry 143: 1088–1097
Berrios GE (1985) Positive and negative symptoms and Jackson. A conceptual history. Arch Gen Psychiatry 42: 95–97
Bleuler E (1911) Dementia praecox oder Gruppe der Schizophrenien. Deuticke, Leipzig Wien
Bleuler M (1983) Lehrbuch der Psychiatrie, 15. Aufl. Springer, Berlin Heidelberg New York
Bull HC, Venables PH (1974) Speech Perception in Schizophrenia. Brit J Psychiatry 125: 350–354
Carpenter WT, Strauss JS (1974) Cross-cultural evaluation of Schneider's first-rank symptoms of schizophrenia: A report from the International Pilot Study of Schizophrenia. Am J Psychiatry 131: 682–687

Carpenter WT, Strauss JS, Muleh S (1973) Are there pathognomonic symptoms in schizophrenia? Arch Gen Psychiatry 28: 847–852
Chapmann J (1966) The early symptoms of schizophrenia. Brit J Psychiatry 112: 225–251
Ciompi L, Müller C (1976) Lebensweg und Alter der Schizophrenen. Eine katamnestische Langzeitstudie bis ins Senium. Springer, Berlin Heidelberg New York
Cooper C, Sartorius N (1977) Cultural and temporal variations in schizophrenia: a speculation on the importance of industrialisation. Brit J Psychiatry 130: 50–55
Cutting J (1987) The phenomenology of acute organic psychosis. Comparison with acute schizophrenia. Brit J Psychiatry 151: 324–332
Emrich HM (1988) Zur Entwicklung einer Systemtheorie produktiver Psychosen. Nervenarzt 59: 456–464
Esquirol J (1838) Des maladies mentales. Bailleres, Paris
Frieske DA, Wilson WP (1966) Formal qualities of hallucinations: a comparative study of the visual hallucinations of patients with schizophrenic, organic and affective psychoses. In: Hock W, Zubin J (eds) Psychopathology of schizophrenia. Grune & Stratton, New York, pp 152–169
Frith CD, Done DJ (1988) Towards a neuropsychology of schizophrenia. Brit J Psychiatry 153: 437–443
Fuchs T, Lauter H (1992) Charles Bonnet syndrome and musical hallucinations in the elderly. In: Katona C, Levy R (eds) Delusions and hallucinations in old age. Gaskell, London, pp 187–198
Glatzel J (1971) Über akustische Sinnestäuschungen bei chronisch Schizophrenen. Nervenarzt 42: 17–26
Goodwin DW, Alderson P, Rosenthal R (1971) Clinical significance of hallucinations in psychiatric disorders. Arch Gen Psychiatry 24: 76–80
Gregory RL (1973) The confounded eye. In: Gregory RL, Gombrich EH (eds) Illusion in nature and art. Duckworth, London, pp 49–95
Gross G, Huber G (1972) Sensorische Störungen bei Schizophrenien. Arch Psychiatr Nervenkr 216: 119–130
Gross G, Huber G (1987) Die Bedeutung der Symptome 1. Ranges für die Diagnose und Prognose der Schizophrenie. In: Olbrich HM (Hrsg) Halluzination und Wahn. Springer, Berlin Heidelberg New York Tokyo
Hemsley DR (1977) What have cognitive deficits to do with schizophrenic symptoms. Brit J Psychiatry 130: 167–173
Hemsley DR (1990) Information processing and schizophrenia. In: Straube ER, Hahlweg K (eds) Schizophrenia, Concepts, vulnerability and intervention. Springer, Berlin Heidelberg New York Tokyo pp 59–76
Hillers F (1963) Über Halluzinationen bei Schizophrenen. Psychiatr Neurol 145: 100–116, 129–143
Hoehn-Saric R, Gross M (1968) Auditory hallucinations in schizophrenia: Early changes under drug treatment and drug withdrawal. Am J Psychiatry 124: 1132–1135
Hoffmann RE (1986) Verbal hallucinations and language production processes in schizophrenia. Behav Brain Sci 9: 503–548
Howard R, Almeida O, Levy R (1994) Phenomenology, demography and diagnosis in late paraphrenia. Psychol Med 24: 397–410
Huber G (1983) Das Konzept substratnaher Basissymptome und seine Bedeutung für Theorie und Therapie schizophrener Erkrankungen. Nervenarzt 54: 23–32
Huber G, Gross G, Schüttler R (1979) Schizophrenie. Eine verlaufs- und sozialpsychiatrische Langzeitstudie. Springer, Berlin Heidelberg New York
Jaspers K (1973) Allgemeine Psychopathologie, 9. Aufl. Springer, Berlin Heidelberg New York
Johnstone EC, Cooling CD, Frith CD et al. (1988) Phenomenology of organic and functional psychoses and the overlap between them. Brit J Psychiatry 153: 770–776
Junginger J, Frame CL (1985) Self-report of the frequency and phenomenology of verbal hallucinations. J Nerv Ment Dis 173: 149–155
Kisker KP (1960) Der Erlebniswandel des Schizophrenen. Springer, Berlin Heidelberg New York
Klosterkötter J (1988) Basissymptome und Endphänomene der Schizophrenie. Springer, Berlin Heidelberg New York Tokyo
Köhler K, Guth W, Grimm G (1977) First-rank symptoms of schizophrenia in Schneider-orientied German centers. Arch Gen Psychiatry
Kruse W (1959) Effect of trifluoperazine on auditory hallucinations in schizophrenics. Am J Psychiatry 116: 318–321
Larkin AR (1979) The form and content of schizophrenic hallucinations. Am J Psychiatry 136: 940–943
Lawson JS, McGhie A, Chapman J (1964) Perception of Speech in Schizophrenia. Brit J Psychiatry 110: 375–380
Lenz H (1964) Vergleichende Psychiatrie. Wilhelm Maudrich, Wien

Lowe GR (1973) The phenomenology of hallucinations as an aid to differential diagnosis. Brit J Psychiatry 123: 621–633
Maher BA (1988) Language disorders in psychoses and their impact on delusions. In: Spitzer M, Uehlein FA, Oepen G (eds) Psychopathology and philosophy. Springer, Berlin Heidelberg New York Tokyo, pp 109–120
Marcel AJ (1983) Conscious and unconscious perception: An approach to the relations between phenomenal experience and perceptual processes. Cognit Psychol 15: 238–300
Margo A, Hemsley DR, Slade PD (1981) The Effects of Varying Auditory Input on Schizophrenic Hallucinations. Brit J Psychiatry 139: 122–127
Marneros A (1984) Frequency of occurence of Schneider's first rank symptoms in schizophrenia. Eur Arch Psychiatry Neurol Sci 234: 78–82
Marneros A, Deister A (1984) The psychopathology of ‚late schizophrenia'. Psychopathology 17: 264–274
McCabe MS, Fowler RC, Cadoret RJ, Winokur G (1972) Symptom differences in schizophrenia with good and poor prognosis. Am J Psychiatry 128: 1239–1243
McGhie A, Chapman J (1961) Disorders of attention and perception in early schizophrenia. Brit J Med Psychol 34: 103–116
Mellor CS (1970) First rank symptoms of schizophrenia. Brit J Psychiatry 117: 15–23
Murphy HBM, Wittkower ED, Fried J, Ellenberger HA (1963) A cross cultural survey of schizophrenic symptomatology. Int J Soc Psychiatry 9: 235–249
Nathan PE, Simpson HF, Andberg MM (1969) A systems analytic model of diagnosis: II. The diagnostic validity of abnormal perceptual behavior. J Clin Psychol 25: 115–119
Pearlson GD, Kreger L, Rabins PV et al. (1989) A chart review study of late-onset and early-onset schizophrenia. Am J Psychiatry 146: 1568–1574
Posey TB, Losch ME (1983) Auditory hallucinations of hearing voices in 375 normal subjects. Imagination, Cognition, and Personality 2: 99–113
Schneider K (1980) Klinische Psychopathologie, 12. Aufl. Thieme, Stuttgart
Schröder P (1926) Das Halluzinieren. Z Neurol Psychiatry 101: 599–614
Slade PD (1974) The external control of auditory hallucinations: An information theory analysis. Brit J Soc Clin Psychol 13: 73–79
Slade PD, Bentall RB (1988) Sensory deception: A scientific analysis of hallucination. John Hopkins University Press, Baltimore London
Spitzer M (1988) Halluzinationen. Ein Beitrag zur allgemeinen und klinischen Psychopathologie. Springer, Berlin Heidelberg New York Tokyo
Strauss (1969) Hallucinations and delusions as points on continua function. Arch Gen Psychiatry 21: 581–586
Taylor MA, Abrams R (1975) Acute mania: clinical and genetic study of responders and nonresponders to treatments. Arch Gen Psychiatry 32: 863–865
Wernicke C (1906) Grundriß der Psychiatrie in klinischen Vorlesungen, 2. Aufl. Thieme, Leipzig
West LJ (1962) A general theory of hallucinations and dreams. In: West LJ (ed) Hallucinations. Grune & Stratton, New York, pp 275–291
West LJ (1975) A clinical and theoretical overview of hallucinatory phenomena. In: Siegel EK, West LJ (eds) Hallucinations. Behavior, experience, and theory. John Wiley & Sons, New York Sidney Toronto, pp 287–313
Winokur G (1984) Psychosis in bipolar and unipolar affective illness with special reference to schizo-affective disorder. Brit J Psychiatry 145: 236–242
Winokur G, Scharfetter C, Angst J (1985) The diagnostic value in assessing mood congruence in delusions and hallucinations and their relationship to the affective state. Eur Arch Psychiatry Neurol Sci 234: 299–302
World Health Organization (1975) Schizophrenia: a multinational study. WHO, Genf

Dopaminerg-, muscarinerg-, glutamaterg- und serotonerg-induzierte Psychosen. Zur Behandlung pharmakotoxisch bedingter, psychischer Störungen bei der Antiparkinson-Therapie

H. P. Kapfhammer, D. Naber

Einleitung

Der Morbus Parkinson ist nach der Demenz vom Alzheimer-Typ die vermutlich zweithäufigste neurodegenerative Erkrankung. Ihre Prävalenz beträgt ca. 150 Patienten auf 100 000 Personen der Allgemeinbevölkerung. Sie zeigt einen dramatischen Anstieg im höheren Lebensalter mit einem Häufigkeitsgipfel in der 7. und 8. Lebensdekade (Schoenberg 1986). Die Erkrankung geht mit einer Reihe von neuropsychiatrischen Defiziten einher. Diese sind Ausdruck der voranschreitenden Degeneration. Sie können aber auch Folgen der multimodalen medikamentösen Interventionen sein, die mit den zugrundeliegenden pathophysiologischen Prozessen interagieren. Je nach eingesetzten diagnostischen Kriterien schwanken die Häufigkeitsangaben für depressive Syndrome zwischen 15 und 30 %, die für dementielle Syndrome zwischen 10 und 80 % (Gibb 1989). In ca. 20 % komplizieren paranoid-halluzinatorische Syndrome den Therapieverlauf (Saint-Cyr et al. 1993). Eine Betrachtung der neuroanatomischen und neurochemischen Veränderungen beim Morbus Parkinson verspricht einen modellhaften Einblick in die Entstehung organisch bedingter psychischer Störungen.

Veränderungen in den Neurotransmittersystemen bei Morbus Parkinson

Tabelle 1 faßt summarisch wichtige Verschiebungen in den unterschiedlichen Neurotransmittersystemen bei Morbus Parkinson zusammen (Hedera u. Whitehouse 1994).

Tabelle 1. Neurotransmitterveränderungen beim Morbus Parkinson. (Nach Hedera u. Whitehouse 1994)

	Anatomische Region				
Neurotransmitter	Motorischer Kortex	Präfrontaler limbischer Kortex	Pallidum	Striatum	Substantia nigra
Dopamin	Verringert	Verringert	Verringert	Verringert	Verringert
Noradrenalin	Verringert	Verringert			
Acetylcholin		Verringert		Erhöht	
Serotonin		Verringert			Verringert
GABA			Variabel	Variabel	Variabel
Substanz P	Variabel	Variabel	Erniedrigt	Variabel	Erniedrigt
Neuropeptid Y			Unverändert	Erhöht	Unverändert
Somatostatin		Variabel	Variabel	Erhöht	Unverändert
Enkephaline			Erniedrigt	Variabel	Erniedrigt
Cholezystokinin			Erniedrigt	Variabel	Erniedrigt
Neurotensin		Erniedrigt	Unverändert	Unverändert	Variabel

Hierbei ist grundlegend, daß nicht die Funktionstüchtigkeit eines Systems, sondern das Zusammenwirken der einzelnen Systeme die entscheidende Voraussetzung für eine wirksame Kontrolle fein abgestimmter motorischer Bewegungsabläufe ist. Das heißt, ein Verständnis für die Pathologie gestörter Bewegungen, für mögliche medikamentöse Therapieansätze, aber auch für das Auftreten von hieraus resultierenden psychotropen bzw. pharmakotoxischen Effekten ergibt sich nur aus einer Zusammenschau grundlegender Interaktionen zwischen den Systemen. Kurz herausgestellt sollen zunächst Veränderungen im dopaminergen, cholinergen, serotonergen und glutamatergen System werden.

Dopamin

Unter normalphysiologischen Bedingungen üben mesostriatale dopaminerge Bahnen über D_1-Rezeptoren einen direkten inhibitorischen Einfluß auf den Globus pallidus internus und die Substantia nigra (Pars reticularis) aus. Dieser Hemmeffekt wird an den Thalamus weitergegeben. Es kommt hier zu einer Enthemmung thalamokortikaler Impulse, die eine Bewegungsfreisetzung bewirken. Diesen direkten inhibitorischen dopaminergen Effekten über D_1-Rezeptoren stehen indirekte exzitatorische Effekte regulierend entgegen, die über D_2-Rezeptoren vermittelt werden (Carlsson 1993). Bei gesunden Personen überwiegen die direkten die indirekten dopaminergen Wirkungen. Bei der Parkinson-Krankheit liegt eine zentrale Degeneration der melaninhaltigen dopaminergen Neuronen in der Substantia nigra (Pars compacta) vor. In die voranschreitende Degeneration werden die dopaminergen Projektionen ins Putamen und den Nucleus caudatus miteinbezogen, wobei v. a. die anterioren und posterioren Anteile besonders schwerwiegend betroffen sind. Das Ausmaß des Dopaminverlustes im Striatum korreliert mit dem Neuronenuntergang in der Substantia nigra (Hornykiewicz, Kish 1986). 70–80% der dopaminergen Zellen müssen hier zerstört sein, bis es zu einer klinischen Symptommanifestation kommt (Hornykiewicz 1988). Die im Striatum generierten dopaminergen Impulse lassen eine Verschiebung in Richtung relativ verstärkter indirekter exzitatorischer Effekte erkennen, die über die thalamische Zwischenschaltung schließlich zu einer Reduktion der kortikalen Bewegungsentwürfe führen. Auch das mesocorticolimbische dopaminerge System (Area tegmentalis ventralis, Areae peri- und retrorubralis) kann degenerativ verändert sein. Parkinsonpatienten mit einer dementiellen Zusatzsymptomatik zeigen besonders häufig solche pathologischen Veränderungen auf (Brown, Marsden 1990)

Acetylcholin

Die Freisetzung von Acetylcholin steht im Striatum unter glutamaterger Kontrolle. Striatale cholinerge Interneurone hemmen die präsynaptische Dopaminausschüttung. Umgekehrt erniedrigt wiederum Dopamin über D_2-Rezeptoren diese cholinerge Aktivität. Bei der Parkinson-Erkrankung herrscht ein relativ erhöhter cholinerger Tonus vor und trägt zur Verstärkung der klinischen Symptomatik bei (Hornykiewicz u. Kish 1986). Eine Degeneration der aufsteigenden cholinergen Bahnen zu den basalen Vorderhirnneuronen kann nachgewiesen werden, wobei der Zellverlust vor allem bei dementen Parkinson-Patienten stark ausgeprägt ist (Ruberg et al. 1982).

Serotonin

Bei Morbus Parkinson ist die Anzahl der serotonergen Neuronen im Nucleus raphe erniedrigt, die 5-HT-Konzentrationen in den aufsteigenden Bahnen sind gesunken. Der serotonerge Einfluß in der Substantia nigra ist ebenfalls gemindert. Hier hemmt Serotonin die dopaminerge Aktivität. Die Veränderungen im Serotoninsystem scheinen für die häufigen affektiven Störungen bei Parkinsonpatienten von pathogenetischer Relevanz zu sein (Mayeux 1990). In späteren Stadien der Erkrankung, in denen L-Dopa nicht mehr in den dopaminergen Neuronen zu Dopamin decarboxyliert werden kann, dringt Dopamin auch in nicht-dopaminerge Zellen, z. B. serotonerge Neurone ein und verdrängt Serotonin. Es kann passager zu einem relativen Überwiegen des serotonergen Einflusses kommen. Ein Zusammenhang zu L-Dopa-Psychosen hiermit wird diskutiert (Birkmayer u. Riederer 1975).

Glutamat

Die Bedeutung von Glutamat in der Pathophysiologie des Morbus Parkinson wird zunehmend erkannt. Kortikostriatale glutamaterge Bahnen innervieren über N-Methyl-D-Aspartat-(NMDA) Rezeptoren das Putamen, den Nucleus caudatus und den Nucleus subthalamicus. Mesostriatale dopaminerge inhibitorische Nervenbahnen unterliegen einer hemmenden glutamatergen Modulation. Unter normalphysiologischen Bedingungen schützt sich der Kortex gegen eine Informationsüberflutung bzw. eine Übererregung durch Feedbackmechanismen. Das antagonistische Zusammenspiel von Glutamat und Dopamin stellt die Grundlage für einen zentralen Regelkreis, der Striatum und Pallidum einerseits, Thalamus und Kortex andererseits zusammenschließt. Glutamat und Dopamin vermitteln einen dosierten hemmenden Effekt an den Thalamus und die mesenzephale retikuläre Formation. Ziel dieses sich wechselseitig ausbalancierenden glutamatergen versus dopaminergen Effektes ist es, den sensorischen Input zum Kortex zu reduzieren, aber auch kortikal generierte Bewegungsabläufe zu ermöglichen. Die Degeneration der dopaminergen nigrostriatalen Neuronen bei Morbus Parkinson bedingt eine starke Irritation in dem Regelkreis von Basalganglien-Thalamus-Kortex. Der Dopaminverlust und der hiermit korrelierte, relativ erhöhte glutamaterge Tonus resultieren in einem verstärkten inhibitorischen Input aus dem Striatum und dem Globus pallidus an den Thalamus und führen schließlich zu einer Reduktion der kortikalen Aktivierung, die für die klinische Symptomatik von Akinese und Rigor verantwortlich zeichnet (Riederer u. Lange 1992). Wird hingegen der glutamaterge Einfluß z. B. infolge medikamentöser Interventionen übermäßig reduziert, so kann ein relatives dopaminerges Übergewicht eine verstärkte Enthemmung der thalamokortikalen Impulse bewirken. Eine übermäßige kortikale Stimulation kann resultieren, die jenseits einer bestimmten Schwelle die Integrationskapazität des Kortex übersteigt. Eine Psychose mit vorwiegend produktiver Symptomatik einerseits, eine desintegrierte überschießende Psychomotorik andererseits imponieren dann auf einer klinisch-phänomenologischen Ebene (Carlsson 1993).

Fassen wir die grundlegenden Veränderungen bei Morbus Parkinson in den geschilderten Neurotransmittersystemen zusammen, dann läßt sich schematisch eine dopaminerge Unterfunktion, ein relatives Überwiegen der cholinergen Aktivität, ein reduzierter serotonerger Einfluß wie ein relativ erhöhter glutamaterger Tonus festhalten. Selbstverständlich müßten diese Kenngrößen noch durch weitere pathologische Verschiebun-

Tabelle 2. Symptome in organisch-bedingten psychischen Störungen und mögliche neuroanatomische und neurochemische Zusammenhänge. (Nach Trzepacz 1994)

Symptom	Hirnregion	Neurochemie
Schlafstörungen	Hirnstamm, subkortikal	NA, ACH, 5-HT
Wahnideen	Linkstemporal, mesofrontal, rechtsparietal	DA, 5-HT, Glut, ACH
Halluzinationen	Temporal, parietal, okzipital, pedunkular	DA, NA, 5-HT, ACH
Aufmerksamkeitsdefizite	Hirnstamm, präfrontal, rechtsparietal	DA, NA, ACH, GABA, Glut
Gedächtnisdefizite	Temporal, dienzephal	ACH, NA, 5-HT, DA, NMDA
Desorientiertheit	Präfrontal, rechtshemisphärisch	DA, NA, ACH
Handlungsplanung	Präfrontal	DA, NA, ACH, GABA
Psychomotorik	Frontal, subkortikal, temporal	DA, ACH, 5-HT
Visuelle Räumlichkeit	Parietal, rechtsfrontal	ACH, DA
Affekt	Rechtshemisphärisch, präfrontal	GABA, NA, DA, ACH

NA Noradrenalin, *ACH* Acetylcholin, *5-HT* Serotonin, *DA* Dopamin, *GABA* Gammaaminobuttersäure, *NMDA* N-Methyl-D-Aspartat, *Glut* Glutamat

gen in anderen z. B. dem GABAergen System ergänzt werden. Vorläufig gründen aber die aktuell verfügbaren medikamentösen Ansätze noch auf Bemühungen, diese prinzipiellen Neurotransmitterdefizite bzw. -überaktivitäten zu korrigieren.

Neuroanatomische und neurochemische Zusammenhänge bei organischbedingten psychischen Störungen

Die gängigen diagnostischen Klassifikationssysteme der klinischen Psychiatrie wie DSM III-R und ICD-10 kennen eine Reihe von organisch bedingten psychischen Störungen. Unter diesen sind das Delir, die organisch bedingte Halluzinose und die organisch bedingte wahnhafte Störung für unser Thema pharmakotoxischer Effekte bei der Antiparkinsontherapie von besonderem Interesse. Nach wie vor sind die neuroanatomischen und neurochemischen Grundlagen dieser organisch bedingten psychischen Störungen nur unzureichend erforscht. Wichtige Details stammen jedoch aus Untersuchungen, in denen zum einen Läsionen in definierten Hirnarealen, zum anderen selektive pharmakologische Methoden zu anregenden Erkenntnissen führten. Tabelle 2 gibt einen summarischen Überblick über diese grundlegenden neuroanatomischen und -chemischen Aspekte (Trzepacz 1994). In der Analyse einzelner organischer Psychosyndrome erweist es sich als Vorteil, zunächst die Zusammenhänge auf einer Symptomebene zu klären.

Aufmerksamkeitsdefizite

Eine Störung der Aufmerksamkeit zählt zu den prominentesten Charakteristika eines Delirs. Die Funktion, selektiv auf einen bestimmten Stimulus zu fokussieren, die Fähigkeit, die Aufmerksamkeit aufrecht zu erhalten, also das Konzentrationsvermögen, die Aufmerksamkeitsspanne insgesamt wie auch die Fertigkeit, bei Erfordernis den Aufmerksamkeitsfokus auf neue Reizkonstellationen einzustellen sind bei deliranten

Patienten empfindlich beeinträchtigt. Eine gewisse hemisphärische Verteilung von Einzelkomponenten der Aufmerksamkeit deutet sich an, wenn die selektive Aufmerksamkeit bevorzugt links-parietal, die aufrecht erhaltene Aufmerksamkeit vor allem rechts-parietal gesteuert wird (Cutting 1992). Der präfrontale Kortex beeinflußt ebenfalls die Aufmerksamkeitsfokussierung, aber auch die Fähigkeit zur mentalen Umstellung. Störungen hier resultieren in einer vermehrten Ablenkbarkeit und Zerstreuung einerseits, in einer Perseverationsneigung andererseits (Cummings 1985). Läsionen im Thalamus können gleichfalls Aufmerksamkeitsdefizite verursachen (Adams et al. 1982). In einer neurochemischen Perspektive liegt ein allgemeines Arousal den spezielleren Aufmerksamkeitsfunktionen zugrunde. Es wird über die noradrenergen Systeme der Formatio reticularis im Hirnstamm einschließlich des Nucleus coeruleus und die aufsteigenden cholinergen pontinen Bahnen vermittelt. Mesokortikale dopaminerge Bahnen zum frontalen Kortex tragen zur Aufmerksamkeit und zur mentalen Umstellungsfähigkeit bei (Trzepacz 1994).

Schlafstörungen

Störungen des normalen Schlaf-Wach-Zyklus unterliegen den bekannten Fluktuationen der Bewußtseinslage und Vigilanz beim Delir. Funktionelle Beeinträchtigungen in den noradrenergen, cholinergen und serotonergen Hirnstammkernen, die maßgeblich das Alternieren von REM/non-REM-Schlafstadien regulieren, können nachgewiesen werden (McCarley u. Hobson 1975).

Kognitive Dysfunktionen

Formale Denkstörungen wie z. B. eine assoziative Auflockerung, eine auffällige Umständlichkeit oder Tangentialität im Denken, eine thematische Inkohärenz werden bei deliranten Zuständen häufig angetroffen. Eine exakte hirnlokalisatorische Beschreibung formaler Denkabläufe gelingt aber nach wie vor nur sehr ungefähr. Präfrontale und temporale Hirnareale scheinen jedoch maßgeblich an einer geordneten Abfolge einzelner Denkschritte beteiligt zu sein (Trzepacz 1994). Die Bedeutung einer dopaminergen Vermittlung von Denkstörungen kann an der positiven klinischen Beeinflußbarkeit durch dopaminblockierende Neuroleptika ersehen werden. Auch glutamat-sensitive NMDA-Rezeptoren tragen möglicherweise bedeutsam dazu bei, wie in dem Modell der Phencyclidin-induzierten Psychose illustriert werden kann (Heresco-Levy et al. 1992). Der negative Einfluß von anticholinergen Substanzen auf formale Denkleistungen ist eine häufige klinische Erfahrung.

Gedächtnisstörungen

Beeinträchtigungen der Merkfähigkeit, aber auch des Altzeitgedächtnisses charakterisieren ein Delir. Neuroanatomisch werden visuelle Eindrücke bevorzugt rechtstemporal, verbal kodierte Informationen hingegen linkstemporal gespeichert (Cutting 1990). Delirante Patienten berichten oft über eine Amnesie für die gesamte Episode. Hierbei können sowohl Störungen der Fähigkeit zum Erwerb von neuen Wissensinhalten, Defizite im Kurzzeitgedächtnis und/oder der Speicherung bzw. Konsolidierung im Langzeitge-

dächtnis zugrunde liegen. Amnestische Syndrome werden durch Dysfunktionen in mesotemporalen (Hippocampus), dienzephalen (anteriorer Thalamus, Corpora mammillaria) und neokortikalen Systemen verursacht (Squire 1986). Einflüsse aus mehreren Neurotransmittersystemen sind wichtig. Cholinerge und adrenerge, dopaminerge und cholinerge wie auch glutamaterge Aktivitäten sind für die Funktionstüchtigkeit des vielfacettierten Gedächtnissystems belegt (McGaugh 1983; Morris 1989; Brito 1992).

Trugwahrnehmungen

Störungen der Wahrnehmungsfunktionen können sowohl symptomatischer Bestandteil eines Delirs sein oder aber als ein eigenständiges Syndrom imponieren. Vor allem die visuelle Modalität ist betroffen. In neuroanatomischer Hinsicht ergeben sich bei Läsionen in umschriebenen Hirnarealen distinkte, halluzinatorische Muster: eine primäre kalkarine Aktivität ist durch weiße Lichtsensationen, das okzipitale Assoziationsareal durch farbige Lichter und geometrische Figuren, der parietale Lobus durch lebhafte szenische Halluzinationen, der temporale Kortex durch ein szenisches Erleben charakterisiert, in das die eigene Person miteinbezogen ist; pedunkulare Halluzinationen, die bei Läsionen des oberen Mittelhirns auftreten können, stellen lebhafte, geformte visuelle Trugwahrnehmungen dar, die manchmal von Schlafstörungen und psychomotorischer Agitiertheit begleitet sein können (Cummings 1985). Halluzinationen und Illusionen als falsche Wahrnehmungen sind vor allem Ergebnis einer linkszerebralen, Metamorphopsien wie Wahrnehmungsverzerrungen hingegen einer rechtszerebralen Störung (Cutting 1990). Acetylcholin, Katecholamine und Serotonin spielen in der Neurophysiologie der visuellen Halluzinationen eine grundlegende Rolle (Trzepacz 1994). Ein modellhafter Einblick in die Pathogenese von Halluzinationen ist über das Studium der Effekte von LSD möglich, die vor allem serotonerg vermittelt werden.

Wahnbildungen

Wahnhaftes Denken kann bei deliranten Zuständen vorliegen. Es ist dann meist nicht starr fixiert oder systematisiert, sondern eher flüchtiger Natur. Häufig imponieren Verfolgungsgedanken, oder aber Aspekte der Umwelt werden auf zuweilen bizarre Weise in ein Wahndenken transformiert. Möglicherweise liegt diesen inhaltlichen Denkstörungen beim Delir eine primäre Dysfunktion formaler kognitiver Akte zugrunde (Trzepacz et al. 1988). Läsionen im Thalamus, in den Basalganglien und in rechtsposterioren (temporalen, parietalen, okzipitalen) Hirnarealen können aber auch ohne prominente Symptome eines Delirs ausgeformte Wahnsysteme verursachen (McAllister 1992). Eine bilaterale Schädigung des präfrontalen Kortex führt vermutlich infolge der hierbei beeinträchtigten Einsichtsfähigkeit leichter zu wahnhaftem Denken (Benson u. Stuss 1990). Bahnen zwischen dem Hippocampus und dem präfrontalen Kortex, die ein internes Monitoring vermitteln, können ebenfalls bei der Bildung von Wahnideen beteiligt sein (Frith u. Done 1988). In einer neurochemischen Perspektive ist der pathogenetische Einfluß einer dopaminergen Überaktivität durch die klinische Wirksamkeit von Neuroleptika gut belegt. Hierbei ist bedeutsam, daß zwischen subkortikalen Strukturen und dem präfrontalen Kortex ausgiebige dopaminerge Verbindungen bestehen. Ein möglicher weiterer wichtiger Beitrag wird durch glutamatsensitive NMDA-

Rezeptoren vermittelt. Eine Blockade des glutamatergen Tonus z. B. durch Phencyclidin beeinträchtigt die thalamische Filterfunktion und fördert eine kortikale Überstimulation (s. oben). Serotonin moduliert die dopaminerge Aktivität über präsynaptische 5-HT3-Rezeptoren. Eine Antagonisierung hier läßt theoretisch eine Reduktion psychotischer Episoden erwarten (Palfreyman et al. 1992). Ein cholinerges Defizit kann bei der Alzheimer-Demenz mit Wahnideen assoziiert sein, die zumindest passager über Physostigmin reduzierbar sind (Cummings et al. 1993).

Medikamentöse Ansätze bei Morbus Parkinson und ihre möglichen psychotoxischen Effekte

Die in der modernen medikamentösen Behandlung der Parkinson-Erkrankung beschrittenen Wege zielen auf eine Korrektur der hauptsächlichen pathologischen Veränderungen in den Neurotransmittersystemen:

Eine Erhöhung des dopaminergen Einflusses wird erreicht durch:
- L-Dopa + Decarboxylasehemmer (Benserazid, Carbidopa),
- Dopaminagonisten (Bromocriptin, Lisurid, Pergolid, Apomorphin),
- partielle Dopaminagonisten (Tergurid),
- Monoaminoxydase-B-Hemmer (L-Deprenyl).

Eine Erniedrigung des cholinergen Einflusses wird erreicht durch:
- Anticholinergika (Trihexyphenidyl, Biperiden, Benzatropin, Bornaprin, Metixen, Orphenadrin, Procyclidin).

Eine Erniedrigung des glutamatergen Einflusses wird erreicht durch:
- Amantadin, Memantin.

Auch wenn die aufgeführten Einzelsubstanzen jeweils ihre Hauptwirkung über die Beeinflussung eines bestimmten Neurotransmittersystems entfalten, so bestehen doch in aller Regel auch Effekte in anderen Systemen. Lisurid besitzt beispielsweise nicht nur eine hohe dopaminerge Aktivität, sondern übt konzentrationsabhängig auch serotonergantagonistische und α-adrenolytische Effekte aus. Amantadin reduziert nicht nur den exzitatorischen glutamatergen Tonus, sondern führt auch zu einer Freisetzung von Dopamin aus den präsynaptischen Vesikeln. Zudem muß klinisch eine anticholinerge Wirkkomponente beachtet werden.

Aus den oben skizzenhaft zusammengestellten neurochemischen Grundlagen organisch bedingter Störungen lassen sich für die medikamentöse Therapie der Parkinsonschen Erkrankung psychotoxische Effekte insbesondere dann hypothetisch erwarten, wenn es zu dysbalancierten Übergewichten im dopaminergen und serotonergen System bzw. Unteraktivitäten im cholinergen und glutamatergen System kommt. Es muß jedoch berücksichtigt werden, daß auf einer klinischen Handlungsebene durch den kombinierten Einsatz mehrerer Medikamente immer auch mit Interaktionseffekten zwischen den unterschiedlichen Systemen zu rechnen ist.

Psychotoxische Effekte der Therapie mit L-Dopa

Psychiatrisch relevante Nebenwirkungen unter L-Dopa bei Parkinsonpatienten decken ein breites Spektrum ab. Sie reichen von depressiver Verstimmung, Euphorie, Hyper-

sexualität, Persönlichkeitsveränderung, lebhafter Traumaktivität, Alpträumen, über lebhafte Halluzinationen und paranoide Psychosen hin zu deliranten Zustandsbildern (Goetz et al. 1982). In einer klinischen Studie an 300 Parkinsonpatienten (Alter: 66,2 ± 9,6 Jahre, Krankheitsdauer: 8,3 ± 5,5 Jahre, Dauer der L-Dopa-Therapie: 6,9 ± 5 Jahre) ließen sich drei Schweregrade neuropsychiatrischer Nebenwirkungen festhalten:

1. veränderte Traumaktivität,
2. einfache Verwirrtheit oder Halluzinationen bei erhaltener Einsichtsfähigkeit und Orientiertheit,
3. Wahn oder chronische Verwirrtheit.

Die Häufigkeit des Schweregrades 1 betrug 22 %, die Häufigkeit der Schweregrade 2 und 3 lag bei 52 %. Aufgeschlüsselt in Einzelsyndromen ließen sich bei 56 Patienten visuelle Halluzinationen, bei 31 Verwirrtheiten, bei 20 Wahnbildungen, bei 17 eine Hypersexualität und bei 13 wiederkehrende Panikattacken diagnostizieren (Chana et al. 1994)

Allgemein kann als klinische Regel gelten, daß Patienten mit einer Einschränkung ihrer intellektuellen Funktionen infolge des neurodegenerativen Prozesses ein höheres Risiko hinsichtlich dieser psychotoxischen Effekte haben (Sacks et al. 1972). Ebenso bedeutet ein höheres Lebensalter eine verstärkte Auftretenswahrscheinlichkeit (Pederzoli et al. 1983). Dies gilt auch für paranoide Psychosen, die in ca. 4 – 15 % unter L-Dopa vorkommen. Patienten mit einer positiven psychiatrischen Anamnese bilden eine Ausnahme. Im Gegensatz zu Patienten ohne dieses Lebenszeitrisiko, die erst im späteren Krankheitsverlauf produktiv psychotisch dekompensieren können, zeigen diese Patienten oft schon zu Beginn der Einstellung auf L-Dopa paranoide Ideen (Klawans 1988). Patienten unter L-Dopa-Langzeittherapie entwickeln zunächst meist ein paranoides Wahnsystem bei klarem Sensorium ohne Zeichen formaler Denkstörungen oder anderer deliranter Symptome (Beckson u. Cummings 1992).

Auch isolierte Halluzinosen kommen oft bei einem normalen Bewußtseinszustand vor. Sie treten verstärkt bei höheren Dosierungen vor allem nachts auf. Ihre Inzidenz beträgt ca. 20 %. In der Regel sind die Trugwahrnehmungen ohne erschreckenden Charakter, visuell, szenisch geformt, wiederkehrend und für den individuellen Patienten relativ stabil. Meist gehen sie mit einer lebhaften Traumaktivität und mit Schlafstörungen einher (Cummings 1992). In einer Perspektive des Krankheitsverlaufs deutet letzterer Aspekt sowie ferner die Tatsache, daß psychotische Zustandsbilder mit Wahnbildungen und/oder Halluzinationen und initial klarem Sensorium meist schließlich in Verwirrtheiten einmünden, darauf hin, daß es sich bei den L-Dopa-induzierten Psychosen möglicherweise um ein „Kindling-Phänomen“ handelt (Moskovitz et al. 1978). Auf einer neurochemischen Ebene scheinen die L-Dopa-Psychosen die allmählich erschöpfte Decarboxylierungs- und Speicherungsfähigkeit dopaminerger Neurone in der Substantia nigra anzukündigen. Ein Eindringen von L-Dopa in nicht-dopaminerge Neurone mit konsequenter Verdrängung der dort gespeicherten Transmitter und zusätzlicher Störung der ohnehin prekären Imbalance der Bioamine wäre vorstellbar. Die bei L-Dopa-Psychosen gefundenen erhöhten Liquorspiegel von 5-Hydroxyindolessigsäure, dem Endmetaboliten des Serotonin weisen in diese Richtung (Birkmayer u. Riederer 1975).

Psychotoxische Effekte der Therapie mit Dopaminagonisten

Dopaminagonisten zeichnen sich durch eine direkte Wirkung an den Dopaminrezeptoren aus. Die Vertreter der Ergotalkaloide (Bromocriptin, Lisurid, Pergolid) sowie Apomorphin stimmen in ihrem D_2-Rezeptoren-Agonismus überein. Hinsichtlich der D_1-Rezeptoren verhalten sie sich unterschiedlich. Dopaminagonisten umgehen den bei einer L-Dopa-Therapie benötigten Decarboxylierungsschritt von L-Dopa zu Dopamin. Sie versprechen deshalb auch bei fortgeschrittenen Stadien der Parkinsonschen Krankheit mit dem zunehmenden Untergang der nigrostriären Bahnen und dem starken Verlust an Decarboxylaseaktivität noch einen therapeutischen Nutzen, wenngleich der alleinige Einsatz von Dopaminagonisten einer L-Dopa-Gabe unterlegen ist (Kapfhammer u. Rüther 1985). Im allgemeinen scheinen die psychiatrischen Nebenwirkungen unter den Ergotalkaloiden häufiger als unter Apomorphin zu sein, sich im klinischen Spektrum ähnlich wie unter L-Dopa zu verhalten (Saint-Cyr et al. 1993).

Bromocriptin, ein D_2-Rezeptor-Agonist und D_1-Antagonist mit zusätzlichen Dopamin-freisetzenden Effekten aus den präsynaptischen Vesikeln kann bereits bei Neueinstellung visuelle Halluzinationen auslösen (Teychenne et al. 1986). Hierbei ist zu erinnern, daß Bromocriptin derselben pharmakologischen Gruppe wie Lysergsäurediethylamid (LSD), ein potenter serotonerger Agonist mit bekannten halluzinogenen Effekten, angehört. Wenngleich eine L-Dopa-Zusatztherapie zunächst die Auftretensrate an pharmakotoxischen Nebenwirkungen unter Bromocriptin nicht erhöht, finden sich bei älteren Patienten in den Spätstadien der Erkrankung durchaus additive oder synergistische Effekte (Toyokura et al. 1985). In einer amerikanischen Studie wurde eine Inzidenz von 24 % Verwirrtheitszuständen bei Patienten registriert, die gleichzeitig mit L-Dopa behandelt wurden und häufig bereits Zeichen einer dementiellen Zusatzsymptomatik hatten (Lieberman et al. 1985).

Lisurid ist vor allem ein postsynaptischer D_2-Rezeptor-Agonist und in seiner Wirkung relativ unabhängig von präsynaptisch noch verfügbaren Dopaminkonzentrationen. Bei einer subcutanen Infusion führte Lisurid bei 47 % der mit L-Dopa zusätzlich behandelten Patienten zu psychiatrisch relevanten Nebenwirkungen. Hierunter imponierten Halluzinationen, Alpträume, lebhafte Traumaktivität und paranoide Wahnsysteme (Vaamonde et al. 1991). Bei Applikation per os dürfte die Rate pharmakotoxischer Effekte der von Bromocriptin oder Pergolid entsprechen.

Allgemein wird die Inzidenz von psychiatrisch relevanten Nebenwirkungen unter Dopaminagonisten aus der Ergotalkaloid-Gruppe im Vergleich zur L-Dopa-Therapie als zwei- bis dreifach erhöht eingeschätzt (Saint-Cyr et al. 1993). Apomorphin hingegen verursacht auch in höheren subkutan verabreichten Dosierungen bei nur ca 15 % der Patienten Halluzinosen und/oder Verwirrtheiten (Frankel et al. 1990). Der partielle Dopaminagonist Tergurid, der nur an durch Dopaminverarmung supersensitiven D_2-Rezeptoren wirken soll, scheint durch eine noch geringere Rate an pharmakotoxischen Psychosen ausgezeichnet zu sein, ist aber auf dem deutschen Markt nicht zugelassen (Horowski 1984).

Psychotoxische Effekte der Therapie mit Anticholinergika

Anticholinergika besitzen ein hohes Risiko, bei älteren Patienten Verwirrtheitszustände auszulösen, speziell wenn bereits Zeichen eines intellektuellen Abbaus bestehen. Im

Vergleich zur L-Dopa-Therapie scheinen die Halluzinationen weniger ausgeformt zu sein, einen variableren Gehalt zu zeigen und mit einem stärkeren Angstcharakter einherzugehen (Goetz et al. 1982). In einer stationär behandelten Gruppe von Parkinson-Patienten mit dementieller Zusatzsymptomatik traten unter Behandlung mit L-Dopa und Carbidopa in 47 % Verwirrtheitszustände auf. Wurde zusätzlich das Anticholinergikum Benzhexol hinzugegeben, so erhöhte sich diese Nebenwirkungsrate dramatisch auf 93 % (De Smet et al. 1982). Die Dosierung der Anticholinergika ist bei Parkinsonpatienten mit den Gedächtnisleistungen negativ korreliert (Miller et al. 1987).

Psychotoxische Effekte der Therapie mit MAO-Hemmern

Der selektive MAO-B-Hemmer L-Deprenyl verlängert über eine Blockade der oxidativen Desaminierung die Wirkzeit von Dopamin im ZNS. Er übt möglicherweise auch einen protektiven Effekt hinsichtlich der Bildung von freien Radikalen aus, die dem neurodegenerativen Prozeß inhärent sein sollen, und verzögert dadurch das Auftreten von kognitiven Defiziten in der Krankheitsprogression (Rinne et al. 1991). Allein verabreicht, zeichnet sich L-Deprenyl durch eine verschwindende Rate an pharmakotoxischen Nebenwirkungen aus. In einer Kombination mit L-Dopa können jedoch Verwirrtheiten und Halluzinationen auftreten, deren pathogenetischer Mechanismus auf der verstärkten und verlängerten Wirkung von Dopamin beruht (Golbe 1989). Klinisch zu beachten ist, daß die Kombination eines MAO-Hemmers wie z. B. von Tranylcypromin, aber auch von L-Deprenyl mit serotonergen Substanzen z. B. mit einem selektiven Serotonin-Wiederaufnahmehemmer wie Fluoxetin zu einem sog. „serotonergen Syndrom" führen kann (Suchowersky, de Vries 1990). Dieses ist in seiner Vollausprägung durch Verwirrtheit, Hypomanie, Ruhelosigkeit, Myoklonus, Hyperreflexie, Schwitzen, Schüttelfrost, Tremor, Diarrhoe und Koordinationsstörungen charakterisiert und stellt eine medizinische Notfallsituation dar (Sternbach 1991). Ein „serotonerges Syndrom" wurde auch unter einer Kombination von Bromocriptin und L-Dopa/Carbidopa beschrieben (Sandyk 1986). Als pathogenetischer Mechanismus wird eine Decarboxylierung von L-Dopa zu Dopamin in 5-HT-Neuronen mit einer Verdrängung von Serotonin in den synaptischen Spalt und Bindung an 5-HT-Rezeptoren diskutiert.

Psychotoxische Effekte der Therapie mit Amantadin und Memantin

Amantadin wie auch Memantin besitzen mehrere pharmakologische Eigenschaften. Sie bewirken eine Freisetzung von Dopamin aus den präsynaptischen Terminalen und blokkieren die Wiederaufnahme des Dopamins aus dem synaptischen Spalt. Anticholinerge Effekte können ebenfalls nachgewiesen werden. Eine interessante Wirkung ergibt sich ferner aus dem Antagonismus an den NMDA-Rezeptoren. Sie zeichnen sich also durch eine Reduktion des glutamatergen Tonus aus. In ihren antiakinetischen, aber auch in ihren möglichen psychotogenen Eigenschaften sind sie den Dopamin-mimetischen Substanzen gut vergleichbar, wie in Abb. 1 veranschaulicht wird (Riederer et al. 1993). In einer täglichen Zusatzdosierung von 200 mg Amantadin zeigten 14 % von 351 mit L-Dopa behandelten Patienten Zeichen von Verwirrtheit, Schlaflosigkeit und ängstlicher Nervosität (Schwab et al. 1972). Bei einer etwas höheren Dosierung von 300 mg Amantadin traten bei 47 % der über 65 Jahre alten Patienten, bei 23 % der jüngeren Patienten

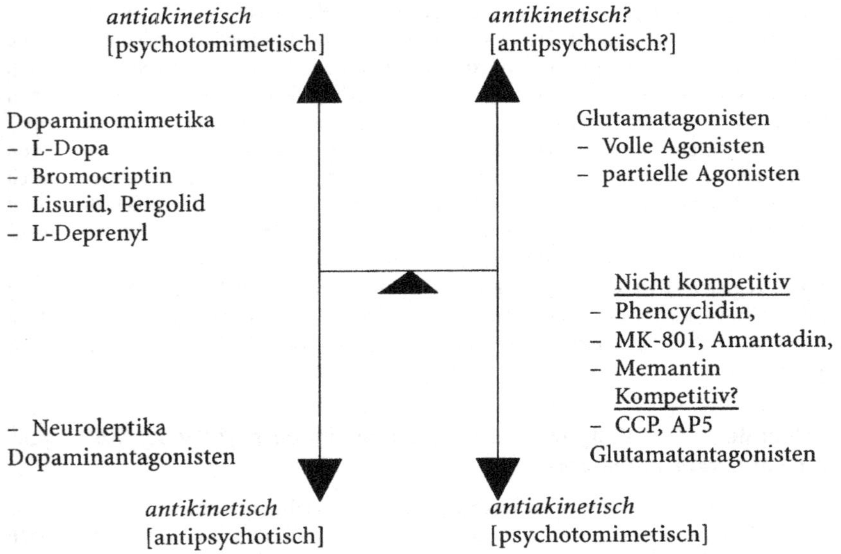

Abb. 1. Modellhafter Zusammenhang der Balance zwischen dopaminergen und glutamatergen Agonisten und Antagonisten in ihren Effekten auf das motorische Verhalten und die Induktion psychotischer Phänomene. (Nach Riederer et al. 1993)

Verwirrtheiten und Halluzinationen auf. Der Höhepunkt dieser pharmakotoxischen Psychosen war zwischen dem dritten und neunten Behandlungsmonat (Timberlake u. Vance 1978). Für die Hypothese, daß eine Reduktion des glutamatergen Einflusses durch diese Substanzen zu psychotischen Symptomen führen kann, spricht eine klinische Beobachtung. Unter Memantin können auch bei niedrigen Dosierungen, die einen allenfalls verschwindenden Antiparkinsoneffekt zeigen, pharmakotoxische Psychosen ausgelöst werden (Riederer et al. 1991).

In der Schilderung der neurochemischen Grundlagen von organisch bedingten psychischen Störungen wurde darauf hingewiesen, daß distinkte Psychosyndrome in der Regel durch Störungen in mehreren Neurotransmittersystemen vermittelt werden, und daß Veränderungen in einem bestimmten System durchaus mit unterschiedlichen psychischen Störungen korreliert sein können (s. oben). Dieser Sachverhalt findet auch auf der klinischen Ebene ein Pendant. Pharmakotoxische Effekte bei Parkinsonpatienten werden selten durch ein Medikament allein ausgelöst, sondern stellen sich als Resultante eines meist multimodalen Vorgehens dar. Und ihre Häufigkeit ist in einem engen Zusammenhang mit der Krankheitsprogression selbst und den damit einhergehenden pathologischen Veränderungen in den unterschiedlichen Neurotransmittersystemen zu sehen. Pharmakotoxische Psychosen treten allgemein in ca. 30% auf, bei stationären Patienten im letzten Krankheitsdrittel hingegen in 60–70%, wie Danielczyk und Mitarbeiter (1988) in einer klinischen Studie zeigten. Die Autoren analysierten bei 20 Patienten mit pharmakotoxischen Psychosen auch den Zusammenhang zu Änderungen in der Antiparkinsonmedikation:

In einem mehrmonatigen Untersuchungszeitraum registrierten sie 93 Änderungen in der Medikation (Dosissteigerungen). In 48,8% der Fälle kam es im Anschluß an eine solche Änderung zu einer pharmakotoxischen Psychose. Diese wurden am häufigsten unter Amantadin beobachtet (da bei den alten Patienten L-Dopa meist konstant gehalten wurde), gefolgt von L-Dopa und Lisurid, nicht jedoch nach Veränderungen in der Dosis von Tergurid, einem partiellen Dopaminagonisten (Wirkentfaltung an supersensitiven Dopaminrezeptoren infolge Dopaminverarmung), wenn gleichzeitig L-Dopa relativ hoch dosiert gehalten war (Reduktion der Supersensitivität der Dopaminrezeptoren und dadurch geringeres Risiko eventueller psychotoxischer Effekte von Tergurid). Ein eigenständiger Einfluß einer begleitenden, aber konstant gehaltenen Anticholinergika-Therapie konnte registriert werden. Delire waren jedoch immer möglich bei einer Steigerung des Anticholinergikums. Bei Lisurid-Gabe und gleichzeitiger antidepressiver Medikation kam es zu häufigeren psychotoxischen Effekten als nach Höherdosierung je eines der Präparate.

Ansätze in der Behandlung pharmakotoxisch-bedingter psychischer Störungen bei der Antiparkinsontherapie

Treten psychiatrisch relevante Störungen wie ein Delir, Halluzinationen oder paranoide Ideen als Nebenwirkungen der Antiparkinsonmedikation auf, so empfiehlt es sich zunächst, vertretbare Reduktionsschritte vorzunehmen. Hierbei kann ein von Experten erarbeiteter Algorithmus, der sich auf umfassende klinische Erfahrungen stützt, eingehalten werden (Koller et al. 1994).

In einem ersten Schritt sollten anticholinerge Substanzen sowie Amantadin/Memantin langsam reduziert werden. Abhängig vom praktizierten medikamentösen Regime kann in einem nächsten Schritt die Gabe des MAO-B-Hemmers L-Deprenyl ausgeschlichen werden. Es sind schließlich die Dopaminagonisten zu reduzieren und dann abzusetzen. Eine sehr vorsichtige Reduktion der L-Dopa-Medikation kann sich anschließen.

Dieses Procedere birgt stets das erhebliche Risiko einer Verschlechterung der Parkinsonsymptomatik. Bei einigen Patienten kann es notwendig sein, vorübergehend ganz auf L-Dopa zu verzichten. Um ein mögliches L-Dopa-Entzugssyndrom, das mit den Symptomen von schwerwiegendem Rigor, Fieberanstieg, Instabilität der autonomen Funktionen, Stupor, Koma und möglichem Tod einem malignen neuroleptischen Syndrom sehr ähnlich ist (Keyser u. Rodnitzky 1991), zu kontrollieren, ist eine intensivmedizinische neurologische Überwachung dieser Patienten notwendig.

Versagen all diese Maßnahmen bei der Behandlung der pharmakotoxisch-bedingten psychischen Störungen, so muß stets eine antipsychotische Medikation ernsthaft erwogen werden. Auch bei diesem Vorgehen besteht zunächst das therapeutische Dilemma, daß mit den klassischen Neuroleptika einerseits über die D_2-Rezeptorblockade zwar eine relativ rasche Kontrolle der produktiv psychotischen Symptome zu erzielen ist, aber in aller Regel mit einer rapiden Verschlechterung der Parkinsonsymptomatik erkauft wird. Ein Ausweichen auf niederpotente Neuroleptika wie Thioridazin, Cis-Clopenthixol oder Remoxiprid kann versucht werden. Als entscheidende Behandlungsalternative gilt aber der Einsatz des atypischen Neuroleptikums Clozapin. Clozapin zeichnet sich durch eine bevorzugte D_1-Blockade aus, die mesolimbisch stärker als nigrostriär ist, besitzt zusätzlich eine Serotonin-S_2-Blockade und zeigt ferner noradrenolytische, anticholinerge und antihistaminerge Wirkkomponenten. Systematische Erfahrungen mit Risperidon, das mit einem potenten D_2-Antagonismus, einem ausgeprägten Serotonin-S_2-Antagonismus und

einer zusätzlichen α_1- und Histamin-H_1-blockierenden Wirkung eine gewisse Ähnlichkeit mit Clozapin besitzt, stehen noch aus.

Studien

Bisher mit unterschiedlichen Substanzen offen durchgeführte Studien zur Behandlung pharmakotoxischer Psychosen sollen kurz dargestellt werden.

Über positive Erfahrungen mit niedrig dosiertem Cis-Clopenthixol, das ein günstigeres Verhältnis der D_1-/D_2-Blockade als andere klassische Neuroleptika z. B. aus der Butyrophenon-Gruppe zeigt, berichteten Danielczyk und Fischer (1990). In einer durchschnittlichen Tagesdosis von ca. 8–10 mg Cis-Clopenthixol erzielten sie bei vorübergehend reduzierter L-Dopa-Medikation und alternativer Amantadin-Infusion eine gute antipsychotische Kontrolle. Bei diesem Vorgehen trat keine signifikante Verschlechterung im Parkinson-Status ein.

Birkmayer u. Riederer (1985) kamen aufgrund der beobachteten neurochemischen Veränderungen bei L-Dopa-Psychosen zu der Hypothese, daß der Einsatz von L-Tryptophan der Verdrängung in den serotonergen Neuronen durch L-Dopa entgegenwirken müsse. Sie fanden mit dieser therapeutischen Strategie günstige Ergebnisse bei leichten (prä)psychotischen Symptomen.

Unterstellt man eine signifikante Rolle eines cholinergen Defizits in der Pathogenese von Wahnsymptomen bei Patienten mit dementieller Zusatzsymptomatik, so wäre theoretisch ein günstiger Effekt auch durch den Einsatz von Physostigmin erwartbar. In der Tat fanden Cummings et al. 1993), daß sich Wahnideen bei Alzheimer-Patienten zumindest passager positiv durch Physostigmin beeinflussen ließen.

Unter der Hypothese einer kortikolimbischen Überstimulation von 5-HT-Rezeptoren bei L-Dopa-ausgelösten Halluzinosen setzten Zoldan et al. (1993) Ondansetron, einen 5-HT3-Rezeptorantagonisten, mit ermutigendem Erfolg ein. Ondansetron ist als ein potentes Antiemetikum bei Karzinompatienten in Gebrauch.

Diese therapeutischen Erfahrungen entstammen vereinzelten klinischen Beobachtungen oder Untersuchungen, die sicherlich noch einer weiteren klinischen Replizierung bedürfen und durch kontrollierte Studien abgesichert werden müssen. Wesentlich überzeugender hingegen sind die Ergebnisse mit Clozapin. Eine Reihe von in der Regel offen durchgeführten klinischen Studien belegte eine gute Kontrolle der psychotischen Symptome in durchschnittlichen Tagesdosierungen von unter 100 mg Clozapin bei fehlendem negativen Einfluß auf die Parkinson-Symptomatik. Zusätzlich wurde ein günstiger Effekt auf den Tremor sowie vereinzelt auch auf sog. "Inter-dose-off-Zustände" beobachtet. Erhebliche therapeutische Probleme durch die Gabe von Clozapin können jedoch infolge einer starken Sedierung und ausgeprägten orthostatischen Hypotension entstehen (ca. 20 %). Es empfiehlt sich deshalb eine sehr vorsichtige, einschleichende Dosierung etwa mit initial 12,5 mg. Werden Dosierungen über 100 mg Clozapin verabreicht, ist auch mit einer Verstärkung der Parkinson-Symptomatik zu rechnen. Gelegentlich wird auch eine Akathisie registriert, die vor allem die Nachtruhe empfindlich stören kann. Bei einer längerfristigen Applikation über mehrere Wochen kann es gelegentlich zu einem späteren Auftreten von Verwirrtheitszuständen auch unter Clozapin kommen. Eventuell spielt hierbei die anticholinerge Wirkkomponente von Clozapin eine bedeutsame pathogenetische Rolle (Scholz u. Dichgans 1985; Friedman et al. 1987; Friedman u. Lannon 1989; Roberts et al. 1989; Wolters et al. 1989; Pfeiffer et al. 1992; Gershanik et al. 1992; Factor et al. 1992; Lew u. Waters 1992; Linazasoro et al. 1992; Greene et al. 1993; Koller et al. 1994).

Tritt unter einer kombinierten Antiparkinsontherapie ein „serotonerges Syndrom" auf, so müssen die verdächtigten serotonergen Substanzen abgesetzt und die Vitalfunktionen überwacht bzw. sichergestellt werden. Ein eventuell günstiger Effekt kann durch den Einsatz von Methysergid (Serotoninantagonist) und Propranolol erwartet werden (Sternbach 1991).

Zumindest erwähnt werden muß, daß unter den Therapiealternativen in der Behandlung von pharmakotoxisch-bedingten psychischen Störungen bei Parkinsonpatienten auch die Elektrokrampftherapie zu positiven Effekten v. a. bei produktiv psychotischen Symptomen führen kann. Als bedeutsame Nebenwirkungen müssen aber die Verschlechterung einer vorbestehenden Verwirrtheit bzw. die Induktion eines passageren Verwirrtheitszustands beachtet werden. Andererseits wird gelegentlich unter EKT auch eine Besserung der Parkinsonsymptome beobachtet (Douyon et al. 1989; Faber u. Trimble 1991).

Diskussion

Frage: Gibt es Zusammenhänge zwischen Plasmaspiegel von Dopa oder Dopamin und dem Auftreten von pharmakotoxischen Psychosen? Des weiteren würde mich der Vergleich der Inzidenz der Häufigkeit pharmakotoxischer Psychosen unter L-Dopa-Therapie, Selegilin-Therapie und unter der Kombination beider Substanzen interessieren

Antwort: Zur ersten Frage: sicherlich nicht. Eine klare Korrelation ist bisher nicht dokumentiert, fast alle Patienten sind allerdings unter kombinierter Therapie und die Studien betreffen nur relativ geringe Fallzahlen. Die zweite Frage kann ich nicht beantworten.

Kommentar: Es gibt Berichte und eine umfangreiche klinische Literatur, daß beim Parkinson-Patienten die Antiparkinsonmedikation durch Komedikation mit L-Tryptophan deutlich verringert werden konnte und die psychotischen Zustände hierdurch deutlich reduziert werden konnten.

Ich möchte außerdem darauf hinweisen, daß die von Ihnen dargestellten Befunde den Delirkriterien entsprachen und somit keine klassischen Psychosekriterien erfüllten. Wir Neurologen sprechen fast immer von medikamentös induzierten Psychosen. Wahrscheinlich müßte es richtiger heißen z. B. dopaminerg-induziertes Delir. Ich glaube im übrigen schon, daß die dopaminerg-induzierten Halluzinationen (auch die psychotischen Zustände von Parkinson-Patienten), sich von cholinerg oder anticholinerg induzierten unterscheiden lassen. Wenn wir ein Dopaminergikum geben, dann wird der Brechreiz für eine kurze Zeit ausgelöst, der antiakinetische Effekt dauert vielleicht 2–3 h, maximal 24 h, der psychotogene Effekt hält allerdings Tage an, können wir das erklären?

Antwort: Nein, das kann ich auch nicht beantworten. Es stimmt aber mit unseren klinischen Erfahrungen überein – die Psychose hält relativ lange an, über Tage.

Frage: Gibt es Dopa-induzierte Psychosen bei Nichtparkinsonpatienten, also bei sonst Gesunden? Ist das besondere Setting des Parkinson-Syndroms dafür prädisponierend?

Antwort: Ich glaube, daß Parkinson-Patienten in der Tat prädestiniert sind, weil sie auch ohne Dopa irgendwann ihre Psychose bekommen würden. Die Frage ist eigentlich: Bei welchem Patienten geben wir Dopa? Das sind in der Regel die Patienten mit dopaminsensitiven Dystonien und die Parkinson-Patienten. Es ist auffällig, daß wir bei Patienten mit dopaminsensitiven Dystonien mit relativ hohen Mengen Dopa beginnen, dann allmählich im Laufe der Therapie die notwendige Dopamenge ganz erheblich reduzieren können, im Gegensatz zu Parkinson-Patienten, wo wir tatsächlich die Dosis kontinuierlich steigern müssen.

Frage: Wie ist es mit der Vergleichbarkeit mit den Modellpsychosen bzw. den Psychosen nach Amphetamin- oder Kokaingabe, wo ja auch eine relativ hohe Dosis und oft auch eine Verabreichung über eine langen Zeitraum notwendig ist, bevor die Psychose auftritt?

Der Dopaminrezeptor ist sicherlich sofort und intensiv stimuliert, aber nur eine geringe Zahl dieser Patienten erleidet dann tatsächlich eine Psychose?

Antwort: Hier dürfte das sensorische Modell von Bedeutung sein: Ich glaube, daß bei den medikamentös induzierten psychotomimetischen Störungen hauptsächlich die sensorischen Systeme gestört werden, entweder primär am Aufnahmeort der visuellen oder akustischen Information oder weitergehend nachher in der Informationsverarbeitung. Primär muß also wohl nicht die kognitive Störung dasein.

Frage: Wie ist es mit dem Stellenwert von Physostigmin bei Anticholinergikaintoxikationen?

Antwort: Physostigmin ist sicherlich dann indiziert, wenn das durch anticholinerge Wirkungen ausgelöste Delir so ausgeprägt ist, daß das Absetzen der Substanz alleine nicht ausreicht. Man kann die Entscheidung auch von der Cholinesteraseaktivität abhängig machen. Bei Clozapinüberdosierungen z. B. sollte sicherlich primär zum Physostigmin gegriffen werden.

Literatur

Adams JH, Graham DI, Murray LS et al. (1982) Diffuse axonal injury due to nonmissile head injury in humans: an analysis of 45 cases. Ann Neurol 12: 557–563

Beckson M, Cummings JL (1992) Psychosis in basal ganglia disorders. Neuropsychiatry Neuropsychol Behav Neurol 5: 126–131

Benson FD, Stuss DT (1990) Frontal lobe influences on delusions: a clinical perspective. Schizophr Bull 16: 403–411

Birkmayer W, Riederer P (1975) Responsibility of extrastriatal areas for the appearance of psychotic symptoms. J Neural Transm 37: 175

Birkmayer W, Riederer P (1985) Die Parksinon-Krankheit. Biochemie, Klinik, Therapie, 2., neubearb. Aufl. Springer, Wien New York

Brito GNO (1992) Neurotransmitter systems in hippocampus and prelimbic cortex, dopamine-acetylcholine interactions in hippocampus and memory in the rat. In: Levin ED, Decker MW, Butcher LL (eds) Neurotransmitter interactions and cognitive function. Birkhauser, Boston

Brown RG, Marsden CD (1990) Cognitive function in Parkinson's disease: From description to theory. Trends Neurosci 13: 21–29

Carlsson A (1993) On the neuronal circuitries and neurotransmitters involved in the control of locomotor activity. J Neural Transm (suppl) 40: 1–12

Chana P, Weiser R, Jimenez J, Obeso JA (1994) Origin of psychiatric complications in Parkinson's disease. Mov Disord 9 (supp 1) 59

Cummings JL (1985) Clinical neuropsychiatry. Grune & Stratton, New York

Cummings JL (1992) Neuropsychiatric complications of drug treatment of Parkinson's disease. In: Huber SJ, Cummings JL (eds) Parkinson's disease: neurobehavioral aspects. Oxford University Press, New York

Cummings JL, Gorman DG, Shapira J (1993) Physostigmine ameliorates the delusions of Alzheimer's disease. Biol Psychiatry 33: 536–541

Cutting J (1990) The right cerebral hemisphere and psychiatric disorders. Oxford University Press, New York

Cutting J (1992) Neuropsychiatric aspects of attention and consciousnesses: stupor and coma. In: Hales RE, Yudofsky SC (eds) Textbook of neuropsychiatry. American Psychiatric Press, Washington, DC

Danielczyk W, Fischer P (1990) Neuroleptische Therapie bei Morbus Parkinson. In: Müller-Oerlinghausen B, Möller HJ, Rüther E (Hrsg) Thioxanthene in der neuroleptischen Behandlung. Springer, Berlin Heidelberg New York Tokyo

Danielczyk W, Fischer P, Lausegger C (1988) Antiparkinson-Therapie und Psychopharmaka. Auslösung von Psychosen durch Dosissteigerungen und medikamentöse Wechselwirkungen. In: Fischer P (Hrsg) Modifizierende Faktoren bei der Parkinson-Therapie. Editions <Roche>, Basel

De Smet Y, Ruberg M, Sederai M et al. (1982) Confusion, dementia and anticholinergics in Parkinson's disease. J Neurol Neurosurg Psychiatry 45: 1161–1164

Douyon R, Serby M, Klutchko B et al. (1989) ECT and Parkinson's disease revisited: a naturalistic study. Am J Psychiatry 146: 1452–1455

Faber R, Trimble M (1991) Electroconvulsive therapy in Parkinson's disease and other movement disorders. Mov Disord 6: 293–303

Factor SA, Brown D, Mohlo ES (1992) Psychosis in Parkinson's disease: long-term therapy with clozapine. Mov Disord 7 (supp 1) 100

Frankel JP, Lees AJ, Kempster PA et al. (1990) Subcutaneous apomorphine in the treatment of Parkinson's disease. J Neurol Neurosurg Psychiatry 53: 96–101

Friedman JH, Lannon (1989) Clozapine in the treatment of psychosis in Parkinson's disease. Neurology 39: 1219–1221

Friedman JH, Max J, Swift R (1987) Idiopathic Parkinson's disease in a chronic schizophrenic patient: long-term treatment of psychosis with clozapine and L-Dopa. Clin Neuropharmacol 10: 470–475

Frith CD, Done DJ (1988) Towards a neuropsychology of schizophrenia. Br J Psychiatry 153: 437–443

Gershanik O, Garcia S, Papa S, Scipioni O (1992) Analysis of the mechanism of action of clozapine in Parkinson's disease. Mov Disord 7 (supp 1) 101

Gibb WRG (1989) Dementia and Parkinson's disease. Br J Psychiatry 154: 569–614

Goetz CG, Tanner CM, Klawans (1982) Pharmacology of hallucinations induced by long-term drug therapy. Am J Psychiatry 139: 494–497

Golbe LI (1989) Long-term efficacy and safety of Deprenyl (selegiline) in advanced Parkinson's disease. Neurology 39: 1109–1111

Greene P, Cote L, Fahn S (1993) Treatment of drug-induced psychosis in Parkinson's disease with clozapine. Adv Neurol 60: 703–706

Hedera P, Whitehouse PJ (1994) Neurotransmitters in neurodegeneration. In: Calne DB (ed) Neurodegenerative diseases. Saunders, Philadelphia London Toronto Montreal Sydney Tokyo

Heresco-Levy U, Javitt DC, Zukin SR (1992) The phencyclidine/NMDA model of schizophrenia: theoretical and clinical implications. Psychiatric Annals 23: 135–143

Hornykiewicz O (1988) Neurochemical pathology and the etiology of Parkinson's disease: basic facts and hypothetical possibilities. Mount Sinai J Med 55: 11–20

Hornykiewicz O, Kish SJ (1986) Biochemical pathophysiology of Parkinson's disease. Adv Neurol 45: 19–34

Horowski R (1984) Dopaminagonisten bei Morbus Parkinson – neue pharmakologische und klinische Erkenntnisse, Entwicklungen und Probleme. Akt Neurol 11: 167–172

Kapfhammer HP, Rüther E (1985) Dopaminagonisten in der Therapie des Parkinsonsyndroms. Nervenarzt 56: 69–81

Keyser DL, Rodnitzky RL (1991) Neuroleptic malignant syndrome in Parkinson's disease after withdrawal or alteration of dopaminergic therapy. Arch Intern Med 151: 794–796

Klawans HL (1988) Psychiatric side effects during the treatment of Parkinson's disease. J Neural Transm 27: 117–122

Koller WC, Pahwa R, Lyons K, Smith D (1994) Low dose clozapine in the treatment of levodopa-induced psychosis. Mov Disord 9 (supp 1) 64

Koller WC, Silver DE, Lieberman A (supp eds) (1994) An algorithm for the management of Parkinson's disease. Neurology 44 (supp 10)

Lew MF, Waters C (1992) Treatment of parkinsonism with psychosis using clozapine. Mov Disord 7 (supp 1) 100

Lieberman AN, Leibowitz M, Gopinathan G et al. (1985) Review: the use of pergolide and lisuride, two experimental dopamine agonists, in patients with advanced Parkinson's disease. Am J Med Sci 290: 102–106
Linazasoro G, Suarez JA, Marti Masso JF (1992) Clozapine in Parkinson's disease: three years experience. Mov Disord 7 (supp 1) 100
Mayeux R (1990) The "serotonin hypothesis" for depression in Parkinson's disease. Adv Neurol 53: 163–166
McAllister TW (1992) Neuropsychiatric aspects of delusions. Psychiatr Annals 22: 269–277
McCarley RW, Hobson JS (1975) Neuronal excitability modulation over the sleep cycle: a structural and mathematical model. Science 189: 58–60
McGaugh JL (1983) Hormonal influence on memory storage. Am Psychol 38: 161–174
Miller E, Berrios GE, Politynska B et al. (1987) The adverse effect of benzhexol on memory in Parkinson's disease. Acta Neurol Scand 76: 278–282
Morris RGM (1989) Synaptic plasticity and learning: selective impairment of learning in rats and blockade of long-term potentiation in vivo by the NMDA antagonist AP5. J Neurosci 9: 3040–3057
Moskovitz C, Moses H, Klawans HL (1978) Levodopa-induced psychosis: a kindling phenomenon. Am J Psychiatry 135: 669–675
Palfreyman MG, Sorensen SM, Baron BM et al. (1992) Antipsychotic potential of 5-HT³ antagonists. In: Meltzer HY (ed) Novel antipsychotic drugs. Raven, New York
Pederzoli M, Girotti F, Scigliano G et al. (1983) L-Dopa long-term treatment in Parkinson's disease: age related side effects. Neurology 33: 1518–1522
Pfeiffer RF, Kang J, Graber B et al. (1990) Clozapine for psychosis in Parkinson's disease. Mov Disord 5: 239–242
Riederer P, Lange KW (1992) Pathogenesis of Parkinson's disease. Curr Opinion Neurol Neurosurg 5: 295–300
Riederer P, Lange KW, Kornhuber J, Danielczyk W (1991) Pharmacotoxic psychosis after memantine in Parkinson's disease. Lancet 338: 1022–1023
Riederer P, Lange KW, Youdim MBH (1993) Recent advances in pharmacological therapy of Parkinson's disease. Adv Neurol 65: 626–635
Rinne JO, Röyttä M, Paljärvi L et al. (1991) Selegiline (deprenyl) treatment and death of nigral neurons in Parkinson's disease. Neurology 41: 859–861
Roberts HE, Dean RC, Stoudemire A (1989) Clozapine treatment of psychosis in Parkinson's disease. J Neuropsychiatr Clin Neurosci 1: 190–192
Ruberg M, Ploska A, Javoy-Agid F, Agid Y (1982) Muscarinic binding and choline acetyltransferase activity in parkinsonian subjects with reference to dementia. Brain Res 323: 129–139
Sacks OW, Kohl MS, Messeloff CR et al. (1972) Effects of levodopa in parkinsonian patients with dementia. Neurology 22: 516–519
Saint-Cyr JA, Taylor AE, Lang AE (1993) Neuropsychological and psychiatric side effects in the treatment of Parkinson's disease. Neurology 43 (suppl 6): S47–S52
Sandyk R (1986) L-Dopa induced "serotonin syndrome" in a parkinsonian patient on bromocriptine (letter). J Clin Psychopharmacol 6: 194–195
Schoenberg BS (1986) Descriptive epidemiology of Parkinson's diseases: Distribution and hypothesis formulation. Adv Neurol 45: 277–283
Scholz E, Dichgans J (1985) Treatment of drug-induced exogenous psychosis in parkinsonism with clozapine and fluperlapine. Eur Arch Psychiatry Neurol Sci 235: 6064
Schwab RS, Poskanzer DC, England AC Jr et al. (1972) Amantadine in Parkinson's disease: review of more than two years' experience. JAMA 222: 792–795
Squire LR (1986) Mechanisms of memory. Science 232: 1612–1619
Sternberg H (1991) The serotonin syndrome. Am J Psychiatry 148: 705–713
Suchowersky O, de Vries JD (1990) Interaction of fluoxetine and selegiline. Can J Psychiatry 35: 571–572
Teychenne PF, Bergstrund D, Elton RL et al. (1986) Bromocriptine: long-term low-dose therapy in Parkinson's disease. Clin Neuropharmacol 9: 138–145
Timberlake WH, Vance MA (1978) Four-year treatment of patients with parkinsonism using amantadine alone or with levodopa. Ann Neurol 3: 119–128
Toyokura Y, Mizuno Y, Kase M et al. (1985) Effects of bromocriptine on parkinsonism: a nation-wide collaborative double-blind study. Acta Neurol Scand 72: 157–170
Trzepacz PT, Baker RW, Greenhouse J (1988) A symptom rating scale for delirium. Psychiatry Res 23: 89–97
Trzepacz PT (1994) The neuropathogenesis of delirium. A need to focus our research. Psychosomatics 35: 374–391
Vaamonde J, Luquin MR, Obeso JA et al. (1991) Subcutaneous lisuride infusion in Parkinson's disease: response to chronic administration in 34 patients. Brain 114: 601–617

Wolters EC, Hurwitz TA, Peppard RF, Remick R, Calne DB (1989) Clozapine: an antipsychotic agent in Parkinson's disease? Clin Neuropharmacol 12: 83–90

Zoldan J, Friedberg G, Goldberg-Stern H et al. (1993) Ondansetron for hallucinosis in advanced Parkinson's disease. Lancet 341: 562–563

Depression

Depressionen bei hormonellen Störungen und chronischen Erkrankungen

R. Steinberg

Es ist grundsätzliche medizinische Erfahrung, daß chronifizierende Krankheiten mit Depressivität verbunden sein können. Chronisches Kranksein greift als solches in den geplanten Lebensentwurf ein, indem Funktionseinbußen zur Einschränkung der Arbeitsfähigkeit, evtl. sogar zur Berentung führen. Die damit gewonnene Zeit führt im allgemeinen nicht zu einer inneren Befreiung, Insuffizienzgefühle und Verlust an sinngebender Tagesstrukturierung beeinträchtigen die Genußfähigkeit, wenn nicht sogar die Natur der Erkrankung selbst eine lebensbedrohliche Realität darstellt, die ertragen werden muß. Eine Reaktionsbildung ist nachvollziehbar, sie appelliert an die Lebensphilosophie, an die bewußt oder unbewußt erlebte Lebenseinstellung des Betroffenen und seiner Umgebung. Eine veränderte Gemütsverfassung – Depressivität – ist aus den Umständen im Kausalsinn nachvollziehbar, Copingstrategien des Kranken und seiner Bezugspersonen, letzteres mindestens anfänglich in umfänglichen Hilfsangeboten, sind die allgemeine Antwort.

Neurobiologische Modelle der Affektveränderung bei somatischen Erkrankungen sind dem Allgemeinverständnis weitaus weniger zugänglich, obwohl gerade Hormonstörungen, z. B. Schilddrüsenerkrankungen und Kortisol produzierende Neubildungen, in erheblichem Ausmaß mit Affektveränderungen einhergehen. Hier trifft der Begriff der „sekundären Depression", wie er von Robins u. Guze (1972; Kapfhammer et al. 1991) angesprochen wurde, ebenso zu wie bei degenerativen Erkrankungen des Nervensystems, z. B. der multiplen Sklerose oder der Parkinson-Erkrankung, bei denen das Zentralnervensystem als entscheidender Ort von Kognition und Befinden direkt betroffen ist. Gerade Krankheiten wie der Lupus erythematodes oder zum Hyperkortisolismus führende Störungen werden überzufällig häufig zunächst nicht wegen einer somatischen Symptomatik diagnostiziert, sondern fallen durch eine mehr oder weniger langsame Veränderung der Befindlichkeit und der kognitiven Strategien auf.

Trotz der durchgehend als hoch angesehenen Assoziation von Depressionen und chronischen Krankheiten hat diese Annahme jedoch zum Verständnis der Pathophysiologie depressiver Erkrankungen im Vergleich mit den Erkenntnissen aus der Neuropharmakologie überraschend wenig beigetragen. Alle derzeitigen Depressionshypothesen, beispielsweise die Bedeutung der primären Neurotransmitter Noradrenalin, Serotonin und Azetylcholin, leiten sich aus Erkenntnissen antidepressiver Therapien ab. Die Einflußgrößen der Neuromodulation durch hormonelle Substrate gewinnen zwar seit Beginn der biochemisch-neurophysiologischen Forschung in den 40er Jahren zunehmend an Aufmerksamkeit, aber allein schon die ubiquitäre Vermaschung des Hypothalamus-Hypophysen-Nebennierenrinden-Systems mit peripheren und zentralen Mechanismen macht sie dem naturwissenschaftlichen Experiment, zumal beim Menschen, nur schwer zugänglich.

Es ist überraschend, wie wenig aussagekräftige Untersuchungen über Depressionen bei chronischen Krankheiten und hormonellen Störungen wirklich vorliegen. Nicht unerheblich dürfte dazu beigetragen haben, daß die Stellung der Psychiatrie unter den medizinischen Disziplinen z. T. selbstverschuldet lange Zeit nicht der Wichtigkeit der psychologisch-psychiatrischen Erfassung menschlichen Empfindens entsprach. In Deutschland hat letztlich erst die durch die Psychiatrieenquete angestoßene innere Revolution psychiatrischen Handelns, aber auch das wieder deutlichere Wahrnehmen der Existenz der Körperlichkeit des Leib-Seele-Wesens Mensch dazu geführt, daß der Kranke auch unter somatopsychischen Aspekten mehr Aufmerksamkeit erfährt.

Liaisondienste oder fest eingerichtete psychiatrische Konsiliarbetreuungen an größeren medizinischen Einrichtungen sind erst wenige Jahrzehnte alt. An deren Arbeit läßt sich der Stand der Wahrnehmung psychischen Krankseins in Begleitung oder in Folge somatischer Krankheit recht gut nachvollziehen. Aus sorgfältigen Felduntersuchungen, z. B. der Oberbayern-Studie (s. Fichter 1990), ist die Jahresprävalenz für psychisches Kranksein – hier verstanden als für den Betroffenen und die Umgebung Leid erzeugende Alteration – bekannt, sie beträgt in westlichen Populationen etwa 1/4 der Bevölkerung. Nimmt man die Abhängigkeitserkrankungen und die Persönlichkeitsstörungen heraus, engt sich diese Zahl auf einen großen Teil depressiven Erlebens ein. Die Jahresprävalenz für Depressionen in der Bevölkerung liegt bei 12 %, die der Major Depression (MD) bei 6 %. Bei ambulanten Patienten beträgt letztere 9 %, bei in nichtpsychiatrischer stationärer Behandlung befindlichen somatisch kranken Patienten beträgt sie 22–33 % (Kapfhammer et al. 1991). Nur die Hälfte dieser behandlungsbefürftigen Depressionen und Angsterkrankungen werden erkannt, obwohl 1/3 bis die Hälfte der Betroffenen auch noch nach einem Jahr behandlungsbedürftig ist. Nichterkannte Depressionen werden häufiger medizinisch-technisch untersucht, sind länger in stationärer Behandlung oder sonstiger komplementärer allgemeinmedizinischer Betreuung. Unbefriedigend ist andererseit das therapeutische Verhalten nicht weniger somatischer Mediziner, die ohne ausreichende theoretische Konzepte Antidepressiva einsetzen, dies vor allem in zu geringer Dosierung.

Für die Unterscheidung krankheitsbegleitender Depressionen ist es wichtig, ob die somatisch faßbare Erkrankung eine vorhandene Disposition zu phasenhaften Depressionen angestoßen hat, ob die somatische Krankheit eine depressive Reaktionsbildung ausgelöst hat oder ob sie sogar im pathophysiologischen Mechanismus depressiver Befindlichkeit eine Rolle spielt. Gerade letzteres wäre für das pathophysiologische Verständnis depressiver Erkrankungen außerordentlich wichtig, wenn bestimmte somatische Störungen überzufällig häufig mit Depressivität oder anderen psychiatrischen Krankheiten einhergingen.

Kompliziert wird die Diagnosestellung einer Depression allerdings schon dadurch, daß körperliche Hinfälligkeit, Schwäche, Schlafstörung, Konzentrationsmangel, Antriebsverlust und andere depressionstypische Symptome allein schon aus dem verzehrenden Charakter einer somatischen Grunderkrankung, aus begleitenden Schmerzen und ähnlichem erklärbar erscheinen. Hier ist die Möglichkeit der falsch-positiven wie auch falsch-negativen Diagnose einer zusätzlichen depressionsbedingten Symptomatik schnell gegeben. Der zu sehr am Somatischen haftende Arzt wird sicherlich eher letzterem Fehler aufsitzen, der für psychische Belange Empathische läuft dagegen Gefahr, ersteres überzubetonen. Die Risiken der Nichtbehandlung einer Depression durch Nichterkennen brauchen nicht betont zu werden. Weder das Abtun psychischen Leids als „hysterisch“ noch die ausschließliche Interpretation als „verständliche und einfühlbare Reaktions-

Tabelle 1. Inzidenz medikamentös behandlungsbedürftiger Depressionen bei Konsiliaruntersuchungen in einem Großklinikum (s. Kapfhammer 1991)

Inzidenz der konsiliarpsychiatrischen Neukontakte:		n = 675
Inzidenz der medikamentös behandlungsbedürftigen depressiven Syndrome:		n = 160 (= 24 %)
Depressive Syndrome mit organischer Grundlage:		n = 111
Depressive Syndrome ohne organische Grundlage:		n = 49
Kardiologische Patienten	28	(17,5 %)
Gastrointestinale Patienten:	10	(6,3 %)
Internistische Patienten (sonstig):	12	(7,5 %)
Neurologische Patienten:	29	(18,1 %)
Chronische Schmerzpatienten:	29	(18,1 %)
Karzinompatienten:	39	(24,4 %)
Restgruppe (Gyn, HNO, Z. n. SV):	13	(8,1 %)

Diagnosen:

– in Anlehnung an ICD-9 Rev.:			
reaktive Depression:	60	endogene Depression	38
depressive Entwicklung:	19	hirnorganisch:	13
depressive Neurose/Persönlichkeit:	13	medikamentös:	5
Schmerzsyndrom:	7		
sonstig:	5		
– in Anlehnung an DSM-III/R:			
Major Depression	98		
dysthyme Störung:	32		
organisch bedingte affek. Störung:	18		
somatoforme Schmerzstörung:	7		
sonstig:	5		

bildung" sind hilfreich, da in beiden Fällen eine wirksame Therapie vorenthalten werden kann, die immer auch den Einsatz von geeigneten Psychopharmaka abwägen muß.

Kapfhammer et al. (1991) haben in einer sorgfältigen Analyse ihrer psychiatrischen Konsilien des Jahres 1989 in einem universitären Großkrankenhaus mit 1500 Betten anschauliche Zahlen der Häufigkeit von krankheitsbegleitenden Depressionen erstellt (Tabelle 1). Die Zahlen entsprechen natürlich nicht einer Prävalenzuntersuchung, da diese Einrichtung der Maximalversorgung vermutlich schwerer kranke Patienten betreut als Allgemeinhäuser, auch verfälschen sehr unterschiedliche Inanspruchnahmen durch die medizinischen Fachrichtungen zusätzlich. Die Zahlen spiegeln aber die Realität konsiliar-psychiatrischer Inanspruchnahme wider. Zieht man die Schwelle in Rechnung, die Patient und Arzt vor dem Ruf nach der Psychiatrie empfinden, dürfte die Zahl von 675 Erstinterviews repräsentativ sein, die Inzidenz der medikamentös behandlungsbedürftigen depressiven Syndrome mit 25 % vermutlich eher die untere Grenze darstellen. Aus Tabelle 1 gehen die unterschiedlichen Patientengruppen hervor, wobei sowohl die Kardiologie, als auch innere Medizin mit Gastroentrologie, Neurologie und die Schmerzmedizin deutlich von Karzinompatienten übertroffen werden. Die nach ICD-9 getroffene Unterscheidung in reaktive und endogene Depressionen geht vollständig in der DSM-III-R Diagnostik der Major Depression (MD) auf und übertrifft zahlenmäßig die Dysthymie,

Tabelle 2. M. Parkinson (PD) und Depression

Cantello et al. (1984)	20 depr. PD 20 non-depr. PD	Kein Unterschied in motorischer Beeinträchtigung, Depressive aber hilfloser. Korrelation Depressivität/Hilflosigkeit.
Cummings (1992)	Review (99 Artikel)	40 % Depression (20 % MDD, 20 % Dysthymie), vor allem bei Bradykinese und Kleinschrittigkeit > Tremor. Größere Frontalhirn-Beeinträchtigung. CSF-5-HJAA möglicherweise erniedrigt. AD helfen.
Dooneief et al. (1992)	339 PD 5 Jahre follow up	47 % Depression. Deutlich erhöhtes Depressionsrisiko (1,86 % Jahresinzidenz) im Vergleich zur gesunden Altersgruppe (0,14 – 0,29 %)
Guze et al. (1991)	Review (45 Artikel)	30 – 40 % Depression. Gutes Ansprechen auf AD und EKT
Haltenhof et al. (1994)	Review (183 Artikel)	40 % Depression. AD, Schlafentzug und EKT sind wirksam
Hantz et al. (1994)	73 PD 73 parall. Kontr.	Mood and anxiety diagnoses (6,8 %), MD (2,7 %), Dementia (26,3 %). Kein Unterschied zu parallelisierter Kontrollgruppe
Henderson et al. (1992)	164 PD 150 Partner als Kontrolle	36 % panic/anxiety/depression, bei Kontrollen 8 %. Korrelation Krankheitsausprägung/Depression
Mayeux et al. (1986)	49 PD	40 % depressiv (DSM-III-R). CSF 5-HJAA am niedrigsten in depressiven PD, Korrelation mit motorischer Verlangsamung und Selbstwertmangel.
Mayeux et al. (1988)	56 PD	CSF-5-HJAA am niedrigsten in depressiven PD Patienten. Konventionelle AD Therapie bessert Depression. L-Tryptophan bessert Depression, erhöht CSF-5-H AA.
Menza et al. (1993)	42 PD 21 parall. Kontr.	12 (29 %) anxiety disorder (11 auch Depression) 18 (43 %) Depression. Nicht ausschließlich Reaktionsbildung, sondern vermutlich PD-bedingt. Von Kontrollen 1 anxiety disorder
Starkstein et al. (1990)	105 PD	21 % MD, 20 % Dysthymie. Bimodale Verteilung: early and late state. Korrelation Depression/kognitive Beeinträchtigung/linke Hemisphärenbeeinträchtigung

organisch bedingte Störungen und somatoforme Schmerzstörungen deutlich. Auffällig ist allerdings an dieser Anforderungsstichprobe, daß zwischen 20 und 65 % der Patienten in den unterschiedlichen Krankheitsbildern bereits eine psychiatrische Anamnese hatten. Dies schränkt die Aussagefähigkeit möglicherweise etwas ein, da die psychiatrische Anamnese als solche evtl. die Motivation zur Konsiliaranforderung mitbedingte

Im folgenden wird in einer Metaanalyse der zwischen 1985 und 1994 verfügbaren Literatur, die mit Hilfe von DIMDI aufgesucht wurde, die Häufigkeit depressiver Erkrankungen bei Hormonstörungen und einigen chronischen Erkrankungen zusammengestellt. Ausgeschlossen sind Einzelfallberichte sowie Veröffentlichungen, die weder auf die Stichprobe noch eine Vergleichsgruppe rückschließen lassen. Aussagefähige Reviews werden berücksichtigt.

M. Parkinson und Depression

Die überwiegende Zahl der in Tabelle 2 aufgeführten Autoren sieht eine deutliche erhöhte Prävalenz für depressive Erkrankungen beim M. Parkinson. Die Häufigkeit liegt bei einer Größenordnung von 40 %, wobei eine bimodale Verteilung mit ausgeprägter Depressivität im Krankheitsbeginn und im Finalstadium angegeben wird (Haltenhof u. Schroeter 1994; Starkstein et al. 1990). Eine Korrelation zwischen Depressivität und allgemeiner Hilflosigkeit wird gesehen (Cantello et al. 1984; Cummings 1992; Mayeux et al. 1986; Starkstein et al. 1990), wobei die Probleme der falsch-positiven Diagnostik ausführlich diskutiert werden. Während einige Autoren etwa zu gleichen Teilen eine MD oder eine Dysthymie annehmen (Cummings 1992; Menza et al. 1993; Starkstein et al. 1990), betonen andere ein auffälliges Vorherrschen von Angst- und Paniksymptomatik (Henderson et al. 1992; Menza et al. 1993).

Einen neuroanatomischen Zusammenhang mit der dopaminergen Frontalhirnprojektion sehen Cummings (1992) und Starkstein et al. (1990). Fibinger (1984) spricht ebenso wie Menza et al. (1993) einen Zusammenhang mit dem mesolimbisch-mesokortikalen Dopamin-Reward-System an, mit dem möglicherweise die Anhedonie in Zusammenhang steht. Cummings (1992) und Mayeux et al. (1986, 1988) vermuten wie Menza et al. (1993) einen zusätzlichen Zusammenhang mit dem serotonergen System, da die Konzentration der 5-Hydroxy-Indol-Essigsäure im Liquor bei den depressiven Parkinson-Patienten am niedrigsten ist. Guze u. Barrio (1991), die die Depression der Parkinson-Patienten als die häufigste psychiatrische Komplikation dieser neurodegenerativen Erkrankung ansehen, diskutieren ebenfalls einen Zusammenhang zwischen Dopamin- und Serotoninstoffwechsel und Depression.

Starkstein et al. (1989) sahen bei den Früherkrankungen, die jünger als 55 Jahre waren, mehr depressive Symptomatik, während die Späterkrankungen vergleichsweise größere motorische Beeinträchtigungen hatten. Starkstein et al. (1991) betonen die Ähnlichkeit des depressiven Syndroms von Parkinson- und Schlaganfallpatienten mit der Symptomatik der MD. Bezüglich der Häufigkeit depressiver Erkrankungen bei Parkinson-Patienten fällt die Arbeit von Hantz et al. (1994) auf, die in einer sorgfältig geplanten Feldstudie keine erhöhte Inzidenz und Prävalenz für Affekterkrankungen bei Parkinson-Patienten im Vergleich mit parallelisierten Kontrollpersonen fanden. Möglicherweise verfälschte bei dieser Studie eine erhebliche Testanforderung an die Patienten das Ergebnis durch hohe Ausfallraten. Der überwiegende Anteil der zitierten Arbeiten und Reviews, die auf Daten mit anerkannten Ratingskalen und strukturierten Interviews beruhen, sehen bei der Parkinson-Krankheit eine deutlich erhöhte Prävalenz behandlungsbedürftiger depressiver Erkrankungen. Eine antidepressive Therapie wird als notwendig und hilfreich angeführt.

Dialysepflichtige Nierenkrankheit und Depression

Depressivität ist das häufigste psychologisch-psychiatrische Symptom bei Dialysepatienten. Sie sind abhängig von der Dialyseeinrichtung, im Wortsinne vor allem von der medizinischen Maschinerie. Dieses für jeden einfühlbar belastende Szenarium: allgegenwärtige Todesbedrohung, eingreifende Veränderungen im psychosozialen Bereich, strenge Diätvorschriften bei Flüssigkeitsaufnahme und Ernährung, medizinische Komplikationen der Shunttechnik und Begleiterkrankungen, stellt einen permanenten Stres-

Tabelle 3. Dialysepflichtige Nierenkrankheit und Depression

Burton et al. (1986)	147 Review (57 Artikel)	Heim-Dialyse 2 Jahre follow-up	Dysthymie ca. 40 %, MD ca. 20 % Depressivität korreliert mit Mortalität
Craven et al. (1987)	99	Dialyse 2 Jahre follow-up	20 % MD (8 % zum Untersuchungszeitpunkt)
Davis et al. (1990)	24 24 24	Dialyse MD allg. Pat	Im MMPJ ähneln Dialyse Patienten mehr MD Patienten als Patienten mit anderen chronischen Krankheiten.
Hinrichson et al. (1989)	124	Dialyse	17,7 % Minor Depression 6,5 % MD
Israel (1986)	Review (56 Artikel)		Depressives Syndrom 20–50 %
Kimmel et al. (1993)	Review (133 Artikel)		Körperliche Symptome (Appetitlosigkeit, Schlafstörung, Müdigkeit, Erschöpfung) schlechtes Differentialkriterium Urämie, Depression. Kognitive Symptome (Depression, Wertlosigkeit, Schuldgefühle, Anhedonie) besserer Diskriminator.
Peterson et al. (1991)	43 14	Hämodialyse Periton. Dialyse 2 Jahre follow up	„Kognitive" Depression ist sensibler Indikator für schlechte Prognose. AD-Behandlung wichtig!
Shulman et al. (1989)	64	Dialyse 10 Jahre follow up	Deutlicher Einfluß von Depression (Suizid durch Diätfehler!) auf Prognose (43 gestorben, 21 Überlebende), vor allem in den ersten Jahren der Dialyse.

sor dar. Auch üblicherweise weniger beachtete Belastungen wie Dyskongruenzen mit dem eigenen Körperverständnis und Körperbild, die Unfähigkeit des Urinierens und der weitgehende Verlust der Sexualität tragen zur Reaktionsbildung nachvollziehbar bei. Ein hoher Prozentsatz an Depressivität unter Dialysepatienten wäre somit nachvollziehbar, dennoch sind in der Literatur (Burton et al. 1986; Israel 1986; Kimmel et al. 1993) sehr unterschiedliche Zahlen zwischen 10 % und über 90 % zu finden.

In exakteren Studien, die validierte Ratingskalen und strukturierte Interviews mit ausgebildetem Personal benützen, zeigt sich durchgehend eine erhöhte Prävalenz für Dysthymie und MD, die jeweils mindestens 20 % betragen (Burton et al. 1986; Craven et al. 1987; Israel 1986; Kimmel et al. 1993). Angemerkt wird von fast allen in Tabelle 3 aufgeführten Autoren die Schwierigkeit der Unterscheidung urämieassoziierter körperlich-vegetativer Symptome mit solchen, die bei depressiven Erkrankungen ohne körperliche Krankheit auftreten. Symptomen wie der Appetitlosigkeit, der Müdigkeit und Erschöpfung, der Schlafstörung, dem Gewichtsverlust kommt bei Dialysepatienten gegenüber Depressiven eine deutlich geringere Diskriminatorfunktion zu, da sie zum urämischen Syndrom als solchem gezählt werden können. Aussagekräftiger für das Vorliegen einer Depression im Sinne der Dysthymie oder der MD sind neben dem Verlauf die „kognitiven" Symptome der Depression: Anhedonie, Selbstwertverlust und Schuldgefühle (Kimmel et al. 1993; Peterson et al. 1991). Shulman et al. (1989) weisen auf

einen hohen Anteil an beabsichtigten Suiziden oder parasuizidalen Handlungen durch Diätfehler hin, die vor allem in den ersten Jahren der Dialyse auftreten.

Die Chancen und die Notwendigkeiten einer antidepressiven Medikation werden von Peterson et al. (1991) diskutiert. Israel (1986) sieht in dem Umstand, daß 50% der Dialysepatienten nicht depressiv sind, eine durchaus vorhandene Adaptationsfähigkeit an dieses sehr schwere Krankheitsbild, das allerdings von supportiven Mechanismen der direkten Umgebung und der behandelnden Teams abhängt. Bezüglich pathophysiologischer Mechanismen, die aus den somatischen Bedingtheiten der Endstadium-Nierenerkrankung resultieren, wird auf die durch die permanenten Elektrolytverschiebungen möglichen Einflüsse auf Neuromodulatoren hingewiesen. Zu diesem Denkansatz gibt es allerdings keinerlei Untersuchungen.

Herzkrankheiten und Depression

Die lebensbedrohliche Krise eines Myokardinfarktes ist mit Angst, häufig Todesangst und Depressivität verbunden. Aus der Literatur ergeben sich in den ersten Tagen nach einem derartigen akuten kardialen Ereignis zwischen 25 und 40% ausgeprägter Depressivität, das die Kriterien der MD und der Minor Depression erfüllt (Tabelle 4; Forrester et al. 1992; Ladwig et al. 1994; Schleifer et al. 1989). Bei Patienten, die wegen des Verdachtes auf eine Koronarstenose angiographiert wurden (Carney et al. 1988) bzw. sich einer Koronar-Bypass-Operation unterzogen (Horgan et al. 1984; Lindal 1990), zeigt sich vor der Operation eine Angst-Depressionssymptomatik in 50%, wobei 20% das Ausmaß einer MD erreichen. Auffallend ist, daß sich statistisch kein Zusammenhang mit der Schwere des kardialen Befundes ergibt.

Postoperativ nimmt während eines Jahres die Depressivität deutlich ab, wobei dies überwiegend auf Patienten mit einer Minor Depression zurückzuführen ist. Ausgeprägte Syndrome einer MD bleiben weitgehend unverändert, sie erhöhen das Risiko für Angina pectoris und vor allem das Mortalitätsrisiko (Carney et al. 1988; Frasure-Smith et al. 1993; Ladwig et al. 1994). Auch postoperativ ergibt sich kein Zusammenhang zwischen den pathologischen kardialen Befunden und dem psychopathologischen Bild. Die Notwendigkeit und Wirksamkeit einer antidepressiven Medikation wird von Frasure-Smith et al. (1993) diskutiert. Demgegenüber steht der Befund von Schleifer et al. (1991), die einen Zusammenhang zwischen der Anwendung von Digitalispräparaten in der Postinfarktperiode und der Depressivität sehen, wogegen β-blocker keinen Einfluß auf die Befindlichkeit zu haben scheinen. Ein zentraler Mechanismus der Digitalismedikation wird angenommen.

Insgesamt ergibt sich ein Bild, in dem Depressivität zwar unabhängig vom Ausmaß des Infarktgeschehens ist, sie allerdings eine zusätzliche unabhängige Risikoerhöhung darstellt. Den positiven Einfluß eines gezielten Rehabilitationsprogrammes, das neben körperlicher Aktivität auch psychotherapeutische und psychosoziale Trainingsmaßnahmen beinhaltet, unterstreichen Engbloom et al. (1992). Diese Patienten waren bezüglich der sozialen Variablen, aber auch bezüglich der Befindlichkeit deutlich den nur hospitalisierten Patienten überlegen. Allerdings unterschied sich das Mortalitätsrisiko nicht. Über einen deutlichen Einfluß der Umgebung und des damit in Interaktion stehenden Copingverhaltens von Myokardinfarktpatienten berichtet Fielding (1991). Aus seiner Literaturübersicht ergibt sich ein fast gleichwertiger Präinfarktindikator für Angina pectoris und Depressivität.

Tabelle 4. Herzkrankheit und Depression

Carney et al. (1988)	52	Koronarstenose 1 Jahr follow up	9 (17%) haben MD. Depressivität erhöht Risiko für Komplikationen, unabhängig vom Ausmaß der Stenose, der linksventrikulären Auswurfleistung und vom Nikotingebrauch.
Dracup et al. (1992)	134	Herztransplantation	43% MD (multiv.) Psychosoz. adjustment schlecht (Depression, hostility, quality of life)
Fielding (1991)		Review (152 Arbeiten)	Depression verschlechtert Prognose der Prä- und Postinfarktphase
Forrester et al. (1992)	129	Akuter Myokardinfarkt (10 Tage follow up)	25 (19%) haben MD. Risiko f > m. Vorherige MD-Phasen korrelieren zur Infarktgröße
Frasure-Smith et al. (1993)	166m/56f	Myokardinfarkt 6 Monate follow up	Depression signifikant negativer Outcome-Predictor (Cox hazard regression = 5,74; 95% CJ 4,[illegible]1 – 6,87; p = .0006), vergleichbar linksventrikulärer Dysfunktion.
Garcia et al. (1994)	110m	Myokardinfarkt 1 Jahr follow up	~25% MD, ~7% Dysphorie, ~7% anxiety disorders (9 gestorben, 4 drop outs)
Griego (1993)	15m/6f	Myokardinfarkt 1 Jahr follow up	Inverse Korrelation Depression/overall function status
Horgan et al. (1984)	77m	Koronarbypass 1 Jahr follow up	50% Anxiety/Depression vor OP, 33% nach OP. Keine Korrelation mit klinischen Daten.
Kay et al. (1991)	9	Herztransplantation	Guter Effekt von TZ-ADs bei 7 Patienten
Ladwig et al. (1994)	377m	Myokardinfarkt 6 Monate follow up	50 (13%) haben MD, 85 (22,5%) Minor D. Mortalitätsrisiko [illegible].12 (95% CI, 1,85 – 6,16). Ca. dreifaches Risiko für Postinfarkt-Angina pectoris bei depressiver Symptomatik.
Lindal (1990)	60	Koronar Bypass 1 Jahr follow up	54% depressive Symptome (MMPI), kein Zusammenhang mit psychophysiologischen Befunden.
Naber et al. (1992)	112	64 Bypass OP 48 Klappenersatz	Postoperative Psychosen bei 17% der Bypass-P., bei 27% Klappenersatz-P. Davon ca. 1/3 MD. Korrelation präoperativ Psychopathologie/schlechte Prognose sowie postoperativer Kortisolspiegel/Ausmaß der Depression.
Schleifer et al. (1989)	171	Myokardinfarkt 4 Monate follow up	45% haben präoperativ Depressionen, insgesamt 18% MD. Kein Zusammenhang mit kardialem Befund. Postoperativ 33% Depression, aber unveränderte Zahl in MD-Gruppe.
Schleifer et al. (1991)	190	Myokardinfarkt 4 Monate follow up	Digitalispräparate in der Postinfarktperiode sind mit Depression assoziiert, β-Blocker nicht.

Tabelle 5. Darmkrankheit und Depression

North et al. (1991)	32 inflamm. bowel d. 2 Jahre follow up	2.2 Episoden im Durchschnitt. Kein Zusammenhang mit life events oder Depression. Stimmung folgt aber der Exazerbation.
Porcelli et al. (1994)	91m/59f inflamm. bowel d.	Angst korreliert signifikant mit Krankheitsausprägung. Depressivität hat keine derartige Beziehung.
Robertson et al. (1989)	80 inflamm. bowel d. 40 Diab. m. als Kontrolle	Signifikant mehr Neurotizismen (Eysenck PI) und Introversion bei Darmentzündungen. Depressivität nicht Persönlichkeitsmerkmal, nimmt aber mit Krankheitssymptomen zu.
Song et al. (1993)	18 abdom. bloating 33 M. Crohn 38 Kontrollen	Patientengruppen ähneln sich, haben erhöhte Angst und Depressionen. Völlegefühl im Bauch mit höherer Depressivität verbunden.
Walker et al. (1990)	28 irritable bowel s. 19 inflamm. bowel d.	Reizkolonpatienten haben deutlich mehr depressive Episoden, Angst, Panik und Phobien als Patienten mit Darmentzündungen.

Den Zusammenhang zwischen der Selbsteinschätzung der Lebensqualität und präoperativen Funktionsdaten vor einer Herztransplantation untersuchten Dracup et al. (1992). Wiederum korrelierten die Auswurfleistungen des Herzens nicht mit den subjektiven und objektiven psychischen Befunden, dagegen fand sich ein signifikanter Zusammenhang mit der Leistung in einem 6-Minuten-Gehtest. Auf den prädiktiven Wert der Depressionssymptomatik hinsichtlich des Gelingens einer Herztransplantation wird auch von Naber et al. (1992) hingewiesen. Die Autoren beschreiben den hohen Prozentsatz an postoperativen Durchgangssyndromen, der im allgemeinen rasch abnimmt. Während Delirien und paranoid-halluzinatorische Zustände meistens innerhalb einiger Tage abklingen, halten sich ausgeprägt depressiv-apathische Syndrome z. T. über Wochen. Eine Korrelation des postoperativen Kortisolspiegels mit dem Ausmaß der Depressivität wurde gesehen. Die Notwendigkeit einer antidepressiven Behandlung wird angeführt, ebenso von Kay et al. (1991).

Bis auf den Hinweis eines Zusammenhanges der Digitalismedikation und des Kortisols mit Depressivität ergibt sich aus den vorliegenden Untersuchungen kein klareres Bild für mögliche pathophysiologische Mechanismen der Depressivität, begnügt man sich nicht mit einer allgemeinen Beeinträchtigung des zerebralen Stoffwechsels bei kardialer Minderleistung.

Darmerkrankungen und Depression

Das "irritable bowel syndrome", zu deutsch „Reizkolon", findet ebenso wie die Colitis ulcerosa und der M. Crohn psychosomatische Aufmerksamkeit. Sind es bei M. Crohn Aggressionshemmung und Ehrgeizproblematik, erscheint dagegen vor allem das Reizkolon unter einem bunten Spektrum psychopathologischer Bilder (Walker et al. 1990). Die in Tabelle 5 zusammengestellten Publikationen beklagen allerdings, daß weder Inzidenz noch Prävalenz psychiatrischer Komorbiditäten ausreichend gesichert sind, obwohl gerade beim Reizkolon das Zusammentreffen überzufällig häufig erscheint.

Im Gegensatz zu M. Crohn-Patienten haben Patienten mit ausgeprägtem Völle- und Spannungsgefühl im Bauch ("abdominal bloating") ausgeprägtere depressive Symptome. Beide Patientengruppen unterscheiden sich jedoch sowohl mit deutlicher Angst- und Depressionssymptomatik von parallelisierten Kontrollen (Song et al. 1993). Ähnlich sind die Ergebnisse von Walker et al. (1990), deren Reizkolonpatienten deutlich mehr Episoden an Depressivität, Angst, Panik und Phobien hatten als eine Vergleichsgruppe mit Darmentzündungen. In einer Zweijahresverlaufsuntersuchung hatten Patienten mit entzündlichen Darmerkrankungen durchschnittlich 2,2 Krankheitsschübe (North et al. 1991). Diese standen allerdings in keinem erkennbaren Zusammenhang mit "life events". Der Zusammenhang mit Depressivität war ebenfalls nicht direkt, eher schien die Stimmung der Krankheitsexazerbation zu folgen. In einer Studie von Porcelli et al. (1994) zeigten Patienten mit Darmentzündungen eine gesteigerte Angstsymptomatik, die mit der Krankheitsausprägung korrelierte. Mit Depressivität bestand kein regelhafter Zusammenhang. Robertson et al. (1989) verglichen eine Kontrollgruppe von Diabetes mellitus-Patienten mit einer Gruppe von Darmentzündungspatienten. Letztere hatten deutlich mehr Neurotizismen, schienen auch introvertierter. Depressivität zeichnet die Darmkranken nicht als Persönlichkeitsmerkmal aus, sie nimmt allerdings entsprechend der Krankheitssymptome zu. Die Größenordnung der psychiatrischen Auffälligkeiten bei Reizkolon und Darmentzündungspatienten wird zwischen 20 und 80% uneinheitlich angegeben.

Lupus erythematodes und Depression

Die systemische Entzündungserkrankung Lupus erythematodes (LE) geht mit einer deutlich überdurchschnittlichen Häufigkeit von neuropsychiatrischen Symptomen einher. Nach Lehrbuchmeinung sind psychiatrische Symptome häufig sogar der Anlaß zur Erstuntersuchung. Die Literatur ist bezüglich der Natur und der Ausprägung psychiatrischer Symptomatik allerdings widersprüchlich (Tabelle 6). Ein Vergleich von LE-Patienten mit einer gleich großen Gruppe von Patienten mit rheumatoider Arthritis (Magner 1991) ergibt im Mini-Mental-State und in der Present-State-Examination jeweils etwas mehr als 1/3 an Depressionen, allerdings von nichtpsychotischem Ausmaß.

Joffe et al. (1988) sahen bei der Hälfte ihrer Patienten einen deutlichen Zusammenhang von Stimmungsschwankungen mit der Kortisontherapie, wobei depressive und hypomane Zustandsbilder unsystematisch auftraten. Die von Chin et al. (1993) beschriebene Stichprobe zeigte zur Hälfte psychiatrische Diagnosen. Nach ICD-9 waren 1/3 depressive Neurosen, 8% Angstneurosen, 6% endogene Depressionen und 4% Demenzen. In der Stichprobe von Krupp et al. (1990) zeigte sich bei 53% ein Fatigue-Syndrom, das mit den objektiven Parametern der Krankheitssymptomatik korrelierte, nicht jedoch mit dem Befinden der Patienten; 10% wiesen eine Depressivität vom Ausmaß einer MD auf. In der Stichprobe von Omdal et al. (1988) zeigten 83% der Patienten neuropsychiatrische Störungen, davon die Hälfte Migräne, die andere Hälfte zu gleichen Teilen Kopfschmerz und Schwindel. Bei 37% zeigten sich neuromuskuläre Störungen, vor allem Karpaltunnelsyndrome und Muskelschwäche; 17% wiesen eine Depression auf.

Die umfänglichste Stichprobe beschreiben Andrea Schneebaum et al. (1991). Sie finden ausschließlich bei LE-Patienten eine Erhöhung von Antikörpern gegen ribosomale P-Proteine, die gegen die C-Terminale-Region gerichtet sind. Nach Einschätzung der Autoren kommt diesen Antikörpern eine Markerfunktion zu, außerdem korrelieren

Tabelle 6. Lupus erythematodes (LE) und Depression

Chin et al. (1993)	79 LE	51 % haben psychiatrische Diagnosen: 33 % Depressive Neurose (ICD-9) 8 % Angstneurose 6 % Endogene Depression 4 % Demenz
Joffe et al. (1988)	18f LE	Intervallkortisontherapie. 55 % zeigen Stimmungsschwankungen abhängig von Medikation
Krupp et al. (1990)	59 LE	53 % haben ein Fatigue-Syndrom, korreliert mit objektiver Krankheitsschwere 10 % Depression
Magner (1991)	25 LE 25 rheu. Arthr.	40 % Depression (PSE, MMS) von nicht psychotischem Ausmaß 36 % Depression (PSE, MMS) von nicht psychotischem Ausmaß
Omdal et al. (1988)	30 LE	83 % neuropsych. Störungen (40 % Migräne, 20 % Kopfschmerz, 20 % Schwindel) 37 % neuromusk. Störungen 17 % Depression
Schneebaum et al. (1991)	269 LE 21 rheu. Arthr. 79 Kontr.	Die Konzentration von Antikörpern gegen ribosomale P-Proteine korrelieren mit Depressivität und psychotischen Symptomen. (Odds ratio: 7.63, kI 95 % 3.61 – 16.14)

psychotische und depressive Bilder mit dem Antikörpertiter. Ob es sich um eine rechnerische Assoziation handelt, oder ein pathophysiologischer Mechanismus für Depressivität und psychotische Erscheinungsbilder darin zu sehen ist, können die Daten nicht beantworten.

M. Cushing und Depressionen

Die Endokrinopathien der Nebennierenrinde und der Schilddrüse stehen am Anfang der modernen somatischen Konzepte psychischen Krankseins. Das endokrine Psychosyndrom (Bleuler 1948) formuliert die psychopathologischen Auffälligkeiten, die einen Teil dieser Erkrankungen mit wenigstens angedeuteter Regelhaftigkeit begleiten. Der Fortschritt neurobiologischer Forschung ist vom peripheren Erfolgsorgan über die Hypophyse zu den hypothalamischen Releasingzentren vorgestoßen, womit einige pathophysiologische Mechanismen der individuellen erblichen Dispositionen, aber auch der psychophysischen Beantwortung etwas durchschaubarer werden (Holsboer et al. 1992). Gerade der M. Cushing hat mit dem Begleitsyndrom der Depression, die vom Ausmaß des Hyperkortisolismus abhängig zu sein scheint, die Depressionsforschung in die Richtung der Steroide geführt. Die Störung der HPA-Achse (Hypothalamus, Hypophyse, Nebennierenrinde) scheint sowohl der MD, im alten Sprachgebrauch hier vielleicht sogar besser als endogene Depression bezeichnet, als auch der klinisch manifesten Endokrinopathie des Hyperkortisolismus gemeinsam. Dennoch ist die Pathophysiologie depressiven Erlebens noch nicht ausreichend mit dem Hyperkortisolismus der MD erklärbar, da weder erhöhtes Kortisol als solches unbedingt mit Depressivität einhergeht, Depressivität andererseits nicht unbedingt mit erhöhter Kortisolsekretion verbunden ist.

Tabelle 7. M. Cushing und Depression

Gold et al. (1986)	34 30	Cushing MD	Hyperkortisolismus bei beiden Gruppen. Auf CRH ist ACTH zusätzlich erhöht nur bei Cushing-Patienten.
Kelly et al. (1983)	21 1 Jahr follow up	Cushing	Depression häufig, nimmt mit Kortisolnormalisierung signifikant ab
Kling et al. (1991)	11 Cushing 34 MD 60 Kontrollen		immunoreaktives CRH und ACTH in Liquor: Differentialdiagnose Cushing/MD (besser als ACTH response auf ovine CRH) Cushing: CRH 22 ± 3 pg/ml, ACTH 15 ± 2 MD: CRH 38 ± 2, ACTH 25 ± 2 Kontrollen: CRH 38 ± 2, ACTH 26 ± 1 Cushing: CSF/Plasma ACTH < MD und Kontr. Psychopathologie: MD: depr. Syndrom mit Hyperarousal (Angst, Insomnie, Anorexie) Cushing: depr. dysph. S. mit Hypoarousal. (Hyperphagie, Fatigue, Trägheit)
Kornstein u. Gardner (1993)	Review (152 Artikel)	Endokrinopathien	Mehr als 50 % der Cushing-Patienten sind psychiatrisch auffällig; Depressionen überwiegen gegenüber hirnorganischen Bildern und Manien.
Murphy (1991)	Review (186 Artikel)		Unterschied in MD und Cushing-Hyperkortisolismus. Andere Neuromodulatoren müssen involviert sein, obwohl Steroide selbst depressogen sind. Psychopathologie von MD und Cushing insgesamt sehr ähnlich.
Sonino et al. (1993)	60 Cushing 70 Hyperthyr.	62 % depressiv 23 % depressiv	Kein Unterschied in hypophysärem und nicht-hypophysärem Cushing. 70 % Besserung des depr. Syndroms nach Behandlung.
Voigt et al. (1985)	17	Cushing	Nach OP keine Depressivität, obwohl noch immer gestörte Steroid-Feedback-Regulation. Depressivität hat andere Ursache?

Wie aus Tabelle 7 hervorgeht, ist auch in neueren, methodisch exakteren Studien, eine deutliche Assoziation von Hyperkortisolismus und Depressivität zu sehen. Gold et al. (1986) untersuchten den CRH-Test als mögliches Differentialkriterium zwischen Cushing-Patienten und Depressiven. Beide Erkrankungen sind in den Frühstadien aufgrund der ähnlichen Psychopathologie nur schwer unterscheidbar. ACTH wird nach CRH-Gabe nur bei Cushing-Patienten erhöht gefunden, was für eine Schwächung des Kortisol-Feedback-Mechanismus bei diesen Patienten spricht. Bei MD bleibt ACTH wie bei den Kontrollen supprimiert. Depressivität korreliert bei Cushing-Patienten signifikant mit dem Plasma-Kortisol-Spiegel (Kelly et al. 1983).

Die Messung von immunoreaktivem CRH und ACTH im Liquor und im Plasma scheint ein besseres Differentialkriterium zwischen MD und Morbus Cushing zu sein. Bei Cushing-Patienten ist die Konzentration im Liquor deutlich erniedrigt, was zu einem signifikant niedrigeren Liquor-Plasma-Quotienten führt (Kling et al. 1991). Zwischen Cushing- und MD-Patienten beschreiben diese Autoren auch einen psychopathologischen Unterschied. Die MD vom melancholischen Typ ist durch ein Hyperarousal mit Angst,

Insomnie und Appetitverlust gekennzeichnet, wogegen die Cushing-Patienten in der Gesamtheit eher ein Hypoarousal mit Hyperphagie, einem Fatigue-Syndrom und allgemeiner Trägheit zeigen. Eine hohe Diskriminationskraft kommt diesen psychopathologischen Akzenten jedoch auch nach Meinung der Untersuchenden nicht zu, die Psychopathologie von MD- und Cushing-Patienten wird in der Literatur allgemein als eher einheitlich ausgeprägt depressiv gefunden (Murphey 1991).

Nach Entfernung von hypophysären Adenomen, die zu Hyperkortisolismus und ausgeprägter Depressivität führten, bildet sich das depressive Syndrom schnell zurück, obwohl die Feedbackregulation der Steroide noch pathologisch gefunden wurde, was als Hinweis auf unterschiedliche pathophysiologische Mechanismen angesehen wird (Voigt et al. 1985). Sonino et al. (1993) verglichen Cushing-Patienten mit Hyperthyreotikern. Von ersteren zeigten 62% ein ausgeprägtes depressives Syndrom, von letzteren nur 23%. Es ergab sich kein psychopathologischer Unterschied bei hypophysärer bzw. nichthypophysärer Verursachung des Cushing-Syndroms; 70% zeigten nach Behandlung eine deutliche Besserung. Ähnliche Zahlen werden von Kornstein u. Gardner (1993) angegeben.

Der Kortisolmangel, meist in der adrenokortikalen Insuffizienz der Addison-Krankheit manifestiert, ist bei weitem nicht so gut untersucht wie der M. Cushing. Unabhängig von der Verursachung des M. Addison – früher hauptsächlich die Tuberkulose, heute überwiegend Autoimmunerkrankungen – zeigen mehr als die Hälfte der Patienten psychiatrische Auffälligkeiten (Fava et al. 1987; Kornstein et al. 1993). Mäßig ausgeprägte bis schwerste depressive Symptome zeigen 30–50% der Patienten. Die Addison-Krise selbst ist eher durch einen Verwirrtheitszustand bis hin zu einer manifesten paranoid-halluzinatorischen Symptomatik gekennzeichnet. Wie bei anderen Endokrinopathien kann die psychische Alteration der offenkundigen somatischen Manifestation vorausgehen. Fehldiagnosen werden vor allem unter dem Bild einer Depression, einer Hypochondrie oder einer Hysterie gesehen (Kornstein u. Gardner 1993).

Schilddrüse und Depression

Der unentdeckte Hypothyreoidismus, in seiner schlimmsten Ausprägung der Kretinismus, prägte in früheren Zeiten das Bild psychiatrischer Einrichtungen. Während derartige Syndrome in westlichen Zivilisationen heute selten sind, sind psychische Symptome bei Mangel oder Überschuß an Schilddrüsenhormon die Regel, meist sogar deutlich im Vorfeld der klinisch-somatischen Manifestation der Grunderkrankung (Fava et al. 1987; Kornstein u. Gardner 1993).

In einer sehr sorgfältigen Literaturrecherche hat Baumgartner (1993, s. Tabelle 8) die psychiatrische Komorbidität bei Schilddrüsenerkrankungen zusammengetragen. Als wesentliches Ergebnis resultiert die Unspezifität psychischer Symptome, sowohl Unter- wie Überfunktion des Schilddrüsensystems können fast von jedem psychiatrischen Syndrom begleitet werden. In der Hauptdiagnose sind depressive Patienten laborchemisch sogar meist euthyreot, in der Literatur berichtete Auffälligkeiten sind wohl bedingt durch Streß, Gewichtsverlust und ähnliches. Behandlungen von Depressionen mit Schilddrüsenhormonen sind nicht überzeugend. Eventuell ergibt sich jedoch durch hochdosierte Thyroxinbehandlung ein phasenprophylaktischer Effekt bei Rapid-Cycling-Patienten. Der Autor betont auch, daß alle antidepressiv und phasenprophylaktischen medikamentösen Maßnahmen einschließlich des Schlafentzuges und der Elektrokrampftherapie die Schilddrüsenhormone verändern.

Tabelle 8. Schilddrüse und Depression

Baumgartner (1993)	Review (141 Artikel)	Periphere Dysfunktionen (Hyper-, Hypothyreose) können fast jedes psych. Symptom hervorrufen. Keine spez. Sympt. Depressive Patienten sind laborchemisch euthyreot. T_3, T_4 Behandlung nicht überzeugend; allerdings Phasenprophylaxe mit hochdosiertem Thyroxin bei Rapid-cycling. Alle antidepressiven oder phasenprophylaktischen Maßnahmen (AD, SE, EKT, Lithium, Carbamazepin) beeinflussen Konzentration von Schilddrüsenhormonen.
Fava et al. (1987)	Review (Endokr. P.) (223 Artikel)	Angst, Depression und Agitiertheit bei Hyperthyreose vorherrschend, aber unspezifisch. Apathie seltener als bei Hypothyreodismus. Psychotische Symptome primär selten.
Haggerty et al. (1993)	16 Hypothyreose 15 Kontrollen	Life time history of MD: 56%/20%
Harsch et al. (1992)	19 Hyperthyreose 4 Mon. follow up	Erhöhter Angstlevel (STAI x_2) auch im euthyreoten Zustand. Streßwirkungen auf Immunsystem?
Kornstein u. Gardner (1993)	Review (Endokr. P.) (152 Artikel)	An psychiatrischen Sympt. Angst und Agitiertheit am häufigsten; häufigste Fehldiagnose ist Angst/Panikkrankheit.
Paschke et al. (1990)	15 Hyperthyreose 10 Kontrollen 4 Mon follow up	2 Monate nach Euthyreose (OP, Med.) Angst, Agitiertheit und Depression deutlich geringer. Basedow-Patienten auch im euthyreoten Zustand ängstlicher als Kontrollen.
Schlote et al. (1992)	35 subkl. Hyperthyr. 60 Hyperthyreose 28 Kontrollen	Hyperthyreote depressiver als Kontrollen. Subkl. Hyperthyreotiker zwischen beiden Gruppen.

In einem zweiten Übersichtsartikel haben Baumgartner u. Canpos-Barros (1993) pathophysiologisches Wissen aus naturwissenschaftlichem Experiment und Klinik zusammengetragen. Viele Einzelergebnisse weisen auf neuromodulatorische Eigenschaften der Schilddrüsenhormone hin, die wohl topographische Spezifität aufweisen. Im einzelnen sind die biochemischen Mechanismen ebensowenig geklärt wie die funktionelle Bedeutung in der engen Vermaschung mit adrenergen, serotonergen und dopaminergen Regelkreisen. Fava et al. (1987) kommen in ihrem Review über Endokrinopathien zu gleichen Resultaten. Angst, Depressionen und Agitiertheit scheinen bei Hyperthereosen häufiger zu sein, sind aber unspezifisch. Kornstein u. Gandner (1993) betonen die Angstsymptomatik. Die häufigste Fehldiagnose seien Angst- und Panikkrankheiten, bevor die somatische Diagnose gestellt würde.

Haggerty et al. (1993) fanden bei einer Stichprobe von subklinischen Hypothyreotikern (basales TSH erniedrigt, ungenügende TSH-Stimulation durch TRH, periphere Schilddrüsenhormone im Normbereich) mindestens eine Life-time-Episode einer MD in 56% der Fälle. Bei einer gesunden Kontrollgruppe waren 20% betroffen. Eine subklinische Schilddrüsenunterfunktion scheint die Schwelle zum Auftreten einer Depression zu senken. In einer viermonatigen Verlaufsuntersuchung beobachteten Harsch et al. (1992) Depressivität und Angst bei Basedow-Patienten. Sie fanden bei der Hälfte der Patienten, die auch nach Behandlung einen pathologischen T4:T8-Quotienten aufwiesen, einen erhöhten Angst- und Depressionswert. Sie diskutieren Streß als prädisponierenden Faktor der Basedow-Krankheit, möglicherweise über den Einfluß auf das Immunsystem. Barbara Schlote et al. (1992) fanden bei einer Stichprobe von 35 sub-

klinischen Hyperthereotikern im Vergleich mit manifesten Hyperthereotikern und Kontrollen eine mittlere Ausprägung der Angst- und Depressionssymptomatik. Dies legt wiederum eine quantitative Beziehung zwischen Hormonstatus und Symptomausprägung nahe.

Insgesamt scheinen hyperthyreote Stoffwechselbedingungen mit Angst- und Affektsymptomatik einherzugehen, eine Regelhaftigkeit im Sinne einer Leitsymptomatik scheint jedoch nicht vorzuliegen. Eine vor allem die Gemütslage betreffende langsame oder schnelle Veränderung eines Menschen sollte immer auch an die Möglichkeit eines gestörten Schilddrüsenstoffwechsels denken lassen.

Diabetes mellitus und Depression

Aus einer sehr sorgfältigen Metaanalyse von 20 Studien schlossen Gavard et al. (1993), daß die Prävalenz für eine MD bei Diabetes mellitus etwa dreimal höher sei als in der Durchschnitts-US-Bevölkerung. Allerdings zeigten sich eine Reihe intervenierender Variablen, die eine überwiegende Zuordnung zum Diabetes bzw. zum Status des chronisch Kranken nicht zuließen. In einer Untersuchung über fünf Jahre zeigten Lustmann et al. (1988), daß der Verlauf einer monopolaren Depression bei Komorbitität mit Diabetes Typ-I weitaus ungünstiger ist als bei Kranken ohne körperliche Krankheit. Diabetiker ohne psychiatrische Erkrankung hatten allerdings ein vergleichbares Risiko für depressive Episoden wie die US-Bevölkerung. Da beide Gruppen an qualitativ und quantitativ vergleichbaren somatischen Beeinträchtigungen durch den Diabetes litten, ist der Mechanismus des ungünstigen Verlaufes einer zusätzlichen Depression nicht einfach zuordenbar. Bei Typ-I-Diabetikern war das somatische Erkrankungsalter 17 Jahre, die depressive Indexepisode bei 22 Jahren. Insofern sind reine Reaktionsbildungen ebenso unwahrscheinlich wie eine sehr frühe Beeinträchtigung zentraler Mechanismen durch die Angiopathie. Die Prävalenz wird ähnlich hoch angegeben wie von Popkin et al. (1988), die bei 51 % langjähriger Typ-I-Diabetiker eine psychiatrische Diagnose fanden. Depressionen waren mit 24 % in beiden Geschlechtern deutlich höher als bei der Vergleichsgruppe von Verwandten ersten Grades, die als Spender für eine Pankreastransplantation mituntersucht wurden. Es fand sich sowohl ein mit der üblichen Erblichkeit affektiver Erkrankungen vergleichbarer genetischer Faktor, wie auch ein unabhängiger, dem Diabetes zurechenbarer Anteil.

Daß diabetische Folgekrankheiten, vor allem die Neuropathie, mit Depressivität einhergehen, zeigten Leedom et al. (1991). Depression und sexuelle Dysfunktion korrelierten in ihrer Stichprobe mit dem Ausmaß der Neuropathie. Bei nicht-insulinpflichtigen Typ-II-Diabetikern, die sich wegen Übergewichts in eine Diätbehandlung begaben, hatten 32 % eine Episode einer MD bereits durchgemacht. Es fand sich allerdings kein Zusammenhang zwischen Diabetes-Parametern und Depressivität vor und nach der Behandlung. Allerdings hatten die depressionserfahrenen Patienten ein deutlich erhöhtes Therapie-Abbruch-Risiko.

Die Prävalenz depressiver Symptome bei nicht-insulinpflichtigen Typ-II-Diabetikern untersuchten Palinkas et al. (1991) an einer großen Stichprobe älterer Personen. Es ergab sich bei längerer Erkrankung an Diabetes Typ-II ein 3,7faches Risiko für eine ausgeprägte depressive Symptomatik im Vergleich zu Diabetikern, die neu erkrankt waren. Die Multimorbitität der länger Erkrankten wird im Sinne der Reaktionsbildung als ursächlich angesehen. In einer umfangreichen Feldstudie haben Weyerer et al. (1989) die Prävalenz

Tabelle 9. Diabetes mellitus (dm) und Depression

Gavard et al. (1993)	Review 20 Studien	dm, 14–32% MD	Kontrollierte Studien (strukturiertes Interview, Ratingskalen). Prävalenz für MD dreimal höher als in US Bevölkerung
Leedom et al. (1991)	Frauen	dm, Depressionen	Depression und sexuelle Dysfunktion korreliert mit Ausmaß der Neuropathie
Lustmann et al. (1988)	29 20 Kontr. 5 Jahre follow up	dm-I + MD diabetes-I	79% der dm-I Pat. mit MD hatten durchschnittlich 4.2 depr. Episoden in 5 Jahren; in einer Kontrollgruppe psychiatrisch unbelasteter dm-I Pat. hatten nur 10% depressive Episoden ($x \sim 1.5$). dm hat zusätzlich negativen Einfluß auf Depressionsverlauf.
Lustmann et al. (1992)	41 68	dm + MD dm (Kontrollen)	Kognitive und affektive Symptome der MD sind bei Patienten mit und ohne dm gleich.
Marcus et al. (1992)	22m/44f	dm-II 1 Jahr follow up	21 (32%) MD-Episoden. Kein Zusammenhang zwischen Blutglukose und Depressivität am Beginn und am Ende einer Diätbehandlung. Patienten mit MD-Episode hatten aber ein deutlich erhöhtes Therapie-Abbruch-Risiko
Palinkas et al. (1991)	1586 Alter >50 J.	dm-II	dm-Pat. haben 3.7 mal größeres MD-Risiko als Nicht-dm-Pat.
Popkin et al. (1988)	76	dm-I	51% psychiatrische Diagnose MD = 24%
Weyerer et al. (1989)	1536	Feldstudie	Prävalenz dm 4% Prävalenz Psych. Krankheit 26% von dm-Pat. haben 43% psych. Krankheit, hauptsächlich Depression
Wing et al. (1990)	16m/16f	dm-II Adipositas übergewichtige, nichtdiab. Partner als Kontrollen	Kontrollgruppe: Partner (adipös) dm-Pat. depressiver als Nicht-dm-Pat.

für Diabetes mellitus in der Bevölkerung mit 4% angegeben. Überwiegend handelte es sich um Typ-II-Diabetiker. Die Prävalenz psychischer Krankheit war bei der gesunden Bevölkerung mit 26% deutlich geringer als bei Diabetikern (43%) bzw. bei anderen chronischen Erkrankungen (51%). Bei den Diabetikern zeigten sich vor allem depressive Symptome, die zur Hälfte das Ausmaß einer MD erreichten. In einer Kontrollgruppenstudie, in der die nichtdiabetischen, aber übergewichtigen Partner von nichtinsulinpflichtigen Typ-II-Diabetikern am gleichen Gewichts-Reduktionsprogramm teilnahmen, erwiesen sich die diabetisch Erkrankten als deutlich depressiver (Wing et al. 1990).

Insgesamt ergibt sich ein zusätzliches Risiko für Depressivität bei Vorliegen eines Diabetes mellitus, wobei weder bei der ideopathischen juvenilen Form, noch beim Altersdiabetes klarere Hinweise auf den pathophysiologischen Mechanismus zu finden sind. Die Depressionsrate liegt insgesamt in ähnlicher Höhe wie bei anderen chronischen Erkrankungen.

Tumorerkrankungen und Depression

Die Diagnose einer tumorösen Neubildung, vor allem einer Krebserkrankung, ist für den Betroffenen und seine soziale Umgebung ein einschneidendes Ereignis, welches die Bedrohtheit unseres Lebens durch den Tod, die Abhängigkeit unseres Sicherheitsgefühls von Wohlbefinden und Gesundheit deutlich vor Augen führt. Die Diagnose einer Krebserkrankung impliziert mindestens Verlustangst bei allen Betroffenen, ist somit wie der plötzliche Verlust einer nahestehenden Person ein Modell für soziopsychische und psychosomatische Reaktionsbildungen. Die heute allgemein gebräuchlichen Klassifikationsschemata der ICD-10 und der DSM-III-R erlauben die Quantifizierung psychischer Symptome unabhängig von den althergebrachten kausalen Konzepten der Endogenität, der Organizität beziehungsweise der Reaktionsbildungen im neurosentheoretischen Konzept. Der Vorteil ist, daß das Ausmaß von Depressivität in den Vordergrund rückt, Verstehbarkeit bzw. erwartete Reaktionsbildung nicht zur selbstgenügsamen therapeutischen Handlung ohne Behandlung wird. Dennoch können Ratingskalen und strukturierte Interviews, die auf Vollständigkeit von Symptomlisten abgestellt sind, die Schwierigkeit der Unterscheidung morphogener und psychogener Symptomatik nicht vollständig leisten. Die Apathie eines kachektischen Karzinompatienten von der Kernsymptomatik einer MD zu unterscheiden, kann sehr schwierig sein. Ähnliches gilt für paraneoplastische Syndrome, in weit größerem Umfang natürlich für zerebrale Metastasen und hirneigene Tumoren.

Die Literatur über die Assoziation von Depression und Tumorerkrankungen ist eher umfangreich (Kapfhammer 1993), kommt aber aufgrund der genannten Schwierigkeiten zu sehr unterschiedlichen Ergebnissen. Wie in Tabelle 10 dargestellt wird, ist die Häufigkeit von mäßigen bis schweren depressiven Bildern bei mehr als einem Viertel der in den unterschiedlichen Studien angegebenen Patienten zu sehen. Etwa die Hälfte dieser Patienten zeigen leichte depressive Symptome, wobei das Ausmaß der Minor Depression erreicht wird, allerdings das Zeitkriterium von mindestens sechsmonatiger Dauer aufgrund der Natur der Tumorerkrankungen häufig nicht eingehalten werden kann. Ausgeprägte Angststörungen sind ebenfalls zu sehen, sie scheinen mit einem Persönlichkeitstyp C häufiger aufzutreten, der Tumorpatienten kennzeichnet (Spiegel 1991). Hohe Kooperativität im Behandlungsverlauf, vorrangige Orientiertheit an äußerlichen Normen, geringe Selbstbehauptung und Unterdrückung von Ärgeraffekten finden sich gehäuft, sind allerdings auch als Copingmechanismen interpretierbar. Eine deutlich erhöhte Prävalenz für depressive Erkrankungen wird bei Pankreaskarzinomen berichtet (Fras et al. 1967). Etwa 50 % zeigen im Vorfeld der Diagnose der manifesten körperlichen Krankheit psychopathologische Veränderungen, meist ausgeprägte Depressionen; 20 % suchen etwa ein halbes Jahr vor Diagnosestellung einen Nervenarzt auf.

Depressive Persönlichkeitszüge erhöhen die Tumor- bzw. Krebshäufigkeit nicht. Auch sind affektive Krankheiten, monopolare oder bipolare Störungen ebensowenig wie schizoaffektive Psychosen, mit einem erhöhten Tumorrisiko verbunden. Allerdings verschlechtern Affektpsychosen die Prognose anderer somatischer Erkrankungen, wie oben bereits angeführt wurde. Verlust- und Trauerreaktionen, die häufig ausgeprägte depressive Bilder hervorrufen, erhöhen bei dem Betroffenen nicht die Karzinommortalität, wie Helsing u. Szklo (1981) an über 4000 Witwen in einer prospektiven Studie zeigten. Im Verlaufe einer Tumorerkrankung, vor allem einer Karzinomerkrankung, korreliert Depressivität allerdings mit dem medizinischen Befund. Dazu kommen die Belastungen

Tabelle 10. Prävalenz von mäßigen und schweren depressiven Störungen bei hospitalisierten Tumorpatienten (s. Kapfhammer 1991)

	n	Kriterien	Depr. %	
Hinton (1963)	102	klinisch	17	45 % leichte depr. Symptome
Koenig et al. (1967)	36	MMPI D-Skala > 14	25	53 % im abnormer Bereich
Craig u. Abloff (1974)	30	SCL-90 D-Skala > 2	23	53 % mit depr. Symptomen > 1
Plumb u. Holland (1977)	97	BDI > 13	23	
Bukberg et al. (1980)	62	DSM III-MD	42	56 % mit depr. Symptomen
Plumb u. Holland (1981)	80	CAPPS	45	78 % zumindest leicht depr.
Fava et al. (1982)	325	CES-D	34	58 % bei cut-off von 16
Cain et al. (1983)	60	HAM-D > 17	37	97% mit HAM-D > 6
Derogatis et al. (1983)	215	DSM III, MD Anp.st.-D	6 12	31 % Diagnose, wenn ASt D/A eingeschlossen
Bukberg et al. (1984)	67	DSM III	23	+18 % mäßig depr., +14 % leicht depr., 448% kein depr. Symptom
Morton et al. (1984)	48	DSM III Geriatric Mental State Schedule	40	depressive Störungen
Evans et al. (1986)	83	DSM III, HDS	23	
Ziegler et al. (1988)	177	klinisch D-S, STAI, B-L	32	40 % bedeutsame Angstsymptome
Dean (1987)	117	PSE	9 18	MD Minor Dep.
Devlen et al. (1987)	120	PSE	39	MD, Gen.A, st.
Massie u. Holland (1987)	546	DSM III: MD	20	27 % ASt. A/D
Grassi et al. (1989)	196	HAM-D > 17 IBQ	38	Zusammenhang Depr./ Krankheitsverh.
Hardmann et al. (1989)	126	klinisch, GHQ	23	
Hopwood et al. (1991)	26	klinisch HADS, RSCL	35	Angststörungen eingeschlossen

durch Steroidbehandlung, Chemotherapie oder Bestrahlung, die bei Involvierung des zentralen Nervensystems als solchem mit Depressivität assoziiert zu sein scheinen. Ausgeprägtere depressive Zustandsbilder sind als Reaktionsbildungen bei eher benigne verlaufenden gynäkologischen Tumoren beschrieben, wenn damit Einbußen in sozialer Kompetenz, vor allem einschneidende Störungen sexueller Beziehungsmöglichkeiten in der Partnerschaft verbunden sind (Corny et al. 1992).

Insgesamt ist im Vergleich mit der Allgemeinbevölkerung wie bei anderen akuten lebensbedrohlichen oder chronifizierenden Krankheiten bei Tumorpatienten mit einer bis vierfach erhöhten Prävalenz depressiver Störungen vom Krankheitswert zu rechnen.

Diskussion

Frage: Wie ist der Einfluß der Depression auf den Verlauf organischer Krankheiten?

Antwort: Bei Dialysepatienten besteht ein ausgeprägter prognostischer Zusammenhang, beim Cushing-Syndrom ist dieser nicht so klar. Man darf hier nicht vergessen, daß Endokrinopathien immer zwischen organischen Psychosyndromen und schizophreniformen oder affektiven Psychosen stehen. Deshalb gibt es hierzu keine klaren Korrelationen hinsichtlich des Ausmaßes der Depressivität.

Frage: Mit der chronischen Krankheit ist ja meistens ein sozialer Abstieg verbunden. Wie können Sie das z. B. differenzieren bei einer Kontrollpopulation, die auch einen sozialen Abstieg hinter sich hat, ohne organisch krank zu sein und auch vielleicht depressiv erkrankt?

Antwort: In den Arbeiten wird dies nicht sehr gut herausgestellt, es wird in der Regel nicht parallelisiert, ob ein deutlicher Einfluß der Krankheit da ist.

Frage: Viele Patienten erkranken reaktiv-depressiv aufgrund der Mitteilung einer schweren/malignen organischen Erkrankung. Genügen hier stützende Gespräche oder sollte medikamentös behandelt werden?

Wie lange würden Sie mit einer Behandlung warten und wie würden sie solche Patienten behandeln?

Antwort: Die Therapie sollte auf jeden Fall mehrdimensional sein, also Vermittlung von Verständnis für pathophysiologische Zusammenhänge, sozialpsychiatrische Maßnahmen (unter Einbezug der Angehörigen) und natürlich eine medikamentöse Behandlung mit Antidepressiva. Hier präferiere ich Moclobemid, da Trizyklika infolge anticholinerger Effekte u. a. eine Delirgefahr beinhalten. Auch Serotonin-Wiederaufnahmehemmer haben sich in den letzten Jahren bewährt. Als ganz entscheidend sehe ich eine engmaschige Kontrolle an.

Frage: Hinsichtlich der Methodik möchte ich anmerken, daß die Punktprävalenz wenig Aussagekraft besitzt. Wenn ich eine Gruppe schwer organisch Kranker untersuche und feststelle, daß sie zum einen depressiv sind, zum anderen eine schlechtere Prognose haben, dann weiß ich natürlich überhaupt nicht, ob die Depression zur ungünstigen Prognose beiträgt oder ob die Patienten depressiv sind, weil ohnehin die Prognose schlechter ist. Hier stellt sich u. a. die Frage nach den organischen Begleitfaktoren, die möglicherweise in den vorliegenden Untersuchungen nicht fundiert abgeklärt wurden. Es könnte sich ja auch um eine organische Depression handeln. Die psychoreaktive Komponente ist natürlich letztlich immer mit im Spiel. Bei dominierenden organischen Ursachen würde man allerdings vielleicht doch ein anderes Behandlungsprinzip wählen als bei einer psychoreaktiven Depression. Wie sollte man künftig versuchen, hier methodisch im Design von Studien weiterzukommen.

Antwort: Mit Sicherheit sollten Psychiater so gut neurologisch und allgemeinmedizinisch ausgebildet sein, daß sie organische Ursachen und Faktoren adäquat berücksichtigen. Ich bin sehr dagegen, daß Psychiater sich vom Organischen abkoppeln. Die psychiatrische

Konsiliartätigkeit halte ich für sehr wichtig. Untersuchungen zur differenzierten Wirksamkeit sind mir nicht bekannt, meines Wissens gibt es z. B. keine Studie, die bei Patienten mit hypophysärem Cushing doppelblind 25 mg versus 150 mg Amitriptylin untersucht hätte.

Frage: Wie stellt man sich die Genese von Depressionen unter Kortikoidtherapie vor? Warum werden diese Patienten depressiv?

Antwort: Wenn ich das wüßte, wäre ich Nobelpreis-verdächtig. Es gibt verschiedene Überlegungen, zum einen der Einfluß auf Kalium und Kalzium, da offenbar eine Imbalance der Homöostase dieser Ionen besteht. Auf der anderen Seite gibt es massive Einflüsse der Kortikosteroide auf die Genexpression. Auch eine Hypokaliämie macht apathische Syndrome, die differentialdiagnostische Schwierigkeiten bereiten können.

Frage: Kann man sicher sein, daß die Therapeutika, die man z. B. bei Herzinsuffizienz oder Hypertonie einsetzt, nicht selber Depressionen verursachen, ich denke hier z. B. an Kalziumantagonisten? Auch Lipidsenker sollen ja depressiogen wirken können.

Antwort: Ausgehend vom Reserpinmodell der pharmakogenen Depressionsentstehung kann man wohl annehmen, daß auch neuere Antihypertonika, β-Blocker und auch Digitalis via noradrenerges, vielleicht auch serotonerges System Depressivität auslösen können. Mir ist aber z. B. keine Studie bekannt, in der hinsichtlich des möglichen Zusammenhanges zwischen Depressivität und Digitalis der Faktor adäquate bzw. suffiziente Dosis bzw. relative Überdosierung berücksichtigt worden wäre.

Kommentar: Ich glaube, daß es sehr wichtig ist, den Patienten nach seinem Krankheitskonzept zu befragen. Gerade bei HIV-Patienten gibt es welche, die jegliche Medikation ablehnen, lieber in Selbsthilfegruppen gehen, während ein anderer Teil gerade bei den Frühstadien Selbsthilfegruppen meidet. Bei Hirntumorpatienten wäre m. E. sicherlich die Gabe von Benzodiazepinen zu erwägen.

Frage: Sie hatten darauf hingewiesen, daß Depressionen bei organischen Erkrankungen trotz ihrer großen Bedeutung für den Krankheitsverlauf wenig erkannt werden. Kann nicht ein Hauptgrund dafür sein, daß der behandelnde Kollege des anderen Faches vermutet, daß es einen guten Grund für die Depressivität gibt und daraus keine Behandlungsindikation ableitet?

Antwort: Es ist leider auch bei Fachkollegen nicht ganz so selten festzustellen, daß therapeutische Interventionen vor lauter Analyse der Krankheitsursachen unterbleiben. Hier werden z. B. vermeintliche Kausalitäten von Beziehungsproblemen „bearbeitet", anstatt dem Patienten ein Antidepressivum zukommen zu lassen. Hier herrscht der völlig falsche Gedanke vor, eine „verständliche Depression" brauche keine Pharmakotherapie.

Frage: Sollte bei Patienten, die gleichzeitig an einer Depression und an Schmerzen leiden, zuerst ein Antidepressivum oder zuerst ein Analgetikum verabreicht werden? Ich habe z. B. auf Station die Beobachtung gemacht, daß bei Behandlung mit Opiaten auch die depressive Symptomatik innerhalb kürzester Zeit verschwindet.

Antwort: Antidepressiva sind, wenn die primären Schmerzmittel nicht funktionieren, die nächste Stufe, dann kommen Neuroleptika und schließlich Opiate. Schmerz und Depressivität korrelieren hoch, bei einigen geht in der Tat die depressive Symptomatik zurück, wenn die Schmerzen sistieren. Wenn der Schmerz aber auf eine übliche Schmerztherapie nicht reagiert, sollte man unbedingt versuchen, Antidepressiva einzusetzen.

Kommentar: Bei der Gabe von Opiaten sollte auf eine kontinuierliche Applikation über eine Pumpe geachtet werden. Ich habe im übrigen keinen einzigen Patienten unter dieser Therapie gesehen, der abhängig geworden wäre. Entscheidend ist hier, daß der Rezeptor gleichmäßig besetzt wird.

Hinsichtlich der β-Blocker möchte ich darauf hinweisen, daß kürzlich eine große Übersichtsarbeit erschienen ist (Schleifer et al. 1991).

Literatur

Andrews H, Barczak P, Allan RN (1987) Psychiatric illness in patients with inflammatory bowel disease. GUT 28: 1600–1604
Baumgartner A (1993) Schilddrüsenhormone und depressive Erkrankungen – Kritische Übersicht und Perspektiven. Teil 1: Klinik. Nervenarzt 64: 1–10
Bennett DS (1994) Depression among children with chronic medical problems: a meta-analysis. J Pediatr Psychol 19: 149–169
Blanchard EB, Scharff L, Schwarz SP et al. (1990) The role of anxiety and depression in the irritable bowel syndrome. Behav Res Ther 28: 401–405 (DA)
Bukberg JB, Holland JC (1980) A prevalence study of depression in a cancer hospital population. Proc Am Assoc Cancer Res 21: 382
Bukberg JB, Pemman D, Holland JC (1984) Depression in hospitalized cancer patients. Psychosom Med 46: 199–212
Burke P, Meyer V, Kocoshis S et al. (1989) Depression and anxiety in pediatric inflammatory bowel disease and cystic fibrosis. J Am Acad Child Adolesc Psychiatry 28: 948–951
Burton HJ, Kline SA, Lindsay RM, Heidenheim AP (1986) The relationship of depression to survival in chronic renal failure. Psychosomatische Medizin 48: 261–269
Cain EN, Kohorn CI, Quinlau DM et al. (1983) Psychosocial reactions to the diagnosis of gynaecologic cancer. Obstet Gynecol 62: 635–641
Cantello R, Riccio A, Scarzella L et al. (1984) Depression in Parkinson disease: a disabling but neglected factor. Ital J Neurol Sci 5: 417–422
Carney RM, Rich MW, Freedland KE et al. (1988) Major depressive disorder predicts cardiac events in patients with coronary artery disease. Psychosomatische Medizin 50: 627–633
Chin CN, Cheong I, Kong N (1993) Psychiatric disorder in Malaysians with systemic lupus erythematosus. Lupus 2: 329–332
Craig TJ, Abloff MD (1974) Psychiatric symplomatology among hospitalized cancer patients. Am J Psychiatr 131: 1323–1327
Craven JL, Rodin GM, Johnson L, Kennedy SH (1987) The diagnosis of major depression in renal dialysis patients. Psychosomatische Medizin 49: 482–492
Cummings JL (1992) Depression and Parkinson's disease: a review. Am J Psychiatry 149: 443–454
Davis B, Krug D, Dean RS, Hong BA (1990) MMPI differences for renal, psychiatric and general medical patients. J Clin Psychol 46: 178–184
Dean C (1987) Psychiatric morbidity following mastectomy: Preoperative predictors and types of illness. J Psychosom Res 31: 385–392
Derogatis IR, Morrow GR, Fetting J et al. (1983) The prevalence of psychiatric disorders among cancer patients. JAMA 249: 751–757
Devlen JP, Maguire P, Phillips P et al. (1987) Psychological problems associated with diagnosis and treatment of lymphomas. I. Retrospective stude, II. Prospective study. Br Med J 295: 953–955
Dooneief G, Mirabello E, Bell K et al. (1992) An estimate of the incidence of depression in idiopathic Parkinson's disease. Arch Neurol 49: 305–307
Dracup K, Walden JA, Stevenson LW, Brecht ML (1992) Quality of life in patients with advanced heart failure. J Heart Lung Transplan 11: 273–279
Engblom E, Haemaelaeinen H, Lind J et al. (1992) Quality of life during rehabilitation after coronary artery bypass surgery. Quality Life Res 1: 167–175

Engstroem I, Lindquist BL (1991) Inflammatory bowel disease in children and adolescents: a somatic and psychiatric investigation. Acta Paediatr Scand 80: 640 – 647
Evans NJR, Baldwin JA, Gath D (1974) The incidence of cancer among patients with affective disorders. Br J Psychiatry 124: 518 – 575
Fava GA, Pilowski I, Pierfederici A et al. (1982) Depressive symptoms and abnormal behavior in general hospital. Gen Hosp Psychiatry 4: 171 – 178
Fava GA, Sonino N, Murphy MA (1987) Major depression associated with endocrine disease. Psychiatr Dev 4: 321 – 348
Fibinger HC (1984) The neurobiological substrates of depression in Parkinson's disease: a hypothesis. Can J Neurol Sci 11: 105 – 107
Fichter MF (1990) Verlauf psychischer Erkrankungen in der Bevölkerung. Springer, Berlin Heidelberg New York Tokyo
Fielding R (1991) Depression and acute myocardial infarction: a review and reinterpretation. Soc Sci Med 32: 1017 – 1028
Forrester AW, Lipsey JR, Teitelbaum ML et al. (1992) Depression following myocardial infarction. Int J Psychiatry Med 22: 33 – 46
Fras IEM, Litin JS, Pearson JS (1967) Comparison of psychiatric symptoms in carcinoma of the pancreas with those in some other intraabdominal neoplasma. Am J Psychiatry 123: 1553 – 1562
Frasure-Smith N, Lesperance F, Talajic M (1993) Depression following myocardial infarction. Impact on 6-month survival. JAMA 270: 1819 – 1825
Garcia L, Valdes M, Jodar I et al. (1994) Psychological factors and vulnerability to psychiatric morbidity after myocardial infarction. Psychother Psychosom 61: 187 – 194
Gavard JA, Lustman PJ, Clouse RE (1993) Prevalence of depression in adults with diabetes. An epidemiological evaluation. Diabetes Care 16: 1167 – 1178
Gold PW, Loriaux DL, Roy A et al. (1986) Responses to corticotropin-releasing hormone in the hypercortisolism of depression and Cushing's disease. Pathophysiologic and diagnostic implications. N Engl J Med 314: 1329 – 1335
Grassi I, Rosti J, Albieri G, Marangolo M (1989) Depression and abnormal illness behavier in cancer patients. Gen Hosp Psychiatry 11: 404 – 411
Griego LC (1993) Physiologic and psychologic factors related to depression in patients after myocardial infarction: a pilot study. Heart Lung 22: 392 – 400
Guze BH, Barrio JC (1991) The etiology of depression in Parkinson's disease patients. Psychosomatics 32: 390 – 395
Haggerty JJ Jr, Stern RA, Mason GA et al. (1993) Subclinical hypothyroidism: a modifiable risk factor for depression? Am J Psychiatry 150: 508 – 510
Haltenhof H, Schroeter C (1994) Depression beim Parkinson-Syndrom. Eine Literaturübersicht. Fortschritte Neurol Psychiatr 62: 94 – 101
Hantz P, Caradoc-Davies G, Caradoc-Davies T et al. (1994) Depression in Parkinson's disease. Am J Psychiatry 151: 1010 – 1014
Hardmann A, Maguire P, Crowther D (1989) The recognition of psychiatric morbidity on a medical oncology ward. J Psychosom Res 33: 235 – 239
Harsch I, Paschke R, Usadel KH (1992) The possible etiological role of psychological disturbances in Graves disease. Acta Med Austriaca 19: 62 – 65
Helsing KJ, Szklo M (1981) Mortality after bereavement. Am J Epidemiol 114: 41 – 52
Henderson R, Kurlan R, Kersun JM, Como P (1992) Preliminary examination of the comorbidity of anxiety and depression in Parkinson's disease. J Neuropsychiatry Clin Neurosci 4: 257 – 264
Hinton JM (1963) The physical and mental distress of the dying. Quarterly J Med 31: 1
Hinrichsen GA, Lieberman JA, Pollack S, Steinberg H (1989) Depression in hemodialysis patients. Psychosomatics 30: 284 – 289
Holroyd S, DePaulo JR Jr (1990) Bipolar disorder and Crohn's disease. J Clin Psychiatry 51: 407 – 409
Holsboer F, Spengler D, Heuser I (1992) The role of corticotropin-releasing hormone in the pathogenesis of Cushing's disease, anorexia nervosa, alcoholism, affective disorders and dementia. Progr Brain Res 93: 385 – 417
Hopwood F, Howell A, Maguire GP (1991) Psychiatric morbidity in patients with advanced cancer of the breast: Prevalence measured by two self-rating questionnaires. Br J Cancer 64: 349 – 352
Horgan D, Davies B, Hunt D et al. (1984) Psychiatric aspects of coronary artery surgery. A prospective study. Med J Aust 141: 587 – 590
Israel M (1986) Depression in dialysis patients: a review of psychological factors. Can J Psychiatry 31: 445 – 451
Joffe RT, Denicoff KD, Rubinow DR et al. (1988) Mood effects of alternate-day corticosteroid therapy in patients with systemic lupus erythematosus. Gen Hosp Psychiatry 10: 56 – 60
Kapfhammer HP (1993) Epidemiologie der Depression im Rahmen von Tumorerkrankungen. In: Staab HJ, Ludwig M (Hgb) Depression bei Tumorpatienten. Thieme, Stuttgart New York: S 29 – 40

Kapfhammer HP, Bove D, Hock N (1991) Die sekundäre Depression bei somatischen Erkrankungen. In: Steinberg R (Hgb) Depressionen. Tilia, Klingenmünster, S 91 – 116
Kay J, Bienenfeld D, Slomowitz M et al. (1991) Use of tricyclic antidepressants in recipients of heart transplants. Psychosomatics 32: 165 – 170
Kelly WF, Checkley SA, Bender DA, Mashiter K (1983) Cushing's syndrome and depression – a prospective study of 26 patients. Br J Psychiatry 142: 16 – 19
Kimmel PL, Weihs K, Peterson RA (1993) Survival in hemodialysis patients: the role of depression. J Am Soc Nephrol 4: 12 – 27
Kling MA, Roy A, Doran AR et al. (1991) Cerebrospinal fluid immunoreactive corticotropin-releasing hormone and adrenocorticotropin secretion in Cushing's disease and major depression: potential clinical implications. J Clin Endocrinol Metab 72: 260 – 271
Koenig R, Levin SM, Brannum J (1967) The emotional status of cancer patients as measured by a psychological test. J Chronic Dis 20: 923 – 930
Kornstein SG, Gardner DF (1993) Endocrine disorders. In: Stoudemire A, Fogel BS (eds) Psychiatric care of the medical patient. Oxford University Press, New York Oxford
Krupp LB, LaRocca NG, Muir J, Steinberg AD (1990) A study of fatique in systemic lupus erythematosus. J Rheumatol 17: 1450 – 1452
Ladwig KH, Roell G, Breithardt G et al. (1994) Postinfarction depression and incomplete recovery 6 months after acute myocardial infarction. Lancet 343: 20 – 23
Leedom L, Feldman M, Procci W, Zeidler A (1991) Symptoms of sexual dysfunction and depression in diabetic women. J Diabetic Complications 5: 38 – 41
Lindal E (1990) Post-operative depression and coronary bypass surgery. Int Disability Studies 12: 70 – 74
Lustman PJ, Griffith LS, Clouse RE (1988) Depression in adults with diabetes. Results of 5-yr follow-up study. Diabetes Care 11: 605 – 612
Lustman PJ, Freedland KE, Carney RM et al. (1992) Similarity of depression in diabetic and psychiatric patients. Psychosomatische Medizin 54: 602 – 611
Magner MG (1991) Psychiatric morbidity in outpatients with systemic lupus erythematosus. South African Med J 80: 291 – 293
Marcus MD, Wing RR, Guare J et al. (1992) Lifetime prevalence of major depression and its effect on treatment outcome in obese type II diabetic patients. Diabetes Care 15: 253 – 255
Massie MJ, Holland JC (1987) The cancer patient with pain: Psychiatric complications and their management. Med Clin North Am 71: 243 – 258
Mayeux R, Stern Y, Williams JB et al. (1986) Clinical and biochemical features of depression in Parkinson's disease. Am J Psychiatry 143: 756 – 759
Mayeux R, Stern Y, Sano M et al. (1988) The relationship of serotonin to depression in Parkinson's disease. Movement Disorder 3: 237 – 244
Menza MA, Robertson-Hoffman DE, Bonapace AS (1993) Parkinson's disease and anxiety: comorbidity with depression. Biol Psychiatry 34: 465 – 470
Morton RF, Davies ADM, Baker J et al. (1984) Quality of Life in treated head and neck cancer patients: A preliminary report. Clin Otolaryngol 9: 181 – 185
Murphy BE (1991) Steroids and depression. J Steroid Biochem Molec Biol 38: 537 – 559
Naber D, Bullinger M, Holzbach R, Preuss U (1992) Das Durchgangssyndrom am Beispiel von Psychosen nach Operationen am offenen Herzen. Intensivmed 29: S 1, 14 – 18
North CS, Alpers DH, Helzer JE et al. (1991) Do life events or depression exacerbate inflammatory bowel disease? A prospective study. Ann Intern Med 114: 381 – 386
Omdal R, Mellgren SI, Husby G (1988) Clinical neuropsychiatric and neuromuscular manifestations in systemic lupus erythematosus. Scand J Rheumatol 17: 113 – 117
Palinkas LA, Barrett-Connor E, Wingard DL (1991) Type 2 diabetes and depressive symptome in older adults: a population-based study. Diabetic Medicine 8: 532 – 539
Paschke R, Harsch I, Schlote B et al. (1990) Sequential psychological testing during the course of autoimmune hyperthyroidism. Klin Wochenschrift 68: 942 – 950
Peterson RA, Kimmel PL, Sacks CR et al. (1991) Depression, perception of illness and mortality in patients with end-stage renal disease. Int J Psychiatry Med 21: 343 – 354
Plumb MM, Holland JC (1977) Comparative studies of psychological functions in patients with advanced cancer: I. Self-reported depressive symptoms. Psychosom Med 39: 264 – 276
Plumb MM, Holland JC (1981) Comparative studies of psychological functions in patients with advanced cancer: II. Interviewer rated current and past psychological symptoms. Psychoso Med 43: 243 – 254
Popklin MK, Callies AL, Lentz RD et al. (1988) Prevalence of major depression, simple phobia, and other psychiatric disorders in patients with long-standing type I diabetes mellitus. Arch Gen Psychiatry 45: 64 – 68
Porcelli P, Zaka S, Centonze S, Sisto G (1994) Psychological distress and levels of disease activity in inflammatory bowel disease. Ital J Gastroenterol 26: 111 – 115

Raymer D, Weininger O, Hamilton JR (1984) Psychological problems in children with abdominal pain. Lancet 1: 439–440
Robertson DA, Ray J, Diamond I, Edwards JG (1989) Personality profile and affective state of patients with inflammatory bowel disease. GUT 30: 623–626
Robins E, Guze S (1972) Classification of affective disorders. In: Recent advantages in the psychobilogy of the depressive illnesses. Governm Print Off, Washigton
Schleifer SJ, Macari-Hinson MM, Coyle DA et al. (1989) The nature and course of depression following myocardial infarction. Arch Intern Med 149: 1785–1789
Schleifer SJ, Slater WR, Macari-Hinson MM et al. (1991) Digitalis and beta-blocking agents: effects on depression following myocardial infarction. Am Heart J 121: 1397–1402
Schlote B, Nowotny B, Schaaf L et al. (1992) Subclinical hyperthyroidism: physical and mental state of patients. European Arch Psychiatry Clin Neurosci 241: 357–364
Schneebaum AB, Singleton JD, West SG et al. (1991) Association of psychiatric manifestations with antibodies to ribosomal P proteins in systemic lupus erythematosus. Am J Med 90: 54–62
Shulman R, Price JD, Spnelli J (1989) Biopsychosocial aspects of long-term survival on end-stage renal failure therapy. Psychologie Medicale 19: 945–954
Song JY, Merskey H, Sullivan S, Noh S (1993) Anxiety and depression in patients with abdominal bloating. Can J Psychiatry 38: 475–479
Sonino N, Fava GA, Belluardo P et al. (1993) Course of depression in Cushing's syndrome: response to treatment and comparison with Graves disease. Horm Res 39: 202–206
Spiegel D (1991) Psychological aspects of cancer. Curr Opin Psychiatry 4: 889–897
Starkstein SE, Robinson RG (1991) Dementia of depression in Parkinson's disease and stroke. J Nerv Ment Dis 179: 593–601
Starkstein SE, Berthier ML, Bolduc PL et al. (1989) Depression in patients with early versus late onset of Parkinson's disease. Neurology 39: 1441–1445
Starkstein SE, Preziosi TJ, Bolduc PL, Robinson RG (1990) Depression in Parkinson's disease. J Nerv Ment Dis 178: 27–31
Steinberg R (1991) (Hrsg) Depressionen. Tilia, Klingenmünster
Voight KH, Bossert S, Bretschneider S et al. (1985) Disturbed cortisol secretion in man: contrasting Cushing's disease and endogenous depression. Psychiatry Res 15: 341–350
Walker EA, Roy-Byrne PP, Katon WJ et al. (1990) Psychiatric illness and irritable bowel syndrome: a comparison with inflammatory bowel disease. Am J Psychiatry 147: 1656–1661
Weyerer S, Hewer W, Pfeifer-Kurda M, Dilling H (1989) Psychiatric disorders and diabetes – results from a community study. J Psychosom Res 33: 633–640
Wing RR, Marcus MD, Blair EH et al. (1990) Depressive symptomatology in obese adults with type II diabetes. Diabetes Care 13: 170–172
Ziegler G, Müller F (1986) Zur Prävalenz und Ätiologie psychischer Probleme bei Tumorpatienten. Onkologie 9: 18–26

Depression im Gefolge von Hirninfarkten

H. C. Hopf und S. Schlegel

Depressive Symptome, die die Kriterien der "Minor Depression" (MiD) oder "Major Depression" (MaD) nach DSM-III-R erfüllen, wurden als spezifische Symptombildung im Gefolge von Hirninfarkten herausgestellt (Folstein 1977; Finklestein et al. 1982; Fedoroff et al. 1991). Dem Hirninfarktgeschehen soll dabei andere, und zwar prädisponierende Bedeutung zukommen als sonstigen zerebralen Schädigungen, beispielsweise Hirntraumen (Jorge et al. 1993). Wir wollen die bislang dazu vorliegenden Erkenntnisse sichten und herausstellen, was heute als gesichertes Wissen angesehen werden kann.

Häufigkeit und zeitliche Aspekte

Entgegen dem allgemeinen Eindruck zeigte sich, daß depressive Symptome nach Hirninfarkten sehr häufig sind. Allerdings schwanken die Angaben der einzelnen Autoren dazu extrem, nämlich zwischen etwas unter 20% als untere Grenze und über 65% als obere Grenze (Robinson u. Szela 1981; Robinson u. Price 1982; Ross et al. 1986, Schubert et al. 1992a). Die meisten Angaben liegen zwischen rund 20% (Sharpe et al. 1990; Ebrahim et al. 1987) und rund 40% (Sinyor et al. 1986a; Finklestein et al. 1982; Eastwood et al. 1989; Fedoroff et al. 1991). Diese Zahlen sind im Vergleich zu 8,5–10% spontan auftretender Depression in Kontrollgruppen aus älteren Patienten ohne Hirninfarkt oder andere hirnorganische Krankheiten zu sehen (Dam et al. 1989; House et al. 1990). Die Frequenz scheint im Verlauf der Krankheitsentwicklung, d. h. mit dem Abstand zum Infarktereignis zu variieren. Ein depressives Syndrom wird um den Zeitpunkt von 6 Monaten nach dem Infarktereignis am häufigsten gefunden (Robinson et al. 1984b; Sinyor et al. 1986a; Sharpe et al. 1990), im weiteren Verlauf aber zunehmend seltener (Robinson u. Price 1982; Robinson et al. 1984c). Während die Dauer der depressiven Episoden nach supratentoriellen Infarkten etwa 6–12 Monate beträgt (Robinson u. Price 1982; Wade et al. 1987), ist für Hirnstamm- und Kleinhirninfarkte eine deutlich kürzere Zeitspanne herausgestellt worden (Starkstein et al 1988b), übrigens ähnlich wie für Depression nach Hirntrauma (Jorge et al. 1993).

Diese Daten über Häufigkeit und Dynamik legen eine Verknüpfung von depressiver Verstimmung mit dem Hirninfarktereignis nahe. Zahlreiche Autoren haben zu den Bezugsgrößen, deren mögliche Einflußnahme vermutet wurde, Stellung genommen. Gegenstand der Diskussion waren hauptsächlich läsionelle Bedingungen im Sinne eines spezifischen hirnlokalen Faktors. Reaktive Momente sind demgegenüber weniger detailliert untersucht worden (Binder 1984). Einzelne mögliche Entstehungsbedingungen sind in nachfolgender Übersicht aufgelistet.

Mögliche Beziehungen: Hirninfarkt und Depression

→ Depression ist Folge der organischen Läsion,
Korrelation zum zeitlichen Ablauf,
zum Umfang der Läsion,
zur betroffenen Hirnhälfte,
zur Hirnregion,
zu (überdauernder) Perfusionsstörung.
→ Depression ist Reaktion aufs Erkranktsein,
Korrelation zum Erleben von Erkranktsein,
zum Erleben von Lebensbedrohung,
zum Behindertsein,
zu Ausmaß und Art des Behindertseins,
zum Lebensalter.

Zu jedem Einzelaspekt existieren Arbeiten, die einen positiven Einfluß als belegt annehmen, wie es auch Arbeiten gibt, die einen Zusammenhang nicht bestätigen konnten oder sogar negieren. Interessanter Weise hat die Untersuchergruppe um Robinson, die mit ihren von ein und derselben kontinuierlich beobachteten Ausgangsgruppe abgeleiteten Befunden die Thematik von 1981 bis 1990 dominierte, ihre Aussagen schrittweise abgeändert (Tabelle 1). Die anfängliche Zuordnung von Depression zu frontalen, vornehmlich linksseitigen Läsionen wurde unter dem Eindruck von Publikationen anderer Autoren stark relativiert und nur noch für eine Patientengruppe mit okzipitaler Asymmetrie aufrechterhalten. Zugleich wurde das depressive Syndrom quasi aufgebrochen, indem verschiedene Qualitäten daraus, nämlich Angstsymptomatik und Trauer, als Lokalsymptome unterschiedlicher Hirnregionen interpretiert wurden (Castillo et al. 1993).

Tabelle 1. Änderung der Zusammenhangsaussage 1981 – 1993

1981 Annals	n = 29	anterior > posterior
1982 Stroke	n = 103	li. Hemisphäre > re.
1983 Stroke	n = 103	li. frontal
1984 Brain	n = 36	li. frontal + re. posterior
1985 JNMD	n = 103	li. anterior
1987 Brain	n = 45	li. anterior s> re. posterior
1988 Brain	n = 79	li. cerebri media > posterior
1989 BJP	n = 93	li. andere Ursache als re.
1991 JNCN	n = 56	nur bei okzipitaler Asymmetrie
1991 AJP	n = 205	li. (54%) > re. (35%)
1993 JNMD	n = 309	li. Depression/re. Angst anterior Trauer/posterior Angst

> mehr als; s> schwerer als.
(Robinson u. Szela 1981; Robinson u. Price 1982; Robinson et al. 1983; Robinson et al. 1984a; Robinson et al. 1985b; Starkstein et al. 1987, 1988a, 1989, 1991; Fedoroff et al. 1991; Castillo et al. 1993)

Analyse der Untersuchungskriterien

Was läßt sich nun aus den vielen Publikationen zu diesem Thema als gesicherte Erkenntnis herausschälen?

Parameter der Organläsion

Die Analyse hat zunächst die Meßmethoden kritisch zu beleuchten. Die Abklärung und Einschätzung der organischen Beeinträchtigung durch Hirninfarkte gehört zur klinischen Routine und erscheint auf den ersten Blick unproblematisch. Für die Graduierung und Behinderung stehen verschiedene Skalierungen zur Verfügung und für die Bemessung des Infarktareals und die Festlegung der betroffenen Hirnregion kann auf das CCT zurückgegriffen werden.

Von den verschiedenen Untersuchergruppen wurde die *körperlich-neurologische Beeinträchtigung* entweder nach selbst erarbeiteten Skalen zur Funktionsfähigkeit (Zerfaß et al. 1992) oder nach verschiedenen bereits publizierten und anderweitig erprobten Skalierungssystemen beurteilt (Fedoroff et al. 1991; Grasso et al. 1994; Sinyor et al. 1986 a; Morris et al. 1993; Mouse et al. 1990; Sharpe et al. 1990).

Diagnostische Testverfahren (Behinderung)

- Stroke Data Bank - Kriterien,
- Barthel Index,
- Physiotherapie Index für Motorik,
- Physiotherapie Index für Selbständigkeit,
- Johns Hopkins Functioning Inventory,
- Rankin Handicap Scale,
- Frenchay Activity Index.

Auch wenn wohl davon ausgegangen werden kann, daß dem Grunde nach Gleiches gemessen wird, sind die Gewichtungen anders verteilt und Unterschiede in der Graduierung sind nicht auszuschließen. Daraus könnten aber gerade für schwach korrelierende Bezugsgrößen Änderungen der Signifikanzen erwachsen. Die *Sprachfunktion* wurde mit dem Token-Test oder dem Frenchay-Aphasia-Screening überprüft. Patienten mit schwerer Aphasie wurden regelmäßig, solche mit leichter Aphasie jedoch oft nicht ausgeschlossen (Dam et al. 1989; Sharpe et al. 1990; Zerfaß et al. 1992). Wieweit leichte aphasische Störungen Einfluß nehmen, ist deshalb letztlich nicht bekannt.

Die *intellektuelle Beeinträchtigung* wurde durchgängig an Hand desselben Testverfahrens bemessen, und zwar mit dem Mini-Mental-State-Examination (MMS). Ausgeprägte Abweichungen wurden von einzelnen Autoren ausgeschlossen (Ebrahim et al. 1987; Eastwood et al. 1989; Zerfaß et al. 1992), leichte fließen aber überall mit ein.

Für alle 3 Parameter, nämlich die körperliche Behinderung, die Sprachstörung und die intellektuelle Beeinträchtigung, bleibt unklar, ob die Gewichtung nach derjenigen Behinderung, die vom individuellen Patienten subjektiv als am gravierendsten empfunden wurde, Bedeutung hat; aus keiner Publikation ist darüber etwas zu entnehmen.

Zur Beurteilung von *Lage und Größe des Infarktareals* wurde stets das CCT herangezogen. Größenmaß war meist die Fläche in cm^2 je Schicht, bezogen entweder auf die Schicht mit dem größten Hirnumfang (Robinson et al. 1985 a) oder auf die Schicht mit der größten Läsion (Zerfaß et al. 1992), was leicht unterschiedliche Aussagen ergibt. Der Zeitpunkt der CCT-Untersuchung variiert in verschiedenen Studien zwischen 7 und 1920 Tagen nach Infarkteintritt (Schlegel 1994). Ob aber die Ödemphase im Frühstadium des Infarktgeschehens immer ausgeschlossen wurde, in der die Relation anders ist als im späten Demarkationsstadium, läßt sich den Arbeiten nicht entnehmen. Aufgrund der heute bekannten Befunde muß weiter berücksichtigt werden, daß die darstellbaren

Läsionen durch im CCT nichtfaßbare Veränderungen erweitert oder ergänzt sein können. In diesem Zusammenhang erscheint von Bedeutung, daß

a) rund 1/4 der einseitigen ischämischen Ereignisse mehr als eine Schädigungslokalisation aufweisen (Tettenborn 1993, 1994),
b) gerade bei subkortikalen Infarkten Perfusionsstörungen bzw. metabolische Veränderungen in angrenzenden und weit über das eigentlich als Infarkt erkennbare Areal hinausgehenden Hirnregionen gefunden wurden (Pappata et al. 1990; Baron et al. 1986; Peräni et al. 1988; Lassen et al. 1981) und
c) das Phänomen der Diaschisis in diesem Kontext noch keine Berücksichtigung gefunden hat (Fazekas et al. 1993; Pantano et al. 1987).

Die Bedeutung funktioneller Störungen ohne nachweisbare Strukturveränderungen für die Depression wurde erst kürzlich am Beispiel von Infarktpatienten mit Minderperfusion des mesiotemporalen Kortex aufgezeigt (Grasso et al. 1994). Andere Autoren fanden Korrelationen zur Größe des minderperfundierten Hirnareals (Schwartz et al. 1990) sowie dem Vorliegen einer globalen zerebralen Minderperfusion (Yamaguchi et al. 1992). Diese Befunde korrespondieren teilweise mit denen über Hypoperfusion bzw. Hypometabolismus bei depressiven Patienten mit Parkinson-Syndrom (Mayberg et al. 1990) oder Chorea Huntington (Mayberg et al. 1992) sowie mit denen bei depressiven aber sonst „organisch" gesunden Patienten (Post et al. 1987, Baxter et al. 1989). Diese funktionsbezogenen Untersuchungen führen zu ganz neuen Fragen, sie sich aus den älteren Arbeiten zu dieser Thematik nicht beantworten lassen.

Das Fazit für den neurologischen Aspekt bzw. die Beurteilung der organischen Parameter ist, daß der gesamte Komplex aus Behinderungsgrad, Schädigungsausmaß und Schädigungslokalisation nach Kriterien über Schädigungsmechanismus und Nachweisbarkeit neu definiert und eine Standardisierung für Graduierung und Gewichtung der Behinderung erarbeitet werden muß.

Psychopathologie

Die psychopathologische Phänomenologie der Depression bei Patienten mit Hirninfarkt unterscheidet sich nicht grundsätzlich von denen bei Patienten mit Depression ohne organischen Hintergrund (Lipsey et al. 1986, Robinson et al. 1987). Dies ist vor dem Hintergrund des diagnostischen Instrumentariums verständlich, das erst vor kurzem kritisch gewürdigt wurde (McNamara et al. 1991, Zerfaß et al. 1992). Aber auch der Dexamethason-Suppressionstest fällt in beiden Gruppen gleichsinnig aus (Lipsey et al. 1985).

In den verschiedenen Publikationen wurden unterschiedliche Diagnoseinstrumente oder Ratingskalen alternativ oder ergänzend eingesetzt.

Diagnostische Testverfahren (Psychopathologie)
1 Diagnostisches und statistisches Manual psychischer Störungen
1 Present State Examination
1 Research Diagnostic Criteria
1 General Health Questionaire
2 Hamilton Depression Scale
2 Beck Depression Inventory
2 Hopkins Symptoms Checklist
2 Composite Depression Index
2 Hospital Anxiety and Depression Scale
2 Geriatric Depression Scale
2 Depression Adjective Checklist
2 Wakefield Selfassessment Depression Inventory
3 Zung Self-rating Depression Scale

1 Diagnoseinstrumente, 2 Fremdratings, 3 Selbstratings.

Einige der Bezugsskalen sind nocht nicht für Patienten in Deutschland adaptiert. Am häufigsten wurde die Hamilton Depression Scale (HAMD) verwendet, vor allem von der Gruppe um Robinson. In einer Pilotstudie an 12 konsekutiv untersuchten Patienten mit Hirninfarkt stellte Schlegel (1994) fest, daß die DSM-III-R Kriterien bei keinem dieser Patienten eine (MaD) zu diagnostizieren erlaubte. Gleichwohl ergab sich in der HAMD ein auffällig hoher Punktwert, der jedoch vornehmlich auf die Wertung in den „somatischen" Beschwerdekategorien zurückzuführen war. Ist also die HAMD der richtige Maßstab für die Fremdbeurteilung des Beschwerdegrades?

Sowohl die DSM-III-R als auch die HAMD enthalten Symptome, die häufig bei Infarktpatienten als Ausdruck der allgemeinen Hirnparenchymschädigung beobachtet werden (Schlafstörungen, Müdigkeit, Erschöpfbarkeit, Schweregefühl, Konzentrationsstörungen, Kopf- und Muskelschmerz, Gewichtsverlust). Andere Symptome gelten als charakterisierende Merkmale auch bei Patienten mit Schädigung der Frontalhirnkonvexität (Tabelle 2). Dies scheint durch die Befunde von Zerfaß et al. (1992) unterstrichen zu werden, die bei 30 Patienten einen signifikanten Bezug zu einer frontalen Schädigungslokalisation fanden, und zwar unabhängig von der Seitenzuordnung (Tabelle 3). Fedoroff et al. (1991) meinen allerdings, daß nach dem von ihnen herausgearbeiteten Symptomspektrum depressive und nichtdepressive Infarktpatienten bei gleicher körperlicher Beeinträchtigung unterschieden werden könnten (Tabelle 4).

Tabelle 2. Symptome des Frontalhirnsyndroms (Konvexität)

Korrespondiert mit DSM-III-R	
Antriebsstörung	
Vernachlässigung der Pflichten	2)
Arbeitsunlust	2)
Motorische Verlangsamung	5)
Mangelnde Ausdauer	6)
Denkverlangsamung	8)

2)–8) s. DSM-III-R-Kriterien.

Ein zusätzlicher differenzierender Aspekt muß vielleicht abhängig vom zeitlichen Ablauf berücksichtigt werden. Robinson et al. (1985b) interpretierten depressive Symptome, die sich im Verlauf der ersten 6 Monate nach dem Infarktereignis entwickelten,

Tabelle 3. Hirninfarkt und Depression (Zerfaß et al. 1992)

30 Patienten	
Re.- und li.-seitige Läsionen	bis 23 cm^2
Minimental State Score	>20
Keine deutliche Aphasie	
Hamilton Depression Score	6,5 ± 5,9
Zung Scale Score	45,2 ± 10,6
„Depressions"bezug	Läsionsgröße – Hemisphäre – Behinderung – Frontalpol + Kognition +

Tabelle 4. Symptomhäufigkeit (%) bei zerebralem Insult. (Nach Fedoroff et al. 1991)

	depr.	nicht-depr.
Autonome Symptome		
Morgendepression	56	8
subjektive Anergie	56	24
Angst	49	10
Einschlafstörung	44	21
Libidoverlust	41	10
Zukunftsangst	40	9
Psychologische Symptome		
Trauer	69	23
Hoffnungslosigkeit	48	13
Grübeln	42	7
Irritabilität	40	11
Beziehungsideen	38	8
soziale Isolierung	36	8

eher als Reaktion auf die Behinderung, während eine Depression in der aktuellen Krankheitssituation eher als hirnlokales Symptom aufzufassen sei.

Parameter der intellektuellen Beeinträchtigung

Die Aussagen zur intellektuellen Beeinträchtigung von Hirninfarktpatienten und ihre Korrelation zur Depression haben sich im Laufe der letzten Jahre verändert. Die intellektuelle Leistungsfähigkeit, gemessen am MMS, korreliert mit dem Läsionsvolumen, der Hirnatrophie und dem Alter (Robinson et al. 1984b; Wade et al. 1987), was im Grunde zu erwarten ist. Anders, als früher angenommen wurde, kann jedoch die Depression nicht mehr als Folge der intellektuellen Beeinträchtigung aufgefaßt werden (Robinson u. Price 1982; Starkstein et al. 1988a, 1989; Eastwood et al. 1989; House et al. 1990). Vielmehr wirkt sich ein depressives Syndrom, sofern es im Gefolge eines Hirninfarktereignisses auftritt, im Sinne einer zusätzlichen intellektuellen Leistungsminderung aus, jedenfalls in niedrigeren Punktwerten im MMS (Bolla-Wilson et al. 1989; Robinson et al. 1986; Starkstein et al. 1988b).

Depression und Outcome

Der Einfluß des sozialen Bezugs zu Infarktereignis und Depression wird ähnlich gesehen. Keinen Zusammenhang von Depressivität mit der Einschränkung der Selbständigkeit des Patienten ("activities of daily living") konstatieren einige Autoren (Stern u. Bachmann 1991; Dam et al. 1989; Starkstein et al. 1988 b; Ebrahim et al. 1987). Dieses Ergebnis trifft auch für die Bewältigungsstrategien von Behinderung zu (Sinyor et al. 1986 b). Auch hierfür ist eher davon auszugehen, daß sich eine Depression bei Infarktpatienten negativ auf die Bewältigung des Krankheitsgeschehens wie der Behinderung und auf die soziale Reintegration auswirkt (Feibel u. Springer 1982; Eastwood et al. 1989; Robinson et al. 1985 a; Robinson u. Forester 1993).

Diese beiden letztgenannten Bezüge haben unmittelbare Konsequenzen. Entsprechend den erwähnten Beobachtungen, daß nach ihrem Hirninfarkt depressiv gewordene Patienten schlechtere kognitive Leistungen erbringen und im Verlauf weniger gute soziale Einbindungen aufweisen, fand sich die Dauer der Rehabilitation deutlich verlängert (Schubert et al. 1992 b; Starkstein u. Robinson 1989) und die bleibende Behinderung war ausgeprägter oder im Verlauf sogar verschlechtert (Sinyor et al. 1986 b; Robinson u. Forester 1993). Dies spiegelt sich auch in einer deutlich ungünstigeren Prognose von Infarktpatienten mit Depression, von denen 70 % im Verlauf von 10 Jahren verstarben, im Vergleich zu 41 % des nichtdepressiven Kollektivs (Morris et al. 1993; Tabelle 5). Besonders betroffen scheint die Patientengruppe, die nurmehr geringe soziale Bindungen erhalten oder wieder aufbauen konnte. Sie schnitt mit 90 % Mortalität im 10 Jahreszeitraum am schlechtesten ab.

Tabelle 5. Depression bei Hirninfarkt: Prognose. (Nach Morris et al. 1993)

10-Jahresverlauf	Sterberate
Patienten ohne Depression	41 %
Patienten mit Depression	70 %
Depression + geringe soziale Integr.	90 %

Konsequenzen für die Therapie

Daraus ist nach unserem derzeitigen Wissen die Notwendigkeit einer Therapie abzuleiten.

Depression bei Hirninfarkt: Therapie
Tri- und tetrazyklische Antidepressiva
Andere Antidepressiva
Additiv: fraglich L-Dopa/Amantadinsulfat
Soziale Einbindung
= > Abkürzung der Rehabilitationsphase
= > Verbesserung des Reha-Ergebnisses
= > Verringerung der 10-Jahresmortalität

Von Nortriptilen (Lipsey et al. 1984) und Trazodon (Reding et al. 1986) ist ein positiver Effekt beschrieben. Auch Elektrokrampfbehandlung wurde erfolgreich angewendet (Currier et al. 1992), zwar ohne Verschlechterung vorbestehender zerebraler Ausfallssymptome, jedoch mit Rückfällen bei 1/3 und Therapiekomplikationen bei 1/4 der Patienten, darunter vor allem Verwirrtheitszustände und Amnesie.

Zusammenfassung

Das praktisch bedeutsame Ergebnis dieser Übersicht ist, daß bei Patienten mit Hirninfarkt speziell auf die Entwicklung einer depressiven Verstimmung geachtet werden muß. Falls sie festgestellt wird, ist eine adäquate antidepressive Behandlung indiziert, um die Rehabilitation möglichst effektiv zu gestalten und abzukürzen. Dazu bietet sich eine medikamentöse Therapie an, ohne daß bekannt ist, ob eine Substanz besonders wirksam ist. Es gibt Einzelbeobachtungen, daß vielleicht auch Amantadinsalze und L-Dopa einen die Rehabilitation verbessernden Effekt haben (Hacki et al. 1990), was plausibel erscheint, zumal wenn sich herausstellen sollte, daß die Störung des Antriebs entscheidender Faktor ist. Die Elektrokrampfbehandlung sollte therapieresistenten Ausnahmefällen vorbehalten bleiben. Für die Überlebensprognose scheint auch von Belang, daß Infarktpatienten ins häusliche, d. h. familiäre Milieu zurückkommen, insbesondere in tragfähige soziale Bezüge eingebunden werden. Heimbetreuung scheint demgegenüber ungünstig. Die vielen anderen Aspekte bleiben ungeklärt, so ob man eine Frühdepression von einer mit späterer Entwicklung abgrenzen muß, ob die Infarktlokalisation für das Auftreten einer Depression Bedeutung hat, ob und wieweit sich organische und reaktive Momente für die Entwicklung einer Depression differenzieren lassen bzw. ergänzen. Sowohl für das neurologisch-organische als auch das psychiatrisch-psychopathologische Instrumentarium zum Nachweis von Störungen und deren Wichtung bedarf es des Konsenses, der Standardisierung und Evaluation, wenn zukünftig verläßlichere Aussagen erreicht werden sollen.

Diskussion

Frage: Ich wollte Ihre Methodenkritik weiterführen. Sie haben eine Arbeit präsentiert, in der eine Hamilton-Skala offenbar als Indikator für das Vorliegen einer Depression verwendet wurde. Das ist ein Mißbrauch der Hamilton-Skala. Sie mißt den Schweregrad der Depression, nachdem klinisch eine Depression diagnostiziert worden ist. Es handelt sich nicht um ein diagnostisches Instrument.

Anmerkung: Das ist ein wichtiger Punkt. Das gilt nicht nur für die Hamilton-Skala, sondern gilt für alle Depressionsskalen. Diese sind geeignet für die Messung der Depressivität bei klinisch vordiagnostizierter Depression.

Antwort: In einigen amerikanischen Arbeiten, vor allem in Arbeiten der Robinson-Gruppe, wird tatsächlich diese Hamilton-Skala methodisch verwendet, um damit Depressionen zu diagnostizieren. Es geht aus diesen Arbeiten nicht hervor, daß andere Kriterien, wie z. B. die Kriterien des DSM-III angewendet wurden. Worauf Sie abheben, sind die Untersuchungen von Zerfaß und von Frau Schlegel. Hier wurde zunächst die Diagnose gestellt nach Kriterien des DSM-III-R. Für die Erfassung des Schweregrades der

Depressivität wurde die Hamilton-Skala angewendet. Hierbei wurden auf dieser Skala Punktwerte erzielt, die in etwa denjenigen entsprachen, wie man sie von Patienten mit "major depression" kennt. Was bedeutet das? Kann man mit diesen Werten etwas anfangen, wenn die Patienten nach eigentlichen diagnostischen Kriterien gar nicht sehr depressiv sind?

Frage: Sie haben aus der Literatur herausgearbeitet, daß Depression ein kurzfristiger prognostischer Indikator ist. Gibt es Hinweise darauf, ob die Behandlung mit Antidepressiva die Prognose günstig beeinflußt, z. B. die Überlebensrate verlängert? Gibt es Hinweise aus der Literatur, daß zusätzlich motivierende psychosoziale Maßnahmen, z. B. die Förderung der Teilnahme von Patienten an Rehabilitationsprogrammen, eine Verbesserung der Lebensprognose mit sich bringen?

Antwort: Es gibt Anhaltspunkte dafür, daß die antidepressive Therapie tatsächlich die Rehabilitationsdauer verkürzt und eine bessere funktionelle Prognose bewirkt. Hierbei handelt es sich aber nur um eine Kurzzeitbeobachtung. Morris und Mitarbeiter stellen fest: Wenn die Patienten in einen besseren sozialen Bezug zu bringen sind, dann ist die Mortalität niedriger, als wenn das nicht erreichbar ist.

Frage: Können denn Antidepressiva in einer solchen Situation den fehlenden sozialen oder familiären Kontext ersetzen?

Antwort: Da gibt es keine Literatur dazu, man könnte es aber spekulieren.

Frage: Eine Frage an die psychiatrischen Kollegen: Es klang vorhin an, als ob Sie das Patentrezept zur Erfassung der organisch gefärbten Depression vorlegen könnten. Haben die Psychiater ein Instrumentarium, z. B. einen Fragebogen, mit dem ich herausbekommen kann: der Kranke hat eine "major depression"? Haben Sie so ein Instrumentarium zur Hand? Wie machen Sie das in Ihrem Konsiliardienst?

Anmerkung: Im Konsiliardienst würde ich nicht mit einer Skala arbeiten, da würde ich mich auf mein klinisches Urteil verlassen. Es gibt solche Mittel zur Kontrolle von Therapie. Zur Therapieerfolgskontrolle können die klassischen Skalen angewendet werden, z. B. auch die Hamilton-Skala. Das Problem ist aber, daß bei organischen Depressionen ein Teil der Items dieser Skalen nicht unbedingt Depressionssymptome erfassen, sondern daß sie Symptome der organischen Grunderkrankungen feststellen. Das Problem kann man nur lösen, indem man diese Skala, wenn Sie so wollen, individualisiert und kritische Punkte, die für den betreffenden Patienten nicht geeignet erscheinen, vielleicht herausnimmt. Dann würde es sich um eine individualisierte Skala handeln, die aber nicht mehr normiert ist.

Frage: Inwieweit werden die Ergebnisse der Depressionsskala durch die zerebralen Durchblutungsstörungen selbst beeinflußt? Hängt dies auch von der Lokalisation der ischämischen Schädigung ab?

Antwort: Es zeigt sich durchweg, daß Patienten mit frontalen Hirnläsionen schlechter abschneiden als andere. Dies hängt damit zusammen, daß diese Patienten, die zumeist Konvexitätsveränderungen aufwiesen, häufig unter Antriebsstörungen litten, die von der

Skala als depressives Syndrom interpretiert werden. Das bedeutet aber nicht unbedingt, daß diese Patienten keine Depression haben. Wenn man nämlich andererseits die Therapieeffekt sieht, wonach Patienten unter Therapie mit Antidepressiva besser rehabilitierbar waren, dann könnte man annehmen, daß der antidepressive Effekt wirksam war. Man könnte dann rückschließen, daß es sich doch um eine Depression gehandelt haben muß. Hier bestehen aber sehr viele Unabwägbarkeiten.

Frage: Diese Überlappung von fraglichen depressiven Symptomen mit hirnorganischen Symptomen ist ja nicht nur ein Skalenproblem, sondern es handelt sich auch um ein klinisches Problem. Wie soll man dieses Antriebsdefizit eines so geschilderten Patienten zuordnen? Man könnte es als Folge der hirnorganischen Schädigung auffassen. Man könnte aber auch etwas komplexer sagen: Der Antriebsmangel hat einen hirnorganischen Anteil, er kann aber auch teilweise Ausdruck einer depressiven Verstimmung sein.

Antwort: Der Vergleich der Symptome infolge supratentorieller Läsion mit den Befunden infolge infratentorieller Schädigung liefert etwas Klarheit. Patienten mit supratentoriellen Läsionen schneiden in Depressionsskalen schlechter ab also solche mit infratentoriellen Läsionen. Subratentorielle Hirninfarkte führen vielleicht in ihrem organischen Läsionsmuster zu Symptomen, die fälschlich der Depression zugeordnet werden.

Frage: Patienten, die wir sehr intensiv überzeugen müssen über den Sinn einer antidepressiven Therapie, sind im allgemeinen mit der höchsten Nebenwirkungsrate behaftet. Was machen Sie mit Ihrem Schlaganfallpatienten? Wie sind die Erfolge der antidepressiven Therapien nach Ihrer Erfahrung? Von welchen Kriterien lassen Sie sich leiten in der Entscheidung, ob Sie den Patienten von einer antidepressiven Therapie überzeugen?

Antwort: Wir beginnen bei uns in der Klinik mit ersten Schritten in dieser Richtung, weil wir das Problem der Depression bei Schlaganfallpatienten früher weitgehend ausgeblendet haben. Nach Kenntnis der Literatur ist in meinen Augen eine medikamentöse Therapie im allgemeinen sinnvoll. Auf der anderen Seite scheint mir die Basis an Studien, die für die Indikation zur antidepressiven Therapie sprechen, noch zu dünn, um daraus eine allgemeine Empfehlung abzuleiten.

Frage: Sie haben zwei Medikamente erwähnt: Notriptilin und Trazodon. Es gibt wohl zwei Erklärungen für die Erwähnung dieser beiden Substanzen. In den US-amerikanischen Studien sind offenbar nur diese beiden Substanzen verfügbar. Notriptilin ist Mittel erster Wahl bei der Behandlung mit trizyklischen Antidepressiva in den USA für ältere Patienten und für sog. kardiovaskuläre Risikopatienten. Notriptilin hat mit weitem Abstand unter den trizyklischen Antidepressiva die geringsten kardiovaskulären Nebenwirkungen. Trazodon ist ebenfalls eine Substanz, die kardiovaskulär, vor allem hinsichtlich der Blutdruckauswirkungen weniger oder keine Probleme bereitet. Das dürfte ein entscheidender Faktor in der Überlegung sein, welche Medikamente bei Patienten mit Hirninfarkt eingesetzt werden sollen, weil diese Kranken häufig einen Hypertonus und andere kardiovaskuläre Risikofaktoren haben. Daß umfangreiche Daten über diese beiden Substanzen in dieser Indikation vorliegen, ist also bedingt auch durch ihre Verfügbarkeit in den USA. Man sollte nicht folgern, daß vor allem Trazodon aufgrund seiner antidepressiven Wirkqualitäten besonders empfehlenswert wäre. Die Datenlage zur

antidepressiven Wirksamkeit von Trazodon ist begrenzt. Es wäre sehr wichtig und im Sinne der Kooperation aller Disziplinen, daß wir mit neuen Substanzen, z. B. Moclobemid, Erfahrungen sammeln, denn diese Substanzen besitzen ebenfalls keine nennenswerten kardiovaskulären Nebenwirkungen.

Antwort: Ich hoffe, daß das Plädoyer, das ich mit meinem Referat halten wollte, nicht zu leise war. Ich glaube, daß es einer kooperativen Studie bedarf, um diese Befunde auf eine vernünftige Basis zu stellen und einen effektiven therapeutischen Ansatz herauszuarbeiten.

Frage: Ich wollte nochmals an die Frage anknüpfen zu den hirnlokalisatorischen Aspekten der Depression. Ausgehend von kognitiven Modellen hatte Rasch eine neuropsychologische Therapie mit bestimmten lokalisatorischen Ordnungen einzelner Elemente der Depression, emotionaler Qualität und Ausdruckskomponenten formuliert. Eine alte Frage ist, ob Depressivität links- oder rechtshemisphärisch zu lokalisieren ist. Habe ich Sie richtig verstanden, daß auch in der Lateralisierung zu bestimmten Subsymptomen der Depression keine Korrelationen bestehen?

Antwort: Mit Ausnahme der Veröffentlichung der Gruppe um Robinson, in der festgestellt wird, daß Angst mehr frontal und Trauer mehr okzipital lokalisiert sei, lassen sich keine Korrelationen zwischen dem Typ der depressiven Symptomatik und der Lokalisation der ischämischen Hirnschädigung feststellen. Es würde sich lohnen, auch diese Frage im Rahmen einer kooperativen Studie zu untersuchen.

Literatur

Baron JC, D'Antona R, Pantano P et al. (1986) Effects of thalamic stroke on energy metabolism of the cerebral cortex. Brain 109: 1243–1259
Baxter LR, Schwartz JM, Phelps ME et al. (1989) Reduction of prefrontal cortex glucose metabolism common to three types of depression. Arch Gen Psychiatry 46: 243–250
Binder LM (1984) Emotional problems after stroke. Stroke 15: 174–177
Bolla-Wilson K, Robinson RG, Starkstein SE et al. (1989) Lateralization of dementia of depression in stroke patients. Am J Psychiatry 146: 627–634
Castillo CS, Starkstein SE, Fedoroff JP et al. (1993) Generalized anxiety disorder after stroke. J Nerv Ment Dis 181: 100–106
Currier MB, Murray GB, Welch CC (1992) Electroconvulsive therapy for post-stroke depressed geriatric patients. J Neuropsychiat 4: 140–144
Dam H, Pedersen HE, Ahlgren P (1989) Depression among patients with stroke. Acta Psychiatr Scand 80: 118–124
Eastwood MR, Rifat SL, Nobbs H, Rudermann J (1989) Mood disorder following cerebrovascular accident. Br J Psychiatry 154: 195–200
Ebrahim S, Barer D, Nouri F (1987) Affective illness after stroke. Br J Psychiatry 151: 52–56
Fazekas F, Payer F, Valetitsch H et al. (1993) Brain stem infarktion and diaschisis. Stroke 24: 1162–1166
Fedoroff JP, Starkstein SE, Parikh RM et al. (1991) Are depressive symptoms nonspecific in patients with acute stroke? Am J Psychiatry 148: 1172–1176
Feibel JH, Springer CJ (1982) Depression and failure to resume social activities after stroke. Arch Phys Med Rehabil 63: 276–281
Finklestein S, Benowitz LI, Baldessarini RJ et al. (1982) Mood, vegetative disturbance, and Dexamethasone suppression test after stroke. Ann Neurol 12: 463–468
Finklestein SP, Weintraub RJ, Karmouz N et al. (1987) Antidepressant drug treatment for poststroke depression: restrospective study. Arch Phys Med Rehabil 68: 772–776
Folstein MF, Maiberger R, McHugh PR (1977) Mood disorder as a specific complication of stroke. J Neurol Neurosurg Psychiatry 40: 1018–1020

Grasso MG, Pantano P, Ricci M et al. (1994) Mesial temporal cortex hypoperfusion is associated with depression in subcortical stroke. Stroke 25: 980 – 985
Hacki T, Kenklies M, Hofmann R, Haferkamp G (1990) Pharmakotherapie von Stimm- und Artikulationsstörungen bei Aphasie. Folia Phoniatr 42: 283 – 288
House A, Dennis M, Warlow C et al. (1990) Mood disorder after stroke and their relation to lesion location: a CT scan study. Brain 113: 1113 – 1119
Jorge RE, Robinson RG, Arndt SV et al. (1993) Depression following traumatic brain injury: a 1 year longitudinal study. J Affective Disord 27: 233 – 243
Lassen NA, Henriksen L, Poulson O (1981) Regional cerebral blood flow in stroke by 133-xenon inhalation and emission tomography. Stroke 12: 284 – 288
Lipsey JR, Robinson RG, Pearlson GD (1984) Nortriptyline treatment for post-stroke depression: a double blind study. Lancet I: 297 – 300
Lipsey JR, Robinson RG, Pearlson GD et al. (1985) Dexamethasone suppression test and mood following stroke. Am J Psychiatry 142: 318 – 323
Lipsey JR, Spencer WC, Rabins PV, Robinson RG (1986) Phenomenological comparison of post-stroke depression and functional depression. Am J Psychiatry 143: 527 – 529
Mayberg HS, Starkstein SE, Sadzot B et al. (1990) Selective hypometabolism in the inferior frontal lobe in depressed patients with Parkinson's disease. Ann Neurol 28: 57 – 64
Mayberg HS, Starkstein SE, Peyser CE et al. (1992) Paralimbic frontal lobe hypometabolism in depression associated with Huntington's disease. Neurology 42: 1791 – 1797
McNamara ME (1991) Psychological factors affecting neurological conditions. Psychosomatics 32: 255 – 267
Morris PLP, Robinson RG, Andrzejewski P et al. (1993) Association of depression with 10-year poststroke mortality. Am J Psychiatry 150: 124 – 129
Pantano P, Lenzi GL, Guidetti B et al. (1987) Crossed cerebellar diaschisis in patients with cerebral ischemia assessed by SPECT and J123 HIPDM. Eur Neurol 27: 142 – 148
Pappata S, Mazoyer B, Tran Dinh S et al. (1990) Effects of capsular or thalamic stroke on metabolism in the cortex and cerebellum: a positron tomography study. Stroke 21: 519 – 524
Peräni D, Di Piero V, Lucignani G et al. (1988) Remote effects of subcortical cerebrovascular lesions: a SPECT cerebral perfusion study. J Cereb Blood Flow Metab 8: 560 – 567
Post RM, Delisi LE, Holcomb HH et al. (1987) Glucose utilisation in the temporal cortex of affectively ill patients: positron emission tomography. Biol Psychiatry 22: 545 – 553
Reding MJ, Orto LA, Willensky P et al. (1985) The Dexamethasone suppression test is an indicator of depression in stroke but does not predict rehabilitation outcome. Arch Neurol 42: 209 – 212
Reding MJ, Orto LA, Winter SW et al. (1986) Antidepressant therapy after stroke. Arch Neurol 43: 763 – 765
Robinson RG, Forester AW (1993) Neuropsychiatrische Aspekte der zerebrovaskulären Erkrankung. In Hales RE, Yudofsky SC (Hrsg) Handbuch der Neuropsychiatrie. Beltz, Weinheim, s 245 – 268
Robinson RG, Price TR (1982) Post-stroke depressive disorders: a follow-up study of 103 patients. Stroke 13: 635 – 641
Robinson RG, Szela B (1981) Mood change following left hemispheric brain injury. Ann Neurol 9: 447 – 453
Robinson RG, Starr LB, Kubos KL, Price TR (1983) A two-year longitudinal study of post-stroke mood disorders: Findings during the initial evaluation. Stroke 14: 736 – 741
Robinson RG, Kubos KL, Starr LB et al. (1984 a) Mood disorders in stroke patients: importance of location of lesion. Brain 107: 81 – 93
Robinson RG, Starr LB, Lipsey JR et al. (1984 b) A two-year longitudinal study of poststroke mood disorders: dynamic changes in associated variables over the first six months of follow-up. Stroke 15: 510 – 517
Robinson RG, Starr LB, Price TR (1984 c) A two-year longitudinal study of mood disorders following stroke: Prevalence and duration at six months follow-up. Br J Psychiatry 144: 256 – 262
Robinson RG, Lipsey JR, Bolla-Wilson K et al. (1985 a) Mood disorders in left-handed stroke patients. Am J Psychiatry 142: 1424 – 1429
Robinson RG, Starr LB, Lipsey JR et al. (1985 b) A two-year longitudinal study of poststroke mood disorders: In-hospital prognostic factors associated with six month outcome. J Nerv Ment Dis 173: 221 – 226
Robinson RG, Bolla-Wilson K, Kaplan E et al. (1986) Depression influences intellektual impairment in stroke patients. Brit J Psychiatry 148: 541 – 547
Ross ED, Gordon WA, Hibbard M, Egelko S (1986) The dexamethasone suppression test, poststroke depression, and the validity of DSM-III-based diagnostic criteria. Am J Psychiatry 143: 1200 – 1201
Schlegel S (1994) Depression nach Hirninfarkt. Nervenheilkunde 13: 764 – 768
Schubert DSP, Taylor C, Lee S et al. (1992 a) Detection of depression in the stroke patient. Psychosomatics 33: 290 – 294

Schubert DSP, Burns R, Paras W, Sioson E (1992b) Increase of medical hospital length of stay by depression in stroke and amputation patients: a pilot study. Psychother Psychosom 57: 61–66
Schwartz JA, Speed NM, Mountz JM et al. (1990) ^{99m}Tc-Hexamethylpropylenamine oxime single photon emission CT in poststroke depression. Am J Psychiatry 147: 242–244
Sharpe M, Hawton K, House A et al. (1990) Mood disorders in long-term survivors of stroke: associations with brain lesion location and volume. Psychol Med 20: 815–828
Sinyor D, Jaques P, Kaloupek DG et al. (1986a) Poststroke depression and lesion location: an attempted replication. Brain 109: 537–546
Sinyor D, Amato P, Kaloupek DG et al. (1986b) Poststroke depression: relationships to functional impairment, coping strategies, and rehabilitation outcome. Stroke 17: 1102–1107
Starkstein SE, Robinson RG, Price TR (1987) Comparison of cortical and subcortical lesions in the production of poststroke mood disorders. Brain 110: 1045–1059
Starkstein SE, Robinson RG, Berthier ML, Price TR (1988a) Depressive Disorders following posterior circulation as compared with middle cerebral artery infarcts. Brain 111: 375–387
Starkstein SE, Robinson RG, Price TR (1988b) Comparison of patients with and without post-stroke major depression matched for size and location of lesions. Arch Gen Psychiatry 45: 247–252
Starkstein SE, Robinson RG, Honig MA et al. (1989) Mood changes after right-hemisphere lesions. Brit J Psychiatry 155: 79–85
Starkstein SE, Bryer JB, Berthier ML et al. (1991) Depression after stroke: the importance of cerebral hemisphere asymmetries. J Neuropsychiatr Clin Neurosci 3: 276–285
Stern RA, Bachmann DL (1991) Depressive symptoms following stroke. Am J Psychiatry 148: 351–356
Tettenborn B (1993) Multifocal ischemic brain-stem lesions. In: Caplan LR, Hopf HC (eds) Brainstem localization and function, Springer, New York Berlin Heidelberg Tokyo, pp 23–31
Tettenborn B (1994) Diagnostik multitopischer ischämischer Läsionen im vertebrobasilären Stromgebiet. Nervenheilkunde 1994; 13: 26–30
Wade DT, Legh-Smith J, Hewer RA (1987) Depressed mood after stroke. Br J Psychiatry 151: 200–205
Yamaguchi S, Kobayashi S, Koide H, Tsunematsu T (1992) Longitudinal study of regional blood flow changes on depression after stroke. Stroke 23: 1716–1722
Zerfaß R, Kretzschmar K, Förstl H (1992) Depressive Störungen nach Hirninfarkt. Nervenarzt 63: 163–168

Demenz und Depression

G. Stoppe und J. Staedt

Demenz – Pseudodemenz – Depression – Pseudodepression: Zur Problematik der Begriffe

Im höheren Lebensalter stellen Demenzen und Depressionen die beiden häufigsten psychiatrischen Krankheitsbilder dar und treten nicht nur aufgrund dieser hohen Prävalenzrate häufig gemeinsam auf. Es sind daher grundsätzlich vier Auftretensformen möglich:

- eine primäre Demenz,
- eine primäre Depression,
- ein depressives Syndrom bei zugrundeliegender Demenz,
- ein dementielles Syndrom bei zugrundeliegender Depression.

Betrachtet man die Literatur zu diesem Thema, so wird insbesondere das dementielle Syndrom bei z. B. depressiven oder anderen sog. „funktionellen" oder „reversiblen" Störungen als *„Pseudodemenz"* bezeichnet. Den analogen Begriff einer „Pseudodepression", die z. B. bei depressiven Symptomen im Rahmen einer hirnorganischen Störung oder einer Demenz verwendet werden müßte, findet man kaum. Historisch wurde der Begriff Pseudodemenz bereits im letzten Jahrhundert von Wernicke entwickelt, welcher darunter im wesentlichen chronisch-hysterische Zustände verstand, die eine mentale Schwäche vortäuschten (Berrios 1985). Eine ähnliche Definition wurde später auch für das „Ganser-Syndrom" gewählt (Goldin u. MacDonald 1955). Der Begriff „Pseudodemenz" wurde aber nicht nur bei hysterischen Syndromen oder anderen neurotischen bzw. Persönlichkeitsstörungen, sondern vor allem im Rahmen depressiver Syndrome beschrieben (Übersicht: Stoppe u. Staedt 1993). Abgesehen davon, daß dem Begriff „Pseudo" stets der Geruch des unechten und der Simulation anhaftet, was den betroffenen Kranken sicher nicht gerecht wird, gibt es gute Gründe, von den Begriffen der Pseudodepression und Pseudodemenz Abstand zu nehmen zugunsten der Begriffe depressives Syndrom bei Depression und depressives Syndrom bei Demenz.

Zum einen wird dabei der psychopathologisch-syndromatologische Begriff der Demenz bzw. Depression mit dem gleichlautenden nosologischen Begriff verquickt. Letztere implizieren bei den Demenzen Irreversibilität und Progression, was heute nur noch für einen Teil der Demenzen gilt und selbst für die Diagnose eines Demenzsyndroms nicht mehr zwingend erforderlich ist (Lauter u. Dame 1992). Zum anderen zeigen Verlaufsuntersuchungen, daß sich dementielle Symptome bei Depressionen auch nach Auflösung der Depression nicht vollständig zurückbilden (Rabins et al. 1984). Auch der Gedanke, man könne mit dem „Pseudo" sog. „funktionelle" von „echten organischen" Störungen differenzieren, ist in dem Maße obsolet, in dem für funktionelle Erkrankungen

biologische Veränderungen, sowie für organische Erkrankungen funktionelle Beeinflussungen nachgewiesen werden können (Stoppe u. Staedt 1993).

Häufigkeit von Demenzen und Depressionen

Häufigkeit von Demenzen

Demenzerkrankungen treten mit zunehmendem Alter in steigender Häufigkeit auf. So liegt z. B. im Alter zwischen 65 und 75 die Prävalenz bei 5 % und bei den über 80jährigen bei ca. 30 % (Katzman 1976; Friedland 1993). Bei den senilen Demenzen macht die Demenz vom Alzheimer-Typ (SDAT) mehr als 50 % der Fälle aus, weitere ca. 20 % sind reine sog. vaskuläre Demenzen (VD), weitere 20 % Mischformen aus beiden Typen, während nur etwa 10 % der Demenzen andere Ursachen zugrundeliegen (Mölsä et al. 1985; Tomlinson et al. 1970). Einen höheren Prozentsatz vaskulärer Demenzen bzw. ein Überwiegen dieser Demenzform findet sich in Ländern mit einer relativ hohen Prävalenz zerebrovaskulärer Risikofaktoren, wie z. B. Japan oder Finnland (Roman et al. 1993).

Häufigkeit von Depressionen

Depressionen gehören zu den häufigsten psychischen Erkrankungen und treten im mittleren und höheren Lebensalter wesentlich häufiger auf als in jüngeren Jahren. Die Zahlenangaben schwanken, liegen aber in etwa bei 20 % in der älteren Bevölkerung (Borson et al. 1986; Friedhoff et al. 1992). Auffällig ist gerade bei den Depressionen in der höheren Altersklasse eine hohe Komorbidität mit chronischen körperlichen Erkrankungen, z. B. aus dem zerebrovaskulären Formenkreis (Friedhoff et al. 1992; Brodaty et al. 1991; Kivelä 1994), weshalb immer wieder eine biologische oder psychoreaktive Förderung von Depressionen durch körperliche oder systemische Krankheiten postuliert wird (Jeste et al. 1988; Greden 1991). Andererseits beeinflußt das Vorliegen einer Depression erheblich den Verlauf von körperlichen Erkrankungen (König u. Breitner 1990). Auch die Mortalität bei Depressionen im höheren Lebensalter ist höher als in der Normalbevölkerung (Jacoby et al. 1981; Friedhoff et al. 1992). Besondere Beachtung verdient die hohe Suizidalität im Alter. Auf 4 Selbstmordversuche kommt ein erfolgreicher Selbstmord (unter 40 Jahren liegt das Verhältnis bei 20:1), wobei die Männer mit einem Verhältnis von 5:1 überwiegen (Brodaty et al. 1991; Bron 1992).

Depressive Symptome und Syndrome treten auch im Rahmen hirnorganischer Erkrankungen sehr häufig auf. Bei der SDAT zeigten Untersuchungen, daß etwa 2/3 wenigstens ein depressives Symptom aufweisen, ca. 40 % von ihren Angehörigen als depressiv erlebt werden und etwa 1/4 von professionellen Untersuchern als depressiv eingeschätzt wird (Burns et al. 1990). Jeder vierte aller Patienten mit SDAT weist vor Beginn der dementiellen Symptomatik Depressionen auf (Kral 1982). Im Rahmen subkortikaler neurologischer Störungen treten depressive Syndrome noch häufiger auf, z. B. beim Morbus Parkinson in 50–90 % der Fälle (Mayeux et al. 1981; Mindham 1970) und bei der Chorea Huntington in etwa jedem zweiten Fall (Folstein et al. (1983). Von klinischer Relevanz sind auch die Depressionen in der Folge eines Schlaganfalles, deren Häufigkeit bei ebenfalls ca. 50 % liegt (Starkstein u. Robinson 1989).

Klinik von Demenzen und Depressionen

Klinik von Demenzen

Die Diagnosestellung stützt sich sowohl für Demenzerkrankungen als auch für Depressionen vorwiegend auf den klinischen Befund. Die wesentlichen diagnostischen Kriterien sind international in die Kriterien des DSM-III-R (APA 1987) und der ICD-10 (WHO 1991) zusammengefaßt. Für die SDAT-Diagnose werden zusätzlich in der Regel die Kriterien der NINCDS-ADRDA (McKhann et al. 1984), und für die Diagnose der vaskulären Demenzen die Kriterien der NINDS-AIREN (Roman et al. 1993) verwendet. Die Diagnose eines Demenzsyndroms impliziert zwingend – in der Regel schon eine längere Zeit bestehende – Beeinträchtigungen der Gedächtnisfunktionen, des Allgemeinwissens und der Fähigkeit, neue Informationen zu verarbeiten, die so ausgeprägt ist, daß sie deutlich die Arbeitsfähigkeit oder die üblichen sozialen Tätigkeiten bzw. Beziehungen beeinträchtigt. Ausgeschlossen sein muß das Auftreten dieser Symptome im Rahmen eines Delirs, zu dem dann jedoch eine mehr oder weniger ausgeprägte Bewußtseinsstörung gehört, sowie das Auftreten im Rahmen einer affektiven Erkrankung, hier in erster Linie einer Depression. Die Kriterien für die SDAT beinhalten im wesentlichen einen schleichenden Beginn mit kontinuierlicher Krankheitsprogression, die der vaskulären Demenz im Kontrast dazu einen in der Regel relativ plötzlichen Beginn mit fluktuierendem Verlauf. Das Vorliegen zerebrovaskulärer Risikofaktoren kann die Diagnose einer vaskulären Demenz stützen, schließt eine SDAT jedoch nicht aus. Vergleiche zwischen – nach den genannten Kriterien gestellen – klinischen Diagnosen und Obduktionsbefunden ergaben für die Diagnose der SDAT eine Übereinstimmung von 86–91 % (Boller et al. 1989; Kukull et al. 1990; Tierney et al. 1988) für die VD von 70–85 % (Forette u. Boller 1991). Der Trend geht dabei eher in die Richtung, daß vorher als VD klassifizierte Demenzen autoptisch dann doch SDAT waren (Tierney et al. 1988).

Klinik von Depressionen

Depressionen können in einer Vielgestalt von Symptomen auftreten. Die Kernsymptome sind unter dem Bild einer sog. „Major Depression“ im DSM-III-R (APA 1987) zusammengefaßt. Im Alter ist die Diagnostik häufig dadurch erschwert, daß die für das jüngere Lebensalter typische depressive Grundstimmung oft fehlt, während Klagen über Vitalsymptome, wie z. B. eine Reduktion von Antrieb, Merkfähigkeit, Appetit und Schlaf, eher im Vordergrund der Beschwerden steht (Busse u. Simpson 1983; s. Tabelle 1). Sehr häufig wird auch über Agitation und Reizbarkeit geklagt. Diese unterschiedliche Symptomatik mag zumindest teilweise erklären, daß Altersdepressionen heute maßgeblich unterdiagnostiziert werden (Friedhoff et al. 1992). Diese Symptome werden zudem häufig entweder ausschließlich auf die dabei auch häufigen körperlichen Erkrankungen zurückgeführt oder aber sowohl von den Ärzten als auch ihren Patienten und deren Angehörigen als Symptome des „normalen Alters“ betrachtet (Friedhoff et al. 1992).

Tabelle 1. Altersdepressionen: Klinik

Psychopathologie im Vergleich zu jüngeren Depressiven	Differentialdiagnose	Hinweise, die eher für eine Depression als für eine Demenz sprechen	Häufig assoziierte körperliche Erkrankungen
Mehr somatische Beschwerden	Demenz (z. B. SDAT)	Depressionen in der Vorgeschichte	Herz-Kreislauf-Erkrankungen
Mehr Klagen über kognitive Störungen	Trauerreaktion	Gleichzeitiger und relativ genau angegebener Beginn von Depression und Demenz	Endokrinologische Störung
Häufiger Gefühle von Hilflosigkeit	Dysthymie	Fehlendes Bemühen um soziale Unauffälligkeit, keine Konfabulationen	Infektionen
Mehr Agitation	Organische affektive Störung	Keine Störung von „höheren kortikalen Funktionen"	Rheumatische Erkrankungen
Erhöhte Reizbarkeit (insbesondere wenn sie eine Persönlichkeitsänderung darstellt)	Substanzmißbrauch	Keine Desorientiertheit	Chronische Schmerzen
	Medikamentennebenwirkung (z. B. Reserpin, β-Blocker, Digitalis, Hypnotika und Tranquilizer, Kortikosteroide)		Karzinome
			Schlaganfälle
			Elektrolytstörungen

Eigene Untersuchungen zur Früherkennung depressiver und dementieller Syndrome im Alter in Praxen niedergelassener Ärzte

Beispielhaft für das genannte Problem mag ein Teilergebnis einer im Frühjahr 1993 von uns und Mitarbeitern durchgeführten repräsentativen Umfrage bei 159 Ärzten (145 Hausärzte, 14 Nervenärzte; Teilnahmequote: 83,2%) im Raum Göttingen sein. Den Kollegen wurde eine Fallvignette vorgelegt und anschließend eine standardisierte Befragung dazu durchgeführt. Die Fallvignette schilderte eine 70jährige alleinlebende Frau, die seit 5 Jahren vewitwet ist und seit mehr als einem halben Jahr über progressive Gedächtnis- und Konzentrationsstörungen klagt. Sie berichtet außerdem, daß sie durch diese Beschwerden in ihren sozialen Kontakten beeinträchtigt sei. Bei der Frage nach der vermuteten wahrscheinlichen Diagnose gaben 34,4% der Hausärzte an, daß sie entweder keine Krankheit oder eine benigne Altersvergeßlichkeit vermuten würden, jeweils 11% vermuteten eine beginnende SDAT oder eine Depression, 36,6% eine vaskuläre Enzephalopathie, obwohl die Patientin keine zerebrovaskulären Risikofaktoren aufwies. Dieser Trend bestätigte sich bei Betrachtung der differentialdiagnostischen Überlegungen, in die die Primärdiagnose einbezogen war. Mehr als die Hälfte (55,8%) hielt es für möglich, daß die Patientin keine Krankheit hat oder unter einer benignen Altersvergeßlichkeit leidet, 36,6% dachten an eine SDAT und 40,7% an eine Depression, während 61,4% eine zerebrovaskuläre Störungsursache annahmen. Die kleine Gruppe befragter Nervenärzte dachte signifikant häufiger an eine Depression (78,6%) und nie daran, daß keine Krankheit vorliegen könnte (ausführlicher nachzulesen bei Stoppe et al. 1994). Diese und weitere Befunde der Studie belegen eine maßgebliche „Unterdiagnose" von Depressionen im Alter und von frühen Demenzen.

Klinische Differenzierung zwischen Demenz und Depression

Neuropsychologische Untersuchungen und Ratingskalen

Zumindest in der Frühdiagnose und im sog. „Screening" von Demenzerkrankungen haben sich Kurztests bewährt. Der gebräuchlichste ist der Mini-Mental-Status-Test (MMSE; Folstein et al. 1975), der insgesamt 30 Items zu Orientierung, Gedächtnis, Rechenfähigkeit und weiteren höheren kortikalen Funktionen aufweist. Dieser Test ist zwar nicht sehr sensitiv, weist jedoch eine nur geringe Zahl falsch-negativer Befunde auf, damit also eine relativ hohe Spezifität (Galasko et al. 1990; Folstein et al. 1975). Aufgrund einer nicht unerheblichen syndromatischen Überlappung zwischen Demenzen und Depressionen können auch im Rahmen von Depressionen und deren kognitiven Störungen auffällige Werte im MMSE auftreten, ebenso wie bei Demenzerkrankungen Depressionsskalen, wie z. B. die Hamilton-Depressionsskala (Hamilton 1967) oder die Montgomery-Asberg-Depressionsskala (Asberg et al. 1978) relativ hohe Werte erreichen können. Grundsätzlich sinnvoll ist deshalb auf jeden Fall ein multidimensionales Herangehen mit der Kombination von Demenz- und Depressionsskalen (Gurland 1982; Stoppe u. Staedt 1993).

Bei den neuropsychologischen Testverfahren ist der Tenor der entsprechenden Literatur im ehesten so zusammenzufassen, daß das Vorliegen von kortikal verminderten Störungen (Aphasien, visuokonstruktorische Apraxien, s. Abb. 1 und 2) eher für eine Demenz, das von subkortikalen Störungsmustern (Verlangsamung zerebraler Prozesse, Aufmerksamkeitsstörungen ···) eher zu einer Depression paßt. Bei subkortikalen dementiellen Syndromen dürften hier jedoch differentialdiagnostische Schwierigkeiten auftreten. Für die häufige SDAT oder auch VD jedoch mögen Tests, die z. B. Sprachfunktionen sowie visuokonstruktorische praktische Fähigkeiten untersuchen, eine hohe Sensitivität aufweisen (Faber-Langendoen et al. 1988; Masur et al. 1994; Storandt u. Hill 1989; Henderson et al. 1992). Bei den bisher wenigen systematischen Untersuchungen von kognitiven Störungen bei Depressionen fand sich zum einen eine positive Korrelation zwischen dem Ausmaß der Depression und des kognitiven Defizites (Cohen et al. 1982). Letzteres bestand insbesondere in Beeinträchtigungen von motivations- und aufmerksamkeitsabhängigen Aufgaben (Hart u. Kwentus 1987; Lauter u. Dame 1992) und einer

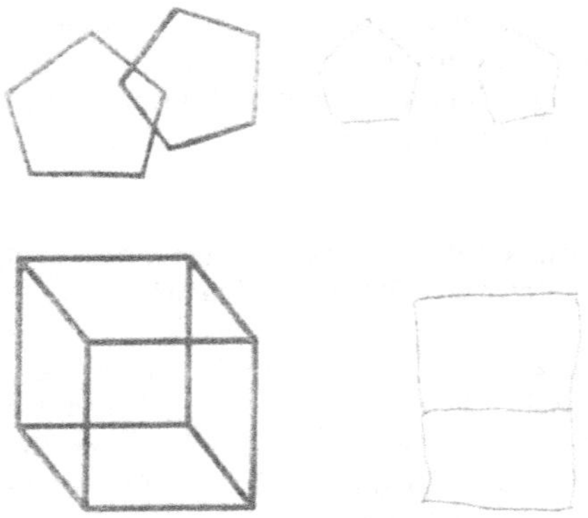

Abb. 1. Zeichen einer visuokonstruktorischen Apraxie bei seniler Demenz vom Alzheimer-Typ. Die geometrische Figur links sollte abgezeichnet werden

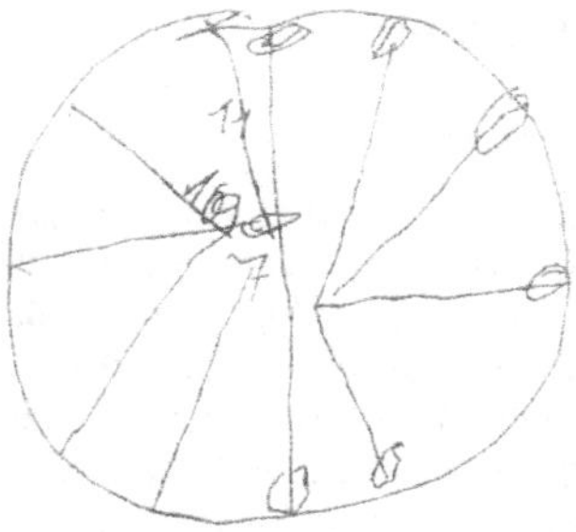

Abb. 2. Der "Clock-drawing-Test" bei einem Patienten mit milder seniler Demenz vom Alzheimer-Typ. Der Patient sollte das Zifferblatt einer Uhr zeichnen und die Zeiger auf 2.45 h stellen. Es besteht eine deutliche Apraxie

besonderen Beeinträchtigung kontrollierter Prozesse im Vergleich zu automatisierten Vorgängen (Miller 1975; Miller u. Seligman 1975; Caine 1981; Sternberg u. Jarvik 1976; Stromgren 1977).

Neurophysiologische Verfahren

Das Routine-EEG zeigt bei Depressionen in der Regel keinen pathologischen Befund, während bei dementiellen Erkrankungen über die Darstellung von Herdbefunden, Hinweisen auf metabolische Enzephalopathien und Krampfpotentiale wertvolle differentialdiagnostische Befunde dargestellt werden können. Problematisch ist jedoch die Frühdiagnose der SDAT, die sich in der Regel stets als Akzentuierung des normalen Alters-EEG darstellt, so daß ein wegweisender Befund aus dem EEG oft erst im Verlauf gewonnen werden kann (Celesia 1986; Soininen et al. 1982). Ähnliches gilt im Prinzip auch für die evozierten Potentiale (Übersicht s. Stoppe u. Staedt 1993).

Schlafpolygraphische Untersuchungen fanden deshalb im Rahmen der Differentialdiagnose von Demenz und Depression besondere Beachtung, weil sich bei Depressionen eine Verkürzung der Zeitspanne vom Einschlafen bis zur 1. REM-Phase (REM-Latenz) darstellte, während bei mäßig bis schweren Demenzen diese eher zunahm (Reynolds et al. 1985, 1986). Eine diagnostische Zuordnung allein über diesen Parameter gelang jedoch nur in knapp mehr als der Hälfte der Fälle. Andere Untersucher verwendeten Schlafentzüge, die bei depressiven Patienten tendenziell eher eine Verbesserung des Befindens und damit auch der Kognition erbrachten, während sich primär demente Patienten nicht veränderten oder eher verschlechterten (Reynolds et al. 1987; Letemendia et al. 1986). Im Vergleich zu ihrem Aufwand sind die entsprechenden Methoden jedoch wenig sensitiv für die jeweilige Diagnose.

Morphologische Untersuchungen mittels Magnetresonanztomographie (MRT) und kranialer Computertomographie (CT)

Untersuchungen mittels CT und MRT gehören heute zur Basisdiagnostik bei psychiatrischen Ersterkrankungen. Sie dienen dabei im wesentlichen zum Ausschluß behandelbarer bzw. operabler Ursachen, bei Demenzen und Depressionen z. B. subduraler Hämatome, Hydrozephali oder auch von lokalen Raumforderungen. Bei der SDAT finden sich generalisierte Atrophiezeichen im Bereich der inneren und äußeren Liquorräume,

wobei der Überlappungsbereich zu Normalkollektiven bei bis zu 30% liegt (Burns et al. 1991; Damasio et al. 1983; Jacoby et al. 1980 a, b; Drayer et al. 1985; Tanna et al. 1991; Seab et al. 1988). Problematisch insbesondere bei der Abgrenzung einer Depression zu einer frühen SDAT erweist sich, daß auch depressive Patienten eine im Vergleich zu Normalkollektiven ausgeprägtere innere und äußere Hirnatrophie aufweisen können (Jacoby et al. 1980 b, 1981, 1983; Pearlson et al. 1985; Abas et al. 1990). Einige Autoren berichten über atrophische Veränderungen des Vermis Cerebelli, die jedoch auch bei anderen psychiatrischen Erkrankungen beschrieben sind (Jeste et al. 1988; Morris u. Rapoport 1990). Fleckige periventrikuläre und subkortikale Dichteminderungen der weißen Substanz lassen sich differentialdiagnostisch kaum zuordnen, zumal sie sowohl in Gruppen mit SDAT, VD als auch mit Depression beschrieben wurden (Coffey et al. 1988, 1990; Fazekas et al. 1991; Schmidt 1992; Kozachuk et al. 1990). Etwa 20% der normalen Altersbevölkerung weist diese Läsionen auch auf (Erkinjuntti et al. 1987; Schmidt 1992). Neuere Untersuchungen, die atrophische Veränderungen des Hippocampus untersuchten, erzielten eine hohe (bis 95%) Sensitivität für die SDAT-Diagnose (Killiany et al. 1993; Scheltens et al. 1992; Willmer et al. 1993; DeLeon et al. 1993). Obwohl Vergleichsuntersuchungen bei Depressiven mit kognitiven Störungen noch nicht vorliegen, sind atrophischen Veränderungen entsprechender Größenordnung (30–50% Volumenverlust schon bei milden Fällen von SDAT) nicht zu erwarten, so daß ein entsprechender Befund eher für eine Demenz spricht.

Untersuchungen von Hirnstoffwechsel und Hirndurchblutung mit der Positronenemmissionstomographie (PET) und der Einzelphotonenemmissionstomographie (SPECT)

Da Hirndurchblutung, Glukosemetabolismus und Sauerstoffverbrauch bei degenerativen Demenzen und Depressionen sich parallel verändern, ergeben Untersuchungen des Hirnstoffwechsels mit 18-Fluordesoxyglukose (FDG) und der Positronenemmissionstomographie (PET) sowie der Hirndurchblutung mit 15-O und PET oder mit z. B. 99mTc-Hexamethylpropylenaminoxim (HMPAO) und der Einzelphotonenemmissionstomographie (SPECT) für die hier zur Diskussion stehenden Erkrankungen vergleichbare Befunde (Frackowiak et al. 1981). Letzteres Verfahren ist in nahezu jeder nuklearmedizinischen Abteilung durchführbar und billiger als die teure und derzeit ausschließlich Forschungszwecken vorbehaltene PET. Bei der SDAT zeigt sich typischerweise eine bilaterale, oft leicht asymmetrische, temporo-parieto-okzipitale Hypoperfusion (z. B. Perani et al. 1988; Tohgi et al. 1991; Launes et al. 1991) oder ein entsprechender Hypometabolismus (z. B. Kuhl et al. 1985; Heiss et al. 1991; Powers et al. 1992). In vielen Studien wird auch ein prädominant frontales Störungsmuster beschrieben, das allerdings zur Abgrenzung von anderen neurodegenerativen Erkrankungen (z. B. M. Pick) oder Depressionen dann weniger geeignet ist (Kuhl et al. 1985; Holman u. Devous 1992; Heiss et al. 1991; Rapoport 1991). Bei vaskulären Demenzen ist das Verteilungsmuster sehr unterschiedlich, von unauffällig bis unregelmäßig fleckförmig (z. B. Launes et al. 1991; Kuhl et al. 1985; Komatani et al. 1988). In Einzelfällen ist das Muster auch ähnlich zur SDAT (Duara et al. 1989; Miller et al. 1990), weil der parietookzipitale Kortex zur Wasserscheidenregion der zerebralen Blutversorgung gehört (Wodarz 1980). Für die Abgrenzung von Depressionen ist bedeutsam, daß diese zwar oft eine globale Reduktion des Hirnmetabolismus oder der -durchblutung aufweisen, aber keine typischen fokalen Störungen temporo-parieto-okzipital (z. B. Kuhl et al. 1985; Philpot et al. 1993; Upadhyaya et al. 1990; Curran et al.

1993; Sackeim et al. 1993). Viele Autoren beschreiben eine relative Hypofrontalität (Baxter et al. 1989; Yazici et al. 1992; Curran et al. 1993; Bench et al. 1992). Wir selbst und Mitarbeiter führten kürzlich Durchblutungsuntersuchungen (mit 99mTc-HMPAO und SPECT) an Patienten mit SDAT, depressiven Patienten mit kognitiven Störungen und gesunden Kontrollen durch, wobei klinische Routinebedingungen bestanden, d. h. die Patienten waren z. B. nicht medikamentenfrei. Wir konnten zeigen, daß die Gesamtdurchblutung der Depressiven zwischen der Kontroll- und der SDAT-Gruppe lag, also auch reduziert war, wenngleich nicht so ausgeprägt. Die Differenzierung zwischen Depressiven und Dementen gelang am besten über die Perfusionswerte im parietookzipitalen Kortex (Stoppe et al. 1995 b). Insgesamt ist der Schluß erlaubt, daß eine temporoparieto-okzipitale bilaterale Hypoperfusion immer hochverdächtig für das Vorliegen einer SDAT ist. In Kombination mit anderen Befunden, insbesondere z. B. der morphologischen Verfahren CT und MRT ist eine hohe diagnostische Sicherheit zu erwarten.

Einen wichtigen differentialdiagnostischen Beitrag könnten auch Aktivationsuntersuchungen liefern. Unterschiedliche Aktivationsverfahren führten bei depressiven Patienten stets zu einer Normalisierung des Hirnstoffwechsels (Warren et al. 1984; Schlegel et al. 1989), während sich bei SDAT-Patienten eine reduzierte Aktivierbarkeit (z. T. negativ korrelierend zum kognitiven Defizit) in psychologischen Aktivationsuntersuchungen (Miller et al. 1987; Kessler et al. 1991; Duara et al. 1992) und kürzlich auch auf den vasodilatatorischen Stimulus Acetazolamid fand (Stoppe et al. 1995 a). Bei VD kommt es zu einer Akzentuierung der Perfusionsinhomogenitäten unter Acetazolamidstimulation (Bonte et al. 1989; Knop et al. (1992). Vorbehaltlich weiterer noch notwendiger Studien könnten Aktivationsuntersuchungen die Differenzierung zwischen primär depressiven und primär dementiellen Syndromen erleichtern.

Therapeutische Grundsätze

Grundkrankheiten behandeln!

In Anbetracht der hohen somatischen Komorbidität bei depressiven Erkrankungen, der Abhängigkeit des Verlaufs vaskulärer Demenzen von der Einstellung zerebrovaskulärer Risikofaktoren und auch der delirogenen Potenz von systemischen Erkrankungen bei der SDAT (z. B. fieberhafte Infekte, schlecht eingestellter Diabetes mellitus) ist es zunächst einmal nötig, die Grundkrankheiten ausreichend zu behandeln. Hierzu gehört vor allen Dingen die Einstellung des Blutdrucks, des Blutzuckers und oft auch die Behandlung chronischer Infekte. Dabei ist zu beachten, daß der Altershochdruck nicht zu schnell gesenkt werden sollte, insbesondere was systolische Werte angeht, da sich die zerebrale Autoregulation nach langjährigem Hypertonus auf die entsprechend hohen Werte eingestellt hat und mit einer relativen zerebralen Hypoperfusion bei rascher Blutdrucksenkung zu rechnen ist.

Arzneimittelinteraktionen beachten!

Eine Vielzahl von Medikamenten kann die Hirnleistungsfähigkeit beeinträchtigen (z. B. Schlafmittel). Eine ebenfalls nicht unerhebliche Anzahl von Medikamenten kann depressionsauslösend wirken (z. B. β-Blocker).

Altersdepressionen: Pharmakotherapie - Grundsätze

- Indikation sichern,
- EKG vor Behandlungsbeginn,
- Auswahl eines Antidepressivums nach Nebenwirkungsspektrum, nach Wirkungsschwerpunkt,
- langsame Dosissteigerung, Höchstdosis individuell variabel,
- Dosisverteilung über den Tag überprüfen,
- ausreichende Behandlungsdauer (mindestens 6 Wochen),
- Kontrolluntersuchungen: Fragen nach Nebenwirkungen, Labor, EKG, RR, bei Risikopatienten: Augeninnendruck, Blasenfunktion.

Krankheitsspezifische Therapien

Krankheitsspezifische Therapien der (Alters-)Depression

In der Regel empfiehlt es sich, syndromorientiert psychopharmakologisch und psychotherapeutisch zu behandeln. Die psychotherapeutischen Möglichkeiten umfassen dabei z. B. die Bewältigung von Verlust und Trauerreaktionen, die Behandlung chronifizierter Partnerkonflikte, aber auch den Umgang mit veränderten sozialen Gegebenheiten und chronischen Krankheiten (Friedhoff et al. 1992; Fuchs et al. 1991; Bron 1992). Entspannungsverfahren wie das autogene Training oder die progressive Relaxation nach Jacobsen können auch im Alter psychovegetative Störungen und Schlafstörungen erfolgreich beheben.

Bezüglich der Psychopharmakotherapie zeigen Untersuchungen, daß Antidepressiva zu selten und zu niedrig dosiert eingesetzt werden, während die angstlösenden, aber nicht antidepressiv wirksamen Benzopdiazepine viel verordnet werden (König u. Breitner 1990). Wenn bestimmte Grundsätze eingehalten werden (s. obige Übersicht), können auch körperlich erkrankte Patienten antidepressiv behandelt werden (König u. Breitner 1990; Jenike 1987), zumal sich diese Behandlung auch positiv auf den Verlauf z. B. von Magengeschwüren und Schmerzsyndromen auswirken kann. Aus der Vielzahl von Antidepressiva sollte auf die Medikamente zurückgegriffen werden, die vom Nebenwirkungsspektrum her am besten geeignet sind. So sind die gut wirksamen klassischen trizyklischen Antidepressiva aufgrund ihrer zentralen (kognitive Störungen) und peripheren (Mundtrockenheit, Übelkeit, Verstopfung, Miktions- und Sehstörungen) anticholinergen sowie chinidinähnlicher kardialer Wirkungen oft problematisch. Am stärksten anticholinerg wirkt Amitriptylin (Saroten). Die tetrazyklischen Substanzen Maprotilin (Ludiomil) und Mianserin (Tolvin) und auch Trazodon (Thombran) sind kardial gut verträglich, ebenso wie auch Nortriptylin (Nortrilen), das insbesondere keine orthostatischen Probleme verursacht. Ist Sedierung erwünscht, sind Trimipramin (Stangyl), Trazodon oder Mianserin bevorzugt zu nennen. In Anbetracht ihrer Nebenwirkungsarmut (z. B. keine anticholinergen Effekte) und gleichguter Wirksamkeit sind Serotonin-Wiederaufnahmehemmer [Fluoxetin (beachte die mehrtägige Halbwertzeit) (Fluctin), Fluvoxamin (Fevarin), Paroxetin (Tagonis)] und auch Monoaminoxidasehemmer [Moclobemid (Aurorix), Tranylcypromin (Parnate)] heute eine sehr gute Alternative. Allgemein sollte die Dosierung vorsichtig bestimmt werden, weil die pharmakokinetischen Parameter im Alter variabler sind und bei häufiger Polypharmazie Medikamen-

teninteraktionen sehr ausgeprägt sein können und streng beachtet werden müssen (Norman 1993). Zusätzlich sorgen pharmakodynamische Effekte für eine generell höhere Empfindlichkeit alter Patienten für Nebenwirkungen. Die Behandlungsdauer sollte ausreichend lang gewählt werden (Norman 1993; Jenike 1987; Volz u. Möller 1994). Tritt das depressive Syndrom bei einer zugrundeliegenden Demenz oder einem zerebrovaskulären Prozeß auf, sollte die initiale Dosis geringer gewählt werden.

Krankheitsspezifische Therapien der senilen Demenz vom Alzheimer-Typ

Trotz vielfältiger intensiver Versuche ist bis jetzt kein Durchbruch in der Therapie der Alzheimer-Demenz zu verzeichnen. Kausale Therapieansätze fehlen, symptomatische, d. h. Stoffwechseldefizite korrigierende Behandlungsansätze, zeigten bisher in Studien zwar oft signifikante Verbesserungen, jedoch ließ sich die Diskussion über Kosten, Nutzen und Risiken dieser Behandlungen nicht einvernehmlich klären (Gottfries 1989). Dazu kommt, daß die in Deutschland zugelassenen Nootropika bisher kaum selektiv für die SDAT untersucht wurden, sondern entweder für „organische Psychosyndrome" oder „zerebrale Insuffizienz" oder für vaskuläre und Alzheimer-Demenzen zusammen. Soweit eine Differenzierung vorgenommen wurde, z. T. auch retrograd, ließ sich kein sicherer differentieller Therapieeffekt abgrenzen.

Krankheitsspezifische Therapien nichtkognitiver Störungen bei dementiellen Syndromen

Das in weiten Kreisen der Bevölkerung positiv attribuierte Gedächtnistraining ist zwar bei gesunden Alten wirksam, bei Dementen ist jedoch Skepsis angebracht. Analysen der bisherigen Studien zeigen, daß Erfolge dann zu erreichen sind, wenn das Training nicht nur die Speicherungs- sonder auch Abrufprozesse fördert, also mindestens dual ansetzt. Der Unterstützungsaufwand ist groß und steigt mit der Schwere der Demenz. Methoden, die sich auf gut erhaltene Funktionen (z. B. Motorik, Sensibilität bei der SDAT) stützen, sind anderen überlegen. Die Einbeziehung der Bezugspersonen hat sich für diese und die Patienten als erfolgreich erwiesen. Dennoch fehlen aussagekräftige Langzeituntersuchungen. Die Ansprechbarkeit scheint individuell sehr variabel zu sein (Bäckman 1992).

Krankheitsspezifische Therapien der vaskulären Demenz

Bezüglich der nootropen Wirksamkeit gilt das eben schon gesagte. Entscheidend für den Verlauf der vaskulären Demenz ist die Behandlung der Risikofaktoren, insbesondere des Hypertonus (Forette u. Boller 1991). Zusätzlich empfiehlt sich eine Thrombozytenaggregationshemmung mit Azetylsalizylsäure (Meyer et al. 1989) in einer gegenwärtig empfohlenen Dosierung von mindestens 100 mg/Tag. Eine klare Dosisempfehlung für Demenzen steht noch aus. Die höhere Gastrotoxizität von ASS im Alter muß berücksichtigt werden (Ranke et al. 1994).

Demenzen sind nicht nur eine Störung der Kognition, sondern – oft wesentlich belastender –, von Verhalten und Persönlichkeit. Typische Symptome sind Agitation, Schreien, Umherirren, Apathie und Depression, die jeweils bei mindestens einem Viertel der Patienten vorliegen (Teri et al. 1992; Friedland 1993). Bisher fehlen aussagekräftige

Behandlungsstudien weitgehend (Teri et al. 1992). In den wenigen Untersuchungen zeigte etwa $1/3$ der Patienten Besserung auf Neuroleptika, wobei Halluzinationen, Wahnsymptome und Agitation eher gut ansprachen, Schreien und Umherirren nicht (Devanand et al. 1988; Teri et al. 1992). Wichtig sind hier milieutherapeutische Maßnahmen, die den Patienten Struktur und Sicherheit vermitteln.

Demenzen: wichtige Therapiemaßnahmen

- konstantes, strukturiertes soziales Milieu,
- Beseitigung sozialer Isolierung,
- gute Pflege und Ernährung,
- aktivierende Maßnahmen für Geist und Körper,
- Behandlung von somatischen Begleiterkrankungen,
- Behandlung von Seh- und Hörstörungen,
- Überprüfung der Begleitmedikation,
- Behandlung von Depressionen und anderen Begleitsymptomen.

Eine große Rolle spielen sensorische Beeinträchtigungen der Patienten, denen soweit wie möglich Abhilfe verschafft werden sollte.

Die Auswahl des Neuroleptikums orientiert sich an dem Nebenwirkungsprofil. Das Auftreten von Wahnsymptomen läßt sich in der Regel mit niedrig dosierten hochpotenten Neuroleptika (z. B. Haloperidol) behandeln. Da ältere und hirnorganisch geschädigte Patienten eine erhöhte Neigung zur Entwicklung von Neuroleptika-induzierten Nebenwirkungen haben (Teri et al. 1992) empfiehlt es sich, die Behandlung stets intervallweise, möglichst niedrig dosiert und mit Absetzversuchen durchzuführen.

Schlafstörungen und Störungen des Tag-Nacht-Rhythmus sind ein diffiziles Problem. Hier gilt es zunächst eine klare Schlafanamnese zu erheben. Therapeutisch sind in erster Linie Verhaltensmaßnahmen zu treffen, insbesondere tagesstrukturierende und schlafhygienische Maßnahmen, d. h. ein regelmäßiger Tagesablauf (Aufsteh-, Essenzeit etc.) mit körperlicher Bewegung und Kontakt- und Beschäftigungsmöglichkeiten (Stoppe et al. 1992; s. obige Übersicht).

Diskussion

Frage: Sie haben sehr schön die Möglichkeiten der klinischen Differentialdiagnose und auch der apparativen Differentialdiagnose zwischen Depression und Demenz gezeigt. Wie sieht es mit den neuropsychologischen Möglichkeiten aus?

Antwort: Neuropsychologische Methoden sind dann sensibel, wenn es gelingt, Störungen höherer kortikaler Funktionen nachzuweisen, also typischerweise der Sprachfunktion und der sog. visuokonstruktiven Fähigkeit. Hier gibt es ja die üblichen Nachzeichen-Tests oder den Clock-Drawing-Test. Problematisch wird es dann, wenn man sog. subkortikale Demenzen hat, weil hier die Faktoren Verlangsamung und Antriebsstörung so unspezifisch sind, daß eine Zuordnung zu einem dementiellen oder depressiven Syndrom nur schwer möglich ist.

Frage: Sind anticholinerge Antidepressiva bei Demenzen tatsächlich kontraindiziert?

Antwort: Hierzu gibt es nur wenige Arbeiten. Grundsätzlich muß man die delirogene Potenz von anticholinergen Pharmaka im Auge behalten. Es gibt außerdem eine Reihe von Befunden, daß anticholinerge Antidepressiva die kognitive Funktion beeinträchtigen. Allerdings wurden diese Befunde wohl überwiegend nicht an alten Patienten durchgeführt. Nach meiner klinischen Erfahrung gehe ich schon davon aus, daß primär depressive Alterspatienten mit kognitiver Beeinträchtigung sich unter der Gabe von anticholinergen Antidepressiva erheblich kognitiv verschlechtern.

Kommentar: Es gibt auch hinsichtlich der Psychomotorik – abgesehen von den Untersuchungen zur Gedächtnisleistung – Befunde, die klar zeigen, daß z. B. SSRIs und Moclobemid Vorteile gegenüber stark potenten anticholinergen Antidepressiva aufweisen. Ich meine, warum soll man letztere Substanzen einsetzen, wenn es andere gibt – selbst wenn der in Frage stehende Zusammenhang bislang nicht gesichert ist.

Kommentar: Hinsichtlich der Differentialdiagnose der Altersdepression komme ich zu dem in mehreren Studien nachgewiesenen Befund, daß das Apo4-Allel bei der Alzheimer-Erkrankung in ca. 60% der Fälle auftritt, in Vergleichsgruppen bei ungefähr 5–20%. Markieren wir mit diesem genetischen Faktor vielleicht eine allgemeine neuronale Vulnerabilität und nichts Alzheimer-Spezifisches?

Frage: Sollte man nicht den Faktor Motivation/Motiviertsein stärker berücksichtigen? Bei Untersuchungen zu den Gedächtnisleistungen hat sich ja bei Vergleichsuntersuchungen zwischen Studenten und 60–65jährigen gezeigt, daß sich die Distanz der Ergebnisse erheblich verringert hat, wenn den Altersprobanden eine Ehrenurkunde in Aussicht gestellt wurde!

Antwort: Dies ist in der Tat sicherlich ein wichtiger Faktor. Allerdings muß man sagen, daß die etablierten Tests wie z. B. das Nürnberger Altersinventar durchaus für diese Altersgruppe standardisiert wurde.

Literatur

Abas MA, Sahakian BJ, Levy R (1990) Neuropsychological deficits and CT scan changes in elderly depressives. Psychol Med 20: 507–520

APA – American Psychiatric Association (1987) Diagnostic and Statistical Manual of Mental Disorders, 3rd ed. revised (DSM-III-R). American Psychiatric Association, Washington D.C. USA

Asberg M, Montgomery S, Perris C et al. (1978) Psychiatric rating scale for depression. Acta Psychiatr Scand Suppl 271: 5–27

Bäckman L (1992) Memory training and memory improvement in Alzheimer's disease Rules and exceptions. Acta Neurol Scand 139: 84–89

Baxter LR, Schwartz JM, Phelps ME et al. (1989) Reduction of prefrontal cortex glucose metabolism common to three types of depression. Arch Gen Psychiatry 46: 243–250

Bench CJ, Friston KJ, Brown RG et al. (1992) The anatomy of melancholia – focal abnormalities of cerebral blood flow in major depression. Psychol Med 22: 607–615

Berrios CE (1985) Pseudodementia or melancholic dementia: A nineteenth-century view. J Neurol Neurosurg Psychiatry 48: 393–400

Boller F, Lopez O, Moossy J (1989) Diagnosis of dementia: Clinicopathologic correlations Neurology 39 (1): 76–79

Bonte FJ, Devous MD, Reisch JS et al. (1989) The effect of acetazolamide on regional cerebral blood flow in patients with Alzheimer's disease or stroke as measured by single-photon emission computed tomography. Invest Radiol 24: 99-103

Borson S, Barnes RA, Kukull WA (1986) Symptomatic depression in elderly medical outpatients: I. Prevalence, demography and health service utilization. J Am Geriatr Soc 34: 341-347

Brodaty H, Peters K, Boyce P et al. (1991) Age and depression. J Affect Disord 23: 137-149

Bron B (1992) Depression und Suizidalität im Alter. Z Gerontol 25: 43-52

Burns A, Jacoby R, Levy R (1990) Psychiatric phenomena in Alzheimer's disease. III. Disorders of mood. Brit J Psychiatry 157: 81-86

Burns A, Jacoby R, Philpot M, Levy R (1991) Computerized tomography in Alzheimer's disease. Methods of scan analysis, comparison with normal controls, and clinical/radiological associations. Br J Psychiatry 159: 609-614

Busse E, Simpson D (1983) Depression and antidepressants in the elderly. J Clin Psychiatry 44: 35-49

Caine ED (1981) Pseudodementia. Arch Gen Psychiatry 38: 1359-1364

Celesia GG (1986) EEG and event-related potentials in aging and dementia. J Clin Neurophysiol 3: 99-111

Coffey CE, Figiel GS, Djang WT et al. (1988) Leukoencephalopathy in elderly depressed patients referred for ECT. Biol Psychiatry 24: 143-161

Coffey CE, Figiel GS, Djang WT et al. (1990) Subcortical hyperintensity on magnetic resonance imaging: a comparison of normal and depressed elderly subjects. Am J Psychiatry 147: 187-190

Cohen RM, Weingartner H, Smallberg SA et al. (1982) Effort and cognition in depression. Arch Gen Psychiatry 39: 593-597

Curran SM, Murray CM, van Beck M et al. (1993) A single photon emission computerised tomography study of regional brain function in elderly patients with major depression and with Alzheimer type dementia. Br J Psychiatry 163: 155-165

Damasio H, Eslinger P, Damasio A et al. (1983) Quantitative computed tomographic analysis in the diagnosis of dementia. Arch Neurol 40: 715-719

DeLeon MJ, Golomb J, George AE et al. (1993) The radiologic prediction of Alzheimer's disease: the atrophic hippocampal formation. Am J Neuroradiol 14: 897-906

Devanand DP, Sackeim HA, Mayeux R (1988) Psychosis, behavioral disturbance and the use of neuroleptics in dementia. Compr Psychiatry 29: 387-401

Drayer BP, Heyman A, Wilkinson W et al. (1985) Early-onset Alzheimer's disease: an analysis of CT findings. Ann Neurol 17: 407-410

Duara R, Barker W, Loewenstein D et al. (1989) Sensitivity and specificity of positron emission tomography and magnetic resonance imaging studies in Alzheimer's disease and multi-infarct dementia. Eur Neurol 29 (Suppl 3): 9-15

Duara R, Barker WW, Chang J et al. (1992) Viability of neocortical function shown in behavioural activation state PET studies in Alzheimer Disease. J Cereb Blood Flow Metab 12: 927-934

Erkinjuntti T, Ketonen L, Sulkava R et al. (1987) Do white matter changes on MRI and CT differentiate vascular dementia from Alzheimer's disease. J Neurol Neurosurg Psychiatry 50: 37-42

Faber-Langendoen K, Morris JC, Knesevich JW et al. (1988) Aphasia in senile dementia of the Alzheimer type. Ann Neurol 23: 365-370

Fazekas F, Schmidt R, Offenbacher H, Chawluk JB (1991) Magnetic resonance imaging hyperintensities in Alzheimer's disease. Arch Neurol 48: 468-469

Folstein MF, Folstein SE, McHugh PR (1975) "Mini-mental state". A practical method for grading the cognitive state of patients for the clinician. J Psychiatry Res 12: 189-198

Folstein SE, Abbott MH, Chase GA et al. (1983) The association of affective disorder with Huntington's disease in a case series and in families. Psychol Med 13: 537-542

Forette F, Boller F (1991) Hypertension and the risk of dementia in the elderly. Am J Med 90 (Suppl 3 A): 14-19

Frackowiak RSJ, Lenzi GL, Jones T, Heather JD (1980) Quantitative measurement of regional cerebral blood flow and brain metabolism in man using ^{15}O and positron emission tomography: theory, procedure, and normal values. J Comput Assist Tomogr 4: 727-736

Friedhoff A and the NIH Consensus Development Panel on Depression in Late Life (1992) Diagnosis and treatment of depression in late life. JAMA 168: 1018-1024

Friedland RP (1993) Epidemiology, education, and the ecology of Alzheimer's disease. Neurology 43: 246-249

Fuchs TA, Kurz A, Lauter H (1991) Die Zeitperspektive in der Behandlung depressiver älterer Patienten. Nervenarzt 62: 313-317

Galasko D, Klauber MR, Hofstetter CR et al. (1990) The mini-mental state examination in the early diagnosis of Alzheimer's disease. Arch Neurol 47: 49-52

Goldin S, MacDonald JE (1955) The Ganser State. J Ment Sci 101: 267

Gottfries CG (1989) Pharmacological treatment strategies in dementia disorders. Pharmacopsychiatry 22: 129–134

Greden JF (1991) Aging-glucocorticoid interactions and vulnerability to depression. Biol Psychiatry Suppl. 29: 60

Gurland B, Golden R, Challop J (1955) Unidimensional and multidimensional approaches to the differentiation of depression and dementia in the elderly. In: Corkin S (eds) Alzheimer's disease: A report of progress, vol 19. Raven, New York, pp 119–125

Hamilton M (1967) Development of a rating scale for primary depressive illness. Br J Social Psychol 6: 278–296

Hart RP, Kwentus JA (1987) Psychomotor slowing and subcortical-type dysfunction in depression. J Neurol Neurosurg Psychiatry 50: 1263–1266

Heiss WD, Kessler J, Szelies B et al. (1991) Positron emission tomography in the differential diagnosis of organic dementias. J Neural Transm 33 (Suppl): 13–19

Henderson VW, Buckwalter JG, Sobel E et al. (1992) The agraphia of Alzheimer's disease. Neurology 42: 776–784

Holman BL, Devous MD (1992) Functional brain SPECT: The emergence of a powerful clinical method. J Nucl Med 33: 1888–1904

Jacoby R, Levy R, Dawson J (1980 a) Computed tomography in the elderly 1. The normal population. Br J Psychiatry 136: 249–255

Jacoby R, Levy R, Dawson J (1980 b) Computed tomography in the elderly 2. Senile dementia: diagnosis and functional impairment. Br J Psychiatry 136: 256–269

Jacoby R, Levy R, Dawson J (1980 c) Computed tomography in the elderly 3. Affective disorder. Br J Psychiatry 136: 270–275

Jacoby R, Levy R, Dawson J, Bird J (1981) Computed tomography in the outcome of affective disorder: a follow-up of elderly patients. Br J Psychiatry 139: 288–192

Jacoby R, Dolan RJ, Levy R, Baldy R (1983) Quantitative computed tomography in elderly depressed patients. Br J Psychiatry 143: 124–127

Jenike MA (1989) Treatment of affective illness in the elderly with drugs and electroconvulsive therapy. J Geriatr Psychiatry 22: 77–112

Jeste DV, Lohr JB, Goodwin FK (1988) Neuroanatomical studies of major affective disorders. A review and suggestion for further research. Br J Psychiatry 153: 444–459

Katzman R (1976) The prevalence and malignancy of Alzheimer disease. Arch Neurol 33: 217–218

Kessler J, Herholz K, Grond M, Heiss WD (1991) Impaired metabolic activation in Alzheimer's disease: A PET study during continuous visual recognition. Neuropsychologia 29: 229–243

Killiany RJ, Moss MB, Albert MS et al. (1993) Temporal lobe regions on magnetic resonance imaging identify patients with early Alzheimer's disease. Arch Neurol 50: 949–954

Kivelä SL (1994) Depression and physical and social functioning in old age. Acta Psychiatr Scand Suppl 377: 73–76

Knop J, Thie A, Fuchs C et al. (1992) 99m Tc-HMPAO-SPECT with acetazolamide challenge to detect hemodynamic compromise in occlusive cerebrovascular disease. Stroke 23: 1733–1742

König HG, Breitner JCS (1990) Use of antidepressants in medically ill older patients. Psychosomatics 31: 22–32

Komatani A, Yamaguchi K, Sugai Y et al. (1988) Assessment of demented patients by dynamic SPECT of inhaled xenon-133. J Nucl Med 129: 1621–1626

Kozachuk WE, DeCarli C, Schapiro MB et al. (1990) White matter hyperintensities in dementia of Alzheimer's type and in healthy subjects without cerebrovascular risk factors. A magnetic resonance imaging study. Arch Neurol 47 (12): 1306–1310

Kral VA (1982) Depressive Pseudodemenz und Senile Demenz vom Alzheimer-Typ. Nervenarzt 53: 284–286

Kuhl DE, Metter EJ, Riege WH (1985) Patterns of cerebral glucose utilization in depression, multiple infarct dementia, and Alzheimer's disease. In: Sokoloff L (ed) Brain imaging and brain function. Raven Press, New York, pp 211–226

Kukull WA, Larson EB, Reifler BV et al. (1990) The validity of 3 clinical diagnostic criteria for Alzheimer's disease. Neurology 40: 1364–1369

Launes J, Sulkava R, Erkinjuntti T et al. (1991) ^{99}Tc^{m}-HMPAO-SPECT in suspected dementia. Nucl Med Commun 12: 757–765

Lauter H, Dame S (1992) Depressive disorders and dementia: the clinical view. Acta Psychiatr Scand 366: 40–46

Letemendia FJJ, Prowse AW, Southmayd SE (1986) Diagnostic applications of sleep deprivation. Can J Psychiatry 31: 731–736

Masur DM, Sliwinski M, Lipton RB et al. (1994) Neuropsychological prediction of dementia and the absence of dementia in healthy elderly persons. Neurology 44: 1427–1432

Mayeux R, Stern Y, Rosen J, Leventhal J (1981) Depression, intellectual impairment and Parkinson's disease. Neurology 31: 645–650

Meyer JS, Rogers RL, McClintic K et al. (1989) A randomized clinical trial of daily aspirin therapy in multi-infarct dementia. A pilot study. J Am Geriatr Soc 37: 549 - 555
McKhann G, Drachmann D, Folstein M et al. (1984) Clinical diagnosis of Alzheimer's disease: Report of the NINCDS-ADRDA work group under the auspices of Department of Health and Human Services Task Force on Alzheimer's disease. Neurology 34: 939 - 944
Miller BL, Mena I, Daly J et al. (1990) Temporal - parietal hypoperfusion with single - photon emission computerized tomography in conditions other than Alzheimer's disease. Dementia 1: 41 - 45
Miller JD, DeLeon MJ, Ferris SH et al. (1987) Abnormal temporal lobe response in Alzheimer's disease during cognitive processing as measured by 11C-2-deoxy-D-glucose and PET. J Cereb Blood Flow Metabol 7: 248 - 251
Miller WR (1975) Psychological deficit in depression. Psychol Bull 82: 238 - 260
Miller WR, Seligman MEP (1975) Depression and learned helplessness in man. J Abnorm Psychol 84: 228 - 238
Mindham RHS (1970) Psychiatric symptoms in Parkinsonism. J Neurol Neurosurg Psychiatry 33: 188 - 191
Mölsä PK, Paljärvi L, Rinne UK, Säkö E (1985) Validity of clinical diagnosis in dementia: a prospective clinicopathological study. J Neurol Neurosurg Psychiatry 48: 1085 - 1090
Morris P, Rapoport SI (1990) Neuroimaging and affective disorder in late life: A review. Can J Psychiatry 35: 347 - 354
Norman TR (1993) Pharmakokinetics aspects of antidepressant treatment in the elderly. Prog Neuro Psychopharmacol Biol Psychiatry 17: 329 - 344
Pearlson GD, Garbacz DJ, Moberg PJ et al. (1985) Symptomatic, familial, perinatal and social correlates of computerized axial tomography (CAT) changes in schizophrenics and unipolars. J Nerv Ment Dis 173: 42 - 50
Perani D, Di Piero V, Vallar G et al. (1988) Technetium-99m HMPAO-SPECT Study of regional cerebral perfusion in early Alzheimer's disease. J Nucl Med 29: 1507 - 1514
Philpot MP, Banerjee S, Needham-Bennett H et al. (1993) ^{99m}Tc-HMPAO single photon emission tomography in late life depression: A pilot study of regional cerebral blood flow at rest and during a verbal fluency task. J Affect Disord 28: 233 - 240
Powers WJ, Perlmutter JS, Videen TO et al. (1992) Blinded clinical evaluation of positron emission tomography for diagnosis of probable Alzheimer's disease. Neurology 42: 765 - 770
Rabins P, Merchant A, Nestadt G (1984) Criteria for diagnosing reversible dementia caused by depression. Br J Psychiatry 144: 488 - 492
Ranke C, Creutzig A, Alexander K (1994) Acetylsalicylsäure bei arteriellen Durchblutungsstörungen. Welche Dosierung bei welcher Indikation?. Dtsch Med Wochenschr 119: 815 - 821
Rapoport SI (1991) Positron emission tomography in Alzheimer's disease in relation to disease pathogenesis: a critical review. Cerebrovasc Brain Metabol Rev 3: 297 - 335
Reynolds CFIII, Kupfer DJ, Taska LS (1985) EEG sleep in elderly depressed, demented and healthy subjects. Biol Psychiatry 20: 431 - 442
Reynolds CFIII, Kupfer DJ, Hoch CC et al. (1986) Two-Year follow-up of elderly patients with mixed depression and dementia. Clinical and electroencephalographic sleep findings. J Am Geriatr Soc 34: 793 - 799
Reynolds CFIII, Kupfer DJ, Hoch CC et al. (1987) Sleep deprivation as a probe in the elderly. Arch Gen Psychiatry 44: 982 - 992
Roman GC, Tatemichi TK, Erkinjuntti T et al. (1993) Vascular dementia: Diagnostic criteria for research studies. Report of the NINDS-AIREN International Workshop. Neurology 43: 250 - 260
Sackeim HA, Prohovnik I, Moeller JR et al. (1993) Regional cerebral blood flow in mood disorders. II. Comparison of major depression and Alzheimer's disease. J Nucl Med 34: 1090 - 1101
Scheltens P, Leys D, Barkhof F et al. (1992) Atrophy of medial temporal lobes on MRI in "probable" Alzheimer's disease and normal ageing: diagnostic value and neuropsychological correlates. J Neurol Neurosurg Psychiatry 55: 967 - 972
Schlegel S, Aldenhoff JB, Eissner D et al. (1989) Regional cerebral blood flow in depression: Associations with psychopathology. J Affect Disord 17: 211 - 218
Schmidt R (1992) Comparison of magnetic resonance imaging in Alzheimer's disease, vascular dementia and normal aging. Eur Neurology 32: 164 - 169
Seab JP, Jagust WJ, Wong STS et al. (1988) Quantitative NMR measurements of hippocampal atrophy in Alzheimer's disease. Magn Reson Medicine 8: 200 - 208
Soininen A, Partanen VJ, Helkala EL, Riekkinen PJ (1982) EEG findings in senile dementia and normal aging. Acta Neurol Scand 65: 59 - 70
Starkstein SE, Robinson RG (1989) Affective disorders and cerebral vascular disease. Br J Psychiatry 154: 170 - 182
Sternberg DE, Jarvik ME (1976) Memory functions in depression. Arch Gen Psychiatry 33: 219 - 224

Stoppe G, Staedt J (1993) Die frühe diagnostische Differenzierung primär dementer von primär depressiven Syndromen im Alter – ein Beitrag zur Pseudodemenzdiskussion. Fortschr Neurol Psychiatr 61: 172–182

Stoppe G, Staedt J, Knehans A, Rüther E (1992) Schlaf im Alter. Dtsch Med Wochenschr 117: 1326–1332

Stoppe G, Sandholzer H, Staedt J et al. (1994) Diagnosis of dementia in primary care: results of a representative survey in Lower Saxony, Germany. Eur Arch Psychiatry Clin Neurosci 244: 178–283

Stoppe G, Schütze R, Kögler A et al. (1995 a) Cerebrovascular reactivity to acetazolamide in senile dementia of Alzheimer's type: relationship to disease severity. Dementia 6: 73–82

Stoppe G, Staedt J, Kögler A et al. (1995 b) 99m Tc-HMPAO-SPECT in the diagnosis of senile dementia of Alzheimer's type – a study under clinical routine conditions. J Neural Transm (Gen Sect) 99: 195–211

Storandt M, Hill RD (1989) Very mild dementia of the Alzheimer type: psychometric test performance. Arch Neurol 46: 383–386

Stromgren LS (1977) The influence of depression on memory. Acta Psychiatr Scand 56: 109–128

Tanna NK, Kohn MI, Horwich DN et al. (1991) Analysis of brain and cerebrospinal fluid volumes with MRI imaging: Impact on PET data correction for atrophy. Part II. Aging and Alzheimer's dementia. Radiology 178: 123–130

Teri L, Rabins P, Whitehouse P et al. (1992) Management of behavior disturbance in Alzheimer disease: Current knowledge and future directions. Alzheimer Dis Assoc Disord 6: 77–88

Tierney MC, Fisher RH, Lewis AJ et al. (1988) The NINCDS-ADRDA work group criteria for the clinical diagnosis of probable Alzheimer's disease: A clinicopathologic study of 57 cases. Neurology 38: 359–364

Tohgi H, Chiba K, Sasaki K et al. (1991) Cerebral perfusion patterns in vascular dementia of Binswanger type compared with senile dementia of Alzheimer type: A SPECT study. J Neurol 238: 365–370

Tomlinson BE, Blessed G, Roth M (1970) Observations on the brains of demented old people. J Neurol Sci 11: 205–242

Upadhyaya AK, Abou-Saleh MT, Wilson K et al. (1990) A study of depression in old age using single photon emission computerised tomography. Br J Psychiatry 157 (Suppl 9): 76–81

Volz HP, Möller HJ (1994) Antidepressant drug therapy in the elderly – A critical review of the controlled clinical trials conducted since 1980. Pharmacopsychiatry 27: 93–100

Warren LR, Butler RW, Katholi CR et al. (1984) Focal changes in cerebral blood flow produced by monetary incentive during a mental mathematical task in normal and depressed subjects. Brain Cognition 3: 71–85

Willmer J, Carruther A, Guzman DA et al. (1993) The usefulness of CT scanning in diagnosing dementia of the Alzheimer type. Can J Neurol Sci 20: 210–216

Wodarz R (1980) Watershed infarctions and computed tomography. A topographical study in cases with stenosis or occlusion of the carotid artery. Neuroradiology 19: 245–248

WHO – World Health Organization (1991) Tenth Revision of the International Classification of diseases, Chapter V (F): Mental and Behavioural Disorders (including disorders of psychological development). Clinical Descriptions and Diagnostic guidelines. WHO

Yazici KM, Kapucu Ö, Erbas B et al. (1992) Assessment of changes in regional cerebral blood flow in patients with major depression using the ^{99m}Tc-HMPAO – single photon emission tomography method. Eur J Nucl Med 19: 1038–1043

Arzneimittelsicherheit von Medikamenten

Klinische Bedeutung von Plasmaspiegelbestimmungen bei Pharmaka in der Neurologie

W. Kuhn

Das Spektrum an Möglichkeiten zur medikamentösen Behandlung neurologischer Erkrankungen hat sich in den letzten 10–15 Jahren erheblich erweitert. In zunehmendem Maße hat auch die Frage nach der optimalen Dosierung von Medikamenten an Bedeutung gewonnen. Dies gilt insbesondere bei fehlender oder geringer Korrelation zwischen applizierter Dosis und klinischer Wirkung oder bei Medikamenten mit geringer therapeutischer Breite. In diesen Fällen kann die Bestimmung der Konzentration dieser Substanzen im Plasma („Plasmaspiegel") sinnvoll sein. Voraussetzung ist jedoch eine enge Korrelation zwischen dem Plasmaspiegel und der klinischen Wirkung eines Pharmakons. Das therapeutische Monitoring kann die Effektivität der Pharmakotherapie verbessern, Nebenwirkungen verringern und somit insgesamt die Arzneimittelsicherheit erhöhen.

Indikationen für Plasmaspiegelbestimmungen in der Neurologie ergeben sich insbesondere in der Therapie von Epilepsien, bei M. Parkinson und in seltenen Fällen bei Myasthenia gravis.

Therapeutisches Monitoring bei neurologischen Erkrankungen

M. Parkinson
  z. B. Levodopa, 3-O-Methyldopa
Epilepsien
  z. B. Phenytoin, Carbamazepin, Valproinsäure
Myasthenia gravis
  z. B. Cyclosporin, Cholinesterasehemmer

Während sich die routinemäßige Bestimmung von Antiepileptikaspiegeln insbesondere auch im ambulanten Bereich durchgesetzt hat, ist im Gegensatz dazu das Monitoring von Levodopa im Plasma bei M. Parkinson z. Zt. nur in wenigen Spezialabteilungen durchführbar. Insbesondere in späteren Phasen der Parkinson-Krankheit kann mit Hilfe dieser Plasmaspiegelbestimmungen häufig eine zeitsparende Optimierung der Therapie erreicht werden. In seltenen Fällen kann ein therapeutisches Monitoring auch bei Myasthenia gravis hilfreich sein. Dies gilt insbesondere für die Einnahme von Cyclosporin bei Vorliegen einer Azathioprinunverträglichkeit. Die Langzeittherapie sollte sich am Blutspiegel orientieren, der zwischen 100–200 µg/ml liegen sollte. Auch die Effektivität von Cholinesterasehemmern kann insbesondere bei fehlender oder mangelhafter Response von myasthenen Syndromen bzw. schlechter klinischer Unterscheidbarkeit zwischen myasthener und cholinerger Krise durch eine Plasmaspiegelbestimmung überprüft werden. Die klinische Bedeutung des therapeutischen Monitorings bei Epilepsien und bei M. Parkinson soll im folgenden ausführlicher dargestellt werden.

Plasmaspiegelbestimmung von Antiepileptika

In den meisten klinischen Studien konnte nur eine relativ niedrige Korrelation zwischen der applizierten Dosis eines Antiepileptikums und dem entsprechenden Plasmaspiegel nachgewiesen werden (Hooper et al. 1974; Travers et al. 1972). Dagegen fand sich vielfach ein enger Zusammenhang von Plasmaspiegeln und klinischer Wirkung. So konnte gezeigt werden, daß mit steigendem Plasmaspiegel eine verbesserte Anfallskontrolle erreicht werden kann. Bei Patienten mit sehr hohen Antiepileptikakonzentrationen im Plasma fanden sich zudem gehäuft Zeichen einer beginnenden Intoxikation (Hvidberg 1985; Morselli u. Franco-Morselli 1980; Krämer 1989). Auf der Basis dieser Erkenntnisse über die Zusammenhänge zwischen Dosis, Plasmaspiegel, klinischer Wirkung und Nebenwirkungen wurde das Konzept des therapeutischen Bereiches entwickelt. Man versteht darunter diejenige Plasmakonzentration, bei der für die meisten Patienten eine gute Wirkung ohne nennenswerte Nebenwirkungen zu erwarten ist (Penry 1986). Je nach klinischer Studie werden in der Literatur unterschiedliche therapeutische Bereiche angegeben. Für Carbamazepin beispielsweise schwanken die Werte zwischen 1–4 (Aird u. Woodbury 1974) und 8–12 mg/l (Troupin 1977). Diese erheblichen Unterschiede resultieren letztlich aus einer Vielzahl von Einflußfaktoren, wie z. B. aktuelle klinische Anfallsbereitschaft, Anfallstyp, Zuverlässigkeit der Bestimmungsmethode, Medikamenteninteraktionen, Begleitkrankheiten, der Entwicklung von Toleranz und dem Auftreten antikonvulsiv wirksamer Metaboliten (Fröscher 1987). Aufgrund der erheblichen individuellen Variabilität sollten deshalb die im klinischen Alltag verwendeten Unter- bzw. Obergrenzen der therapeutischen Bereiche einzelner Pharmaka nur als Richtwerte angesehen werden. Beispielsweise sollten „zu niedrige" Plasmaspiegel nur dann zu einer Dosiserhöhung führen, wenn keine sichere Anfallsfreiheit besteht oder eine mangelnde Compliance auszuschließen ist. In letzterem Falle können bei regelmäßiger Einnahme Intoxikationen induziert werden. Andererseits gibt es aufgrund klinischer Erfahrung keine Plasmakonzentration, die generell eine Dosissteigerung nicht zulassen würde (Krämer 1989). Die Notwendigkeit von Plasmaspiegelbestimmungen wird im wesentlichen durch klinische Probleme und Fragestellung bestimmt. Die folgende Übersicht faßt die wichtigsten Indikationen für ein therapeutisches Drug Monitoring bei Antiepileptika zusammen.

Indikationen zur Plasmaspiegelbestimmung von Antiepileptika. (Nach Choonara u. Rane 1990)

- Therapieresistenz,
- unregelmäßige Einnahme bei mangelnder Compliance,
- Verdacht auf Intoxikation,
- Status epilepticus,
- Kontrolle 2–4 Wochen nach Therapiebeginn,
- Kombinationstherapie von 2 oder mehr Antiepileptika,
- Schwangerschaft,
- Internistische Erkrankungen (z. B. Fieber, Störungen der Leber- und Nierenfunktion
- Wechsel auf Generika,
- Dosisreduktion bei Anfallsfreiheit.

Insbesondere beim Auftreten von Nebenwirkungen und bei fehlender therapeutischer Wirksamkeit kann auf die Bestimmung von Plasmaspiegeln nicht verzichtet werden. Dabei ist nach einer Dosisänderung die Zeit bis zum Erreichen des "steady state" unbedingt abzuwarten. Im allgemeinen sind dazu 5 Halbwertzeiten des jeweiligen

Medikaments notwendig, wie z. B. 2–3 Tage für Valproinsäure oder 2–3 Wochen für Phenobarbital (Krämer 1989). Bei Antiepileptika mit kurzer Halbwertszeit sollten die Blutabnahmen unmittelbar vor Einnahme der morgendlichen Dosis erfolgen. Wegen der teilweise erheblichen Tagesschwankungen, insbesondere bei Medikamenten mit kurzer Halbwertszeit, kann auch die Messung von mehreren Plasmakonzentrationen pro Tag sinnvoll sein. Zusammenfassend bleibt festzuhalten, daß Plasmaspiegel nie ohne Berücksichtigung klinischer Gesichtspunkte interpretiert und daraus resultierend die entsprechenden therapeutischen Bereiche nicht überbewertet werden sollen.

Plasmaspiegelbestimmung von Levodopa

Die medikamentöse Applikation von Levodopapräparaten in Kombination mit einem peripheren Dopa-Decarboxylasehemmer gilt seit mehr als 20 Jahren als Goldstandard der Parkinson-Therapie. Die Resorption von Levodopa findet vor allem im Duodenum durch ein aktives Transportsystem statt und ist von Dosis, Mahlzeiten, Galenik, Magenmotilität und der medikamentösen Begleittherapie abhängig. Levodopa wird mit einer Plasmahalbwertzeit von ca. 60–90 min. nach peroraler Applikation in einem „biphasischen" Verlauf aus dem Plasma eliminiert. Die erste Eliminationsphase hat eine Halbwertzeit von 5–10 min. und ist bedingt durch die Levodopaverteilung im Gewebe. Die zweite Phase der Levodopaelimination wird durch den metabolischen Abbau bestimmt und durch Dopa-Decarboxylasehemmer nur geringfügig verzögert (Nutt 1987 a). Levodopa passiert im Gegensatz zu Dopamin ausreichend die Blut-Hirn-Schranke.

Im Frühstadium des M. Parkinson kann bei ca. 80 % aller Patienten durch Gabe von Levodopa/Benserazid o. Carbidopa eine deutliche Besserung der klinischen Symptomatik erreicht werden. Die Progredienz des Krankheitsprozesses kann dadurch jedoch nicht verhindert werden, so daß bei 60 % der Patienten bereits innerhalb von 4–6 Jahren ein Nachlassen der Levodopawirkung zu beobachten ist. Neben einer allmählichen Verschlechterung der klinischen Symptomatik kommt es in zunehmendem Maße zu Wirkungsschwankungen im Tagesverlauf (motorische Fluktuationen; s. Übersicht).

Motorische Fluktuationen bei M. Parkinson. (Nach Hardie et al. 1984)

Hypokinetisch	"Freezing"-Phänomen "Early-morning"-Akinese "Wearing-off"-Akinese paroxysmales "on-off" "Akinetische Krise"
Hyperkinetische	"Peak-dose"-Dyskinesen "Biphasische"-Dyskinesen
Hypoton	"Early-morning"-Dystonie "End-of-dose"-Dystonie "Peak-dose"-Dystonie

Die Fluktuationsphänomene können, abhängig von ihrem Auftreten in Bezug zur Medikamenteneinnahme, in zwei Gruppen eingeteilt werden: Bei vorhersehbaren Wirkungsschwankungen besteht ein enger Zusammenhang zwischen der Levodopadosierung und dem Auftreten dieser motorischen Schwankungen ("Wearing-off"- und "end-of-dose"-Akinese, "Peak-dose"-Dyskinese u. a.). Die Mehrzahl dieser Phänomene kann

durch Reduktion der Dosierungsintervalle, die Beseitigung von Resorptionsstörungen nach Mahlzeiten oder Erhöhung der Levodopadosen beseitigt werden. Die Ätiologie und Pathogenese dieser vorhersehbaren Phänomene ist noch unklar. Möglicherweise sind Veränderungen der zentralen Pharmakodynamik bzw. -kinetik von Bedeutung. In den Frühphasen des Parkinson-Syndroms kann das oral eingenommene Levodopa intrazerebral in den noch verbliebenen dopaminergen nigrostriatalen Neuronen in wirksames Dopamin umgewandelt, in präsynaptischen Vesikeln gespeichert und bedarfsgerecht durch Stimulation der dopaminergen Neurone freigesetzt werden. Mit fortschreitender Degeneration der dopaminergen Neurone in der Substantia nigra verändert sich progredient die Speicherung für Dopamin von intra- nach extraneuronal. Die Folge ist, daß nach der oralen Einnahme von Levodopa die Schwankungen des Blutspiegels sich direkt in Schwankungen der Konzentration von Dopamin im synaptischen Spalt umsetzen. Nach der Medikamenteneinnahme können somit kurzfristig Hyperkinesen entstehen. Mit dem Abfluten des Blutspiegels erfolgt dann der Übergang in die Akinese.

Plötzliche Wirkungsschwankungen ohne erkennbare Beziehung zur Levodopadosierung (z. B.: paroxysmales "on-off", "Freezing") werden als unvorhersehbare Fluktuationen bezeichnet (Melamed et al. 1986; Kurlan et al. 1988). Häufig ist selbst durch eine intensive Untersuchung von Medikationsformen, Mahlzeiten und Magen-Darm-Störungen keine Erklärung für diese motorischen Schwankungen zu finden. Neben den häufig diskutierten postsynaptischen Rezeptorveränderungen ist in Einzelfällen auch eine mögliche Verdrängung von Levodopa durch große neutrale Aminosäuren, wie z. B. Phenylalanin, Tyrosin oder 3-O-Methyldopa (3-OMD), am gemeinsamen Transportsystem der Blut-Hirn-Schranke nicht auszuschließen (Nutt et al. 1987b; Wade u. Katzman 1975). Im Gegensatz dazu vermuten andere Autoren (Baas et al. 1993; Deleu et al. 1991) bei unvorhersehbaren Wirkungsschwankungen eine Kombination von "End-of-dose"-Akinesen und Levodoparesorptionsstörungen aufgrund von veränderten Magenentleerungsgeschwindigkeiten.

Tabelle 1. Entwicklungsstadien motorischer Fluktuationen

Klinische Wirkung	Levodopadosis	Levodopaspiegel
1. Gute Mobilität	+[a]	+
2. Beginnende Fluktuationen	+	+
3a. "End-of-dose"-Akinese	+/−	+
b. Paroxysmales "on-off"	−	+/−
4. Akinetische Krise	−	−
5. Akinetischer Endzustand	−	−

[a] Positive (+) und fehlende (−) Korrelation.

Tabelle 1 gibt einen Überblick über die Entwicklungsstadien der Parkinson-Krankheit. In frühen Stadien findet sich im allgemeinen eine gute Korrelation zwischen der Einnahme von Levodopa und dem Auftreten einer zufriedenstellenden klinischen Wirkung. Beobachtet man in Einzelfällen keinen oder nur einen schwachen klinischen Effekt, sollten Resorptionsstörungen als mögliche Ursache durch Levodopamonitoring ausgeschlossen werden. Dies ist insbesondere dann sinnvoll, wenn nach subkutaner Applikation des Dopaminagonisten Apomorphin eine Besserung der motorischen Störungen

aufgetreten war. Kommt es in späteren Phasen der Erkrankung zu einer nachlassenden Wirkung oder treten motorische Fluktuationen ohne zeitlichen Zusammenhang zur Medikamenteneinnahme auf, ist zur weiteren Klärung der möglichen Ursache die Durchführung eines Levodopatagesprofils unabdingbar. Bei gleichzeitiger Mitbestimmung von 3-OMD können auch mögliche Konkurrenzphänomene an der Blut-Hirn-Schranke untersucht werden.

Die wichtigsten Indikationen zur Durchführung eines therapeutischen Monitorings bei M. Parkinson sind in nachfolgender Übersicht zusammengefaßt,

Indikationen zur Plasmaspiegelbestimmung von Levodopa

- Therapieresistenz nach Levodopagabe,
- zum Ausschluß von Resorptionsstörungen bei vorhersehbaren Fluktuationen,
- unvorhersehbare Fluktuationen (paroxysmales "on-off"),
- verminderter motorischer Response beim Wechsel auf andere Levodopapräparate (z. B. Generika, Retardformulierungen),
- akinetische Krisen.

Levodopaplasmaprofile erfordern einen hohen Zeitaufwand für die gleichzeitige Durchführung von motorischen Tests bzw. Blutabnahmen und die anschließende Probenanalyse mittels HPLC. In vielen Fällen sind Tagesprofile über 6–10 h zur Differenzierung verschiedener Ursachen von motorischen Störungen unvermeidbar, zumal bei einigen Patienten durchaus sowohl vorhersehbare als auch unvorhersehbare Fluktuationen im Tagesverlauf auftreten können. Es erscheint verständlich, daß dieser intensive Aufwand von einigen Patienten als belastend empfunden wird. Trotzdem bleibt festzuhalten, daß unter stationären Bedingungen auf die Bestimmung von Levodopaplasmaspiegeln als wertvolles Hilfsmittel zur Unterscheidung peripherer und zentraler Fluktuationsursachen nicht verzichtet werden sollte.

Diskussion

Frage: Im klinischen Alltag ist sicherlich die Korrelation zwischen dem L-Dopa-Plasmaspiegel und den motorischen Befunden gut gegeben. Wie verhält es sich aber im Akutfall? Angenommen, ein Patient wird mit einer akinetischen Krise stationär aufgenommen, oder er befindet sich im Off-Zustand: Welchen Plasmaspiegel kann man in dieser Situation heranziehen, um eine Aussage über den zentral zu vermutenden Gehalt von L-Dopa zu bekommen?

Antwort: Wenn man L-Dopa oral gibt, kann man sehen, ob die Substanz schnell anflutet oder ob eine Verzögerung der Resorption besteht. Man wird dies in einer Akutsituation wohl kaum so durchführen, weil die akute Therapiebedürftigkeit im Vordergrund steht. Da stehen andere Möglichkeiten der Therapie zur Verfügung, beispielsweise die Apomorphinpumpe, die sehr schnell zu einer Verbesserung der Motorik führt. Ich sehe die Indikation zur L-Dopa-Spiegelbestimmung eher nicht im Akutbereich, sondern bei Patienten, die schon verschiedene Medikamente erhalten haben, auch schon in angepaßter Dosierung, und die auf diese Medikamente nicht gut ansprechen.

Anmerkung: Ich erinnere mich an einige Epilepsiepatienten mit Carbamazepin, die unter steigend höheren Blutspiegeln wieder mehr Anfälle bekommen haben. Andererseits hatte ich einige Patienten mit Diphenylhydantoin behandelt in einer sehr niedrigen Dosis, die auch sehr niedrige Serumspiegel hatten. Diese Patienten waren unter dieser niedrigen Dosierung über Jahre anfallsfrei. Man hat dann die Medikamente abgesetzt, und prompt haben die Patienten wieder Anfälle bekommen.

Frage: Sie haben bei den Antiepileptika die klinische Bedeutung der Plasmaspiegelbestimmung hervorgehoben. Ich stimme Ihnen zu. Wie würden Sie aber inverse Reaktionen bewerten unter einer Kombinationstherapie? Wir beobachten diese gerade beim Einsatz von Lamotrigin.

Antwort: Solche Interaktionen sind bekannt. Man kann nicht mit Sicherheit vorhersagen, welches Präparat zum Anstieg oder Sinken des Serumspiegels eines anderen Medikamentes führt. Es gibt natürlich gewisse Erfahrungswerte, aber gerade beim Lamotrigin existiert zur Zeit noch kein vernünftiger therapeutischer Bereich der Plasmaspiegel.

Frage: Sie haben auf einem Bild sehr anschaulich gezeigt, wie schnell L-Dopa bei den Parkinson-Patienten resorbiert wird, wie schnell es dann aber auch abfällt und welche motorischen Phänomene dann nach kurzer Zeit wieder auftreten. Ist es nicht sinnvoll, bei diesen schwierigen Patienten über einige Tage ein Spiegelprofil aufzustellen? Ich frage aus der Sicht des Versorgungskrankenhauses, weil diese Mittel ja auch sehr teuer sind. Sehen Sie eine Indikation für Spiegelbestimmungen über mehrere Tage?

Antwort: Es wäre sicherlich bei manchen Patienten sinnvoll, ein solches Profil zu bestimmen. Nicht an jedem Tag herrschen die gleichen äußeren Bedingungen vor, und Patienten können an verschiedenen Tagen unterschiedlich ansprechen. Möglicherweise spielen auch Nahrungseinflüsse eine Rolle oder emotionale Faktoren. Andererseits ist ein Ganztagesprofil eine erhebliche Belastung für den Patienten. Man muß sehr viel Blut abnehmen, im Fall des L-Dopa viertelstündlich über zwei Stunden nach L-Dopa-Einnahme.

Frage: Sie haben unterschieden zwischen vorhersehbaren und nicht vorhersehbaren motorischen Fluktuationen beim Morbus Parkinson. Es ist ja doch recht überraschend, daß es auch eine Kombination gibt zwischen nicht vorhersehbaren Fluktuationen mit dem L-Dopa-Spiegel. Es widerspricht eigentlich der Definition. Eine zweite Frage: Was gibt es für praktische Tips? Haben Sie einmal versucht, eine ungünstige Resorption bei Ihren Patienten therapeutisch zu beeinflussen? Gibt es eine Diät, die die Resorption begünstigt?

Antwort: Ich kann im Einzelfall nicht mehr sagen, wie wir therapeutisch reagiert haben. Natürlich wird man versuchen, die Ursache einer Resorptionsstörung festzustellen. Ich kann mich bei diesen untersuchten Patienten nicht daran erinnern, ob wir eine Ursache gefunden haben. Einen Einfluß der Nahrungsmittel konnte man aber ausschließen. Es müssen andere Faktoren von Bedeutung gewesen sein, z. B. andere Medikamente.

Zu Ihrer ersten Frage: Man sieht, daß unter den unvorhersehbaren Fluktuationen sich sehr viele vorhersehbare Fluktuationen verstecken, die tatsächlich Folge von Resorptionsstörungen sind. Das haben auch Baas und Fischer vor einiger Zeit nachweisen

können. Trotzdem gibt es noch einen Typ von unvorhersehbaren Fluktuationen, der nicht auf der Basis von Resorptionsproblemen zu erklären ist, sondern für den man zentrale Mechanismen ursächlich annehmen muß.

Frage: Gibt es Erkenntnisse über die Beziehungen zwischen Blut- und Liquorspiegel von L-Dopa? Man könnte vielleicht annehmen, daß mit der Einbeziehung des Liquorkompartimentes und der Blut-Hirn-Schranke eine zusätzliche Variable vorhanden ist, die solche Fluktuationen erklären kann?

Antwort: Es gibt vermutlich frühe pharmakokinetische Studien aus der Zeit, als L-Dopa eingeführt wurde. Zu dieser Zeit waren Fluktuationen aber noch kein Problem. Später ist diese Frage nicht mehr untersucht worden, weil eine Lumbalpunktion bei Parkinson-Patienten heutzutage nur nach strenger Indikationsstellung durchgeführt wird.

Frage: Sie haben einen bestimmten Prozentsatz der unvorhersehbaren Fluktuationen auf emotionale Faktoren zurückgeführt, die Sie wenig definiert haben. Mich würde interessieren, welche emotionale Faktoren besonders wirksam sind, und welches Modell da eigentlich entsteht. Hebt die Emotionalität sozusagen die engen Beziehungen zwischen Dosis und Wirkung auf?

Antwort: Es ist aus der Literatur bekannt, daß Patienten in gewissen Angstsituationen plötzlich Freezingphänomene bekommen und plötzlich nicht mehr weitergehen können. Es wird spekuliert, daß das noradrenerge System hierbei eine Rolle spielt. Psychische Einflüsse spielen sicherlich eine Rolle, gerade auch beim Freezingphänomen. Gerade wenn ein Patient durch einen engen Gang geht oder den Türrahmen passiert, kann er plötzlich nicht mehr weitergehen. Welche Verschaltungsmechanismen diesen Phänomenen zugrunde liegen, kann zur Zeit noch nicht gesagt werden.

Frage: Sie kennen sicher auch jene Patienten, die vor dem Golfkurs eine Extradosis L-Dopa nehmen. Es gibt Kranke, die klagen, daß sie sich nach sportlichen Aktivitäten schlechter fühlen. Wissen Sie, ob diese Erscheinungen auch mit einem Absinken des Blutspiegels einhergehen? Oder spielen sich diese Phänomene auf anderer Ebene ab?

Antwort: Diese Frage ist meines Wissens bisher nicht systematisch untersucht. Es ist zu vermuten, daß Patienten, die möglicherweise einen zu niedrigen L-Dopa-Spiegel haben, sich mit einer Extradosis noch einmal einen Anstoß geben. Hierbei handelt es sich um Patienten mit latenten Fluktuationen ihrer Motilität. Dieses Phänomen können Sie nur untersuchen, wenn Sie Kapazitätsprüfungen machen, d. h., die Patienten dauerhaft belasten. Wer unter einer Dauerbelastung rasch ermüdet, ohne daß er L-Dopa nimmt, der wird von der zusätzlichen L-Dopa-Gabe in einer bestimmten Phase der Erkrankung profitieren. In einem gewissen Stadium der Erkrankung, nach Erschöpfung der zentralen Speicherfähigkeit, also etwa nach 5 Jahren, korrelieren diese Phänomene mit dem verfügbaren L-Dopa-Spiegel. Mit kontinuierlichen L-Dopa- oder parenteralen Apomorphingaben können Sie die motorische Kapazität über den Tag halten.

Frage: Sie haben die Korrelation zwischen klinischem Bild und Plasmaspiegel gut dargestellt. Gibt es einen Zusammenhang zwischen klinischem Bild, Plasmaspiegel, Lebensalter und Krankheitsdauer?

Antwort: Mit zunehmender Erkrankungsdauer, also auch mit zunehmendem Alter, werden vermehrt gastrointestinale Störungen auftreten. Es gibt gewisse individuelle Grenzwerte des Plasmaspiegels. Wenn ein bestimmter Plasmaspiegel von L-Dopa überschritten wird, dann setzt die Wirkung manchmal plötzlich ein. Diese Grenzwerte verschieben sich mit zunehmender Krankheitsdauer in höhere Bereiche, das heißt, man benötigt höhere Dosen, um überhaupt eine effektive Wirkung zu erzielen.

Anmerkung: Sie haben mich noch einmal zum Nachdenken angeregt, als Sie feststellten, die Hemmung des Patienten beim Gehen durch enge Stellen sei ein psychisches Problem. Dieses Phänomen weisen ja nahezu alle Parkinson-Patienten auf. Es handelt sich somit um etwas Krankheitsspezifisches und hat mit der individuellen Emotion des Patienten zunächst einmal nichts zu tun. Das Phänomen hat vielleicht etwas mit der Steuerung unserer Neurotransmitter über die Wahrnehmung zu tun, über die optische Wahrnehmung.

Man muß zumindest mitbeachten, daß es im visuellen System der Parkinson-Patienten eine Störung gibt. Die Raumwahrnehmung ist beim Parkinson-Patient im Vergleich zu Kontrollpersonen gestört. Wenn ein Patient durch eine Tür gehen wird, nimmt er vielleicht die Pfosten zu intensiv wahr. Das hindert ihn, durch die Tür zu gehen. Das ist eine Theorie, von der ich glaube, daß sie experimentell belegt worden ist. Ein Teil des visuellen Systems kann positiv durch dopaminerge Therapie beeinflußt werden. Herr Büttner hat gezeigt, daß das gestörte Farbensehen durch dopaminerge Therapie positiv beeinflußt werden kann. Das visuelle System ist nicht in gleicher Weise beeinflußbar wie das motorische, z. B. durch Dopaminergika kann das visuelle System verbessert werden, nicht aber durch Amantadinsalze. Es gibt also verschiedene Variablen in der Therapie. Man sollte deshalb möglichst hoch im dopaminergen Bereich therapieren und die nicht so wirksamen Adjuvanstherapeutika, wie Amantadinsalze und vielleicht Anticholinergika, zugunsten der Dopaminergika austauschen.

Literatur

Aird RB, Woodbury DM (1974) The Management of Epilepsy. Thomas, Springfield

Baas H, Demisch L, Harder S et al. (1993) L-Dopa-Resorption in verschiedenen Stadien der Parkinson-Krankheit. In: Fischer PA (Hrsg.) Parkinson Krankheit. Verlaufsbezogene Diagnostik und Therapie. Editiones „Roche" Basel, S 281 - 298

Choonara IA, Rane A (1990) Therapeutic drug monitoring of anticonvulsants: state of the art. Clin Pharmacokinet 18 (4): 318 - 328

Deleu D, Ebinger G, Michotte Y (1991) Clinical and pharmacokinetic comparison of oral and duodenal delivery of levodopa/carbidopa in patients with Parkinson's disease with a fluctuating response to levodopa. Eur J Clin Pharma 41 (5): 453 - 458

Fröscher W (1987) Plasmaspiegelbestimmung bei der Behandlung mit Antiepileptika. Med Klin 82: 748 - 753

Hardie RJ, Lees AJ, Stern GM (1984) On-off-fluctuationes in Parkinson's disease: A clinical and neuropharmacological study. Brain 107: 487 - 506

Hooper WD, Dubetz KD, Eadie MJ, Tyrer JH (1974) Preliminary observations on the clinical pharmacology of carbamazepine. Proc Austral Assoc Neurol 11: 189 - 198

Hvidberg EF (1985) Monitoring antiepileptic drug levels. In: Frey HH, Janz D (eds) In: Antiepileptic drugs; Springer Berlin Heidelberg New York Tokyo (Handbook of experimenteal Pharmacology, vol. 74, pp 725 - 764)

Krämer G (1989) Stellenwert der Plasmaspiegelbestimmung von Antiepileptika. Fortschr Neurol Pyschiatry 57: 411 - 424

Kurlan R, Rothfield K, Woodward W et al. (1988) Erratic gastric emptying of levodopa may cause "random" fluctuations of parkinsonian mobility. Neurol 38: 419 - 421

Melamed E, Bitton V, Zelig O (1986) Episodic unresponsiveness to single doses of l-Dopa in Parkinsonian fluctuators. Neurol 36: 100–103
Morselli PL, Franco-Morselli R (1980) Clinical pharmacokinetics of antiepileptic drugs in adults. Pharmacol Ther 10: 65–101
Nutt JG (1987a) On-off phenomenon: Relation to levodopa pharmacodynamics. Ann Neurol 22: 535–540
Nutt JG, Woodward WR, Gancher ST, Merrick D (1987b) 3-O-methyldopa and the response to levodopa in Parkinson's disease: Ann Neurol 21 (6): 584–588
Penry JK (1986) Epilepsy. Diagnosis, management of epilepsy. Raven Press, New York
Troupin AS (1984) The measurement of anticonvulsant agent levels. Ann Intern Med 100: 854–858
Wade LA, Katzman R (1975) 3-O-Methyldopa uptake and inhibition of L-Dopa at the blood-brain barrier. Life Sci 17: 131–136

Klinische Bedeutung von Plasmaspiegelbestimmungen und Bioäquivalenzuntersuchungen bei Pharmaka in der Psychiatrie

G. Laux, M. Bagli, M. L. Rao und P. Riederer

Nach über 30jähriger klinischer Verfügbarkeit von Psychopharmaka bleibt die adäquate bzw. optimale Dosierung von Antidepressiva und Neuroleptika ein ungelöstes Problem. Auch hinsichtlich der Objektivierung von unerwünschten Wirkungen wurde bislang kein methodologisch befriedigender Standard erreicht (Übersichten: Beckmann u. Laux 1990; Baldessarini 1989; Baldessarini et al. 1988). Schließlich hat sich gerade in den letzten Jahren gezeigt, daß die Compliance (Einnahmetreue) bei nicht wenigen Patienten – gefördert durch eine zumeist unsachlich-negative Berichterstattung über Psychopharmaka in den Medien – ein auch aus gesundheitsökonomischen Gründen nicht unbeträchtliches Problem darstellt (Übersichten: Linden u. Bohlken 1992; Angermeyer et al. 1993).

Mit Hilfe der Plasmakonzentrationsbestimmung von Psychopharmaka bietet sich zumindest theoretisch die Möglichkeit, die angeschnittenen Probleme im Sinne eines Therapeutischen Drug-Monitorings (TDM) zu minimieren bzw. zumindest zu objektivieren. Es sollte angestrebt werden, mit Hilfe der Funktion „Serumspiegel" die individuelle Pharmakotherapie zu optimieren. Bedingt durch die Komplexität der klinischen und pharmakokinetischen Einflußgrößen sind hierbei allerdings eine Vielzahl von Variablen und Parametern zu beachten, deren wichtigste in nachfolgender Übersicht zusammengefaßt sind:

Dosierung und klinische Pharmakokinetik

Einflussfaktoren	
Pharmakon:	Applikationsart, Darreichungsform Bioverfügbarkeit, Metabolisierung.
Patientenvariablen:	
	Alter, Geschlecht, Konstitution, Gewicht/Ernährung, Morbus.
Interaktionen (Medikamente, Nahrungsmittel, Alkohol, Drogen, Rauchen), Pharmakogenetik, Chronopharmakologie.	

Serumspiegel und therapeutische Wirkung

Bei Durchsicht der Literatur zeigt sich, daß die Befunde hinsichtlich des Zusammenhanges zwischen Serumspiegel und therapeutischer Wirksamkeit sehr heterogen und

ausgesprochen widersprüchlich sind (Übersichten: Guthrie et al. 1987; Laux 1990). Die obere und untere Grenze des therapeutischen Fensters sind Wahrscheinlichkeitsgrenzen. Sie geben die Wahrscheinlichkeit an bei der mit inakzeptablem Therapieerfolg bzw. mit einem erhöhten Risiko von unerwünschten Wirkungen zu rechnen ist. Die Wahrscheinlichkeitsgrenzen sind interindividuell unterschiedlich ausgeprägt und erschweren die generelle Anwendung. Während für Nortriptylin ein sog. therapeutisches Fenster auch durch mehrere Replikationsstudien relativ gut dokumentiert ist (Åsberg et al. 1971, Kragh-Sørensen et al. 1976), sind die diesbezüglichen Befunde für Amitriptylin, Doxepin, Maprotilin, Clomipramin, Imipramin und Desipramin inkonsistent bzw. negativ. Ähnlich ist die Datenlage hinsichtlich Mianserin, wenngleich jüngst bei Respondern höhere Mianserinkonzentrationen als bei Non-Respondern beschrieben wurden (Monteleone u. Fabrazzo 1994). Analog ist die Situation bei den Untersuchungsbefunden von Altersdepressionen (Burch et al. 1988; von Moltke et al. 1993).

Dies gilt auch für Neuroleptika, wenngleich für Haloperidol und Fluphenazin einige Studien dafür sprechen, daß optimale therapeutische Plasmakonzentrationsbereiche existieren (Santos et al. 1989; Baldessarini 1989).

Vor allem unter dem Blickwinkel der Toxizität und unerwünschter Wirkungen wurde von Preskorn (1989) für trizyklische Antidepressiva folgende Konzentrationswirkungsbeziehung im Sinne einer generellen Orientierung angegeben (Tabelle 1, Abb. 1):

Tabelle 1. Wirkungen von trizyklischen Antidepressiva in Abhängigkeit ihrer Plasmaspiegel. Dieses von Preskorn et al. (1989) für Amitriptylin + Nortriptylin vorgestellte Modell ist annäherungsweise auch auf Clomipramin + Desmethylclomipramin, Imipramin + Desipramin, Nortriptylin, Desipramin und Maprotilin übertragbar

Plasmaspiegelbereich	Klinisches Profil
< 50 ng/ml	Therapeutische Wirkung unwahrscheinlich
50 – 150 ng/ml	Geringe therapeutische Wirkung
150 – 250 ng/ml	Optimaler Bereich für eine therapeutische Wirkung mit geringem Risiko für Nebenwirkungen
ab etwa 350 ng/ml	Zunehmendes Risiko für Nebenwirkungen vom Typ EKG- oder EEG-Veränderungen, kognitive Veränderungen
> 1000 ng/ml	Erhöhtes Risiko für epileptische Anfälle, Atmungsstörungen, Koma mit Todesfolgen

Die Ursache für die Diskrepanz in den Befunden bezüglich der Konzentrationswirkungsbeziehung sehen viele Autoren in der mangelnden Standardisierung des TDM und der großen interindividuellen Varianz. Sie bemängeln die kleinen Untersuchungskollektive und fordern weitere, methodisch anspruchsvollere Studien. Als Hauptgründe für diesen unbefriedigenden wissenschaftlichen Kenntnisstand zum TDM lassen sich neben finanziellen insbesondere methodologische Probleme anführen, die zusammengefaßt in nachfolgender Übersicht wiedergegeben sind:

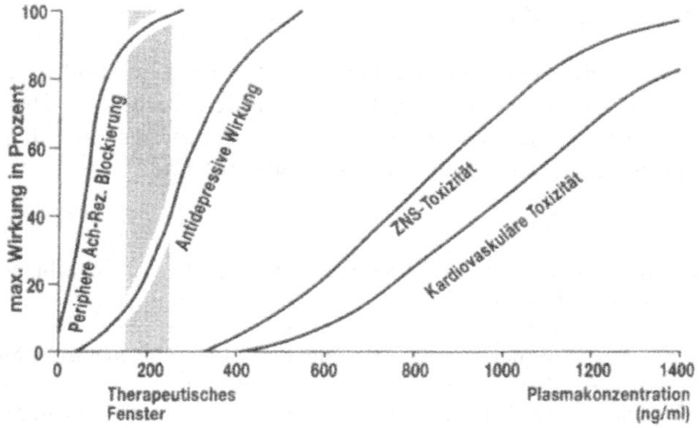

Fig. 1. Konzentrationswirkungskurve von trizyklischen Antidepressiva. (Nach Preskorn 1989)

Probleme des Therapeutischen Drug-Monitorings (TDM)

- Probengewinnung (Probengut, Art u. Zeitpunkt der Blutabnahme, Röhrchen, Trennhilfen, Transport),
- Analysemethodik (Vergleichbarkeit der Methoden),
- Probleme bei der Etablierung von Konzentrationswirkungsbeziehungen bei Psychopharmaka,
- Relevanz von Metaboliten unklar,
- inhomogene Patientengruppen,
- Plazebo-/Spontanremissionen,
- kleine Fallzahlen – Kostenfaktor,
- variable Dosierungen,
- Compliancekontrolle („outpatients"),
- fehlender pharmakogenetischer Status.

Konsensuskonferenz

Im Jahre 1991 wurde der erste Workshop deutschsprachig-skandinavischer Experten mit dem Ziel durchgeführt, über eine methodologische Standardisierung zu einer besseren Datenlage zu kommen. Die Ergebnisse dieser Konferenz fanden in einem Konsensuspapier ihren Niederschlag (Laux u. Riederer 1992; Riederer et al. 1992). Für die klinische Anwendung wurden folgende Indikationen für die Serumspiegelbestimmungen als akzeptiert angesehen:

1. „Non-Responder"
2. Verdacht auf Non-Compliance
3. Gravierende und/oder unerwartete Nebenwirkungen
4. Komplikationen/Verdacht auf Intoxikation.

Bestimmungsmethoden

Der Einsatz von unterschiedlichen Bestimmungsmethoden zum TDM stört bzw. verhindert den Vergleich von Ergebnissen aus verschiedenen TDM-Studien. Prinzipiell lassen sich immunologische und chemische Bestimmungsmethoden unterscheiden, deren Vor- und Nachteile in Tabelle 2 zusammengefaßt sind:

Tabelle 2. Analytische Verfahren zur therapeutischen Überwachung der Serumkonzentration von Psychopharmaka

Methoden	Immunologische Methoden	Chemische Methoden
Beispiele	EMIT, RIA, FPIA	Chromatographische Verfahren (HPLC oder GC)
Vorteile	Automatisierte Verfahren mit einfacher Handhabung	Hohe Sensitivität
	Kurze Analysenzeiten	Hohe Spezifität: Co-Medikation und Metabolite können durch die chromatographische Trennung selektiv erfaßt werden
	Hoher Probendurchsatz	
	Geringe Anforderung an das Personal	Hohe Flexibilität
	Kostengünstig	
	Sog. biologische Aktivitätsmessung	
Nachteile	Geringe Sensitivität	Hohe Komplexität → Söranfällig
	Problematik der Kreuzreaktivitäten durch Co-Medikation und Metabolite	Lange Analysenzeiten
		Niedriger Probendurchsatz
	Unflexibel	Hohe Anforderung an das Personal
		Kostenintensiv
Bevorzugter Einsatz	Routine	Wissenschaftliche Studien
	Schnelle Notfallintervention bei Verdacht auf Intoxikation und Substanzabusus	Spezielle Fragestellungen bei Interaktionen, Non-Respondern und Risikopatienten
	Compliance-Kontrolle	

Aus klinischer Sicht haben sich immunologische Methoden zur Routinebestimmung insbesondere bei Verdacht auf Intoxikation, zur Compliancekontrolle und bei Drogen-Patienten bewährt, da hier eine rasche, vergleichsweise kostengünstige Befunderstellung möglich ist. Demgegenüber sind chemische Nachweismethoden wesentlich zeitaufwendiger und erfordern eine hochqualifizierte personelle und apparative Ausstattung. Insbesondere für Forschungsfragestellungen sind sie aber unverzichtbar, da nur mit ihnen ein spezifischer Nachweis möglich ist (vgl. Abb. 2).

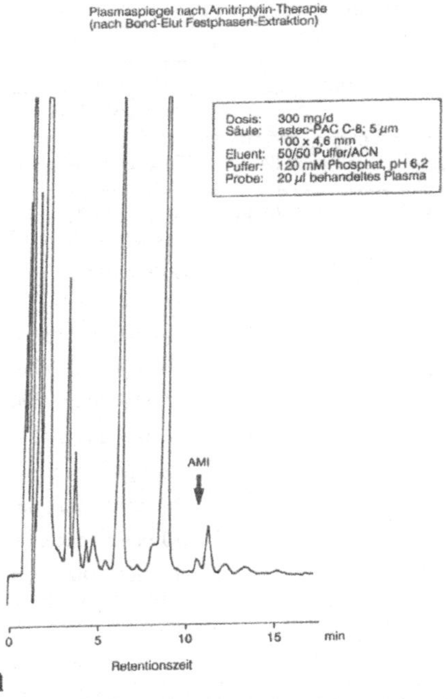

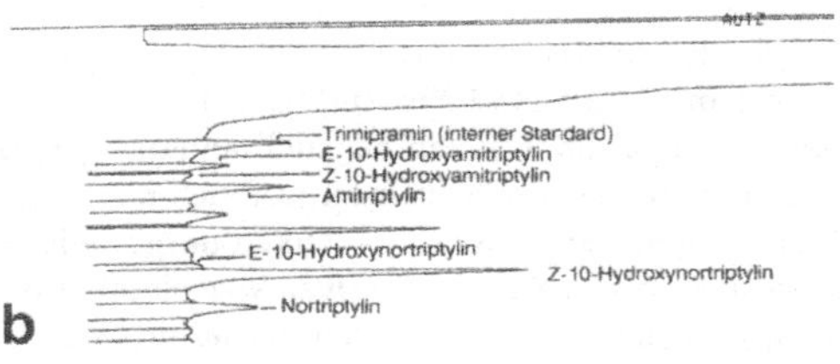

Fig. 2 a, b. Typische Chromatogramme nach HPLC-Analysen zum Nachweis von Amitriptylin, Nortriptylin und deren Metaboliten aus dem Plasma von Patienten, die mit Amitriptylin behandelt wurden. (Nach Riederer et al. 1992 und Hiemke et al. 1992)

Die Auswahl des Analysenverfahren sollte sich daher nach der Fragestellung, den Kosten, dem Zeitaufwand und der personellen Ausstattung richten. Die Methode muß in jedem Fall reproduzierbar sein (Trennleistung, Nachweisgrenze; Interne/externe Standards).

In den letzten Jahren stand die Entwicklung ökonomischer Analyseverfahren im Vordergrund (automatisierte chemische Methoden, Hiemke 1992). Rao et al. (1994) konnten inzwischen eine Validierung ihrer immunologischen Nachweismethode vorlegen: Sie zeigten, daß ausreichend hohe Korrelationen zwischen dem Fluoreszenz-Polarisationsimmunoassay (FPIA) und HPLC- bzw. gaschromatographisch erstellten Serumkonzentrationen zumindest für Amitriptylin, Imipramin und Clomipramin bestehen ($r = 0{,}90 - 0{,}95$).

Tabelle 3. Identifizierung von "poor metabolizern" (Dezember 1993/Januar 1994; Psychiatrische Universitätsklinik Bonn)

Fr. A. R.	45 J	63 kg	150 mg/d Clomipramin 50 mg/d Thioridazin	→ →	420 ng/ml 1000 NU
Fr. S. H.	59 J	84 kg	125 mg/d Thioridazin	→	1000 NU
Fr. T. M. H.	63 J	106 kg	50 mg/d Clozapin 2,5 mg/d Haloperidol	→	83 NU
			400 mg/d Clozapin 18 mg/d Benperidol	→ →	85 NU 1000 NU
			3 mg/d Benperidol	→	520 NU
			2 Tage nach Absetzen	→	39 NU
			11 Tage nach Absetzen	→	29 NU
			16 Tage nach Absetzen	→	19 NU
			2 mg/d Lormetazepam	→	201 ng/ml
			20 mg/d Diazepam	→	790 ng/ml
			20 mg/d Diazepam	→	897 ng/ml
			20 mg/d Diazepam 2 mg/d Lormetazepam	→	955 ng/ml

Eigene Untersuchungen und Befunde

An der Psychiatrischen Universitätsklinik Bonn ist das TDM für Antidepressiva und Neuroleptika seit 1992 Bestandteil der Patientenversorgung. Im folgenden wird sowohl anhand von Fallbeispielen als auch anhand gruppenstatistischer Analysen die klinische Relevanz von Serumspiegelbestimmungen aufzuzeigen versucht.

In Tabelle 3 sind drei Kasuistiken dargestellt, bei denen unter „normalen" klinischen Dosierungen von Antidepressiva, Neuroleptika und Benzodiazepinen sehr hohe Serumspiegel auffielen. Alle Patienten erwiesen sich als „therapieresistent" und zeigten auch nach Dosisreduktion bzw. Absetzen der Medikation anhaltende Nebenwirkungen wie übermäßige Sedierung, Dysarthrie, Tremor. Dies kann als Beispiel für die Identifizierung von „poor-metabolizern" dienen (Baumann 1992). Aufgrund der bislang spärlichen epidemiologischen Daten (Dick et al. 1982; Brøsen 1990) führen wir derzeit ein Phäno-/Genotypisierungsscreening sämtlicher in unserem Hause stationär aufgenommener Patienten durch.

In Abb. 3 ist der Behandlungsverlauf einer Patientin dokumentiert, die unter suffizienten Dosen von Maprotilin (bis 200 mg/die) keine ausreichenden Serumwirkspiegel aufbaute und sich während der 8.–13. Behandlungswoche im klinischen Globalurteil verschlechterte. Nach Umstellung auf Doxepin (bis 250 mg/die) bzw. Imipramin konnten Serumkonzentrationen innerhalb des anzunehmenden therapeutischen Bereiches erzielt und eine klinische Besserung des Zustandes der Patientin erreicht werden. Wir halten dies für einen exemplarischen Fall eines sinnvollen TDMs zur Qualitätssicherung im Rahmen der stationären und ambulanten Behandlung.

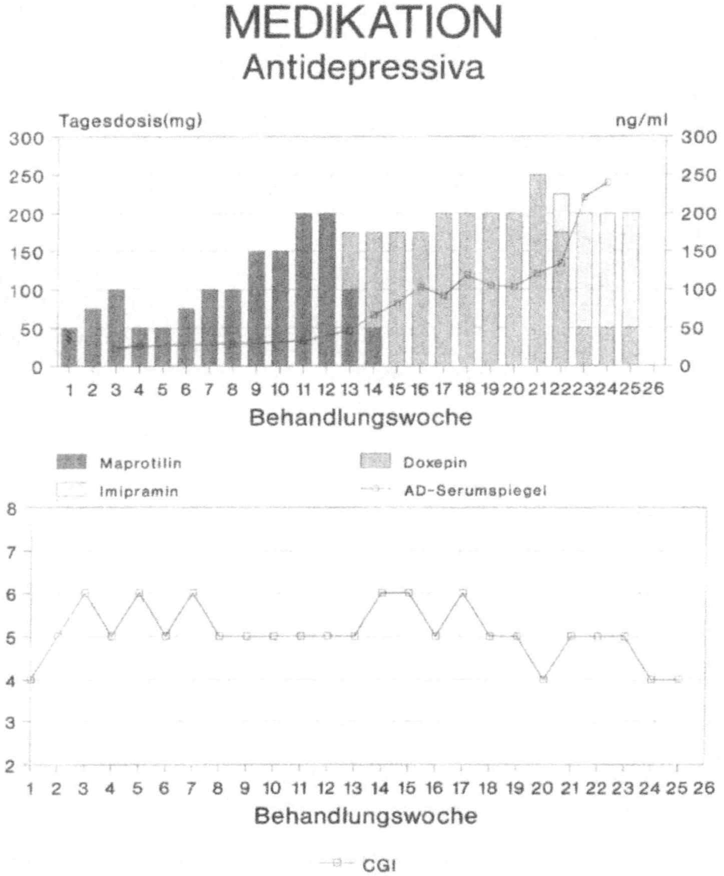

Fig. 3. Fallbeispiel zum Zusammenhang zwischen Antidepressivadosis, Plasmakonzentration und klinischer Wirkung (CGI)

Aufgrund des Vorliegens eines jetzt ausreichend großen Datenmaterials können nun erste gruppenstatistische Analysen hinsichtlich der klinisch-therapeutischen Relevanz von Serumspiegelbestimmungen durchgeführt werden. Wie aus Abb. 4 ersichtlich, können erhöhte bzw. erniedrigte Plasmakonzentrationen infolge Interaktion mit einem serotoninselektiven Antidepressivum als Komedikation (vgl. Aranow et al. 1989), infolge Niereninsuffizienz, hohem Lebensalter oder durch Komedikation mit Valproat ohne Carbamazepin auftreten.

Der Nutzen des TDMs zur Erfassung pharmakokinetischer Interaktionen z. B. mit Neuroleptika und Carbamazepin wurde jüngst in einer Übersicht von Jerling et al. (1994) durch Daten von fast 3000 Patienten unterstrichen.

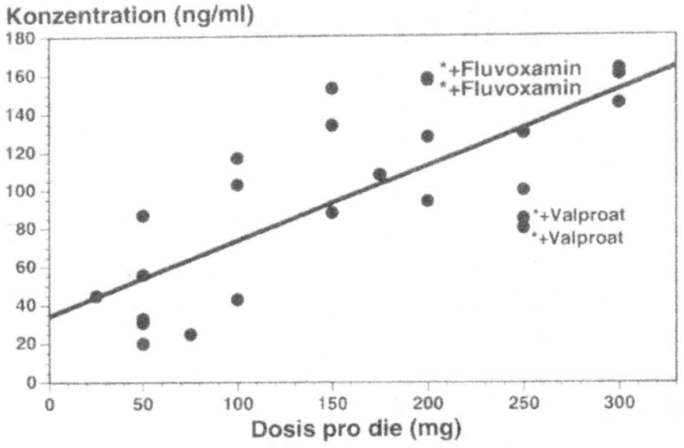

Fig. 4. Beziehung zwischen Plasmakonzentration und Dosis von Doxepin (n = 26) und deren Beeinflussung durch Komedikation. (Nach Rao et al. 1994)

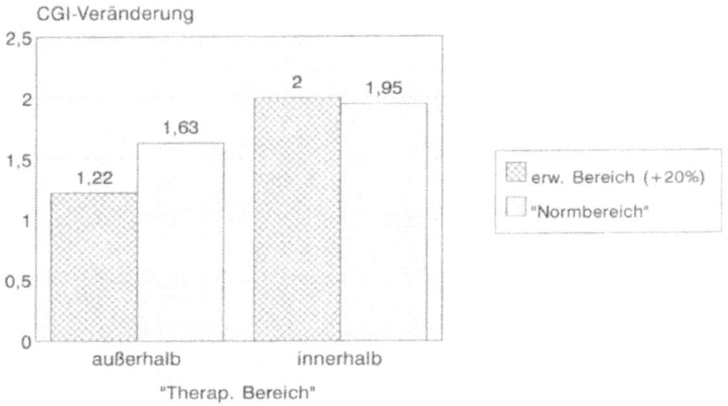

Fig. 5. Beziehung zwischen klinischer Response und Neuroleptika-Plasma-Konzentration

Wie in Abb. 5 dargestellt, ließ sich zeigen, daß die anhand der klinischen Globalbeurteilung (CGI) belegte klinische Besserung neuroleptisch behandelter schizophrener Patienten ausgeprägter war, wenn die Serumkonzentrationen der Neuroleptika im vermuteten therapeutischen Bereich lagen. Analoge Befunde ergaben sich auch für trizyklische Antidepressiva (insbesondere Amitriptylin, Doxepin), hier erreichten Patienten mit innerhalb des therapeutischen Wirkbereichs liegenden Serumkonzentrationen durchschnittlich 1,95 Veränderungspunkte („viel besser"), Patienten mit außerhalb liegenden Konzentrationen nur einen durchschnittlichen Verbesserungsscore von 1,63 (Abb. 6). Während bei den Neuroleptika die Erweiterung des angenommenen therapeutischen Serum-Konzentrationsbereichs um ±20% den Unterschied zwischen den beiden Gruppen innerhalb vs. außerhalb noch vergrößerte, war dies bei den trizyklischen Antidepressiva nicht der Fall.

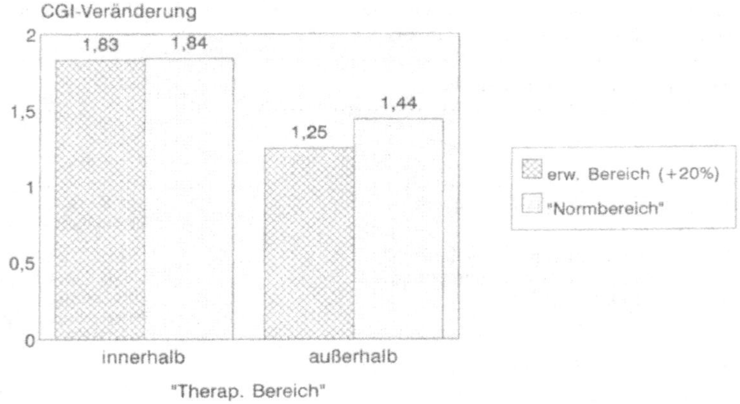

Fig. 6. Beziehung zwischen klinischer Wirkung und Antidepressiva-Plasma-Konzentration

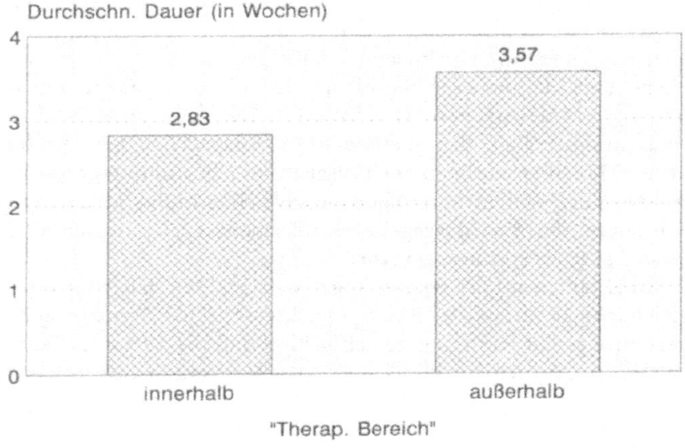

Fig. 7. Zusammenhang zwischen der durchschnittlichen Zeitdauer bis zur klinischen Besserung und der Plasmakonzentration von Neuroleptika

Hinsichtlich der durchschnittlichen Zeitdauer bis zur klinischen Besserung (Responsekriterium: CGI-Reduktion um mindestens 2 Punkte) zeigte sich, daß Patienten mit außerhalb des therapeutischen Bereiches liegenden Neuroleptikaserumspiegeln tendentiell einen längeren Zeitraum zur Genesung benötigen (2,8 vs. 3,6 Wochen) (Abb. 7).

Diese vorläufigen Befunde lassen aus unserer Sicht eine positive bis optimistische vorläufige Zwischenbilanz des TDM von Psychopharmaka zu. Unabdingbare Voraussetzung ist allerdings, daß von seiten der Ärzte ein entsprechendes aufgeschlossenes Problembewußtsein und Interesse mit der Bereitschaft zu einer engen Kooperation mit dem Neurochemischen Labor unter strikter Einhaltung organisatorisch-formaler Erfordernisse (präzises Ausfüllen der Anforderungsscheine!) besteht. Obligat ist außerdem, daß keine unkommentierten Werte vom Labor zum behandelnden Arzt gelangen, da dieser in der Regel in Bezug auf methodische Details nicht spezialisiert ist und der Hilfe eines psychopharmakologisch kompetenten Kollegen bedarf. Dies wird aus der in Tabelle

Tabelle 4. Therapeutisches Drug Monitoring unter Routineanwendungsbedingungen (Antidepressiva) (Psychiatrische Universitätsklinik Bonn)

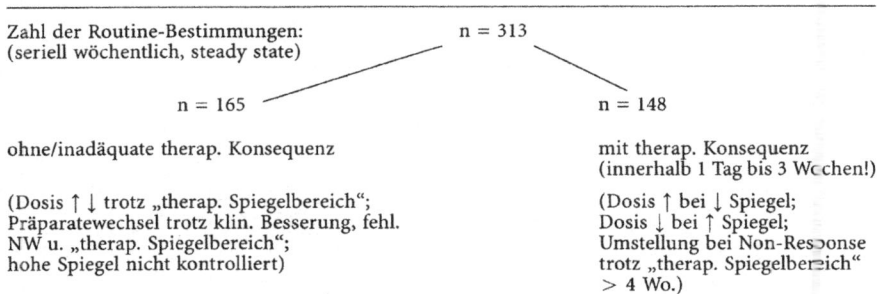

Zahl der Routine-Bestimmungen: (seriell wöchentlich, steady state)	n = 313
n = 165	n = 148
ohne/inadäquate therap. Konsequenz	mit therap. Konsequenz (innerhalb 1 Tag bis 3 Wochen!)
(Dosis ↑ ↓ trotz „therap. Spiegelbereich"; Präparatewechsel trotz klin. Besserung, fehl. NW u. „therap. Spiegelbereich"; hohe Spiegel nicht kontrolliert)	(Dosis ↑ bei ↓ Spiegel; Dosis ↓ bei ↑ Spiegel; Umstellung bei Non-Response trotz „therap. Spiegelbereich" > 4 Wo.)

4 zusammengefaßten Stichprobenerhebung deutlich: etwa die Hälfte der mitgeteilten Antidepressiva-Serum-Konzentrationen führte zu keiner oder zu einer inadäquaten therapeutischen Konsequenz unter Routineanwendungsbedingungen.

Außer diesen Erfahrungen und Befunden wird deutlich, daß das TDM von Psychopharmaka nach wie vor in seinen Anfängen steckt. Verwiesen sei hier auch darauf, daß hinsichtlich der neueren Antidepressiva (selektive Serotoninwiederaufnahmehemmer, reversible MAO-A-Hemmer) bislang fast keine Ergebnisse vorliegen. Bis zum Vorliegen eines umfassenden, den methodischen Ansprüchen genügenden Datenmaterials sind unseres Erachtens deshalb noch keine Routinebestimmungen, sondern die Durchführung von Serumspiegelbestimmungen bei speziellen Indikationen angezeigt. Hierfür schlagen wir den in Abb. 8 wiedergegebenen Entscheidungsbaum zum differenzierten Einsatz von Serumspiegelbestimmungen vor.

Im Hinblick auf die Bestrebungen zur Qualitätssicherung auch in der Psychiatrie bei gleichzeitiger vermehrter Beachtung ökonomischer Gesichtspunkte scheint allerdings die Vermutung und Hoffnung gerechtfertigt, daß die Serumspiegelbestimmungen von Psychopharmaka auch aus klinisch-praktischer Sicht in Zukunft an Bedeutung gewinnen.

Ausblicke

Der in Abb. 8 dargestellte Algorithmus zum TDM zeigt nur einen Aspekt zur Optimierung der Psychopharmakatherapie, d. h. die Analyse der Ursachen warum sich ein bestimmtes klinisches Ergebnis manifestiert oder nicht. Eine Weiterentwicklung dieses Vorgehens ist die computergestützte Auswertung von Daten mit der mathematischen Beschreibung von pharmakokinetischen/pharmakodynamischen Modellen (z. B. NONMEM, ADAPT oder ABBOTBASE). Es ist bekannt, daß eine Vielzahl von exogenen Faktoren (Nahrungs- und Flüssigkeitsaufnahme, Begleitmedikamente mit pharmakokinetischer Interaktion, Substanzabusus und körperliche Aktivität) ebenso wie endogene Faktoren (z. B. demographische Faktoren, Herz-, Leber- und Nierenerkrankung und Phänotyp) Einfluß auf die Pharmakokinetik und somit auf die Funktion „Serumkonzentration" nehmen können. Dieser mathematische Ansatz geht von einer modellorientierten Beschreibung der populationskinetischen Daten aus, bei der die interindividuelle Varianz durch die oben erwähnten Faktoren als Kovariablen Eingang in die Auswertung

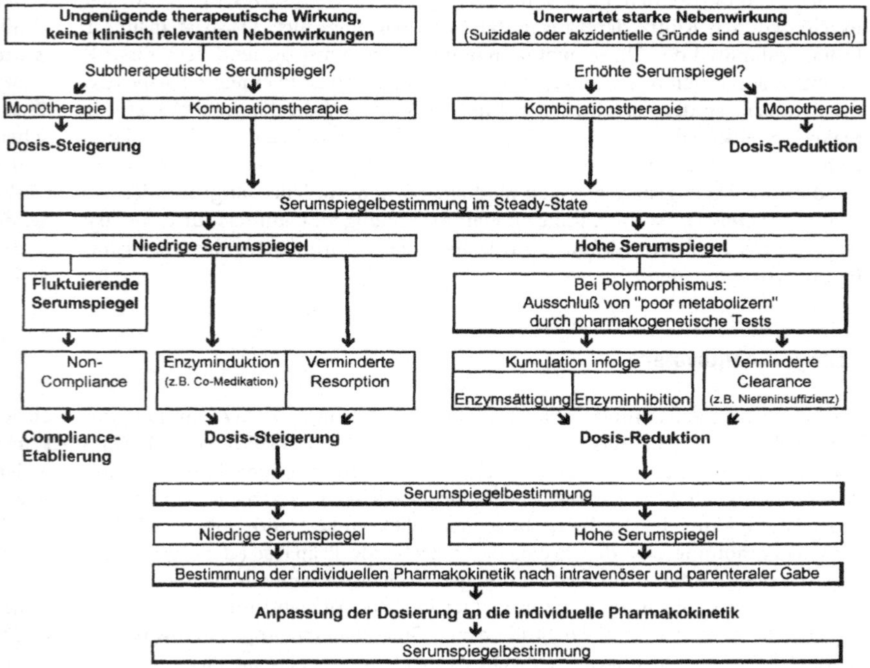

Fig. 8. Vorschlag zu einem Entscheidungsbaum für die Anwendung von Plasmaspiegelbestimmungen

findet. Existiert eine Beziehung zwischen Konzentration und der pharmakodynamischen Wirkung – meistens durch lineare oder E_{max}-Funktionen beschrieben – kann mit Hilfe der ermittelten Kovariablen und der mathematischen Berechnungen ein individuell optimales Dosierungsschema vorgeschlagen werden. Dieses geschieht mit der Maßgabe, einen für den Patienten optimalen Steady-state-Serumspiegel zu erzielen. Durch vereinzelte Messungen der Serumkonzentration kann die „Treffsicherheit" der Vorhersage validiert und verbessert werden und findet bei der nächsten Auswertung Verwendung (iterativer Ansatz). Oft ist die Surrogatfunktion „Serumspiegel" der wichtigste Determinant für den Effekt. Andere Faktoren, wie z. B. Gesamtdosis, Behandlungsdauer, Begleitmedikamente mit pharmakodynamischer Interaktion und Stadium der Erkrankung, können ebenfalls Einfluß auf den Effekt des Pharmakons nehmen, die ebenfalls in diesem mathematischen Modell erklärt werden müssen.

Die Schwierigkeiten dieses Verfahrens sind zweifacher Art: Erstens existieren für viele Arzneistoffe keine populationskinetischen Untersuchungen, bei denen die verschiedenen Einflußgrößen ausführlich untersucht worden sind. Solche Untersuchungen sind meistens an einem kleinen und speziell ausgewählten Kollektiv erhoben worden. Zweitens, wie Eingangs bereits geschildert, fehlt bei den meisten Psychopharmaka die Beziehung zwischen Serumkonzentration und Wirkung.

Die Planung für den Einsatz des mathematischen Ansatzes der TDM sieht an der Psychiatrischen Klinik der Universität Bonn wie folgt aus: TDM ist in unserer Klinik fester Bestandteil der Pharmakotherapie und findet entsprechend dem Algorithmus wie in Abb. 8 dargestellt Anwendung. Anhand dieser Daten ist in einem retrospektiven Ansatz die Erforschung der verschiedenen Einflußgrößen auf die Pharmakokinetik bzw. Pharmakodynamik geplant. Zwar kann in diesem Fall auch nicht auf die pharmakokinetischen Angaben aus Studien nach einmaliger Dosierung verzichtet werden, jedoch ist die Validierung des zugrundegelegten mathematischen Modelles aufgrund der großen Fallzahl gewährleistet. Ist die Validierung einmal gelungen, kann das für das entsprechende Arzneimittel validierte Verfahren zur individuellen Optimierung des Dosierungsschemas herangezogen werden.

Epilog: Bioäquivalenz

Im AMG ist die Zulassung, Herstellung und der Umgang mit Arzneimitteln vorgeschrieben. Neben den Qualitätsanforderungen bezüglich Wirkstoffgehalt, Haltbarkeit und Chargenhomogenität muß der Hersteller in sehr aufwendigen klinischen Studien den Beweis bezüglich Wirksamkeit und Unbedenklichkeit erbringen. Für wirkstoffgleiche Arzneistoffe kann der Nachweis bezüglich Wirksamkeit und Unbedenklichkeit vereinfacht vorgenommen werden, wenn das betreffende Präparat (Generikum) dem bereits zugelassenen Präparat (Innovator) therapeutisch äquivalent ist. Da der direkte Nachweis der therapeutischen Äquivalenz nur unter großem Aufwand möglich ist, werden in der Regel anstelle von klinischen Studien zur Bioäquivalenz sog. Surrogatstudien durchgeführt, bei denen die pharmazeutische Äquivalenz nachgewiesen wird. Bioäquivalenz ist per Definitionen dann gegeben, wenn die Bioverfügbarkeit nach Applikation der gleichen molaren Dosis ähnlich ist und analoge Serumkonzentrations-Zeit-Profile resultieren, so daß ihre Effekte im Hinblick auf Wirksamkeit und Unbedenklichkeit als gleich bezeichnet werden können. Die Bioverfügbarkeit ist definiert als Geschwindigkeit und Ausmaß, in dem die aktive Substanz aus der pharmazeutischen Form absorbiert wird und am Ort der Wirkung verfügbar ist (Gleiter u. Gundert-Remy 1994). In den letzten Jahren ist wiederholt der Versuch unternommen worden, auf internationalen Veranstaltungen einen Konsens zur Standardisierung von Bioäquivalenzstudien zu finden. Bezüglich des Studiendesigns, der Auswahl der pharmakokinetischen Parameter zur Beurteilung der Bioverfügbarkeit und dem statistischen Verfahren zur Bioäquivalenzentscheidung wurde weitestgehend eine Übereinstimmung gefunden. Die Bioäquivalenzstudien erfolgen im Cross-over-Design unter standardisierten Bedingungen an einer vorher definierten Anzahl gesunder, meistens männlicher Probanden. Aus der Surrogatmessung (meistens Serumkonzentration) werden pharmakokinetische Parameter berechnet. Das Ausmaß der resorbierten Menge des Arzneimittels wird repräsentiert durch die Fläche unter der Serumspiegel-Zeit-Kurve (AUC), die Geschwindigkeit der Resorption durch die erreichte Maximalkonzentration (C_{max}) und die Zeit, die bis zum Erreichen von C_{max} ab dem Zeitpunkt der Applikation verstreicht (T_{max}). Für die AUC- und C_{max}-Quotienten beider Präparate wird das 90 %ige Konfidenzintervall berechnet und die Präparate werden dann als bioäquivalent eingeschätzt, wenn die berechneten Konfidenzintervalle innerhalb des vorgesehenen Akzeptanzbereiches fallen. Bezüglich dieser Akzeptanzbereiche besteht zwischen den amerikanischen (FDA) und den europäischen Gesundheitsbehörden (CPMP) ein Unterschied. Während die amerikanische Behörde für den AUC- und

C_{max}-Quotienten eine Abweichung von ±20%, d. h. feste Akzeptanzlimits von 80 und 125% vorschreibt, legt die europäische Gesundheitsbehörde diese feste Akzeptanzgrenzen nur für den AUC-Quotienten zugrunde.

Bioäquivalenz

Definition:	Fläche unter der Konzentrationskurve (AUC) und max. Serumkonzentration (C_{max}) bei 80% der Patienten um höchstens ±20% abweichend in Cross-over-Studie (Nach FDA)
	AUC des Vergleichspräparates = 80–125% d. „Originals", „keine bedeutsamen Abweichungen" bzgl. C_{max} u. t_{max} (Deutschland)
Parameter:	„Bioverfügbarkeit" - Fläche unter d. Blutspiegelkurve (AUC) - Freisetzungsgeschwindigkeit (C_{max}, t_{max})
Methodik:	Cross-over-Design Nahrungstandardisierung

Für den C_{max}-Quotienten sind aufgrund der größeren interindividuellen Streuung breitere Akzeptanzbereiche ohne eine Festsetzung auf bestimmte Akzeptanzlimits zugelassen. Die dritte Zielgröße T_{max} wird nur deskriptiv behandelt. Für diese Zielgröße besteht nach Ansicht der Experten keine Notwendigkeit für eine statistische Entscheidungsregel, wie sie für AUC und C_{max} beschrieben ist. Es wird hier deutlich, daß die Beurteilung der Geschwindigkeit der Resorption im Gegensatz zum Ausmaß der Resorption noch problematisch ist. Man hofft, diese Schwierigkeiten mit der Berechnung von geeigneteren Parametern zur exakten Beschreibung der Resorptionsgeschwindigkeit zu umgehen (Bagli et al. 1995).

Zu erwähnen ist, daß diese Methodologie zur Bestimmung der Bioäquivalenz über pharmakokinetische Parameter nicht in allen Fällen angewandt werden kann; dies gilt z. B. für Darreichungsformen, die eine modifizierte Wirkstoffreisetzungscharakteristik besitzen (z. B. Retardformulierungen) oder andere Resorptionswege aufweisen (z. B. intramuskuläre Depotapplikation).

Anzumerken ist außerdem, daß vom statistischen Standpunkt gegen das standardmäßige Vorgehen bei der Auswertung von Bioäquivalenzstudien erhebliche Bedenken geltend gemacht werden (Frage nach der sachgerechten Formulierung der bei der abschließenden Signifikanzprüfung zu testenden Hypothese) (Wellek 1995).

Vor allem bedingt durch das Gesundheitsstrukturgesetz (GSG) mit seinen gravierenden Auswirkungen auf das Verordnungsverhalten niedergelassener Ärzte (vermehrte Rezeptur von Generika) wurde der Frage der Bioäquivalenz verschiedener Präparate in den letzten Jahren vermehrte Beachtung geschenkt. Laut Definiton sollte bei bioäquivalenten Fertigarzneimitteln die Substitution auch während der laufenden medikamentösen Therapie möglich sein, ohne daß eine Dosisanpassung vorgenommen werden muß. Es stellt sich jedoch die Frage, ob die Abweichung um ±20% klinisch akzeptabel ist. Für die auch in der Psychiatrie eingesetzte Substanz Carbamazepin wurden in letzter Zeit Untersuchungsergebnisse mit z. T. erheblichen, klinisch relevanten Serumkonzentrationsunterschieden bei äquivalenter Dosierung mit verschiedenen Präparaten mitgeteilt (s. Abb. 9).

Aus klinischer Sicht erscheinen insbesondere alte und mehrfach medizierte Patienten hinsichtlich Bioinäquivalenz gefährdet (Gleiter u. Gundert-Remy 1994). Insofern bleibt es künftigen Untersuchungen vorbehalten, der Frage nachzugehen, inwieweit insbesondere

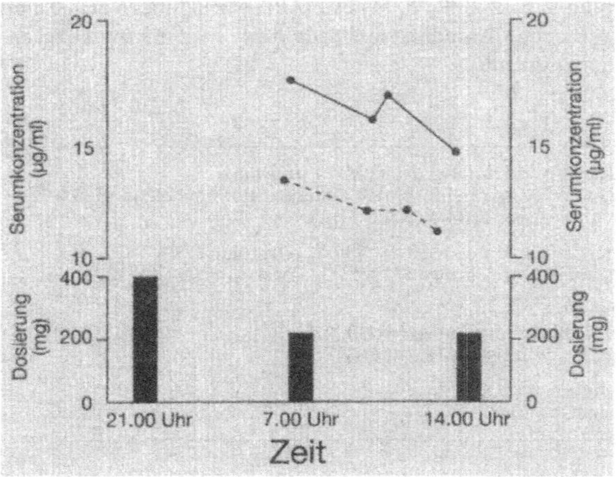

Fig. 9. Unterschiedliche Serumkonzentrationen unter zwei verschiedenen Carbamazepinpräparaten. (Nach Gilman et al. 1993)

bei sog. therapieresistenten Patienten („Non-Respondern"), aber auch bei Auftreten unerwarteter Nebenwirkungen, Bioäquivalenzfaktoren auch für Psychopharmaka von klinischer Relevanz sind. Angesichts der „Verordnungsrealität" (z. B. Umstellung der Patienten nach stationärer Entlassung auf „preisgünstigere Generika") sollte diesem Aspekt vermehrtes wissenschaftliches Interesse und entsprechende Forschungsaktivitäten zuteil werden.

Diskussion

Frage: Ich denke, die Indikation von Plasmaspiegelbestimmungen sollte sich auf wenige Aspekte beschränken, nämlich Verdacht auf Non-Compliance, Non-Response und Nebenwirkungen. Sie haben jetzt Hinweise gegeben, daß unter Routinebedingungen Plasmaspiegelbedingungen ebenfalls sinnvoll seien, da außerhalb des empfohlenen Spiegelbereiches liegende Werte gehäuft bei den Patientn zu finden seien, die einen längeren stationären Aufenthalt aufwiesen. War das so und lagen die Spiegel oberhalb des üblichen Bereiches? Es ist ja möglich, daß die schlechter respondierenden, die einen längeren stationären Aufenthalt benötigen, in der Regel diejenigen sind, die die höheren Spiegel aufweisen, weil hier die Dosis „automatisch" erhöht wird und die Response sich dennoch nicht einstellt. Sollte man die Plasmaspiegel tatsächlich außerhalb der genannten Spezialfälle auch bei der Wirksamkeitskontrolle künftig mehr berücksichtigen?

Antwort: Hinsichtlich des therapeutischen Drug-Monitoring ist sicherlich bislang keine Euphorie am Platze, ich denke aber schon, daß die Verbreitung dieser Methodik ihre Berechtigung hat. Bislang sind allerdings in der Tat die Zusammenhänge zwischen Plasmaspiegel und klinischer Wirksamkeit nicht sehr überzeugend, hierfür gibt es aber – wie ich auch zu zeigen versucht habe – eine Reihe methodologischer Gründe. Wir benötigen dringend Daten von ausreichend großen Fallzahlen. In der Tat konnten wir zeigen, daß statistisch signifikant Patienten, die außerhalb des empfohlenen therapeutischen Spiegelbereiches lagen, eine längere stationäre Behandlungsdauer aufwiesen. Ein

Teil dieser Patienten wies zu niedrige Plasmakonzentrationen, ein Teil viel zu hohe Spiegel auf.

Frage: Die von Ihnen eingesetzte Bestimmungsmethode mittels des Radioimmunoassays mißt ja primär die sog. biologische Aktivität, hat hier aber nicht die alleinige Messung der Affinität zum Dopamin-D2-Rezeptor ihre Grenzen?

Antwort: Dies ist sicherlich richtig. Zwar gehen wir nach wie vor davon aus, daß die Affinität zum Dopamin-D2-Rezeptor entscheidend mit der antipsychotischen Wirkung korreliert ist. Allerdings zeigen die sog. atypischen Neuroleptika/Antipsychotika, insbesondere natürlich Clozapin, aber wohl auch Risperidon, daß andere Rezeptoreffekte von klinischer Relevanz sind bzw. sein können.

Frage: Ist es nicht so, daß Plasmaspiegelbestimmungen auch deswegen teuer sind, weil Blutanalysen durchgeführt werden. Ist es nicht sinnvoller, ein Urinkörper-Abbauprodukt zu bestimmen?

Antwort: Hinsichtlich des Nachweises von Benzodiazepinen ist Urin gut geeignet. Hier besteht eine hohe Korrelation zwischen Plasmaspiegel und Urinkonzentration, wobei allerdings darauf hinzuweisen ist, daß die Nachweismethoden in der Regel über Desmethyldiazepam gehen, d. h. daß Benzodiazepine, die anderen Stoffwechsel- bzw. Abbauwegen unterliegen (wie z. B. Alprazolam) hiermit zumindest nicht adäquat erfaßt werden. Bezüglich der Antidepressiva und Neuroleptika liegen bislang keine etablierten Urin-Nachweismethoden vor.

Frage: Was hat für Sie Vorrang: der klinische Befund oder der Plasmaspiegel? Soll man Medikamente reduzieren, obwohl es dem Patienten gut geht, er keine Intoxikationszeichen aufweist, aber der Spiegel zu hoch liegt?

Antwort: Sicherlich soll man nicht „nach Plasmaspiegeln therapieren". Eine Überbewertung ist nicht angezeigt, andererseits halten wir Plasmaspiegel für einen wichtigen Indikator. Neben den skizzierten Beispielen zur Diagnosesicherung oder zur Entzugskontrolle bei Drogenpatienten sollte meines Erachtens die Dosis von Neuroleptika reduziert werden, wenn sehr hohe Plasmaspiegel gemessen werden. Das Problem der Spätdyskinesie zwingt uns hier, mit den minimalen effektiven Dosen zu arbeiten. In Versorgungskrankenhäusern zeichnet sich in den letzten Jahren interessanterweise eine Tendenz dahingehend ab, daß mit – gemessen an den Qualitätsstandardempfehlungen – zu hohen Neuroleptikadosierungen behandelt wird. Andererseits werden auch Patienten als „Teilresponder" in nicht optimalem Zustand aus stationärer Behandlung entlassen mit Plasmaspiegeln im unteren Bereich, d. h. ohne adäquate Ausschöpfung der pharmakotherapeutischen Möglichkeiten.

Frage: Wie häufig sind „Slow-Metabolizer"?

Antwort: Skandinavische und Schweizer Untersuchungen zeigten, daß Poor-Metabolizer bei ca. 7–10% der Bevölkerung vorliegen. Aus Deutschland liegen hierzu bislang keine Daten vor, wir führen momentan eine epidemiologische Studie zu diesem Thema durch. Angemerkt sei hier, daß die Phänotypisierung u. a. infolge Artefaktstörung durch

Komedikation mit methodischen Problemen belastet ist. Es sind deshalb derzeit Untersuchungen zur Genotypisierung im Gange, diese ist allerdings mit sehr hohen Kosten verbunden.

Literatur

Angermeyer MC, Däumer R, Matschinger H (1993) Benefits and risks of psychotropic medication in the eyes of the general public: Results of a survey in the Federal Republic of Germany. Pharmacopsychiatry 26: 114–120

Aranow RB, Hudson JI, Pope HG et al. (1989) Elevated antidepressant plasma levels after addition of fluoxetine. Am J Psychiatry 146: 911–913

Åsberg M, Cronholm B, Sjöqvist F, Tuck D (1971) Relationship between plasma level and therapeutic effect of nortriptyline. Br Med J 3: 331–334

Bagli M, Süverkrüp R, Rao ML et al. (1995) Mean input times of three oral chlorprothixene formulations assessed by an enhanced least-squares deconvolution method. J Pharm Sci, im Druck

Baldessarini R (1989) Current status of antidepressants: clinical pharmacology and therapy. J Clin Psychiatry 50: 117–126

Baldessarini RJ, Cohen B, Teicher MH (1988) Significance of neuroleptic dose and plasma level in the pharmacological treatment of psychoses. Arch Gen Psychiatry 45: 79–91

Baumann P (1992) Drug-Monitoring and pharmakogenetische Tests in Lausanne – Gegenwärtige Situation und offene Fragen. In: Laux G, Riederer P (Hrsg) Plasmaspiegelbestimmung von Psychopharmaka: Therapeutisches Drug-Monitoring. Wissenschaftliche Verlagsgesellschaft, Stuttgart, pp 13–16

Beckmann H, Laux G (1990) Guidelines for the dosage of antipsychotic drugs. Acta Psychiatr Scand 82 (Suppl 358): 63–66

Brøsen K (1990) Recent developments in hepatic drug oxidation. Implications for clinical pharmacokinetics. Clin Pharmacokinet 18: 220–239

Burch JE, Ahmed O, Hullin RP, Mindham RHS (1988) Antidepressive effect of amitriptyline treatment with plasma drug levels controlled within three different ranges. Psychopharmacology 94: 197–205

Dick B, Küpfer A, Molnar J et al. (1982) Hydroxylierungsdefekt für Medikamente (Typus Debrisoquin) in einer Stichprobe der Schweizer Bevölkerung. Schweiz Med Wochenschr 112: 1061–1067

Gilman JT, Alvarez LA, Duchowny M (1993) Carbamazepine toxicity resulting from generic substitution. Neurology 43: 2696–2697

Gleiter CH, Gundert-Remy U (1994) Bioinequivalence and drug toxicity. How great is the problem and what can be done? Drug Safety 11: 1–6

Guthrie S, Lane EA, Linnoila M (1987) Monitoring of plasma drug concentrations in clinical psychopharmacology. In: Meltzer HY (ed) Psychopharmacology: The third generation of progress. Raven, New York, pp 1323–1338

Hiemke C (1992) Bestimmung von Psychopharmaka an der Psychiatrischen Klinik der Universität Mainz. – Erfahrungen, Probleme, Entwicklungen. In: Laux G, Riederer P (Hrsg) Plasmaspiegelbestimmung von Psychopharmaka: Therapeutisches Drug-Monitoring. Wissenschaftliche Verlagsgesellschaft, Stuttgart, S 41–44

Jerling M, Bertilsson L, Sjoqvist F (1994) The use of therapeutic drug monitoring data to document kinetic drug interactions: an example with amitriptyline and nortriptyline. Ther Drug Monit 16: 1–12

Kragh-Sørensen P, Hansen CE, Baastrup PC et al. (1976) Self-inhibiting action of nortriptyline's antidepressive effect at high plasma levels. A randomized, double-blind study controlled by plasma concentrations in patients with endogeneous depression. Psychopharmacology 45: 305–312

Laux G (1990) Dosiserhöhung, Titration eines optimalen Wirkspiegels und Infusionstherapie als effiziente Möglichkeiten der Behandlung therapieresistenter Depressionen mit Antidepressiva. In: Möller HJ (Hrsg) Therapieresistenz unter Antidepressiva-Behandlung. Springer Berlin Heidelberg New York Tokyo, S 99–112

Laux G, Riederer P (Hrsg) (1992) Plasmaspiegelbestimmung von Psychopharmaka: Therapeutisches Drug-Monitoring. Wissenschaftliche Verlagsgesellschaft, Stuttgart

Linden M, Bohlken J (1992) Compliance und Psychopharmakotherapie. In: Riederer P, Laux G, Pöldinger W (Hrsg) Neuro-Psychopharmaka, Bd. 1, Springer, Wien, S 201–209

Moltke LL von, Greenblatt DJ, Shader RI (1993) Clinical pharmacokinetics of antidepressants in the elderly. Therapeutic implications. Clin Pharmacokinet 24: 141 - 160

Monteleone P, Fabrazzo M (1994) Blood levels of mianserin and amitriptyline and clinical response in aged depressed patients. Pharmacopsychiatry 27: 238 - 241

Preskorn SH (1989) Tricyclic antidepressants: the whys and hows of therapeutic drug monitoring. J Clin Psychiatry 50 (Suppl): 34 - 42

Rao ML, Staberock U, Baumann P et al. (1994) Monitoring tricyclic antidepressant concentrations in serum by fluorescence polarization immunoassay compared with gas chromatography and HPLC. Clin Chem 40: 929 - 933

Riederer P, Laux G, Pöldinger W (Hrsg) (1992) Neuro-Psychopharmaka, Bd. 1. Allgemeine Grundlagen der Pharmakopsychiatrie. Springer, Wien New York

Riederer P, Laux G (1992) Therapeutic drug monitoring: Report of a consensus conference. Pharmacopsychiatry 25: 271 - 272

Santos JL, Cabranes JA, Vazquez C et al. (1989) Clinical response and plasma haloperidol levels in chronic and subchronic schizophrenia. Biol Psychiatry 26: 381 - 388

Wellek S (1995) Dt Ärztebl 92: 724 - 726

Unerwünschte Arzneimittelwirkungen

H. J. Gaertner und I. Stevens

Erfassung der Symptome und kausale Verknüpfung mit der angeschuldigten Medikation einerseits, Abschätzung der Inzidenz für verschiedene Anwendungsbereiche sowie Gewichtung, d. h. eine Bewertung der Schwere der Nebenwirkung, sind nach wie vor ungelöste Probleme bei der Forschung und Beschreibung unerwünschter Arzneimittelwirkungen (UAW).

Bei den Psychopharmaka stützt sich die Bewertung leider noch immer viel zu selten auf wissenschaftlich abgesicherte, medizinische Tatsachen, hingegen viel zu oft und viel zu stark auf rasch wechselnde, öffentliche Meinungen, kritiklos in der Bejahung und ebenso kritiklos in der Verurteilung.

Gerade hier erscheint es deshalb besonders wichtig, die unerwünschten Arzneimittelwirkungen vorurteilsfrei und möglichst präzise zu erfassen und die Risiken exakt zu beschreiben. In **klinischen Studien** können die UAW ganz gut erfaßt und dokumentiert werden, wenn man davon ausgeht, daß die Studien sorgfältig durchgeführt werden, was zumindest in den letzten Jahren nach Einführung der Regeln der "good clinical practice" bzw. "good laboratory practice" unterstellt werden kann.

Wesentlich ist hier, daß die Symptome und Beschwerden die vor Gabe der Medikation bereits bestanden, sorgfältig erfaßt und aufgelistet werden, damit bei der ursächlichen Verknüpfung ggf. eine Einschränkung gemacht werden kann. Dies gilt für die Antidepressiva, deren Nebenwirkungen bekanntermaßen mit einer Reihe von Depressionssymptomen identisch sind. Es gilt aber genauso für die Neuroleptika, bei denen eine Reihe der motorischen Nebenwirkungen zum klinischen Bild schizophrener Psychosen gehören, was vielleicht weniger bekannt ist.

Bei den klinischen Studien, bleibt das Problem der Differenzierung spontan auftretender Ereignisse versus unerwünschter Arzneimittelwirkungen dann immer noch bestehen und es läßt sich nur relativ gut lösen, wenn gleichzeitig eine Plazebobehandlung durchgeführt wird. Plazebogruppen genügender Größe sind aber im Regelfall nicht zu erwarten und bei den häufiger durchgeführten Vergleichsstudien (Standard neue Substanz), ist der Unterschied im Nebenwirkunsprofil häufig nicht ausreichend groß bzw. die Stichprobe zu klein, um Unterschiede auch dann statistisch zu sichern, wenn ein Plazeboarm fehlt. Die Situation ist dann günstig, wenn das Nebenwirkungsprofil der beiden Substanzen sich sehr deutlich voneinander unterscheidet, was z. B. zutrifft, wenn klassische Antidepressiva im Vergleich mit den neuen, selektiven Serotoninrückaufnahmehemmern (SSRI) geprüft werden. In den neueren Studien wird meist die Bewertung des Arztes hinsichtlich der kausalen Verknüpfung zwischen Nebenwirkungssymptom und Medikation sehr in den Hintergrund gestellt zugunsten eines peinlich genau durchgeführten „event-recording", bei dem alles und jedes registriert wird, auch wenn evident ist, daß die Studienmedikation für die Symptomatik gar keine Rolle spielen kann.

Eine nachträgliche Bewertung und Zuordnung ist wesentlich schwieriger durchzuführen, als wenn diese durch den unmittelbar behandelnden Arzt vorgenommen wird, der in Kenntnis der genauen Anamnese des Patienten entscheidet. Hilfreich sind z. T. Dosisfindungsstudien. Es zeigt sich hier oft ganz eindeutig, daß Symptome, die allgemein sehr häufig beklagt werden, bei den verschiedenen Dosierungen gleich häufig vertreten sind, während die substanzeigenen unerwünschten Wirkungen mit der Höhe der Dosis zunehmen. Dies hilft natürlich nur bei der Zuordnung von UAW, die dosisabhängig sind. Ein gutes Beispiel hierfür sind die Daten aus den Dosisfindungsstudien beim Fluoxetin, in denen sich zeigt, daß die Items Übelkeit, Unruhe, Schlafstörungen und Appetitstörung mit steigender Dosis zunehmen, während z. B. Kopfschmerzen immer die gleiche Prozentzahl haben.

Die weitaus größte Schwierigkeit bei der Interpretation von UAW-Daten aus klinischen Studien ergibt sich aus der Tatsache, daß nur eine hochselektionierte Patientenpopulation in Studien eingeschlossen werden kann. Zum einen sind bestimmte Symptomkonfigurationen unerläßlich, die in einer bestimmten Reinheit und Klarheit vorliegen müssen. Andererseits werden immer größere Kataloge von Ausschlußkriterien formuliert, so daß vor allem die für die Auswirkung von UAW relevanten Begleiterkrankungen gar nicht vorkommen. Ferner sind sehr junge und sehr alte Patienten ausgeschlossen und auch bestimmte Risikogruppen, wie z. B. Patienten mit Mißbrauch von Alkohol oder Substanzen, oder Patienten mit Suizidgedanken oder -handlungen. Letzteres ist vor allem bei der Prüfung von Antidepressiva ein großes Problem.

Die zweite große Möglichkeit, unerwünschte Arzneimittelwirkungen zu erfassen, ergibt sich aus den, in den verschiedenen Ländern unterschiedlich organisierten **Spontanerfassungssystemen.** Vor- und Nachteile dieser Erfassungsform sind gut untersucht. Ein unbestreitbarer Vorteil ist, daß potentiell eine sehr große Zahl von exponierten Patienten erfaßt werden kann, die keinerlei Selektion unterliegen. Problematisch ist hier das Meldeverhalten der beteiligten Ärzte, das die Selektionierung bedingt. Daher sind Angaben zur Inzidenz aufgrund eines solchen Spontanerfassungssystems unzulässig, denn es werden hier häufig neue, bis dato nicht bekannte unerwünschte Arzneimittelwirkungen gemeldet und bevorzugt solche von neuen Substanzen. Bei den eingeführten Substanzen, bei denen bestimmte Nebenwirkungen bereits gut bekannt sind, werden viele Kollegen sich die Mühe der Meldung nicht machen. Allenfalls werden bei den alten Substanzen neben ungewöhnlichen Ereignissen vielleicht noch besonders schwere Zwischenfälle gemeldet. Im übrigen richtet sich die Frequenz von Meldungen nach ganz unterschiedlichen Bedingungen, also etwa Erwähnung von Zwischenfällen in den Medien, kürzliche Hinweise bei Fortbildungen etc.

Als drittes sind für die Erfassung von UAWs die in den einzelnen Ländern üblichen Erfassungssysteme zu nennen, wie z. B. das in England etablierte System der Erfassung von Todesfällen durch Intoxikationen. Die Erfassung ist ja sehr exakt. Es ergeben sich allerdings Probleme bei der Rückrechnung auf die Grundgesamtheit der Behandelten.

Die üblicherweise bei der Ermittlung der Inzidenz von UAW verwendeten Kategorien sind:

häufig:	10 – 100 %
gelegentlich:	1 – 10 %
selten:	unter 1 %
In Einzelfällen:	es liegen nur wenige Berichte hierüber in der Weltliteratur vor.

Gerade die seltenen Ereignisse sind am schwierigsten zu erfassen, da für eine vergleichende Bewertung der Inzidenz die Stichproben fast immer zu klein sind. Dies gilt leider auch für die ansonsten vorbildliche AMÜP-Studie (Grohmann et al. 1994). Ereignisse, wie z. B. seltene Blutbildstörungen oder plötzliche, unerwartete Todesfälle, immunallergische Vaskulititen etc., können auch hier nicht mit der nötigen Sicherheit bzgl. der Höhe des Risikos erfaßt werden.

Die Unsicherheiten, die sich aus der nicht bekannten Zahl der nicht behandelten Patienten ergeben, lassen sich am besten am Beispiel der Mianserin induzierten Agranulozytose bzw. bei der Clozapin induzierten Agranulozytose darstellen.

Beim Mianserin wurden Inzidenzen um 1:2000 für Neuseeland angegeben, einem Gebiet, in dem die Blutbildveränderungen sorgfältig erfaßt und ebenso wie die Zahl der Verschreibungen bekannt waren. Dennoch ergaben sich Probleme bei der Abschätzung, die daraus folgten, daß einer bestimmten Zahl von Verschreibungen unterschiedliche Zahlen von exponierten Patienten gegenüberstehen können. Noch größere Divergenzen ergaben sich bzgl. der Inzidenzabschätzung außerhalb von Neuseeland. Die Skala reicht hier über Großbritannien mit mittleren Werten bis hin zu 1:500000 für die Bundesrepublik Deutschland (Blackwell 1981, 1982). Bereits bei der Erfassung der Clozapin-induzierten Agranulozytose hatte man versucht, zu ermitteln, warum in verschiedenen Populationen so unterschiedliche Inzidenzen zu beobachten sind. Man konnte jedoch den Pathomechanismus nicht klären und so blieb die Frage, warum die Zahl der Agranulozytosen seinerzeit in Finnland und vielleicht auch im Bereich der Ostschweiz besonders hoch war bzw. es eine größere Zahl letaler Verläufe gab, ungeklärt. Der angenommene Prozentsatz letaler Zwischenfälle führte damals zu der Hypothese, daß die Clozapin-Agranulozytose vielleicht einen besonders raschen und vor allen Dingen irreversiblen Verlauf nimmt. Im weiteren und bei aufkeimendem Interesse der Amerikaner zeigt sich dann, daß die Inzidenzschätzungen für die USA und Europa sehr unterschiedlich ausfallen. Dies könnte zum einen an einer unterschiedlichen Disposition und Bereitschaft zur Entwicklung dieser Blutbildstörung liegen oder daran, daß die Definitionen für den Befund Agranulozytose in den verschiedenen Publikationen doch nicht einheitlich verwendet werden oder **an einer unterschiedlich hohen Dunkelziffer.** Die AMÜP-Studie verwendet die Kategorie Agranulozytose und bedrohliche Leukopenie, wobei Agranulozytosen mit kleiner 500 Granulozyten/mm^3 definiert sind und die bedrohliche oder schwere Granulozytopenie mit unter 1000/mm^3. Immerhin wäre bei dieser Form der Blutbildstörung eine allgemeingültige Definition wenigstens im Prinzip möglich und sie würde nur den Konsens voraussetzen.

Wesentlich schwieriger ist die Abgrenzung und Definition von ZNS-Nebenwirkungen der Benzodiazepine. Als Beispiel sei das Triazolam herausgegriffen. 1980 beschreibt Dukes im Editorial im Side effects of drugs annual die Situation wie folgt: „Aufgrund einer überzogenen Darstellung in den Medien, sei es zu einer Fülle von Meldungen gekommen, die nicht durch die dafür zuständigen Behörden bewertet und recherchiert worden seien, sondern z. T. direkt wiederum in die Medien gelangt seien. Dadurch sei es zu einer Überschätzung der Risiken gekommen, was dann die Behörden in Zugzwang gebracht habe." Schon damals zeigte sich, daß die unerwünschten ZNS-Symptome nach Triazolamkonsum bevorzugt bei Risikopatienten auftraten oder bei Patienten, die solche oder ähnliche Symptome bereits im Verlauf ihrer Erkrankung beklagt hatten. Es waren also z. B. Patienten mit neurotischen Störungen, Borderline- und Persönlichkeitsstörungen, die über Derealisation und Depersonalisation und verschiedene Wahrnehmungsstörungen, Körpergefühlsstörungen und Ängste klagten. Aufgrund der Symptomatik und

des beteiligten Patientenkollektivs wurden psychotische Störungen, die durch das Medikament bedingt sein sollten, angenommen. In der späteren Aufarbeitung wurde die diagnostische Klassifizierung revidiert, sicher zurecht (Jerram 1993). Andererseits muß bedacht werden, daß man die Reaktionen besonders disponierter Patienten für die Erfassung bestimmter UAWs und für die Abschätzung der Inzidenz derselben nicht einfach ausklammern kann. Der genannte Patientenkreis ist eine für Benzodiazepinverordnungen entscheidende Zielgruppe, deren besondere Reaktionsweise berücksichtigt werden muß. Es muß hier ähnlich verfahren werden wie im Zivilrecht bei der Frage der Haftung. Der Wirtshausschläger kann sich nicht darauf berufen, daß die Kalotte seines Opfers zu dünn gewesen sei und daß bei gleicher Schlagführung und durchschnittlicher Knochendicke die Fraktur nicht eingetreten wäre. Man wird ja auch bei der Erfassung unerwünschter Arzneimittelwirkungen von nootropen Substanzen die besondere Reaktionsweise von Alterspatienten nicht dahingehend strapazieren, daß allfällige Verwirrtheitszustände der Substanz nicht zugerechnet werden.

Zu berücksichtigen ist weiterhin, daß die Mediziner bei der ursächlichen Verknüpfung dazu neigen, Wirkungen eher dann anzunehmen, wenn es für diese neben der Meldung auch eine pharmakologische oder pharmakokinetische Erklärung gibt. Dies ist allerdings bei den sehr kurz wirksamen Benzodiazepinen der Fall; die Erfahrung zeigt, daß diese Substanzen und nicht nur das Triazolam mit mehr ZNS-Nebenwirkungen belastet sind, die z. T. als Reboundphänomene bei rasch abfallenden Plasmakonzentrationen gedeutet wurden.

Ein ähnlicher Effekt wie bei Triazolam könnte beim Fluoxetin eingetreten sein, nachdem Teicher et al. (1990) ihre Fallberichte über neuaufgetretene Suizidalität nach Fluoxetinmedikation publiziert hatten. Es kommt zu einem sofortigen Anstieg der Spontanmeldungsrate betreffend dieses Items, da die Berichte aufgrund der Publizität der Substanz mit besonders großem Interesse in einer breiten Öffentlichkeit und Fachöffentlichkeit aufgenommen wurden. Die sorgfältige Analyse der vorliegenden Studiendaten, wo Fluoxetin im Vergleich mit Trizyklika bzw. Plazebo eingesetzt wurde, ergab bei insgesamt sehr hohen Patientenzahlen für das Fluoxetin praktisch gleiche Verhältnisse wie für die Trizyklika und Plazebo (Beasley et al. 1991). Ausgewertet wurde das Item 3 der Hamilton-Skala und zwar sowohl bezüglich neu aufgetretener Suizidgedanken oder Handlungen und bezüglich einer Zunahme bereits vorhandener Symptomatik. Bei der Bewertung der solchermaßen begründeten Entgegnungen der Firma Lilly auf den Teicher-Vorwurf bzw. Unterstellung, muß allerdings das oben gesagte wiederum berücksichtigt werden: nämlich die besondere Situation der klinischen Studie mit den entsprechend selektionierten Patientenpopulationen.

Der Vorwurf, Suizidalität zu verschlechtern oder gar neu auftreten zu lassen, steht historisch in einer Reihe ähnlicher Spekulationen, die sich auf die Antidepressiva allgemein richteten oder zumindest auf die Antidepressiva, die eine antriebssteigernde Komponente haben.

Das Fazit der bisherigen Untersuchungen ist wahrscheinlich darin zu sehen, daß Suizidalität nur dann zum Problem wird, wenn das Antidepressivum auch in anderen Symptombereichen der Depression keine Besserung bringt, d. h. wenn das Medikament die Krankheit nicht bessert. Eine spezifische oder selektive Verschlechterung von Suizidalität konnte bislang kaum nachgewiesen werden. Unseres Wissens gibt es nur eine Studie, bei der ein Antidepressivum (Maprotilin) im Vergleich mit Plazebo bzgl. der Suizidalität signifikant schlechter abschnitt, ohne daß dies mit einer insgesamt schlechteren Wirkung korrelierte (Rouillon et al. 1989).

Die Auswertung von Kliniksuiziden zeigt meist, daß die Patienten, die sich während der Behandlung suizidiert haben, überwiegend mit sedierenden Antidepressiva bzw. Neuroleptika behandelt wurden. Dies ist kein Hinweis auf die schlechtere Wirksamkeit dieser Substanzen, sondern ein Effekt der Selektion: Suizidale Patienten werden schulmäßig mit sedierenden Antidepressiva, Neuroleptika und/oder Benzodiazepinen behandelt.

Die Daten aus der AMÜP-Studie betreffend das Clomipramin und das Haloperidol, zeigen recht deutlich worauf es ankommt. Die mit Suizidalität verbundenen Gefahren zeigen sich beim Clomipramin dann, wenn die Substanz bei depressiven Syndromen im Rahmen schizophrener Erkrankungen eingesetzt wird und wenn es hier zu einer Exazerbation der Psychose kommt. Das Risiko ist also von der Indikation abhängig. Beim Haloperidol wird bei den bedrohlichen UAW Depression mit Suizid an 2. Stelle nach dem neuroleptischen Syndrom genannt, also ein deutlicher Hinweis darauf, daß neuroleptische Behandlung sicher nicht immer der richtige Weg bei suizidgefährdeten Patienten ist (Grohmann et al. 1994).

Der Diskussionsstand bezüglich des Suizidrisikos von Pharmaka, macht im Grunde nur eines deutlich: daß entsprechende Studien und damit ein einigermaßen gesichertes Wissen bislang aus ethischen Gründen nicht erarbeitet werden konnte.

Aufgrund der referierten Probleme bezüglich der Erfassung von UAW wurde in Deutschland das Projekt der Arzneimittelüberwachung in der Psychiatrie (AMÜP) entwickelt und durchgeführt. Das Projekt, das in Zusammenarbeit der Psychiatrischen Kliniken Berlin und München vor 12 – 15 Jahren eingeführt wurde, versucht die Vor- und Nachteile der unterschiedlichen Erfassungssysteme auszugleichen indem „eine organisierte Spontanerfassung“ einem intensiven Drug-Monitoring gegenübergestellt wird. Bei der Abfrage von UAW, die sich auf alle behandelten Patienten stützte, mußte aus Gründen der Praktikabilität eine thematische Einschränkung vorgenommen werden, die von den Untersuchern so realisiert wurde, daß nur UAW erfragt wurden, die zum Absetzen der Substanz geführt hatten bzw. als gefährlich eingestuft wurden. Auf diese Weise konnte die Fülle des Datenmaterials, die sich bei der wöchentlichen Befragung auf allen Stationen ergab, einigermaßen reduziert werden. Bei der Intensiverfassung wurde umgekehrt die Zahl der untersuchten Patienten reduziert, bei diesen wurden aber alle Symptome erhoben. Um den oben genannten Problemen der Selektionierung zu entgehen, wurden die zu untersuchenden Patienten für das Intensivmonitoring per Zufall ausgesucht. Eine zusammenfassende Auswertung der Daten liegt nunmehr vor (Grohmann et al. 1994).

Das AMÜP-Projekt besticht durch ein prospektives Design, durch sorgfältige Operationalisierung der erfaßten UAW und durch die Möglichkeit, schwierige und komplexe Zusammenhangsfragen durch Expertenurteil abzusichern. Da bei der Intensiverfassung auch alle nicht als UAW beurteilten psychopathologischen Befunde festgehalten wurden, ist neben der Anschuldigung des Medikaments für bestimmte UAW auch ein "event recording" möglich.

Zur Erfassung der jeweiligen Stichprobengrößen mußte die gesamte Anwendung von Psychopharmaka in den Kliniken erfaßt werden, dies bezieht sich in München auf alle Medikamente mit Dauer und Dosierung, in Berlin erfolgt es anhand einer ausgewählten repräsentativen Stichprobe.

Wir möchten nun einige Befunde kurz darstellen, um typische Ergebnisse zu diskutieren.

Haloperidol ist das meistgebrauchte Neuroleptikum insgesamt, das bei 34 % aller Patienten verabreicht wurde und – wie zu erwarten – schwerpunktmäßig bei der Diagnose Schizophrenie.

Alle Neuroleptika wurden mit Hilfe eines begründeten Systems von Äquivalenzfaktoren in sog. Haloperidoleinheiten umgerechnet. Die mit diesem Vorgehen verbundenen Probleme sind bekannt und häufig diskutiert worden. Mit Sicherheit ist die Umrechnung für die vorliegende Studie sinnvoll und nötig, da anders eine allgemeine Beurteilung der Höhe der Dosis nicht möglich ist.

Wir vergleichen zuerst die Rangreihe der Absetzung-UAW bei den wichtigsten Neuroleptika.

Beim Haloperidol wurden 4834 Patienten bezüglich der Absetzung-UAW untersucht. An der Spitze stehen die extrapyramidal-motorischen UAW (EPMS) mit 7,99 % hierbei das Parkinsonoid mit 5,5 % als wichtigste Untergruppe. Es folgt die psychische Störung mit 2,54 % und hier das wichtigste Symptom Müdigkeit. Als nächstes folgen andere neurologische Störungen mit 7,9 %, als wichtigste die Artikulationsstörung. Danach kommen erst die Herz-Kreislauf-Störungen mit 0,33 % und wie zu erwarten als erstes die Hypotonie; es folgt die Leberwerterhöhung mit 0,27 % und hier die GPT als erstes, dann die urologische Störung mit 0,17 %, hierbei die Miktionserschwernis an erster Stelle und dann Hautveränderungen mit 0,1 %.

Wir vergleichen damit das Perazin, das bezüglich der für die Absetzung-UAW überwachten Patienten (4778) gut mithält. Die Dosierung liegt bei der Hauptgruppe, den Schizophrenien um mehr als 1/3 niedriger (10,0 Haloperidoläquivalente vs. 17,5 beim Haloperidol; bei allen Diagnosen: 9,1 vs. 15,4). Wir sehen beim Perazin bzgl. der Absetzung-UAW die folgende Rangreihe. Es führen ebenfalls die EPMS mit 1,1[illegible] %, auch hier an erster Stelle das Parkinsonoid. Die Leberwerterhöhung ist nach vorne gerückt mit 1,08 %, wiederum als erstes die GPT-Erhöhung. Als drittes folgt die psychische Störung mit in erster Linie Müdigkeit mit 0,83 %, dann das Delir mit 0,81 %, dann die anderen neurologischen Störungen mit 0,52 %, hier führend die Artikulationsstörungen, dann die Herz-Kreislauf-Störungen mit 0,47 %, ebenfalls auch führend die Hypotonie, darauf die Hautveränderungen mit 0,47 %, führend das Exanthem, danach überraschend die Blutbildveränderung mit 0,27 %, führend die Leukopenie.

Als nächstes möchte ich noch auf die Clozapindaten hinweisen. Beim Clozapin stützt sich die Absetzung-UAW auf eine kleinere Stichprobe von immerhin 913 Patienten. Führend ist hier das Delir mit 2,74 %, danach die psychische Störung mit 1,63 %, in erster Linie Müdigkeit, dann Nebenwirkungen des Verdauungstraktes mit 1,[illegible]3 %, führend Hypersalivation, danach die Leberwerterhöhungen mit 1,42 %, führend die GPT, danach erst die Kreislaufstörungen mit 1,31 %, hier führend wie zu erwarten die Hypotonie, danach andere neurologische Störungen mit 0,88 %. Danach kommen die Hautveränderungen mit 0,11 %, führend Exanthem und dann die urologischen Störungen mit 0,11 %, führend Inkontinenz.

Man muß bei diesen sehr kleinen Prozentzahlen sich immer vor Augen halten, daß es um die UAW geht, die zum Absetzen des Medikaments geführt haben. Man findet dennoch ein für die Substanzen repräsentatives Spektrum. Der klinisch tätige Psychiater zeigt sich befriedigt, da seine täglichen Erfahrungen sich hier abbilden, und der klinische Pharmakologe sieht ebenfalls mit Befriedigung in den Rangreihen ein etwas verzerrtes aber noch deutlich erkennbares Abbild der pharmakologischen Eigenschaften, Rezeptoraffinitäten etc. der entsprechenden Substanzen.

Ähnlich ist das Bild, das sich aus der Intensiverfassung ergibt, die sich beim Haloperidol immerhin noch auf 395 Patienten stützen kann. Beim Haloperidol führen die EPMS mit 58% der Behandelten, dann die Müdigkeit mit 17,2%, später EEG-Veränderungen und dann Leberwerterhöhungen. Beim Perazin sind die nichtdeliranten psychischen UAW mit 21,2% am häufigsten. Es folgen die EPMS mit 14,4%, dann die Leberwerterhöhung mit 14,1% und die für den Kreislauf UAW mit 12,9%. Beim Clozapin sind es ebenfalls die nichtdeliranten psychischen UAW, die in 40,7% beklagt werden, danach neurologische Störungen mit 38,9%, Herz-Kreislauf-Störung mit 22,2% und Leberwerterhöhung mit 20,4%.

Bei den als bedrohlich gewerteten UAW ist es beim Haloperidol das neuroleptische Syndrom, gefolgt von Depression mit Suizidalität, Grand-mal Anfall, Lungenembolie, Thrombose, malignes neuroleptisches Syndrom, Herz-Atem-Stillstand und respiratorischer Insuffizienz. Beim Perazin ist bei den bedrohlichen UAW das Delir führend, allerdings überwiegend in Kombinationsbehandlung, dann folgt bereits die Agranulozytose/schwere Leukopenie, danach Grand-mal Anfall, allergische Enteritis und, bereits sehr selten, Depression mit Suizidalität, neuroleptisches Syndrom, Arrhythmie, respiratorische Insuffizienzen, Subileus, allergische Hepatitis mit Exanthem und plötzlicher Herztod. Beim Clozapin steht bei den bedrohlichen UAW das Delir an der Spitze, es folgt Krampfanfall, Kollaps mit Atemstillstand, Subileus, Leukopenie, Hypotonie, plötzlicher Todesfall.

Die Überraschung aus dieser Auflistung ist der Stellenwert der Agranulozytose/schwere Leukopenie beim Perazin. Nimmt man die Wahrscheinlichkeit als Maß für den Zusammenhang so sind es 6 Fälle; bei 3 Fällen wird Perazin alleine angeschuldigt. Beim Clozapin findet sich nur ein einziger Fall einer Leukopenie.

Das ist ein unerwartetes Ergebnis. Clozapin hat ja gerade wegen des Agranulozytoserisikos die bekannten Anwendungsbeschränkungen, und nach den amerikanischen Zahlen sollten bei knapp 1000 behandelten Patienten eigentlich um die 10 Fälle von Agranulozytose erwartet werden. Eine Erklärung für den überraschenden Befund könnte sein, daß beim Clozapin Blutbildkontrollen viel häufiger und regelmäßiger gemacht wurden und daß so die zu erwartenden Agranulozytosen bereits im Vorfeld entdeckt wurden. Dies müßte jedoch bei der untersuchten Fallzahl dann zu einer deutlichen Erhöhung der Absetzung-UAW „Leukopenie" führen. Diese liegt jedoch für die 913 Patienten ebenfalls bei der Zahl 1. Man müßte also annehmen, daß aufgrund dieser Daten das Agranulozytoserisiko für Perazin bisher stark unterschätzt wurde und das für Clozapin, zumindest für die Bundesrepublik, sehr stark überschätzt wurde. Immerhin stützt sich die Angabe beim Perazin auf über 4000 Behandlungen und kann somit eine gewisse Gültigkeit beanspruchen. Unterstellt man für das Perazin ein höheres Risiko, so müßten die bisher aufgetretenen Agranulozytosen und auch die damit einhergehenden Todesfälle unerkannt geblieben sein. Dies ist möglich aber doch sehr unwahrscheinlich, da bei stationären Patienten zumindest bei hoch fieberhaften und schweren Erkrankungen ein Blutbild mit Leukozytenzählung durchgeführt wird. Dabei müßte eine schwere Leukopenie oder Agranulozytose auffallen.

Die Tübinger Psychiatrische Klinik verfügt über eine über 10 Jahre durchgeführte Medikamente- und Laborwertedokumentation bis zum Jahr 1992 (Gaertner et al., in Vorbereitung). Sucht man in dieser Dokumentation die Leukopenien (unter 3000 Leukozyten pro mm^3), so finden sich mindestens eine pro 100 Clozapinbehandlungen, meist mit Absetzfolge (gilt nur für die letzten Jahre). Auch beim Perazin läßt sich dies zeigen. Hier sind die Erhebungen in den weiter zurückliegenden Jahrgängen allerdings

spärlicher. Der größeren Zahl von Leukopenien stehen nur einzelne schwere Granulozytopenien (unter 1000 Granulozyten pro mm^3) bzw. Agranulozytosen (unter 500 Granulozyten pro mm^3) bei beiden Medikamenten gegenüber (Batra et al. in Vorbereitung). Einer anderen Auswertung betreffend die Jahre 1983–1987 (Gaertner et al. 1989) entstammt die Zahl von 2% Leukopenien (unter 3500 mm^3) bei 225 Clozapinbehandlungen (auch Kombinationen).

International zeigt sich, daß die Zahl der Leukopenien/Agranulozytose ab 1990 beim Clozapin stark ansteigen, mehr als die Verkaufszahlen erwarten lassen. Mit der Markteinführung in den USA, woher mehr als 50% der Meldungen kommen, wurde entweder eine besonders sensible Population erreicht oder aber, mit einem vorbildlichen Erfassungssystem, die Dunkelziffer deutlich gesenkt. Vor den Hintergrund der starken Zunahme der Leukopenie/Agranulozytose kommt es zu einem geringeren Prozentsatz letaler Verläufe, da diese nicht parallel ansteigen.

Es bleibt somit der AMÜP-Befund schwer zu erklären, da andere Erfassungssysteme zumindest bei der Leukopenie für Clozapin eindeutig höhere Zahlen angeben.

Das Auswertungsbeispiel zeigt, daß sich die bekannten UAW der Neuroleptika bei dem hochpotenten Haloperidol, dem mittelpotenten Perazin und beim atypischen Clozapin sowohl im Intensivmonitoring als auch bzgl. der Absetzung UAW gut darstellen lassen und daß sich die Dopaminrezeptor blockierende Wirkung im Striatum, die antihystaminische, die α-adrenolytische und die anticholinergen Wirkungen zentraler und peripherer Natur hier abbilden. Bei den wirklich seltenen UAWs wie Agranulozytose bleibt auch bei relativ großen Fallzahlen das Risiko einer verzerrten Darstellung erhalten.

Literatur

Beasley CM, Dornseif BE, Bosomworth JC et al. (1991) Fluoxetine and suicide: a meta-analysis of controlled trials of treatment for depression. BMJ 303, 685–691

Blackwell B (1981) Antidepressant drugs. In: Dukes MNG, Elis J (eds) Side effects of drugs annual 5. Exerpta Medica, Amsterdam Oxford Princeton, p 13

Blackwell B (1982) Antidepressant drugs. In: Dukes MNG, Elis J (eds) Side effects of drugs annual 6. Exerpta Medica, Amsterdam Oxford Princeton, p 22

Dukes MNG (1980) The van der Kroef Syndrome. Side effects of drugs essay 1979. In: Dukes MNG (ed) Side effects of drugs annual 4. Exerpta Medica, Amsterdam Oxford Princeton, p V–IX

Gaertner H-J, Fischer E, Hoss J (1989) Side effects of clozapine. Psychopharmacol 99: 97–100

Grohmann R, Rüther E, Schmidt LG (Hrsg) (1994) Unerwünschte Nebenwirkungen von Psychopharmaka. Ergebnisse der AMÜP-Studie. Springer-Verlag Berlin Heidelberg New York, Tokyo

Jerram TC (1993) Hypnotics and sedatives. In: Dukes MNG, Aronson JK (eds) Side effects of drugs annual 16. Elsevier, Amsterdam London New York, p 33–34

Rouillon F, Phillips R, Serrurier D et al. (1989) Rechutes de depression unipolaire et efficatite de la maprotiline. L'Encephale 15; 527–534

Teicher MH, Glod C, Cole JO (1990) Emergence of intense suicidal preoccupation during fluoxetine treatment. Am J Psychiatry 147: 207–210

Demenz

Diagnose und Differentialdiagnose der Demenz

Th. Büttner

Klagen über subjektiv empfundene Einbußen kognitiver Funktionen gehören zu den häufigen in der neuropsychiatrischen Praxis vorgetragenen Beschwerden. In einer Feldstudie waren nur etwa 60% dieser Symptome tatsächlich auf eine Demenz zurückzuführen (Kurz et al. 1991). Erster Schritt der ärztlichen Diagnose ist daher die diagnostische Abgrenzung der Demenz gegenüber anderen psychischen Störungen. Nach Diagnose des Syndroms „Demenz" ist das Ziel der differentialdiagnostischen Abklärung die Identifikation der Krankheitsursache, um gegebenenfalls eine kausale Behandlung einzuleiten. Die klinische Demenzdiagnostik muß sich eines umfassenden klinischen, psychometrischen und apparativen Instrumentariums bedienen.

Demenzdefinition

Die heute gebräuchliche Demenzdefinition basiert auf den Kriterien des DSM-III-R (American Psychiatric Association 1987). Danach ist Hauptmerkmal der Demenz eine erworbene Störung des Kurz- und Langzeitgedächtnisses. Zusätzlich muß eine Störung in mindestens einer der folgenden Funktionen bestehen: abstraktes Denken, Urteilsvermögen, höhere Hirnleistung (z. B. Apraxie, Aphasie, Agnosie), Persönlichkeit. Die weiteren Merkmale der Demenz nach der Definiton des DSM-III-R sind in nachfolgender Übersicht aufgeführt.

Diagnostische Kriterien der Demenz nach DSM-III-R

A) Verlust der intellektuellen Fähigkeiten mit Beeinträchtigung beruflicher und sozialer Leistungen
B) Gedächtnisschwäche
C) Mindestens eine der folgenden Störungen:
   1. abstraktes Denken
   2. Urteilsvermögen
   3. höhere kortikale Funktionen
   4. Persönlichkeit
D) Keine Bewußtseinsstörung
E) Nachweis organischer Usache
   oder
   Ausschluß nichtorganischer Störung

Eine Demenz ist nur dann zu diagnostizieren, wenn die Symptome so ausgeprägt sind, daß soziale Funktionen beeinträchtigt werden. Aufgrund von Anamnese, klinischen oder apparativen Zusatzbefunden muß eine organische Ursache wahrscheinlich sein. Die Definition der Demenz nach den Kriterien der ICD-10 fordert ebenfalls eine Störung von Mnestik und anderen intellektuellen Funktionen. Die diagnostischen Kriterien nach ICD-10 beinhalten aber ferner, daß die Symptome über mindestens 6 Monate persistieren.

Abgrenzung des Demenzsyndroms von anderen Störungen

Physiologisches Altern („Benigne Altersvergeßlichkeit")

Insbesondere die Frühdiagnose der Demenz sieht sich mit dem Problem konfrontiert, daß gesunde ältere Menschen häufig unter eine subjektiv empfundenen wie auch psychometrisch objektivierbaren Gedächtnisminderung leiden. Erschwert ist dabei insbesondere der Erwerb neuer, für den einzelnen wenig relevanter Informationen, wohingegen Wiedererkennensleistungen und kognitive Fähigkeiten, die sich auf langjährig erworbenes Wissen stützen sowie ohne Zeitdruck erbracht werden können, nicht oder allenfalls wenig gestört sind. Die „benigne Altersvergeßlichkeit" ("benign senescent forgetfulness", Bamford u. Caine 1988; Kral 1972) beinhaltet Schwierigkeiten, sich an persönlich wenig relevante Aspekte eines Ereignisses zu erinnern, welches als solches behalten wird. Die „benigne Altersvergeßlichkeit" ist als Ausdruck einer physiologischen Hirnalterung und nicht als Frühstadium in der Demenzentwicklung aufzufassen. Eine isolierte Gedächtnisstörung leichten Grades ohne Nachweis intellektueller Dysfunktionen wird auch als „altersassoziierte Gedächtnisstörung" ("age associated memory impairment", Crook et al. 1986) bezeichnet. Schweregrad und Profil dieser Gedächtnisstörung sind individuell durchaus variabel. Der physiologisch bestehende Unterschied der Gedächtnisleistungen für konkrete verglichen mit abstrakten Aufgaben kann sich im Alter angleichen.

Wenn die Differenzierung zwischen physiologischer Altersvergeßlichkeit und beginnender Demenz nicht sicher gelingt, kann die Verlaufskontrolle weiterhelfen. Während die Gedächtnisfunktionen gesunder Probanden des höheren Lebensalters in einem Zeitraum von 1–1,5 Jahren konstant bleiben, nehmen diejenigen der Demenzkranken in diesem Zeitraum merklich ab (Tuokko et al. 1990).

Endogene Depression

Im höheren Lebensalter stellt die Depression eine der wichtigsten Differentialdiagnosen der Demenz dar, wobei Symptomüberschneidungen beider Krankheitsbilder häufig sind (Miller 1975). Bei ungefähr einem Drittel der Patienten mit Demenz liegen gleichzeitig depressive Symptome vor. Andererseits treten gerade im höheren Lebensalter häufig uncharakteristische Beschwerden wie Unruhe, Ängstlichkeit, verminderte Belastbarkeit an die Stelle der depressiven Kardinalsymptome. Zudem entwickeln sich Depressionen im Alter oft schleichend und verlaufen progredient, was die Differenzierung der beiden Störungen zusätzlich erschwert. Gegen die Verwendung des Begriffs der „Pseudodemenz" für eine als Demenz imponierende depressive Störung ist einzuwenden, daß auch bei affektiven Störungen mit depressiver Symptomatik (reversible) Einschränkungen von Gedächtnis und Lernen nachgewiesen werden konnten (Miller 1975, 1980; Sternberg u. Jarvik 1976). Verhalten und subjektive Klagen von Patienten mit Demenz unterscheiden sich aber prinzipiell von denen Depressiver (Tabelle 1). Demenzpatienten versuchen, die gestellten Aufgaben zu lösen, Fragen zu beantworten und bemühen sich, wohingegen Depressive typischerweise keine Anstrengung zeigen. Während depressive Patienten häufig über kognitive Einbußen klagen, versuchen Demenzkranke ihre Einschränkungen eher zu verbergen. Die schwierige Differentialdiagnose zwischen Demenz und Depression hat anamnestische, klinische und psychometrische Kriterien zu berücksichtigen

Tabelle 1. Wichtige klinische Unterscheidungsmerkmale zwischen Demenz und Depression

Demenz	Depression
Lange Anamnese	Kurz zurückliegender, datierbarer Beginn
Psychiatrische Vorgeschichte selten	Psychiatrische Vorgeschichte häufig
Primär kognitive Defizite	Primär depressive Symptome
Wenig klagend	Klagsam, grübelnd
Vage Beschwerden	Detaillierte Schilderung
Dissimulation	Betonung der Einschränkungen
Deutliche Anstrengung Erinnerungshilfen	Keine Bemühungen
Affekt flach, Patient wenig beteiligt	Heftige Reaktion auf das eigene Versagen
Falsche Antwort	„Ich weiß nicht"
Störung von Aufmerksamkeit und Reaktion	Keine kognitiven Störungen
Konstante Leistung	Leistungsschwankungen
Isolierung, Vernachlässigung	Sozial kompetent, inkongruentes Verhalten

(Tabelle 1). Im Einzelfall wird die sichere Diagnose erst aus dem Krankheitsverlauf zu stellen sein (Ladurner et al. 1981).

Bradyphrenie

Die Veränderungen kognitiver Funktionen bei M. Parkinson werden als Bradyphrenie der motorischen Verlangsamung (Akinese, Bradykinese) gegenübergestellt (Rogers 1986). Kennzeichnend sind verlängerte Reaktionslatenzen und verringerte Informationsverarbeitungskapazität (Rafal et al. 1984). Dieser Begriff umfaßt ebenso den Rückgang der Spontaneität sowie fehlende Flexibilität kognitiver Prozesse, ohne daß diese qualitativ und inhaltlich betroffen sind. Welches Ausmaß diese Einbußen einnehmen, ist im Einzelfall sehr unterschiedlich. Bedingt durch die Verlangsamung der Bewegungen, eingeschränkte Mimik und verlangsamte Sprache kann bei Parkinson-Patienten auch der fälschliche Eindruck einer kognitiven Störung bis hin zur Demenz entstehen. Andererseits wird in 15–35% bei M. Parkinson eine manifeste Demenz berichtet, die als Systemüberschreitung der degenerativen, zerebralen Erkrankung aufzufassen ist (Koller 1992). Umgekehrt können Patienten mit M. Alzheimer eine Parkinson-Symptomatik entwickeln. Schließlich gibt es Patienten, bei denen beide Diagnosen gleichzeitig anzunehmen sind.

Organische psychische Störungen nach DSM-III-R

Nach DSM-III-R ist die Demenz der Oberkategorie der organischen psychischen Störungen zuzuordnen. Dieser Begriff entspricht dem des „organischen Psychosyndroms" nach Bleuler (1966). Als andere organische psychische Störungen werden demnach von der Demenz abgegrenzt:

Delir,
Amnestisches Syndrom,
Intoxikation und Entzug,
Organische Halluzinose,
Organisches Wahnsyndrom,
Organisches affektives Syndrom,
Organische Persönlichkeitsstörung.

Das *Delir* ist im Unterschied zur Demenz gekennzeichnet durch eine Beeinträchtigung der Bewußtseinslage, die angehoben (Hypervigilität) oder gesenkt (Somnolenz, Sopor) sein kann. Klinische Symptome sind formale Denkstörungen, Wahrnehmungsstörungen (Illusionen, Halluzinationen), Störung des Schlaf-Wach-Rhythmus, gesteigerte oder verminderte psychomotorische Aktivität, Desorientiertheit und Gedächtnisstörungen. Charakteristisch sind akuter oder subakuter Beginn, fluktuierender Verlauf sowie relativ kurze Dauer. Häufig ist das Delir von vegetativen körperlichen Symptomen (Schwitzen, Zittern, Kreislaufdysfunktionen) begleitet. Diese sind in DSM-III-R nicht als diagnostisches Kriterium aufgeführt.

Die anderen organisch begründeten psychischen Störungen nach DSM-III-R enthalten jeweils Symptome, die als Teilaspekte des dementiellen Syndroms aufgefaßt werden können, ohne daß die Definition der Demenz komplett erfüllt ist. Die wichtigste dieser Differentialdiagnosen umfaßt das amnestische Syndrom. Dieses ist charakterisiert durch die isolierte Beeinträchtigung des Kurz- und/oder Langzeitgedächtnisses. Häufig ist das Altgedächtnis erhalten. Treten andere kognitive Störungen hinzu, kann sich eine Demenz entwickeln. Liegt zusätzlich eine Bewußtseinsstörung vor, so handelt es sich definitionsgemäß um ein Delir. Dahingegen ist das Ultrakurzgedächtnis, prüfbar z. B. durch Zahlennachsprechen, meist intakt. Das amnestische Syndrom wird häufig von Desorientiertheit und Neigung zu Konfabulationen begleitet. Beispiele stellen das Korsakow-Syndrom des Alkoholikers und die transitorisch globale Amnesie dar.

Ganser-Syndrom

Unter dieser Diagnose wird eine funktionelle, oft demonstrative vorgebliche Intelligenzminderung verstanden. Charakteristisch sind vorgetäuschte globale Defizite auf fast allen Gebieten der Kognition, die mit der guten und problemlosen spontanen Lebensbewältigung kontrastieren. Die Leistungen sind inkonsistent, und es besteht keine eindeutige Abhängigkeit der Leistungseinbußen vom Schweregrad der Aufgaben. Die Störung bessert sich durch Publikumsentzug, Ignorieren oder Regelung evtl. beanspruchter Versorgungsleistungen (Carney et al. 1987; Heron et al. 1991).

Verfahren zur Demenzdiagnose

Klinische Untersuchung

Leitsymptom der Demenz ist der Verlust intellektueller und kognitiver Leistungen. Klinische Frühsymptome sind neben mnestischen Störungen Reduktion an Aufmerksamkeit mit vorzeitiger Ermüdbarkeit und Schwierigkeiten bei der Lösung neuer und komplexer Aufgaben. Grundlage der klinischen Demenzdiagnose sind neben sorgfältiger

Erhebung von Eigen- und Fremdanamnese psychopathologische, neuropsychologische und klinisch-neurologische Befunde. Hauptkriterium auch der klinischen Befunderhebung ist der Nachweis einer Gedächtnisstörung. Schwierigkeiten der klinischen Beurteilung können sich daraus ergeben, daß insbesondere depressive Patienten über Gedächtnisdefizite klagen. Das Kurzzeitgedächtnis kann geprüft werden, indem Zahlen oder inhaltlich nicht zusammenhängende Wörter vom Patienten wiederholt werden müssen. Zur Kennzeichnung des Langzeitgedächtnisses werden Wörter oder Zahlen zum Lernen angeboten und nach einer Pause von einigen Minuten, während der der Untersuchte mit anderen Dingen beschäftigt wird (Distraktionsreiz), wieder abgefragt. Auch die Prüfung der Orientierung, vor allem zur Zeit, erfaßt Gedächtnisfunktionen, da die korrekte Angabe der aktuellen Zeit voraussetzt, daß der Untersuchte täglich neue Informationen aufnehmen und behalten kann. Das sog. Altgedächtnis enthält Informationen, die vor Jahren oder Jahrzehnten erworben wurden. Dieses kann erfaßt werden, indem allgemein bekannte Daten aus Politik oder bedeutsame Alltagsereignisse erfragt werden.

Als weitere neuropsychologische Funktionen müssen Apraxie, Sprech- oder Sprachfunktionen, visuospatiale Fähigkeiten, Körperschema, Rechtslinks-Funktionen, Rechnen, Kritikfähigkeit und Abstraktionsvermögen geprüft werden. An psychopathologischen Befunden ist insbesondere auf Urteilsvermögen, inhaltliche Denkstörungen, Affekt, Persönlichkeit, Verhalten und Antrieb zu achten. Die neurologische Untersuchung dient einmal der Erfassung fokaler und allgemeiner neurologischer Störungen, die diagnostisch wegweisend sein können für neurologische Grunderkrankungen. Zum anderen muß die Bewußtseinslage eingeschätzt werden. Verschiedene neurologische Begleitsymptome, die zumeist als Enthemmung primitiver Reflexe zu interpretieren sind, sind häufig mit einer Demenz assoziiert und können als zusätzliches Kriterium für die organische Genese gewertet werden. Hierzu gehören beispielsweise Palmomentalreflex, Saugreflex, orale Schablonen, Gegenhalten, Haltungsverharren und Hakeln (Paulson 1977).

Psychometrische Verfahren

Die psychometrische Untersuchung hat zum Ziel, die Diagnose der Demenz objektiv abzusichern, bereits frühere Stadien als die klinische Untersuchung zu erfassen, den Schweregrad der Störungen zu quantifizieren und Verlaufskontrollen zu ermöglichen (Gräßel 1994). Ein idealer Demenztest erfaßt die folgenden Bereiche (Eslinger et al. 1985):

Gedächtnis, Wahrnehmungs- und Informationsverarbeitungsgeschwindigkeit, Aufmerksamkeit, Reaktionsvermögen, Flexibilität, Begriffsbildung, Planungsvermögen, Sprache, visuospatiale Fähigkeiten.

Die nachfolgende Aufstellung gibt einen Überblick über einige im klinischen Alltag verwandte Verfahren, die in der Demenzdiagnostik eingesetzt werden:

Mini-Mental-Status-Test (MMST; Dick et al. 1984; Folstein et al. 1975). Der MMST ist weltweit am verbreitesten. Er erfaßt sowohl verbale als auch nonverbale Aufgaben. In 9 Fragen werden die folgenden Items geprüft: Zeitliche und örtliche Orientierung, Aufnahmefähigkeit, Aufmerksamkeit und Rechnen, Gedächtnis, Sprache, Ausführen eines Befehls, Lesen, Schreiben, konstruktive Apraxie. Der MMST ist ein Screeningverfahren, welches zur Frühdiagnose der Demenz und zu Verlaufsuntersuchungen wegen seiner eher geringen Sensitivität und nur geringen Abstufungen nicht einsetzbar ist.

Alzheimer Disease Assessment Scale (ADAS; Rosen et al. 1984). ADAS ist eine amerikanische Skala, die als kognitive Leistungen die Items Sprache, Gedächtnis, konstruktive und praktische Fähigkeiten, Orientierung und Konzentration prüft. Daneben werden auch nichtkognitive Befunde wie Depression, Halluzinationen, Motorik, vegetative Funktionen und Sozialverhalten erfaßt.

Snydrom-Kurztest (SKT; Erzigkeit 1989). Der SKT umfaßt verbale und nonverbale Aufgaben. Es werden die Merkmale Merkfähigkeit und Aufmerksamkeit mit Hilfe von neun Untertests erfaßt.

Benton-Test (Benton 1986). Der Benton-Test ist ein nonverbaler Leistungstest, der die visuelle Merkfähigkeit prüft.

Kurztest für zerebrale Insuffizienz (c. I.-Test; Lehrl u. Fischer 1992). Der c. I.-Test besteht aus einem verbalen (Interferenztest) und einem nonverbalen (Symbole zählen) Teil. Das Verfahren erfaßt die Informationsverarbeitungsgeschwindigkeit.

Die Demenzdiagnostik sollte die kognitiven Leistungen des untersuchten Patienten in Beziehung setzen zum prämorbiden Intelligenzniveau. Dieses kann mit Hilfe des *Mehrfachwahl-Wortschatz-Intelligenztest* (MWT, Lehrl 1989) abgeschätzt werden.

Basierend auf den Kriterien des DSM-III-R und des ICD-10 wurde ein strukturiertes Interview entwickelt (*Strukturiertes Interview zur Diagnose der Alzheimer- und Multiinfarktdemenz, SIDAM*, Zaudig et al. 1991). Dieser Fragebogen enthält unter anderem Teile des MMST und den Hachinski-Ischämie-Score (s. S. 199). Bei relativ kurzer Testdauer liefert dieses Verfahren ein Ergebnis hoher Reliabilität und gute Übereinstimmung mit der klinischen Diagnose.

An amerikanischen Patienten wurde eine umfassende und reliable Testbatterie zur Demenzdiagnose angewendet (*Consortium to Establish a Registry for Alzheimer's Disease = CERAD;* Morris et al. 1989; Welsh et al. 1991). Diese umfaßt zwei kurze Demenzskalen (MMST, Bostoner Benennungstest), Aufgaben zur Wortflüssigkeit, zur konstruktiven Praxie sowie zur Fähigkeit, Wortlisten zu speichern, abzurufen und wiederzuerkennen. Der Untertest „Verzögerte Reproduktion einer Wortliste" hat sich als sehr sensitiv erwiesen, Patienen mit sehr geringen Symptomen zu identifizieren (Welsh et al. 1991). Möglicherweise wird diesem Subtest in Zukunft eine besondere Bedeutung in der Frühdiagnose der Demenz zukommen. Die Aufgabe „Verzögerte Wortreproduktion" hat sich in einer anderen Untersuchung im Vergleich mit anderen Gedächtnistests als sehr sensitiv erwiesen, Patienen mit M. Alzheimer von gesunden Personen höheren Alters zu differenzieren (Knopman u. Ryberg 1989). Anwendungen dieser Verfahren bei anderen Demenzformen als M. Alzheimer sind bisher nicht publiziert.

Apparative Verfahren

Die verschiedenen apparativen Verfahren der klinischen Neurologie wurden zumeist zur Diagnose der senilen Demenz vom Alzheimer-Typ und der Abgrenzung gegenüber anderen Demenzformen eingesetzt. Ihre Hauptfunktion ist in der ätiologischen Abklärung der Demenzen zu sehen. Die Verfahren werden deshalb unter diesem Gesichtspunkt weiter unten erläutert.

Differentialdiagnose und Nosologie des Demenzsyndroms

Klassifikation der Demenz

Das Demenzsyndrom kann differentialdiagnostisch unter verschiedenen Gesichtspunkten kategorisiert werden. Gebräuchlich ist beispielsweise die Einteilung nach Therapierbarkeit (therapierbar vs. nicht therapierbar) und nach Schwerpunkt der neuropathologischen Veränderungen (kortikal vs. subkortikal; anterior vs. posterior). Die Unterscheidung nach topographischen Kriterien erscheint dann sinnvoll, wenn sich charakteristische Profile der kognitiven Leistungseinbußen definieren lassen. Für die klinische Differentialdiagnose halten wir die von einer schwedischen Konsensuskonferenz getroffene ätiologisch orientierte Klassifikation der Demenzen als Grundlage einer systematischen Differentialdiagnose geeignet (Gustafson 1992). Danach werden unterschieden:

Klasssifikation der Demenz. (Nach Gustafson 1992)

- Primär degenerative Demenzen,
- vaskuläre Demenzen
- andere sekundäre Demenzen
    - entzündlich,
    - metabolisch,
    - toxisch,
    - sonstige.

Primäre degenerative Demenzen

Hierunter werden Erkrankungen zusammengefaßt, die primär das zentrale Nervensystem betreffen. Sie führen aus noch nicht geklärter Ursache zu einem progredienten Funktionsverlust zerebraler Zellen und zur neuronalen Degeneration. Infektionen oder arteriosklerotische Gefäßerkrankung spielen für die Entwicklung dieser Erkrankungen keine wesentliche Rolle. Die folgende Übersicht enthält die in diese Gruppe einzuordnenden dementiellen Erkrankungen:

Primär degenerative Demenzen

- Demenz vom Alzheimer-Typ
- M. Pick
- M. Huntington
- Systemerkrankungen
- M. Parkinson
- Lewy body disease

Sekundäre Demenzen

Sekundäre Demenzen sind auf eine definierte Krankheitsursache zurückzuführen, die primär das Gehirn oder andere Organsysteme betreffen kann. Die behandelbaren Demenzformen sind in dieser Untergruppe zu subsummieren. Wegen der Häufigkeit und der Heterogenität der durch Gefäßerkrankungen bedingten Demenzformen werden die vaskulären Demenzen als Sondergruppe der sekundären Demenz herausgestellt (s. folgende Übersicht):

Sekundäre Demenzformen

- vaskulär (Übersicht S. 199)
- entzündlich
  - Meningoenzephalitis (bakteriell, viral)
  - Aids-Enzephalopathie
  - PML
  - Neuro-Lues/Borreliose
  - Multiple Sklerose
  - Creutzfeldt-Jakob-Erkrankung
  - M. Whipple
  - Sarkoidose
  - M. Behcet
- endokrin/metabolisch
  - Schilddrüsenstoffwechselstörungen
  - Hyper-/Hypoparathyreoidismus
  - Elektrolytstörungen
  - Lebererkrankungen
  - Dialyse-Enzephalopathie
  - Malnutrition
  - M. Wilson
  - Metachromatische Leukodystrophie
- toxisch
  - Industriegifte
  - organische Lösungsmittel
  - Metallvergiftungen (Blei, Quecksilber,
  - Arsen, Thallium, Aluminium)
  - Alkohol
  - Medikamente
- sonstige
  - Hydrocephalus internus
  - Hirntumor
  - Trauma
  - Epilepsie

Die wichtigsten dementiellen Erkrankungen und deren diagnostischen Charakteristika werden im folgenden dargestellt.

Primäre degenerative Demenzerkrankungen

M. Alzheimer

Die Diagnose der Demenz vom Alzheimer-Typ (DAT) basiert auf histopathologischen Kriterien. Histologische Charakteristika sind Fibrillenveränderungen („neurofibrillary tangles"), senile Plaques und granulovakuoläre Degeneration. Ähnliche Veränderungen wurden in geringer Ausprägung auch bei Untersuchung der Gehirne nicht dementer Senioren beschrieben, so daß die Spezifität der Veränderungen in Frage gestellt wurde. Unklar ist, ob diese Personen sich nicht möglicherweise in einem Vor- oder Frühstadium der Demenz befanden und ob die prämortale psychometrische Befunderhebung zur Diagnose einer milden Demenz ausgereicht hätte (Mirra et al. 1991; Morris et al. 1991).

Die Zuverlässigkeit der klinischen DAT-Diagnose ist begrenzt. Während klinische Verlaufsuntersuchungen nach einem Jahr die Diagnose in über 90 % der Fälle bestätigten (Forette et al. 1989), zeigte die neuropathologische Überprüfung der Diagnose „M.

Alzheimer" an 650 Kranken in nur 56% die alleinige Pathologie der DAT. In etwa einem Viertel war die Alzheimer-Pathologie durch zusätzliche zerebrale Erkrankungen überlagert, in etwa einem Fünftel der Obduktionen wurde eine andere Diagnose gestellt (Mendez et al. 1992).

Klinische Diagnose des M. Alzheimer

Für die klinische Diagnose der DAT gibt es keine beweisenden, in vivo zu erhebenden Befunde, so daß es sich letztlich um eine Ausschlußdiagnose handelt. Diese Tatsache wird berücksichtigt in den diagnostischen Kriterien der Arbeitsgruppe NINCDS-ADRDA (National Institute of Neurological and Communicative Disorders and Stroke-Alzheimer's Disease and Related Disorders Association; McKhann et al. 1984; s. Übersicht).

NINCDS-ADRDA-Kriterien der Demenz vom Alzheimer-Typ

---

notwendige Merkmale:
- Diagnose der Demenz (entspr. DSM-III-R),
- Progredienz der mnestischen Störung,
- Erkrankungsalter >40 Jahre,
- Ausschluß anderer Erkrankungen,

unterstützend:
- Einschränkungen bei Alltagsaktivität, Verhaltensänderung,
- Labor, CSF, CCT/MRT

Diagnostisch wegweisend für die wahrscheinliche Diagnose einer DAT ist die progrediente Demenz mit schleichendem Beginn im mittleren bis hohen Erwachsenenalter. Andere Erkrankungen müssen durch klinische und apparative Untersuchungen ausgeschlossen sein. Die klinische Verlaufskontrolle der mit Hilfe der NINCDS-ADRDA-Kriterien gestellten Diagnose des M. Alzheimer zeigte eine Spezifität der Skala zwischen 86% und 89% (Morris et al. 1988). Die diagnostische Treffsicherheit dieser Kriterien ist ähnlich hoch, wenn zur Diagnoseüberprüfung eine neuropathologische Untersuchung erfolgte (Tierney et al. 1988). Eine andere aktuelle Studie, die als Diagnosekriterien Ergebnisse klinischer Untersuchungen, DSM-III-R und NINCDS-ADRDA-Kriterien heranzog, ergab lediglich eine Spezifität von 50–60% (Gilleard et al. 1992). Erschwert wird die klinische Diagnose dadurch, daß sich das Demenzsyndrom häufig nicht nur einer Ätiologie zuordnen läßt, sondern daß Mischformen bestehen. Nicht selten bestehen Überschneidungen mit dem Parkinson-Syndrom und der arterioskerotischen Demenz.

Apparative Zusatzuntersuchungen

Das am längsten angewandte diagnostische apparative Verfahren ist das Elektroenzephalogramm (EEG), welches in fortgeschrittenen Stadien der Erkrankung eine Verlangsamung der Grundtätigkeit zeigt, in frühen Stadien hingegen häufig normal ist (Sheridan et al. 1988). Die computerunterstützte EEG-Auswertung ("brain mapping") zeigt entsprechend Abnahme der α und β-Power und Zunahme der δ und ϑ-Power. Die Spitzenfrequenz verschiebt sich nach frontal (Dierks et al. 1991; Visser 1985). Das EEG dient in der Diagnostik des M. Alzheimer in erster Linie dem Ausschluß anderer neurologischer

Erkrankungen, die mit typischen EEG-Veränderungen einhergehen, z. B. der Myoklonusepilepsie, metabolischen Erkrankungen und der Jakob-Creutzfeldt-Erkrankung.

Die frühen Komponenten der evozierten Potentiale waren zumeist normal. Demgegenüber waren Alterationen der Amplituden, Latenzen und der Topographie der späten P300-Komponenten oft in frühen Krankheitsstadien nachweisbar (Kuskowski et al. 1991; Polich et al. 1990; Dierks u. Maurer 1990). Es ist bisher nicht überprüft worden, inwieweit die neurophysiologischen Untersuchungsverfahren Unterschiede zwischen der DAT und anderer Demenzformen gestatten.

Der Nachweis einer globalen Hirnatrophie im kraniellen Computertomogramm (CCT) oder der Magnetresonanztomographie (MRI) hilft in der Diagnostik der Frühstadien dementieller Erkrankungen nicht viel weiter. Patienten mit einem M. Alzheimer können ein völlig normales Bild ihres Gehirns in den neuroradiologischen Untersuchungen aufweisen. Die volumetrische Bestimmung der lokalen Atrophie des Hippokampus und entorhinalen Kortex in koronaren MRI-Schnitten gestattet allerdings am ehesten die Unterscheidung von Alzheimer-Kranken und gesunden Kontrollpersonen (Jack et al. 1992; Scheltens et al. 1992). Die Bedeutung bildgebender Verfahren liegt weniger im Nachweis einer Atrophie, die vor allem in fortgeschrittenen Krankheitsstadien darstellbar ist, als vielmehr dem Ausschluß anderer Demenzursachen wie vaskulärer Läsionen, einer Raumforderung oder eines Hydrozephalus. Die Unterscheidung zwischen vaskulärer und degenerativer Erkrankung mittels CCT und MRI kann schwierig sein, da fokale oder flächige Gewebeveränderungen der weißen Substanz (Marklagerödem) in beiden Fällen vorkommen können. Zerebrale Mikroinfarkte können sich zudem infolge einer Amyloidangiopathie bei DAT entwickeln. Feinfleckige Hyperintensitäten in der MRI werden, mit höherem Lebensalter zunehmend, auch bei gesunden Probanden nachgewiesen und können keinesfalls immer als Folge einer vaskulären Mikroangiopathie gedeutet werden. CCT und MRI liefern lediglich Informationen, die zusammen mit klinischen Befunden gedeutet werden können und begründen ohne passende klinische Befunde keine Diagnose. Subkortikale fleckförmige Hyperintensitäten im T2-gewichteten Bild der MRI erlauben nicht die eindeutige Unterscheidung zwischen pyhsiologischer und pathologischer Hirnalterung (Kozachuk et al. 1990).

Funktionelle bildgebende Verfahren (Positronenemissionstomographie = PET; Single-Photonenemissionscomputertomographie = SPECT) korrelieren gut mit Topographie der histopathologischen Veränderungen und klinischem Schweregrad (Weinstein et al. 1993; Waldemar et al. 1994). Beide Techniken stellen typischerweise temporal und parietal lokalisierte Defekte dar. Demgegenüber sind primäre kortikale Areale, Stammganglien, Kleinhirn, Hirnstamm und Thalamus charakteristischerweise nicht betroffen (Heiss et al. 1990). Derartige Veränderungen sind allerdings für die Diagnose der DAT weder beweisend, noch werden sie bei allen Alzheimer-Kranken gefunden. Die Spezifität dieser Untersuchungen ist dadurch zu erhöhen, daß nur Patienten mit konkretem klinischen Verdacht auf M. Alzheimer bei gleichzeitig nachgewiesener hippokampaler Atrophie in der MRI untersucht werden. Die mittels PET darstellbaren Stoffwechselveränderungen (Stoffwechselrate für Glukose oder Sauerstoff) gehen der morphologisch nachweisbaren Atrophie voraus, so daß eine Frühdiagnose mittels der PET denkbar ist (Heiss et al. 1990; Kuhl et al. 1987). Die diagnostische Aussagekraft der Darstellung cholinerger Rezeptoren mittels spezieller Tracer, z. B. im Rahmen einer SPECT-Untersuchung mit ^{123}J-3-quinuclidinyl-4-iodobenzilat (QNB), ist derzeit noch nicht geklärt (Weinberger et al. 1989).

Bislang existieren keine Laborbefunde, die die Diagnose eines M. Alzheimer im individuellen Fall stützen oder sogar beweisen könnten. Die Routineuntersuchungen von Blut, Zerebrospinalflüssigkeit und Urin fallen meistens normal aus und dienen der diagnostischen Abgrenzung gegenüber sekundären Demenzen. Naheliegend war die Annahme, daß die Erfassung des Funktionszustandes im cholinergen System diagnostisch weiterhelfen würde. Angaben zum Cholinesterasespiegel in der Zerebrospinalflüssigkeit blieben aber widersprüchlich (Appleyard et al. 1987). Auch die Messung der Azetylcholinkonzentration und der Aktivität der Cholin-Azetyl-Transferase besitzen keine diagnostische Trennschärfe (Cutler 1988; Thienhaus et al. 1985). Verschiedene andere Substanzen im Liquor cerebrospinalis (Aminosäuren, Enzyme, Hormone) waren ebenfalls nicht so verändert, daß deren Messung diagnostisch eingesetzt werden könnte (Beal et al. 1986; Sunderland et al. 1987). Der Nachweis von pathologischen Proteinen mit Hilfe spezifischer Antikörper (Tau-Protein, Protein A 68), welche als Antigene im Hirngewebe von Alzheimer-Kranken identifiziert wurden, in der Zerebrospinalflüssigkeit könnte in Zukunft diagnostisch von Bedeutung werden (Wolozin u. Davies 1987). Ähnlich verhält es sich mit dem Nachweis von Antikörpern gegen neuronale Strukturen, die in Zerebrospinalflüssigkeit und Serum von Alzheimer-Patienten nachgewiesen wurden (McRae et al. 1990). Aktuelle Forschungsarbeiten versuchen, mögliche Marker im nichtneuronalen, zu diagnostischen Zwecken einfach zugänglichen Gewebe zu identifizieren. Vielversprechend sind erste Ergebnisse an Fibroblastenkulturen von Alzheimer-Patienten, die einen Abfall der Isoproterenol-stimulierten cAMP-Bildung und einen Anstieg der Bradykinin-induzierten Inositolphosphat-(IP3)-Bildung sowie verminderte Aktivität des Ketoglutarat-Dehydrogenase-Komplexes (KGDHC) zeigten (Blass u. Gibson 1992). Die beiden erstgenannten Defekte betreffen die zelluläre Signaltransduktion, der letztere den Energiemetabolismus. Ein weiterer Befund an Fibroblasten von DAT-Patienten ist das Fehlen eines speziellen Kalziumkanals (Etcheberrigaray et al. 1993).

In bis zu 20% der gesicherten DAT ist eine Heredität mit autosomal-dominantem Erbgang anzunehmen. Familiäre Erkrankungen der DAT werden häufiger in früheren Lebensaltern manifest als sporadische Formen. Die Chromosomenuntersuchung bei familiären Alzheimer-Erkrankungen zeigte eine Punktmutation im Bereich des Amyloidvorläuferproteins auf dem langen Arm des Chromosoms 21 (Goate et al. 1989; St. George-Hyslop et al. 1987). Assoziationen mit der Trisomie 21, die nach dem 40. Lebensjahr zu einer Alzheimer-Pathologie des Gehirns führt, unterstrichen die Bedeutung des Chromosoms 21 für die Genetik des M. Alzheimer. Inzwischen gibt es auch Hinweise für eine Beteiligung der Chromosomen 14 und 19. Strittmater et al. (1993) beschrieben eine Allelvariation im Bereich des Gens für Apolipoprotein E (Apo-E), das in 3 Varianten (E2, E3, E4) auftritt. Bei familiärer und sporadischer DAT ist Apo-E-4 wesentlich häufiger zu finden als in der Normalpopulation. Möglicherweise werden polymorphe genetische Marker zu einer Frühdiagnose des M. Alzheimer beitragen können.

M. Pick

Der M. Pick führt zur schwerpunktmäßigen Degeneration der Frontal- und Temporallappen. Die Erkrankung ist zwar wesentlich seltener als die DAT, neben der diffusen Lewy-body-Erkrankung aber die zweithäufigste Form degenerativer Demenzen. Das klinische Bild ist im Anfangsstadium in erster Linie gekennzeichnet durch den Verfall der Persönlichkeit, des Verhaltens und der Sprache, ferner Gedächtnisstörungen, wohingegen

andere kognitive Funktionen weniger betroffen sind. Kennzeichnend sind flaches, euphorisches Verhalten und Witzelsucht, Störungen des emotionalen Verhaltens und der Impulskontrolle.

Pathohistologisch fallen neben der frontal und frontotemporal betonten neuronalen Degeneration Nervenzellschwellungen (Pick-Zellen), später auch argentophile Pick-Körperchen auf. Die konventionellen apparativen Zusatzuntersuchungen (EEG, CCT, MRI) lassen keine sichere Differenzierung von der Alzheimer-Demenz zu. PET- und SPECT-Untersuchungen zeigen entsprechend der Topographie der pathologischen Veränderungen vor allem frontale bis frontotemporale Minderbelegung.

Demenz vom Frontallappentyp und andere lobäre Atrophien

Unter diesem Begriff werden Erkrankungen des Gehirns zusammengefaßt, bei denen es zur Degeneration bifrontaler, bitemporaler oder subkortikaler Strukturen des Gehirns ohne den typischen histologischen Befund des M. Pick kommt. Klinisch entwickeln sich Persönlichkeitsveränderungen, soziale Störungen und Aphasie. Der frontale Schwerpunkt der Veränderungen findet sein Korrelat in PET und EEG (Brun 1993; Neary et al. 1993). Klinisch dürfte diese Erkrankung zumeist als M. Pick diagnostiziert werden.

"Lewy-Body-Disease"

Die sog. Lewy-Körperchen, argentaffine intrazytoplasmatische Einschlußkörperchen in Gliazellen, kommen typischerweise beim idiopathischen Parkinson-Syndrom im nigrostriären System vor. Sind sie über Kortex und Hirnstamm diffus verteilt, spricht man von "Lewy-Body-Disease" (Kosaka 1990). Gehäuft sind diese Einschlußkörperchen im limbischen System anzutreffen. Demgegenüber sind sie in den primären Rindenarealen nicht vorhanden. Nach neueren Untersuchungen wird angenommen, daß die Lewy-body-Erkrankung zwischen einem Fünftel und einem Drittel der Demenzerkrankungen ausmacht (Hansen et al. 1990; Joachim et al. 1988; Lennox 1992). Klinisch ist diese Erkrankung gekennzeichnet durch progrediente Demenz, ein eher leichtes, L-Dopa-sensitives Parkinson-Syndrom und verschiedene psychiatrische Symptome (Verwirrtheitszustände, Verkennungen, Halluzinationen). Möglicherweise stellen M. Parkinson und diffuse Lewy-body-Erkrankung nur die Enden eines Kontinuums dar, welches gekennzeichnet ist durch eine neuronale Degeneration mit Lewy-Körperchen, die schwerpunktmäßig den Kortex oder die Substantia nigra betreffen kann (Zweig et al. 1993). Auf der anderen Seite finden sich in einigen Fällen senile Plaques und Neurofibrillen, so daß manchmal eine Koinzidenz mit einem M. Alzheimer angenommen werden muß. Die klinische Differentialdiagnose zum M. Parkinson mit Demenz und zum M. Alzheimer mit extrapyramidal-motorischen Störungen ist nur schwer oder gar nicht möglich. Die genaue nosologische Stellung der Erkrankung ist derzeit nicht geklärt.

Vaskuläre Demenzerkrankungen

Die vaskulären Demenzerkrankungen umfassen eine Reihe hinsichtlich Pathophysiologie und Klinik sehr heterogener Krankheitsbilder. Es ist daher problematisch, einheitliche

diagnostische Kriterien für diese verschiedenen Erkrankungen zu definieren. Häufig wird synonym der Begriff der „Multiinfarkt-Demenz“ verwendet, so auch im DSM-III-R. Die Verwendung dieser Bezeichnung als Sammelbegriff ist nicht korrekt. Als diagnostische Kriterien der „Multiinfarkt-Demenz“ nennt DSM-III-R schrittweise Verschlechterung der Symptome, neurologische Herdzeichen und klinische sowie apparative Hinweise auf eine zerebrovaskuläre Erkrankung. Hachinski et al. (1975, 1991) haben eine Skala zur raschen Differenzierung einer vaskulären von einer degenerativen Demenz entwickelt. Dieser Score findet breite Anwendung, obwohl Fischer et al. (1991) zeigen konnten, daß etwa ein Fünftel der als „vaskuläre Demenz“ klassifizierten Kranken in Wirklichkeit eine Alzheimer-Demenz aufwiesen. Vor dem Hintergrund der Möglichkeit, auch kleinere Hirninfarkte mittels CT/MRI darstellen zu können, muß der Hachinski-Score, der keine neuroradiologischen Befunde einbezieht, aus heutiger Sicht als veraltet gelten. Kürzlich wurden die NINDS-AIREN Kriterien (Roman et al. 1993) veröffentlicht, welche für die wahrscheinliche Annahme einer vaskulären Demenz den Nachweis einer zerebrovaskulären Erkrankung anhand klinischer und CT/MRI-Kriterien fordern. Außerdem muß die klinische Dynamik der dementiellen Symptome mit derjenigen der zerebrovaskulären Erkrankung verknüpft sein. Eine vaskuläre Demenz wird als möglich angesehen, wenn neben den dementiellen Symptomen fokale neurologische Ausfälle vorhanden sind, ohne daß die zerebrovaskuläre Pathologie mittels CT/MRI nachgewiesen wird und ohne daß eine zeitliche Verbindung zwischen vaskulärer Erkrankung und Demenzbeginn vorhanden sein muß. Die Diagnose der vaskulären Demenz kann als gesichert gelten, wenn neben den Kriterien der wahrscheinlichen Diagnose histopathologisch der Nachweis einer zerebrovaskulären Erkrankung geführt wird, ohne daß Zeichen einer DAT oder einer anderen Demenzursache bestehen.

Der internationale Workshop NINDS-AIREN (Roman et al. 1993) hat zudem eine Klassifikation der vaskulären Demenz vorgenommen, welche in nachfolgender Übersicht wiedergegeben ist.

Klassifikation der vaskulären Demenz nach NINDS-AIREN

- Mikroangiopathie:
  - multiple Lakunen,
  - subkortikale arteriosklerotische Leukenzephalopathie,
  - Amyloidangiopathie,
- „strategischer Einzelinfarkt“,
- „Multiinfarkt“-Demenz,
- Zerebrale Hypoperfusion,
- Zerebrale Blutung:
  - SAB, chronisches SDH, ICH (Amyloidangiopathie),
- andere vaskuläre Faktoren.

Die Diagnostik der vaskulären Demenz hat die Untersuchungsverfahren einzusetzen, die bei zerebrovaskulären Erkrankungen angewandt werden, d. h. neben CT/MRI die zerebrale Doppler- und Duplexsonographie und kardiologische Untersuchung zur Frage einer kardiogenen Emboliequelle. Auf drei Unterformen der vaskulären Demenzen soll im einzelnen eingegangen werden.

Subkortikale arteriosklerotische Enzephalopathie (saE)

Otto Binswanger (1894) beschrieb als Differentialdiagnose zur progressiven Paralyse eine langsam progrediente, mit sprachlichen und fokal-neurologischen Störungen einhergehende Demenz, die auf ausgedehnte arteriosklerotische Marklagerveränderungen zurückzuführen war. Grundlage ist eine Arteriosklerose mit Hyalinose, Fibrose und Wandverdickung der keinen Arterien und Arteriolen. Im Marklager kommt es zu einer Demyelinisierung. Multiple lakunäre Infarkte sind regelmäßig nachweisbar. Eine zerebrale Makroangiopathie kann zusätzlich bestehen.

Betroffen sind Personen des höheren Lebensalters. Wichtigster Risikofaktor ist die arterielle Hypertonie. Bei 2/3 der Erkrankten ist der Beginn schleichend. Ein Drittel erleidet zu Beginn der Erkrankung einen Hirninfarkt (Babikian u. Ropper 1987). Der weitere Verlauf ist progredient und wird bei etwa der Hälfte der Patienten durch rezidivierende Hirninfarkte gekennzeichnet. Klinische Leitsymptome sind Demenz, Störungen von Persönlichkeit und Affekt, Gangstörung und Blasenentleerungsstörung. Dazu kommen neurologische Herdsymptome infolge lakunärer Hirninfarkte. Epileptische Anfälle können den weiteren Verlauf komplizieren. CT und MRI stellen multiple lakunäre Infarkte sowie konfluierende fleckige Marklagerveränderungen (Hypodensität im CT, Signalintensität im T2-gewichteten MRI = Leukoaraiose) dar. Die Sensitivität der MRI im Nachweis dieser Veränderungen ist wesentlich höher als jene der CT, allerdings um den Preis einer geringeren Spezifität. Der Nachweis einer Leukoaraiose in der MRI ist für sich alleine genommen für die Diagnose einer vaskulären Demenz nicht beweisend.

Für die Diagnose der subkortikalen arteriosklerotischen Enzephalopathie wurden von Diener et al. (1992) operationale Kriterien erarbeitet. Als Kriterien sollen demnach erfaßt werden Anamnese (Hypertonie, Demenz, Gangstörung, Inkontinenz, „Schlaganfall"), klinische Befunde (Merkfähigkeitsstörung, Orientierungsstörung, Mini-Mental-State-Test mit weniger als 26 Punkten, Antriebsstörung, Halbseitensymptome, epileptische Anfälle, Aphasie und Apraxie) und CT/MRI-Befund. Von der klinisch gesicherten Diagnose einer saE kann ausgegangen werden, wenn 4 der 5 anamnestischen und 5 der 8 klinischen Kriterien vorliegen und gleichzeitig ausgeprägte Marklagerveränderungen und multiple Lakunen in CT bzw. MRI bestehen.

Thalamusinfarkte

Infarzierungen des Thalamus sind ein Beispiel für „strategische Einzelinfarkte" welche durch Läsion einer kritischen Hirnregion ein dementielles Bild hervorrufen können. Der Thalamus ist eingebunden in eine Vielzahl afferenter und efferenter neuronaler Verbindungen. Der Nucleus medialis thalami und der Tractus mamillothalamicus sind Bestandteile des limbischen Systems. Ventrale und mediale Anteile des Thalamus aktivieren frontale und temporale Rindenanteile. Dementsprechend führen Läsionen des Thalamus infolge Ischämie zu einem komplexen psychopathologischen Bild, welches je nach betroffener Thalamusstruktur unterschiedlich sein kann (Büttner et al. 1991; Cramon et al. 1991; Graff-Radford et al. 1985). Da die medialen Thalamusanteile beider Seiten regelhaft durch eine unpaare thalamosubthalamische Arterie versorgt werden, kann es akut zum doppelseitigen Thalamusinfarkt kommen. Dieses Krankheitsbild ist in der Akutphase gekennzeichnet durch Bewußtseinsstörung, amnestisches Syndrom sowie, infolge Mitbeteiligung mesenzephaler Strukturen, Okulomotoriusparese und vertikale

Blicklähmnung. Nach dem Akutstadium verbleibt als Residualsymptom meistens eine Demenz mit mnestischen Störungen, Sprachstörungen, Antriebsmangel, nivelliertem Affekt und kognitiven Störungen. Vereinzelt ist aber auch eine komplette Normalisierung der neurologischen und psychopathologischen Befunde berichtet worden (Büttner et al. 1991; Swanson u. Schmidley 1985). Auch nach unilateralen medialen Thalamusläsionen resultieren mnestische und kognitive Störungen. Die Langzeitprognose der kognitiven Funktionen ist wesentlich mit davon abhängig, inwieweit neben dem Thalmusinfarkt zusätzliche vaskuläre Läsionen oder eine arteriosklerotische Enzephalopathie bestehen (Büttner et al. 1991). Vorübergehende Durchblutungsstörungen des Thalamus, dargestellt mittels Tc-HMPAO-SPECT, können zu einer amnestischen Episode führen (Büttner et al. 1992).

Zerebrale Amyloidangiopathie

Die zerebrale Amyloidangiopathie (=kongophile Angiopathie) stellt eine auf das Gehirn beschränkte Form der primären Amyloidose dar, bei der sich kongophile Proteine in den zerebralen Gefäßwänden ablagern (Glenner 1980). Betroffen sind vor allem kleine Arterien und Arteriolen, wo es zu fibrinoiden Nekrosen und fibrinösen Intimaverdickungen kommt. Familiäre Formen sind dokumentiert. Typisches klinisches Erscheinungsbild sind Demenz, lakunäre Hirninfarkte und rezidivierende spontane intrazerebrale Lobärhämatome im höheren Lebensalter (Regli 1989). Die zerebrale Amyloidangiopathie ist nach der arteriellen Hypertonie die zweithäufigste Ursache spontaner intrazerebraler Hämatome, im höheren Lebensalter sogar die häufigste. Kommt es nicht zu intrazerebralen Blutungen, ist die Differentialdiagnose zur DAT und zur saE klinisch nicht möglich, zumal sich in CT/MRI bilaterale Marklagerveränderungen zeigen. Im Rahmen einer klinisch-pathologischen Untersuchung haben Yoshimura et al. (1992) drei Manifestationstypen definiert:

1. hämorrhagischer Typ (rezidivierende Lobärhämatome);
2. dementiell-hämorrhagischer Typ (multiple zerebrale Blutungen in Kombination mit atypischer Alzheimer-Pathologie; multiple zerebrale Blutungen in Kombination mit ischämischer Marklagerläsion);
3. dementieller Typ (progressive Demenz mit oder ohne zerebrale Hämatome; neuropathologisch DAT- und saE-typische Veränderungen).

Andere sekundäre Demenzen

Hierunter ist die überwiegende Anzahl der bereits heute therapierbaren Demenzerkrankungen zu fassen. Die sekundären Demenzursachen können untergliedert werden in

- entzündlich,
- endokrin und metabolisch,
- toxisch,
- sonstige.

Entzündliche Erkrankungen

Meningoenzephalitiden können zu akuten oder subakuten psychopathologischen Phänomenen führen. Typischerweise sind begleitend Bewußtseinstörung, Delirien, Kopfschmerzen, epileptische Anfälle und fokal-neurologische Ausfälle vorhanden. Während bakterielle Meningoenzephalitiden infolge der akuten, foudroyanten Symptomatik meistens rasch diagnostiziert werden, kann die Diagnose der lymphozytären Meningoenzephalitis u. U. zum differentialdiagnostischen Problem werden. Unter 53 Kranken mit lymphozytärer Meningoenzephalitis hatten 26% initial einen Verwirrtheitszustand, 23% eine Gedächtnisstörung und 17% eine organische Psychose (Büttner u. Dorndorf 1988). Fehldiagnosen sind im Anfangsstadium nicht selten. Zur Diagnose einer subakuten und akuten Demenz muß daher eine Untersuchung der Zerebrospinaflüssigkeit durchgeführt werden. Eine Sonderstellung unter den lymphozytären Meningoenzephalitiden nimmt die Herpes-simplex-Enzephalitis ein, die wegen des infausten Spontanverlaufs bereits bei Verdacht virustatisch mit Aciclovir behandelt werden muß. Als Defektsyndrom nach Virusenzephalitis ist nach eigenen Untersuchungen in 15–20% mit einer Demenz zu rechnen (Büttner et al. 1989). Besonders zu erwähnen sind *Neurosyphilis* und *Neuroborreliose*, die aufgrund der serologischen Befunde zu diagnostizieren sind.

Der *M. Jakob-Creutzfeld* beginnt häufig mit einer pseudoneurasthenischen Symptomatik und ist im weiteren Verlauf gekennzeichnet durch Gedächtnisabnahme, persönliche Vernachlässigung, affektive Störung und in etwa der Hälfte der Fälle durch akut auftretende neurologische Ausfälle (Dysphagie, Gangstörung, Ataxie, extrapyramidae Symptome, Doppelbilder). Häufig kommt es zu Myoklonien. Die meisten Erkrankungsfälle sind sporadisch, jedoch treten etwa 10% familiär auf. Berichtete Übertragungswege sind die Injektion von Wachstumshormon aus Leichenhypophysen, Hornhaut-, Dura- und Trommelfellimplantate, Implantation intrakranieller Elektroden und Gewebeinokulation im Rahmen von Sektionen. Neuropathologisch bestehen generalisiert Spongiose und Neuronenverlust. Die Demenz wird insbesondere auf den Befall hippocampaler Strukturen und des Nucleus basalis Meynert zurückgeführt. Charakteristische Diagnosebeweisende Laborbefunde gibt es nicht. Die typischen EEG-Veränderungen mit periodischen triphasischen Steilwellen können im Einzelfall fehlen und finden sich meistens erst im Verlauf der Erkrankung. CT und MRI zeigen im Initialstadium häufig Normalbefunde, im Verlauf eine rasch fortschreitende Atrophie, eventuell in Verbindung mit Marklagerveränderungen und kleinen fokalen Läsionen. Die Diagnose kann nur neuropathologisch gesichert werden.

Weltweit häufigste entzündliche Ursache einer Demenz ist die *HIV-Infektion*. Zwischen 60% und 90% der obduzierten HIV-Patienten lassen eine Beteiligung des Gehirns erkennen (Navia et al. 1986). Fast 1/3 der Aids-Kranken leiden im Terminalstadium unter einer Demenz. Eine Beteiligung des Gehirns bei Aids kann durch verschiedene Superinfektionen (z. B. Toxoplasmose, Zytomegalievirus, Papovavirus), auf Tumore (Lymphome) oder auf das HIV selbst zurückgeführt werden. Allgemein wird deshalb im Hinblick auf dementielle Symptome bei Aids von einer HIV-assoziierten Demenz gesprochen. Neuere Untersuchungen sprechen dafür, daß der Demenz meistens eine direkte HIV-Infektion zugrundeliegt (Wiley u. Achim 1994). Bei den meisten Erkrankten finden sich entzündliche Liquorveränderungen, spezifische Antikörper und oligoklonale IgG-Antikörper. Magnetresonanztomographisch können multiple, teilweise konfluierende Herde vor allem der weißen Substanz nachweisbar sein. Differentialdiagnostisch ist bei Aids-Kranken auch eine progressive *multifokale Leukenzephalopathie* in Erwägung

zu ziehen, eine Papovavirusinfektion, die tumor- oder immungeschwächte Patienten befallen kann. Im Rahmen dieser Erkrankung kommt es rasch fortschreitend zu multiplen subkortikalen Entmarkungsherden.

Im Rahmen der *multiplen Sklerose* ist in etwa 7% mit der Entwicklung einer manifesten Demenz zu rechnen (Felgenhauer 1990; Halligan et al. 1988). Determinierend für eine Demenzentstehung bei MS sind Zahl, Ausdehnung und Lokalisation der Demyelinisierungsherde

Weitere entzündliche Erkrankungen des Gehirns, die zur Demenz führen können, auf die hier aber im einzelnen nicht eingegangen wird, sind *Neurobrucellose, M. Whipple, Tuberkulose, Sarkoidose, Gerstmann-Sträussler-Erkrankung und M. Behcet.*

Endokrine und metabolische Erkrankungen

Zumeist wird die zugrundeliegende Erkrankung bereits lange Zeit bekannt sein, bevor sich dementielle Symptome entwickeln. Kognitive Störungen können aber auch ein Erstsymptom der folgenden Erkrankungen darstellen, die deshalb in differentialdiagnostische Überlegungen einbezogen werden müssen. Da die Symptomatik wenig charakteristisch für die jeweilige Diagnose ist, werden diese Erkrankungen nicht ausführlich dargestellt:

- Hypo- und Hyperthyreose,
- Hypo- und Hyperparathyreoidismus,
- M. Addison/M. Cushing,
- Hypophyseninsuffizienz,
- Niereninsuffizienz/Dialyse,
- Lebererkrankungen,
- Elektrolytstörungen (vor allem Natrium und Kalzium),
- Malnutrition und Hypovitaminosen,
- paraneoplastische Syndrome.

Der *M. Wilson* (hepatolentikuläre Degeneration) ist eine autosomal rezessiv vererbte Störung des Kupferstoffwechsels. Die psychische Symptomatik ist durch eine dementielle Entwicklung mit Aufmerksamkeitsstörung gekennzeichnet. Neurologisch finden sich Rigidität, Tremor, dystone Bewegungsstörung, Dysarthrie und Dysphagie. Begleitende und diagnostisch weiterführende Symptome sind Kayser-Fleischer-Kornealring, Osteoporose, Nieren- und Leberschädigung.

Selten treten im Erwachsenenalter *metachromatische Leukodystrophie* und *Adrenoleukodystrophie* auf. Beide Erkrankungen sind neben Demenz durch Tetraparese gekennzeichnet. Die Adrenoleukodystrophie führt darüber hinaus zu epileptischen Anfällen und Nebenniereninsuffizienz.

Toxische Ursachen

Chronischer *Alkoholismus* kann einerseits zum amnestischen Syndrom (Korsakow-Syndrom), andererseits aber auch zum Vollbild der Demenz (Lishman 1981) führen. Leichtere intellektuelle Störungen bestehen bei nahezu der Hälfte aller Alkoholiker. Der Demenzgrad ist gewöhnlich leicht, nur langsam progredient und bei Abstinenz teilweise

reversibel. Im CT läßt sich eine diffuse Hirnatrophie nachweisen. Im PET ist die metabolische Störung mediofrontal akzentuiert (Gilman et al. 1990). Die *Marchiafava-Bignami-Erkrankung* beruht auf einer Entmarkung des Balkens und mittelliniennaher Anteile des Marklagers. Sie beginnt akut oder subakut mit Bewußtseinsstörung und mündet in Persönlichkeitsveränderung, Gedächtnis- und Sprachstörungen.

Chronische *Metallvergiftungen* sind heutzutage unter strengeren arbeitsmedizinischen Überwachungen selten. Die chronische Bleivergiftung führt zu Sehstörungen, Polyneuropathie, apathischem Verhalten, Merkfähigkeits- und anderen kognitiven Störungen. Weitere Metalle, die zur Demenz führen können, sind Quecksilber, Arsen, Mangan, Thallium und Aluminium.

Organische Lösungsmittel und andere Industriegifte können eine toxische Enzephalopathie verursachen. Zu erwähnen ist in diesem Zusammenhang auch die Enzephalopathie der Schnüffler.

Die Analyse der demenzfördernden Nebenwirkungen von Medikamenten muß insbesondere Medikamenteninteraktionen sowie individuelle Patienteneigenschaften berücksichtigen. Gerade ältere Patienten besitzen zentral wirksamen Medikamenten gegenüber infolge geänderter Pharmakokinetik (niedrigeres Verteilungsvolumen, verminderte Flüssigkeitsaufnahme, geringere Exkretion und Metabolisierung) und evtl. bestehender zerebraler Vorschädigung eine verminderte Toleranz. Die häufigsten demenzfördernden Medikamente sind:

- Neuroleptika,
- trizyklische Antidepressiva,
- anticholinerge Substanzen,
- Antihypertensiva,
- Antikonvulsiva.

Sonstige Ursachen

Schwere *Schädel-Hirn-Traumen* können zu erheblichen kognitiven Beeinträchtigungen führen, was aufgrund der eindeutigen Anamnese in der Regel kein differentialdiagnostisches Problem ist. Eine Ausnahme stellt das chronische Subduralhämatom dar, welches sich Wochen bis Monate nach einem möglicherweise nicht mehr erinnerten Trauma entwickelt. Das Risiko zur posttraumatischen Demenz steigt mit der Länge der Komadauer, dem Alter des Patienten und der Existenz zusätzlicher zerebraler Erkrankungen (z. B. durch Alkohol oder Arteriosklerose). Eine Sonderform der posttraumatischen Demenz stellt die Dementia pugilistica (Boxer-Demenz) dar, welche nach langjähriger Praxis von Berufsboxern auftritt und durch Parkinson-Syndrom, intellektuellen Abbau, Persönlichkeitstörungen sowie eventuell fokale neurologische Ausfälle gekennzeichnet ist.

Eine *Epilepsie* an sich führt in der Regel nicht zur Demenz, wohl aber möglicherweise die der Epilepsie zugrundeliegende zerebrale Erkrankung. Nur sehr häufige GM-Anfälle oder GM-Staten werden zu hypoxischen Sekundärschäden des Gehirns führen. Als eigenständiges Krankheitsbild hervorzuheben ist die *progressive Myoklonusepilepsie*. Bei dieser erblichen Erkrankung kommt es zu epileptischen Anfällen, Myoklonien, Demenz mit Wesensänderung, zerebellären, extrapyramidalen und Pyramidenbahnsymptomen. Differentialdiagnostisch sind von der Demenz Verwirrtheitszustände von

Epileptikern abzugrenzen, die Folge eines Petit-mal-Status, Status psychomotorischer Anfälle oder eines postiktalen Dämmerzustandes sein können. Schließlich müssen kognitive Nebenwirkungen der Antiepileptika, insbesondere der Barbiturate, bedacht werden.

Hirntumore können durch lokale Raumforderung zu Störungen der höheren Hirnleistungen (Aphasie, Apraxie, Rechenstörung) und durch erhöhten intrazerebralen Druck zu gestörter Aufmerksamkeit und psychomotorischer Hemmung führen. Insbesondere frontale Raumforderungen (Olfaktoriusmeningeom, Schmetterlingsgliom), aber auch Tumoren des Thalamus und der Basalganglien, haben einerseits Veränderungen der Persönlichkeit zur Folge, rufen andererseits erst sehr spät fokale neurologische Störungen hervor, so daß die Diagnose verkannt werden kann. Der routinemäßige Einsatz bildgebender Verfahren in der Differentialdiagnose der Demenz sollte heutzutage ausschließen, daß ein zugrundeliegender Hirntumor nicht diagnostiziert wird.

Demenz, Gangstörung und Harninkontinenz kennzeichnen die klassische Symptomtrias des *Normaldruckhydrozephalus* (NPH). Durch eine Behinderung des Liquorabflusses vor allem im Bereich der Pacchionischen Granulationen kommt es zur Erhöhung des Liquordrucks, konsekutiv zur Vergrößerung der resorptiven Oberfläche durch Ventrikelerweiterung und schließlich sekundär wieder zur Liquordrucknormalisierung (Foltz u. Ward 1956; Adams et al. 1965). Ursache ist eine abgelaufene Subarachnoidalblutung oder Meningitis, Trauma oder Tumor. Läßt sich eine derartige Ursache nicht nachweisen, was in etwa der Hälfte der Erkrankten der Fall ist, spricht man vom idiopathischen NPH. Davon abzugrenzen ist der obstruktive Hydrozephalus, bei dem es zur mechanischen Liquorabflußstörung kommt. Die Erkrankung beginnt gewöhnlich mit einer Gangstörung, die der frontalen Gangstörung (breitbeiniges Gangbild) ähnelt. Die psychischen Veränderungen bestehen aus Verlangsamung, Vigilanz- und Gedächtnisstörungen. Die Patienten sind aspontan und zurückgezogen, mutistisch, wirken depressiv und erschöpft. Diagnostisch hilfreich ist oft die Lumbalpunktion, nach der es vorübergehend zur Besserung der Symptomatik kommen kann. CT/MRI zeigen eine Erweiterung des gesamten Ventrikelsystems und periventrikuläre Flüssigkeitseinlagerung als Folge der transependymalen Liquordiapedese. Im Flußmodus des MRI kann die Pulsatilität des Liquors beurteilt werden. Das MRI dient ferner dem Ausschluß eines lokalen Liquorabflußhindernisses. Die Diagnose kann gesichert werden durch kontinuierliche lumbale oder epidurale Liquordruckmessung, die wiederholte Druckspitzen zeigt, und durch einen spinalen Infusionstest. Die Behandlung besteht in der liquorableitenden Operation, die bei richtiger Indikationsstellung eine Erfolgsaussicht von ca. 50% hat (Benson et al. 1970; Katman 1977).

Schlußfolgerungen

Diagnose und Differentialdiagnose des Demenzsyndroms haben ein umfassendes Spektrum neurologischer, internistischer und psychiatrischer Erkrankungen zu berücksichtigen. Die frühe Diagnose der Demenz hat ein differenziertes psychometrisches Instrumentarium einzusetzen. Demgegenüber gibt es bisher keine Laborverfahren, die die frühe und sichere Diagnose der Alzheimer-Demenz gestatten. Die Sicherheit der klinischen Diagnose des M. Alzheimer bleibt begrenzt, da eine Reihe von phänomenologisch ähnlichen Erkrankungen nur durch neuropathologische Untersuchungen abzugrenzen sind. Angesichts der erheblichen individuellen und sozialen Konsequenzen der Demenz-

diagnose muß die Abklärung einer dementiellen Erkrankung alle verfügbaren klinischen und apparativen Diagnoseverfahren einsetzen.

Diskussion

Anmerkung: Ich befürworte, daß Sie nicht den oft mißbrauchten Begriff des Aids-Demenz-Komplexes gewählt haben, sondern von HIV-assoziierter Enzephalopathie sprechen. Nur etwa 20 oder 30 % der Patienten mit Aids haben im Endstadium tatsächlich eine Demenz. Die übrigen Kranken haben höchstens diskrete oder etwas mehr ausgebildete kognitive Beeinträchtigungen. Und generell sollten wir uns immer bemühen, diesen Begriff Demenz sehr viel vorsichtiger in den Mund zu nehmen als es meist der Fall ist. Wir sollten von neuropsychologischen Defiziten oder von dementiellen Syndromen sprechen.

Frage: Es gibt in der Psychiatrie ein Konzept, daß Sie nicht genannt haben, das sog. "age associated memory impairment", AAMI. Dieses stellt sozusagen die Brücke zwischen der benignen Altersvergeßlichkeit und der Demenz dar. Es sind viele psychometrische Studien mit diesem Konzept AAMI durchgeführt worden. Die Hoffnung, daß man Risikopersonen identifizieren kann, die im weiteren Verlauf mit hoher Wahrscheinlichkeit eine Demenz entwickeln, hat man doch danach fallen lassen müssen. Kann man denn mit psychometrischen Mitteln mögliche Risikopersonen für Demenzentwicklung identifizieren?

Antwort: Die ersten Ergebnisse des "Consortium to establish a registry for Alzheimer disease" (CERAD) sprechen dafür, daß evtl. die Messung einzelner Unterfunktionen der Gedächtnisleistung sensitiver ist als ein globaler Gedächtnistest. Ein Problem bei allen Untersuchungen, die die Bedeutung psychometrischer Tests für die Diagnose Demenz erfassen, ist, daß immer zwischen Patienten mit manifestem M. Alzheimer und Normalpersonen verglichen wird. Es werden aber nie diagnostisch schwierige Fälle, beginnende Demenzstadien, zu Vergleichszwecken herangezogen. Eine wichtige Frage ist, inwieweit ein Test unterscheiden kann zwischen dem Frühstadium der Demenz und der Depression, dem Frühstadium der Demenz und der Bradyphrenie. Die meisten Vergleichswerte beziehen sich immer auf Gesunde. Insofern teile ich Ihre Skepsis, was die psychometrischen Verfahren angeht. Aber es besteht auch hier erheblicher Untersuchungsbedarf.

Anmerkung: Es gibt eine Publikation von Masur und Mitarbeitern, die den prädiktiven Wert neuropsychologischer Untersuchungen für eine Demenzentwicklung erfaßt haben. In dieser Arbeit werden Ergebnisse ausgewertet aus einer Longitudinalstudie von über 200 Patienten, die eine Testbatterie aus vier Methoden verwendet hat, welche höhere kortikale Funktionen erfaßte. Mit diesem Verfahren war eine Treffsicherheit der negativen diagnostischen Prädiktion über eine Beobachtungszeit von 4–5 Jahren von fast 90 % möglich. Die positive diagnostische Prädiktion war nicht ganz so hoch. Insgesamt ist zu sagen, daß Untersuchungen dieser Frage noch nicht in ausreichendem Umfang vorliegen.

Frage: In der Klinik sind Orientierungsstörungen ein häufig verwendetes Kriterium. Handelt es sich um ein Spätzeichen, denn Orientierungsstörungen sind eindeutig Gedächtnisassoziiert?

Antwort: Sie sind vermutlich deshalb kein Frühzeichen, weil ihr Auftreten für eine erhebliche Gedächtnisfunktionsstörung spricht. Es gibt sicherlich sensitivere Merkmale des Gedächtnisses als die Orientiertheit.

Literatur

Adams RD, Fisher CM, Hakim S et al. (1965) Symptomatik occult hydrocephalus with normal CSF pressure. N Engl J Med 273: 117 - 126

American Psychiatric Association (1987) Diagnostic and statistical manual of mental disorders, 3rd edn, revised. APA, Washington

Appleyard ME, Smith AD, Bergman P et al. (1987) Cholinesterase activities in cerebrospinal fluid of patients with senile dementia of Alzheimer type. Brain 110: 1309 - 1322

Babikian V, Ropper AH (1987) Binswanger's disease: a review. Stroke 18: 2 - 12

Bamford KA, Caine ED (1988) Does "benign senescent forgetfulness" exist. Clin Geriatr Med 4: 897 - 916

Beal MF, Growdon JH, Mazurek MF, Martin JB (1986) CSF somatostatin-like immunoreactivity in dementia. Neurology 36: 294 - 297

Benson DF, Lamay M, Patten D et al. (1970) Diagnosis of normal pressure hydrocephalus. N Engl J Med 283: 609 - 615

Benton AL (1986) Der Benton-Test. Huber, Bern Stuttgart Toronto

Binswanger O (1894) Die Abgrenzung der allgemeinen progressiven Paralyse. Berl Klin Wochenschr 31: 1103 - 1105

Blass JP, Gibson GE (1993) Nonneural markers in Alzheimer disease. Alzheimer Dis Assoc Dis 6: 205 - 224

Bleuler E (1966) Lehrbuch der Psychiatrie. Springer, Berlin, Heidelberg, New York

Brun A (1993) The 2nd international conference on frontal lobe degeneration of non-Alzheimer type. Dementia 4: 123 - 236

Büttner Th, Dorndorf W (1988) Virale Enzephalitiden. Erfahrungen mit 53 Patienten aus Mittelhessen. Fortschr Neurol Psychiatr 56: 315 - 325

Büttner Th, Berlit P, Kaiser N, Dorndorf W (1989) Prognose viraler Enzephalitiden. In: Fischer PA, Baas H, Enzensberger W (Hrsg) Verhandlungen der Deutschen Gesellschaft für Neurologie, Bd. 5. Springer, Heidelberg Berlin New York, S. 714 - 717

Büttner Th, Schilling G, Hornig CR, Dorndorf W (1991) Thalamusinfarkte - Klinik, neuropsychologische Befunde, Prognose. Fortschr Neurol Psychiatr 59: 479 - 487

Büttner Th, Traupe M, Langkafel M, Schaffstein J, Przuntek H (1992) Transitorische Thalamusischämie als Ursache rezidivierender Verwirrtheitszustände. In: Huffmann G, Braune J, Griewing B (Hrsg) Durchblutungsstörungen im Bereich des Nervensystems. Einhorn, Reinbeck, S. 326 - 331

Carney MWP, Chary TKN, Robotis P, Childs A (1987) Ganser syndrome and its management. Br J Psychiatry 151: 697 - 700

Cramon DV, Kühnlein J, Wolfram A (1981) Die thalamische Demenz. Fortschr Neurol Psychiatr 49: 129 - 135

Crook TH, Bartus RT, Ferris SH et al. (1986) Age-associated memory impairment. Proposed diagnostic criteria and measures of clinical change: report of a National Institute of Mental Health work group. Dev Neuropsychol 2: 261 - 276

Cutler NR (1988) Utility of biologic markers in the evaluation and diagnosis of Alzheimer's disease. Brain Dysfunction 1: 12 - 31

Dick JPR, Guiloff RJ, Stewart A et al. (1984) Mini-mental state examination in neurological patients. J Neurol Neurosurg Psychiatry 47: 496 - 499

Diener HC, Hacke W, Hennerici M, Lehrl S (1992) Zerebrale Mikroangiopathie (subcortikale arteriosklerotische Enzephalopathie) - eine operationale Definiton. In: Häfner H, Hennerici M (Hrsg) Psychische Krankheiten und Hirnfunktion im Alter. Fischer, Stuttgart, S. 41 - 43

Dierks T, Maurer K (1990) Refernce-fre evaluation of auditory evoked potentials-P300 in aging and dementia. In: Dostert P, Riederer P, Strolin Benedetti M, Roncucci R (eds) Early markers in Parkinson's and Alzheimer's disease. Springer, Wien New York, pp 197 - 208

Dierks T, Perisic I, Frölich L et al. (1991) Topography of the quantitative electroencephalogram in dementia of the Alzheimer type: relation to severity of dementia. Psychiatry Res Neuroimaging 40: 181 – 194
Erzigkeit H (1989) The SKT – a short cognitive performance test as an instrument for the assessment of clinical efficiacy of cognition enhancers. In: Bergener M, Reisner B (eds) Diagnosis and treatment of senile dementia. Springer, Berlin Heidelberg New York Tokyo, pp 164 – 174
Eslinger PJ, Damasio AR, Benton AL, van-Allen M (1985) Neuropsychological detection of abnormal mental decline in older persons. JAMA 253: 670 – 674
Etcheberrigaray R, Ito E, Oka K et al. (1993) Potassium channel dysfunction in fibroblasts identifies patients with Alzheimer's disease. Proc Natl Acad Sci USA 90: 8209 – 8213
Felgenhauer K (1990) Psychiatric disorders in the encephalitic form of multiple sclerosis. J Neurol 237: 11 – 18
Fischer P, Jellinger K, Gatterer G, Danielczyk W (1991) Prospektive neuropathological validation of Hachinski's Ischaemic Score in dementias. J Neurol Neurosurg Psychiatr 54: 580 – 583
Folstein MF, Folstein SE, McHugh PR (1975) "Mini-mental state". A practical method for grading the cognitive state of patients for the clinician. J Psychiatr Res 12: 189 – 198
Foltz EL, Ward AA (1956) Communicating hydrocephalus from subarachnoidal bleeding. J Neurosurg 13: 546 – 566
Forette F, Henry JF, Orgogozo JM et al. (1989) Reliability of clinical criteria for the diagnosis of dementia. A longitudinal study. Arch Neurol 46: 646 – 648
Friedland RP, Koss E, Haxby JV et al. (1988) Alzheimer's disease: clinical and biological heterogeneity. Ann Intern Med 109: 298 – 311
Gilleard CJ, Kellett JM, Coles JA et al. (1992) The St. George's dementia bed investigation study – a comparison of clinical and pathological diagnosis. Acta Psychiatr Scand 55: 264 – 269
Gilman S, Adams K, Koeppe RA et al. (1990) Cerebellar and frontal hypometabolism in alcoholic cerebellar degeneration studied with positron emission tomography. Ann Neurol 28: 750 – 757
Glenner GG (1980) Amyloid deposits and amyloidosis. N Engl J Med 302: 1283 – 1292
Goate AM, Haynes AR, Owen MJ et al. (1989) Predisposing locus for Alzheimer's disease on chromosome 21. Lancet 1: 352 – 355
Graff-Radford NR, Damasio H, Yamada T et al. (1985) Nonhaemorrhagic thalamic infarction. Clinical, neuropsychological and electrophysiological findings in four anatomical groups defined by computerized tomography. Brain 108: 485 – 516
Gräßel E (1994) Psychometrische Testverfahren beim Parkinson-Syndrom und anderen degenerativen Hirnerkrankungen. In: Huffmann G, Braune HJ, Henn KH (Hrsg) Extrapyramidal-motorische Erkrankungen. Einhorn, Reinbeck, S. 247 – 256
Gustafson L (1992) Clinical classification of dementia conditions. Acta Neurol Scand (Suppl) 139: 16 – 20
Hachinski VC, Iliff LD, Zihlka E et al. (1975) Cerebral blood flow in dementia. Arch Neurol 32: 632 – 637
Hachinski VC (1991) Multi-infarct dementia: a reappraisal. Alzheimer Dis Assoc Dis 5: 64 – 68
Halligan FR, Reznikoff M, Friedman HP, LaRocca NG (1988) Cognitive dysfunction and change in multiple sclerosis. J Clin Psychol 44: 540 – 548
Hansen LA, Salmon D, Galasko D et al. (1990) The Lewy body variant of Alzheimer's disease: a clinical and pathological entity. Neurology 40: 1 – 8
Heiss WD, Szelies B, Adams R et al. (1990) PET scanning for the detection of Alzheimer's disease. In: Dostert P, Riederer P, Strolin Benedetti M, Roncucci R (eds) Early markers in Parkinson's and Alzheimer's disease. Springer, Wien New York, pp 181 – 196
Heron EA, Kritchevsky M, Delis DC (1991) Neuropsychological presentation of Ganser symptoms. J Clin Exp Neuropsychol 13: 652 – 666
Jack CRJ, Petersen RC, O'Brien PC, Tangalos EG (1992) MR-based hippocampal volumetry in the diagnosis of Alzheimer's disease. Neurology 42: 183 – 188
Joachim CL, Morris JH, Selkoe DJ (1988) Clinically diagnosed Alzheimer's disease: autopsy results in 150 cases. Ann Neurol 24: 50 – 56
Knopman DS, Ryberg S (1989) A verbal memory test with high predictive accuracy for dementia of the Alzheimer type. Arch Neurol 46: 141 – 145
Koller WC (1992) Handbook of Parkinson's disease. Dekker, New York
Kosaka K (1990) Diffuse Lewy body disease in Japan. J Neurol 237: 197 – 204
Kozachuk WE, DeCarli C, Shapiro MB et al. (1990) White matter hyperintensities in dementia of Alzheimer's type and in healthy subjects with cerebrovascular risk. Arch Neurol 47: 1306 – 1310
Kral VA (1972) Senile dementia and normal aging. Can Psychiatr Assoc J: 25 – 30
Kuhl DE, Small GW, Riege WH et al. (1987) Abnormal PET-FDG scans in early Alzheimer's disease. J Nucl Med 28: 645

Kuskowski MA, Morley GK, Malone SM, Okaya AJ (1991) Longitudinal measurement of brainstem auditory evoked potentials in patients with dementia of the Alzheimer type. Int J Neurosci 60: 79-84

Kurz A, Haupt M, Müllers-Stein M et al. (1991) Alzheimer-Sprechstunde - Erfahrungen in der Diagnostik und Therapie von organisch bedingten psychischen Störungen. Psychiatr Prax 18: 109-114

Ladurner G, Pieringer W, Sager WD (1981) Depressive syndromes in middle age and organic brain disease. Psychiatria Clin 14: 97-105

Lehrl S (1989) Mehrfach-Wortschatz-Intelligenztest MWT-B. Perimed, Erlangen

Lehrl S, Fischer B (1992) c. l. Test zur raschen Objektivierung cerebraler Insuffizienzen. Vless Verlag, Ebersberg

Lennox G (1992) Lewy body dementia. In: Rossor MN (ed) Baillier's clinical neurology, vol 1. Bailliere Tindall, London

Lishman WA (1981) Cerebral disorder in alcoholism. Syndromes of impairment. Brain 104: 1-20

McKhann D, Drachman D, Folstein M et al. (1984) Clinical diagnosis of Alzheimer's disease. Neurology 34: 939-944

McRae A, Blennow K, Wallin A et al. (1991) The presence of antibrain antibodies in the CSF of some Alzheimer disease patients: correlation with CSF parameters. In: Dostert P, Riederer P, Strolin Benedetti M, Roncucci R (eds) Early markers in Paekinson's and Alzheimer's disease. Springer, Wien New York, pp 257-265

Mendez MF, Mastri AR, Sung HJ, Frey WH (1992) Clinically diagnosed Alzheimer disease: Neuropathologic findings in 650 cases. Alzheimer Dis Assoc Dis 6: 35-43

Miller WR (1975) Psychological deficit in depression. Psychol Bull 82: 238-260

Miller NE (1980) Mood measurements in senile brain disease. In: Cole JO, Barret JEE (eds) Psychopathology of the aged. Raven, New York

Mirra SS, Heyman A, McKeel D et al. (1991) The consortium to establish a registry for Alzheimer's disease (CERAD). Part II. Standardization of the neuropathologic assessment of Alzheimer's disease. Neurology 41: 479-486

Morris JC, Mohs RC, Rogers H et al. (1988) Consortium to establish a registry for Alzheimer's disease (CERAD). Clinical and neuropsychological assessment of Alzheimer's disease. Psychopharmacol Bull 24: 641-652

Morris JC, Heyman A, Mohs RC et al. (1989) The consortium to establish a registry for Alzheimer's disease (CERAD). Part I. Clinical and neuropsychological assessment of Alzheimer's disease. Neurology 39: 1159-1165

Morris JC, McKeel DW, Storandt EH et al. (1991) Very mild Alzheimer's disease: Informant-based clinical, psychometric, and pathologic distinction from normal aging. Neurology 1991; 41: 469-478

Navia BA, Cho ES, Petito CK, Price RW (1986) The AIDS-dementia complex. II. Neuropathology. Ann Neurol 19: 525-535

Neary D, Snowden JS, Mann DMA (1993) The clinical pathological correlates of lobar atrophy. Dementia 4: 154-159

Paulson GW (1976) The neurological examination in dementia. Contemp Neurol Ser 15: 169-188

Polich J, Ladish C, Bloom FE (1990) P 300 assessment of early Alzheimer's disease. Electroencephalogr Clin Neurophysiol 77: 179-189

Rafal RD, Posner MI, Walker SA, Friedrich FJ (1984) Cognition and the basal ganglia. Separating mental and motor components of performance in Parkinson's disease. Brain 107: 1083-1094

Regli F (1989) Cerebral amyloid angiopathy. In: Toole JF (ed) Handbook of clinical neurology: Vascular diseases, part II, vol. 54. Elsevier, Amsterdam New York, pp 333-344

Rogers D (1986) Bradyphrenia in parkinsonism: a historical review. Psychol Med 16: 257-265

Roman GC, Tatemichi TK, Erkinjuntti T et al. (1993) Vascular dementia: Diagnostik criteria for research studies. Report of the NINDS-AIREN International Workshop. Neurology 43: 250-260

Rosen WG, Mohs RC, Davis KL (1984) A new rating scale for Alzheimer's disease. Am J Psychiatry 141: 1356-1364

Scheltens P, Barkhof F, Valk J et al. (1992) White matter lesions on magnetic resonance imaging in clinically diagnosed Alzheimer's disease. Evidence for heterogeneity. Brain 115: 735-748

Sheridan PH, Sato S, Foster N et al. (1988) Relation of EEG alpha background to parietal lobe function in Alzheimer's disease as measured by positron emission tomography and psychometry. Neurology 38: 747-750

Sternberg DE, Jarvik ME (1976) Memory functions in depression. Arch Gen Psychiatry 33: 219-224

St. George-Hyslop PH, Tanzi RE, Polinsky RJ (1987) The genetic defect causing familial Alzheimer's disease maps on chromosome 21. Science 135: 885-890

Strittmatter WJ, Saunders AM, Schmechel D et al. (1993) Apolipoprotein E: high avidity binding to β-Amyloid and increased frequency of type 4 allele in late onset familial Alzheimer disease. Proc Natl Acad Sci USA 90: 1977-1981

Sunderland T, Rubinow DR, Tariot PN et al. (1987) CSF somatostatin in patients with Alzheimer's disease, older depressed patients, and age-matched control subjects. Am J Psychiatr 144: 1313–1316
Swanson RA, Schmidley JW (1985) Amnestic syndrome and vertical gaze palsy: Early detection of bilateral thalamic infarction by CT and NMR. Stroke 16: 823–827
Thienhaus OJ, Hartford JT, Skelly MF, Bosmann HB (1985) Biologic markers in Alzheimer's disease. J Am Geriatr Soc 33: 715–726
Tierney MC, Fisher RH, Lewis AJ et al. (1988) The NINCDS-ADRDA work group criteria for the clinical diagnosis of probable Alzheimer's disease: a clinicopathological study of 57 cases. Neurology 38: 359–364
Tuokko H, Gallie KA, Crokket DJ (1990) Patterns of memory deterioration in normal and memory impaired elderly. Dev Neuropsychol 6: 291–300
Visser SL (1985) EEG and evoked potentials in the diagnosis of dementias. In: Traber J, Gispen WH (eds) Senile dementia of the Alzheimer type. Early diagnosis, neuropathology and animal models. Springer, Berlin Heidelberg New York, pp 102–116
Waldemar G, Walovitch RC, Andersen AR et al. (1994) 99m-Tc-bicisate (Neurolite) SPECT brain imaging and cognitive impairment in dementia of the Alzheimer's type: A blinded read of image sets from a multicenter SPECT trial. J Cereb Blood Flow Metab 14 (Suppl 1): S99–S105
Weinberger DR, Gibson RE, Coppola R et al. (1989) ^{123}IodoQNB SPECT in Alzheimer's and Pick's disease. American Psychiatric Association, San Francisco (Kongreßband)
Weinstein HC, Scheltens P, Hijdra A, van Royen EA (1993) Neuroimaging in the diagnosis of Alzheimer's disease. II. Positron and single photon emission tomography. Clin Neurol Neurosurg 95: 81–91
Welsh KA, Butters N, Hughes J et al. (1991) Detection of abnormal memory decline in mild cases of Alzheimer's disease using CERAD neuropsychological measures. Arch Neurol 48: 278–281
Wiley CA, Achim C (1994) Human immunodeficiency virus encephalitis is the pathological correlate of dementia in acquired immunodeficiency syndrome. Ann Neurol 36: 673–676
Wolozin B, Davies P (1987) Alzheimer-related neuronal protein A 68: specifity and distribution. Ann Neurol 22: 521–526
Yoshimura M, Yamanouchi H, Kuzuhara S et al. (1992) Dementia in cerebral amyloid angiopathy: a clinicopathological study. J Neurol 239: 441–450
Zaudig M, Mittelhammer J, Hiller W et al. (1991) SIDAM – a structured interview for the diagnosis of dementia of the Alzheimer type, multi-infarct dementia and dementias of other aetiology according to ICD-10 and DSM-III-R. Psychol Med 21: 225–236
Zweig RM, Cardillo JE, Cohen M et al. (1993) The locus ceruleus and dementia in Parkinson's disease. Neurology 43: 986–991

Aktueller Stand der medikamentösen Demenztherapie

H.-J. Möller

Einleitung

Die Frage der klinischen Wirksamkeit von Nootropika wird sehr kontrovers diskutiert. Die z. T. oft ablehnende Haltung in der Ärzteschaft hängt u. a. mit zu hohen Erwartungen gegenüber dem, was Nootropika leisten müßten, sowie z. T. auch mit einer ungenügenden Kenntnis der neueren Entwicklungen auf diesem Sektor der Pharmakotherapie zusammen. Insbesondere schlagen nahezu stereotyp beibehaltene Vorurteile, die sich auf die zu Recht kritisierte unzureichende bzw. inadäquate Prüfung von Altsubstanzen beziehen, die dieses Indikationsfeld beanspruchen, prägend für die Einstellung gegenüber den neueren Nootropika zu Buche (Möller 1991). Gerade in der jetzigen, durch Gesundheitsstrukturgesetz geprägten Zeit der Kostenreduktion im Gesundheitswesen verbindet sich in unheilvoller Weise mit diesen Argumenten auch noch die Forderung nach möglichst weitgehenden Einsparungen, wovon natürlich am ehesten Medikamente betroffen sind, deren Einsatz von vielen Ärzten nur als begrenzt sinnvoll bzw. notwendig angesehen wird. Das Kostenargument führte dazu, daß in letzter Zeit immer wieder von den entsprechenden Gremien darüber diskutiert wurde, ob ggf. die Nootropika aus der Versicherungsleistung der Krankenkassen herausgenommen werden sollten.

Der Begriff „Nootropika" wird hier in einer sehr weiten Definition verstanden, wie er nicht überall gebräuchlich ist. Gemeint sind mit diesem Begriff Substanzen, die hirnorganische Leistungsstörungen im Rahmen dementieller Erkrankungen therapeutisch beeinflussen können ("dementia drugs", "cognition enhancers"). Neben den kognitiven Störungen, die zur Kernsymptomatik hirnorganischer bzw. dementieller Erkrankungen gehören, werden von den Nootropika häufig auch Effekte auf hirnorganisch bedingte Veränderungen im affektiv-emotionalen Bereich, wie sie im Rahmen dieser Erkrankung oft zu finden sind, erzielt. Dieser Aspekt geht aber nicht in die Definition eines Nootropikums ein, obwohl er oft von großer klinischer Bedeutung ist.

Zur Problematik des Wirksamkeitsnachweises von Nootropika

Wie bei vielen chronischen Erkrankungen, die mit den bei uns gegenwärtig zur Verfügung stehenden Medikamenten schwer beeinflußbar sind, ist der klinische Wirksamkeitsnachweis bei den medikamentösen Ansätzen zur Behandlung dementieller Erkrankungen besonders schwierig. Aus den Erkenntnissen über die derzeit verfügbaren Nootropika wird die Plazebo-Verum-Differenz von den Präparaten, deren Wirksamkeit sich überhaupt nachweisen ließe, in der Größenordnung von 15–20% angegeben, selten gibt es Hinweise auf höhere Differenzen. Es ist verständlich, daß eine so geringe Plazebo-Verum-Differenz leicht durch verschiedene störende Einflußgrößen verwischt werden

kann. Hinzu kommt, daß die Vielschichtigkeit der zu untersuchenden klinischen Phänomene einen sehr komplexen Untersuchungsansatz nach sich zieht, der ebenfalls zu verschiedenen methodologischen Problemen führt.

Insbesondere in der frühen Phase der Nootropikaentwicklung war die klinische Methodologie in diesem Bereich sehr gering ausgebildet und im Grunde für die Fragestellung nicht adäquat. In der Folgezeit wurde versucht, die klinische Methodik zunehmend zu verbessern. Im Rahmen verschiedener nationaler Arbeitsgruppen wurde in den letzten Jahren versucht, die Methodik der Prüfung von Nootropika durch Festlegung entsprechender Regelungen zu verbessern. Aus dem deutschsprachigen Raum seien hier nur die diesbezügliche Arbeitsgruppe der Hirnliga, die Expertengruppe des Bundesgesundheitsamtes und die Münchner Consensuskonferenz zur Methodologie klinischer Nootropikaprüfungen erwähnt (Amaducci et al. 1990; Kanowski et al. 1990b; Bundesgesundheitsamt 1992). Die wichtigsten Punkte seien hier zusammenfassend dargestellt (Möller 1992). Aus verschiedenen Gründen werden als primäre Zielpopulation der Nootropikaprüfungen primär degenerative Demenzen, insbesondere die senile Demenz vom Alzheimer-Typ definiert.

Richtlinien für die klinische Prüfung von Nootropika

1. Demenzpatienten als Zielpopulation für eine Nootropikaprüfung (standardisierte Demenzdiagnostik),
2. plazebokontrolliertes Kontrollgruppendesign (Cross-over-Design problematisch),
3. Therapiedauer wenigstens 3 Monate (längere Studiendauer, z. B. bis zu 12 Monaten, wünschenswert),
4. Kalkulation der notwendigen Stichprobengröße vor Studienbeginn,
5. feste Dosierung des Prüfpräparates,
6. möglichst geringe Komedikation,
7. standardisierte Therapieerfolgsmessung (Ratertraining!),
8. neben Globalbeurteilung multimethodale/mehrdimensionale Diagnostik (psychopathologische Symptomebene, testpsychologische Ebene, Ebene der sozialen Adaptation).

Wie auch in anderen Diagnosegruppen der psychiatrischen Klassifikation hat sich herausgestellt, daß die alleinige klinische Diagnostik nicht ausreicht, um eine für wissenschaftliche Zwecke befriedigende Diagnostik zu treiben. Deshalb wird eine operationalisierte Diagnostik der Demenz, z. B. nach DSM-III-R oder ICD-10, für erforderlich gehalten. Üblicherweise sollte die Evaluation der Wirksamkeit im doppelblinden, plazebokontrollierten Parallelgruppenvergleich erfolgen. Cross-over-Designs sind für den generellen Wirksamkeitsnachweis wegen spontaner Fluktuation des Krankheitsprozesses und möglicher "Carry-over"-Effekte problematisch. Sie können aber evtl. wünschenswerte Aussagen über die individuelle Reagibilität bestimmter Patientengruppen auf bestimmte Substanzen machen. Da es sich beim hirnorganischen Syndrom in der Regel um chronische Erkrankungen handelt, wird eine Therapiedauer von wenigstens 3 Monaten sowie eine ausreichend lange „Baseline"-Beobachtung als notwendig erachtet. Obendrein ist wünschenswert, daß darüber hinausgehend in einigen Studien eine längere Therapiedauer angestrebt wird, z. B. bis zu 12 Monaten, um positive Effekte im Sinne einer Verhinderung der Progression der Erkrankung zu zeigen. Wichtig ist, daß bereits vor Durchführung der Studie, die notwendige Stichprobengröße kalkuliert wird, um zu garantieren, daß die Studie genügend statistische Power besitzt, um eine Entscheidung über die Wirksamkeit herbeiführen zu können. Wegen der zu erwartenden geringen Plazebo-Verum-Differenzen sind hohe Fallzahlen erforderlich. Die Therapieerfolgsmes-

sung muß mit standardisierten Methoden durchgeführt werden, die soweit wie möglich den üblichen testtheoretischen Kriterien entsprechen. Um eine ausreichende Inter-Beobachter-Übereinstimmung zu garantieren, sollte bei standardisierten Beurteilungsinstrumenten ein Ratertraining durchgeführt werden. Um den komplexen Phänomenbereich ausreichend detailliert zu untersuchen, wird eine multimethodale/multidimensionale Diagnostik durchgeführt. Die Zielvariablen der Wirksamkeitsprüfung sollten mindestens die 3 folgenden Bereiche umfassen:

1. Psychopathologische Ebene: Fremdbeurteilung der Symptomatik durch den Psychiater mittels entsprechender Fremdbeurteilungsskalen.
2. Kognitive Fähigkeiten: Anwendung objektiver psychologischer Testverfahren durch den Psychologen.
3. Alltagsverhalten: Fremdbeurteilung durch Angehörige oder Pflegepersonal.

Um zu verhindern, daß sich durch die multimethodale/multidimensionale Messung schwer zu lösende statistische Probleme der multiplen Testung ergeben, müssen die Haupteffizienzkriterien a priori festgelegt werden und bei mehreren Haupteffizienzkriterien eine α-Adjustierung vorgenommen werden.

Die in den letzten Jahren neu eingeführten Substanzen wurden bereits nach diesen strengen methodischen Anforderungen geprüft. Sofern sie eine klinische Wirksamkeit im Sinne statistisch signifikanter Unterschiede bezüglich der Haupteffizienzkriterien zeigen konnten, muß damit ihre klinische Wirksamkeit als bewiesen angesehen werden. Dies gilt z. B. für den Azetylcholinesterasehemmer Tacrin wie für den Kalziumantagonisten Nimodipin. Eine Reihe von anderen, ebenfalls geprüften neuen Substanzen erwies sich nach dieser Prüfmethodik als unwirksam. Es wäre gut, wenn auch möglichst viele der auf dem Markt eingeführten Altsubstanzen nach dieser strengen Prüfmethodik untersucht werden würden, um die wirksamen von den unwirksamen zu differenzieren, wie es z. B. für die Altsubstanz Xantinolnicotinat oder einer chemisch modifizierten Altsubstanz, dem Propentofyllin, mit positivem Ergebnis geschehen ist (Kanowski et al. 1990a; Möller et al. 1994). Solange das für die anderen Substanzen nicht passiert ist, muß man sich auf andere Entscheidungsmöglichkeiten beziehen. Hilfreich für diesen Entscheidungsprozeß ist die Arbeit einer entsprechenden Kommission beim Bundesgesundheitsamt, die 1986 5 der verfügbaren Nootropika im Rahmen einer Expertengruppe (Aufbereitungskommission B 2) kritisch geprüft hat (Committee für "Geriatric Diseases and Asthenias" 1986). Von diesen fünf Substanzen wurden drei aufgrund eines – anhand der umfangreichen vorgelegten Materialien aus den verschiedenen Wirksamkeitsprüfungen nachvollziehbaren – Wirksamkeitsnachweises für die Nachzulassung mit dem Indikationsgebiet „hirnorganisches Psychosyndrom" empfohlen. Es handelt sich hierbei um Codergocrinmesilat, Pyritinol und Piracetam.

Neuere Entwicklungen im Bereich der Nootropika

Führt man sich die bunte Fülle der Substanzen und die damit implizierte Vielfalt von Wirkungsmechanismen vor Augen, so sollte dies nicht Anlaß sein, vorschnell das Gesamtkonzept der Nootropika als unseriös zu verwerfen (Möller, im Druck).

Potentielle Wirkmechanismen der Nootropika. (Mod. nach Zimmer u. Lauter 1986)

- Vigilanzbesserung,
- Gefäßdilatation,
- Verminderung der Blutviskosität,
- Beeinflussung der Erythrozytenverformbarkeit,
- Verbesserung der Energiebilanz,
- antianoxische Wirkungen,
- membranstabilisierende Effekte,
- Hemmung der Phosphodiesterase,
- Erhöhung der Glukoseaufnahme,
- Erhöhung der Pyridinnucleotidbildung,
- Aktivierung der Bernsteinsäuredehydrogenase,
- Erhöhung der Glukose- und ATP-Konzentration,
- Erhöhter Einbau von Phosphat in ATP und Nukleinsäuren,
- agonistische/antagonistische Wirkung auf Transmitter/Rezeptoren,
- Kalziumantagonismus

Man bedenke, daß auch das ätiopathologische Geschehen dementieller Erkrankungen sehr unterschiedlich ist. Es handelt sich um ein multikonditionales biologisches Geschehen, von dem bisher nur eine Reihe von Details bekannt sind, die sich u. a. auf die folgenden Ebenen beziehen: Störungen des Energiestoffwechsels, Störungen der Eiweißstoffwechsels, Störungen des Transmitterstoffwechsels, Störungen der Vigilanz.

Angesichts dieser Fülle von ätiopathogenetischen Theorien, die jeweils eine Fülle von Detailmechanismen implizieren, ist es verständlich, daß prinzipiell auch eine Vielzahl von therapeutischen Eingriffsmöglichkeiten auf unterschiedlichen Ebenen bestehen, die dann mehr oder minder große Wirksamkeit haben.

Während die alten Substanzen ursprünglich unter dem Konzept der Hirnmangeldurchblutung, also dem Konzept einer vaskulären Demenz, entwickelt worden waren, wurde im weiteren Verlauf gezeigt, daß ein Teil dieser Altsubstanzen neben Wirkungen auf die Durchblutung auch Wirkungen auf den Energiestoffwechsel haben. Basierend auf dem Konzept „Ökonomisierung des Energiestoffwechsels" wurde die nächste Generation der Nootropika – z. B. Pyritinol, Piracetam – entwickelt. Von der therapeutischen Konzeption am plausibelsten erscheint der gerade in den letzten Jahren intensiver beforschte Ansatz, durch cholinerge Substanzen eine pharmakologische Kompensation des nachgewiesenen cholinergen Defizits bei seniler Demenz vom Alzheimer-Typ, das auch bei Spätformen der Multiinfarktdemenz auftritt, zu erreichen. Bemerkenswert ist in der neueren Entwicklung der Nootropika auch der Ansatz, über Kalziumantagonisten pathophysiologische Prozesse, die dem Zelluntergang im Rahmen degenerativer oder sonstiger cerebraler Prozesse vorausgehen, therapeutisch zu beeinflussen. Diese beiden Ansätze haben bereits zu Entwicklungen von Substanzen geführt, die klinisch eingeführt sind. Eine Reihe anderer, theoretisch an sich interessanter Ansätze sind bisher noch nicht endgültig in ihrer klinischen Bedeutung abschätzbar, z. B. die Beeinflussung anderer Transmittersysteme, der Einsatz von Neuropeptiden, der Einsatz von Membranbestandteilen, wie z. B. Phosphatidylserin. Viele der auf dem Markt eingeführten Nootropika zeigen nicht nur einen der in obiger Übersicht aufgeführten Wirkmechanismen, sondern eine Kombination aus mehreren (Tabelle 1; Möller, im Druck). Deshalb sind Gruppeneinteilungen unter dem Aspekt des Wirkmechanismus sehr schwierig (Möller, im Druck).

Die Azetylcholinmangelhypothese der senilen Demenz vom Alzheimer-Typ steht derzeit im Zentrum der biochemischen Hypothese zur Demenz. Ausgehend von dieser Hypothese wurde versucht, durch verschiedene Strategien die cholinerge Transmission

Tabelle 1. Synopsis der pharmakologischen Wirkungen von Codergocrin im ZNS. (Aus Herrschaft 1992b

Funktion	Wirkung
Neurotransmitter	Cholinerges System: Anstieg der Azetylcholinsynthese und der Zahl der Azetylcholinrezeptoren
	Noradrenerges System: Affinität zu α-adrenergen Rezeptoren mit antagonistischen Wirkungen auf eine andrenerge Hyperaktivität
	Dopaminerges System: Affinität zu DA-Rezeptoren mit agonistischen Effekten
	Serotonerges System: Affinität zu 5-HT-Rezeptoren mit agonistischer Wirkung
Hirnmetabolismus	Anstieg der O_2- und Glukoseaufnahme des Gehirns. Normalisierung des gestörten Glukosestoffwechsels und der Glykose. Anstieg des ATP-Gehaltes in den Neuronen
Synaptische Plastizität	Anstieg von Zahl und Gesamtkontaktflächen synaptischer Verbindungen in bestimmten Hirnregionen
Hirndurchblutung	Tierexperimentell: Verbesserung der Mikrozirkulation

bei seniler Demenz im Sinne einer Substitutionstherapie zu verbessern, z. B. durch Gabe von Präkursoren (z. B. Cholin, Lecithin), durch Gabe von Agonisten des Muskarinrezeptors (z. B. Arecolin) und durch Hemmung des Abbaus von Azetylcholin (z. B. Physostigmin). Die früheren klinischen Studien an Patienten mit seniler Demenz sind aber in ihren Ergebnissen uneinheitlich und ließen insgesamt allenfalls eine begrenzte Wirksamkeit erkennen (Kurz et al. 1986). Allerdings konnte in jüngster Zeit eine Substanz, der Cholinesterasehemmer Tacrin, zur Marktreife geführt werden. Wenn auch die klinische Wirksamkeit nicht in der Größenordnung ist, wie man aufgrund der theoretischen Stellung der Azetylcholinmangelhypothese erwartet hätte, so sind die Effekte doch immerhin so eindeutig, daß selbst die strenge amerikanische Zulassungsbehörde FDA die Zulassung zur Behandlung der senilen Demenz vom Alzheimer-Typ nicht verweigerte. Aufmerksamkeit zog die Substanz insbesondere auf sich durch bestimmte Einzelfälle, in denen offensichtlich dramatische Veränderungen beschrieben wurden, was, wenn man diese Befunde nicht als Plazeboeffekt interpretieren will, als Folge einer entsprechenden biologischen Subtypologie erklärt werden könnte. Im Rahmen der klinischen Prüfung wurde versucht, durch ein sog. "enrichment"-Design die Stichprobe um solche Patienten anzureichern, die offensichtlich aufgrund einer bestimmten biologischen Disposition besonders gut auf das Medikament reagieren. Zusätzlich wurden, um den strengen Anforderungen der FDA Rechnung zu tragen, später auch die üblichen Kontrollgruppenstudien, also ohne "enrichment"-Strategie, durchgeführt. Als Beispiel für die Wirksamkeit der Substanz seien an dieser Stelle Daten aus einer der großen Tacrin-Studien dargestellt (Abb. 1; Möller, im Druck). Die Zulassung der Substanz in der Bundesrepublik Deutschland ist soeben erfolgt.

In den letzten Jahren wurde in der Ätiopathogenese dementieller Erkrankungen zunehmend eine Störung der zellulären Kalziumhomöostase erwogen (Krieglstein 1990). Speziell für Neurone ist Kalzium ein sehr bedeutendes Kation, denn es stabilisiert die Zellmembran, erhält das Ruhepotential aufrecht, ist beteiligt an De- und Repolarisa-

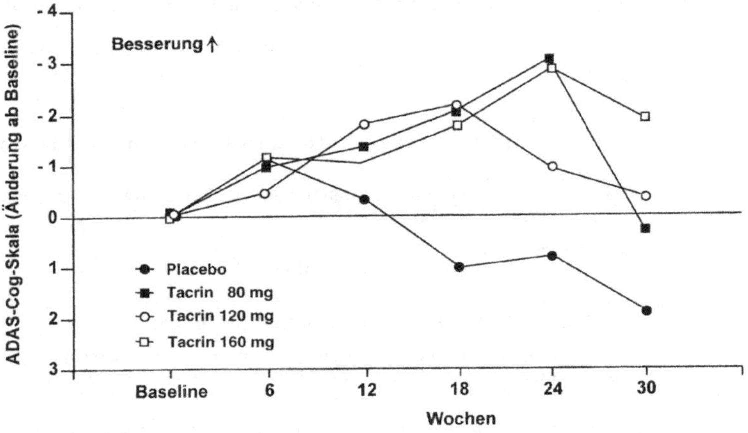

Abb. 1. Änderungen in der ADAS-Cog-Skala (Kognitive Subskala der "Alzheimer Disease Assessment"-Skala) ab Baseline in der Subgruppe von Patienten mit abgeschlossener 30wöchiger Behandlung (n = 30). In allen 3 Behandlungsgruppen wurde die Anfangsdosis von 40 mg Tacrin alle 6 Wochen um 40 mg gesteigert bis die Zieldosis erreicht war

tion der Membran, reguliert verschiedene Stoffwechselwege, ist erforderlich für die Transmitterfreisetzung und erfüllt die Funktion eines intrazellulären Botenstoffes ("second messenger"). Um alle diese Funktionen erfüllen zu können, muß die freie Konzentration von Kalzium in der Zelle auf einem sehr niedrigen Niveau gehalten werden, während die extrazelluläre Konzentration 10 000mal höher ist. Das Neuron muß den Eintritt von Kalzium genau und wirksam kontrollieren, eine energieabhängige Tätigkeit, die über verschiedene Kalziumkanäle abläuft. Fehlt dem Neuron die Energie, wie z. B. während einer Ischämie oder möglicherweise auch im Verlauf einer degenerativen Alzheimer-Erkrankung, dann strömen Kalziumionen in die Zelle ein und eine Kaskade pathologischer Prozesse kommt in Gang, bei der schließlich Lipasen und Proteasen stimuliert werden und die Zellmembran abgebaut wird, also der Zelltod eingeleitet wird. Kalziumantagonisten können den Eintritt von Kalzium durch ein Subtyp der Kalziumkanäle, den spannungsabhängigen Kalziumkanälen, hemmen und dadurch eine protektive Wirkung auf das Neuron erreichen. Insbesondere der Kalziumantagonist Nimodipin konnte unter diesem Aspekt seine Wirksamkeit als Nootropikum beweisen. Als methodisch und inhaltlich besonders eindrucksvoll sei hier die Drei-Arm-Studie erwähnt, in der Nimodipin gegen Codergocrinmesilat als eine Art Standardpräparat und gegen Plazebo geprüft wurde (Kanowski et al. 1989). Diese Studie zeigt an einer hohen Fallzahl von Patienten mit leichten und mittelschweren Demenzen – eingeschlossen wurden sowohl Patienten mit seniler Demenz vom Alzheimer-Typ wie auch Patienten mit Multiinfarktdemenz – eine hochsignifikante Überlegenheit zu Plazebo, gleichzeitig aber auch eine statistisch signifikante Überlegenheit zu Hydergin (Abb. 2; Möller, im Druck). Nimodipin ist in Deutschland seit wenigen Jahren als Nootropikum zugelassen.

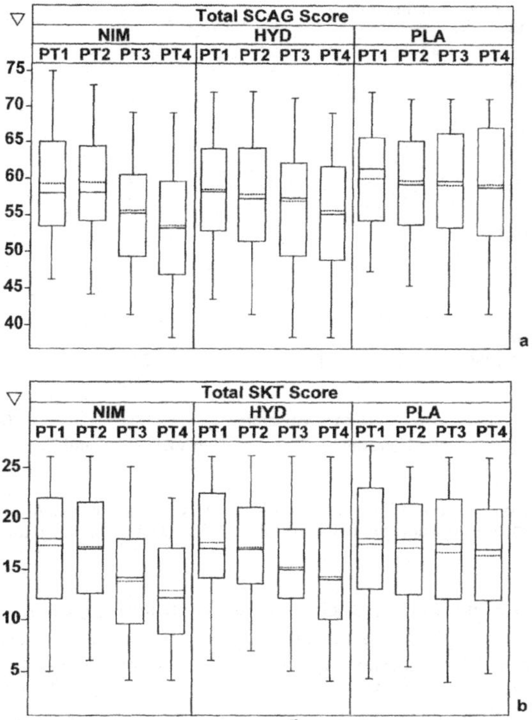

Abb. 2. Vergleich der SCAG- und SKT-Summenscores in einer Wirksamkeitsstudie von Nimodipin vs. Hydergin vs. Plazebo. (Aus Kanowski et al. 1989). Box-Whisker-Plots für die Variablen SCAG (**a**) und SKT (**b**). Die *durchbrochene Linie* in der Box zeigt den Mittel-, die durchgezogene Linie den Medianwert. Die Box ist durch die 1. und 3. Quartile (= 50 % der Anteile) begrenzt. Die Kolumnen ober- und unterhalb der Boxen zeigen die unterquartilen Distanzen. Die Abbildung enthält die Werte am Beginn (PT1) und am Ende (PT2) der Plazebo-Auswasch-(Anfangs-)Phase (vor Behandlung); nach 6 Wochen Behandlung (PT3) und nach 12 Wochen Behandlung (nach Behandlung: PT4). *NIM* Nimodipin, *HYD* Hydergin, *PLA* Plazebo

Zur Kosten-Nutzen-Problematik von Nootropika

Bei der Abwägung von Kosten- und Nutzenaspekten rechtfertigen die ungünstige Prognose der dementiellen Erkrankungen und die mit ihnen verbundenen schweren Belastungen für den Patienten und seine Familie eindeutig den Einsatz von Nootropika, sofern eine ausreichende Evidenz für eine Wirksamkeit der jeweils verwendeten Substanz vorliegt.

An dieser Stelle sei ein kurzer Exkurs eingeschoben über die Versorgungsproblematik von Patienten mit Alzheimer-Erkrankung. Zirka 60 % der Patienten mit mittelschwerer oder schwerer Demenz sind ständig auf Betreuung angewiesen. Dieser Anteil erhöht sich auf 90 %, wenn noch körperliche Beeinträchtigungen hinzukommen (Cooper 1989). Entsprechend der steigenden Anzahl von Demenzkranken wird in Zukunft offensichtlich auch die Anzahl der Patienten, die auf Hilfe anderer angewiesen sein werden, zunehmen. Diese Entwicklung muß auch unter dem Gesichtspunkt gesehen werden, daß andererseits in den Industriestaaten die Bevölkerung allgemein und speziell der Anteil Jüngerer abnimmt, so daß die Belastung auf eine immer kleinere Anzahl von Personen zu verteilen ist.

Unter psychosozialen und ökonomischen Aspekten gesehen, ist die Situation in der Bundesrepublik insofern noch günstig, als ca. 80 % der geriatrischen Patienten, die Betreuung bedürfen, zur Zeit noch in der eigenen Familie versorgt werden (Häfner 1993).

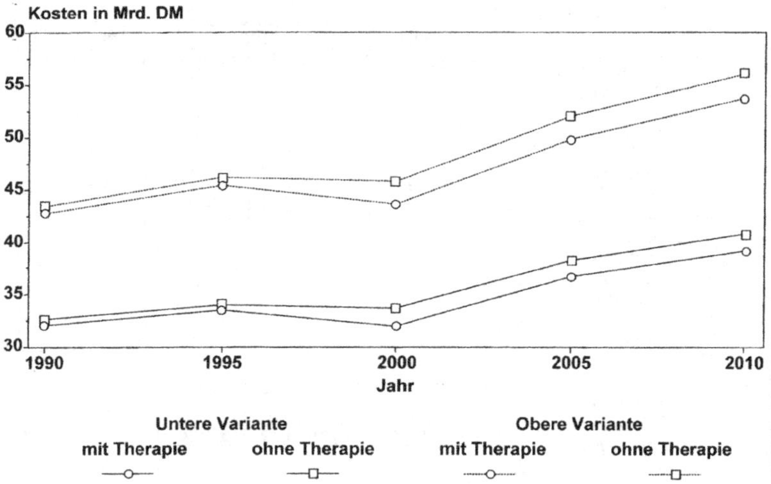

Abb. 3. Gesamtkostenentwicklung für Versorgung von Alterspatienten mit Hirnleistungsstörungen mit/ohne Therapie bis zum Jahr 2010 in Deutschland. (Aus Beske u. Kunczik 1993)

Dies wird sich jedoch in der Zukunft ändern, denn die Zahl der Familienmitglieder, die fähig und willens sind, für geriatrisch erkrankte Angehörige zu sorgen, ist im Abnehmen begriffen. Ein Hauptgrund liegt offensichtlich aber darin, daß mehr und mehr Ehefrauen nicht nur als Hausfrauen tätig sein wollen, sondern eine eigene, bezahlte Tätigkeit außerhalb der Familie anstreben. Zusätzlich muß in Betracht gezogen werden, daß in der öffentlichen Meinung, auch bei den Ärzten, die Ansicht zunimmt, daß die Pflege eines dementen Familienangehörigen ein Opfer bedeutet, das von der Sohn-/Tochter-Generation nicht mehr erwartet werden kann. So nimmt die Tendenz zu, diese belastende Aufgabe immer mehr auf Pflegeheime zu übertragen. Diese Entwicklung hat natürlich enorme finanzielle Konsequenzen (Ruhl 1992). In einer Kostenanalyse ist zusätzlich noch zu berücksichtigen, daß viele geriatrische Patienten für längere Zeit in einem Krankenhaus aufgenommen werden bis ein Pflegeheimplatz gefunden wird. In der Bundesrepublik kostet ein Tag in einem Krankenhaus durchschnittlich DM 300,– bis 400,–, ein Tag in einem Pflegeheim ca. DM 100,–. Der gewaltige ökonomische Bedarf kann durch Zahlen, die die Situation in den USA aufzeigen (für 1985: Huang et al. 1988), verdeutlicht werden: Die gesamten direkten staatlichen Kosten für Patienten mit seniler Demenz beliefen sich auf 13,26 Mrd. Dollar, wobei 6,36 Mrd. Dollar auf medizinische Versorgung, 2,56 Mrd. Dollar auf Pflegeheimkosten und 4,34 Mrd. Dollar auf Kosten von Sozialhilfestationen entfielen. Die indirekten Kosten, z. B. für die häusliche Versorgung in der Gemeinde oder durch finanzielle Einbußen durch vorzeitigen Tod bzw. Verlust der Arbeitsproduktivität, liegen noch erheblich höher. Auch andere Untersuchungen kommen zu ähnlichen Aussagen (Hu et al. 1986; Hay u. Ernst 1987). In diesem Zusammenhang sind auch die Vorausberechnungen für die Bundesrepublik für das Jahr 2010 des „Instituts für Gesundheits-System-Forschung Kiel" (Beske u. Kunczik 1993) von Interesse. Aufgrund ihres Kalkulationsmodells prognostizieren die Autoren für das Jahr 2010 Versorgungskosten für 1,7 Mio. Demenzpatienten von ca. 55 Mrd. DM.

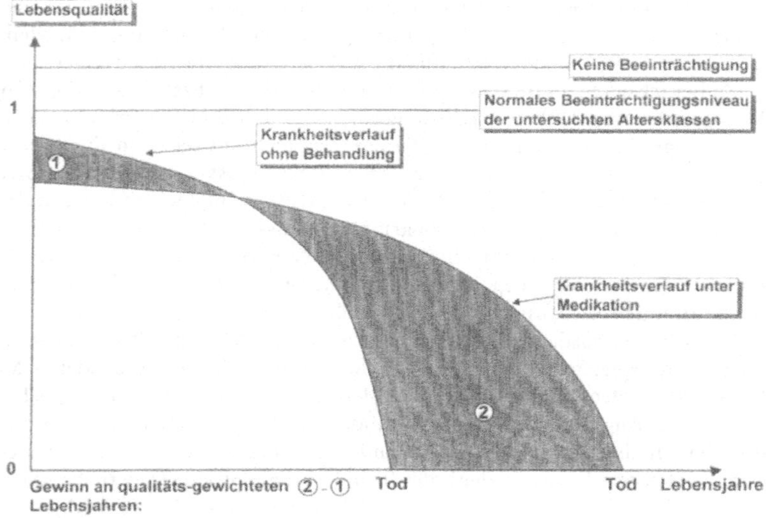

Abb. 4. Darstellung des Gewinns an Lebensqualität. (Aus Ruhl 1992)

Selbst wenn es durch eine Nootropikabehandlung nur gelingen sollte, die Notwendigkeit der Pflege in Heimen um einen begrenzten Zeitraum zu reduzieren oder aber die notwendige Intensität der häuslichen oder Heimpflege zu verringern, so wäre leicht darzustellen, daß sich die Anwendung von Nootropika auch unter Kostenaspekten rentiert.

Inzwischen gibt es auch gesundheitsökonomische Berechnungen, die unter Zugrundelegung der Effizienz bisheriger traditioneller Nootropika durchaus zu einer positiven gesundheitsökonomischen Gesamtbewertung kommen. Es ist möglich, die ökonomischen Kosten für die Versorgung dementer Patienten zu senken, wie es in der Modellrechnung von Beske u. Kunczik (1993) gezeigt wurde (Abb. 3). Diese Kalkulation geht von der Annahme aus, daß bei den Betroffenen eine Kombinationstherapie mit Nootropika, die zur Zeit in der Bundesrepublik auf dem Markt sind, kognitivem Training und anderen Maßnahmen (diätetische Beschränkungen, Bewegungstherapie) angewandt wird. Sicherlich sind noch weitere detailliertere Studien notwendig, um zu zeigen, daß die Nootropika nicht nur als Kostenfaktor zu Buche schlagen, sondern durchaus auch Kosten einsparen helfen.

Natürlich darf sich die ärztliche Argumentation nicht auf diesen Aspekt beschränken, sondern sie muß vor allem das Wohl und Wehe der Patienten und ihrer Angehörigen im Auge haben, also stärker auf den jeweiligen Einzelfall orientiert sein. Im Zentrum sollte dabei insbesondere der Gewinn an individueller Lebensqualität für den jeweiligen Patienten stehen (Abb. 4; Möller, im Druck).

Obwohl die Wirkungsstärke von Nootropika, gemäß den Plazebo-Verum-Differenzen, z. T. relativ niedrig liegen, darf dies nicht zum therapeutischen Pessimismus des Arztes führen und erst recht nicht zum Ausschluß dieser Substanzen vom medizinischen Versorgungsangebot durch politische Maßnahmen. Die durchschnittlichen Besserungswerte sind kritisch zu bewerten, da in ihr die Werte von Respondern und Nonrespondern

vermischt sind. Berücksichtigt man nur die Responderwerte, ergeben sich günstigere Therapieerfolge. Auch sollte die gruppenstatistische Betrachtung nicht den Blick verstellen für die Einzelfallbetrachtung, die z. T. sehr gute Effekte aufzeigen läßt.

Zu berücksichtigen ist, daß bei bestimmten Patienten bestimmte ätiopathogenetische Mechanismen von stärkerer Bedeutung sind als andere und vice versa, so daß auch wegen der biologischen Heterogenität – die zur Zeit nicht ausreichend durch entsprechende Prädiktoren vorhersehbar ist – zu erwarten ist, daß Substanzen bei bestimmten Patienten wirken und bei anderen nicht. Die Tatsache, daß wir momentan bei einer Nootropikabehandlung diese biologischen Subgruppen mangels entsprechender Indikatoren nicht berücksichtigen können, läßt von vornherein erwarten, daß in der Gesamtbilanz bei einer untersuchten Patientengruppe die Wirksamkeit nicht so deutlich hervortreten kann wie bei bestimmten Subgruppen oder Einzelfällen.

Die Behandlungsdauer mit Nootropika hängt vom Therapieeffekt ab. Um festzustellen, ob ein Therapieeffekt eintritt oder nicht, sollte in der Regel 2 oder 3 Monate lang behandelt werden, wobei eine genaue Beobachtung des Patienten sowie Einbeziehung subjektiver Angaben des Patienten und von Informationen seiner Bezugspersonen erforderlich sind. Zeigt sich ein Behandlungserfolg, so ist angesichts des chronischen und meist progredienten Verlaufs der Grunderkrankung eine Dauerbehandlung indiziert. Ist nach einer Periode von mindestens 3 Monaten keine positive Wirkung des Nootropikums festzustellen, sollte das Präparat abgesetzt werden. Anderenfalls sollte die Behandlung so lange fortgesetzt werden, bis der Eindruck entsteht, daß eine fortbestehende Wirksamkeit nicht mehr vorliegt.

Mangelhafte oder fehlende therapeutische Reaktion auf ein bestimmtes Nootropikum schließt die Wirksamkeit anderer Nootropika keinesfalls aus. Das ergibt sich bereits aus den Ausführungen über die unterschiedlichen Wirkkomponenten der einzelnen Nootropika und über die biologische Heterogenität der behandelten Patienten. Das bedeutet, daß bei jedem Patienten versucht werden sollte, durch andere Nootropika eine klinische Besserung zu erreichen.

Diskussion

Frage: Offensichtlich kommt es nach mehrwöchiger Behandlung zu einem potentiellen Abfall der Wirkung. Führen Cholinesterasehemmer zu einer Down-Regulation der cholinergen Funktionen, wie sieht es nach dem Absetzen der Medikation aus? Zweite Frage: Nach dem Konzept sind ja Cholinesterasehemmer relativ spezifisch für die Demenz vom Alzheimer-Typ. Ist es nicht unter Umständen bedenklich, ein so spezifisches und nebenwirkungsbelastetes Medikament allgemein bei Demenz einzusetzen?

Antwort: Es ist richtig, daß es zur Down-Regulation kommen kann und daß dies möglicherweise den Wirkverlust erklärt. Wie es im weiteren Verlauf aussieht, dazu gibt es nicht genügend Daten. Nach Absetzen von Tacrin nähern sich die Tacrin- den Plazebokurven an, eine Reexposition ist nicht empirisch untersucht worden. Zu Ihrer anderen Frage: es wurde vorgeschlagen, ähnlich wie bei Clozapin starke Verordnungsrestriktionen vorzusehen, auch wurde ventiliert, die Verordnung nur durch Fachärzte zu ermöglichen. Andererseits geht es ja auch oder sogar primär um die Versorgung von Patienten im Bereich der primärärztlichen Versorgung. Wahrscheinlich wird diese Substanz wie ein übliches Nootropikum zugelassen allerdings mit der Auflage, daß mit dem

Medikament gewissermaßen ein „diagnostisches Package" verkauft wird, also Standard-Diagnoseinstrumente.

Frage: Aus dem von Ihnen angesprochenen Risiko-Nutzen-Profil ergibt sich ja auch ein Kosten-Nutzen-Profil. Wie ist Ihre Meinung hierzu? In diesem Zusammenhang möchte ich das Problem der Budgetierung erwähnen - die niedergelassenen Kollegen können nichts Zusätzliches abrechnen, wie ich höre wird z. B. der Mini-Mental-State nicht durchgeführt, weil er infolge der Budgetierung nicht abgerechnet werden kann ...

Antwort: Das Kostenargument ist bei Nootropika ein Dauerbrenner. Diese Frage stellt sich bei Tacrin natürlich besonders, da diese Substanz viel teurer ist als die bisherigen Nootropika. Auch die erforderlichen Laborkontrollen - wöchentliche Transaminasenkontrollen - machen diese Therapie teuer.

Kommentar: Ich möchte betonen, daß wir gerade in diesem Bereich fordern sollten, daß keine „Billigmedizin" gemacht wird. In einem so reichen Land wie die Bundesrepublik Deutschland sollte jeder Strohhalm, auch wenn es ein „goldener Strohhalm" ist, therapeutisch versucht werden, damit den Patienten und ihren Angehörigen in ihrem unsäglichen Leid geholfen wird.

Frage: Ich hätte gerne noch etwas mehr gewußt über die pharmakologischen und physiologischen Grundlagen. Sie haben den Abfall bei der 160 mg Dosierung zum Ende der Prüfphase gezeigt. Wir wissen ja von Alkylphosphatvergiftungen, bei denen eine vorübergehende, irreversible Schädigung der Cholinesterase eintritt, daß diese Patienten anfangs auch ausgeprägte Wahrnehmungsstörungen haben. Die Frage zielt darauf ab, inwieweit etwas über kumulative Effekte bekannt ist und wie es nach langwöchigem Gebrauch aussieht - kommt es dabei evtl. zu einer Umkehr des gewünschten Effektes?

Antwort: In kontrollierten Studien überblickt man für Tacrin immerhin einen Zeitraum von 30 Wochen. Innerhalb diesem sind solche Effekte nicht beschrieben worden, auch nicht in den nichtkontrollierten Studien mit Applikationszeiten von über einem Jahr.

Frage: Wie sieht es mit dem deutlichen differentiellen Drop-out in beiden Therapiearmen aus, im Vergleich zu den Drop-outs unter Plazebo?

Antwort: Problematisch ist hier der geforderte, völlig utopische Besserungsscore von sieben Punkten in der ADAS. Wenn man nicht so auswertet, dann findet man auch in der Intent-to-treat-Analyse einen statistisch signifikanten Vorteil. Ich meine, man hätte mit einem Drei-Punkte-Besserungskriterium arbeiten sollen.

Frage: Was wäre für Sie die aussagekräftigste Studie, um Leute davon zu überzeugen, daß Nootropika keine Plazebos sind?

Antwort: Es gibt gerade für Nimodipin in Deutschland Daten, die lange Zeit im Sektor der Nootropika völlig unvorstellbar schienen, nämlich, daß ein Nootropikum in einem Drei-Arm-Vergleich zeigen konnte, daß es nicht nur Plazebo überlegen ist, sondern auch noch einem bis dato in Deutschland als quasi Standardsubstanz geltenden Präparat (Hydergin).

Ich meine, das ist eine höchst aussagekräftige Studie, die allerdings in den USA nicht bzw. zumindest nicht so repliziert werden konnte. Dies rührt meines Erachtens u. a. daher, daß andere Skalen verwendet wurden.

Frage: Ist Tacrin wirklich besser als die schon vorhandenen, risikoärmeren Nootropika, wie z. B. Nimodipin?

Antwort: Ich glaube, daß das Ausmaß der Wirksamkeit wahrscheinlich nicht nennenswert größer ist als bei den anderen Substanzen. Ich denke aber, daß man unter dem Aspekt der biologischen Heterogenität denken muß und wir vielleicht lernen können, eine Substanz so einzusetzen, daß man das Optimum an Wirksamkeit erreicht, wie dies ja z. B. in sog. Enrichment-Designs gemacht wird, wo man ja von vorneherein die Gruppe herausselektiert, die auf das Verum bzw. Plazebo respondiert und dann nur noch diese Subgruppe weiterverfolgt und so natürlich viel bessere Effekte aufzeigen kann. Ich denke, man sollte auch überlegen, daß im Falle der Nichtzulassung einer Substanz wie jetzt das Tacrin Forschern und Herstellern der Anreiz genommen wird, sich überhaupt noch in diesem Sektor zu betätigen.

Frage: Gibt es bei dem Einsatz von Tacrin über den 30 Wochenzeitraum hinaus Hinweise wenigstens für eine Verlangsamung des Krankheitsverlaufes oder fällt die Wirkung wieder ab?

Antwort: Bei allen Studien sieht es danach aus, daß die Wirksamkeit doch nachläßt, aber die Verlaufskurve bleibt noch lange Zeit über der Plazebokurve, d. h. in diesem Sinne haben Sie eine Verzögerung des Krankheitsprozesses, so daß sich meines Erachtens doch ein positiver gesundheitsökonomischer Faktor herausrechnen läßt. Auch für Tacrin gibt es relativ lange Kontrollgruppen-Studiendaten.

Frage: Wie sind die Erfahrungen mit Tacrin und Nimodipin bei amnestischen Syndromen und Durchgangssyndromen?

Antwort: Meines Wissens liegen mit Tacrin hierzu keine Erfahrungen vor, mit Nimodipin nur im Sinne der klinischen Erfahrung.

Frage: Es sind einige wenige Fälle beschrieben worden, wo sich Parkinson-Syndrome entwickelt haben bzw. eine Demaskierung eines Parkinson-Syndroms beobachtet wurde. Bei Alzheimer-Patienten lassen sich ja relativ häufig extrapyramidalmotorische Störungen finden, wie sind hier die Befunde und Erfahrungen mit Tacrin?

Antwort: In den allgemeinen Nebenwirkungsbeurteilungsskalen wurden keine Besonderheiten in Richtung EPMS registriert, ich selber habe auch keine diesbezüglichen Erfahrungen gemacht.

Kommentar: Aufgrund der tierpharmakologischen Befunde meine ich, daß Nimotop insbesondere bei der Altersvergeßlichkeit eingesetzt werden könnte. Bei Tacrindosierungen ab 40–80 mg haben wir über einen längeren Zeitraum hin in einem sehr hohen Prozentsatz deutliche Transaminasenanstiege gesehen, was zu einer hohen Drop-out-Rate führte. Bei Parkinson-Patienten habe ich den Eindruck, daß sich die Bradyphrenie unter

Tacrin bessert, und zwar ebenso wie motorische Defizite unter relativ niedriger Dosierung. Ich denke, 160 mg ist eine sehr hohe Dosis, die im Alltag bei 80 % zu Drop-outs führen könnte.

Antwort: Ich denke, man braucht diese exzessiv hohe Dosierung nicht. Tacrin wird meines Erachtens von vorneherein für eine reduzierte Stichprobe von Patienten in Frage kommen und ganz besonders für solche, die diese spezielle Lebersensibilität nicht aufweisen. Die transitorische Transaminasenerhöhung muß in ihrer Wertigkeit erst weiter untersucht werden.

Literatur

Amaduci L, Angst J, Bech P et al. (1990) Consensus conference on the methology of clinical trials of "nootropics", Munich, June 1989. Pharmacopsychiatry 23: 171–175

Beske F, Kunczik T (1993) Hirnleistungsstörungen: Frühzeitige Therapie rechnet sich. Geriatrie Prax 5: 24–27

Bundesgesundheitsamt (1992) Proof of efficacy of nootropics for the indication "dementia" (phase III) – recommendations. Pharmacopsychiatry 25: 126–135

Committee for "Geriatric Diseases and Astheniasis" (ed) (1986) Impaired functions in old age. AMI-Heft 1. Institut für Arzneimittel des Bundesgesundheitsamtes, Berlin

Cooper B (1989) Früherkennung, Diagnose und Verlauf von Demenzprozessen in der Altenbevölkerung. Eine Untersuchung in der allgemeinärztlichen Praxis. Unveröff. Forschungsbericht an das Bundesministerium für Forschung und Technologie.

Häfner H (1993) Epidemiologie psychischer Störungen im höheren Lebensalter. In: Möller H-J, Rohde A (Hrsg) Psychische Krankheit im Alter. Springer; Berlin, Heidelberg New York Tokyo, S 45–68

Häfner H, Löffler W (1991) Die Entwicklung der Anzahl von Altersdemenzen und Pflegebedürftigkeit in den kommenden 50 Jahren – eine demographische Projektion auf der Basis epidemiologischer Daten für die Bundesrepublik Deutschland (alte Länder). Öff. Gesundh. Wesen 53: 681–686

Hay JW, Ernst RL (1987) The economic costs of Alzheimer's disease. Am J Publ Hlth 77: 1169–1175

Herrmann WM, Kern U (1987) Nootropika: Wirkungen und Wirksamkeit. Eine Überlegung am Beispiel einer Phase-III-Prüfung mit Piracetam. Nervenarzt 58: 358–364

Herrschaft H (1992 a) Nootropika – Allgemeiner Teil. In: Riederer P, Laux G, Pöldinger W (Hrsg) Neuro-Psychopharmaka, Bd 5: Parkinsonmittel und Nootropika. Springer, Wien, S 161–178

Herrschaft H (1992 b) Co-Dergocrin (Dihydroergotoxin). In: Riederer P, Laux G, Pöldinger W (Hrsg) Neuro-Psychopharmaka Bd 5: Parkinsonmittel und Nootropika. Springer, Wien, S 225–238

Hu T, Huang L, Cartwright WS (1986) Evaluation of the costs of caring for the senile demented elderly: a pilot study. Gerontologist 26: 158–163

Huang L, Cartwright WS, Hu T (1988) The economic cost of senile dementia in the United States, 1985. Public Health Rep 103: 3–7

Kanowski S, Fischhof P, Hiersemenzel R, et al. (1989) Therapeutic efficacy of nootropic drugs – a discussion of clinical phase III studies with nimotipine as a model. In: Bergener M, Reisberg B (eds) Diagnosis and treatment of senile dementia. Springer, Berlin Heidelberg New York Tokyo, pp 339–349

Kanowski S, Fischhof P, Grobe-Einsler R et al. (1990 a) Efficacy of xantinolnicotinate in patients with dementia. Pharmacopsychiatry 23: 118–124

Kanowski S, Ladurner G, Maurer K, et al. (1990 b) Empfehlungen zur Evaluierung der Wirksamkeit von Nootropika. Z Gerontopsychol Gerontopsychiatr 3: 67–79

Krieglstein J (1990) Hirnleistungsstörungen. Pharmakologie und Ansätze für die Therapie. Wiss. Verlagsgesellschaft, Stuttgart

Kurz A, Rüster P, Rombero B, Zimmer R (1986) Cholinerge Behandlungsstrategien bei der Alzheimerschen Krankheit. Nervenarzt 57: 558–569

Möller H-J (1991) Die Rolle der Nootropika in der medikamentösen Therapie dementieller Erkrankungen. In: Möller H-J (Hrsg) Hirnleistungsstörungen im Alter. Pathobiochemie, Diagnose, therapeutische Ansatzpunkte. Springer, Berlin Heidelberg New York Tokyo, S 51–69

Möller H-J (1992) Beispiele klinischer Prüfmodelle für den Wirksamkeitsnachweis von Nootropika. In: Lungershausen E (Hrsg) Demenz. Herausforderung für Forschung, Medizin und Gesellschaft. Springer, Berlin Heidelberg New York Tokyo, S 147–157

Möller H-J (1993) Klinische Wirksamkeit und sinnvoller Einsatz von Nootropika. In: Möller H-J, Rohde A (Hrsg) Psychische Krankheit im Alter. Springer, Berlin Heidelberg New York Tokyo S 119–133

Möller H-J (im Druck) Therapie mit Nootropika. In: Möller H-J, Schmauß M (Hrsg) Arzneimitteltherapie in der Psychiatrie. Wiss. Verlagsgesellschaft, Stuttgart

Möller H-J (1995) Neuere Entwicklung der Behandlung mit Nootropika. In: Hirsch RD, Kortus R, Loos H, Wächter C (Hrsg) Gerontopsychiatrie im Wandel: vom Defizit zur Kompetenz. Bibliomed 9: 159–182

Möller H-J, Maurer I, Saletu B (1994) Plazebo-controlled trial of xanthine derivate propentofylline in dementia. Pharmacopsychiatry 27: 159–165

Oswald WD, Oswald B (1988) Zur Replikation von Behandlungseffekten bei Patienten mit hirnorganischen Psychosyndromen im Multizenter-Modell als Indikator für klinische Wirksamkeit. Eine plazebokontrollierte Doppelblind-Studie mit Pyritinol. Z Gerontopsychol Gerontopsychiatr 1: 223–241

Parke-Davis (ed) (1993) Cognex (tacrine hydrochloride capsules) 0096G020. Parke-Davis, Morris Plains/USA

Ruhl K-H (1992) Bedeutung der medikamentösen Therapie dementieller Prozesse. In: Lungershausen E (Hrsg) Demenz. Herausforderung für Forschung, Medizin und Gesellschaft. Springer, Berlin Heidelberg New York Tokyo, S 316–325

Yesavage JA, Westphal J, Rush L (1981) Senile dementia: combined pharmacologic and psychologic treatment. J Am Geriatr 29: 164–171

Zimmer R, Lauter H (1986) Neuere pharmakologische Modelle und Forschungsergebnisse in der Therapie der degenerativ und/oder vaskulär bedingten hirnorganischen Psychosyndrome bzw. Demenzen im mittleren und höheren Lebensalter. In: Lauter H, Möller H-J, Zimmer R (Hrsg) Untersuchungs- und Behandlungsverfahren in der Gerontopsychiatrie. Springer, Berlin Heidelberg New York Tokyo, S 77–113

Demenz und Apoplex

I. Füsgen

Auf den ersten Blick haben diese beiden Diagnosen, Demenz und Apoplex, nicht viel gemeinsam. Demenz stellt eine funktionsorientierte Diagnose dar, dagegen der Apoplex eine pathophysiologisch begründete Diagnose. Auf den zweiten Blick finden sich allerdings viele Gemeinsamkeiten. Bei beiden Diagnosen handelt es sich um altersabhängige Krankheitsbilder. Beide Diagnosen kommen häufig gemeinsam vor und scheinen auch zumindest für den vaskulären Bereich gemeinsame Ursachen zu haben.

In diesem Zusammenhang darf nicht unerwähnt bleiben, daß wir bisher mit der genauen Definition der vaskulären Demenz noch Probleme haben. Bei den vaskulären Demenzformen unterscheiden wir im großen und ganzen 3 Haupttypen: Die Multiinfarkt-Demenz, die Binswangerkrankheit und die Demenz bei größeren zerebrovaskulären Insulten, die nur teilweise auf identische Mechanismen zurückzuführen sind (Ermini-Fünfschilling u. Stähelin 1993). So herrscht zur Zeit noch keine Einigkeit über die Definition der vaskulären Demenz (Bendixen 1993; Rocca et al. 1991). Inwieweit arteriosklerotische Gefäßveränderungen ursächlich auch bei der Demenz vom Alzheimer-Typ mitbeteiligt sind, bleibt offen. Henderson u. Henderson (1989) stellen dazu die Hypothese auf, daß die vaskulären Veränderungen ihrerseits das Auftreten neuropathologisch nachweisbarer Alzheimer-Veränderungen fördern. Bei über 30 % der Alzheimer-Patienten sind vaskuläre Verschlüsse festzustellen (O'Brien 1994).

Sowohl die Demenz als auch der Apoplex stellen als Diagnose für sich aufgrund ihrer hohen sozialpflegerischen Bedeutung schon eine Bedrohung für unsere Gemeinschaft dar, kommen sie aber gemeinsam vor, sind sie immer von hoher Hilfsbedürftigkeit begleitet und bedeuten bei der bestehenden demographischen Veränderung eine entsprechende Bedrohung für unser Sozial-Gesundheitssystem.

Für die Beurteilung bzw. Behandlung von Apoplexiepatienten spielen dementielle Begleiterscheinungen eine große Rolle, da sie die selbständige Handlungsfähigkeit des Patienten und damit die Frage, ob ein von Apoplexie Betroffener zu Hause betreut werden kann, oft im Einzelfall ganz entscheidend beeinflussen. So ergibt sich aus den Untersuchungen von Weitbrecht (1993), daß bei Patienten mit hirnorganischem Psychosyndrom unabhängig vom sonstigen neurologischen Defizit nahezu doppelt so häufig (ca. 24 %) eine Pflegeheimunterbringung erforderlich wurde als bei den übrigen Schlaganfallpatienten (ca. 13 %). Sich mit den Behandlungsstrategien des Krankheitsbildes Demenz und Apoplex zu beschäftigen, scheint fast ein unbedingtes „Muß" für unsere Gesellschaft zu sein, wenn wir inhumane Tendenzen in unserer Gesellschaft vermeiden wollen.

Otomo (zit. nach Lucke 1990) untersuchte zusammen mit seinen Mitarbeitern anhand von 1.113 Autopsien die Beziehung zwischen der Zahl makroskopisch sichtbarer Hirninfarkte und der klinischen bekannten Diagnose einer Demenz. Dabei ergaben sich folgende Befunde: Kein Herd bedeutete eine Demenz in 13 %, bei 1–4 Herden eine

Demenz in 26,9%, bei 5–7 Herden eine Demenz in 29,9%, bei 8 und bei mehr Herden eine Demenz in 36,4%. Bei der Untersuchung von Otomo handelte es sich meist um kleinere Herde, und je häufiger sie gefunden wurden, desto häufiger hat auch eine Demenz bestanden. Wenn lediglich ein großer Herd erkennbar war, stießen die Untersuchungen nur in 12,7% der Fälle auf eine Demenz, d. h. ebenso selten wie in den Fällen, wenn sie keinen Herd gefunden haben. Aufgrund einer Reihe von Untersuchungen scheint aber die Menge des Verlustes von funktionsfähigem Hirngewebe doch einen deutlichen Zusammenhang mit dem gleichzeitigen Vorliegen einer Demenz zu haben. Je nach Untersucher findet sich allerdings ein unterschiedliches Volumen (von 7–100 ml) von infarziertem Gehirngewebe als Schwellenwert für das Auftreten einer begleitenden Demenz (Erkinjunti et al. 1988; Tomlinson et al. 1970; Wallin et al. 1989). Dieses Volumen kann durch mehrere kleine Infarkte, aber auch durch einen einzelnen Infarkt zustandekommen. Von Bedeutung dürfte weiterhin die Lokalisation der Schädigung (Hyppocampus, Limbische Struktur, Corpus callosum, sowie die frontale Gehirnrinde) sein und ob sie beidseits oder singulär auftritt (O'Brien 1994).

Nicht vergessen werden darf, daß aus einer Reihe von Untersuchungen (Tatemichi et al. 1990, 1991) bekannt ist, daß die Häufigkeit des Auftretens einer Demenz in den Monaten nach einem Schlaganfall allerdings altersabhängig zunimmt. Hier muß auch daran gedacht werden, daß gerade ältere Apoplexiepatienten von ihren Angehörigen, besonders von der Ehefrau „überpflegt" werden – bis sie ihre Selbständigkeit verlieren und ihre verbliebenen Restfunktionen nicht mehr nutzen. Ganzheitliche Therapiemaßnahmen stehen dem Fortschreiten der Demenz als auch dem vaskulären zerebralen Geschehen entgegen, ohne daß man sie allerdings aufgrund unserer bisherigen Kenntnisse überschätzen darf.

Differentialdiagnostisch von Bedeutung für die weitere Therapie des Patienten ist, daß neuropsychologische Störungen nicht als Demenz verkannt werden. Hier sind insbesondere ideatorische Apraxie, konstruktive Apraxie, räumliche Orientierungsstörung, Anosognosie und Neglect zu nennen. Besonderer Bedeutung kommt auch der Differentialdiagnose einer Depression zu. Zirka 40% der Schlaganfall-Patienten leiden unter depressiven Verstimmungen und dürfen keinesfalls als dement eingestuft werden (Schlegel 1994).

Ganzheitliches Therapiekonzept

Die Therapie des dementiellen Apoplektikers oder des Apoplexiepatienten mit Demenz darf nicht auf die isolierte Korrektur körperlicher oder psychologischer Konstrukte abzielen, sondern sie ist auf die „Lebensqualität des Patienten und seiner Kompetenz zur Bewältigung des Alltags auszurichten", d. h. für die Therapie dieser Patienten ist ein ganzheitlicher Therapieansatz zu fordern. Gleichwertig haben dementsprechend neben der internistischen Basistherapie, die spezifische Arzneimitteltherapie und die Symptomtherapie ihren Platz. Ergänzend runden eine körperliche und psychisch aktivierende Betreuung, ein Selbsthilfetraining, Beachtung der Ernährung, soziale Maßnahmen und nicht zu vergessen eine bewußte Angehörigenbetreuung die genannten drei Grundsäulen des Behandlungskonzeptes ab. Man wird oft nicht alle möglichen Therapiemaßnahmen gleichzeitig anbieten können. Dann sollte man die für den Patienten praktisch relevanten Maßnahmen vorziehen, die es ihm erleichtern, seinen Tagesablauf so selbständig wie möglich zu bewältigen. Nur so können optimale Therapieergebnisse mit einer sowohl für

den Patienten als auch die Angehörigen spürbaren Verbesserung der Lebensqualität bewirkt werden.

Internistisch-geriatrische Basistherapie

Mit der Basistherapie soll die Ausgangssituation des Patienten für die weiteren spezifischen Therapiemaßnahmen optimiert werden. Dabei stehen natürlich die begleitenden Krankheitsbilder im Vordergrund, die in besonderer Weise den Schlaganfall und vaskuläre Demenzprobleme beeinflussen. Hier sind Hypertonie, Diabetes mellitus, Hyperlipidämie, Herzkrankheiten, Hyperfibrinogenämie usw. zu nennen. Dabei kann die internistische Basistherapie z. B. der Hypertonie schon erhebliche Probleme mit sich bringen, wenn man nur die allgemeine Nebenwirkungsrate der Hypertoniebehandlung auf den alten Menschen mit seinen Multimorbiditätsmustern betrachtet (Lang 1994). Besonderer Bedeutung kommt hier auch dem Einfluß blutdrucksenkender Medikamente auf die Kognition zu (Füsgen 1994). Aber auch die anderen Faktoren wie Diabetes mellitus und Herzkrankheiten haben eine hohe Bedeutung. Nach den bisher vorliegenden Kenntnissen müssen alle Einflußfaktoren im Bereich der primären und sekundären Prävention zerebraler Gefäßkrankheiten grundsätzlich in die basistherapeutischen Überlegungen miteinbezogen werden (Füsgen 1995).

Spezifische Arzneimitteltherapie

Für den Bereich des apoplektischen Insultes stehen hier die Gabe von Azetylsalizylsäure, Ticlopidin und u. U. die Antikoagulation im Vordergrund (Füsgen 1995). Inwieweit Rheologica (z. B. Pentoxifyllin und eine Hämodilution) von Bedeutung sind, ist im wissenschaftlichen Bereich umstritten. Für das dementielle Syndrom spielt ohne Zweifel der Einsatz von Nootropika eine wichtige Rolle.

Es scheint sogar so zu sein, daß z. B. der Einsatz von Azetylsalizylsäure nicht nur eine Sekundärprävention nach Auftreten eines Schlaganfalles bedeutet, sondern gleichzeitig auf das dementielle Syndrom positive Auswirkungen hat (Meyer 1989). Gleiches gilt in umgekehrter Weise für die Nootropika beim Apoplex. So konnte z. B. für Piracetam eine signifikante Besserung von Paresen, aphasischen und Bewußtseinsstörungen bei Patienten mit akuten ischämischen Hirninfarkten nachgewiesen werden (Herschaft 1989).

Symptomtherapie

Neben einer Reihe von zu behandelnden Symptomen wie z. B. depressiver Verstimmung, Affektlabilität usw. stehen die vier geriatrischen „I's" (Intellektueller Abbau, Inkontinenz, Immobilität, Instabilität) im Vordergrund der Therapie. Sie sind es nämlich, die schnell zu Abhängigkeit und damit Pflegebedürftigkeit führen. Sie sind auch die Haupteinweisungsgründe in Pflegeinstitutionen.

Kognitive Verfahren

Das kognitive Training ist nur sinnvoll bei leichtgradigen Demenzkranken und soll die Selbständigkeit im Alltag in beginnenden Stadien der Hirnleistungsstörung erhalten. Bei mittelgradig bis fortgeschrittenen Demenzkranken, insbesondere für Erkrankte in Institutionen, wird das Realitätsorientierungstraining eingesetzt werden müssen.

Training kognitiver Funktionen. Der direkteste Weg ist unter Laborbedingungen das gezielte Training umschriebener kognitiver Funktionen (z. B. verbales Gedächtnis, Merkfähigkeit). Es gibt dazu eine Reihe von Programmen (z. B. nach Petra Rigling, von Lehrl und Fischer, Franziska Stengel usw.). Allerdings werden diese Maßnahmen beim dementen Apoplektiker in der Regel nur sehr beschränkt einsetzbar sein.

Ein zweiter Ansatz kognitiven Trainings ist die Vermittlung von sog. mnemonischen Techniken, die die Gedächtnisleistung verbessern helfen. Mit Hilfe von assoziativer Verknüpfung, Visualisierung und Doppelcodierung, also mit „Eselsbrücken", sollen sich Gedächtnisinhalte intensiver einprägen. Dabei haben allerdings Patienten mit kognitiven Störungen und leichten Demenzsyndromen Schwierigkeiten mit der Visualisierung.

Eine dritte Methode des kognitiven Trainings ist, dem Patienten einfache Gedächtnishilfen an die Hand zu geben. Der Gebrauch eines Terminkalenders und einer Uhr kann sich günstig auf die zeitliche Orientierung ausüben, Tagesplanung und -strukturierung können Leerlauf und Langeweile vermeiden helfen. Dabei scheint sich das „Überlernen", eine Aufgabe durch ständiges Wiederholen, günstig auf die Dauerhaftigkeit der Therapieeffekte auszuwirken.

Wahrscheinlich aber ist das günstigste Trainingsprogramm, Alltagsaufgaben zu trainieren. Dabei werden komplexe Alltagsaufgaben mittels „Umgehungsstrategien" trainiert. Hier findet sich ein deutlicher Übergang in ein realitätsorientierendes Training.

Inkontinenz

Sowohl bei der Demenz als auch beim Schlaganfall handelt es sich um einen Ausfall der zerebralen Kontrolle, die am Blasenmuskel (Detrusor) vorwiegend eine Hyperreflexie und am Sphinkter einen Verlust der willkürlichen Kontrolle verursacht. Es handelt sich um eine motorische Dranginkontinenz (nichtinhibierte neurogene Blasenfunktionsstörung). Diese Form der Inkontinenz ist nach unseren heutigen Vorstellungen recht gut behandelbar (Welz-Barth u. Füsgen 1995). Toilettentraining und unter Umständen medikamentöse Zusatztherapie führen in bis zu 80% zu einer Beherrschung bzw. erheblichen Besserung der Inkontinenz. Die Zahl der anticholinergen Substanzen, die meist in der Therapie der Dranginkontinenz eingesetzt werden, ist groß und ihr Nebenwirkungsspektrum fast ebenso umfangreich. Für den Einsatz von Anticholinergika bei dementen Apoplexiepatienten ist zu beachten, daß zu den gerade für den älteren Patienten belastenden Nebenwirkungen Obstipation und Mundtrockenheit auch Verwirrtheit und damit eine Demenzverstärkung gehören können.

Immobilität

Grundsätzlich unterscheidet sich die Lagerung des geistig klaren Apoplektikers nicht von der des Dementen. Gleiches gilt auch für die Bewegungstherapie. Allerdings ergeben sich dabei oft Probleme, die durch Nichtverstehen, bzw. fehlende Mitarbeit des dementen Patienten bei der Lagerung bedingt sind. So kann der Betreuende bei einem orientierten Patienten eher eine Mitarbeit und Kooperation erwarten, als bei einem Dementen. Gerade unruhige, hirnleistungsgestörte Patienten halten meist eine Lagerung nur für kurze Zeit ein. Dagegen behält der geistig klare Apoplektiker nach entsprechender Erklärung die eingenommene Lage länger bei. So ist in der Regel auch die Lagerung und Mobilisierung dementer Patienten aufgrund der teilweise fehlenden Mitarbeit schwieriger und durch häufigere Lagekorrekturen auch mit ungleich größerem Arbeitsaufwand verbunden. Es gibt verschiedene neurophysiologische Konzepte, nach denen Schlaganfallpatienten gelagert und mobilisiert werden können (Bobath, Brunnström, PNF, Vojta usw.). In den meisten geriatrischen Abteilungen wird nach dem Bobath-Konzept (Bobath 1970) behandelt. Obwohl es bisher keinen eindeutigen Wirksamkeitsnachweis für dieses Konzept gibt, ist das Attraktive daran, daß es die Aktivierung der vom Schlaganfall betroffenen Seite in den Mittelpunkt stellt. Ferner kann das Bobath-Konzept verhindern, daß zusätzliche Schäden entstehen, wie z. B. ein Reißen am gelähmten Arm. Wichtig ist auch, daß es in seinen Grundzügen von allen Mitarbeitern gerade im klinischen Bereich durchführbar ist, ein 24-Stundenkonzept darstellt und sowohl für den Patienten wie für alle Mitarbeiter gut verständlich ist. Aber gerade beim hirnleistungsgestörten Apoplektiker gelingt die Umsetzung des Bobath-Konzeptes oft nicht, hier sollte man dann frühzeitig mit einer Kompensation durch die nicht betroffene Seite beginnen (Weimann 1992).

Instabilität

Gerade Stürze und Unsicherheiten im Bereich der Bewegung machen oft das weitere Verbleiben zu Hause unmöglich und bedingen eine Aufnahme in Institutionen. Deshalb muß dem Symptom der Instabilität in der Therapiephase besondere Aufmerksamkeit gewidmet werden. Dabei muß natürlich der Therapieaufbau die zerebrale Leistungsfähigkeit des Patienten berücksichtigen: Man wird beim dementen Apoplektiker mit einfach auszuführenden Übungen beginnen, die täglich wiederholt werden. Bei Patienten mit gutem Körpergefühl und erhaltener Koordination bieten sich dagegen Übungen mit einem komplexeren Bewegungsablauf an. Als motivationsfördernd hat sich beim hirnleistungsgestörten Apoplektiker die Verwendung geeigneter Geräte erwiesen. Die verwendeten Hilfsmittel sollen leicht, weich, griffig und wegen der oft bestehenden Sehschwäche gut sichtbar sein: Geeignet sind z. B. Plastikringe, bunte Tücher, Luftballons, Bälle oder Seilstücke. Je nach physischer und zerebraler Situation des Patienten kann ein Spaziergang eine willkommene Abwechslung zur Gymnastik im geschlossenen Raum darstellen. Wird ein stationärer Patient nach passagerer Immobilisation (z. B. aufgrund eines Sturzes mit Fraktur) wieder bewegt, sollten Spaziergänge – zuerst über die Station, später durch das Haus – unternommen werden. Dies ist besonders bei Patienten mit Orientierungsstörungen unbedingt erforderlich.

Häufig ist ein Problem für demente Apoplektiker das Treppensteigen. Die Fähigkeit zum Treppensteigen kann jedoch von direkter, lebenswichtiger Bedeutung sein. Bei der

Gangschulung ist evtl. der Einsatz spezieller Hilfsmittel, z. B. Gehbock, Rollator etc. in Erwägung zu ziehen. Die Auswahl der entsprechenden Gehhilfe richtet sich nach der individuellen Situation des Patienten: Bei Patienten mit guter Merkfähigkeit, ausreichender Konzentrationsfähigkeit und erhaltenem Körpergefühl sollte ein einfaches Hilfsmittel gewählt werden. Manchmal muß man sich aufgrund der eingeschränkten zerebralen Leistung für eine Gehhilfe entscheiden, womit der Patient aus rein funktioneller Sicht eher unterfordert ist. Die einfache Gehhilfe entspricht dann zwar nicht seinem funktionellem Status, aber wird seiner zerebralen Leistung gerecht.

Verlaufs- und Erfolgsdokumentation (Geriatrisches Assessment)

Nach einer grundsätzlich einschätzenden Diagnostik und Dokumentation der Befunde ist es von großer Bedeutung, den weiteren Verlauf und den Einsatz verschiedener therapeutischer Maßnahmen gerade bei diesem so schwierig zu behandelnden Krankheitsbild zu beurteilen. Das wichtigste Ziel jeder Therapiemaßnahme muß eine Steigerung bzw. Erhaltung der Lebensqualität sein. Lebensqualität ist aber ein stark subjektiver Parameter, so daß auch die Einschätzung der Effektivität therapeutischer Maßnahmen grundsätzlich individuell zu erfolgen hat. Erfahrungsgemäß wird sich die Kontrolle von Verlauf und Therapie an einigen festen Punkten orientieren. In erster Linie wären hier die soziale Integration und Selbständigkeit des Kranken sowie die Einschränkung der kognitiven Leistungen, unter Umständen mitbeeinflußt durch eine begleitende Depression, zu nennen. Diese Bereiche dürften sicherlich für die meisten Patienten eine zentrale Bedeutung für ihre – individuell unterschiedliche – Lebensqualität besitzen. Eine Selbsteinschätzung des Therapieerfolges durch den von Demenz und Apoplexie betroffenen Kranken kann ebenfalls aufschlußreich sein. Bei einem Großteil der Patienten wird dies jedoch aus unterschiedlichen Gründen nicht möglich sein bzw. zu falschen Ergebnissen führen. Dies ändert nichts daran, daß natürlich das Befinden des Patienten erfaßt werden muß, gerade im Hinblick auf bestimmte medikamentöse oder belastende Therapieabläufe.

Nachfolgend soll kurz ein geriatrisches Assessment als Verlaufskontrolle anhand bestimmter Einschätzskalen angeboten werden. Die dargestellten Tests wurden von uns aufgrund eigener und internationaler Erfahrung ausgewählt, da sie einfach, schnell erlernbar und in der täglichen Praxis gut einsetzbar sind. Nach unseren Erfahrungen eignen sich diese Tests gut für den praktischen Umgang mit dementiellen Apoplektikern. Dies bedeutet jedoch keineswegs, daß mit einem aufgrund eigener Ausbildung und Erfahrung anders zusammengestellten „geriatrischen Assessment" nicht vergleichbare oder vielleicht sogar bessere Erfolge erzielt werden können. Hier sei beispielhaft nur das Assessment der Solinger Arbeitsgruppe (Tausche et al. 1992) genannt.

Unser Geriatrisches Assessment aus Velbert-Neviges umfaßt:

Körperliche Untersuchung (Timed "Up-and-Go"-Test, Barthel-Index),
psychische Untersuchung (MMS nach Folstein, bei Bedarf SKT/Syndrom-Kurz-Test, Depressionskala/GDS),
soziale Einschätzung (Kontakte, Aktivitäten, Wohnsituation, ökonomische Verhältnisse).

Der am häufigsten bei Untersuchungen über Apoplex bisher eingesetzte Test zur Erfassung der Selbsthilfefähigkeit ist der *Barthel-Index* (Mahoney u. Barthel 1965). Er überprüft die "activities of daily living" wie Essen, Waschen und Baden, Harn- und

Stuhlinkontinenz, Toilettenbenutzung, Transfer, Ankleiden, Laufen und Treppensteigen. Der Einsatz von IADL (instrumental activities of daily living)-Skalen erscheint wenig sinnvoll, da IADL-Funktionen komplexer sind als ADL-Funktionen und in einer streng hierarchischen Ordnung über diesen stehen, weshalb eine Überprüfung der IADL-Funktionen nur bei intakter ADL-Funktion für sinnvoll gehalten wird (Six 1988), was für das geschilderte Krankheitsbild in der Regel nicht der Fall ist. Als weiterer Test empfiehlt sich aus unserer Sicht der Timed "Up-and-Go"-Test (Podsialdo u. Richardson 1991). Dieser Test ist sehr zuverlässig und scheint die Fähigkeit eines älteren Menschen, sich auch außerhalb der Wohnung zu bewegen, recht gut zu erfassen.

Bei den psychischen Untersuchungen erscheint uns die "mini-mental-state-examination"/MMSE ein leicht durchführbarer Test für mittelschwere bis sehr schwere Demenzen (Folstein et al. 1975). Der Test ist gut validiert und in 10 min durchführbar. Ist eine weiterführende Diagnostik sinnvoll bzw. die Erfassung leichterer Demenzsymptome von Bedeutung, empfiehlt sich der „Syndrom-Kurz-Test"/SKT (Erzigkeit 1989). Da es wichtig ist, im Therapieverlauf depressive Zustände zu diagnostizieren, ist der Einsatz eines Depressionstests sinnvoll. Speziell für die Untersuchung älterer Menschen wurde von Yesavage eine "geriatric depressions scale" entwickelt (Yesavage u. Brink 1983). Der Test ist primär als Beurteilungsskala gedacht, kann aber auch von einem Interviewer bewertet werden. Später wurde noch von Sheikh u. Yesavage (1986) eine 15 Fragen umfassende Kurzfassung entwickelt, die wir in modifizierter Form anwenden und die sich auch gut für die tägliche Praxis eignet.

Zur Erfassung der sozialen Kontakte und Aktivitäten sowie der Wohnsituation haben wir für unsere Einrichtung einen eigenen Bogen entwickelt. In der Regel reicht aber, daß man sie abfragt und sie in seine Beurteilung miteinbezieht.

Der Einsatz von „Befindlichkeitsskalen" erfordert im allgemeinen einen hohen Zeitaufwand und entsprechende Ausbildung. Bei genügender klinischer Erfahrung ist es in den meisten Fällen jedoch ausreichend, den therapeutischen Einfluß auf die „Befindlichkeit" im Rahmen des Beratungsgespräches einzuschätzen. Eine evtl. vorhandene Begleitdepression sollte allerdings ausgeschlossen werden.

Diskussion

Frage: Sie haben darauf hingewiesen, daß die Therapie der vaskulären Demenz in der Prophylaxe des Schlaganfallrezidives besteht. Sie haben Substanzen aufgeführt, die zur Sekundärprävention eingesetzt werden. Für die Antikoagulation gibt es doch eindeutige Richtlinien der Indikation in der Sekundärprävention bei jüngeren Schlaganfallpatienten. Man tut sich bei älteren Patienten im allgemeinen schwer, sich zur Antikoagulation zu entschließen wegen des evtl. erhöhten Risikos der Einblutung in das Gewebe und wegen der möglicherweise verminderten Compliance. Haben Sie Kriterien, nach denen Sie entscheiden können, ob Sie einen alten Patienten auf Antikoagulanzien einstellen oder nicht?

Antwort: Bei Vorhofflimmern stellen wir relativ großzügig heute auf niedrig dosierte Antikoagulanzien ein, also mit einem Quick-Wert um 40%. Einer hoch dosierten Markumarisierung stehen wir allerdings sehr zurückhaltend gegenüber. Das Lebensalter als solches setzt der Indikation zur Antikoagulation nach unserer Einschätzung aber keine Begrenzung.

Frage: Kann man sich wirklich damit zufriedengeben, daß der Hausarzt eine Depressionsskala ausfüllt? Nach meinen Erfahrungen führt die Anwendung der Hamilton-Depressionsskala durch damit unerfahrene Ärzte zur völligen Verzerrung der Werte. „Laien" begreifen die Werte als wesentlich zu hoch, weil sie den Extrembereich, den diese Skala abdeckt, also die ganz schweren endogenen Depressionen, überhaupt nicht kennen. Oder aber, sie haben große Schwierigkeiten mit der Interpretation der einzelner Items, weil sie diese psychopathologische Differenziertheit nicht gelernt haben. Kann man solche Skalen wirklich sinnvoll ausfüllen, ohne daß man sie richtig trainiert hat?

Antwort: Man sollte die differenzierte psychiatrische Befunderhebung und die klinische Patientenbegleitung, bei der im Vordergrund fast nicht mehr die Krankheit steht, sondern die sozial-pflegerische Bedürftigkeit, auseinanderhalten. Es handelt sich um einen fortschreitenden Prozeß. Die durchschnittliche Lebenserwartung nach Apoplex liegt bei 5 Jahren, die der Demenz nach Diagnosestellung zwischen 4 und 8 Jahren. Die Prognose der Kombination von Apoplex und Demenz ist bisher nicht untersucht, weil sich mit diesen Patienten im allgemeinen keiner beschäftigt. Mit diesen Kranken muß man sich nicht speziell psychiatrisch, sondern sozial-begleitend auseinandersetzen.

Frage: Jeder hochkarätige Psychopathologe schlägt die Hände über den Kopf zusammen, wenn er solche Skalen sieht. Skalen bedeuten ohnehin schon eine Reduktion an Differenziertheit sondergleichen. Aber wenn man von diesem Standard ausgeht weil er besser kommunikabel ist, darf man einem, der Psychiatrie nicht gelernt hat solche differenzierten Skalen nicht geben und so tun, als ob er damit arbeiten kann. Entwickelt sind diese Skalen in der Regel in Zusammenarbeit mit Psychiatern, d. h., ihre Validität und Reliabilität gelten nur, wenn sie von Psychiatern angewendet werden. Die Gültigkeit der Skalen ist nicht übertragbar auf den Allgemeinarzt, so daß hier eine Pseudoexaktheit vorgetäuscht wird.

Antwort: Was ich Ihnen vorgestellt habe, ist kein Studiendesign, sondern es handelt sich um Verfahren, mit denen man schwer demente Apoplektiker begleiten kann, um eine Verlaufskontrolle zu haben und um Pflegebedürftigkeit einzuschätzen.

Frage: Sie haben nebenbei der Azetylsalizylsäure auch eine neurotrope Wirkung zugesprochen. Hängt das damit zusammen, daß die Patienten, von denen Sie sprechen, rezidivierende klinische Embolien haben? Wir wissen ja seit der Embolusdetektion mit Hilfe der transkraniellen Dopplersonographie, daß ASS bei einigen Patienten die Rate von Mikroembolien in das Gehirn senkt. Oder würden Sie der Azetylsalizylsäure tatsächlich einen echten neurotropen Effekt zusprechen?

Antwort: Es gibt zwei amerikanische Studien zu diesem Thema, die Multiinfarktpatienten eingeschlossen haben. Die Frage der Prävention von Mikroembolien durch Azetylsalizylsäure wurde darin nicht untersucht.

Literatur

Bendixen B (1993) Vascular dementia: a concept in flux. Curr Opin Neurol Neurosurg 6: 107–112
Bobath B (1970) Adult hemiplegia. Evaluation and treatment. Heinemann Medical, London

Erkinjunti F, Haltia M, Palo J (1988) Accuracy of the clinical diagnosis of vascular dementia: A prospective clinical and post mortem neuropathological study. J Neurol Neurosurg Psychiatry 51: 1037-44
Ermini-Fünfschilling D, Stähelin HB (1993) Gibt es eine Prävention der Demenz? Z Gerontol 26: 446-452
Erzigkeit H (1989) SKT-Manual. Beltz, Weinheim
Folstein MF, Folstein SE, McMugh RR (1975) "Mini Mental State": A Practical method for grading the cognitive state of patients for the clinician. J Psychiatr Res 12: 189-198
Füsgen I (1994) Hypertonie und kognitive Störungen - Therapeutische Konsequenzen. Geriatrie Praxis 6: 34-38
Füsgen I (1995) Apoplex, MMV, München
Henderson AS, Henderson JA (1989) Etiology of dementia of Alzheimers-type. Jon Willy & Sons, Chichester-New York-Brisbane - Toronto
Herschaft H (1989) Piracetam. Neuro-Psychopharmaka 5: 200
Lang E (1994) Hochdruckbehandlung im Alter. Geriatrie Praxis 7/8: 34-36
Lucke C (1990) Störungen nach Schlaganfall und ihre Abgrenzung zur Demenz. In: Staatsbürgerliche Stiftung Bad Harzburg (Hrsg) Bad Harzburger Gespräche 1.-2. 3. 1990
Mahoney FI, Barthel DW (1965) Functional evaluation. The Barthel Index. Md State Med J 14: 61-65
Meyer IS (1989) Randomized clinical trial of daily aspirin therapy in multi-infarct dementia. JAGS 37: 549-555
O'Brien MD (1994) Vascular disease and dementia. In: Serdi IJ (ed). Dementia and cognitive impairments. Paris, pp 137-141
Podsiadlo D, Richardson S (1991) The Timed "Up and Go": A test of basic functional mobility for frail elderly persons. J Am Geriatr Soc 39: 142-148
Rocca NA, Hofmann A, Brayne C et al. (1991) The prevalance of vascular dementia in Europe: facts and fragments from 1980-1990 studies. Ann Neurol 30: 817-824
Schlegel S (1994) Depression nach Hirninfarkt. Nervenheilkunde 13: 52-56
Sheikh JI, Yesavage JA (1986) Geriatric Depression Scale (GDS): Recent evidence and development of a shorter version. In: Brink TL (ed). Clinical gerontology: A Guide to assessment and intervention. The Haworth Press, New York, pp 165-173
Six P (1988) Medizinische Beurteilung des älteren Menschen. Med Gen Helv 8/4: 20-27
Tatemichi TK, Foulkes MA, Mohr JP et al. (1990) Dementia in storke survivors in the stroke. Data Bank Cohort. Stroke 21: 585-866
Tatemichi TK, Desmond DW, Mayeux R (1992) Dementia after stroke. Neurology 43: 1185-1193
Tausche P, Schütz M, Glumm Ch, Füsgen I (1992) Leistungsnachweis, Qualitätssicherung und Verlaufskontrolle bei geriatrischen Patienten. Geriatr Praxis 4: 48-53
Tomlinson BE, Blessed S, Rotl M (1970) Observation on the brain of demented old people. J Neurol Sci 11: 205-242
Wallin A, Akafuzoff I, Carlosson A et al. (1989) Neurotransmitter-deficites in a non-multi-infarkt category of vascular dementia. Acta Neurol Scient 79: 397-406
Welz-Barth A, Füsgen I (1995) Harinkontinenz. In: Füsgen I (Hrsg) Der ältere Patient. Urban & Schwarzenberg, München Wien Baltimore, S 265-295
Weimann G (1992) Bewegungstherapie beim Schlaganfall. Perfusion 4: 112-188
Weitbrecht WU (1993) Nach dem Schlaganfall kommt oft auch ein dementielles Syndrom. Ärztezeitung/Forsch. Praxis 165: 16
Yesavage JA, Brink TL et al. (1983) Development and validation of a geriatric depression screening scale: A preliminary report. J Psychiatr Res 39: 37-49

Therapeutische Prädiktion

Prädiktion des Therapieerfolges bei neurologischen Erkrankungen

P. Krauseneck

Einleitung

Aufgabe dieser Darstellung kann es nicht sein, die vielfältigen prognostischen Faktoren verschiedener neurologischer Krankheitsbilder aufzuzählen. Im vorgegebenen Rahmen kann nur versucht werden, an Hand weniger Beispiele die Grundproblematik von Vorhersagemodellen aufzuzeigen. Diese ist nicht spezifisch neurologisch, sondern im Prinzip in allen medizinischen Disziplinen gleich. An konkreten neurologischen Erkrankungen sollen aber Besonderheiten unseres Fachgebietes und daraus erwachsende ethische Implikationen erörtert werden.

Der Aufschwung der Prädiktionsforschung in den letzten Jahren hat im wesentlichen 2 Gründe:

1. den Wunsch nach einem „humanen Sterben“ auf der Intensivstation, verbunden mit der Frage, ob das Machbare auch sinnvoll ist;
2. den steilen Anstieg der Gesundheitskosten, der die Frage auslöst, ob das Machbare auf Dauer bezahlbar und die Rationierung der medizinischen Versorgung zu verhindern ist.

Außerdem haben die zunehmend verfügbaren exakten Daten zum Krankheitsverlauf aus multizentrischen und auch multinationalen Studien und Erhebungen, insbesondere auch aus systematischen langfristigen Beobachtungen bei chronischen Erkrankungen, die Grundlagen für Prädiktionsmodelle geschaffen und so die Forschung stimuliert. Die Beantwortung von Fragen nach der Effizienz früher Interventionen auf den Krankheitsverlauf chronischer Erkrankungen wie Morbus Parkinson oder multiple Sklerose rückt langsam in den Bereich des Möglichen.

Künftig wird bei Anwendung eines Medikamentes oder eines therapeutischen Vorgehens in verstärktem Maße nicht nur die Frage zu beantworten sein, ob es wirksam, nebenwirkungsarm und kostengünstig im Hinblick auf den beabsichtigten Effekt ist. Vielmehr ist darüber hinaus zu prüfen, ob der erwünschte Effekt den Krankheitsverlauf und das Gesamttherapieergebnis auch im Hinblick auf „Lebensqualität“ (als Kürzel für körperliches, seelisches und soziales Wohlbefinden) wirklich wesentlich beeinflußt und von daher die Nebenwirkungen und Kosten gerechtfertigt sind. In gleicher Weise sind auch die Umstände bei der Erzielung des Effektes bezüglich Ihrer Auswirkungen auf die somatopsychische Unversehrtheit und mögliche soziale Folgen zu bewerten. Das heißt, Prädiktion ist ein wissenschaftlicher Weg zu einer „ganzheitlichen“ Sichtweise.

Untrennbar ist das Vorhersageproblem mit der Therapieentscheidung (oder neudeutsch "decision making") verbunden. Gelingt es, zuverlässige Vorhersagesysteme zu entwickeln, können Patienten und Angehörigen Leid und Schmerz einer unzureichenden oder evtl. übermäßigen Behandlung erspart werden. Die gesellschaftlichen Ressourcen

werden geschont. Die Patienten können in die Lage versetzt werden, schwierige Therapieentscheidungen auf der Basis gesicherten Wissens mitzutragen. Fehler des Vorhersagesystems führen im Extremfall zur Unterlassung lebensrettender Maßnahmen oder zur Durchführung unnötiger, gefährlicher, u. U. tödlicher Therapien. Diese Spannung ist dort besonders kritisch und letztlich unlösbar, wo es gilt, die für Patientengruppen gewonnenen Ergebnisse auf das Individuum zu übertragen.

Die enormen ethischen Konflikte, die dies aufwirft, sind evident. Zu weiteren Spannungsfeldern der Prädiktionsforschung, die hier nicht näher ausgeführt werden können, s. Tabelle 1.

Tabelle 1. Vor- und Nachteile von Prädiktionsmodellen

Chancen	Risiken
Adäquate (Nicht-)Behandlung	Über-/Unterbehandlung
Ökonomischer Ressourceneinsatz	Ökonomischer Utilitarismus
Gute therapeutische Standards	Individuum vernachlässigt
Qualitätssicherung	Verlust der Therapiefreiheit
Optimale Patientenauswahl in Modellen/Studien	Beschränkte Gültigkeit der Aussagen

Zur Definition von Prädiktion

Prädiktionsversuche reichen bis in die Anfänge der Medizin zurück. Zwei Zitate von Hippokrates sind nachfolgend wiedergegeben.

Hippokrates:

„Strangulierte und erstickte Menschen, die noch nicht ganz tot sind, überleben nicht, wenn sie Schaum vor dem Mund haben."
– Lungenödem

„Wenn die Patienten bei anhaltendem Fieber äußerlich kalt sind, aber innerlich brennen und sehr durstig sind, sterben sie."
– septischer Schock

Die Ärzteschaft hat sich schon immer bemüht, prognostische Parameter aufzudecken, die im Frühstadium oder gewissen Stadien einer Erkrankung den weiteren Krankheitsverlauf anzeigen.

In manchen Bereichen sind wir nicht über Hippokrates hinausgekommen und müssen uns weiter auf unseren erlernten und erlebten Erfahrungsschatz und unsere Intuition am Krankenbett verlassen. Zunehmend haben wir aber mathematische Vorhersagemodelle nach der Gleichung

$$y = Bo + B1X1 + B2X2 + B3X3 + \cdots BkXk$$

zur Verfügung, die uns den erwarteten Krankheitsverlauf als Ergebnis einer Regressionsgleichung mit einer Konstanten und einer Summe von Faktoren, die aus einer multiplen linearen oder logistischen Regression gewonnen sind, beschreiben. Die Güte einer solchen Gleichung hängt vor allem von der Qualität und dem Umfang der für ein Krankheitsbild zur Verfügung stehenden Daten ab. Gültigkeit und Richtigkeit hängen

wesentlich von der Art der Erkrankung, dem Zeitpunkt der Vorhersage und dem Vorhersagezeitraum ab (s. auch Kollef u. Schuster 1994).

Diese Vorhersage des Spontanverlaufs wird durch die Einführung von Therapievariablen ungleich komplexer und u. U. entscheidend verändert, wie sich schon aus den neuen Fragestellungen ergibt:

- Wie wird das Ergebnis der Behandlung sein?
- Können Rückschlüsse auf die Therapie gezogen werden?
- Wie wirken sich Erkrankung und Therapie auf das weitere Leben des Patienten aus?

Die letzte Fragestellung macht deutlich, daß Prädiktion im Therapiesektor mehr anstrebt als eine reine Effizienzmessung nach dem Muster: Erzielt Therapie A eine höhere Heilungsrate als Therapie B, bzw. ist Dosis A effektiver als Dosis B? Dementsprechend stellt sich das Problem der Prädiktion bei leichten, selbstbegrenzenden Erkrankungen oder bei Krankheiten, bei denen hocheffiziente Therapie zur Verfügung steht, wie z. B. der Angina tonsillaris, nicht.

Therapieprädiktion im engeren Sinne setzt voraus, daß komplexe Therapiemaßnahmen im Hinblick auf ein klar definiertes und längerfristiges Behandlungsziel (z. B. Intensivtherapie mit dem Kriterium längeren Überlebens) oder spezifische Therapiemaßnahmen – seien sie einfach oder komplex – im Hinblick auf ihre Auswirkungen auf die Gesamtsituation des Patienten bewertet werden.

Als Beispiel für den letzteren Fall sei der Vergleich einer transurethralen mit einer offenen Prostataresektion genannt. Beide haben gleiche Effizienz bezüglich der Beseitigung der Miktionsstörungen, aber erstere hat ein höheres Risiko für Potenzstörungen, letztere für allgemeine Komplikationen. Als Beispiel einer komplexen Therapie mit komplexem Ergebnis dient die multimodale Therapie bei malignen Gliomen, auf die noch näher einzugehen sein wird.

Die Schwierigkeit der Therapiebewertung bringt es mit sich, daß wir heute häufig nur Prädiktion zum Verlauf einer Erkrankung, aber mangels umfassender Daten nicht zum Erfolg einer bestimmten Therapie betreiben können.

Bedingungen der Prädiktion

Zeitpunkt

Neben der Qualität und Vollständigkeit der Daten spielt der Zeitpunkt der Prädiktion bezogen auf den Krankheitsablauf eine ganz entscheidende Rolle für die Vorhersagesicherheit. Es liegt auf der Hand, daß der letzte Schritt eines Prozesses bei Kenntnis des Krankheitsverlaufes und ausreichender Datenlage mit sehr hoher Wahrscheinlichkeit, ja mit Sicherheit vorausgesagt werden kann. Ein Beispiel hierfür ist die absolut sichere Prognose des unmittelbar erfolgenden Todes anhand der Hirntodkriterien. Andererseits sind heute Vorhersagen des Verlaufes zu Beginn einer chronischen Erkrankung kaum bzw. nur mit hoher Irrtumswahrscheinlichkeit möglich, z. B. bei der multiplen Sklerose.

Daten

Datenklassen

Neben den rein deskriptiven epidemiologischen und klinischen Daten, werden künftig biologische Daten, die krankheits- und stadienspezifisch sind, wesentlich zur Verbesserung der Prädiktion beitragen. Beispiele sind die DOPA-Aufnahme im PET bei Parkinson oder genetische Tumormarker bei Hirntumoren.

Datenerfassung

Idealerweise werden alle wesentlichen Daten vollständig und unverzerrt erfaßt. Angesichts der Vielzahl von irrelevanten Daten ist eine korrekte Auswahl des Datensets für die praktische Anwendung von größter Bedeutung. Hier sind im Bereich der Intensivmedizin mit der Glasgow-Koma-Skala bzw. den Apache-Scores schon gut abgesicherte, weitestgehend objektive Instrumente vorhanden. Aber auch dort spielt die korrekte Zuordnung des Krankheitsbildes durch den subjektiven Faktor Arzt noch eine wichtige Rolle, da die Prädiktion krankheitsspezifisch erfolgen muß (s. unten). Einer absoluten „Objektivierung" der Daten steht entgegen, daß eine adäquate Bewertung eines komplexen Therapieerfolges gerade auch subjektive Daten des Befindens des Patienten erfassen sollte (s. Luce u. Wachter 1994). Die geeignete Datenauswahl bringt enorme praktische Schwierigkeiten mit sich und der "detection bias", d. h. der Einfluß einer nicht untersuchten, relevanten, aber als normal angenommenen Variable, beeinträchtigt den Wert vieler groß angelegter Untersuchungen erheblich.

Patientenauswahl

Da das Grundset von Daten, auf das sich eine Prädiktion stützen kann, an einer bestimmten, im Idealfall allerdings repräsentativen Patientenpopulation gewonnen werden muß, darf sich eine Vorhersage nur auf eine dementsprechende Patientengruppe beziehen. Dies macht z. B. die Übertragbarkeit der Ergebnisse von Therapiestudien, die stets nur eine Auswahl von Patienten behandeln, auf die gesamte Patientenpopulation problematisch.

Zielkriterien

Insbesondere bei der Vorhersage eines Therapieerfolges ist die formal und inhaltlich exakte Definition des Zielkriteriums entscheidende Voraussetzung. Es muß auch bewertet werden, inwieweit ein Zielkriterium für das Individuum von praktischer Bedeutung ist, da z. B. in der Onkologie eine Tumorrückbildung keineswegs immer mit einer Verlängerung der Überlebenszeit einhergeht.

Tabelle 2. Verlaufstyp neurologischer Erkrankungen und Prädiktionsmöglichkeiten

Kategorie	Erkrankung	Kriterium	Vorhersagesicherheit/ Irrtumswahrscheinlichkeit	
Akut/Spätst.	Hirntod	Tod	+++	0%
Akut	Koma	Tod	++	10–20%
Subakut	Maligne Gliome	Überlebenszeit	++	niedrig
Chronisch	Parkinson	Bradykinese/ Neuronenverlust	++	niedrig (?)
Chronisch	MS	Tod/Invalidität	+	hoch

Krankheitstyp

Da die zugrunde liegende Erkrankung den möglichen Zeitpunkt der Prädiktion festlegt, ist der jeweilige Verlaufstyp eng mit der Sicherheit einer Vorhersage gekoppelt. Tabelle 2 gibt hierzu Beispiele aus der Neurologie.

Prädiktion bei neurologischen Krankheitsbildern

Koma

Zu diesem nicht spezifisch neurologischen Krankheitsbild seien hier nur die schon getroffenen Aussagen verdeutlicht. Da es sich um ein akutes, in der Regel fortgeschrittenes Krankheitsgeschehen mit dem eindeutigen Zielkriterium Tod handelt, bei dem recht präzise Meßinstrumente (Komaskalen) vorliegen, sind die Prädiktionsmöglichkeiten gut. So ist z. B. bei sehr niedrigen und sehr hohen Scores der Apache-II-Koma-Skala selbst bei falscher Diagnosestellung die Irrtumswahrscheinlichkeit bezüglich Überleben/ Tod nahezu Null. Allerdings bedingt in den ja meistens vorliegenden mittleren Skalenbereichen eine falsche Diagnose (z. B. Sepsis statt epileptischer Anfall) eine Irrtumswahrscheinlichkeit von fast 20 % (Cowen u. Kelley 1994). Dies zeigt, daß diese Scores nicht verabsolutiert werden dürfen. Andererseits verlangt die hohe prognostische Sicherheit geradezu nach therapeutischen Konsequenzen.

Multiple Sklerose

Diese extrem variable Erkrankung stellt bezüglich Prädiktionsmöglichkeiten im Vergleich zu Hirntod und Koma das andere Extrembeispiel dar. Jahrzehntelanges Bemühen hat bislang nicht zu brauchbaren prognostischen Kriterien geführt, weder für den akuten Schub noch für die Langzeitprognose. Sicher ist, daß die primär chronische Verlaufsform ungünstiger ist und daß Frauen und jüngere Patienten eine etwas bessere Prognose haben (z. B. Weinshenker et al. 1991; Weinshenker 1994). Am Beispiel der kürzlich erschienenen umfassenden Arbeiten von Runmarker u. Andersen (1993), und Runmarker et al. (1994) sollen die Schwierigkeiten, aber auch die positiven Ansätze der Prädiktion bei diesem Krankheitsbild aufgezeigt werden:

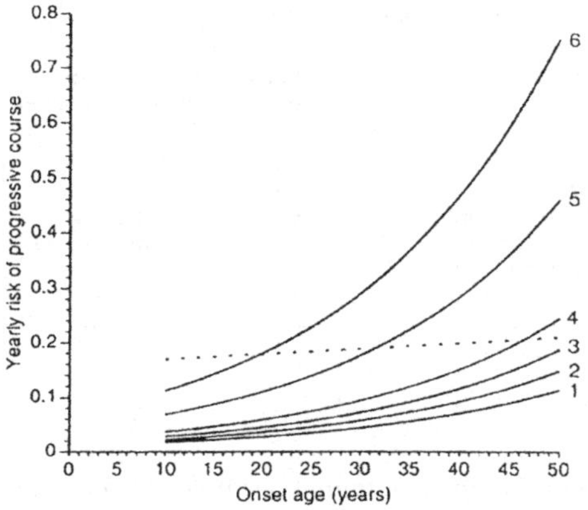

Abb. 1. Aus den Koeffizienten des Modells 1 (s. Originalarbeit) berechnetes jährliches Risiko des Übergangs in einen chronisch progressiven Verlauf für männliche Patienten mit unterschiedlichen Eingangsparametern: *1* komplette Remission des 1. Schubes, monoregionale Symptome, nur Symptome afferenter Nervenfasern. *2* wie (*1*), aber inkomplette Remission. *3* wie (*1*), aber Symptome efferenter Nervenfasern. *4* inkomplette Remission und Symptome efferenter Nervenfasern. *5* inkomplette Remission und polyregionale Symptome, aber nur von afferenten Nervenfasern. *6* wie (*5*), aber Symptome von efferenten Nervenfasern. Für Frauen (*unterbrochene Linie*) ist nur die Kategorie 6 mit dem höchsten Risiko dargestellt

308 MS-Patienten wurden über mindestens 25 Jahre nachbeobachtet und eine Vielzahl epidemiologischer und klinischer Parameter auf ihre prognostische Wertigkeit hinsichtlich der Zielkriterien „Beginn eines progressiven Verlaufs", „Gehunfähigkeit" (DSS/6) und „Tod" (DSS/10) untersucht. Die lange und sorgfältige Nachbeobachtung machte es möglich, die gleichen Parameter zu Beginn der Erkrankung und nach 5jährigem Verlauf hinsichtlich ihrer prädiktiven Eigenschaften für die Langzeitprognose an 255 als „sichere oder wahrscheinliche" MS eingestuften Patienten zu prüfen.

„Verlaufstyp", „Geschlecht", „Alter", „Rückbildung der Symptome nach dem 1. Schub", „Art der Symptome" und „mono-/polyregionale Symptome" waren unabhängige und signifikante Kriterien eines günstigen Verlaufs für 5 Jahre. „Geschlecht" und „Art der Symptome" verloren diese Eigenschaft aber für den 15- und 25-Jahre-Verlauf. Berechnete man die Vorhersagekraft der einzelnen Kriterien zum Zeitpunkt nach 5 Jahren für den 25-Jahre-Verlauf, so erreichten nur noch die „Rückbildung der Symptome nach dem letzten Schub" und die „Zahl betroffener neurologischer Systeme" Signifikanz.

Ähnliche Verschiebungen ergeben sich, wenn nach dem Muster der oben angegebenen Gleichung multivariate Vorhersagemodelle errechnet werden. Art und Anzahl der Variablen wechseln je nach Zielkriterium (DSS/6, bzw. Übergang in chronisch progressiven Verlauf) und nach Ausgangszeitpunkt der Berechnung, wobei aber auch einige Faktoren – mit etwas wechselnder Gewichtung – konstant bleiben (afferente und/oder efferente Nervenfasern betroffen, mono-/polyregionale Symptome). Eindeutig herausarbeiten ließ sich auch, daß Patienten mit einem späten Erkrankungsalter anfangs eine raschere Progredienz zeigen, während bei frühem Erkrankungsbeginn erst nach ca. 15 Jahren das Maximum der Progression erreicht wird.

Abbildung 1 gibt Risikokurven des Übergangs in einen progressiven Verlauf aus der Arbeit von Runmarker et al. (1994) wieder, aus denen theoretisch das individuelle Progressionsrisiko eines männlichen MS-Patienten abgelesen werden kann. Die eben beschriebene Variabilität der in die Modelle eingehenden Faktoren und der durch die übrigen Daten nicht hinreichend erklärbare stark abweichende Verlauf der weiblichen Risikogruppe 6 zeigen aber die noch bestehende enorme Unsicherheit dieser Modelle. Künftige Validierung muß zeigen, was von diesen hoffnungsvollen Ansätzen bleibt.

Morbus Parkinson

Die Parkinson-Erkrankung hat zwar mit der MS die Schwierigkeit der klaren diagnostischen Zuordnung und das Auftreten verschiedener Verlaufstypen gemeinsam, sie bietet aber wegen des typischerweise stetig langsam progredienten Verlaufs weit bessere Bedingungen für die Entwicklung zuverlässiger Prädiktionsmodelle. Der derzeitige Stand der Forschung sei an Hand zweier aktueller Arbeiten der Gruppe um Calne, Vancouver, aufgezeigt (Lee et al. 1994; Schulzer et al. 1994). Diese Arbeiten zeigen auch eine weitere Anwendungsmöglichkeit guter Prädiktionsmodelle: den Rückschluß auf ätiopathogenetische Faktoren.

Die Autoren (Lee et al. 1994) untersuchten an 238 Patienten nach vorübergehendem Weglassen der Medikation (10 – 12 h) den Zusammenhang zwischen Alter des Patienten, Dauer der Erkrankung und Ausmaß der motorischen Beeinträchtigung an Hand des Bradykinesie-Scores aus der Unified Parkinson's Disease Rating Scale. Die Diagnose mußte klinisch gesichert und andere neurologische Erkrankungen und neurochirurgische Eingriffe durften nicht vorangegangen sein oder vorliegen.

Es ergab sich, daß Alter und Erkrankungsdauer unabhängig und additiv zur Schwere der Bradykinese beitrugen und daß die Progredienz der Bradykinese in den ersten Jahren rascher war und bei langen Verläufen zuletzt dem normalen Altersabbau entsprach. Letzterer ist aus anderen Untersuchungen bekannt, wie auch die Tatsache, daß der Neuronenverlust und der Dopamingehalt in den Stammganglien anfangs exponentiell erfolgt.

Der Zusammenhang zwischen Bradykinesie-Score und Krankheitsdauer konnte nach linearer Anpassung an den Faktor Alter durch 3 Regressionsmodelle dargestellt werden, von denen sich das quadratische einem exponentiellen und einem segmentiert linearen als deutlich überlegen erwies, obwohl die tatsächlichen Kurvenverläufe sich nur gering unterscheiden. Dies zeigt erneut die Anfälligkeit derartiger Prädiktionsmodelle für rechnerische Artefakte, bzw. den großen Einfluß von Dateninkonsistenzen.

An einer Untergruppe von 36 Patienten konnte andererseits von dieser Arbeitsgruppe auch gezeigt werden, daß im PET die Fluorodopa-Aufnahme in den Stammganglien linear mit der Zunahme des Bradykinesie-Scores abnimmt, was auch von anderen Autoren gefunden wurde. Dies bestätigt indirekt die gefundenen Prädiktionsmodelle, da diese nicht mit einem akzelerierenden oder dezelerierenden Prozeß vereinbar sind, was kubische Modellfunktionen implizieren würde, die nicht mit den erhobenen Daten im Einklang stehen. Abbildung 2 gibt die Umrechnung des klinischen Progressionsmodells auf den Neuronenverlust wieder, was modellhaft zeigt, daß ein schädigendes Ereignis eingetreten sein muß, das zu 2 möglichen Konsequenzen führte: 1. Verlust eines Teils der Neuronen und Schädigung der anderen in der Weise, daß diese schneller absterben, oder 2. Beginn eines Prozesses, der zu einer konstanten Verlustrate normaler Neurone führt.

Auf diese Weise würde ein gutes Prädiktionsmodell nicht nur eine individuelle Vorhersage des weiteren Verlaufes, sondern auch Hypothesen, bzw. bei umfassender und ausreichend validierter Datenlage auch Beweise für eine bestimmte Ätiopathogenese liefern können. Gleiche Vorgehensweise wie hier beschrieben bei einem anderen Patientenkollektiv wird aber notwendigerweise zu etwas differenten Ergebnissen führen, da das Modell trotz guter Anpassung nur zu ca. 60 % Übereinstimmung mit den beobachteten Daten führte. Eine Verallgemeinerung ist daher zunächst nicht zulässig.

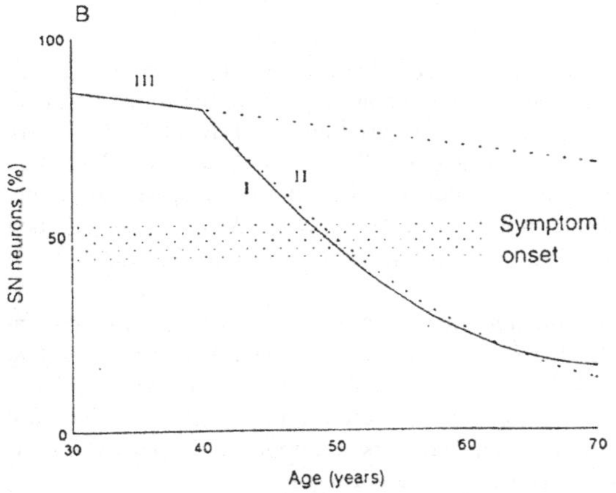

Abb. 2. Zwei quadratische Überlebenskurven für nigrale Neurone bei idiopathischem Parkinson-Syndrom mit zunehmendem Alter. Die *Kurve I* (*durchgezogen*) entspricht der aus den erhobenen Daten (Lee et al. 1994) abgeleiteten quadratischen Regressionsfunktion, umgerechnet in Prozent überlebender nigraler Neurone. Eine kubische Anpassung ist nicht möglich. Die *Kurve II* (*gestrichelt*) zeigt die quadratische Überlebensfunktion der Neurone unter der Annahme eines konstanten pathogenetischen „Prozesses" und wiederum bei Annahme eines „events". Die *Kurve III* repräsentiert das lineare Überleben der Neurone bei normalem Altern vor dem „event". Das durchschnittliche Alter bei dem „event" wird auf 40 Jahre geschätzt und der Symptombeginn auf ca. 50 Jahre, wenn 50% der Neurone abgestorben sind. (Aus Schulzer et al. 1994, S. 511)

Maligne Gliome

Diese bösartigen Hirntumore führen ohne Therapie in wenigen Monaten bis Jahren zum Tode, und auch eine intensive, multimodale Therapie kann die medianen Überlebenszeiten nur verdoppeln bis verdreifachen. Aufgrund der schweren Krankheitsfolgen, z. T. aber auch durch die Nebenwirkungen der Therapie, muß auch mit ungünstigen Verläufen gerechnet werden, bei denen die gewonnene Lebenszeit in schlechtem Zustand, insbesondere auch mit stark beeinträchtigten geistigen Fähigkeiten verbracht wird. Wir haben hier also ein Paradigma, bei dem eine komplexe Therapie im Hinblick auf ein komplexes Ergebnis zu bewerten ist.

Günstige Voraussetzungen für eine Prädiktion des Spontanverlaufs und des Therapieeffektes sind:

- relativ kurzer Verlauf und damit sehr begrenzter Vorhersage-Zeitraum,
- rein lokale Tumorprogression und Fehlen von Metastasen oder anderer schwer faßbarer Fernwirkungen,
- Vorliegen von schon seit 1970 in den USA und Europa durchgeführten großen randomisierten Studien mit gut standardisierten Daten und abgesicherten Referenzhistologien.

Hier waren an verschiedenen Patientengruppen gleichartige Analysen und mehrfache Berechnung prognostischer Faktoren möglich (z. B. Walker et al. 1978, 1980; Green et al. 1983; Ulm et al. 1989), die zu einigen sehr gut abgesicherten prognostischen Faktoren und schließlich auch zur Definition klar voneinander abgrenzbarer Risikogruppen geführt

Tabelle 3. Signifikante prognostische Faktoren in drei aufeinanderfolgenden Studien der amerikanischen Hirntumorgruppe:

Walker et al. (1978)	Walker et al. (1980)	Green et al. (1983)
Alter	Alter	Alter
Histologie	Histologie	Histologie
Karnofsky	Karnofsky	Karnofsky
Anamnesedauer	Anamnesedauer	Anamnesedauer
Bewußtseinslage	Kopfschmerzen	Bewußtseinslage
	Motorische Ausfälle	Motorische Ausfälle
	Anfälle	Anfälle
	Persönlichkeitsveränderungen	Sprachstörungen
		Hirnnervenausfälle
		Sensorische Ausfälle
		Krebsvorerkrankung
		Arteriosklerose
		Resektionsausmaß
		Blutgruppe
		Leukozyten vor Therapie
		Thrombozyten vor Therapie

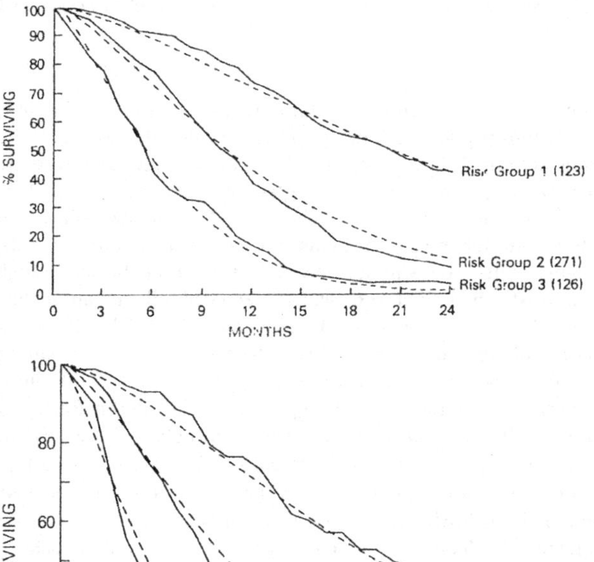

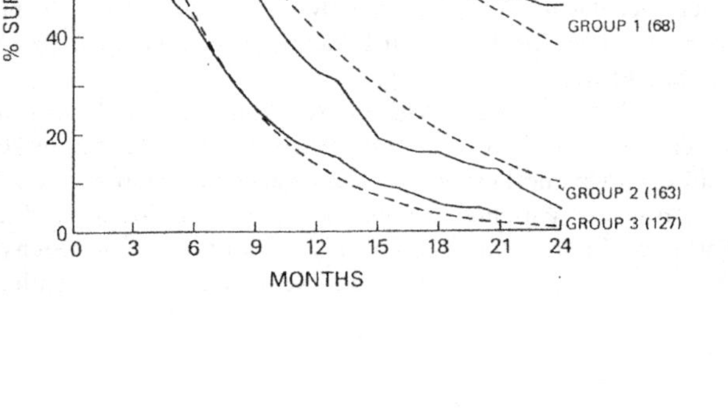

Abb. 3 a, b. Überlebenskurven für Risikogruppen bei malignen Gliomen. Die durchgezogenen Linien stellen die beobachteten Überlebensdaten dar, die gestrichelten Kurven sind aus dem Vorhersagemodell berechnet. **a** Modell aus Walker et al. (1980), in das folgende prognostische Faktoren eingingen: Alter, Persönlichkeitsveränderung, Anamnesedauer, Histologie, Allgemeinzustand, Interaktion zwischen Persönlichkeitsveränderung und Allgemeinzustand. **b** Gleiches Modell aus Green et al. (1983) mit folgenden Faktoren: Alter, Histologie, Allgemeinzustand, Blutgruppe, Leukozytenzahl vor Therapie, Thrombozytenzahl vor Therapie, Anamnesedauer, Bewußtseinslage vor Therapie

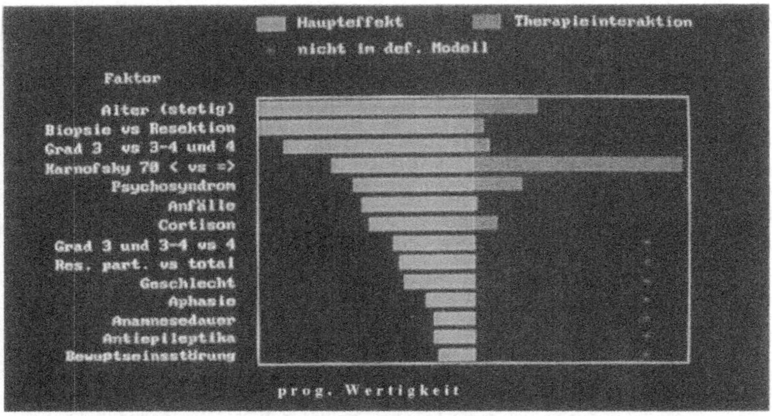

Abb. 4. Prognosefaktoren und Interaktionen mit der Therapie aus der Deutsch-Österreichischen Gliomstudie. Die statistisch signifikanten Faktoren sind aufgelistet, von denen aber nur ein Teil zur Erstellung des Prognosemodells nötig war – die übrigen Kriterien verbesserten die Vorhersage nicht. Auf der rechten Seite ist das Ausmaß der Interaktion des jeweiligen Faktors mit der Therapie dargestellt, wobei sich nur der Karnofsky-Score und in geringem Maße das Alter als bedeutsam erwiesen

haben. Wie oben schon erwähnt, ergeben sich jedoch bei jeder neuen Analyse bei neuen Patientengruppen trotz des gleichen Krankheitsbildes u. U. neue prognostische Faktoren. Dies sei am Beispiel von drei aufeinanderfolgenden Studien der amerikanischen Hirntumorgruppe erläutert, die die gleiche Patientenauswahl (Patienten mit supratentoriellen malignen Gliomen in ausreichendem Allgemeinzustand unmittelbar postoperativ) und im wesentlichen gleiche Therapie (Operation plus Strahlentherapie plus mehr oder weniger intensive Chemotherapie) zum Inhalt hatten. Tabelle 3 zeigt die signifikanten prognostischen Faktoren, wobei der Großteil der aufgeklärten Varianz durch die drei Hauptfaktoren Alter, Allgemeinzustand (Karnofsky-Status) und Histologie erklärt wird, da die übrigen überwiegend von den erstgenannten abhängig sind.

Die Berechnung von Risikogruppen ist an Hand dieser Faktoren recht gut und zuverlässig möglich. Abbildung 3 zeigt, daß deren Bestimmung auch mit etwas unterschiedlichen Prognosefaktoren jeweils mit guter Näherung möglich ist und auch mit dem etwas weniger detaillierten Datensatz der älteren Arbeit praktisch mit gleicher Güte gelingt. Aus diesen Überlebenskurven geht aber auch hervor, daß diese Risikogruppen nur bedingt hilfreich sind, da in allen Gruppen, auch der schlechtesten, ein kleiner Teil länger Überlebender beobachtet wird. Von daher wäre also eine wünschenswerte Therapieentscheidung derart, daß der schlechtesten Gruppe keine Strahlen-/Chemotherapie mehr angeboten wird, kaum zu rechtfertigen. Das Modell ist zwar zuverlässig, aber nicht trennscharf genug.

Abbildung 4 gibt eine Weiterentwicklung dieses Modells aus der Deutsch-Österreichischen Gliomstudie wieder. Dort ergab sich eine hochsignifikante Interaktion der durchgeführten Chemotherapie mit dem Karnofsky-Status in der Weise, daß die aggressivere Therapie bei Patienten in gutem Allgemeinzustand und die weniger aggressive bei Patienten in schlechterem Zustand zu längeren Überlebenszeiten führte. Das multiple Regressionsmodell sichert ab, daß keine anderen intervenierenden Variablen für diesen

Effekt verantwortlich sind, so daß die Konsequenz für die nachfolgende Studie gezogen werden konnte, die Therapie entsprechend anzupassen.

Das Beispiel der malignen Gliome zeigt, daß derartige Prädiktionsmodelle durchaus geeignet sein können, auch für das Individuum konkrete Therapieentscheidungen zu begründen oder zumindest zu erleichtern. Gleichzeitig werden die Grenzen deutlich. Für das Individuum gibt es keine umfassende Vorhersage, sondern nur eine Trendaussage.

Zusammenfassung und Ausblick

Die vielfältige Problematik in der Prädiktionsforschung muß notwendigerweise zu unterschiedlichen Lösungsansätzen führen. So können u. U. einzelne Kriterien mit hohem Vorhersagewert herausgearbeitet werden wie bei der Hirntoddiagnostik oder der Komaprognose. Andererseits sind komplexe Modelle und z. T. nicht direkt erfaßbare rechnerische Variablen wie die Interaktionsfaktoren notwendig, um über die rein empirische Prognoseabschätzung hinauszukommen. Von entscheidender Bedeutung ist die Länge des Vorhersagezeitraums, obwohl, wie das Beispiel der malignen Gliome zeigt, auch über Jahre hin recht zuverlässige Aussagen zumindest für Gruppen möglich sind.

Allen Prädiktionsmodellen gemeinsam ist, daß nur ein miteinander verbundenes Set von Variablen zu zuverlässigen Aussagen führt. Längerfristigen Vorhersagen ist weiterhin gemeinsam, daß sie für Gruppen relativ hohe Zuverlässigkeit besitzen, aber innerhalb der Gruppen ein kleiner Teil der Individuen abweichende Verläufe zeigt. Hier für die kürzeren Vorhersagezeiträume bessere Trennschärfe zu entwickeln, ist ein realistisches Nahziel, das durch die Einbeziehung der zunehmend verfügbaren biologischen Marker, wie z. B. die unterschiedlichen genetischen Merkmale bei gleicher histologischer Zuordnung bei den malignen Gliomen, rascher erreichbar sein wird.

Der abweichende individuelle Verlauf stellt natürlich auch für die abzuleitende Therapieentscheidung das kritische Problem dar. Sind wir berechtigt, dem 80jährigen die Dialyse zu verweigern, dem 75jährigen eine Strahlen- oder Chemotherapie vorzuenthalten, wenn eine – wenn auch geringe – Chance auf Jahre erfüllten Lebens besteht? Dürfen wir andererseits eingreifende Therapien bei geringen Chancen zumuten? Dürfen wir der Gesellschaft hohe Kosten für minimale individuelle Chancen aufbürden?

Um diese Frage im Einzelfall ausgewogen beantworten zu können, benötigen wir möglichst gut abgesicherte, möglichst objektive Daten über die Prognose der Erkrankung, über die subjektiven Werte des Patienten und seiner Angehörigen, die Kenntnis von Begleiterkrankungen und wichtiger Verhaltensweisen, sowie die Kenntnis und das Bewußtsein unserer Irrtumsmöglichkeiten.

Wir benötigen diese Daten, um den Patienten aufklären zu können und mitentscheiden zu lassen. Wir benötigen aber auch gute Daten, um sozialpolitisch begründeten Restriktionen und Therapievorschriften entgegentreten zu können. Wir brauchen umfassende Daten, um gar zu lineare Schlußfolgerungen aus Prognosemodellen bzw. deren Mißbrauch zu verhindern (vgl. Tanenbaum 1993). Kurz, wir haben als Ärzte die Verpflichtung, unseren Teil zur Vervollkommnung der Prädiktionsmodelle hin zu mehr Zuverlässigkeit und ganzheitlicher Sichtweise beizutragen.

Diskussion

Frage: Sie haben Daten zu eher fatalen Erkrankungen präsentiert. Meine Frage ist: Sie haben einen Patienten mit einer transitorischen ischämischen Attacke, der mit 100 mg Azetylsalizylsäure, mit 300 mg, mit 500 mg oder nicht behandelt wird. Wie wäre in diesem Beispiel die Prädiktion, die Voraussage des Behandlungserfolges?

Antwort: Dieses Problem würde ich nicht unter dem Oberbegriff der Prädiktion subsumieren. Es handelt sich hier um die Frage der Effizienzprüfung, die sich auf große randomisierte Studien stützen muß. Prädiktion beinhaltet, daß wir prüfen, ob es Nebenwirkungsraten gibt und welche Auswirkungen die Therapie auf das Alltagsleben hat. Wir brauchen für ein gutes Prädiktionsmodell größere und exaktere Datensätze als für den eindimensionalen Wirkungsnachweis.

Frage: Nun könnte es aber doch sein, daß dieser Prädiktor „Allgemeinzustand" zusammenhängt mit anderen Variablen. Allgemeinzustand kann variiert werden durch Sozialstatus, aber auch durch Begleiterkrankungen. Haben Sie denn nachgeprüft, ob z. B. der Faktor Begleiterkrankungen derjenige Faktor ist, der dann den Allgemeinzustand festlegt in dieser prädiktiven Reihe?

Antwort: Wenn ich eine Variable nicht entdecke, kann ich sie auch nicht beurteilen. Hier ist es so, daß wir alle bekannten Variablen, insbesondere Begleiterkrankungen, analysiert haben. Die Begleiterkrankungen waren in beiden Gruppen vergleichbar. Den Sozialstatus haben wir nicht analysiert, weil das bei Hirntumoren nach aller Kenntnis keine wesentliche Rolle für die Überlebenszeit spielt. Was Sie sagen, ist völlig richtig. Man muß immer nachsehen, ob Faktoren, die wir nicht einbezogen haben, sich möglicherweise doch auf die Therapie auswirken.

Frage: Hippokrates, den Sie am Anfang zitiert haben, fand die Prognose deswegen so wichtig, weil sie den Arzt davor bewahren konnte, hoffnungslose oder vergebliche Therapien durchzuführen. Die Prädiktion ist wichtig, um rechtzeitig zu erkennen, wann eine Krankheit infaust verlaufen wird. Wie verhält es sich mit Nebenwirkungen und subjektiv erlebten Wirkungen? Sind Therapieeffekte bei Tumorerkrankungen genügend günstig, um ihren Einsatz zu rechtfertigen?

Antwort: Zur Frage der Chemotherapie von Hirntumoren ist die Antwort nicht schwer: Die Überlebensqualität der Betroffenen ist akzeptabel.

Frage: Mir sind die Kriterien, die in ihren Studien angewendet werden, nicht vertraut. Ich weiß aus einer Literaturrecherche, daß für den Verlauf chronischer Erkrankungen das Ausmaß der Depressivität im allgemeinen einen hohen prädiktiven Wert besitzt. Dies gilt z. B. für Nierenkrankheiten und Herzkrankheiten. Besitzt Depressivität auch im Fall der Hirntumoren eine Aussagekraft bzgl. der Prädiktion?

Antwort: Was die Gliome betrifft, ist diese Frage nicht explizit untersucht worden, weil diese Patienten praktisch keine Depressionen haben. Bei diesen relativ kurzen Krankheitsverläufen ist nicht zu erwarten, daß Depressivität für die Prognose eine Rolle spielt.

Das gilt eher für langsam, chronisch progredient verlaufende Erkrankungen, z. B. multiple Sklerose und Morbus Parkinson.

Frage: Sie haben wiederholt den ökonomischen Aspekt angesprochen. Ich bin skeptisch, ob dieser Gesichtspunkt eine Leitlinie sein oder werden könnte. Ich zweifle sehr, daß die weitere Aufgliederung von Prädiktoren so valide Ergebnisse ergeben wird, daß man danach entscheiden könnte, eine Patientengruppe nicht zu behandeln, weil sie nur eine kurze Überlebenszeit hat. Sehen Sie das anders?

Antwort: Wir können nicht akzeptieren, wenn aus ökonomischen Gründen gesagt wird, ein Patient solle eine bestimmte Therapie nicht erhalten. Es gehört zu unseren vordringlichen Aufgaben, in den nächsten Jahren Daten exakt und umfassend zu erfassen, um einem politischen Druck zu entgehen. Wir müssen sagen können, daß klare medizinische und wissenschaftliche Fakten bestehen, um eine Therapie einzuleiten.

Frage: Wie glaubwürdig sind Daten über die Behandlungsprognose und Prädiktion des Therapieerfolges, wenn keine Vergleichsgruppe vorhanden ist, die nicht behandelt wird, keine Plazebogruppe im klassischen Sinne?

Antwort: Es gibt aus der Frühzeit der Hirntumorforschung gute Vergleichsdaten. Hier wurden verglichen Patienten, die nur operativ behandelt wurden mit solchen, die sich neben der Operation auch einer Bestrahlung unterzogen und mit anderen, die operiert wurden und eine Chemotherapie erhalten haben. Dabei zeigte sich, daß jene Patienten, die nur operiert wurden, nur halb so lange gelebt haben wie diejenigen, die zusätzlich eine Strahlentherapie erhalten haben. Patienten, die zusätzlich noch Chemotherapie erhielten, lebten durchschnittlich unwesentlich länger. Aber ein Viertel dieser Kranken lebte deutlich länger als ohne Chemotherapie. Man kann daraus ableiten, daß diese Therapie effizient ist auch ohne Placebogruppe.

Literatur

Cowen JS, Kelley MA (1994) Errors and bias in using predictive scoring systems. Crit Care Clin 10: 53–72
Green SB, Byar DP, Walter MD et al. (1983) Comparisons of carmustine, procarbazine, and high-dose methylprednisolone as additions to surgery and radiotherapy for the treatment of malignant glioma. Cancer Treat Rep 67: 123–132
Kollef MH, Schuster DP (1994) Predicting intensive care unit outcome with scoring systems. Crit Care Clin 10: 1–18
Lee CS, Schulzer M, Mak EK et al (1994) Clinical observations on the rate of progression of idiopathic parkinsonism. Brain 117: 501–507
Luce JM, Wachter RM (1994) The ethical appropriateness of using prognostic scoring systems in clinical management. Crit Care Clin 10: 229–241
Runmarker B, Andersen O (1993) Prognostic factors in a multiple sclerosis incidence cohort with twenty-five years of follow-up. Brain 116: 117–134
Runmarker B, Andersson C, Oden A, Andersen O (1994) Prediction of outcome in multiple sclerosis based on multivariate models. J Neurol 241: 597–604
Schulzer M, Lee CS, Mak EK et al. (1994) A mathematical model of pathogenesis in idiopathic parkinsonism. Brain 117: 509–516
Tanenbaum SJ (1993) What physicians know. N Engl J Med 329: 1268–1271
Ulm K, Schmoor C, Sauerbrei W et al. (1989) Strategien zur Auswertung einer Therapiestudie mit der Überlebenszeit als Zielkriterium. Bio Inf Med Biol 29 (4): 171–205

Walker MD, Alexander E jr, Hunt WE et al. (1978) Evaluation of BCNU and/or radiotherapy in the treatment of anaplastic gliomas. J Neurosurg 49: 333–343
Walker MD, Green SB, Byar DP et al. (1980) Randomized comparisons of radiotherapy and nitrosoureas for the treatment of malignant glioma after surgery. N Engl J Med 303: 1323–1329
Weinshenker BG (1994) Natural history of multiple sclerosis. Ann Neurol 36: S6–S11
Weinshenker BG, Rice GPA, Noseworthy JH et al. (1991) The natural history of multiple sclerosis: a geographically based study. 3. Multivariate analysis of predictive factors and models of outcome. Brain 114: 1045–1056

Prädiktion des Therapieerfolges bei psychiatrischen Erkrankungen: Ein Beitrag zu Konzept und Methodik psychiatrischer Prädiktorforschung

W. Gaebel

Einleitung

Die Prognostik psychiatrischer Erkrankungen ist von vergleichbarer klinischer Bedeutung wie Diagnostik und Therapie: Nur in Kenntnis der spontanen Verlaufsprognose einer Erkrankung und deren zu erwartender Verbesserung durch ein geeignetes Therapieverfahren läßt sich die Indikation zu dessen Anwendung – und damit die Inkaufnahme etwaiger unerwünschter Begleitwirkungen – begründen. Verständlicherweise hat mit der Entwicklung hochwirksamer psychiatrischer Therapieverfahren das Interesse an der „Prädiktion" des Behandlungserfolgs, also eines unter Nutzen/Risiko- wie Kostenaspekt begründeten Einsatzes eines Therapieverfahrens, zugenommen. Dennoch ist das gesicherte Wissen zur Prädiktion des Behandlungserfolgs in der Psychiatrie unbefriedigend. Dies liegt nicht zuletzt an unbewältigten konzeptuellen und methodischen Problemen.

Erfolgreiche Prädiktforschung erfordert explizite Konzepte, Definitionen und Operationalisierungen für Krankheitsverlaufstypen (Spontan-„Prognostik"), Therapieresponse, „Outcome" und Prädiktoren. Der Einsatz geeigneter statistischer Methoden ist erforderlich, um die Beziehungen dieser Merkmale untereinander zu analysieren. Ein übergeordnetes Prädiktionskonzept sollte den Bezug dieser Elemente zu ihren jeweiligen biopsychosozialen Grundlagen beinhalten. Schließlich können valide Voraussagen nur auf der Grundlage erkennbarer Regeln getroffen werden, die für Verlauf und Behandlungsergebnis einer Erkrankung wirksam sind. Je mehr sich demnach das Wissen über mögliche ätiologische Determinanten und pathogenetische Mechanismen der Manifestation und Verlaufscharakteristik einer Krankheit entwickelt, desto besser werden die Voraussetzungen sein, einen validen Prädiktionsalgorithmus aufzustellen.

Im folgenden Beitrag sollen konzeptuelle und methodische Aspekte der Prädiktorforschung dargestellt werden, um zur künftigen Optimierung dieses klinisch relevanten Forschungszweiges beizutragen.

Diagnostik

Durch die Einführung und fortlaufende Überarbeitung operationaler Diagnosesysteme psychiatrischer Erkrankungen wie ICD-10 (Dilling et al. 1991) und DSM-IV (APA 1994) ist eine für die Prädiktorforschung wichtige Voraussetzung geschaffen, nämlich die Möglichkeit zur Selektion relativ homogener Krankheits- und Behandlungsgruppen. Ein sinnvoller Vergleich verschiedener Studienergebnisse ist nur unter dieser Voraussetzung möglich. Wie beispielsweise Untersuchungen zur Verlaufsprognose schizophrener Erkrankungen zeigen, ist diese – unabhängig vom Therapieverfahren – von der Wahl

des Diagnosesystems mitbestimmt (Kendell et al. 1979), was u. a. auf unterschiedliche Zeitkriterien zurückgeht, die für die Diagnosestellung gefordert werden. Der Schweregrad einer Erkrankung und das dementsprechend variierende Behandlungssetting sind ihrerseits wichtige Moderatorvariablen in der Prädiktorforschung.

Behandlung

Behandlungsformen

Psychiatrische Behandlung ist in der Regel eher zielsyndrom- und weniger diagnoseorientiert (Freyhan 1957). Entsprechend der Vielzahl in der Psychiatrie angewandter Behandlungsmethoden (s. Übersicht), von denen somatotherapeutische und einige psychotherapeutische Verfahren bisher am besten evaluiert sind, müßten Prädiktoren für den Therapieerfolg dieser Verfahren untersucht werden, um - deren prinzipielle Wirksamkeit vorausgesetzt - zu einer verbesserten Indikationsstellung beizutragen.

Psychiatrische Therapieverfahren

Somatotherapie:
- Pharmakotherapie,
- Schlafentzugsbehandlung,
- EKT,
- Lichttherapie,
- Internistische Begleitbehandlung.

Psychotherapie (Einzel-/Gruppenverfahren):
- therapeutisches Basisverhalten,
- kognitive Verhaltenstherapie,
- tiefenpsychologische Verfahren,
- interpersonale Therapie,
- andere empirisch belegte Verfahren.

Entspannungsverfahren:
- autogenes Training,
- progressive Relaxation.

Soziotherapie

Sozialarbeiterische Beratung

Andere Begleittherapien:
- psychiatrische Pflege,
- BT/AT,
- psychologische Trainingsprogramme,
- Training lebenspraktischer Kompetenz,
- Angehörigenarbeit,
- Kreativtherapien,
- Freizeit- und Kommunikationsangebote,
- Laienhilfe,
- Bewegungstherapie,
- Physiotherapie.

Kombinationstherapien.

Dabei ist wiederum zu berücksichtigen, daß therapiespezifisch unterschiedliche Zielkriterien eine Rolle spielen. In dem vorliegenden Beitrag werden Beispiele vor allem aus der Pharmakotherapie - speziell schizophrener Psychosen - gewählt, die bisher bezüglich Responseprädiktoren mit am besten untersucht ist.

Behandlungsphasen

Entsprechend den verschiedenen Krankheitsverlaufsformen können unterschiedliche Behandlungsphasen unterschieden werden, für die jeweils Prädiktoren untersucht werden müssen, da erfahrungsgemäß „universelle" Prädiktoren nicht existieren.

Akutbehandlung

Symptomänderungen, darstellbar als eine Zeitfunktion $[f(t_1 - t_2)]$, können das Ergebnis einer spontanen Remission, einer Plazebo- oder einer echten Behandlungsresponse sein. Deshalb muß bei der Beurteilung der Ergebnisse einer Pharmakotherapie unterschieden werden zwischen einer Response "on drug" und einer Response "to drug" (May u. Goldberg 1978). Das ist allerdings in individuellen Fällen nur möglich, wenn ein experimentelles A-B-A-Behandlungsdesign angewendet wird. Bei akuter Pharmakotherapie sind Verhaltens- und Erlebensstörungen ("signs" und "symptoms") einer psychischen Erkrankung Zielbereiche für die Responsemessung. Gewöhnlich werden sie zu einem Syndrom- oder Gesamtscore auf einer Meßskala – der die globale Syndromintensität (i) wiedergibt – kombiniert, welche zur Verlaufsmessung wiederholt eingesetzt wird, zumindest einmal zu Beginn und einmal zu Ende der Behandlung (Abb. 1).

Während der "Outcome" durch einen Residualscore i_2 bei t_2 angezeigt wird, wird die „Response" durch einen Differenzscore $(i_1 - i_2)$ oder besser durch die prozentuale Veränderung $[(i_1 - i_2) \times 100/i_1]$ gemessen, um für individuelle Unterschiede im Ausgangs-

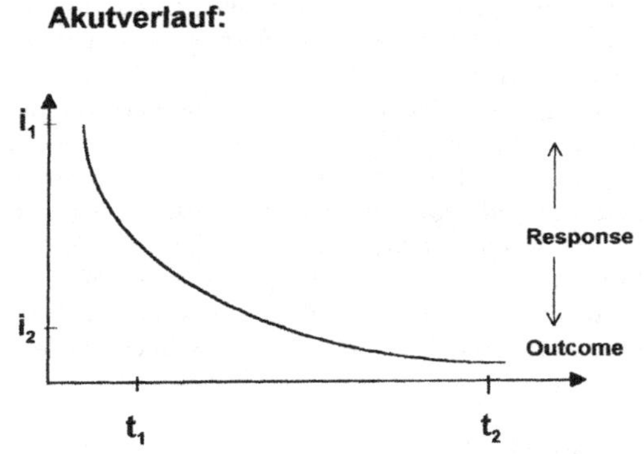

Abb. 1. Schematische Darstellung des Akutverlaufs unter neuroleptischer Behandlung

Veränderung $(f(t_1 - t_2))$ durch:
- ◆Spontanremission
- ◆Plazeboeffekt
- ◆Pharmakologische Wirkung („unter" vs. „auf" Medikation)

Maße für:
- ◆Verlauf: $\Delta i/\Delta t$, $\Delta t \rightarrow 0$ (i = objektive und/oder subjektive Symptome)
- ◆Outcome: Restscore (RS) i_2
- ◆Response: Differenzscore (DS) $(i_1 - i_2)$
  prozentuale Veränderung (%V) $(i_1 - i_2) \times 100/i_1$

Operationalisierung von:
- ◆Response: $>=$ x % V
- ◆Nonresponse: $<$ x % V

score in zu korrigieren. Response kann dann operational als eine bestimmte prozentuale Veränderung definiert werden, die erreicht werden soll, während andernfalls von einer Nonresponse gesprochen wird. Es muß allerdings berücksichtigt werden, daß derartige Definitionen willkürlich auf ein Response/Partialresponse/Nonresponsekontinuum angewendet werden.

Analog zu globalen Wirksamkeitsaussagen wie „besser" oder „schlechter" gibt es auch bei der Verwendung zusammengesetzter Skalenscores potentielle Nachteile. Zum einen nivelliert die Summation von Krankheitszeichen und -symptomen jegliches differentielle Wirkprofil einer Therapie, da sie nur Rückschlüsse über eine Veränderung im Schweregrad der Krankheit zuläßt. Zum anderen entstammen die einzelnen psychopathologischen Merkmale unterschiedlichen Datenquellen: Verhaltensauffälligkeiten können vom Rater direkt beobachtet und gemessen oder codiert werden, die Erfaßbarkeit von Erlebensstörungen hängt wesentlich von der Introspektionsfähigkeit und verbalen Ausdrucksfähigkeit des Patienten ab (Alpert 1985; Gaebel u. Wölwer 1995). Nicht nur unter dem Aspekt der Reliabilität, sondern auch seiner Validität ist objektiv erfaßtes Krankheitsverhalten einer Selbsteinschätzung des Patienten möglicherweise überlegen. Im Hinblick auf eine stärker funktional orientierte Psychopathologie (Van Praag et al. 1987), die auf zugrundeliegende neurobiologischen Dysfunktionen und deren therapeutische Beeinflußbarkeit abzielt, sollten Zielbereiche therapeutischer Wirksamkeit konzeptuell differenziert und objektiven Meßmethoden unter Berücksichtigung experimenteller Untersuchungsmethoden zugeführt werden (Gaebel u. Renfordt 1989). Insbesondere aus der Depressionsforschung liegen hierzu Untersuchungsbefunde vor (Kanelli u. Miller 1981; Troisi et al. 1989; Kuny u. Stassen 1993).

Eine Response auf psychoaktive Medikamente, wie z. B. typische Neuroleptika, entwickelt sich mit zeitlicher Verzögerung, die auf bestimmten neurobiologischen Veränderungen basiert (Freed 1988; Pickar 1988). Betrachtet man allerdings die exponentielle Zeitkurve der Veränderung, so scheint sich die Gruppe der Responder ("on" oder "to drug") schneller zu bessern als die Gruppe der Nonresponder. Es ist nicht bekannt, ob der flachere zeitliche Veränderungsgradient bei Nonrespondern die spontane Selbstlimitierung einer Krankheitsepisode wiedergibt – die im Falle einer Response durch Medikamente beschleunigt wird –, oder ob sie bereits eine Partialresponse (z. B. auf Plazebo) widerspiegelt. Derartige Überlegungen können aber beispielsweise dazu beitragen, Response/Nonresponse anhand zugrundeliegender zeitabhängiger biologischer Prozesse, die sowohl für den spontanen Krankheitsverlauf als auch für das Behandlungsansprechen bedeutsam sind, neu zu konzeptualisieren und definieren. Dies hätte für die Prädiktorforschung eine nicht unerhebliche Bedeutung.

Langzeitbehandlung

Die Verhinderung von Rückfällen stellt das wichtigste Responsekriterium einer Langzeitbehandlung dar. „Rückfall" bedeutet Wiederauftreten einer akuten, anhand ihres Schweregrads definierten Krankheitsepisode nach bereits eingetretener Remission, unabhängig davon, ob eine stationäre Wiederaufnahme erforderlich ist oder nicht. Um eine akute Krankheitsepisode als solche abgrenzen zu können, müssen Begriffe wie Voll-, Teilremission und Prodromalsymptomatik ebenfalls definiert werden. Desweiteren muß zwischen klinischer Verschlechterung und Rückfall unterschieden werden. In der Depressionsforschung wurde der Begriff „Rückfall" für eine frühe Verschlechterung nach

einer akuten Episode vorgeschlagen, während eine Reexazerbation der Krankheitssymptome nach einer bestimmten Remissionsdauer als „Wiedererkrankung" bezeichnet wird (Frank et al. 1991).

Eine neuroleptische Langzeitbehandlung – gewöhnlich als niedrigdosierte Dauermedikation, da sich eine intermittierende Behandlung mit Frühintervention rückfallprophylaktisch als nicht vergleichbar wirksam herausgestellt hat (Pietzcker et al. 1993) – dient zur Rückfallprävention oder Symptomsuppression. Eine Prädiktion des Therapieerfolges unter Langzeitbehandlung zielt folglich auf den zugrundeliegenden Medikamentenmechanismus, Rückfälle/Symptome zu unterdrücken, sie zu verhindern oder ihr Auftreten hinauszuzögern. Augenscheinlich wird ein Rückfall nicht durch Symptomunterdrückung, sondern durch ein Hinauszögern einer Symptomexazerbation verhütet (Hogarty et al. 1973). Allerdings sind die neurobiologischen Wirkmechanismen einer neuroleptischen Dauerbehandlung bisher erst rudimentär aufgeklärt.

Behandlungsergebnisse

Krankheitsverlauf

Um den Krankheitsverlauf in seiner tatsächlichen Kontinuität anhand von Zeitkoordinaten (t_1, $t_2 \ldots t_n$) zu modellieren, ist ein ausreichend engmaschiger zeitlicher Beurteilungsrahmen ($dt \rightarrow 0$) erforderlich (vgl. Abb. 1). Abhängig vom Krankheitsstadium (akut/postakut/chronisch) und den entsprechend erwarteten Veränderungsgradienten muß ein unterschiedlich enger Zeitrahmen gewählt werden. Da die verwendeten Untersuchungsinstrumente gewöhnlich retrospektiv eine bestimmte Zeitperiode abdecken, ist ein zu enger zeitlicher Rahmen weder nötig noch durchführbar, um den Krankheitsverlauf in bezug auf bestimmte Behandlungsbedingungen zu beschreiben.

Verlaufsausgang

Der – spontan oder unter einer bestimmten Behandlung zu beobachtende – Verlaufsausgang oder "Outcome" einer Erkrankung stellt den zu einem bestimmten Zeitpunkt festgestellten Querschnittsbefund dar. Entsprechend einem multidimensionalen Outcomekonzept in der Psychiatrie können verschiedene, zudem behandlungsspezifische Therapiezielbereiche unterschieden werden. Abhängig von Krankheits- und Behandlungsstadium (z. B. Akut- vs. Langzeitbehandlung) müssen unterschiedliche Erfolgsindikatoren definiert werden. Wichtige Bereiche sind Symptomatologie, Arbeitsfähigkeit, soziale Kontakte, Rehospitalisierung und ggf. Dauer des Krankenhausaufenthalts. Lebensqualität – obwohl inkonsistent definiert – ist ein weiteres Outcomemerkmal, das mit sozialer Eingliederung, subjektivem Wohlbefinden und Nebenwirkungen der Behandlung in Zusammenhang steht und dem neuerdings in Psychopharmakastudien vermehrt Beachtung geschenkt wird (Awad 1992). Wie die Schizophrenieforschung gezeigt hat, sind verschiedene Outcomemerkmale im Querschnitt nur mäßig miteinander korreliert, prädizieren sich allerdings longitudinal am besten selbst (Gaebel et al. 1986). Die unterschiedlichen Outcomedimensionen wurden daher als "open-linked systems" konzeptualisiert (Strauss u. Carpenter 1974): "Each system is open in the sense of influencing and being influenced by outside variables; the systems are linked in the sense of having

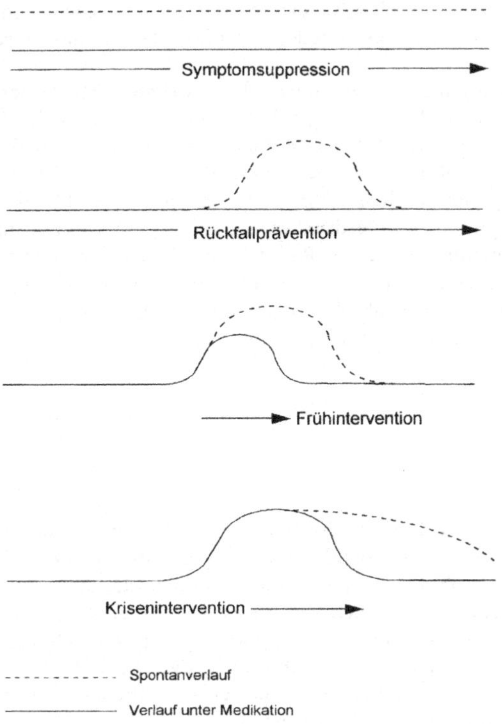

Abb. 2. Unterschiedliche therapeutische Interventionsformen im Krankheitsverlauf

definite but incomplete interdependence; conceived in this framework each outcome process, work, social relationships, symptoms, and need for hospitalization might be considered as a system." Dementsprechend gibt es zu einem bestimmten Zeitpunkt je nach betrachteter Dimension verschiedene Verlaufsausgänge und nicht „den" Verlaufsausgang.

Die Charakterisierung einer biologischen Variable als State- oder Traitmarker hängt nicht zuletzt von einer klaren Definition des prä-, intra- und postepisodischen Krankheitszustandes anhand eines bestimmten Zielsymptoms ab. Schizophrene Patienten, die auf einer Skala zur Positivsymptomatik remittiert sind, weisen häufig ausgeprägte Negativsymptomatik auf. Es hängt daher von der Definition ab, ob diese Patienten als remittiert bezeichnet werden, was wiederum Konsequenzen für die Charakterisierung einer Variable als State- oder Traitmarker hat.

Dementsprechend gibt es keinen absoluten Outcome, sondern dieser hängt von willkürlich gewählten Definitionskriterien und dem Zeitpunkt ihrer Anwendung ab.

Response

„Response" stellt ein therapiebezogenes Konzept des Krankheitsverlaufs dar. Es bezieht sich auf eine entweder vor oder nach Behandlung definierte behandlungsbedingte

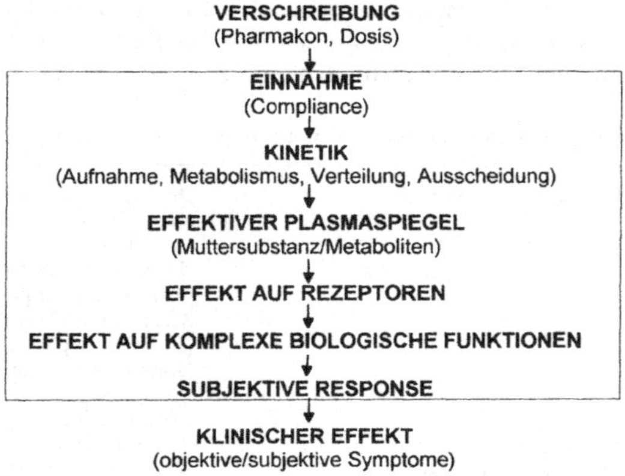

Abb. 3. Intervenierende biopsychosoziale Systemebenen zur Erklärung der interindividuellen Variabilität des pharmakotherapeutischen Outcome

Veränderung des spontanen Krankheitsverlaufs anhand eines bestimmten Outcomeindikators. Ein kausaler Behandlungseinfluß kann allerdings nur erschlossen werden, wenn ein entsprechendes Studiendesign (z. B. randomisierte Therapiezuteilung, Plazebogruppe) den spontanen Krankheitsverlauf abzuschätzen erlaubt. Abhängig von Art und Zeitverlauf (z. B. der Responselatenz) von Behandlungseffekten müssen Zielsymptom, Behandlungsdauer und Zeitraster der Untersuchung gewählt werden. In unterschiedlichen Krankheitsstadien kommen unterschiedliche therapeutische Interventionen zur Anwendung. Wie bereits beschrieben, können Akutbehandlung (Frühintervention, Krisenintervention) und Langzeitbehandlung (Symptomsuppression, Rückfallprophylaxe) unterschieden werden (Abb. 2).

Prädiktoren

Es liegen Übersichtsarbeiten vor zu Prädiktoren des Therapieerfolgs einer Pharmakotherapie (Woggon 1992), speziell einer antidepressiven Pharmakotherapie von Depressionen (Bielski u. Friedel 1976; Joyce u. Paykel 1989) sowie einer neuroleptischen Therapie von Schizophrenien (Awad 1989, 1994). Woggon (1992) stellt fest, daß der auffälligste Befund bei der Durchsicht der Literatur die Widersprüchlichkeit der Resultate ist. Sie kommt zu der Schlußfolgerung, daß sich vor Behandlungsbeginn der Erfolg einer Antidepressiva- oder Neuroleptikabehandlung nicht sicher vorhersagen läßt, jedoch nach einer Probetherapie von wenigen Tagen Dauer. Wir selbst konnten dies anhand der Frühresponse auf eine neuroleptische Akutbehandlung schizophrener Psychosen zeigen (Gaebel et al. 1988).

Der spontane Krankheitsverlauf wird nicht nur durch eine spezifische Behandlung, sondern auch durch andere Faktoren mitbestimmt und modifiziert. Sie werden als potentielle Outcome/Response-„Prädiktoren" bezeichnet und rekrutieren sich in der Regel aus Patienten-, Krankheits- und Umfeldvariablen. Bei Anwendung eines Systemkonzepts (Engel 1980; Goodman 1991) lassen sich biopsychosoziale Einflußebenen abgrenzen, die der Komplexität einer Medikamentenwirkung Rechnung tragen und entsprechende Untersuchungsansätze charakterisieren (Abb. 3).

In diesem Modell, in dem außer Umgebungsfaktoren wie Behandlungsmilieu, geplante psychosoziale Interventionen und das Familienumfeld (Gaebel 1993) eine Rolle spielen, finden sich auf verschiedenen Ebenen potentielle Outcome/Responseprädiktoren.

Potentielle Prädiktorvariablen am Beispiel der Neuroleptikatherapie (Modifiziert nach Awad 1989)

Patient	Demographische Variablen (Geschlecht, sozioökonomischer Status, Familienstand) Psychiatrische Vorgeschichte (Ersterkrankungsalter, familiäre Belastung, prämorbide Anpassung, früheres Therapieansprechen) Klinische Charakteristika (Positive/negative Symptome, andere Symptome Diagnosekriterien Einstellungen (Compliance)
Neuroleptikum	Pharmakontyp
Effektiver Plasmaspiegel	Blutspiegel des Pharmakons (Testdosis, steady state)
Effekt am Rezeptor	Indizes der DA-Rezeptorblockade (HVA, PRL, EPS) Provokationstests (GH, Amphetamin)
Komplexe biolog. Funktionen	Hirnmorphologie (CT, MRT) Neurologische "soft signs" Perinatale Komplikationen Neurokognitive Funktionen Psychophysiologie (EDA, EEG)
Subjektive Interpretation	Frühe subjektive Response
Verhaltensbezogene Reaktivität	Frühe Symptomänderung

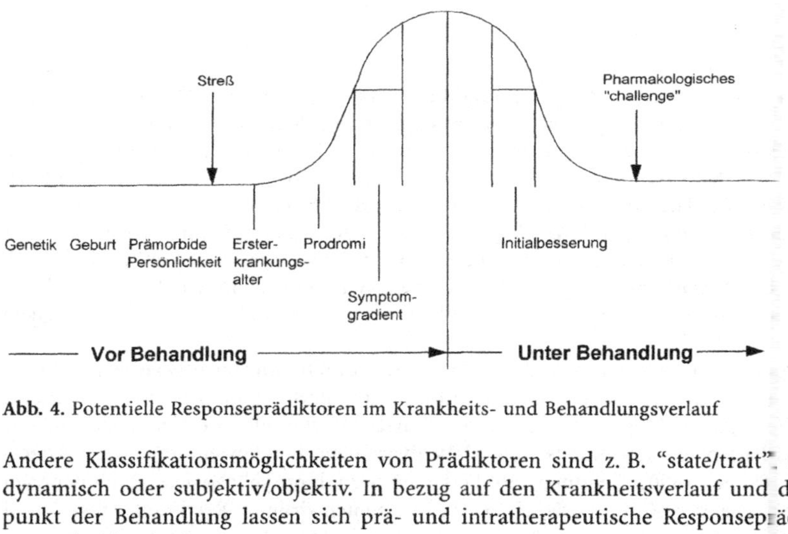

Abb. 4. Potentielle Responseprädiktoren im Krankheits- und Behandlungsverlauf

Andere Klassifikationsmöglichkeiten von Prädiktoren sind z. B. "state/trait", statisch/dynamisch oder subjektiv/objektiv. In bezug auf den Krankheitsverlauf und den Zeitpunkt der Behandlung lassen sich prä- und intratherapeutische Responseprädiktoren unterscheiden (Abb. 4).

Variablen, die atypische Krankheitsaspekte, Chronizität oder prämorbide soziale Anpassung charakterisieren, sind als allgemein wirksame prognostische Merkmale identifiziert worden. Erschwerend ist allerdings, daß einige dieser Prädiktoren, wie z. B. prämorbide Anpassung, oft nicht leicht von Outcomemerkmalen selbst abgrenzbar sind. Darüberhinaus konnten viele Prädiktoren in Replikationsstudien nicht validiert werden (May u. Goldberg 1978). Auch bei multivariater Kombination von Einzelprädiktoren liegt die erklärte Outcomevarianz selten höher als 30–40 %. Der günstige Effekt einer medikamentösen Behandlung selbst scheint die prädiktive Kraft vieler Merkmale zu überspielen, so daß viele Patienten auch bei diagnostisch ungünstigen Eingangsmerkmalen offensichtlich von der Behandlung profitieren.

Im individuellen Fall ist die Therapieerfolgsvorhersage besonders wichtig – und schwierig. Dies liegt z. T. an der interindividuellen Variabilität behandlungsabhängiger Prozesse (vgl. Abb. 3). Dementsprechend sind zusätzlich zu statischen Hintergrundvariablen ohne direkten Bezug zum Behandlungsprozeß behandlungsabhängige dynamische Variablen in prädiktive Modelle einbezogen worden (May et al. 1976). Sie tragen kybernetischen Prinzipien des zugrundeliegenden Krankheitsprozesses und dessen Behandlungssensitivität (z. B. Selbach 1961) oder der „Elastizität" biologischer Systeme Rechnung, die mit funktionellen Imagingmethoden (z. B. PET) gemessen werden können.

Das sog. Testdosismodell kombiniert verschiedene Prädiktoren aus unterschiedlichen Untersuchungsebenen, z. B. psychopathologische Frühresponse, subjektive Response, pharmakokinetische, psychophysiologische, biochemische und andere funktionale Prädiktoren nach Applikation einer Testdosis (Gaebel et al. 1988). Befunde über Beziehungen zwischen (frühen) pharmakokinetischen Daten und Behandlungsoutcome sind inkonsistent (Gaebel et al. 1992) und können künftig möglicherweise durch direkte Meßparameter der Pharmakonwirkung am Rezeptor oder an nachgeordneten Signaltransduktionssystemen (Hyman u. Nestler 1993) ersetzt werden. Subjektive Frühresponse stellte sich in einigen Studien als Responseprädiktor heraus (z. B. Van Putten u. May 1978; Awad u. Hogan 1985), in anderen hingegen nicht (Gaebel et al. 1988). Einer der leichter zugänglichen und mehrfach replizierten Prädiktoren ist die klinische Frühresponse (May et al. 1980; Nedopil u. Rüther 1981; Möller et al. 1983; Woggon u. Baumann 1983; Awad u. Hogan 1985; Bartko et al. 1987; Gaebel et al. 1988). Aufgrund dieser Befunde muß gefolgert werden, daß – im Gegensatz zu der angeblichen „Latenz" einer Neuroleptikaresponse – eine spezifische klinische Besserung bereits in den ersten Behandlungstagen nachweisbar ist.

Beziehungen zwischen Prädiktoren und Outcome/Response

Konzeptuelle Aspekte

Ein heuristisch integratives Konzept für die Prädiktorforschung ist das Vulnerabilitätsstreßmodell (Nuechterlein 1987; Clements u. Turpin 1992). Entsprechend diesem Modell können ätiopathogenetische wie pathoplastische Determinanten des Krankheitsverlaufs – d. h. von Manifestationen, Remissionen und Reexazerbationen – gemäß ihrer biologischen und psychosozialen Komponenten konzeptualisiert werden (Abbildung 5).

Um den Zusammenhang zwischen Behandlung und Response näher zu untersuchen, muß das Vulnerabilitätskonzept unter Bezug auf eine Prädisposition zur psychischen Destabilisierung in das Konzept potentieller Instabilität übersetzt werden. Klinische Instabilität und demnach Rückfallgefährdung Schizophrener, die möglicherweise durch eine Dysfunktion des dopaminergen Systems vermittelt werden, können beispielsweise durch die Reaktivität definierter psychobiologischer Systeme auf pharmakologische Belastungstests, z. B. mit Methylphenidat, untersucht werden (Lieberman et al. 1987).

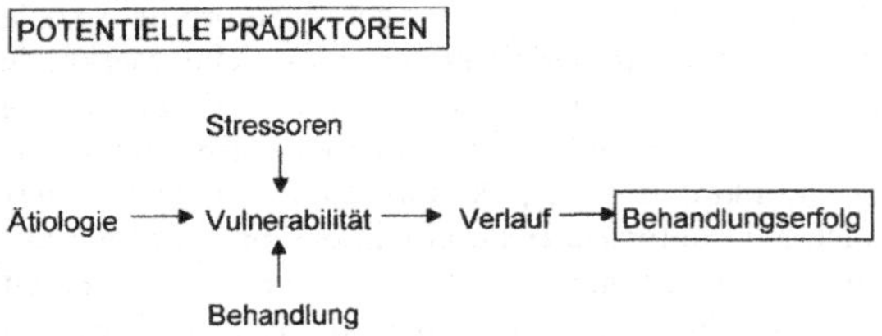

Abb. 5. Modifiziertes Vulnerabilitätsstreßmodell zum Einsatz in der Prädiktionsforschung

In einem funktionellen Kontext sind die Steilheit der Symptomgradienten bei spontaner Destabilisierung wie bei behandlungsinduzierter (früher) Restabilisierung ebenfalls Responseprädiktoren. Diese Art objektiver Prädiktoren erscheinen um so bedeutender, als sich subjektive Vorläufer einer Destabilisierung („Prodromalsymptome") nicht als valide Rückfallprädiktoren erwiesen haben (Gaebel et al. 1993).

Es ist eine künftige Forschungsaufgabe, replizierbare Prädiktoren bezüglich ihrer neurobiologischen Grundlagen aufzuklären. Die gemeinsame Endstrecke pharmakologischer wie nichtpharmakologischer Einflüsse auf den Krankheitsverlauf muß sich schließlich auf postsynaptische regulatorische Prozesse der Signaltransduktion und Genexpression zurückführen lassen, die die Grundlage neuronaler Plastizität darstellen (Hyman u. Nestler 1993). Dies sind wahrscheinlich die Prozesse, die die konsistentere „strukturelle" Basis verschiedener Outcomeformen und ihrer Prädiktoren darstellen.

Biometrische Aspekte

Die psychoneurobiologische Bedeutung statistischer Assoziationen zwischen Prädiktor- und Outcomemerkmalen ist unklar. In der Regel sind Prädiktoren „Indikatoren" unbekannter Prozesse, die in nicht näher bekannter Weise mit den Indikatoren verschiedener Outcomedimensionen zusammenhängen. Viele dieser Beziehungen hängen von der jeweiligen Definition und Operationalisierung von „Outcome" oder „Response" ab – sie ändern sich mit veränderten Kriterien. Ein Prädiktormerkmal ist selten Indikator einer „Determinante" von Outcome oder Response – allenfalls ein statistisch assoziierter „Risikofaktor" für Behandlungsmißerfolg bzw. Nebenwirkungen oder ein „Indikator" des Behandlungsansprechens.

Es ist wichtig, Prädiktor-Outcome-Beziehungen mit adäquaten statistischen Methoden zu analysieren. Bereits bei der Planung von Prädiktorstudien sollte daher ein Biometriker einbezogen werden. Metaanalysen können die Ergebnisse verschiedener Studien im Überblick analysieren. Dafür ist es notwendig, die Rohdaten zugänglich zu machen. Im einzelnen spielen Ein-, Ausschluß- und Stratifizierungskriterien eine besondere Rolle bei der Kontrolle prognostischer Merkmale, darüber hinaus muß über das einzusetzende statistische Analyseverfahren wie Risikomaße, Regressions- oder Klassifikationsmethoden entschieden werden (Köpcke 1994).

Ausblick

Klinischer Verlauf und Behandlungsausgang verschiedener psychiatrischer Erkrankungen sind heterogen und variabel. Die Therapieresponse auf verschiedene biologische und

nichtbiologische Therapieverfahren ist ein komplexer, inkonsistent operationalisierter Prozeß, dessen Mechanismen bisher weitgehend unbekannt sind. Reliabilität und Validität vieler Prädiktoren sind enttäuschend niedrig, insbesondere im individuellen Fall. Bei einer Responserate von 60–70% ist insbesondere die Entwicklung von Prädiktoren der Nonresponse oder ernsthafter Nebenwirkungen von besonderer Bedeutung.

Um die wissenschaftliche Entwicklung in der Prädiktionsforschung voranzubringen, sollten ausgewählte Prädiktoren des Therapieerfolges routinemäßig in klinische Prüfungen einbezogen werden (Carpenter et al. 1981; Gaebel u. Awad 1994). Unter Bezug auf das biopsychosoziale Modell von Ätiopathogenese und Behandlung sollten die unterschiedlichen Komponenten des Vulnerabilität-Streß-Outcomemodells konzeptualisiert, definiert und operationalisiert werden. Einem hypothesegeleiteten funktionellen Ansatz sollte in der Prädiktorforschung grundsätzlich größeres Gewicht beigemessen werden, da die Funktionstestung eines therapierelevanten psychoneurobiologischen Systems mehr über die Responsekapazität auszusagen vermag, als irgendeine epidemiologische Variable, die bestenfalls einen Indikator bisher nicht verstandener verlaufsbeeinflussender Prozesse darstellt. Schließlich sollten im Hinblick auf die bessere Vergleichbarkeit von Studienergebnissen Sensitivität und Spezifität einer Prädiktorvariable unter Berücksichtigung unterschiedlicher Cut-off-Werte für Prädiktoren und Outcomevariable berechnet und dargestellt werden. Die sog. ROC-Methode ("receiver operating characteristics") erlaubt eine quantitative Analyse der prädiktiven Power verschiedener Outcomeprädiktoren (Hsiao et al. 1989). Adäquate statistische Methoden runden den Forderungskatalog an eine künftige Prädiktionsforschung ab (Köpcke 1994).

Diskussion

Frage: Bei chronischen Erkrankungen wie der Schizophrenie oder der MS haben wir ja eine sehr variante Erkrankung. Gibt es schon Hinweise darauf, nach welcher Verlaufsstrecke die Prognose valide wird. Ist die Prädiktion nach einem halben Jahr, nach 2 Jahren, nach 5 Jahren möglich?

Antwort: Über den Spontanverlauf haben wir für schizophrene Psychosen sehr lange Katamnesen von 20–30 Jahren. Offenbar gibt es keine therapieüberdauernde Wirksamkeit. Das heißt, wenn die Therapie nach 5 Jahren abgesetzt wird, dann gibt es Rückfälle, die genauso sind wie nach dem ersten Jahr. Daraus leiten wir als Therapieleitlinie für das Gros der Patienten ab, daß sie bei mehrfach rezidivierendem Verlauf u. U. lebenslang behandelt werden müssen. Dies ist eine Leitlinie, die von vielen Ärzten nicht befolgt wird, was zu häufigeren Rückfällen führt. Aus den Beobachtungen von Bleuler wissen wir, daß offenbar der Spontanverlauf der Erkrankung selbst nach 5 bis 10 Jahren eine günstige Wende nimmt. Es gibt also nicht nur deletäre Verläufe über Jahrzehnte hinweg, sondern auch günstige Wendungen. In diesen Fällen könnte man natürlich überlegen, ob eine Behandlung noch nötig ist oder nicht. Es ist schwierig, das im Einzelfall wirklich zu übersehen.

Frage: Man muß immer wieder schauen, wo sind die latenten Variablen, die möglicherweise in das Phänomen Frühtherapie eingehen. Warum kommt überhaupt ein Patient eher in die Behandlung und warum nicht. Weiter geht natürlich das Faktum ein, daß ein akuter Beginn der Erkrankung bekanntlich ein guter Prädiktor ist. Weitere Variablen

wären die Motivation des Patienten, die Art des Umfeldes z. B. bezüglich "high-expressed-emotions". Hat Lieberman diese kritischen oder latenten Variablen miteinbezogen?

Antwort: Ja. Man muß allerdings sagen, hier ist eine sehr spezielle Outcome- oder Responsevariable gewählt worden, nämlich "time to remission". Wir teilen hier die Kritik, daß dies evtl. Ausdruck eines prognostisch ungünstigen Verlaufes ist und nicht so sehr die Frage des Einsetzens der Therapie. Überlegenswert ist die Frage, ob es sich um einen toxischen Prozeß handelt, den man möglichst rasch unterbinden muß, damit er nicht sozusagen als Selbstläufer Folgeschäden setzt. Dies sind zunächst Spekulationen, aber ich denke, doch interessante Überlegungen.

Frage: Ein Streitpunkt ist ja die Frage, wann wechseln wir bei einer antidepressiven Therapie das Medikament – schon nach 5 Tagen, spätestens nach 14 Tagen oder erst nach 6 Wochen? Von Angst wird ja sehr forciert, daß man tatsächlich innerhalb der ersten 7 Behandlungstage einen gewissen Effekt sehen muß. Ist das nicht der Fall, dann sollte nach seiner Meinung die gleiche Medikationsschiene nicht weiterverfolgt werden.

Antwort: Von Consensus-Konferenzen wird z. T. gerne ohne empirische Grundlage irgendein Zeitmaß festgelegt. Ich halte es für dringend angezeigt, daß dies exakt empirisch untersucht wird. Gleiches gilt für das Thema der Stufenpläne in der Antidepressivabehandlung. Hier sollte ein Therapiealgorithmus entwickelt werden, der die Sequenz der verschiedenen Verfahren fundiert beschreibt bzw. festlegt. Das ist im Endergebnis dann wohl eigentlich die Konsequenz einer sinnvollen Prädiktorforschung.

Frage: Wir leben ja fast schon in einer Zeit des Bestrebens nach Qualitätssicherung. Meines Erachtens wird es zunehmend wichtig, sich über die Interaktion mit dem Patienten Gedanken zu machen und dies als Prädiktor zu fassen. In der Psychotherapieforschung ist es ja schon lange geläufig, die Therapeutenvariable, die Qualität der Interaktion zu berücksichtigen. Das scheint mir auch für die pharmakologische Behandlung ein bedeutsamer Faktor zu sein, ebenso wie die Erfassung der Qualität der Behandlung an den verschiedenen Zentren.

Antwort: Ihren Ergänzungen und Hinweisen stimme ich völlig zu. Ich denke aber, daß wir längst davon abgekommen sind, nur Medikamente zu verordnen. Der Kontext, in dem eine Behandlung stattfindet, macht ihre Professionalität im besten Sinne aus.

Literatur

Alpert M (1985) The signs and symptoms of schizophrenia. Compr Psychiatry 26: 103–112

American Psychiatric Association (APA) (1994) DSM-IV (Diagnostic and Statistical Manual of Mental Disorders), 4th edn. APA, Washington DC

Awad AG (1989) Drug therapy in schizophrenia: variability of outcome and prediction response. Can J Psychiatry 34: 711–720

Awad A (1992) Quality of life of schizophrenic patients on medications and implications for new drug trials. Hosp Commun Psychiatry 43: 262–265

Awad AG (1994) Prediction research of neuroleptic treatment outcome in schizophrenia – state of the art: 1978–1993. In: Gaebel W, Awad AG (eds) Prediction of neuroleptic treatment outcome in schizophrenia. Concepts and methods. Springer, Wien, pp 1–14

Awad AG, Hogan TP (1985) Early treatment events and prediction of response to neuroleptics in schizophrenia. Prog Neuropsychopharmacol Biol Psychiatry 9: 585–588
Bartko G, Herczeg I, Bekesy M (1987) Predicting outcome of neuroleptic treatment on the basis of subjective response and early clinical improvement. J Clin Psychiatry 48: 363–365
Bielsky RJ, Friedel RO (1976) Prediction of tricyclic antidepressants response. A critical review. Arch Gen Psychiatry 33: 1479–1489
Birnbaum K (1923) Der Aufbau der Psychose. Grundzüge der psychiatrischen Strukturanalyse. Springer, Berlin
Carpenter WT, Heinrichs DW, Hanlon TE (1981) Methodologic standards for treatment outcome research in schizophrenia. Am J Psychiatry 138: 465–471
Clements K, Turpin G (1992) Vulnerability models and schizophrenia: the assessment and prediction of relapse. In: Birchwood M, Tarrier N (eds) Innovations in the psychological management of schizophrenia. Wiley, Chichester New York Brisbane Toronto Singapore, pp 21–47
Dewey SL, Smith GS, Logan J et al. (1993) Striatal binding of PET ligand ^{11}C-Raclopride is altered by drugs that modify synaptic dopamine levels. Synapse 13: 350–356
Dilling H, Mombour W, Schmidt MH (Hrsg) (1991) Weltgesundheitsorganisation: Internationale Klassifikation psychischer Störungen. Huber, Bern Göttingen Toronto
Engel GL (1980) The clinical application of the bio-psychosocial model. Am J Psychiatry 137: 535–544
Frank E, Prien RF, Jarrett RB et al. (1991) Conceptualization and rationale for consensus definitions of terms in major depressive disorder. Remission, recovery, relapse, and recurrence. Arch Gen Psychiatry 48: 851–855
Freed WJ (1988) The therapeutic latency of neuroleptic drugs and nonspecific postjunctional supersensitivity. Schizophr Bull 14: 269–277
Freyhan FA (1957) Psychomotilität, extrapyramidale Syndrome und Wirkungsweisen neuroleptischer Therapien (Chlorpromazin, Reserpin, Prochlorperazin). Der Nervenarzt 28: 504–509
Gaebel W (1993) The importance of non-biological factors in influencing the outcome of clinic trials. Br J Psychiatry 163 [Suppl 22]: 44–50
Gaebel W, Renfordt E (eds) (1989) Objective methods for behavioral analysis in psychiatry and psychopharmacology – examples and concepts. Pharmacopsychiatry 22 [Suppl]: 1–50
Gaebel W, Awad AG (1994) Prediction research in neuroleptic therapy – future directions. In: Gaebel W, Awad AG (eds) Prediction of neuroleptic treatment outcome in schizophrenia. Concepts and methods. Springer, Wien, pp 203–209
Gaebel W, Wölwer W (1995) Affektstörungen Schizophrener. Kohlhammer, Stuttgart, in Vorbereitung
Gaebel W, Pietzcker A, Baumgartner A (1986) 3-year follow-up of schizophrenic patients – outcome dimensions and neuroleptic treatment. Pharmacopsychiatry 19: 208–209
Gaebel W, Pietzcker A, Ulrich G et al. (1988) Predictors of neuroleptic treatment response in acute schizophrenia. Pharmacopsychiatry 21: 384–386
Gaebel W, Müller-Oerlinghausen B, Schley J (1992) Early serum levels of neuroleptics do not predict therapeutic response in schizophrenia. Prog Neuropsychopharmacol Biol Psychiatry 16: 891–900
Gaebel W, Frick U, Köpcke W et al. (1993) Early neuroleptic intervention in schizophrenia – are prodromal symptoms valid predictors of relapse? Br J Psychiatry 163 [Suppl 21]: 8–12
Goodman A (1991) Organic unity theory: the mind-body problem revisited. Am J Psychiatry 148: 553–563
Helmchen H, Gaebel W (1987) Strategies of clinical research on neurobiological determinants of psychosis. Psychiatr Dev 5: 51–62
Hogarty GE, Goldberg SC, Collaborative Study Group (1973) Drug and sociotherapy in the aftercare of schizophrenic patients. Arch Gen Psychiatry 28: 54–64
Hsiao JK, Bartko JJ, Potter WZ (1989) Diagnosing diagnoses. Receiver operating characteristic methods and psychiatry. Arch Gen Psychiatry 46: 664–667
Hyman SE, Nestler EJ (1993) The molecular foundations of psychiatry. American Psychiatric Press, Washington London
Joyce PR, Paykel ES (1989) Predictors of drug response in depression. Arch Gen Psychiatry 46: 89–99
Kendell RE, Brockington IF, Leff JP (1979) Prognostic implications of six alternative definitions of schizophrenia. Arch Gen Psychiatry 36: 25–31
Köpcke W (1994) Design, methodological and statistical issues in prediction research of neuroleptic response. In: Gaebel W, Awad AG (eds) Prediction of neuroleptic treatment outcome in schizophrenia. Concepts and methods. Springer, Wien, pp 155–164
Kuny S, Stassen HH (1993) Speaking behaviour and voice sound characteristics in depressive patients during recovery. J Psychiatr Res 27: 289–307
Lieberman JA, Kane JM, Sarantakos S et al. (1987) Prediction of relapse in schizophrenia. Arch Gen Psychiatry 44: 597–603

May PRA, Van Putten T, Yale C et al. (1976) Predicting individual responses to drug treatment in schizophrenia: a test dose model. J Nerv Ment Dis 162: 177 - 183

May PRA, Goldberg SC (1978) Prediction of schizophrenic patients' response to pharmacotherapy. In: Lipton MA, Dimascio A, Killam KF (eds) Psychopharmacology: a generation of progress. Raven Press, New York, pp 1139 - 1153

May PRA, Van Putten T, Yale C (1980) Predicting outcome of antipsychotic drug treatment from early response. Am J Psychiatry 137: 1088 - 1089

Möller HJ, Kissling W, Zerssen D von (1983) Die prognostische Bedeutung des frühen Ansprechens schizophrener Patienten auf Neuroleptika für den weiteren stationären Behandlungsverlauf. Pharmacopsychiatry 16: 46 - 49

Nedopil N, Rüther E (1981) Initial improvement as predictor of outcome of neuroleptic treatment. Pharmacopsychiatry 14: 205 - 207

Nuechterlein KH (1987) Vulnerability models for schizophrenia: state of the art. In: Häfner H, Gattaz WF, Janzarik W (eds) Search for the cause of schizophrenia. Springer, Berlin Heidelberg New York Tokyo, pp 297 - 316

Pickar D (1988) Perspectives on a time-dependent model of neuroleptic action. Schizophr Bull 14: 255 - 268

Pietzcker A, Gaebel W, Köpcke W et al. (1993) Continuous vs intermittent neuroleptic longterm treatment in schizophrenia - results of a German multicenter study. J Psychiatr Res 27: 321 - 339

Ranelli CJ, Miller RE (1981) Behavioral predictors of amitriptyline response in depression. Am J Psychiatry 138: 30 - 34

Selbach H (1961) Über die vegetative Dynamik in der psychiatrischen Pharmakotherapie. Dtsch Med J 16: 511 - 517

Strauss JS, Carpenter WT (1974) The prediction of outcome in schizophrenia. II. Relationships between predictor and outcome variables. Arch Gen Psychiatry 31: 37 - 42

Troisi A, Pasini A, Bersani G et al. (1989) Ethological predictors of amitriptyline response in depressed outpatients. J Affect Disord 17: 129 - 136

Van Praag HM, Kahn RS, Asnis GM et al. (1987) Denosologization of biological psychiatry or the specificity of 5-HT disturbances in psychiatric disorders. J Affect Disord 13: 1 - 8

Van Putten R, May PRA (1978) Subjective response as a predictor of outcome in pharmacotherapy. Arch Gen Psychiatry 35: 477 - 480

Woggon B (1992) Prädiktoren für das Ansprechen auf Psychopharmaka. In: Riederer P, Laux G, Pöldinger W (Hrsg) Neuro-Psychopharmaka, Bd. 1. Springer, Wien, S 475 - 484

Woggon B, Baumann U (1983) Multimethodological approach in psychiatric predictor research. Pharmacopsychiatry 16: 175 - 178

Psychiatric Morbidity in the United Arab Emirates

Emad Hamdi, Yousreya Amin, and Rafia Ghubash

Introduction

The United Arab Emirates (UAE) is a recently born (1971) Arabian Gulf nation. Urban development has been massive in the last three decades. An increasingly heterogenous influx of expatriate workers and a rapid expansion of mass media communication led to strong interaction between Western values and Islamic tradition in an indigenous Bedouin population. Population composition is such that, at best, the native population constitutes 12 % – 20 % of a total estimated 2 million inhabitants (Department of Planning and Research 1992). The characteristic demographic structure and rapid social changes consequent upon economic wealth were expected to have substantial effects on the prevalence and pattern of psychiatric morbidity in this country and in the surrounding countries that have undergone similar changes in the latter decades.

Psychiatric morbidity has been examined in different settings within Arab countries. Several hospital based studies of psychiatric morbidity have been reported in the middle east (Okasha 1968: El-Sayed et al. 1986; El-Assra and Amin 1988; El-Rufaie und Abu Mediny 1991). The former two studies are outpatient surveys in Egypt and Saudi Arabia, respectively. In the UAE only one retrospective study is being reported (Ihezue et al. 1991). El-Rufaie and Absood (1993) studied a sample of primary care attenders for psychiatric morbidity. Females had a higher rate (31.8 %) than males (20.2 %).

This presentation summarizes a series of studies describing psychiatric morbidity in the UAE in different settings. The main purpose of these studies was to relate the social circumstances and changes in the Gulf region to the pattern of psychiatric disorder. The first part describes the Dubai community psychiatric survey (Ghusbash et al. 1992, 1994; Hamdi 1992; Bebbington et al. 1993). The second part describes a hospital based survey in Al-Ain (Amin and Hamdi 1995). It is evident that in a developing part of the world, psychiatric services wer only formally introduced in the early 1970s. Consequently this review will be limited by the available information.

Prevalence and Pattern of Psychiatric Morbidity in UAE Women

The Dubai Community Psychiatric Survey comprised a cross-sectional survey of 300 women nationals accessed through a random sample of households in the seven districts of Dubai. The community sample was followed by a hospital sample that included 42 additional women, a consecutive series of new cases referred to the outpatient clinic of the Psychiatry Department at Rashid Hospital, Dubai.

The national population of Dubai is heterogeneous. Nationals of non-Arab descent were included if the family resided in the region for at least 20 years. Subjects between the ages of 15 and 65 were included in the study with the exception of those with organic mental disorders, neurological disease, or mental retardation. Houses were selected from all seven districts by the random walk technique of Cochran and Stopes-Roe (1980). Full details of the procedure are described by Ghubash and her colleagues (1992). A total of 247 households were included in the study. From them, 300 women who satisfied the inclusion criteria were interviewed. All subjects from community and hospital samples were assessed through a semi-structured interview comprised of the following instruments.

1) The full version of the Present State Examination (PSE), 9th edition, was used to detect psychiatric symptomatology (Wing et al. 1974) and to establish case status by applying the PSE-ID-CATEGO program (Wing and Sturt 1978).
2) A range of demographic, family and social information was collected from each subject through a standard survey questionnaire. These were supplemented by questions covering vulnerability factors relevant to depression in females (Brown and Harris 1978).
3) The Socio-Cultural Change Questionnaire (ScCQ) (Bebbington et al. 1993) was used to assess and quantify the type and extent of individual changes in behaviour and attitudes that correspond to social changes affecting the community. Specifically, ScCQ was devised to obtain a quantitative assessment of the degree to which female subjects have experienced changes in living circumstances, values and attitudes away from traditional values and lifestyles and toward a more Western type of behaviour.

Measurement of Psychiatric Morbidity: The PSE-ID-CATEGO System

There are three Arabic translations of the PSE-9 (Okasha and Ashour 1981, Al-Khani 1986, Abdel-Mawgoud 1986). The version by Al-Khani (1986) was applied in this study. Al-Khani translated the schedule and instructions into classical Arabic, which made his version more appropriate for the subjects of the community survey. He used the iterative – back-translation technique, which was applied to the International Pilot Study of Schizophrenia (WHO 1973, 1979). The conceptual difficulties encountered in translating the PSE into Arabic were limited. The Arabic translation was applied by Al-Khani to over 200 patients with different kinds of mental disorders, mainly psychoses. Some modification of wording was needed to take account of local circumstances, as was the addition of familiar examples especially suited to non-educated subjects. With these slight extensions, the instrument proved effective in the Arabic context.

The Index of Definition (Wing and Sturt 1978) is a computer program designed to specify the degree of certainty with which a subject can be regarded as a "case". The ID is divided into eight levels, whereby each successive level implies an increasing degree of confidence in the case definition. Levels 1 – 4 have been traditionally considered to be subthreshold levels for clinical disorder. Symptoms at level 5 are considered at the threshold of clinical disorder and symptoms at levels 6 – 8 reflect definite cases.

Table 1. Distribution of hospital and community samples according to index of definition levels

Index of definition	N	%	N	%
(1) No psychiatric symptoms	32	10.7	0	0
(2) Nonspecific neurotic symptoms	97	32.3	0	0
(3) Nonspecific neurotic symptoms	41	13.7	2	4.8
(4) Specific neurotic symptoms	62	20.7	2	4.8
Total noncases	232	77.3	4	9.5
(5) Threshold cases	53	17.7	16	38.1
(6) Definite cases	12	4.0	19	45.2
(7) Definite cases	2	0.7	2	4.8
(8) Definite cases	1	0.3	1	2.4
Total cases	68	22.7	38	90.5
Total sample	300	100.0	42	100.0

Prevalence of Psychiatric Disorder

The principle finding of the community survey is the high prevalence of psychiatric morbidity. Out of 300 subjects randomly selected for interview, 68 (22.7%) were classified as cases by the PSE-ID-CATEGO program. However, of the 68 cases, 53 (78%) are at the threshold level 5, and 15 cases (22%) are more likely to be definite cases of psychiatric disorder (Table 1).

Community surveys have conclusively indicated that the bulk of psychiatric morbidity consists of minor affective and neurotic disorders namely depression and anxiety (Schwab and Schwab 1978; Shepherd 1978). Although the prevalence of these disorders varied widely in earlier studies (Dohrenwend and Dohrenwend 1969), comparable methods of case identification have yielded in the last two decades converging estimates of point prevalence indicating that between 4% – 8% of men and 8% – 15% of women in the general population suffer from a form of psychiatric disorder (Lloyd and Bebbington 1986). Most of these studies were carried out in Europe and North America. Studies in African (Orley and Wing 1979) and Asian (Cheng 1986) populations yielded higher estimates of psychiatric morbidity.

The high rate of psychiatric disorder in women in Dubai community may be attributed to the threshold at which symptoms are considered cases by the ID-CATEGO program. It may also be due to a lower threshold for symptom scoring adopted by the field researchers, or to actual excess of psychiatric disorder in women in this particular community. We propose that the rapid sociocultural change affecting UAE society contributes to this excess.

Four subjects (9.5%) in the hospital sample were not classified as cases, 38.1% were classified at the threshold level of disorder compared to 17.7% of the community sample, and a total of 52.4% were classified as definite cases compared to 5% of the community sample. The results indicate that hospital referred subjects have severer forms of psychiatric disorder than cases detected in the community survey. Threshold cases in the community exceed definite cases by a ratio of 3.53 to 1, while they are 0.73 to 1 definite case in the hospital.

Table 2. Diagnostic breakdown of hospital and community cases according to CATEGO classes and ICD-9 coding categories

ICD-9 Category	Community cases		Hospital cases	
	N	%	N	%
Manic-depressive psychosis, depressed type or neurotic depression	19	27.9	4	9.5
Anxiety states	12	17.6	7	16.7
Phobic states	9	13.2	2	4.8
Neurotic depression	9	13.2	15	35.7
Manic-depressive psychosis, depressed	8	11.8	3	7.1
Affective psychosis, unspecified	5	7.4	0	0
Manic-depressive psychosis, manic type	4	5.9	3	7.1
Other paranoid states	1	1.5	3	7.1
Schizophrenia: Catatonic*, paranoid**	1*	1.5	1**	2.4
Total	68	22.7	38	90.5
Unclassified subjects	232	77.3	4[a]	9.5

[a] Clinician diagnosis: one anxiety state, one recent hysterical conversion, and two neurotic depressions.

Pattern of Psychiatric Morbidity

Community surveys provide more accurate estimates of prevalence, while hospital based studies provide clearer insight into patterns of morbidity (Table 2). Depression-related diagnoses are the most common categories in community and hospital samples, accounting for 60% of total morbidity in community cases and 52% of hospital cases. Anxiety disorders come second and account for 19% of total morbidity in community cases, compared to 21.5% in hospital cases. Patterns of neurotic and affective morbidity in hospital cases confirm results of the community survey that depression is more prevalent than anxiety in UAE women. Manic disorders, paranoid disorders, and to a lesser extent schizophrenia are more common in hospital cases (16.6%) than in the community sample (8.9%) even though the latter is composed of outpatient referrals.

Considerable differences within variants of depression exist in the two samples. More community cases were allocated to the manic-depressive category compared to hospital cases. The latter include an excess of neurotic depressions. Anxiety states have a similar frequency in both samples. Phobic states in hospital cases are only one third those of community cases.

The pattern of psychiatric morbidity in the hospital study confirms the findings of the community survey in that depression is the most common form of psychiatric morbidity in Dubai females. This finding is different from the findings in community surveys in the Mediterranean region (Carta et al. 1991), indicating a higher prevalence of anxiety rather than depression, and agrees with the relative prevalence of these disorders in European and North American studies (e. g. Bebbington et al. 1981). It is difficult to give a social explanation for this finding beyond the argument that depression is a disorder associated with loss, helplessness, while anxiety is related to threat and competitive striving. The nature of social stress influencing women in the UAE is more likely to be of the former kind rather than the latter, since the majority is free from competitive, economic and social striving.

Table 3. Psychiatric morbidity and demographic variables

	Noncases		Community cases		Hospital cases		χ^2	P
	N	%	N	%	N	%		
Age Groups								
15–24	76	32.8	21	30.9	15	35.7		
25–34	67	28.9	22	32.4	9	21.4		
35–44	40	17.2	12	17.7	9	21.4	1.79	N. S.
45–54	28	12.1	7	10.3	5	11.9		
55–64	21	9.1	6	8.8	4	9.5		
Educational Level								
Illiterate	82	35.3	27	39.7	17	40.5		
Primary	26	11.2	9	13.2	4	9.5		
Preparatory	33	14.2	8	11.8	11	26.2	9.29	N. S.
Secondary	51	22.0	16	23.5	8	19.1		
University	40	17.3	8	11.8	2	4.8		
Employment								
Employed	75	32.3	15	22.1	16	38.1	3.72	N. S.
Unemployed	157	67.7	53	77.9	26	61.9		
Total	232	100	68	100	42	100		
Marital Status								
Single	66	28.5	17	25.0	11	26.2	15.35	<0.005
Married	146	62.9	38	55.9	19	45.2		
Postmarital	20	8.6	13	19.1	12	28.6		
Polygamous marriage	14	9.6	9	23.7	3	15.8	5.53	<0.07
Monogamous marriage	132	90.4	29	76.3	16	84.2		

A high proportion of phobic disorders were detected in the community survey, while two cases were found in the hospital series. This finding confirms the opinion that, although prevalent, the majority of individuals affected do not seek treatment (American Psychiatric Association 1987).

Documentation for neurotic and affective disability in the survey population may not reflect the extent of this problem in the UAE society, since several types of disorders are produced by this form of adversity. Delinquency, personality disorder, and drug abuse are insufficiently covered by the research instrument and are uncommon among females, particularly traditional subjects.

Psychiatric Disorder and Demographic Variables

The community sample was divided into cases ($n = 68$) and noncases ($n = 232$) for subsequent comparisons (Table 3). The hospital sample ($n = 42$) was included in the analyses for the purpose of comparing consulting and nonconsulting patients. As shown in Table 3, there are no significant associations between psychiatric morbidity and particular age groups, employment status, or educational levels in UAE women.

The proportion of postmarital status (separated, widowed and divorced) in community cases (19.1 %) is more than double that of noncases (8.6 %), a difference that was found to be statistically significant in the community survey. The higher proportion of

Table 4. Psychiatric morbidity and social variables

	Noncases		Community cases		Hospital cases		χ^2	P
	N	%	*N*	%	*N*	%		
Arab ethnic origin	152	65.5	37	54.4	17	40.5	10.51	<0.01
Other ethnic origin	80	34.5	31	45.6	25	59.5		
Extended family	120	51.7	38	55.9	24	57.1		
Nuclear family	112	48.3	30	44.1	18	42.9	0.66	N. S.
No biological children	6	4.0	4	8.7	4	12.9		
1 – 5 biological children	142	94.0	40	87.0	27	87.1	4.21	N. S.
6+ biological children	3	2.0	2	4.3	0	0.0		
Loss of father before age 15								
yes	58	25	14	20.6	13	31	1.5	N. S.
No	174	75	54	79.4	29	69		
Loss of mother before age 15								
Yes	36	15.5	9	13.2	7	16.7	0.29	N. S.
No	196	84.5	59	86.8	35	83.3		
Total	232	100	68	100	42	100		
Confiding relationships[a]								
Yes	169	82.4	55	87.3	23	65.7	7.32	<0.05
No	36	17.6	8	12.7	12	34.3		

[a] The presence of confiding relationships could not be ascertained in 39 subjects.

postmarital status is even more magnified in hospital cases (28.6%). The differences are highly significant ($P < 0.005$). The excess of psychiatric morbidity in polygamously married subjects detected in the community cases is demonstrated in the hospital sample but the difference only approaches significance ($P < 0.07$) since the number of subjects in this category was small in the hospital sample.

Psychiatric Morbidity and Social Variables

In the community sample a moderate excess of cases was found in subjects of non-Arab ethnic origin (Table 4). This difference is more apparent in the hospital sample so that the distribution of subjects of Arab versus non-Arab origin is reversed between noncases (40.5%) and hospital cases (59.5%). Excess morbidity in subjects of non-Arab origin is statistically significant ($P < 0.01$). The profession of the head of the household was not associated with an excess of psychiatric morbidity ($\chi^2 = 6.92$, $df = 6$, N. S.)

A detailed analysis of the association between family structure and psychiatric morbidity was undertaken in the present study (Table 4). No association was found between living in an extended versus a nuclear family ($\chi^2 = 0.66$, N. S.), the absence of children in the household or their number when present, and psychiatric morbidity. An association between having no biological children and psychiatric morbidity in the community sample was not upheld in the hospital sample ($\chi^2 = 4.21$, N. S.).

Contrary to Western studies, there is little association between loss of either parent in childhood and the later development of psychopathology. There are little differences between the proportions of those who lost either parent in the community cases, hospital cases, and noncases.

In the community sample, there was no association between the presence of a confiding relationship and psychiatric morbidity. The association is demonstrated in the hospital sample, where a significant proportion of subjects (34.3 %) reported that they lacked such a relationship ($P < 0.05$). A confidante was defined differently from the study of Brown and Harris (1978). In the present study a confidante is a family member or a female friend whom the subject meets regularly and with whom she may discuss her problems freely.

General Comments

The vulnerability model proposed by Brown and Harris (1978) suggests that women are more susceptible to depression in the event of adversity if they are unemployed, lack a confiding relationship, or have to care for more than three young children at home. This study examined the association between psychiatric disorder and 11 sociodemographic variables including the independent effects of the vulnerability factors of Brown and Harris. With the exception of a postmarital status and living in a polygamous marriage, none of these demographic variables demonstrated significant association with case status. The hospital study confirms the community survey with some modification. Due to the smaller number of subjects, only a trend was detected between living in a polygamous marriage and psychiatric morbidity. The hospital study detects an association between having a non-Arab origin and the absence of a confiding relationship in the subject's social environment and psychiatric morbidity.

Significant findings emerge from this study which relate psychiatric disorder and marital status. There is a significant excess of cases among women of post marital status, i. e. divorced, widowed or separated, which is confirmed in hospital cases. This in in line with a number of investigators (Srole et al. 1962; Henderson et al. 1979; Surtees et al. 1983; Madianos et al. 1985; Hodiamont et al. 1987; Der and Bebbington 1987; Bebbington 1987, 1988). As regards traditional Arab women, there may be additional sources of stress associated with a postmarital status. Social-cultural adequacy is achieved through having a husband and producing children (El-Islam 1975). Being unmarried is a source of anxiety, but more important is to perceive failure in marriage and suffer limited future opportunity. In addition to the social stigma, which is attached to postmarital status, deprivation of a social role is evident among such women.

Females who live in polygamous marriages experience more than twice the psychiatric morbidity of females in monogamous marriages. This finding is more apparent in community subjects than in the hospital cases probably due to the smaller number of cases of polygamy in the latter sample (P 0.07). Females living in a polygamous marriage are similar to women in a post-marital state functionally and effectively. They may serve as scapegoats and experience frustrations from rivalries with the other wife. There is a negative impact on self-esteem among women living in a polygamous marriage, who often feel in an inferior position to other married women. The present study agrees, albeit to a lesser extent, with the findings of Chaleby (1985), who reported that 25 % psychiatric inpatient women in Kuwait are polygamously married. Chaleby (1988) also suggests polygamy was a source of stress in 64 % of Saudi females studied for the effect of marital status on mental health.

A possible association between psychiatric morbidity and membership in disadvantaged ethnic groups has been postulated. Dohrenwend and Dohrenwend (1969) review

eight studies, four of which demonstrate an excess of psychiatric morbidity for blacks and four for whites. Ethnicity was assessed in relation to psychiatric morbidity in this study because of the heterogeneous structure of the citizen population. It is important to point out that UAE ethnic groups are not similar to those in other studies, which make comparisons difficult.

The main ethnic groupings in UAE society are derived from distinctions between citizens of Arab origin and citizens of non-Arab origins, e. g. Iranian origin. While occupational discrimination is not a characteristic feature of ethnicity in the UAE, social disadvantage is strongly reflected in minimal cross-marriage and social relationships between members of different ethnic origins. Differences in racial constitution are reflected in the hospital study and are statistically significant. There is an excess psychiatric morbidity in citizens of non-Arab origins.

It was not possible to conduct an in-depth examination of factors that rely upon judgements of the subject about her family. Rather, the principal emphasis has been to study information that can be elicited with certain reliability. This approach was required as survey subjects with a high degree of illiteracy were not expected to be accustomed to self-expression in psychological or experiential terms.

The role of the extended family in providing social support and protection from psychiatric illness was recently highlighted in studies conducted by WHO concerning the effect of extended families on the course and outcome of schizophrenia in developing communities where it was suggested that living in an extended family carries a better prognosis in such cases (Sartorious 1977; El-Islam 1979, 1982). There have not been comparative studies of the effect of the extended family on neurotic and affective morbidity in similar communities.

Approximately 53% of the survey subjects came from extended families. For this analysis, the nuclear family is composed of the female subject, her husband and children, or the female subject and her brothers, siblings, father and mother who live under the same roof. An extended family contains more than two generations living together in the household who may be any other relatives in addition to the first degree family members.

Taken alone, the association between living in an extended or a nuclear family and psychiatric morbidity was primarily negative. Family circumstances, e. g. the quality and amount of support it offers, seems to be more important than the number of persons who comprise the family. Positive associations for extended families in studies on schizophrenia may not reflect an actual reduction in psychopathology as much as it is related to the tolerance of psychopathology and its apparent dilution in the larger family environment. The extended family form is declining in the UAE, as it is in most traditional societies. The present situation may be considered a transitional period, in which Western type social support organizations have not yet developed, with negative consequences for mental health. However, this possibility was not substantiated in the present study.

For the traditional married female, having no children may be a more significant source of distress than having a large number of children. This would be consistent with the expected sociocultural role for women in traditional Arab societies (El-Islam 1975), but is actually contrary to the postulates of Brown and Harris (1978). This hypothesis was tested together with an examination of the relation between number of biological children and psychiatric morbidity. Statistical analysis suggests no relation exists between the two in either sample.

Loss of parents in childhood has been linked to adult psychiatric morbidity, particularly depression (Brown and Harris 1978). This is the focus of considerable

controversy along with several elements of their proposed vulnerability model. Solomon and Bromet (1982) were unable to replicate the findings of Brown and Harris. Tennant et al. (1980, 1981, 1982) were also unable to replicate the findings of Brown and Harris. These researchers attributed their positive associations to inadequate control of potentially confounding variables. Where experimental and control samples were most rigorously matched, no association was found between childhood parental bereavement and depression in later life. In their view, parental death in childhood appeared to have little effect on adult depressive morbidity.

While more research is required to draw firm conclusions about this lack of association, it may be a consequence of the availability in rural and traditional societies of an extensive network of interpersonal contacts and intimate relationships where most married women live with parents and close relatives. The present study supports the latter possibility and fails to demonstrate any significant association between loss of either parent before age 15 and the development of psychiatric morbidity, as reflected in case status.

Failure to detect a relationship between early parental loss and the later development of psychopathology may also be attributed to the many intervening factors which are influential after the loss of parents. For example, parental loss may not be an independent factor contributing to a vulnerability to psychiatric disorder. Rather, factors such as surrogate or substitute parental relationships to the child (Birtchnell 1980) may be at work. Contributing factors may be the attitude of the surviving parent towards the developing child (Tennant et al. 1980). Subsequent experiences later in life may alter or modify the reactions to an early loss so that when taken in isolation, such factors are unable to explain any association with adult psychopathology (Tennant et al. 1980).

The presence of a confiding relationship was examined in a manner different from the methodological design adopted by Brown and Harris (1978), who restricted confidants to spouse or boyfriend. The results demonstrate no significant association between the absence of a confiding relationship and psychiatric morbidity in the community sample, but are supported in the hospital sample. Taking into consideration the methodological limitations, the results support the observation and general consensus of literature which includes confiding relationships among the risk factors proposed by Brown and Harris, an effect which has been related to vulnerability to psychopathology (Costello 1982).

Psychiatric Morbidity and Socio-Cultural Change

This aspect of the community survey attempted to relate psychiatric morbidity to acculturation resulting from rapid socioeconomic changes and contact with foreign cultures through the large number of expatriate workers and their families residing in the country.

The Socio-Cultural Change Questionnaire, ScCQ (Bebbington et al. 1993) is constructed around behaviour and attitudinal changes affecting the single individual and believed to result from exposure to Western influence. Behaviour and attitude changes were explored in the following areas: A – Women's education; B – marriage and marital customs and tradition; C – employment of women; and D – general customs and tradition. In addition, the subject's degree of comfort or discomfort in situations considered to be unconventional in traditional societies was used to construct an independent EASE score. Some of these questions referred to activities that were unacceptable in the culture.

The ScCQ was administered to 287 women who, in addition to being citizens, had spent their greater part of their life in the UAE. Thirteen women were excluded because they spent their early upbringing and early adulthood in their country of origin. An overall tradition index was derived as follows: The numerator was calculated by adding the actual score of each variable, and the denominator was calculated by adding the maximum possible score on all items. The tradition index is equivalent to the sum of actual scores divided by the sum of maximum scores.

$$\text{Tradition Index} = \frac{\text{Sum of actual scores}}{\text{Sum of maximum possible scores}}$$

Items that are not applicable to a subject, e. g. items related to marriage in a subject who is not married, are not counted either the denominator or numerator. A score of 1 is equivalent to maximum traditionality and a score of 0 is equivalent to a maximum degree of acculturation. In addition to the overall Tradition Index, separate Attitude and Behaviour Tradition Indices were constructed by adding scores of the attitude and behaviour sections of the questionnaire separately.

Analyses of responses to the ScCQ depended on establishing three score ranges. The first approach was to divide subjects into markedly modern group (total score between 0.0 and 0.4), an intermediate group scoring between 0.4 and 0.6 and a traditional group ranging between 0.6 and unity. The choice of three score ranges derived from initial content analysis of the questionnaire responses. A second division of the scores for the ScCQ involved dividing the sample population into three numerically equal groups covering the entire range of scores. As illustrated in Table 5 there is no significant association between modernity and case status.

Another approach to analyzing the data was based on the possibility of discrepancy between attitude and behaviour. It was felt that discrepancies of this sort reflected disharmony both between belief and action and between the individual's own attitudes and their view of the dominant social values. This is very likely to constitute a source of stress for these women. For this purpose, subjects were classified into four groups based upon the direction and amount of difference between the Attitude Index and Behaviour Index (Table 6). Group A comprised those subjects whose attitudes were markedly more traditional than their behaviours; group B those whose attitudes were moderately more traditional; group C those who are moderately more traditional in behaviour than

Table 5. Distribution of community psychiatric cases according to scores on the Socio-Cultural Change Questionnaire

ScCQ Score range	Cases		Significance
	N	%	χ^2
0.0 – 0.4	3/17	17.6	$\chi^2 = 0.45$
0.4 – 0.6	36/149	24.2	$df = 2$
0.6 – 1.0	27/123	22.0	$P = 0.79$
Modern third[a]	18/95	19.0	$\chi^2 = 2.45$
Intermediate third	27/96	28.1	$df = 2$
Traditional third	21/98	21.4	$P = 0.29$

[a] Divisions approximate because of tied scores

Table 6. ScCQ attitude/behaviour discrepanoies in relation to psychiatric disorder

Groups	Cases N	%
A	18/48	37.5
B	17/84	21.4
C	15/89	16.9
D	14/67	20.9

χ^2	$= 8.0$, $df = 3$, $P = 0.047$
Group A	Attitude index - behaviour index > 0.1
Group B	Attitude index - behaviour index 0 to < 0.1
Group C	Attitude index - behaviour index < 0 to -0.1
Group D	Attitude index - behaviour index < -0.1

Plus values Attitude index is more than behaviour index
Minus values Behaviour index is more than attitude index

attitude; and group D subjects who were markedly more traditional in behaviour than attitude.

The results confirmed our prediction in that women who show a high degree of traditional attitudes and lesser traditional behaviour are significantly more likely to be psychiatric cases than women who show less discordance between their beliefs and behaviour.

Pattern of Psychiatric Admissions in Al-Ain

This section describes a prospective study conducted in the Psychiatry teaching unit of Al-Ain district general hospital. The unit was recently opened (1993) and is the only inpatient unit serving a catchment area of around 250 000. It consists of 30 beds (16 male and 14 female). The broad aim of the investigation is to identify the characteristics of the inpatient population receiving psychiatric treatment in the area and study the profile of psychiatric morbidity in terms of descriptive psychopathology and varieties of diagnoses. Consecutive cases admitted during a period of 3 months (from October 93 to January 94) were studied using a modified form of the Bethlem Royal and Maudsely Hospital observation sheet. The latter includes two parts. Part I consists of three cards. Card 1 covers the sociodemographic data. Card 2 is a screen for sleep, appetite and weight changes. It also deals with the duration of symptoms, family history, personal history, education, sexual history and previous medical and psychiatric history. Card 3 includes the mental state examination. Each patient was interviewed in order to collect data, Information recorded on admission as well as progress notes were used to complete information. A fresh mental state assessment was done before discharge and a final diagnosis reached. Diagnoses were made by consultants according to ICD-10 who also contributed their opinion to the Global Clinical Impression on the degree of improvement on discharge.

Retrospective analysis of records show that the total number of admissions to the psychiatric service, Al-Ain hospital in 5 years from 1990 – 1994 is 2745. The male-female ratio is 1.49 : 1. There is a stable excess of male over female admissions during the studied years. The absolute number of admissions has only increased slightly over the years in females.

Table 7. Sources of admission

Source of admission	Males $n = 80$	Females $n = 44$
Clinic	43 (53.8%)	17 (38.6%)
Emergency room	19 (23.8%)	22 (50%)
Other wards and hospitals	10 (12.5%)	4 (9.1%)
Police and court	8 (10%)	1 (2.3%)

$\chi^2 = 9.88$, $P < 0.02$

The total number of admissions during the prospective study period reached 149, including 98 males and 51 females. As some cases are readmitted in the same period, the number of unrepeated male admissions was 80 and females 44, a ratio of 1.8:1. The readmission rate within the study period marking relapse is 18.4% for males and 13.7% for female patients. The psychiatric unit is an emergency ward receiving acute cases. The duration of hospitalization ranges from 1 to 90 days. Mean duration of admission is 13.48 ± 10.8 days for males and 14.46 ± 20.3 days for females. These findings indicate a real excess of male over female admissions independent of duration of stay and readmission rates.

A significantly higher proportion of females (50%) than males are admitted through emergency; male admissions are more commonly admitted from the outpatient clinic (54%) (Table 7). This finding may reflect the types of disorders with which females are admitted, or else it may indicate that females have lesser access to outpatient psychiatric services than males. The latter possibility may be secondary to the restricted social activities of women in the traditional society in general.

Demographic Characteristics

The sociodemographic characteristics (Table 8) of this consecutive sample of psychiatric admissions indicate no remarkable gender differences in age, marital status, or degrees of education significant proportion of the whole sample consulted one or more faith healers before presenting for treatment (44%), a fact that is revealing about the dominant conceptions of mental illness in a traditional community. These is a significanty lesser number of females admitted from UAE and Omani nationalities, which again may reflect the lesser opportunity for treatment that females have in the shadow of traditional custom. That this is not a general phenomenon is indicated by the almost equal proportion of male and female admissions from other Arab nationalities. The male Asian prepondenance is a consequence of the fact that this group of workers mostly leave their families in their home country.

There is some relationship between the duration of expatriate stay in the country and psychiatric admission. A slight initial excess in admissions with less than 1 year residence in the country is followed by an almost linear and steady increase with the duration of expatriate stay in the country. There are a number of possible interpretations of this finding that requires replication in a larger sample before it can be generalized. On the whole, it indicates that long stay for expatriates does not seem to favour mental health. The rise in frequency of psychiatric disorders that manifest quite late in time (after

Table 8. Demographic characteristics of consecutive inpatient admissions

Nationality	Male $n = 80$ (%)	Female $n = 44$ (%)	Total $n = 124$ (%)	χ^2, P
Nationals	27 (71)	11 (29)	38 (30.6)	
Omani	10 (62.5)	6 (37.5)	16 (12.9)	
Other Asian	25 (71.4)	10 (28.6)	35 (28.2)	4.09, n. s.
Other Arab	15 (51.7)	14 (48.3)	29 (23.4)	
Others	3 (50)	3 (50)	6 (4.8)	
Age Group[a]	$n = 80$	$n = 42$	$n = 122$	
15–20 years	8 (10)	10 (23.8)	18 (15.8)	
21–30 years	30 (37.5)	12 (28.6)	42 (34.4)	4.43, n. s.
31–40 years	26 (32.5)	12 (28.6)	38 (31.2)	
41–50 years	9 (11.3)	5 (11.9)	14 (11.5)	
> 50 years	7 (8.8)	3 (7.1)	10 (8.2)	
Civil status[b]	$n = 79$	$n = 44$	$n = 123$	
married	45 (57)	27 (61.4)	72 (58.5)	
single	26 (32.9)	12 (27.3)	38 (30.9)	0.43, n. s.
divorced and widowed	8 (10.1)	5 (11.4)	13 (10.6)	
Education[c]	$n = 77$	$n = 41$	$n = 118$	
illiterate	16 (20.7)	13 (31.6)	29 (24.6)	
primary	18 (23.4)	9 (22)	27 (22.9)	4.89, n. s.
intermediate	17 (22.1)	4 (9.8)	21 (17.8)	
secondary	15 (19.5)	6 (14.6)	21 (17.8)	
college	11 (14.3)	9 (22)	20 (21.9)	
Occupation	$n = 80$		$n = 44$	
Unemployed	22 (27.5)	Unemployed/ housewife	2/25 (61.4)	13.62, <0.001

[a] Age is unknown for two cases
[b] Civil status is unknown for one case.
[c] Level of education is unknown for 3 males and 3 females.

20 years of residency or more) may be related to postmigration factors, particularly the problems of long-term assimilation. (Harrison 1991) The same author speculates, "it may be possible to endure extreme privation when there is promise of a better future, the risk of mental disorder increases where hopes are dashed and promised opportunities are blocked or fail to materialize."

Pattern of Disorder- und Gender-Related Characteristics

Like the community and hospital surveys previously referred to, the most common reason for psychiatric admission is a depression-related disorder (20.8 %) (Table 9). The second most common admission diagnosis is a biploar manic episode (13.3 %), which is somewhat higher than the proportion of schizophrenia admissions (10 %). Drugrelated admissions are less represented in the present sample, probably out of unjustified fear among drug dependent patients that the police or their employer may be informed if they seek treatment.

There are few but important gender differences. Females are significantly less admitted with a diagnosis of schizophrenia. Females receive much more commonly a schizopaf-

Table 9. Diagnostic breakdown in relation to sex in consecutive hospital admissions

	Male $n = 77$ %	Female $n = 43$ %	Total $n = 120$ %[a]	χ^2 sig
Depressive disorders & episodes	13 (16.9)	12 (27.9)	25 (20.8)	2.03, n. s.
Bipolar disorders & manic episodes	10 (12.9)	6 (13.9)	16 (13.3)	0.02 n. s.
Schizophrenia	11 (14.3)	1 (2.3)	12 (10)	4.39, $P < 0.05$
Schizo-affective disorders	3 (3.9)	3 (7)	6 (5)	0.55 n. s.
Other psychotic disorders[b]	5 (6.5)	3 (7)	8 (6.7)	0.01 n. s.
Alcohol related disorders	11 (14.3)	–	11 (9.2)	–
Other substance related disorders	4 (5.2)	–	4 (3.3)	–
Organic mental disorders	4 (5.2)	1 (2.3)	5/ (4.2)	0.57, n. s.
Dissociative (conversion) disorders	1 (1.3)	7 (16.3)	8 (6.7)	5.95, <0.01
Adjustment disorders	6 (7.8)	6 (13.9)	12 (10)	1.16, n. s.
Others	9 (11.7)	4 (9.4)	13 (10.8)	0.16, n. s.
total	77 (100)	43 (100)	120 (100)	

[a] In four cases, three males and one female, the diagnosis was still uncertain on discharge.
[b] Includes acute and transient psychotic disorders and delusional disorders.

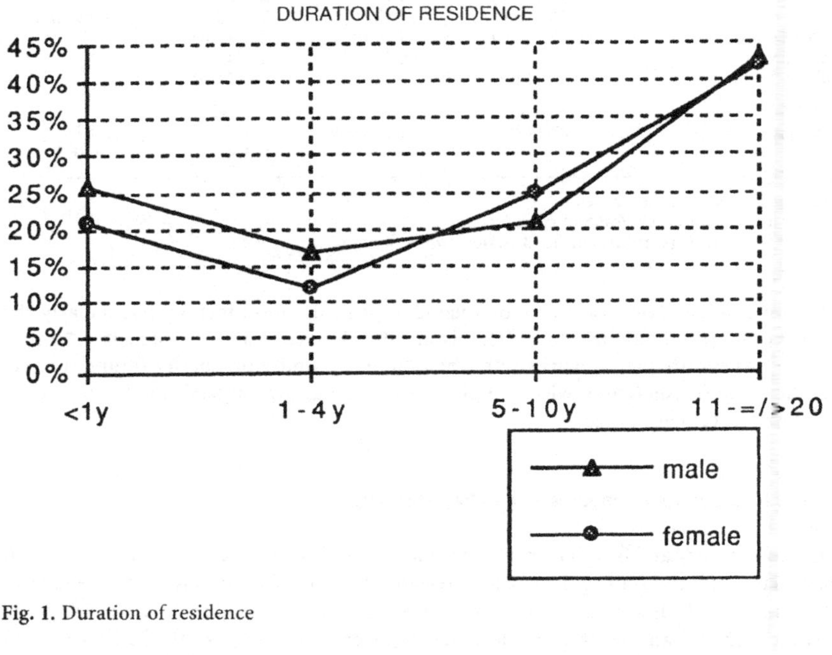

Fig. 1. Duration of residence

fective diagnosis. Females are significantly more frequently admitted with a diagnosis of dissociative (conversion) disorders. There were no female admissions for alcohol and other psychoactive substance related problems. Hysterical neurosis is diagnosed infrequently in Western cultures. It is still a common mental disorder in developing countries. The prevalence of hysterical neurosis in the psychiatry outpatient of a general hospital of

a general hospital is 6.5 % in one study and 9.2 % in another (Chandrasekaran et al. 1994). In our study dissociative (conversion) disorders represent 6.7 % of the study sample. They are significantly more prevalent among females than males. Similar finding were previously reported in an overview of conversion disorder (Ford and Folds 1985). On the other hand, substance use disorders were exclusively represented in males. Although disparate disorders, these two groups of disorders may be expressions of more basic and unitary psychopathology. Indeed a link between conversion symptoms and sociopathy has been proposed (Cloninger et al. 1975; Guze 1964).

A comparison of diagnoses among the three cultures, namely Gulf region citizens, other Arab nationalities and Asians, show differences. Alcohol and drug related problems are highly represented among Gulf regions nationals (20.4 % of national admissions) $\chi^2 = 6.97$, $df = 2$; $P < 0.05$); it is lowest among other Arab nationalities (3.5 %) and intermediate among Asians (5.7 %). Affective disorders are highly identified among Arab residents (51.7 %), least among Gulf region citizens (24.1 %), and intermediate among the Asians (28.6 %) $\chi^2 = 6.91$, $df = 2$; $P < 0.05$). Anxiety and stress related disorders are highly represented among Asians and almost equally distributed among Arab nationals and gulf region citizens. The observation that drug problems, particularly alcohol, is significantly more prevalent among UAE nationals points out that alcohol use is spreading rapidly despite the Islamic ban. So far, alcohol has not been taken seriously as the number one problem drug. It has been overshadowed by other drugs, particularly opioids.

General Comment

The principle finding of this study is the higher proportion of male compared to female admissions to the only psychiatric ward serving a well-defined catchment area. In a previous survey of outpatient visits to the psychiatry clinic over three years (1991 – 1993), we found that males also outnumber females by a ratio of 1.44 : 1. These figures are based on a total of 11 981 males and 8300 females (Amin 1993, unpublished data). Our males also have an appreciably higher psychiatric consultation and previous admission rates. That the excess is real rather than apparent is confirmed by the almost equal mean duration of stay in the ward for the two sexes and the similar rates of readmission.

The real excess of male admissions may seem to reflect population composition rather than an excess of male over female psychiatric morbidity. Figures derived for the Al-Ain region indicate a male to female ratio of 1.53 : 1 (Ministry of Planning 1992). The population pyramid is seriously schewed in favour of males between the ages of 20 – 55 years. The larger numbers of males comes from the majority of male expatriate workforce, who cannot bring their families for financial reasons.

Still, almost three times as many males than females are admitted from the indigenous population (Table 2). A significantly higher proportion of these women are admitted in emergency. The increase in male admissions is more than the population increase even when the expatriate population is accounted for. Taken collectively, therefore, these findings indicate that women in Al-Ain are either less vulnerable to psychiatric disorder or are less likely to be referred to routine psychiatric services. The former possibility is contradicted by the findings of the community survey reported above. It remains to conclude that women have lesser access to psychiatric services than men for obvious cultural reasons. Women are not encouraged to engage in activities outside their homes and may not be permitted to seek medical help except for physical reasons. Psychological

complaints may be considered forms of dissatisfaction with life, with spouse or even rebellion rather than suffering.

References

Abdel-Mawgoud M (1986) The English-Arabic version of PSE: an Arabic translation of the full version of Present State Examination (PSE). Psychiatric Hospital, Bahrain

Al-Khani MF (1986) Life events and schizophrenia: a study in Saudi Arabian population. Unpublished Ph. D. thesis, University of London

American Psychiatric Association (1987) Diagnostic and statistical manual of mental disorders, third edition revised. American Psychiatric Association, Washington DC

Amin Y (1993) Statistical analysis of psychiatric outpatient clinic Al Ain Hospital. Unpublished Service Report

Amin Y, Hamdi E (1995) Gender differences in psychiatric admissions: the influence of culture and social structure. Arab J Psychiatry 6 (in press)

Bebbington PE (1988) The social epidemiology of clinical depression. In: Henderson AS, Burrows GD (eds) Handbook of studies in social psychiatry. Elsevier, Amsterdam

Bebbington P, Ghubash R, Hamdi E (1993) The Dubai community psychiatric survey: II development of the Socio-cultural Change Questionnaire. Soc Psychiatr Psychiatr Epidemiol 28: 60 - 65

Bebbington PE (1987) Marital status and depression: a study of English national admission statistics. Acta Psychiatr Scand 75: 640 - 650

Bebbington PE, Hurry J, Tennant C, Sturt E, Wing JK (1981) Epidemiology of mental disorders in Camberwell. Psychol Med 11: 561 - 579

Birtchnell J (1980) Women whose mothers died in childhood: an outcome study. Psychol Med 10: 699 - 713

Brown GW, Harris T (1978) Social origins of depression: a study of psychiatric Disorder in Women. London: Tavistock

Carta MG, Carpiniello B, Morosini PL, Rudas N (1991) Prevalence of mental disorders in Sardinia: a community study in an inland mining district. Psychol Med 21: 1061 - 1071

Chaleby K (1985) Women in polygamous marriages in an inpatient psychiatric population in Kuwait. J Nervous Mental Dis 173: 56 - 58

Chaleby K (1988) Traditional Arabian marriages and mental health in a group of outpatient Saudis. Acta Psychiatr Scand 77: 139 - 142

Chandrasekaran R, Goswami U, Sivakumar V, Chitralekha (1994) Hysterical neurosis - a follow-up study. Acta Psychiatrica Scandinavica 89: 78 - 80

Cheng TA (1986) A community study of minor mental disorders in Taiwan. Unpublished Ph. D. Thesis, University of London

Cloninger R, Reich T, Guze SB (1975) The multifactorial model of disease transmission: III. familial relationship between sociopathy and hysteria (Briquet's syndrome)

Cochrane R, Stopes-Roe M (1980) Factors affecting the distribution of psychological symptoms in urban areas of England. Acta Psychiatr Scand 61: 445 - 460

Costello CG (1982) Social factors associated with depression: a retrospective community study. Psychol Med 12: 329 - 339

Department of Planning and Research (1992) The annual statistical book, Ministry of Health, United Arab Emirates

Der G, Bebbington P (1987) Depression in inner London - a register study. Social Psychiatry 22: 73 - 84

Dohrenwend BP, Dohrenwend BS (1969) Social status and psychological disorder: a causal inquiry. Wiley, New York

El-Assara A, Amin H (1988) Hospital Admissions in a Psychiatric division in Saudi Arabia. Saudi Med J 9 (1): 25 - 33

El-Islam MF (1979) A better outlook for schizophrenics living in extended families. Br J Psychiatry 135: 343 - 347

El-Islam MF (1982) Rehabilitation of schizophrenics by the extended family. Acta Psychiatr Scand 65: 112 - 119

El-Islam MF (1975) Culture bound neurosis in Qatari women. Social Psychiatry 10: 25 - 29

El-Rufaie OEF, Absood GH (1993) Minor psychiatric morbidity in primary health care: prevalence, nature, and severity. Int J Social Psychiatry 39 (3): 159 - 166

El-Rufaie OEF, Abu Medni MS (1991) Psychiatric in-patients in a general teaching hospital: an experience from Saudi Arabia. Arab J Psychiatry 2: 138 - 145

El-Sayed SM et al. (1986) Psychiatric diagnostic categories in Saudi Arabia. Acta Psychiatr Scand 74: 553-554
Ford CV, Folks DG (1985) Conversion disorder: an overview. Psychosomatics 26: 371-383
Ghubash R, Hamdi E, Bebbington P (1994) The Dubai community psychiatric survey: III Acculturation and the prevalence of psychiatric disorder. Psychol Med 24: 121-131
Ghubash R, Hamdi E, Bebbington P (1992) The Dubai community psychiatric survey: I-Prevalence and socio-demographic correlates. Soc Psychiatry Psychiatr Epidemiol 27: 53-61
Guze SB (1964) Conversion disorders in criminals. american J Psychiatry 121: 580-583
Hamdi E (1992) A comparison of hospital and community cases of psychiatric disorder: I Clinical pattern and socio-demographic characteristics. Egyptian J Psychiatry 15/1: 114-129
Harrison G (1991) Migration and mental disorder. Med Int 95 (Middle Eastern Edition Nov Psychiatry Part 2) 2: 3978-3980
Henderson AS, Duncan-Jones P, Byrne DG, Scott R, Adcock S (1979) Psychiatric disorder in Canberra. A standardized study of prevalence. Acta Psychiatr Scand 60: 355-374
Hodiamont P, Peer N, Syben N (1987) Epidemiological aspects of psychiatric disorder in a Dutch health area. Psychol Med 17: 495-505
Lloyd G, Bebbington P (1986) Social and transcultural psychiatry. In: Hill P, Murray R, Thorley A (eds) Essentials of postgraduate psychiatry, 2nd edn. Grune and Stratton, London
Madianos M, Vlachonikolis I, Madianou D, Stefanis C (1985) Prevalence of psychiatric disorders in the Athens area. Acta Psychiatr Scand 71: 479-487
Okasha A, Ashour A (1981) Psycho-demographic study of anxiety in Egypt: the PSE in its Arabic version. Br J Psychiatry 139: 70-73
Okasha A (1968) Preliminary psychiatric observation in Egypt. Br J Psychiatry 114: 949-955
Orley J, Wing JK (1979) Psychiatric disorders in two African villages. Arch Gen Psychiatry 36: 513-520
Sartorius N (1977) Priorities for research likely to contribute to better provision of mental health care. Soc Psychiatry 12: 171-184
Schwab JJ, Schwab ME (1978) Sociocultural roots of mental illness: an epidemiologic survey. Plenum, New York
Shepherd M (1978) Epidemiology and clinical psychiatry. Br J Psychiatry 133: 289-298
Solomon E, Bromet E (1982) The role of social factors in affective disorder in assessment of the vulnerability model of Brown and hid colleagues. Psychol Med 12: 123-130
Srole L, Langner TS, Michael ST, Opler MK, Rennie TAC (1962) Mental health in the metropolis, vol 1: the mid-town Manhattan study. McGraw Hill, New York
Surtees PG, Dean C, Ingham JG, Kreitman NB, Miller P McC, Sashidharan SP (1983) Psychiatric disorder in women from an Edinburgh community: association with demographic factors. Br J Psychiatry 142: 238-246
Tennant C, Bebbington P, Hurry J (1980) Parental death in childhood and risk of adult depressive disorders: a review. Psychol Med 10: 289-299
Tennant C, Bebbington P, Hurry J (1982) Female vulnerability to neurosis: the influence of social roles. Australian New Zealand J Psychiatry 16: 135-140
Tennant C, Smith A, Bebbington P, Hurry J (1981) Parental loss in childhood. Arch Gen Psychiatry 38: 309-314
Wing JK, Sturt E (1978) The PSE-ID-CATEGO system: a supplementary manual. Institute of Psychiatry, London
Wing JK, Cooper JE, Sartorius N (1974) Measurement and classification of psychiatric symptoms for the PSE and the CATEGO Program. Cambridge University Press, Cambridge
World Health Organization (1973) International pilot study of schizophrenia. World Health Organization, Geneva
World Health Organization (1979) Schizophrenia: an international follow-up study. Wiley, New York

Sachverzeichnis

Springer-Verlag und Umwelt

Made in the USA
Las Vegas, NV
11 November 2024

11548112R00168

Stevens, Frau Dr. med. J.
Zentrum für Psychiatrie und Neurologie
Universität Tübingen
Osianderstraße 22, 72076 Tübingen

Stoppe, Frau Dr. med. G.
Psychiatrische Klinik und Poliklinik, Universität Göttingen
Von-Siebold-Straße 5, 37075 Göttingen

Krauseneck, Prof. Dr. med. P.
Nervenklinik Bamberg
St. Getreu-Straße 14–18, 96049 Bamberg

Kuhn, Priv.-Doz. Dr. med. Dr. rer. nat. W.
Neurologische Klinik, St. Josef-Hospital
Ruhr-Universität Bochum
Gudrunstraße 56, 44791 Bochum

Laux, Prof. Dr. med. G.
Psychiatrische Universitätsklinik
Sigmund-Freud-Straße 25, 53105 Bonn

Maier, Prof. Dr. med. W.
Psychiatrische Universitätsklinik
Sigmund-Freud-Straße 25, 53105 Bonn

Möller, Prof. Dr. med. H.-J.
Psychiatrische Klinik, Ludwig-Maximilians-Universität
Nußbaumstraße 7, 80336 München

Przuntek, Prof. Dr. med. H.
Neurologische Klinik, St. Josef-Hospital
Ruhr-Universität Bochum
Gudrunstraße 56, 44791 Bochum

Rao, Frau Prof. Dr. rer. nat. M. L.
Psychiatrische Universitätsklinik
Sigmund-Freud-Straße 25, 53105 Bonn

Reichmann, Prof. Dr. med. H.
Neurologische Klinik und Poliklinik, Kopfklinikum
Bayerische Julius-Maximilians-Universität
Josef-Schneider-Straße 11, 97080 Würzburg

Riederer, Prof. Dr. P.
Psychiatrische Universitätsklinik
Klinische Neurochemie
Füchsleinstraße 15, 97080 Würzburg

Schlegel, Frau Priv.-Doz. Dr. med. S.
Psychiatrische Klinik der Universität Mainz
Untere Zahlbacher Straße 8, 55131 Mainz

Seibel, Dr. med. P.
Neurologische Klinik und Poliklinik, Kopfklinikum
Bayerische Julius-Maximilians-Universität
Josef-Schneider-Straße 11, 97080 Würzburg

Staedt, Dr. med. J.
Psychiatrische Klinik und Poliklinik, Universität Göttingen
Von-Siebold-Straße 5, 37075 Göttingen

Steinberg, Prof. Dr. med. R.
Pfalzklinik Landeck
Weinstraße 100, 76889 Klingenmünster

Autorenverzeichnis

Bagli, Dr. rer. nat. M.
Psychiatrische Universitätsklinik
Sigmund-Freud-Straße 25, 53105 Bonn

Büttner, Priv.-Doz. Dr. med. Th.
Neurologische Klinik, St. Josef-Hospital
Ruhr-Universität Bochum
Gudrunstraße 56, 44791 Bochum

Epplen, Prof. Dr. med. J. P.
Humangenetisches Institut, Ruhr-Universität Bochum
Universitätsstraße 150, 44881 Bochum

Filger-Brillinger, Dr. med. J.
Neurologische Klinik, St. Josef-Hospital
Ruhr-Universität Bochum
Gudrunstraße 56, 44791 Bochum

Fuchs, Dr. med. Th.
Psychiatrische Klinik und Poliklinik
Technische Universität München
Ismaninger Straße 22, 81675 München

Füsgen, Prof. Dr. med. I.
Medizinische Klinik, St. Antonius-Klinik
Tönesheider Straße 24, 48553 Welbert

Gaebel, Prof. Dr. med. W.
Psychiatrische Klinik, Heinrich-Heine-Universität
Rheinische Landes- und Hochschulklinik
Postfach, 40605 Düsseldorf

Gaertner, Prof. Dr. med. H. J.
Zentrum für Psychiatrie und Neurologie
Universität Tübingen
Osianderstraße 22, 72076 Tübingen

Hopf, Prof. Dr. med. H. C.
Neurologische Klinik und Poliklinik
Johannes-Gutenberg-Universität Mainz
Langenbeckstraße 1, 55131 Mainz

Janetzky, Dr. med. B.
Neurologische Klinik und Poliklinik, Kopfklinikum
Bayerische Julius-Maximilians-Universität
Josef-Schneider-Straße 11, 97080 Würzburg

Inhaltsverzeichnis

Vorwort

Mit zunehmender Spezialisierung von Psychiatrie und Neurologie und der dadurch bedingten Auflösung des einheitlichen Faches Nervenheilkunde werden die Grenzbereiche zwischen beiden Fächern ein diagnostisches und therapeutisches Problem, da der klinische Alltag oft nicht die Zeit für eine ausreichende Kommunikation zwischen den Vertretern beider Fachgebiete läßt.

In den interdisziplinären Gesprächen zwischen Psychiatern und Neurologen anläßlich der ersten Tagung 1992 wurden diagnostische und therapeutische Fragen erörtert, die im klinischen Alltag schwer zu lösen sind und aus der alleinigen psychiatrischen oder neurologischen Sicht nicht befriedigend beantwortet werden können. Die Publikation der Tagungsergebnisse ist in den Fachkreisen auf sehr positive Resonanz gestoßen, und es wurde der Wunsch geäußert, einen derartigen Gedankenaustausch zu wiederholen. Da neue Forschungsergebnisse aus der Genetik Auswirkungen auf die Diagnostik, Therapie und Prognose neurologischer und psychiatrischer Krankheiten haben, wird der Thematik Neurogenetik und Neurodegeneration neben Depression, Demenz und Prädiktion in der Therapie ein besonderer Tagungsteil gewidmet sein.

Der vorliegende Buchband enthält die Beiträge sowie die wichtigsten Diskussionsbemerkungen der zweiten „Begegnungs-Tagung" zwischen Psychiatern und Neurologen, die im November 1994 stattfand. Wir hoffen, mit diesem Band zur interdisziplinären Kommunikation und wechselseitigen wissenschaftlichen Impulsgebung beitragen zu können.

H.-J. Möller
H. Przuntek
G. Laux
Th. Büttner

Prof. Dr. med. Hans-Jürgen Möller
Psychiatrische Klinik, Ludwig-Maximilians-Universität
Nußbaumstraße 7, D-80336 München

Prof. Dr. med. Horst Przuntek
Neurologische Klinik der Ruhr-Universität Bochum im St. Josef-Hospital
Gudrunstraße 56, D-44791 Bochum

Prof. Dr. med. Dipl.-Psych. Gerd Laux
Psychiatrische Klinik und Poliklinik, Universität Bonn
Sigmund-Freud-Straße 25, D-53105 Bonn

Priv.-Doz. Dr. med. Thomas Büttner
Neurologische Klinik der Ruhr-Universität Bochum im St. Josef-Hospital
Gudrunstraße 56, D-44791 Bochum

Therapie im Grenzgebiet von Psychiatrie und Neurologie / H.-J. Möller ... (Hrsg). – Berlin ; Heidelberg ; New York ; Barcelona ; Budapest ; Hongkong ; London ; Mailand ; Paris ; Santa Clara ; Singapur ; Tokio : Springer.

NE: Möller, Hans-Jürgen [Hrsg.]
Bd. 2. Mit 38 Tabellen. – 1996
ISBN-13:978-3-540-60206-4 e-ISBN-13:978-3-642-61017-2
DOI: 10.1007/978-3-642-61017-2

ISBN-13:978-3-540-60206-4 Springer-Verlag Berlin Heidelberg New York

Satzherstellung: Ernst Kieser GmbH, D-86356 Neusäß
Herstellung: PRO EDIT GmbH, D-69126 Heidelberg
SPIN: 10506715 25/3134-5 4 3 2 1 0 - Gedruckt auf säurefreiem Papier

H.-J. Möller · H. Przuntek
G. Laux · Th. Büttner (Hrsg.)

Therapie im Grenzgebiet von Psychiatrie und Neurologie

Band 2

Mit 34 Abbildungen und 38 Tabellen

Springer

Springer
Berlin
Heidelberg
New York
Barcelona
Budapest
Hongkong
London
Mailand
Paris
Santa Clara
Singapur
Tokio

H.-J. Möller · H. Przuntek · G. Laux · Th. Büttner (Hrsg.)

Therapie im Grenzgebiet von Psychiatrie und Neurologie

Band 2

Lord, did I hear you say, "Leave your country, your people and your father's household and go to the land I will show you"? See Genesis 12:1.

CHAPTER 1.

Carbondale -- Where is that, Lord?

March 1, 1967, a Wednesday, was a blustery, gray day as I debarked from an Ozark Airlines prop plane on a windswept runway at the regional airport outside of Marion, Illinois. The plane was on time, to my relief. It was a few minutes before three in the afternoon. With an overnight bag in one hand, my precious briefcase in the other, wearing a suit and a topcoat – it was frosty when I left Lansing, Michigan early in the morning – plus a felt Homburg on my head, I was presenting myself with a touch of formality. It was good to stride fully upright across the tarmac in the mild air of southern Illinois after enduring scrunched knees in the backseat of a commuter plane from St. Louis. For these low ceiling commuter planes Ozark hired stewardesses no more than five feet tall.

The Lord provided a familiar face to greet me on the ground. Norm Luttbeg, the only person I knew personally at Southern Illinois University at Carbondale, had been delegated the task of picking me up, registering me at the Holiday Inn and bringing me to SIU-C's Government Department. Norm and I had been political science grad students together at Michigan State. Ahead of me a couple of years, he had joined the Government Department at SIU-C in 1965. I knew Norm as much from our racquetball rivalry at MSU as for our shared teaching and research interests in American politics. Norm prepped me with thumbnail descriptions about the people I would shortly meet and a bit about the campus setting. The thirteen-mile drive to the campus with Norm would be the last of my comfortable time during this campus visit. From then on, I would be on edge, under close and constant scrutiny from the more than thirty faculty members of the Government Department and sundry graduate students.

Arriving on the campus, Norm ushered me up to the third floor of an impressive, new classroom-office building. First to greet me was Professor David Kenney. I knew him only from correspondence and a couple of long-distance phone calls. A full professor in the Government Department, he was chairing the search procedure and had authorized my campus interview. In addition, he was the director of the Public Affairs Research Bureau. The job I was candidating for was half-time in the department and the other half in the bureau. Obviously, he would be a key person in the hiring decision. David promptly put us on a first name basis. Gracious, with a mild regional southern accent, he reviewed the agenda for my visit. The most important item on the list would come first. I would make an hour-long presentation about my dissertation research to about thirty faculty and several advanced graduate students and then undergo whatever sort of grilling they wished to impose. Then there would be social events, supper with selected faculty and an open house at the chairman's residence. On Thursday I would meet with the chairman and the department and some senior faculty, then the Arts and Sciences Dean and finally the Graduate School Dean and an Associate Vice President for Academic Affairs.

Fortunately, I had a topic that any political scientist who taught American students about politics would consider accessible—how members of Congress vote on public policy. But I had some unfamiliar, cutting edge methodology for explaining roll call voting behavior in the U.S. House in 1963 and 1964. If my computerized methodology was complex – scoring multiple roll call votes on measures called Guttman scales – I could make the results understandable to my listeners because the data revealed patterns of liberal-conservative legislative voting on familiar topics like civil liberties, spending, social welfare and party loyalty. Then I correlated the Guttman scale scores with measures of constituency variables. These were statistical data drawn from the U.S. census on items such as median income, housing, percentage of foreign stock in the population, and educational achievement for each of the four hundred and thirty-five congressional districts of the country. Although my findings were less than stunning, I explained them in a way that made intuitive sense to my listeners. They seemed impressed by my application of statistical tools that exceeded the sophistication of most of the listeners. I finished up with commentary about the roll call voting behavior by recognized House party and regional leaders as well as the congressman elected from the local Illinois congressional district, Kenneth Gray. Congressman Kenny Gray was a folklore figure in southern Illinois. Particularizing my findings to him seemed to clinch the meaningfulness of my analysis because it was consistent with the impressionistic thinking of the audience members about Gray. They were the people whose scholarly approval I needed.

The question-and-answer time went well, and Steve Wasby, a second-year faculty member who had previously interned a year as a Congressional

Fellow, was especially complimentary about my methods and findings. Steve, I would later learn, was often quite contrary towards and critical of others. Thus, although he was not necessarily an opinion leader in the department, an absence of criticism from him – actual praise, in fact-- allowed a sort of favorable consensus to settle over the listening audience. The person who could well have been my most penetrating critic, Norm Luttbeg, maintained a quietly supportive smile as I held forth, commending me later privately for handling the presentation and the question time effectively and with good humor.

Thereafter a swirl of meetings over food and drink went by pleasantly. The evening social at Orville Alexander's home was a relaxed affair. Department chairman for more than twenty years, Alexander also had a lot of experience at lobbying the Illinois legislature in behalf of the university. As one junior faculty member cautioned me, "Orville pours those drinks with a heavy hand." I took care not to embarrass myself at the bar. The senior faculty were especially gracious – Jack Isakoff, an expert in Illinois state and local government; Max Sappenfield, deeply experienced in public administration; Jack Jacobini, noted for expertise in international law; Frank Klingberg, a courtly scholar recognized in international relations. The younger faculty saw me as a breath of fresh air, as a behavioral political scientist with a methodological bent and suitably articulate in the language (jargon?) of the behavioral approach to political inquiry. By the time I was delivered back to the motel I was overwhelmed with a giddy sense of success.

The morning meetings on the second day went by quickly and almost free from stress. The department members liked my work and how I presented it. It was evident that the academic administrators were mostly there to convince me that this was the university I should want to join if I were someone that the department wanted to appoint. Computerization of social science research was at an early stage at SIU-C. Being someone from

Michigan State, where resources exceeded those at Carbondale, I could push for more and better at SIU-C in the very direction the administrators knew that they wanted to go. I had a welcome sense that they felt I would fit in well at this university.

When my hosts gave me a bit of free time, I explored the student center. I stopped some university undergrads to ask where they were from and what their opinion of the university was. Many were from Chicago and the metropolitan suburbs. Most expressed satisfaction about life on campus and were glad to be known as Salukis. (A saluki is a handsome breed of dog that originated in Egypt and was the chosen university mascot.) Students considered SIU-C as an up-and-coming place and they were proud to be there. Interesting to me was the fact that the students were better dressed than the ones I was teaching at MSU, where grunginess was a growing phenomenon of student dress in the mid-1960s.

Norm Luttbeg returned me to the airport, heartening me with positive feedback he had heard in the chatter from his colleagues about my presentation, demeanor and qualifications. It was late Thursday night when Bonnie, my wife, picked me up at the Lansing airport. I made my three connections – Marion to St. Louis, St. Louis to Chicago, and Chicago to Lansing, but it was after eleven o'clock when we returned to our cozy, married housing apartment and shared a glass of wine. I was still high as a kite and babbling about the trip, the people, the campus, and the students. She calmed me down with some wifely questions. What benefits will go with the salary? Is reasonable housing available? Is there a church there for us? Do you think you will get an offer? Of course, I did not know the answer to any of those questions. What I did know was, if SIU-C would make me an offer, I was hot to take it.

★

The previous year had been a wonderful but awful time – dizzying, demanding, exciting, scary, expensive and exhausting. A huge issue in Bonnie's and my expectations was getting and deciding on an academic job offer. My invited trip to Carbondale was the latest high point so far, of course, but gaining a professorial position--that would be the culmination Bonnie and I wanted out of this arduous process. I had put myself on the market beginning in the fall of 1966. The MSU political science department was generously helpful. In September it paid the way for me and another grad student, Eric Carlson, to attend the annual American Political Science Association meeting in New York City. For most of the people in attendance the annual meeting was all about presenting and listening to professional papers, finding books and publishers and building collegial relationships with people in the discipline, that complicated but subtle process of academic networking. But Eric and I were ABDs, shorthand for "all but dissertation." Doctoral candidates who have completed their doctoral course work but have not fulfilled the dissertation requirement are ABDs. For Eric and me, the most important area was the job exchange. Representatives of various colleges and universities handed out job descriptions for potential openings a year away, gathered curriculum vitae from hopefuls such as Eric and me, who expected to be available for appointment and engaged in speculative conversations about possible future connections. I say *potential* openings because departmental budgets are rarely determined a year ahead. University administrators allow searches to begin but they hold off on authorizing vacancies for actual appointments. Green candidates like Eric and me could find the search process ambiguities maddening. Rarely did anything definitive come from these exchanges, but the good news was that challenging jobs were going to be available and behavioral political scientists such as myself were evidently in some demand. Eric and I celebrated our encouraging prospects by taking the subway to Shea Stadium in Brooklyn for a night game. The Mets dutifully lost to the Atlanta Braves by a score of eight to three. Joe Torre hit a home run for the Braves.

Back on campus, I worked with Harold Johnson, a junior professor tasked by MSU's political science department to help market prospects including myself. Each of us lined up professors who would write letters of reference for us. He collected the letters in behalf of the candidates and put them together into a modest dossier that included our curriculum vitae. I could request packets about me to be sent to schools with vacancies or, if any department asked for someone of my academic likeness, Harold would send one out in my behalf. I had never prepared a curriculum vitae before. Mine was not very impressive. It needed more hints of possible greatness to come in my future career. Eric Carlson and I decided jointly to write a paper about legislative reapportionment, which was a hot topic in the mid-60s. We presented the paper at the Michigan Academy of Arts and Sciences, a minor league academic forum, in March 1966. Delivering the paper yielded a small mark of scholarly accomplishment for both our vitae even though the paper never saw the light of day in published form. At least the paper's title and our names were duly noted in the published meeting program.

A bigger issue for Bonnie and me was family finances. With a baby coming (more on that later), we were allowed a two-bedroom married housing apartment. When we moved from a one bedroom to a two-bedroom apartment our rent went up from one hundred and twenty-five dollars a month to one hundred and fifty. Bonnie would become a stay-at-home mom, no longer a salaried schoolteacher with tenure, several years of classroom experience and decent benefits. By the fall of 1966 I had run out of eligibility for my graduate assistantship that I had since 1963. Our plan (hope?) was to survive the year on savings and then for me to get a paying job as soon as possible. The good thing about the plan was that I could devote myself full-time to my dissertation. I was grinding out computer runs, scrutinizing data, drafting tables, refining footnotes and my bibliography, compiling findings and filling reams of paper with text. I took the university bus to the campus early each day and came home for supper. An hour and a half later I would go back to the office for two or three more hours of work. I only took half a day off on Saturday and all day Sunday for church and the intimacy of home life. MSU sports were our usual Saturday afternoon or evening activity – football, hockey and basketball home games. I was getting my exercise in a couple of weekly sessions of racquetball with Eric Carlson at about four in the afternoon.

Living on savings did not work for very long. Bonnie warned me that the money was going faster than we anticipated in our sketchy budget forecast. In late November I went to Charlie Press (more about him later). He was the department chair as well as my dissertation chairman. I was singing the blues about my lack of income. Charlie came to the rescue. By the grace of God, Charlie had a peculiar staffing problem. The newly elected mayor of Detroit, Jerome Cavanaugh, had hired the person who served as director of the Michigan legislative intern program, an MSU department of political science enterprise. Charlie needed someone who could promptly be up to speed for teaching about legislative politics in the immediate context of the Michigan legislative bodies. It is not arrogance for me to say I was more suitably prepared for the job than anyone else conveniently available to Charlie. Moreover, he trusted me. So, very promptly he made the appointment, giving me that job as a temporary replacement. Technically he titled me as an MSU "assistant instructor" beginning in January. It was the first year of the legislative biennium, so my job was to shepherd a dozen practicing intern staffers and lead the academic part of the program until the legislature adjourned in the summer. It was not until much later that I recognized what a career break this was, but in the moment the reward most relevant to Bonnie and me was an actual income on a regular basis for the next six months.

Running the intern program for Charlie Press seemed easy at first. True, it intruded on my time and my rate of dissertation progress, but I had an interesting class of a dozen sharp people, all college grads, including a couple who also had law degrees. My task was to lead a seminar that would expose them to academic perspectives about legislatures, just the sort of seminar I looked forward to teaching once I got a "real" job. I was well up on state and local politics as well as congressional studies, so it was not a burden to teach a graduate seminar in my own academic specialty – in fact, it was another curriculum vitae credit.

Just when things seemed to be swimming along smoothly for me, I was taken aback by a political problem in the legislature. The Speaker of the House, Democrat Joe Kowalski, died on March 18, 1967. He represented a blue-collar district in metropolitan Detroit. A date was promptly set for a special election primary to fill the vacancy. To my great consternation, one of the interns, Jimmy Hoffa, Jr., decided to run for the vacancy. Yes, this James Hoffa was the son and namesake of the renowned (then still living) president of the International Brotherhood of Teamsters. Jim promptly rented an apartment in the legislative district and declared for office. According to a House rule Jimmy had to resign the legislative internship in order to run, so he did. Two or three of the other seminar members began spending their off time walking precincts and knocking on doors for Jimmy. Our intern program was suddenly conspicuous to the legislative members and the press for all the wrong reasons. Fortunately for my interests, Jimmy Hoffa lost the primary and the waves of concern settled down considerably. But the issue did not quite go away at that point. Hoffa then wanted back into the intern program. Having been assigned previously to Senate Democratic duties, the main question was would the Senate Republicans consent to allowing Jimmy to return to the status of legislative intern. The intern program, financed by a Ford Foundation grant, was subject to bipartisan oversight. Senator Robert Vander Laan, from Grand Rapids, was the Republican minority leader. He could have objected but he chose not to and, of course, the Democrats consented to Hoffa's return. So, Jimmy was welcomed back and served out the semester as an intern without further incident.

Let me add some words here about "the rest of the story." It was related to me years later by Robert Vander Laan himself. During the Nixon presidency in 1974 Gerald Ford became Vice President, then the first person ever to fill a vice presidential vacancy by appointment. That created an open seat in the Grand Rapids congressional district. Vander Laan was still an incumbent state senator. He entered the special election, fully expecting to win a normal electoral victory in what for decades had been a safe Republican congressional district. Except for one thing: an encroaching national storm cloud over which Vander Laan had no control. The Watergate scandal had befouled the electoral waters for Republicans across the country. Vander Laan lost the special election quite contrary to his initial expectations.

Nevertheless, there was a curious little matter having to do with his campaign contribution reports after he lost the election. Vander Laan was surprised to find that his campaign fund had received a campaign contribution of five thousand dollars from the Detroit Teamsters, an unlikely gift for a mainstream Republican in central Michigan. Jimmy Hoffa, Jr. did not forget the favor that Bob Vander Laan had done for him back when Jimmy was an intern in 1967.

Charlie Press provided another unexpected perquisite for me due to my appointment as the temporary instructor for the Michigan legislative interns. He took me along to a joint meeting with the interns and director of the Illinois legislative intern program. Professor Sam Gove from the University of Illinois cohosted the event with Charlie Press. If my memory serves me correctly, I think it took place in Chicago. I recall that Gove had invited a veteran Illinois House member, Representative Al "Hack" Hachmeister, who explained to our interns the mysteries of cumulative voting for the Illinois House elections, as well the political realities of the at-large election of the Illinois House in 1964. With Charlie Press as my mentor, I became familiar with Professor Sam Gove, a leading political scientist at Illinois' premier, Big Ten University. At the time I had no reason to expect that I would spend an academic career in the state of Illinois and that Sam Gove would become a professional friend who would help me gain entre to "inside Illinois politics" in the years ahead.

★

During the dark days of winter, I was anxiously sending out inquiries about job vacancies. There had been some nibbles for me. Calvin College, my alma mater, expressed some interest but a full-time position was uncertain. In January the University of Toledo invited me for a visit. I drove there by myself in snowy weather. The head of the political science department met me, and we had a brief shakedown conversation about my visit. Then I was handed off from person to person among the department faculty and a few administrators. Eventually most of the group came together for a collective time of give and take with me. I did not get a clear feeling that they liked me very much, but what came through starkly was that all the department members had heavy teaching loads, so the department was obviously understaffed. The prevailing consensus was that they all wanted somebody to come in and assume a chunk of the teaching load. Department members were housed in a former single-family home adjacent to the campus. If appointed, I would get a refurbished attic rendered into an office with sloping ceilings. Research support, including computer services? Not much available at that time, but they were working on it. The matter of a new colleague doing research and scholarly writing received lip service but did not seem to be a matter of departmental priority. The job would be mostly about filling the classroom.

I went home to Bonnie a touch depressed by my interview experience. A week later I was mildly surprised that they sent me an offer of appointment. Bonnie was delighted. It was all about a real appointment with a salary and benefits. My fellow jobseekers at MSU were impressed with my good fortune. But I was ambivalent and so I stewed about it for some time. Then I boldly wrote a letter of refusal. I just could not put myself into that setting and believe I would thrive there. At first Bonnie was aghast but then trustingly supportive. My friends were dumbfounded, thinking me foolishly optimistic about my marketability.

On the first of February a letter came to me from David T. (for Templeton) Kenney, inviting me to interview at SIU-C. Harold Johnson had provided Kenney with my dossier and Kenney judged me as a fitting candidate. Kenney included some details about the university and noted that the envisioned salary for an assistant professor with a fresh Ph.D. would be eight hundred and fifty dollars per month. Would I come to Carbondale for an interview? Immediately I wanted to leap for the invitation.

The next day I got a second letter – the invitation was unchanged except it said that Kenney was mistaken about the salary. It would be nine hundred and fifty per month. I responded by telephone and we settled on some travel details. I investigated some library information about the university and went to work on my formal presentation for the department faculty. I would sketch out the methods and findings from my still unfinished doctoral dissertation. Meanwhile I had an inquiry from Earlham College, a quality small college in Richmond, Indiana, marked by a Quaker religious heritage. That had possibilities that I would think about.

I opened this memoir with details about my candidate experience at SIU-C. A week after my visit to Carbondale David Kenney called to make an offer. He put it in writing on March 8, 1967. There was an update on the salary, now to be a thousand and fifty dollars per month upon completion of the Ph.D. He said he would try to get the appointment on a twelve-month basis rather than the typical nine-month academic year. Kenney was as good as his word. I was jointly appointed to the Department of Government and to the Public Affairs Research Bureau (PARB), of which he was the director. My teaching load would be one course per quarter and, until my Ph.D. was final, the salary would be one thousand dollars per month. If I was available, I could begin my appointment on July 1, 1967.

Of course, I was ecstatic. The position was as perfect as anything I might have hoped for. To be put on the university payroll beginning on the first of July was an incredible and unanticipated financial windfall of two and a half months of income. Indeed, it exceeded my fondest hopes. If I had a concern it was, will I be in over my head at this major, research-oriented university? But at the time that did not give me much pause. Thoughts about Earlham College evaporated. I was all about accepting SIU-C, setting aside the job search and getting on with completing the dissertation.

Bonnie was not without misgivings. She grew up in Denver, taught in southern California, Chicago, Germany, Kalamazoo and Lansing. What would it be like to be a stay-at-home mom in a small town deep in southern Illinois? Fortunately for me she was an ever adaptable and trusting adventurer. We prayed about it. I thought God had already given me an answer to my prayer. After some time for judgment Bonnie gave me her considered approval, so I accepted the offer by telephone on March 14 and in writing on March 15.

★

In April Bonnie and I set aside a few days to look for housing in Carbondale. Thanks to a hospitable invitation from Norm and Alice Luttbeg, we could stay with them in their small Carbondale home for a few days. We had no idea what buying a house was going to take. Renting might be the better option. I even thought it might be possible that we could land in university housing for a year or so. When we arrived at the Luttbeg's place, there were real estate signs in the neighborhood from a local realtor. We called the phone number and agreed to go house hunting the next day. I recall the realtor only as "Ernie."

Ernie showed us several places ranging from "awful" to "not bad." There was little choice for under fifty thousand dollars, to me an unthinkably large sum. Rental prospects were shabby and dim. In an overcrowded university town, the market only served people who wanted to start paying rent "now," not months from now. University housing was not an option. It was reserved for graduate students and visiting faculty.

Having little cash for a down payment, whatever we would buy would need to be nearly entirely financed. Having a contract as a professor at SIU-C was, however, good as gold with the local banks. The search with Ernie revealed that the most promising prospect for purchase was a house just downhill from the Luttbegs, only a few doors away. Norm and I had talked about that house prior to Ernie's showing. Norm warned me that the low lot location collected water from the neighborhood whenever rain was heavy, a typical weather happening in southern Illinois in the spring. When Ernie pitched that house to us, I pressed him particularly about the drainage. "No problem," said Ernie. "That muddy area in back is because a workman left a watering hose on too long." Forewarned is forearmed. From Ernie's glib answer I knew that his word was not to be trusted. We told Ernie we would be looking further with somebody else.

That evening we discussed our prospects with Norm and Alice. Norm had already agreed to a teaching contract with Temple University in Pennsylvania beginning in the fall of 1967. They wanted a more urban life than was available in Carbondale. Their house was for sale by owner and, at that time, unsold. It was eight hundred and fifty square feet on one floor, with a dry full basement underneath. With three bedrooms, one bath, a kitchen and a living room, it was sufficient for us. The nominal price was thirty-five thousand dollars, but Norm would take six hundred down and we would assume his FHA mortgage at five percent interest. For their convenience the Luttbegs would leave their furniture, except for the bedroom and baby's room, until the end of August. They were going to travel in Europe for the summer and move their things to Philadelphia after that. We agreed and together we wrote by hand an agreement on a legal pad. The mortgage company willingly accepted our assumption of the loan with monthly payments that were about two hundred and twenty-five dollars. The arrangements could not have been better for us. We could only say the plan was not ours. It was the Lord's.

There is a follow-up anecdote. For their own reasons the Luttbegs did not stay long in Philadelphia. The next time they wanted to finance a house purchase, their lender detected that their name was still on "our" mortgage in Carbondale. At Norm's request Bonnie and I signed the necessary papers to take full responsibility for the loan on 613 Owens Street. That freed the Luttbegs from a credit liability and allowed them to finance the house that they wanted.

★

Upon agreeing to the SIU-C offer, I became monomaniacal about the dissertation. I composed six chapters in conventional dissertation-speak. Chapter one was a theoretical overview and review of research relevant to my topic. The second chapter was about methodology and how to do roll call analysis. Chapters three, four and five were all about findings. I was looking for correlations between constituency characteristics and roll call voting behavior. In chapter three my findings were that all the relationships were rather weak but in the right direction. Chapter four had a bit stronger stuff, relating roll call voting to the party affiliation of the congressmen. Chapter five looked at patterns in the separate party caucuses. After that was a finale: "Summary and Conclusions," including some needed modesty and self-criticism.

I had a helpful dissertation committee. That was despite of the fact that Robert Scigliano, my original dissertation chairman, bailed out on me when he took a cherished professorship "back home" at Boston College in the fall of 1965. Robert Horwitz, an early faculty friend that I assisted for a year, would have been on it but he had gone off to be the department chair at Kenyon College. Charlie Press, who had already agreed to be on the committee accepted the dissertation chairmanship when Scigliano departed MSU. (I have more to say about Charlie Press later.) One at a time Charlie read all my draft chapters promptly, commented helpfully and moved matters along. I accepted his suggestions and criticisms. When he was satisfied, I passed the completed drafts to Joseph Schlesinger and Harold Spaeth, the other readers. They too were constructive. The "outside" committee member was a demographer from the sociology department. He liked my work. In my files I have a brief, undated note from Schlesinger to Press. Despite mild caveats, the last line said, "on the whole this appears to me to be quite acceptable." Faint praise, but from the department's princeling, it gave the other two members permission to acknowledge that I was done. Now I could schedule my oral defense.

The defense took place on Monday, June 26. It was a public event. To my surprise my Aunt Win and Uncle Bill Hiemstra brought my mother from Kalamazoo and added to the audience. Bonnie was there too. The family supporters just sat in the back of the room and smiled encouragingly. The committee and I dutifully filled an hour and a half with discussion. Other than some nervousness on my part at the beginning there was no great tension in the room. The committee had approved my methodology and findings and they all knew I had a better-than-expected job to go to. I had surpassed all the hoops except the formality of bound copies of the dissertation which could not be prepared until the committee gave approval. They gave me their blessing and congratulated me. Charlie Press promptly wrote David Kenney telling the folks at SIU-C that I had passed the oral and that the degree would be conferred on September 1, 1967, at the end of the summer term. All that needed to be done was to submit bound copies to the Dean of the MSU Graduate School.

Within a week I finished my last edits and turned the corrected drafts over to my typist. She was the wife of a graduate student and was a secretary in a research bureau office. She was excellent and dependable. She had done my previous papers and dissertation drafts on her IBM Executive model typewriter, so things were in able and reliable hands. Before leaving for Carbondale I scraped together three hundred dollars and for that she did the revisions and updated the text, had the manuscript bound and turned it in to the Graduate School. Two months thereafter I was officially a Doctor of Philosophy in political science.

★

Thursday, after the oral exam, I rented a U-Haul trailer. Our only furniture was a bedroom set, a baby crib and a rocker. The rest of our property was clothes and kitchen things, mostly Bonnie's shower and wedding gifts. My books, journals and research documentation filled several ponderous cartons. That was the sum of our possessions along with our automobile. It was decent, a 1966 Plymouth, capable of pulling the trailer and carrying the baby with her stuff including a crib in the back seat. We hit the road Friday morning, June 30th, arriving in Carbondale late in the day to a partly empty house. The Luttbegs were off to Europe for their family excursion. On Saturday we unburdened the trailer, unloading the household things first. The master bedroom and the baby's room were ready for our furnishings. The rest of the house was well appointed with the Luttbeg's things, a pronounced matter of convenience to us. I filled the Plymouth with my office materials and returned the trailer to the local U-Haul dealer. On Monday, July 3, I was welcomed at the PARB and ushered into a small, windowless inner office. It was not all mine. I had to share it with a graduate student named Peter Aranson. (Peter, by the way, became a distinguished scholar known for innovative work in public choice theory.) But by the end of the day I was operational. With the Fourth of July holiday the next day, I could help Bonnie settle into the small house at 613 Owens Street, on the northern edge of Carbondale.

"There was a family named Van Der Slik, of a Dutch heritage. They were devout and God-fearing. They gave generously to those in need and prayed to God regularly." Paraphrased from Acts 10: 1-2.

CHAPTER 2.

Family Matters

My heritage is Dutch, and my surname is van der Slik, as the Dutch write it. My name gives me good reason to be humble. The name is a prepositional phrase and literally says, "from the Mud." In my imagination I think that my seventeenth century forbears were farmers on land reclaimed from the North Sea by the ingenious Dutch water engineers. I will say more about the spelling of that name later. The first Dutchman known by it was Cornelis, who died in 1666. Six generations later Johannes van der Slik was born in 1796 in Middelharnis, Netherlands. As an adult he had a small bakery in the town. He lived in a period of political, economic and religious unrest. Napoleon and the French had control of Holland at the turn-of-the-century, but Napoleon's empire crashed at Waterloo in 1815. William of Orange returned from exile in England to the Dutch throne. His family theology was Reformed, but doctrine was less important than a need for national unity. He addressed that need by instituting a state establishment of the Reformed Church at the Synod of 1816. From then on church ministers served at the King's pleasure and were salaried by the state. William undercut the doctrinal authority of the Synod of Dort (1619) and eased the distinctiveness of the historic Reformed confessions. The state church was to be inclusive, tolerant of Arminian and enlightenment rationalists of the era.

A conservative movement of religious resistance that opposed the King's liberalized state church came alive to bring about the Aufscheiding ("the separation") in 1834. By that time Johannes was thirty-eight and had two children. The Aufscheiding divided churches, people, villages and towns. The great majority of the Dutch people stayed with the state church The seceders were largely the working poor – laborers, small farmers, tradesmen and the like. Evidently Johannes sided with the seceders, a move that made living in his hometown difficult and penurious. The state church members shunned Johannes's bakery business, depriving him of his livelihood. Regarded as a political outcast, his children may even have been denied education. By the 1850s Johannes and his nine children decided to emigrate to the United States. Johannes was fifty-nine when they arrived in 1855. They settled in Forest Grove, Michigan, not many miles from the prominent Dutch colony of Holland, Michigan. When Tunis, the second son, still single, was twenty-eight he bought a farm on the border of Ottawa and Allegan counties. That farm would be the home for two generations of Vander Sliks (spelled here as my father signs his name). My father, grandson to Tunis, records the following unedited account about the family in an unpublished memoir.

On the 15th of September, 1866, he bought the property from Riley and Lori Standish and Isaac and Marietta Church, co-owners. He paid $400 cash. Under glass I have mounted the warranty deed describing the sale. Jason Skeela, Justice of the Peace, wrote it. It describes how the justice of the peace talked separately to the wife of the one couple and the husband of the other, then the other man and spouse of the second man, probably to see if the parties involved were all in agreement about the sale. I have a tax receipt that shows that in 1895 Grandpa Teunis paid taxes of $29.26.

Immediately upon buying the land he built a log cabin as his first house. He married Johanna Doren on January 29, 1871. Johanna was born July 3, 1847, so she was 10 years younger than Tunis. I do not know how long they lived in the log cabin, but they built a beautiful brick home at the top of the hill overlooking the country lane. If you see pictures of the house, the brickwork was in different colors and showed a beautiful design. The house had large windows so Johanna could see the entire farm, an area of 80 acres.

She was handicapped and could not move well. How she became handicapped, I do not know. My father never told us anything regarding her handicap. Typical farmhouses of the time had a "path to the bath," meaning the outhouse. However, because of her condition, they built a toilet facility at the back of the kitchen. The commode was built over a large tank and that was on track. When it came time to empty the tank, a horse pulled it out on to a "stone boat," really a large skid with wooden runners. The tank was pulled out on the farm someplace and emptied and then returned to its operating position. I remember that they always had a Sears Roebuck catalog for toilet tissue. It must have been rough when you came to the harness section.

There was a half-circle driveway so that a carriage could come very close to the front entrance. I suppose that made it convenient for Johanna. She died in 1914, so I never saw her myself, but Teunis lived until 1921. I remember having our family pictures taken. When he died in 1921 I was six years old. I remember seeing him laid out for all the mourners on some type of sofa. It was black, flat and rose at one end.

We have an oval, glass-covered picture of the two of them, plus the warranty deed and also a triple silver sugar container that was given to them at the time of their 25th wedding anniversary. My Uncle Henry (Hendrick), the youngest son, gave it to me before his death in 1973. As an adult he lived in Croswell, Michigan, where he died.

Let me share some things that I remember about our family. My father, Edward, told us very little about his home life. He went to the Franklin public school, which was two miles from the farm, probably a one-room school that covered grades one through eight. There was no kindergarten. To go further in education he would have had to walk to Burnips Corners, about 6 miles from home. He did not choose to go and they needed the boys on the farm.

Dad had a sister three years younger than he was. Her name was Cornelia. She married Henry Smalligan, who owned a general store in Forest Grove. This is where the family purchased all their groceries and supplies. The general store carried everything a customer could need.

Dad had an older sister Jannetje (Jenny), born in 1874, eight years older than Dad. She married an older man, George Love. As a young man he traveled to South Dakota and North Dakota. He came back home with several arrows that he picked up. Supposedly they were from the Battle of Custer's last stand. He gave two or three of them to my brother Thomas, who cherished them. I remember that Thomas had them at our home on Pine Street.

Later, when I was a kid it was great fun to go to George Love's small farm in Burnips Corners, not far from Grandpa's farm. He let us climb his fruit trees. For another entertainment at the farm we kids would put a hole in a kernel of corn, tie a string about 4 feet long through the hole. We would let a chicken swallow the kernel and then we could have the chicken follow us around all afternoon. When we were ready to go home, we just pulled up the kernel of corn and let the chicken go. No chicken ever told us that it hurt to do that.

On Grandpa's farm every trip to the barn for chores, milking the cows or caring for the horses, they had to walk down the hill 300 yards away and 300 yards back when they were done on what was not a very fancy path.

After the boys grew up, two of them left the farm. Uncle John, the oldest one, who lived from 1878 to 1949, continued to work the farm. He married Lena Padmos, born in May of 1880 and died in June of 1968. When our family was growing up we used to love to go to the farm and as a family we went there at least two or three times a year. Uncle John had three girls and one boy who were similar in age to my brothers and sisters. There were woods, sandy areas, water and everything to tempt our daring when we visited the farm.

In very early spring, Uncle John took his sleigh with a large tank on it and gathered sap from the maple trees in which he had placed taps. The sap was brought to the woods and poured into a large container like a mortar box. This box was about 12 or 14 feet long and 4 feet wide. It had dividers for three separate sections. There were gates in each of the dividers. The sap was poured into the largest section. The mortar box was mounted above the fire pit, which heated the sap and evaporated the water in it. At just the right time the gate was opened and the sap flowed into the second compartment, where the thickening continued. Then the liquid was allowed to flow in the third compartment. At just the right time, Uncle

John used a wooden paddle and he continually stirred the syrup until it reached the right consistency. Once the syrup processing began, it had to be continued to the end. Uncle Jon's youngest daughter, Dorothy, told me that many nights her dad had to stay in the woods all night watching the precious syrup cook down. When it was ready, the syrup was put into pails and later, at the house, it was portioned into 1-gallon cans. The family sold this syrup right out of their own home, keeping enough to satisfy their own needs in the cellar.

As an adult I used to hunt pheasants there with my brother Alvin and Abe DeBoer, who brought along his hunting dog. Uncle John's farm bordered a hunting club and, although it was well fenced, the birds did not respect the boundaries. So many flew over the fence and found refuge on Uncle John's farm. Typically we would come and hunt there on Saturdays. What a lot of fun we had! Just being at the farm as a child was a day of discovery and new experiences.

Now let me tell you a bit about my father, Edward, your granddad. My father and mother never spoke much about their childhood days or their growing up years. One incident that Dad told us was that once when he was chopping down trees he cut his leg very severely. He bound it up himself and afterward had to crawl 2 miles back to the house on his hands and knees.

My Dad was not an adventurous person but on one occasion he came to Kalamazoo. He must have been in his early 20s. He had little in the way of education or skills. He started to work as a laborer for Ben Ten Brink. He and a fellow young man, Harry Ten Brink worked together for Ben, gradually learning the plastering trade as apprentices. After they learned together, Harry and Edward joined hands in a plastering duo and were plastering contractors together for several years. After some years went by, Dad and Harry decided to split up. They remained friends and both their families all went to the Third Christian Reformed Church in Kalamazoo. As I remember the business, Dad had two crews, consisting of two plasterers and one laborer in each crew. In those days all houses were plastered, so business was good.

Dad must have found Jennie Nakken at singing school. In those days that was a good place to find a mate. Jennie Nakken, my mother, grew up on a farm. It was about three or four miles east of Hamilton, Michigan. She was born to Grandma Anna Johnson Nakken, who was a young mother. Grandma was married at 18 years of age to John Nakken, who was 45 years old and a prosperous farmer. Grandma Nakken had a deformed foot. Sometime after her marriage she took the inter-urban train to Kalamazoo. Then she went all by herself by rail line to Chicago. There she had her foot removed and it was replaced with a prosthesis. This was a matter that was never discussed with the children. She walked with hardly a limp. She had several children and did all her own housework. Grandpa Nakken always believed that there was oil on the farm. He said he could see oil film on the top of the mud puddles. However, when the land was tested for oil they never found any. My Uncle George, my mother's brother was 15 when his father died and he took over the operation of a 120-acre farm.

By the time my mother was a late teenager, she came to Kalamazoo along with her sister Anna. They had one talent. They got jobs as housekeepers. On Thursday afternoons it was maid's day off and they gathered with others at the YWCA for conversation and drinking tea. This was something of a watering hole for like-minded girls. They probably discussed young men. One of the things they did was go to singing school. I believe that is where Dad met Mother.

They were married in 1910 when mother was 20 and dad was 28. They bought a house at 1212 Hayes Park Court. Their house was only a couple of blocks away from Harry Ten Brink. This home was about 5 miles from the center of Kalamazoo. Later they built a home just below where Bronson Hospital is currently located. It was at 412 Edgar Street and that is where I was born. When we were little children we all had bandy chickens, colorful, small and easy to play with. We just loved the little brown eggs that they laid. There were bins in the basement of the house for potatoes, apples and pears, our winter food supplies. We had coal heat and, of course, this took lots of attention. Business was good for Dad in the 1920s so in 1925 Dad had a beautiful two-story brick and stucco home built for us at 518 Pine Street. This too was close to the hospital. Every move brought us closer to town. This home had two stories, a full basement and a third story attic along with the three-stall garage. We were close to everything – church, Christian school, downtown shopping. Everyone walked to places in those days so everything we needed was very conveniently near that home.

Then the crash came in October of 1929. Three years after moving into our new house, the stock market crashed. Housing construction stopped so there wasn't much need for plasterers. Business came to a halt and the recession set in. By 1932 many banks had failed and the newly inaugurated President Roosevelt declared a bank holiday on March 6th. All the banks were closed for four days. Talk about panic! Everybody was scared.

The day the banks closed was my last day of my formal education. At this time I had a skin condition that caused me quite a bit of distress. Periodically I would lose several days of school. On this particular day the school nurse said to me, "You have missed many school days. It would be best if you stayed home and started over next term." At the time I only had one term before graduation at Central high school. In those days the Christian school only went through the 10th grade and then we went to Central High to finish. By the way, my sister Eleanor was in the first class to graduate from the 12th grade at Kalamazoo Christian high school.

As I sadly went home from school, I heard "Extra, Extra!" This was the ordinary means for getting instant news out before TV. "The banks are closed." I dashed home and got three dollars and rushed to the Kalamazoo Gazette building. In those days boys could buy copies of the paper and there were no restrictions on where you could go to sell them on the streets. The papers were quickly sold and I repeated my trips until about 4 p.m. when school let out and the competition became too heavy.

The economy got progressively worse – joblessness, foreclosures, poverty. Fortunately my Dad had a pickup truck so he went to work for E.M. Sergeant Coal Company. At that time the people on welfare were provided a half a ton of coal every two weeks. Dad and I got up early and started work at 7 a.m. Each of us could throw on 40 large shovels of coal and it would make a half-ton. The weight had to be within ten pounds of that amount. Then we would pick up a billing and be on our way. We got so that we could average one load every 30 to 40 minutes, delivering all over town. Dirty! Did we get dirty? Hungry! Did we get hungry? After about six to eight hours and no more orders, we would go home. First we washed up in the basement. Then, after we took off our dirty outer clothes, we could come upstairs and really clean up. The best week we ever had was when we made $45, but it sure kept the wolf away from the door. My brother Thomas drove a ton and a half truck for Sergeant's, delivering the larger orders. He got just as dirty as we did.

With such a small amount of money coming in to the household, it was not possible for our folks to make house payments. For a while we were paying interest only. Finally the bank told Dad they really did not want to repossess our house. They added up all the missed payments and missed interest and set up a new financial plan. We had to pay $75 per month. Many of our parents' friends lost their homes. Mom and Dad spent many sleepless nights worrying about this.

As things grew worse, Mom and Dad had an idea. With us kids helping, Dad put plasterboard in the attic and made a large sleeping room. It was plastered and a fan was installed at the peak. It was most comfortable so the three boys were moved up there. Alvin had a bed in the alcove and Thomas and I shared a full-size bed.

Mother then put the three girls in one bedroom on the second floor. That opened two extra rooms. Being so close to town, there was no trouble renting out those rooms as sleeping rooms. Mother got $7.50 a week for one room and the $1.50 more for the other. One roomer, Pete Elander, had breakfast with the family on Sunday morning. These were interesting guests and I always enjoyed talking to them.

Dad also was able to repair and plaster cracks in houses and sidewalks. He did repairs on houses that had had been repossessed, working for the bank. Dad also got some work at Western Michigan College, working three days a week in the maintenance department. His weekly pay was $24. Mother said it was the first time in her life that she could work out a budget knowing how much money was coming in.

During the Depression the family in-laws, my uncles, Al Voss, George Stahl, and Uncle George Nakken, along with my Dad, planted wheat and oats on the Nakken farm. At harvest time all the kids went there for threshing grain. What a day! A huge, one cylinder threshing machine was brought to the farm with a man to operate it. The straw was gathered into the barn and the grain was put into sacks. When the work was done we all went down to the Rabbit River at the farm where we skinny-dipped. In the meantime women prepared the food and we even had homemade ice cream. What an ingathering!

In all of these problems they never lost their faith. With trust in God they were examples to their children. When Dad plastered, he loaded his truck early in the morning, then came in to have breakfast with the family. It was the same way with dinner. As family leader he felt it was very important to have meals together and lead in reading the Bible and in prayer.

★

I have only a fragmentary record of my mother's Dutch heritage. Her father, my "Opa," (grandfather) was Gerrit Jan Koopsen, born in Harderwijk, Netherlands on August 31, 1870. According to correspondence received in 1991 by a Koopsen cousin of mine, Opa's heritage traces back to Johannes Coopsen, born in Harderwijk in 1623. He was a clergyman in Epe, today a noted tourist destination in the Netherlands northeast. Perhaps two generations later there was another Johannes Coopsen, born in 1717, who earned a doctorate, but I do not know the subject matter. He married a cousin, Margaretha Smits, from Doesburg. Apparently, a person of note, he used a coat of arms that was recorded in various archives—in Nijmegen, Rotterdam, Arnhem and Doesburg. There is a subsequent reference to Jan Coopsen, noted to have been a lecturer and mathematics master at the "van Kinsbergen Instituut" in Elburg, about ten miles northeast of Harderwijk. In 1790 this Jan Coopsen changed the spelling of his last name, beginning it with "K," or Koopsen. My next record is of Opa's father, Aalt Koopsen, born on September 23, 1832, who married Maria Van Aken, had five children and died October 23, 1925. My Opa was their second son. On February 19, 1896 he married Cornelia Margaret Molleman in Ouderkerk, who was born on December 1, 1873.

In Opa's day Harderwijk, today a city of about 50,000 residents, was on the shore of the Zuider Zee, a large, shallow inlet connected to the North Sea. In the present era that area is nearly all land reclaimed in classic Dutch fashion from the sea. Opa's father was a wood worker by trade. He had a shop in the town with mechanized tools. In the 1990s Bonnie and I visited that place and it still had the wheels in the ceiling through which the belts could run transmitting power to the tools. Opa, by the way, was baptized in the established Grote Kerk, still a landmark in Harderwijk. As a young man, Opa learned the carpentry trade. He told me that as a young man, he wanted to emigrate to South Africa, presumably to resist the English and willing to fight on the side of the Boers. His father forbade him to go but did allow him to go to Amsterdam to advance in his trade. After that he remained in the Netherlands and began a family of his own. When I was young, he told me how he had worked on major building projects in Amsterdam. I recall how he told me that parts of that great city were built on pylons that in his day were pounded deep into the ground to give stability to the earth and the buildings that were erected on top of them.

Opa's wife, my mother's mother, came from the small town of Ouderkerk on the Amstel River, just south of Amsterdam. After their marriage they raised five children in Hilversum, east of Amsterdam. These are places that a Bonnie and I visited ourselves with my mother and dad in 1996. Opa came to the U.S. in about 1905. His sponsor lived in Kalamazoo, Michigan, so that is where he settled and obtained work, saved his money and then sent for his family. His wife, Cornelia Margaret, nee Cornelia Margaret Molleman, came with teenagers – Albert, Bert, Marie and Winifred Little Elizabeth (Betty) was about seven years old. On September 20, 1915, after the family was well established in Kalamazoo, a tagalong baby was born and named after her mother, Cornelia Margaret. That, of course, was my mother.

When I was a child the Koopsen side of the family was more significant to me than the Van Der Slik side. The relevance probably began with the fact that mom was the youngest of her family. By the early 1920s the Koopsens were prospering. When mom was seven years old her parents took her with them to the Netherlands for a visit with family on both the Koopsen and Molleman sides and for Opa to let folks back home know how well he was doing in his new country. Mom told me that he may have gone a little bit far, even expressing disrespect for the Dutch Queen. For her part, she improved her Dutch language skills so much that when she came home everyone admired how well she spoke the Dutch language. Her mom died June 8, 1932, when she was sixteen. Her father never remarried. All the older siblings, especially the girls "mothered" (or smothered) her. I should note that Opa did not return to the Netherlands again until after the war in about 1948. On that trip he was accompanied by mom's sister, my Aunt Betty Decker.

Mom, twenty years old and dad twenty-one, married on May 1, 1936 and I was born promptly thereafter. Even as an adult, mom's sisters, especially Winifred, called her "Babe." Living on Lake Street, just a few blocks from her family home on Boerman Avenue, mom could walk there for lunch on any given day, pushing me in a stroller to join Marie, Albert and Opa as well as anyone else in the family who wished to join. Sometimes Marie's girls, Louise and Eleanor, were home for lunch as well. The Christian school was only a couple of blocks away.

When I was as young as five years old, I could walk to Opa's all by myself. I did not need to cross any streets to get there. On Saturday mornings I went there in time to listen to a radio program called "Let's Pretend." The show consisted of radio broadcasts of Grimm's fairytales. I felt very much at home with the Koopsen extended family. Opa had a professional quality billiard table in his basement where he taught me how to play. Often Opa would bring me along in his pickup truck to do errands such as go to Miller Lumber and other places where he bought supplies. This continued as I grew. On Saturdays in the spring we would go out to Opa's cottage at Indian Lake, making repairs and readying it for summer occupancy. He would prime the hand pump in the kitchen so that drinking water was available. He would paint the boats and put the dock in the water. I would help. The paint for the bottom of the boats he mixed himself, using dry, lead pigment with oil. These days Opa's kind of do-it-yourself product has long since been ruled unsafe and illegal by the Occupational Safety and Health Administration (OSHA).

Back in the truck, we would pick up eggs at a nearby farmer's house. Opa's next stop was in Vicksburg, buying hardware items or grocery goods. Then we would find a booth at the local pharmacy's soda fountain. My treat was a hot fudge sundae with a cherry on top. His was a tall glass of ginger ale. After that we would drive back home to Kalamazoo, Opa whistling as he we went. Sometimes he did bird calls. When we got 221 Lake Street, he would come in for coffee and cookies with mom. Or we would go to his house on Boerman Avenue, and I would walk home at supper time. During the summer we would fish together. After dark there was a spot across the lake where we could catch bullheads. Opa would smoke his cigar and it would help to keep the mosquitoes away.

Circumstantial reasons favored me for getting a lot of generous attention in the Koopsen family. Opa's older boys, Albert and Bert, both had large families and all those kids were older than I. I was the only little kid. Aunt Marie was a widow who lived with Opa along with her two teenage girls, Louise and Eleanor. Louise was especially welcoming to me. Aunt Win and Uncle Bill had lost their only child at the age of three to rheumatic fever and were unable to have another. Aunt Betty was in a loveless marriage with Uncle Everett Decker. They had no children. So, I was the favored family kid by Opa and his three daughters.

Aunt Marie was especially generous with me and tolerant as well. When I was young it was uncommon for women to have jobs, especially professional jobs, but she did. She was the assistant city clerk and she worked at City Hall. If my mom and I went shopping downtown, it would not be unusual to walk into City Hall and go upstairs to the City Clerk's Office just to say hello to Aunt Marie. She, as well as Opa, gave me very generous presents for birthdays and Christmas. Her special friend, Mr. Pete Mosier, was head of the Recreation Department at City Hall. Through him she would buy me top of the line sports equipment – footballs, shoulder pads, helmet, bats, baseball mitts. Other kids would come to play with me because I had the best sports stuff.

Aunt Marie's talented older daughter Louise was chosen as the organist for worship services at Bethany Reformed Church when she was about sixteen. On Saturday she would practice her musical selections for the next day's worship. Sometimes she would take me along with her. My reward was the opportunity to play the chimes on the organ. I guess I never showed much aptitude for more than that. Later she taught piano and organ to lots of kids, but my folks did not have a piano in those days. Louise had a boyfriend named Bernard Bennink, nicknamed Bud. He was in the Army for a while, an impressive man in his military garb. I remember walking with Louise and Bud on John Street, near Boerman Avenue. I was wearing saddle shoes. Bud said to me, "Why do you have those special white and brown shoes?" "These are my running shoes," I said, and with a burst of speed I showed them how fast I could run. When they married, Louise had to be creative to give me a supporting role in the wedding ceremony. Cleverly, she put a white piece of crêpe paper across the center aisle of the church. Before she and bridesmaids marched down the aisle, it was my assigned task to walk over there and tear that crêpe paper apart, opening the aisle for the main event.

I got a lot of attention and privileges with the Koopsens. For weekends or sometimes weeks on end, I was invited to the cottage during the summer. I shared my Opa's bed with him. At bedtime, before climbing under the covers, Opa always got down on his knees, hands folded and elbows on the mattress, and silently said his prayers for quite a long time. I prayed too: "Now I lay me down to sleep. I pray the Lord my soul to keep. If I should die before I wake, I pray the Lord my soul to take. Bless mom and dad and…," anything else I wanted to add, "for Jesus sake, amen."

At an early age I became a pretty good swimmer and was trusted to use the rowboats by myself. That was in the years between my sixth and twelfth birthdays. Mother had two other little kids to take care of so probably she welcomed not having to worry about me. It was only later in life that mom let me know how hard it was for her to be a mother to me. Her sister Win, with Uncle Bill, thought nothing of sweeping into the house unexpected and then take me off with them for a ride in the car. We would go as far away as Battle Creek because there was a beer doggie billboard there with animated figures that I liked to watch. After sitting and watching a while we would stop to buy ice cream cones and I would come home sticky with ice cream just about suppertime. As the spoiled brat, I would be saying, "I don't want to 221 Lake Street." It is evident that I did not lack for "favorite child" treatment.

★

As America came out of the depression in 1940, dad had completed an apprenticeship and was doing well in Kalamazoo as an accomplished tool and die maker. He bought a 1940 Ford sedan with four doors. My sister Judy was born on June 16, 1941, just months before our country went to war. I wanted to name her Gracie Allen, after George Burns' radio partner. My parents more tastefully decided instead on the name Judith Kay. Mom liked the name Kay, which, later in life, she informally adopted for herself instead of Cornelia.

When war was declared on December 7, 1941 dad was going on twenty-seven, had two kids and possessed critical skills for the defense industry, so he was not drafted. His younger brother, Alvin, was. Dad had all the work that he wanted and more. At one point he was required to work on Sundays, a demand that he resisted as a violation of Sunday rest. His wages were good, but they were frozen by the federal wage and price controls that came with wartime rationing. To raise wages, management and the employees agreed to unionize the shop workforce. The eventual result was that by about the end of the war dad was deeply involved in union affairs that led to his election as president of his United Auto Workers union local. It was a notable event when in 1947 he was a delegate to the UAW's national convention in Atlantic City. An expense paid trip to the east coast in those days was a big deal. An untraveled Midwesterner, I recall that he borrowed luggage from Aunt Marie for the trip. At that convention Walter Reuther was elected as the new president of the UAW. Dad shocked his family by being an outspoken unionist, even voting Democratic. Of course, Mom voted regularly too—faithfully Republican. Dad's union visibility got him involved in civic affairs and at one point he was even encouraged (tempted?) to run for the city council. Mother talked him out of that, keeping him centered upon his growing church and home responsibilities.

My brother, James Allen was born into the family on February 17, 1945. I brought a buddy home with me from the Christian school on John Street that we both attended. My companion was my second cousin, Gale Voss, who came to see my new baby brother. Then about eight myself, I could put my thumb and forefinger around the calf of Jim's leg. It was evident me he would never be big enough to be my playmate.

With the war winding down, the house was inconveniently small. Mom and dad had saved money. Opa had promised his youngest daughter a fine house and was confident he could build it for her and dad for ten thousand dollars. So, our Lake Street house was put on the market. In preparation they bought a lot on Miles Avenue in a growing south side suburb of Kalamazoo for two thousand dollars and chose plans to build a new house.

To save money dad made a deal with his uncle, Albert Voss, to move into the Voss summer home at West Lake in the fall of 1945 about the time of VJ Day (Japan surrendered on August 15). We had to move in before the school year would start. I was enrolled in the fourth grade. As a moving van was packed, mom put me on notice: "This is the first time, but not the last for our moving. Get used to it."

Only much later could I understand the sacrifices mom and dad made to have a new house. It was an adventure for me to live at the lake and take the school bus into Portage to attend the public school, but it was really a challenging time for the folks. Dad made a point of taking me to the Portage Reformed Church near the school in order to arrange that I could attend weekly catechism classes there after school. Across the street from our home at the lake there were woods for me to tramp around in. I remember having a slingshot at the time and always hoped that with it I would be able to catch a rabbit. My mom could make a delicious rabbit dinner. To my regret, that hope went unfulfilled. All in all, however, living at the lake offered all kinds of adventures for a kid of my age.

A boy my age named Jimmy Bigler lived a few doors away at the lake. We were playmates and together we rode the bus to school and back. Like my dad, his was a small game hunter. In Jimmy's garage we found a supply of shotgun shells. It did not take much ingenuity to pick open the soft end of a shell and pour out the lead shot. The birdshot pellets fit nicely through glass tubing, the kind that might mysteriously come from a high school chemistry lab. In short, we used the tubing like the barrel of a pea shooter, blowing lead BBs at one another. Of course, the shotgun shell casing was not empty. Using a long construction nail, we could extract the wadding. Below that was the gunpowder. With the brass end of the shell standing upright on a flat surface, we could drop a lit match down into the shell and be rewarded by a whoosh of sparks and sound instantly rising three feet into the air. Exciting experiences such as this one did not come about in the classroom. One had to seek them out by experimentation.

Another bit of learning came from the West Lake kids. Jimmy's older sister had girl playmates. At some point there was to be participation in a now forgotten joint venture. What is memorable to me had to do with whether or not Jimmy and his buddy (me) could be included. The biggest girl in the group was in charge. "Yes, Jimmy can come along with us, and the long-necked kid can come too." The "long necked kid" description was a whole new bit of intelligence to me about myself. On into my youth and puberty I acknowledged to myself I was a long-necked kid. I comprehended that I presented a better appearance when wearing shirts with the collar, the better to disguise my "long neckedness." This significant lesson would never have come from anyone in my loving family. I could only gain such valuable intelligence in the hard, cruel world of neighborhood kids.

Until the fall nights became chilly, I slept in a screened, unheated porch room on the lakefront side of the house. In October my parents swapped with me. All the kids slept inside and while my parents slept out on the porch. It turned out that the winter of 1945-46 was unusually cold. Dad recalls that in January and February it took four inches of blankets to keep them warm at night. The cottage was not well insulated. Dad would get up early in the morning to load the furnace with coal, then be off at after six in the morning to start work at seven. Mom would be home with three little kids and no car unless we all got up early to take dad to work. That happened on rare occasions such as when one of the kids had go to the doctor or something significant was doing in town.

The cottage had a partial basement – really an impromptu space where the dirt under the house had been dug out by hand from under it. Mom had her faithful Maytag wringer washing machine down there. The space was heated to the extent that the furnace under the house radiated heat. By the time mother had done three or four batches of laundry, the water would be gray and cold. She would rinse clothes by hand, using a galvanized tub of tap water. There was no drain down there, so after school I would come with a bucket, take as much as I could carry, maybe a gallon or two, walking to the back of the lot near the road to pour the water out. That required several trips back and forth.

There is a bit of horror to share. Sometimes the family would come home at night in the car after dark. As dad would swing into his parking place, sometimes we would see beady little eyes looking out from under the house. Dad would set traps to catch the evil critters. I do not remember that any were ever found in the house, but they did scurry around in the crawl space beneath the house floor. Of course, mom hated even knowing that such "fies" creatures encroached upon our living space. "Fies" is a Dutch word characterizing something that is worse than filthy. It is reprehensible and not to be tolerated by clean living people such as she was.

I liked going to school in Portage. My teacher's name was Mrs. Hines. It took me a while to catch on to the way the classroom worked. Initially I was seated in the middle of the classroom of about thirty kids. It turned out that we were taught in three groups or levels – Bluebirds, Orioles and Cardinals. There were six or eight Bluebirds in one row on the left of the classroom, several rows of Orioles in the middle and eight to ten Cardinals on the right. It quickly became evident that there were low, medium and high achievement levels in the classroom. After being there a month or so Mrs. Hines moved me out of the Oriole group into the Cardinals, where I received enrichment opportunities and a higher level of text materials.

I was learning at home too. For my ninth birthday I got good books as gifts from my Aunts Marie, Win and Betty. I can remember lying on the floor to read *Tom Sawyer.* Eventually I read the Terhune books about collie dogs. Another dog book was *Bonnie's Boy* as well as Jack London's *Call of the Wild.* Then there were the horse books, starting with Mary O'Hara's, *My Friend Flicka,* and *Thunderhead.* Later, as I developed as a reader, I got into the Zane Grey books. I think *Nevada* was the first of some others. I read about Kit Carson and some of the Dave Dawson series of World War II adventures. Reading books was never a chore for me. It was an early favorite activity.

My gift from Opa when I was nine was a full-sized Schwinn two-wheeled bicycle. A pretty big deal for me. By the time my spring vacation came along, Opa was well into framing out the promised house for mother on Miles Avenue. By then I could ride my bike from West Lake down Lovers Lane to Miles Avenue, a distance perhaps of some five miles. Opa took me on (tolerated me?) as a helper. Opa had only one employee in those days, named Dewey Vander Meer. I was given my own hammer, nail apron, hat, and work pants. Mother and dad came to the site one day and saw me up on the roof helping Dewey nail down the roof planking. Mother did not think that was such a great idea but correcting her father, the contractor on the job, was beyond her authority. Ironically, it was she who took a tumble at the building site. Unfortunately, she suffered a compound fracture of her left wrist and she was in a cast for several weeks.

When summer came, Opa was still working on the house. Mom and dad had lots of frustrations. In 1946 there were shortages of certain building materials. With the war over, lots of people were responding to the pent-up demand for new housing. Opa had trouble finding an adequate supply of nails, particularly in the appropriate sizes. There were not enough bricks of the right color. Dad had to go beg for them. Mother could not obtain the linoleum she wanted. She drove to Battle Creek to buy a minimally acceptable product. Inflation was making the cost of the house climb beyond Opa's expectation. He had been so confident that he could build the house for ten thousand dollars. Now the price was rising out of sight.

With summer's arrival dad's Uncle Al Voss wanted his summer home back. The house on Miles was far from ready. Aunt Betty Decker, mom's sister came to the rescue. She and Uncle Everett had a summer cottage at Gun Lake, so their house in town would be empty. Mom and dad packed up some things and we moved to their place in town on Washburn Avenue on Kalamazoo's east side. No problem to me. Just a new set of adventures. I had more confidence than skill in my bike riding abilities. The Flanagan kids who went to Catholic school lived across the alley. They had bikes too, so we would ride where we wanted, play ball and do kids' stuff when and where we wanted to. Certainly, the dumbest and most dangerous thing I recall doing with them was playing with twenty-two caliber rifle shells. Small branches of a box elder tree were soft enough to cut with a pocket-knife. Making a quarter inch V- shaped notch in a branch allowed one to lay a cartridge in the spot. Lighting a stick match and holding it to the base of the shell would cause the cartridge to fire – that is, explode. That would send its pellet who knows where and the empty cartridge casing flying in the opposite direction. As far as I know we never hurt anyone, including ourselves, and we did not get caugh in the act. Thank God for both those things. His angels spared us from hurting some poor innocent person and us guilty rascals as well.

Uncle Everett was a unique guy. His usual uniform was shabby grey work clothes. Sleeves rolled up, grease on his arms, fingernails grubby. He would never go to church—a big no-no in the extended family. He and Aunt Betty lived next door to his father on a large lot supporting a variety of fruit treats. Grandpa Decker, well into his eighties, would sit outdoors with his dogs, chewing tobacco and spitting. He referred to his wife as "my woman." The most prominent feature of the yard was its cherry trees, both sweet and sour. Uncle Everett's family heritage was German, and he was a skilled mechanic. Very individualistic but an expert craftsman and mechanic, he worked for himself in a small tool shop attached to his garage. He made specialized metal parts with his lathe, drill press and other power tools. Paper companies, dairies and a manufacturer named Hercules Powder would call him in to solve machinery problems in their plants. When necessary he could make perfect replacement parts. On these occasions he would work day-and-night until he solved the problem. Those events were his big pay days.

That summer, when he was not solving emergencies, he was making specialized brass nozzles. He made them one by one by turning them on his lathe. He would come in from the lake in the morning, work as much of the day as he wished, and go back at suppertime. He brought his dog along, a beautiful Irish setter. I was allowed entry to the shop, and eventually was his "helper." I would jump up and get this or that. When he was cutting metal, I could adjust settings exactly as he told me to, turn switches on and off or put pieces in and out of their jigs. He would talk and explain things, as well as curse and swear when anything went awry. It was odd, but I had this working friendship with a man a dozen years older than my dad, a person who was a pariah to the rest of the Koopsen family.

That summer I kissed a girl. Not much comes back to me now as the details. In that big front yard among the fruit trees was a glider made of wood. It had no upholstery, so was not very comfortable. But it did swing and, when the sweet cherries were ripe, she and I could sit in the glider, swinging and spitting out the pits of the cherries. Drawn together, this nameless girl and I, one sunny day, it just seemed that if you liked someone it was okay to kiss her. So, we kissed each other on the lips – just once. I cannot account for why there was no repeat of the experience. Maybe that was the end of the sweet cherry season.

★

My sense of connection with the Van Der Slik side of the family grew after I was nine. It mostly had to do with the church and where we were living. With plans to build a house in Milwood and because West Lake was a long way from Third Christian Reformed Church in downtown Kalamazoo, dad brought the family to Milwood Christian Reformed Church, a more convenient place on the west side of the city. Organized in 1931, it was a relatively young congregation with mostly young families. Dad's brothers, Thomas and Alvin, already lived in Milwood, so they and their kids went to that church. His sister Eleanor, married to Adrian Vander Linde, came soon after. So, there were aunts, uncles and cousins at all the events and activities of church life in Milwood CRC.

Uncle Tom had two daughters younger than I, but no sons. Unlike my dad, who worked long hours, and had two weeks of vacation (one always devoted to pheasant hunting), Uncle Tom worked at Upjohn, with shorter hours, longer vacations and more days off. Uncle Tom spent time teaching me about collecting stamps. We went for long walks together, especially on Sunday afternoons when my parents usually took a nap. Walking the railroad tracks on Sunday afternoons we would gather loose spikes and find other treasures. If a train were to come along, we would put a penny on the track to see how large it would become when the train wheels ran over it.

Part of a larger family arrangement was that Grandma Vander Slik would provide her cottage to each of the kids for a week at a time in the summer. I would not just get to be there during "our" week, Uncle Tom and Aunt Caroline would take me a long for their week as well. I had more fishing experience with Uncle Tom than with my own father. Aunt Caroline made a treat for me that I never had at home, butterscotch pies – we called it "scudderbotch." In short, I was more special in Uncle Tom's family than I was in my own.

I learned a little bit about the plastering business from Uncle Alvin, who was a hard-working (maybe "driven" is the appropriate word) independent contractor. Some crisis or deadline must have come up and his crew was shorthanded. I was drafted to come in and "pass mud." At the time a proper plaster job was a two-coat operation. The first coat was rough mud made with coarse sand. The second coat was thinner and more refined. It contained the color desired in the finish coat. I simply kept up with two plasterers by passing mud on a paddle up to each man's "hawk," a square plate with a handle. With the hawk in the left hand loaded with wet plaster, the plasterer would scoop up a portion of the plaster on his trowel with his right hand and spread it evenly on the lath wall surface. The first coat was unrefined, but the second could be smooth or textured with swirls or other designs. They did the hard work. I just stirred the mud box to maintain the plaster's consistency and passed the ammunition as needed.

Grandma Vander Slik was not a warm presence for me. She was kind of formal and not physically affectionate. Grandpa, her husband, was more so, but he died in 1946 of lung cancer. I have only a few memories of him. He let me play in his sand pile, the supplies for the plastering business that Uncle Alvin took over by himself later on. I do recall a hunting trip with Grandpa out at the Vander Slik farm along with dad and Uncle Alvin. As I remember him, Grandpa was a quiet, mild mannered man. Almost as tall as my dad, he was slender. On the hunting trip it was the boys who would decide hunting strategy and where we would go next, not Grandpa. But he was easy to get along with. His only vice was that he, like my dad, smoked cigarettes, but back then smoking was a prevalent habit among the men of our heritage.

Most of my hunting trips out to the family farm came later, after Grandpa passed away. I learned gun safety at an early age. Dad carried a double barrel sixteen-gauge Ithaca Lightweight. Uncle Alvin had more firepower with a twelve-gauge Remington pump. I think Grandpa had a twelve-gauge hammer action that fired a single shot. A hunter friend was Abe De Boer, a well-to-do banker who carried a twelve-gauge automatic. His son Kenny, who was my age, had a single shot four-ten. Uncle Alvin, whose sons were little tykes compared to me, let me carry his bolt-action, single-shot twenty-two caliber rifle. I carried cartridges in my pocket, and only loaded a shell into the gun under explicit directions. The idea was to carry it safely, never carelessly let the muzzle point at anyone, and to learn to hunt from the adults. The day finally came when Uncle Alvin spotted a sitting bunny. He quietly got my attention, told me to chamber a shell and pointed out the target. That it's how I got my first hunting trophy, a bunny.

I looked on Grandma, dad's mother, as a *grande dame,* a rather imperious person. She had striking white hair piled in elaborate curls. I think she went to a hair stylist, a habit then unpracticed among her family and church peers. A few years after dad's father died, Grandma married a well to do businessman who lifted her level of consumption to a higher standard. In her home she displayed a taste for finery in pretty things – elaborate little glass items, statuary, framed art pictures of flowers and the like. Her place was always Dutch clean. I walked through the living room at my peril. My mother instilled fear in me that I would touch something and break it. Little kids, including grandchildren, did not play in Grandma's house. But I did like her peanut butter cookies, which had crisscrossed fork impressions on the top. Grandma was also a socially busy lady. I recall that she was president of the Ladies Aid for the Christian school and she dressed stylishly for the part. The result was that I saw her at my school occasionally in what seemed like an official capacity. I was not comfortable with her as I always was with mom's side of the family.

I do make a big exception for dad's sister, Aunt Arlene. Arlene was six years younger than my dad. At the time I was in junior high, say eleven years old and in the seventh grade, my mom knew I got along better with my teachers in school if I did not remain at school during lunch hour. I was too easily drawn into unacceptable behavior ("not my fault") when I had free time at school. I am not admitting to details on this point, but mom's ruling on this matter was appropriately prudent.

Arlene was married to Ray Broekema. They lived a few blocks from the Christian School. For a time, my mom required that I carry my lunch to her house faithfully at noon to join her and her son Bob, then a two-year-old. We would eat lunch together. She was playful and fun. Once when I arrived, she was preparing to bake a pie. Cutting out her dough for the crust, there were some left over pieces. I rolled them into a ball or two and began tossing them in the air. We began to see who could toss the dough ball closest to the ceiling. Throwing a little harder, mine stuck to the ceiling, then would fall back down. We threw harder to see whose ball would stick there longer. All this with laughter and squeals of delight. Little Bob was in awe of all this playing by his mother and older cousin. Much later Aunt Arlene confided that when that ceiling was repainted, it required two coats to cover because our dough had left grease stains on that surface.

Aunt Arlene kept me out of trouble at home. It was probably in late February or early March. On the way to lunch I passed a creek. Along it, the city street crew had dumped accumulations of snow that had been trucked away from downtown streets. Now thawing, the melt-off could run into the stream. I found the snow piles tempting. I began to kick the snow and break off the rotting ice into the creek. Promptly I fell into the creek, in the dirty runoff water up to my chest. My life was in no danger, but I was cold, wet and a soggy mess. I hurried to Aunt Arlene, now late and chilled to the bone as well as sopped and stinky. She took me in, stripped me down and put me in the bathtub. She sorted my stuff, washed and dried it all and dressed me up again. Of course, I did not get back to school that afternoon. But I was back, dry and clean, in time to take the school bus home. It was only much later that mother was informed about how a half-day absence got on my report card.

★

Allow me a bit of commentary on the Van Der Slik name. Here I spell it according to my own preference as I have in some places above. I do not remember precisely when I began recording my last name with three capital letters and spaces between the three parts. That is the only signature I remember. I find it that way in my high school algebra book from more than 60 years ago. However, early in the computer era little accommodation was made for extra spaces or capital letters in surnames. Computerization was hard on names like ours. Nevertheless, I do know when I committed myself to my preferred form. It was after my doctoral dissertation, because in it my typist recorded the name as a single word, Vanderslik. There it was, out incorrectly in a public way, and not the way I was pleased to present it. Expecting to produce future published works of my own, I decided to use separated, capitalized elements consistently from then on.

My dad and I wrote the name differently. His consistent signature is "Vander Slik' like his dad, my grandfather. My brother, James, uses that form as well. Yet I find that in local newspaper reports -- *Kalamazoo Gazette* -- of the marriage of my mom and dad in 1936, the paper does it two different ways: Vander Slik and Van Der Slik. Later, in 1946 of the *Gazette* records "E. H. VanderSlik dies at Borgess; Prominent in Church, School Circles," making no separation between the Vander and the Slik. A 1940 clipping with Aunt Krina's engagement picture records our name the same way for "Alvin VanderSlik, son of Mr. and Mrs. Edward H. VanderSlik."

Going back a few steps in our genealogy, Uncle Thomas connected with a widow lady in Middelharnis, the Netherlands, whose maiden name was the same as ours. It was she who shared a copy of our genealogy going back to Cornelis van der Slik, who died in 1666. The family name is recorded there the proper Dutch way: "van der Slik." As I noted before a literal translation is "from the mud," and the spelling is in Germanic language style. The preposition and the article are not capitalized, but the noun is. Check out Facebook, where you will find our Dutch relatives under the name of van der Slik. To find them in a Dutch telephone directory, look under "Slik." Anyway, I am led to believe that our forebears were poor farmers who lived on reclaimed land, so our name denotes that history.

Some years ago, I inquired of one of dad's cousins, a daughter of John, Grandpa Edward's older brother, how they spelled it. She gave it as Van Der Slik. In an old *Johnson Family Register: 1925-1975*, from Grandma Van Der Slik's side of the family, our clan is identified as Van Der Slik. In this memoir I have tried to be consistent in my spelling of our name in my preferred way, but other records will show it differently.

Let me add a note on my grandparents' names. Their friends knew them and referred to them as Edward, or Ed, and Jennie. That is the way they are referred to in newspapers and the like. However, their original Dutch heritage names, certainly the names used at their baptisms, were Egbert for Grandpa and Jantien for Grandma.

On an altogether different note, we who get our mail addressed to our family name see a variety of errors. I suspect all in the family have gotten mail to Silk, Slik, Derslik, Vander Shik, Van Der Slick or some other variations. Doubtless many in the family have been referred to as Slik or Slick. My two sons and some cousins tell me that that their friends used that nickname. I myself found it useful to refer to myself before my students as "Doc Slik."

That effort at informality helped me to express a casualness that offered them easy access to me.

This is hardly the last word about our family name. Perhaps someday a later generation member of our clan will spell out a more definitive commentary about our name for all of us.

"When I was a child, I talked like a child, I thought like a child, I reasoned like a child." I Corinthians 13: 11a.

CHAPTER 3.

Kid's Stuff

By the end of summer in 1946 the house at 1209 Miles Avenue was ready and we moved in. I had my own bedroom all by myself on the second floor. Never before did we have a second floor. There was a rose-colored carved carpet in the living room and dining room and the walls were plastered with a contemporary swirl finish applied by my uncle, Alvin Vander Slik. The kitchen was roomy and had some new appliances. There were well-crafted cabinets and countertops. The living room had a fireplace faced with sandstone. The yard was a large and offered potential for a garden. Someday there would be a garage back there, but not yet. Church was conveniently close by and I could go to catechism there by myself on my bicycle. Reverend Entingh was the pastor and he had sons my age. Judy went to kindergarten at Milwood public school. I rode the school bus to Ebenezer Christian School.

Although we did not live in that house long, I have a particularly dismal memory of it. I came down with scarlet fever in December. Supposedly that was serious, more serious than earlier, less memorable bouts with chicken-pox and measles. I think it spoiled my birthday celebration. Aunt Marie gave me a good new basketball, but I was not supposed to play with it in my room. I was supposed to stay quiet in my bed. The ball was with me in my room, still in the box. Of course, I took it out and tried to bounce it, but it did not have enough air pressure in it to practice dribbling. Foiled again!

As much as my parents loved their new house, they concluded that they were in debt over their heads. Due to postwar inflation, Opa could not keep the price within the projected ten thousand dollars. After the price climbed past twelve thousand, it necessitated a mortgage too scary for my parents to sleep well at night. With shortages and price increases for building supplies on the one hand and fears that the economy could go bust after the postwar surge on the other, they prudently chose a cautious path. They decided to sell the house and buy something more modest. It had to have been a major disappointment to my mom, for whom the career of home-maker and mother was a true calling. I am sure too that it was a downer for Opa, who at seventy-six had completed his last major construction project for his beloved youngest daughter.

For me that meant another change – another different house in a different neighborhood. In retrospect, I think mom and dad would agree that they could have "made it" had they chosen to stay with that house. The economy did not slow up. Dad's shop kept growing and so did he. His raises and subsequent promotions would have been enough to pay off the mortgage on the house. But choosing to sell relieved the worries and allowed them to afford the necessities of a growing family. As I shall explain, their decision led to fully satisfying alternatives for all of us and no sense of loss for me.

After selling the Miles Avenue house we lived at 1716 Sheridan Drive in Milwood from 1946 to 1950. It was a cheerful white house on a generous corner lot. The house was built before the war, but it was modern and pleasant even though it was a significant step down from the house on Miles Avenue. It had both a basement and an upstairs. The one car garage was connected to the house by a breezeway. South of the house was a vacant lot. Next to that lived an older couple, Germans, who had no children. To the west was a middle-aged couple with no kids – she did all the yardwork – Irene and Pete Nemeth. To the east across the street was a vacant lot, which became a ball field for me and my friends. To the north, across Sheridan, was a young Catholic family, the Alexanders, Allen and Jo. They had a son, Chucky, who was my brother Jim's age. Beyond that house lived the Hardings. The father, Mel, was a grocery store owner who eventually had a string of more than twenty Harding's Markets in southwestern Michigan. Eventually he organized the Spartan brand of groceries. His wife was Ruth, and they had two boys, Larry and Tom. Larry was a year older than I while Tom was a year younger.

One house further north was where the De Loof family lived. Mel, the oldest son, was in high school, followed by Katherine (Kit), then Jim, who was a little older than I but in the same grade with me, Lorene and Bernie. Bernie was about my sister Judy's age. Down the street further, on the opposite side was where the Ondersmas lived. Their only son, Gordon, was a grade ahead of me. The Scheffers family lived one street west and a block south. Art was ahead of me a year in school and Jake was a year behind. Their father was my Sunday school teacher for a time.

All these kids, except the Harding boys, went to the Christian school with me and of those that did, all but the Ondersmas, went to Milwood Christian

Reformed Church. So, there was lots of interaction within that set of people. Uncle Tom and Aunt Caroline lived a few blocks away on Cork Street, with their two daughters younger than I, Carol and Jean. Uncle Alvin and Aunt Krina were a few blocks farther away and had younger kids, but they too went to Milwood church. In short, I grew up in an enclave of supportive Christian Reformed people who were held together by the mutual connections of family, church, and the Christian school.

I remember only a little about fifth grade. The teacher was May Bode, a daughter of Reverend Bode. Miss Bode had a limp. She was a firm disciplinarian. Her sister Helen taught the fourth grade, but I missed her because of my year at Portage. My buddies in school included Billy Zuidema and Gordon Brugma. Late in that school year we used to go to Upjohn Park during the lunch hour. Billy would bring cigarettes and we would sit under the bushes near the football field and smoke them. Gordon had one leg shorter than the other. In fifth grade he wore a shoe with an extra two inches on it. Later he had surgery and it slowed the growth in the healthy leg, so that by high school the legs were of the same length, but one knee was higher than the other.

On Sheridan Drive dad did his best to improve his small house and yard. The driveway was just crushed stone. He bought a new load, spreading it on top of the old to refresh its appearance. A sidewalk bounded the drive on the east side. He set a row of bricks, standing at an angle, from the garage to the road. I helped – not much – and after that he painted them with whitewash. That gave a crisp saw-toothed edging for the driveway, giving the house a more finished appearance. Somewhere dad found three small evergreens, wild, not from the nursery. He transplanted them in a row alongside of the driveway, with the smallest one close to the road and the largest one near the house. We mowed the edge of the lot next door and, at the west end, mowed more of that field. That is where the doghouse was located, and the dog was staked out on a chain.

The dog's name was longer than mine. He was Tagalong Percival Algeron Lindley Vander Slik. He came with all those names except his new last name. Maybe one could trace his lineage back to puppyhood by backtracking on those names, but I never knew his origins. Like the hounds before him, he was not a pet to play with. He was dad's hunting dog: half basset and half beagle. He looked more like a basset, with long ears around a sad face, deep chest, and short legs with turned out feet on his forepaws. His bark was a deep baying bellow when he was on the trail of a rabbit. He had a good nose and was an enthusiastic hunter.

There are two sad and funny downsides about Tag. First about his baying bellow. Tag would sometimes bark at the moon, a long "whoo-whoo-whooing" bellow. It did not wake me. It did not wake my father. But the old German neighbor who went to bed early each night could not sleep through Tag's eerie howling. So, he would call dad on the telephone in the middle of the night, "Make that dog be quiet!" Dad tried to think of ways to break Tag of his bad habit. Someone told him that when the dog misbehaved, he must act immediately. So, one night, dad stayed up. He had the water pressure on in the garden hose. When the dog led out his bellow, dad dashed outside and sprayed the dog with a long cold shot of water. I do not recall whether it worked or not, but eventually the problem went away, and the German neighbor quit calling in the night.

Tag got sick with an intestinal problem, probably a blockage. Without all the biological details, Tag displaced his colon, literally blowing it out of his behind. The vet did surgery, but the stitches did not hold. A second time that colon was showing about four inches outside of his body. Sadly, old Tag was put out of his misery.

In the spring there were wild strawberries that covered the ground near the Balkema farm on Miller Road. There were woods near there and the neighbor kids and I would climb the trees to get up really high (probably less than thirty feet in the air but thrilling when the wind blew). Wild black raspberries came after the strawberry season was past. In the summer, there was softball on the vacant lot across from the Scheffers' house. Usually we played "workup" because there were not enough kids for teams. One of those summers, probably when I was thirteen, several of us including Art, Jake, Jim, and I, got into shoplifting. We could bike to shopping areas where nobody knew us, making us feel safer taking things from strangers. It was stupidly wrong, of course, but challenging because we would dare one another to take the next risk. Mostly what we got was candy, comic books, or fishing stuff such as lures, lines, and hooks – wants, not needs. I do not remember getting caught or getting into anything of much value, but I do recall the nerviness of it. Better to say wickedness, pure and simple.

The Harding boys were always interesting to me. Their family lived by more casual rules than those of the Christian Reformed families. Larry's hobby was model trains. I had a Lionel that Opa bought for me, but I only had a little circle of track. Larry had a much larger layout with American Flyer trains in H O gauge. He had miniature houses, cars and other landscape items that made his scale model setup much more elegant than my Lionel on a short circle of track. When he earned money, he would buy more track, cars, and models to enlarge his village. His elaborately scaled-down community showed me a fresh kind of imagination and the notion of having one's own well- developed hobby.

Another thing I liked at their house was a big collection of comic books. Comic books were not forbidden at our house, but they were not something I bought and nobody else in the family had them either. At Larry and Tom's house they had piles of comics – Superman, Captain Marvel and Batman. The piles were on the back porch. Mrs. Harding did not mind if I sat there reading the comic books whether her boys were with me there or not.

By summertime when I was twelve, I had lawns to mow. Eventually I had one for each day, a job I would usually do in the morning. I mowed our yard, of course. Remember that mowing in those days was with a hand pushed reel mower. I really did not mind the work and I liked the smell of mown grass, but I was not particularly fond of trimming. I did Opa's yard on Boerman Avenue and Grandma Vander Slik's on Eggleston. The big money came from doing Adrian Vander Linde's place (for my Uncle Adrian's father). He tried me out and I did well enough. So, he had me come three times a week for three dollars. Twice I would mow, and the other day was for trimming and weeding the garden. Little as I liked that part of the job, I learned that doing the extra part well got me a payoff. A time came when mom and dad took the family on a week-long vacation. I arranged for Jake Scheffers to come and do the job at the Vander Linde's house. A week later when I came back there were only two dollars. Mr. V said that the job done was not well enough for him to pay full price. But I had promised Jake three dollars, so I had to make good for the extra dollar myself.

Everyone in my family was healthy, probably because we ate my mom's well-planned and prepared meals and went to bed according to regular hours. But one day I discovered a problem. Going to the toilet for a bowel movement, I observed a strange bump on the right side of my stomach. When I pushed, it bulged out bigger than a cherry. So, I showed my dad. That meant a trip to Doc Huyser. Sure enough – not a good thing, a hernia, in fact. The solution was surgery, so I was put into the hospital. I felt fine, of course. No pain. No illness. But after the surgery I was miserably sick. I remember the head reeling sensation that accompanied the anesthesia (ether, as I recall) when I came to. Waking up was the hard part and having some food that would stay down. But in a couple of days I felt great again and the nurses let me ram around the hospital halls in a wheelchair with other kids in my ward.

Not long after that an ophthalmologist found a small tumor in the corner of my right eye. It had to come out. This too necessitated a couple of nights in the hospital to recover from the anesthetic. Afterward I asked the doctor, "What did you put in the bottle?" That little tumor had to be sent somewhere for analysis. "Why do you ask?" he said. I told him that while under the anesthetic I heard him say, "Put it in a bottle," and it repeated like a broken record in my memory as my head was spinning from the anesthetic.

My remembrances of the sixth and seventh grade kind of run together. Part of the sixth-grade class, about a dozen of us, were put in with the seventh graders. Miss Johanna Oranje was the primary teacher, but Mr. Kass taught us history. Oranje was an excellent teacher and I will say more about her later. The advanced sixth graders included Kathryn Hoogerheide, Esther De Bree, Greta Rey, Herman De Hoog, Ron Gruizenga, Dave Zinn, Chuck Block and maybe a couple of others. Perhaps it was about this time that I was getting into trouble at school from time to time because of my errant behavior during lunch hour. Mom gave me a new rule to live by. At noon I would take my lunch to Boerman Avenue and spend time with Opa. Looking back, I marvel that in his old age he was willing to be there for me day by day to have lunch and to chat. I recall him telling me about when he was a young man working in the Netherlands. How cold it was in the winter when he was part of a crew doing construction in Amsterdam. He bragged to me that not all the workers could cope with the weather, but he could. Why? Because he ate "speck," that fat salt pork that gave his body insulation from the cold.

In 1949 Ford came out with a new style automobile. The Alexanders across the street bought one. My dad admired it a great deal. He was still driving a green 1940 Ford sedan. His work status at Kalamazoo Stamping and Die had changed. While still a die maker in 1950, his boss and the primary owner at the plant, Ed Van Dalsen, recognized dad's leadership potential. He put dad on salary as the plant's quality control inspector and gave him a raise in pay. That took dad out of the union and put him on the lowest rung of management. By 1950 he was feeling flush.

The first sign was when we replaced the refrigerator. The compressor of the old one leaked a horrid smelling gas. After a couple of attempts to fix it, mom bought a new Kelvinator with a large freezer unit on the inside. After that we could buy and keep ice cream by the half gallon as well as buy frozen vegetables. Then, in the summer of 1950, we bought a black four-door 1950 Ford sedan. It was almost new, with only two thousand miles on it. I went with dad to pick it up from a small- town dealer outside of Kalamazoo. On the way he let me drive the old Ford part of the distance, my first driving experience. I was thirteen at the time.

Eighth grade was a bad school year. Mr. Richard Kass was our homeroom teacher. He was old and not respected. Soon we were doing rebellious things in class. His favorite subject was world history. When things got noisy, he would give a fifty-item test, orally delivering the questions. Then we would exchange papers and correct them. Those sometimes-spontaneous tests were his way to consume class time while providing him a relatively orderly hour. At other times we were shamefully disrespectful. He had an extremely limited wardrobe. I still remember his dark green sharkskin suit that he wore every day. One student would call him over for help on an assignment. The kid in the next aisle, behind Mr. Kass, would stick a tail of white, circular notebook reinforcements or a clip-on clothespin to the back of his suit coat. We would snicker about his unawareness. Kids would roll a softball or volleyball back and forth down the aisle. Just goofy, disrespectful stuff. When things would get out of hand, Charlie Block would say, "calling all cars, calling all cars," like a police dispatcher. Once or twice Mr. Kass even threatened to bring us before the elders of the church. He pointed out that we should respect him because he was an elder in the church. He surreptitiously smoked cigarettes between classes, then ate sen-sen to cover the smell. The poor man produced a brilliant daughter,

Corinne Kass, who later served as a professor on the Calvin College faculty, but he was inept as a teacher and should not have had the eighth grade as his teaching assignment. He was stuck with us and we with him. We chose to rationalize our bad behavior by blaming him for his deficiencies as a teacher.

Once or twice dad took the family to the Johnson family reunion for his grandmother and mother's side of the family, somewhere near Hamilton, Michigan. In that way I became acquainted with the kids of the fourth generation of that side of the family since immigration – Ken Stahl, some of the Nakken boys and the Voss boys (Preston, Junior, Gale). These were the children of dad's aunts and uncles and cousins. Dad's cousin Lyda, married to Harry Lemmen, had three girls – Marilyn, Judy, and Jackie. I remember having a sudden, total crush on Judy. There were games and activities along with eating. But Judy had a weak heart and could not do all the things that normal kids could do. Harry Lemmen worked at Pine Rest; a mental hospital supported by Christian Reformed churches. Their house was right across the highway from the hospital (then US 131). He was a funny and gregarious guy. Over picnic dinner dad and his brothers would teasingly sing to their cousin, "Did you ever see a hairy lemon (Harry Lemmen)? Now you tell us one."

By the time I was finishing the eighth grade, my sister Judy was about eight and Jim was five. She and Jim had cats, which they could keep and play with in the garage, but not in the house. About that time mom and dad thought Judy should have her own room instead of sharing with two brothers, but there was no space for that in the little house on Sheridan Drive. They considered making the dining room into a bedroom, but that would totally mess up the traffic pattern in the house. At just the right time, Grandma Vander Slik, who was widowed in 1946, married John De Young, a well-to-do widower. He owned a good little business, a candy and nut shop, in downtown Kalamazoo and had an impressive house off from Westnedge Avenue. Grandma sold her place on Eggleston to dad on favorable terms. At the end of the summer of 1950 we moved from the little place in Milwood into the southeast side of Kalamazoo and a big old, pre-World War I house in a neighborhood area called Washington Square.

During the summer of 1950 I began to caddy afternoons at Milham golf course. It was something I did along with mowing lawns. There was not a lot of call for caddies at the public course, but I do recall a gentleman doctor who used me quite regularly. We moved to Eggleston late in the summer and I was about to start high school. Because of a tournament at the golf course, I caddied some practice rounds for a young professional golfer with a fiery temper. I saw that temperament in action. After putting badly, he stomped the putter head, breaking the shaft of his club. At the end of a practice round he asked that I caddy through the tournament weekend. He could not understand that I was not willing to skip the start of school and carry for him on Sunday when he was going to pay me big money -- probably forty dollars. That was a lot of money for a kid thirteen, not old enough to get a working permit and an hourly job. What made no sense to him was that for religious reasons carrying his golf bag for money on a Sunday morning simply was not something I would do.

Living in the big old house on Eggleston meant that I had my own bedroom, a spacious second-floor room that overlooked the street in front of the house. Opa built me a blond oak desk of my own with plenty of drawers for stuff. Going to high school sorted out my classmates. Because I was one of the smarter kids, but without any reflection about it on my part, I was placed in the pre-college curriculum. That meant Latin, algebra and eventually chemistry and physics. It was taken for granted that I would go to college but that was just an abstract matter far in the future.

Our big old place had a front porch the width of the house, with screens for summer and windows for most of the year. Following the Dutch custom, mother insisted that those windows had to be clean. Often it was my job to get the stepladder and the Windex and work my way around that set of large windows, rotating my rags as I went.

Living near Washington Square brought different friends and experiences. Dave Noordam, a year ahead of me in school, lived nearby. Looking back, Dave was a bit odd, somewhat a loner. What surprised me was that he was rather disrespectful of his parents, who did everything they could for him. He was an only son and his mom treated him like a prince, but Dave looked down on her as a busybody and a scold. Dave had imagination and a fancy for cars. While in high school he bought a huge black 1932 Buick with a straight eight engine. It had a pair of side mounted spare tires and wide running boards. Ahead of its time, it had an accelerator control on the steering wheel. We could do things at night, like swimming, and come home riding on the running boards, Dave steering and controlling the speed by sticking his hands through the driver's side window. By the early 1950s that Buick was already a vintage automobile. The big engine probably got about eight miles to the gallon, but gas was cheap, only about a quarter a gallon in those days. Dave's sense of humor was to get onto an idea and keep exaggerating on a peculiar line of thought until it was entirely ridiculous. One of our shared pleasures was smoking together, mostly king-sized Chesterfields. But Dave discovered a smoke shop downtown and would buy English Ovals, Parliaments, and other exotic brands. We experimented with pipes and pipe tobaccos, but I could not get the hang of pipe smoking. For a while Dave and I worked together delivering goods for the Vandenberg's Furniture store.

Another Washington Square feature was a branch of the Kalamazoo public library. Our high school had little in the way of library books, and I did not frequent bookstores in Kalamazoo, although there were some near the university. But, on my own I discovered the public library branch, got a card, and began checking out books. By trial and error, I explored the shelves and asked questions, eventually favoring historical novels and war books. I learned that the library was a welcoming place and that librarians had expertise for finding out all kinds of interesting things as well as books on various topics. Moreover, they were as helpful and approachable as schoolteachers.

Other treats were available in Washington Square. There was a dime store with a candy counter that sold bulk goodies. For a dime or a quarter, I could get chocolate stars, seafoam, and malt balls. Across the street was Ham's Restaurant, where thick malts and hot hamburgers each cost a quarter. It was a place that Noordam and I frequented together.

After I was fourteen, I could have a working permit and a real job, better than mowing grass or selling papers on the street. Harding's Market near our church on Cork Street was my first hourly pay job. After school I stocked shelves and bagged groceries for sixty cents an hour. I got "in" because Mel Harding knew me from the Sheraton Drive neighborhood. In the summer I caddied at the Kalamazoo Country Club. This was much better than caddying at the Milham public course. All the golfers at the country club used caddies. After caddying single for a while, I qualified to caddie double. Carrying two bags for two golfers meant double pay. The pay was about three and a half dollars per round or seven dollars for double, maybe eight or nine dollars if I got a tip. As an added benefit, caddies could play the course free on Mondays. Dad bought a good set of used clubs from one of his friends at the shop, Dick Schafer. We split the set, so I had four irons, a putter, and a wood or two. One of the kids I remember playing with was a fellow caddie who also went to my school, Willie Niebor.

My sophomore year I worked for Bob Slager, who went to my church. He had a radio sales and repair business. Televisions were beginning to sell, so he was expanding his business. I dusted and cleaned, swabbed out the toilet, worked behind the counter receiving sets for repair and helped in delivering new or repaired TVs. The business was in a big old house on Westnedge Avenue, but plans were to build a new store across the street. During the building process, I helped the carpenters. I particularly remember one job. The ceiling joists ran from side to side for the length of the building. Bob wanted to put a series of cables through the joists from the front to the back of the building. I drilled holes, hundreds of them, standing on a ladder and using an electric drill. Later I helped string the wires through those holes.

The building turned out to be quite attractive. It was a blonde brick commercial building with an apartment on the second floor. Bob's father lived there with his wife (a second wife, not Bob's mother), and he helped in the store. He was a retired branch bank manager and was excellent with customers. He would take me with him to make deliveries, pick up supplies and do errands. After I got my driving permit, he would let me drive the panel truck. At some point I bumped into something. "Don't worry," he said, "that's what bumpers are for." I did a little of everything -- washing cars and trucks, painting, scraping, and washing windows.

Further south on Westnedge was Vandenberg Brothers furniture store. Charlie Block had done deliveries for them. Then Dave Noordam did. Somewhere along the line I went to work for Dewey and Tony Vandenberg. Mostly it was backroom work, receiving, storing, and putting furniture on display or moving it around. The fun part was making deliveries, which sometimes meant a long drive. Often setting up beds was part of the work. Dewey's advice was, "When you carry furnishings into a house, use your hands as shock absorbers. Don't bump into anything with the furniture or scratch the product." Bringing couches and box springs upstairs and around corners was one of the provocative challenges of the job.

I remember the teachers at Christian High favorably. I and my classmates found high school liberating compared to the sour year we spent under Mr.

Kass in the eighth grade. We had some good young men as teachers. Henry Muyskens was a 1947 Calvin grad that I had for math and biology. He was substantively solid, reasonable in discipline and requirements, and enjoyed playing basketball with no special favors on the school ground. (We had no gym. Team practice space was rented from a public school.) Muyskens was personally sloppy. The biology classroom was often messy, and he habitually cleaned the lenses and tools with the wide end of his necktie. But he was a good guy and fair. In the spring of the tenth grade he helped Ron Gruizenga and me, along with Gordon Ondersma and some others, to start a tennis team. That became our spring sport and got me a couple of letters.

Henry Schuurman was a good man too, a 1948 Calvin grad. He had wanted to become a minister, he told us, but could not quite meet the requirements, so he went into Christian school teaching. He grew up in New Jersey, so in the course of teaching English we often discussed differences in regional pronunciations. He said "creek," but we said "crick," so of course we students argued that the midwestern way of speaking was more correct than the New Jersey way. Almost coincidentally Schuurman fell into cheerleading at the basketball games. He wasn't athletic, but he did have a flair for the dramatic, so he taught us a particular cheer: "Come seven, come eleven! Come rickety-rackety…." At the games, someone would shout, "We want Schuurman!" After some cajoling, he would do his thing with loud support and following applause. More about Schuurman later with the Senior Play.

Mr. Ippel was a fabulous old fellow who loved us kids dearly. He was an institution and had been principal back when I started school as a child. In his later years when I was in high school, he taught us Bible and was a gentle but courtly presence. As a freshman I was to make a speech to run for student council. I did not know how to do that. He took me in hand and helped me write it, typing it out for me himself. He would say to me, "Jackie, I taught your father and your mother. Now, you honor them by being good in school." And sometimes I was. I recall that he told me, "Someday you will be an elder in the church." He was old, but he brought dignity and a wealth of experience and community knowledge to our school.

Gerrit De Vries was both the high school principal and a teacher. What a lot was expected of him. I think he taught me chemistry, physics and advanced algebra, all solid, well-taught courses. I struggled with the advanced algebra to get a C. I did better in the other two courses. He led Chapel often. To this day I remember a talk about being "a nail well fastened," which probably was based on Isaiah 22. De Vries managed a pretty orderly school, besides teaching as much as he did. He had a gruff style but kept a wry sense of humor and exercised a firm but fair discipline on both teachers and students.

There were other teachers like Ten Boer, Seven, Johnson, Myers, and De Graff, who were less significant to me. Mr. Seven was miscast as a teacher. He knew and loved literature, had a master's degree from the University of Michigan, but trying to teach poetry to us was like flavoring hamburgers with fine wine. We did not get it. Gerdine De Graff tried as well. A first-year teacher, poor thing. Once we had her in a classroom with movable chairs. We conspired to gradually inch up on her, crowding forward in an intimidating way. How cruel! Poor Miss De Graff. She moved on after just a single year teaching at our school. Myers was the band man and, despite my desire to beat the drum, I never took band. Johnson and Ten Boer taught commercial subjects, so I had little exposure to them. Unfortunately, I did not take typing because it did not fit into my precollege course schedule. I did have one summer course in typing from Central high school, but never got enough practice to develop the skill until the computer age and my retirement. Now I am barely adequate but have support from my dictation software.

By high school, several guys had cars, widening the world for us. Charlie Block bought one very early because his father suffered a debilitating fall in a construction accident. His dad crushed his heels and had limited use of his legs. Because of that Charlie was legally allowed to drive before he was sixteen and had a 1936 Chevy. We went to our jobs together after school and often to basketball practice at night. Cigarette smoking was commonplace. But eventually we got into beer drinking -- Jim De Loof, Bill Zuidema, Ron Gruizenga, Charlie, and me. It was not an all-the-time thing, rather a once-in-a-while event. Typically, two beers apiece, never more. Sometimes it was a quart apiece. Once we were nearly caught. There was a school hay-ride. We bought beer ahead of time and stored it at school on top of the bus garage. Somebody talked about it. Ron Goodrich passed the word to our chaperone teacher. He approached me to ask if we had whiskey. No. I denied it on a literal basis. What we had was beer but, of course, I did not admit to that. He accepted my answer without further cross-examination.

What does this tell me about myself and my buddies? Had we been in high school thirty years later, as my kids were, what would have been our behav-ior? I do not think there is much doubt that we would have experimented with marijuana. The fact of its illegality would not have stopped us. About heavy drugs, I am doubtful that we would have risked that, but one thing does lead to another. Obviously, we were secretive about our beer drinking, a secretiveness that extended to a summer camping trip to Wisconsin for the primary purpose of drinking beer where it was accessible to eighteen-year-olds. On the other hand, we were not alienated from our parents or school and its teachers -- certainly not Chuck, Ron, Bill nor me. Jim De Loof was at war with his family and near the end of high school he quit without graduating. I am pretty confident that our experimenting would not have extended to the drug scene and the crime that tends to accom-pany it, but I cannot say that dogmatically.

With my close buddies, Ron and Chuck, I was comfortable and invigorated by school life. We were no angels, but we mostly appreciated and respected our teachers. I do not remember doing a lot of homework, but I got mostly good grades – more B's than A's. We definitely were not resentful about the Christian emphasis of our school, believing that it made our school special. I do not recall feeling significant peer pressure or sensing enmity among students. We had our fads. For a while as a freshman, red corduroy fedoras were a guy thing. Later it was railroad caps of fine white and blue pinstripes. We wore shirts with collars and buttons. Slacks were typical, but also denims with a belt and a ruler pocket on the side. We sometimes wore white shirts but did not wear ties. Our men teachers did, however, wear a suit or sport coat. Dress up for a guy student was a V-neck sweater over a shirt with the shirt collar showing. Boys' hair was mostly short. I had a flattop most of my high school years until I was a senior. Then it was long enough to have a wave in front. I was in student council a time or two and class president as a sophomore and vice president as a junior. These offices were no great marks of distinction. Our class only had about fifty students.

During our junior year Chuck Block, Lois Dykema and I conspired to carry out a clever but mean trick on our buddy, Ron Gruizenga. Ron and Gordon Ondersma were both pretty accomplished slide trombone players. They were in the regular band and the pep band and there were other events and occasions where their talents were featured. We conspirators cooked up a plan to deflate their egos. I think the key to it was getting hold of some letterhead from Western Michigan College. We designed a mock invitation, excellently typed by Lois on the best machine in the typing room, for Ron and Gordon to try out for a music scholarship at the college. Of course, they fell for it and the word went out around school about their momentous invitation. After a few days, however, we made public the fact that the invitations were fake and that if they were not so big headed about their talents, they would have seen through our spoof. Yes, it was mean, but mostly deflating.

A couple of other work experiences bear mentioning. The summer between the tenth and eleventh grade I worked for my Uncle Adrian Vander Linde at his business, Kalamazoo Printing Machinery. The company's big moneymaker was the new offset printing presses that featured inexpensive masters and fast printing production. But there were lots of the old letterpresses still around. There were two backroom guys in the shop. Bill was the younger one who set up new offset presses. Ernie, a little older, repaired and rebuilt the old letterpresses. Printing is dirty work, so old letter presses were ink splattered, oily and grungy. But, made mostly of cast iron, they can be disassembled, soaked in chemical detergents, reassembled with new bearings, rollers, and mechanical parts, then repainted and sold as rebuilt presses. My job was the soaking, cleaning, and painting part of the rebuilding process. It was not bad work.

Ernie and Bill were World War II veterans, so I learned a whole new vocabulary of curse words with unique patterns of phrasing. "What in the G___ d___ pissy-eyed hell are you doing?" Ernie could curse in paragraphs, but he was an excellent mechanic. He brought about one of my life's darkest remembrances. He took me on an installation job in Indiana, an overnight trip. After work we had a motel with, strangely, one double bed. In bed he began with explicitly sexy talk and then he masturbated me. After that he was solicitous. I showered. It was not ever mentioned again and there was never another such occasion. And it was not something I ever shared with anyone, including my uncle at the plant.

During my senior year Chuck Block had replaced his Chevy with a neat 1931 Ford Coupe with a rumble seat. He would pick me up for school in the morning. As seniors our class was expected to do the work of producing a yearbook. That became a "get out of school" card for Charlie and me. Chris Morgan and Arlene Ickes did a great job on the hard parts of editing and managing. Charlie and I, using Charlie's car, went about the town selling yearbook ads. Principal De Vries did not mind letting us out of study hall to contact businesses and sell advertising. So, we were out of school during our senior year as often as we could line up some rationale. At the time we thought we were pretty clever with our ruse. But on reflection I think perhaps Mr. De Vries was the smart one, helping the study hall teachers by putting us troublemakers out of class and getting us to do the job of raising money to pay for the yearbook. I am reminded of Tom Sawyer and how he got his fence whitewashed.

In the spring we put in a lot of time on the Senior Play. Perhaps I should even say that was my biggest moment. I was cast in the title role for "Hans Brinker and the Silver Skates." Ron and Chuck were in the play along with the Loretta Lemmer, Marcia Vandenberg, and others. It was weeks of work and lots of evening rehearsals. We enjoyed a surfeit of good comradery that produced a successful outcome. Mr. Schuurman, our director, was pleased enough that he recorded his compliments to me in my senior yearbook. Looking back at that yearbook, there were several notes about the fun we had with the play rehearsals. I also notice several comments from girls that refer to my being a tease. No doubt that was true. Another theme in comments there refer to my being argumentative. I think that was about classroom discussions mostly. To quote Mr. De Vries: "To Jack, the class philosopher. 'I'd rather be right than President.'"

We did the play on March 19, a Friday night. By the weekend afterwards I was sick with a sore throat and by Monday I had swelling on both sides of my neck. It was mumps. Soon I had orchitis, a swollen testicle, and was sicker than I had ever been before in my life. Needless to say, had I become sick a couple of days earlier, it would have badly messed up our play. I do not remember taking any drugs. I just had to wait for the disease to run its course, and that took three weeks. I lay for hours in bed with an ice bag on my crotch. Fortunately, one, not both testicles, became inflamed and swollen. I remember my weakness and early on my dizziness when I walked down the hall to the bathroom. I literally did not know whether I could make it back to my bed.

After a couple of weeks in bed I was not communicable anymore, but still had to stay in. Dean Schimp, one of my classmates, came over one evening with a malted from Ham's Restaurant in Washington Square. Good old, faithful Dean. That was a memorable treat.

A good surprise came my way as graduation time neared. Except for advanced algebra in my senior year, I had good grades all the way through school. Grade point averages were not in our vocabulary at that time, but mine would have been above B. Ron's mother, then a teacher, let it slip to us that our IQ scores were above one hundred and twenty. On achievement tests I generally scored well above my grade level. However, none of that was particularly important to me. I was not concerned about whether my grades were better or worse than Dave Zinn's, Herman De Hoog's or Greta Rey's. Those kids were my peers but not my rivals. However, it turned out just before graduation that a scholarship to Calvin College was about to go begging. So, in a last-minute flurry of activity I was asked to fill out an application before graduation that would result in a one-semester tuition scholarship to Calvin -- pretty small potatoes in financial terms. I think it was only for a hundred and twenty-five dollars. Yet it became the clincher for a family decision that I would go to Calvin College in the fall.

Not much comes to mind about graduation on June 17, 1954. I think the ceremony was held in Third Christian Reformed Church. I would need a copy of the program to let me know who spoke and who our valedictorian and salutatorian were. I am guessing it was Dave Zinn and Loretta Lemmer. I do not know what I did that evening, but I imagine I had a date with Lois Pollard. Obviously, it was not a memorable one. Thus, my high school years came to a quiet conclusion.

As I think back about the time, my memory is not seared by painful recollections. I did not think there was anything distinctive about my home or my parents during high school. I took their love and support for granted.

There was not trouble at home or issues of discipline. Dad let me have his car when it was convenient. I had as much money as I needed, mostly, I think, because I worked and because I did not spend much. Home, church, work, and school were the pillars of regular existence and we were conventional in all of them. Dad had steady employment – he was never laid off. Mom managed a cheerful family home with great meals and clean clothes. Just to note a favorite: well cooked pork chops, smooth mashed potatoes, rich brown gravy, creamed spinach, and apple sauce on the side. I had a few chores but not onerous ones. We had a compatible family that I took totally for granted. Judy and Jim were enough younger than I that there was not noticeable sibling rivalry in our family. We were regularly engaged with the relatives on both sides, and those on mom's side especially favored me with gifts on holidays and birthdays. I would say it was a remarkably benign and blessed life that I enjoyed in our family, prototypical of how the 1950s were truly the "good years."

★

After what seemed like a long, hard summer working at Johnny's Market about sixty-five hours a week (more on that later), I was off for college. Not just any place, I was going to Calvin College, the denominational institution of the Christian Reformed Church. My father and I went up to visit the college on a summer day to search out the place. In retrospect I am surprised to recall that walking the campus, we casually bumped into Calvin's President, Dr. William Spoelhof. He showed us around the campus and engaged my dad in conversation. He remembered the family name from contact with the Kalamazoo Christian schools in earlier years. Unknown to me, his wife had been a teacher there in the elementary school. My clear impression from our visit was that by enrolling at Calvin College I was adding a large piece to my family-church-Christian Reformed heritage.

Calvin as an academic community quickly imposed upon me its intellectual seriousness. Initially I had five classes. Two on Monday, Wednesday and Friday began back-to-back at eight o'clock and nine o'clock. Another two were the same hours on Tuesday, Thursday, and Saturday. I had no idea what a bad fit that would be with my dormitory life. I dutifully went to these classes (most of the time), but they did not stir me very much. I was told that for every scheduled hour in class I should diligently prepare by studying for two hours outside of class. No doubt that was good advice but not easily taken seriously. In high school I pretty well had "gotten" what I needed to know by reading the textbook and listening in class. I tried to get by with that formula at Calvin.

My college aspirations were not well crystallized in my mind. The only career I knew much about was that of being a teacher. Mr. Ippel told me I should consider becoming a church minister. Calvin had a well-established academic path for "pre-sems," leading through studies in Greek and Hebrew to a graduate degree from Calvin Seminary. I knew enough about that career, honorable as it might be, that it was not for me. A couple of other high school teachers thought that my argumentativeness was a prompting toward pre-law. However, I had no models in my family or church experience that gave me reason to think in that direction. My initial interest inclined me to imagine I would be a high school science teacher.

What I learned at Calvin during my freshman year was that I was not very good at chemistry or trigonometry. My first semester in chemistry I got a C and in the second a D. Trigonometry: D. Not yet quite convinced I was going in the wrong direction, I signed up for physics as a sophomore. Eight weeks into the semester I dropped that course. For a fuller picture let me note that in my first two years I had five Bs, twelve Cs, three Ds and one drop. It is fortunate that at the time grade reports were not referenced with grade point averages. In short, neither I nor my family were really cognizant of how close I was to flunking out with a grade average below

C. What I did realize and accept was that I lacked promise for a career as a science teacher.

What kept me at Calvin the first two years was campus life. As a freshman living in the dormitory was to be part of a constant funhouse. Lots of card-playing, movie-going, intramural sports, beer drinking and attending campus events. As far as I was concerned the meals on campus were good. Sociologically my mates and I were quite homogeneous. Many, like me, were the first in their family to attend college. With rare exceptions they were Christian Reformed and had graduated from Christian high schools and they grew up in middle-class families of Dutch heritage. My roommate, Ron Gruizenga and I had gone to school together since kindergarten (exception: my fourth grade in public school). My new friends, from Michigan, Indiana, Iowa, South Dakota, New England, and California, were remarkably similar.

Horseplay and practical jokes in dorm life got me into trouble often. During the second semester two senior men, Bart Houseman and Ren Broekhuizen, were brought in by the Dean of Students as "counselors," strategically placed in the middle of the third floor, my floor, to impose a firmer disciplinary presence. By the end of the school year some middle-of-the-night cherry bomb explosions brought a major inquiry from the president's office. During the following summer the Dean of Students, Reverend Harold Decker, visited my family to apprise my parents and me that I was adjudged (in absentia) as among the "more guilty" in that matter, thus when I returned to Calvin as a sophomore I was on "social probation."

Being out of the dorm (it was reserved for freshmen) and rooming in a private home was probably a good thing in my sophomore year, but it started badly. Three of us, Chuck Porte, Ron Gruizenga, and I, took rooms near campus with a young family. That only lasted one semester. Mary and Sam's baby was a light sleeper. They wanted quiet, studious students who were early to bed, early to rise and always discrete and polite. Not our description.

Some accumulation of injudicious behavior earned Ron and me, along with a couple of others, banishment from eating at the college cafeteria for a week or two. I lack any record of the details, but there was a happy consequence. We discovered pizza. In the mid-1950s pizza was a rather novel thing and, needing to get our supper off-campus, we found it to our liking. During the second semester Ron and I found a much more congenial residential situation. We lived with a senior citizen-widower with impaired hearing. Having lost his wife, he no longer slept in the lovely and well-furnished master bedroom, so it was rented to Ron and me. It was as nearly ideal a circumstance as we could imagine, so we stayed there and, happily, stayed out of trouble with the college.

By my junior year I had found I could perform with academic adequacy in biology and social studies. My major became a combination of sociology and economics. Still casting myself as a future high school teacher, I took all the expected courses in education. Also, I pursued an interest in drama and was accepted into Thespians. Although it was more a club than a course – we had a faculty director and about fifty students – members did to earn one college credit for each year of participation. I learned quite a bit about drama, acted in three plays and served one year as the business manager. In retrospect I judge that the energy that otherwise helped me into trouble was sublimated into the club and I even put more positive effort into my coursework. During my senior year, my grades crept up to a B average (one C, eight Bs and two As, one of those in Thespians). As a second semester senior I had a rewarding time observing teachers and then student-teaching an eighth-grade social studies class in a Grand Rapids public secondary school.

With all my academic requirements met (minimally?), I was set for June graduation. At the time I had two roommates, Charlie Boerigter and Bruce Leep. (Ron's desire for a social work degree led him away to the University of Michigan during my senior year.) During the spring semester it was usual for Christian school administrators to visit campus to recruit new teachers. Charlie, Bruce, and I were among the candidates and we all met with, among others, the superintendent of the Bellflower Christian school, located in metropolitan Los Angeles. It turned out that Charlie and Bruce received offers to teach there in seventh grade. Both wanted to accept, but Bruce had cross pressures from home. His father urged Bruce to come home and take a position in his family's growing dairy products business in Highland, Indiana. Bruce honored his father's wishes and turned down the Bellflower offer. I was Bellflower's first alternate, so the offer came to me. That set the scenario for Charlie and me to accept the offers and go together to our first teaching positions for the munificent salaries of thirty-four hundred dollars annually in the promising environs of Southern California.

It was time for me to extend the Scripture with which I began this chapter because it teaches what must come next: "When I was a child, I talked like a child, I thought like a child, I reasoned like a child. When I became a man, I put childish things behind me." I Corinthians 13:11.

"He who ignores discipline despises himself, but whoever heeds correction gains understanding. The fear of the Lord teaches a man wisdom, and humility comes before honor." Proverbs 15: 32-33.

CHAPTER 4.

From Family to Mentors

Churches, schools, libraries and workplaces have never been fearsome places to me. To the contrary, for me they are safe havens where I can open my mind and drink in the treasures available in them. I would describe myself as a curious person, able to learn in most any circumstance or experience. Likewise, the people in these learning contexts have been beneficial to me and I often reached out to particular people, recognizing I could be enriched by what they knew. In God's good pleasure, my learning took place early and often in efficacious Christian contexts. I never knew a time when I was not a believer in Jesus Christ, so learning about God and learning about God's world were complementary processes that raised questions but did not cause me intellectual conflicts. My early family, church and school influences all moved supportively in the same direction. Learning was natural, normal and relatively easy for me as I grew up in the favorable nurture that my family provided. They were people who respected ministers and teachers around me. They worked hard themselves, so regard for hard work and diligent workers was taken for granted. I never knew whether we were rich or poor. It was simply not something that was talked about. Mom was a wonderful, loving caregiver who managed the budget and the household with affection as well as discipline. Dad worked diligently and every day, making enough so that all the bills were paid on time. I never knew a bill collector to call on the telephone or knock at the door. Any purchase of significance came after "saving up" for it. I was not taught responsibility by instruction. I absorbed the idea from family life and experiences, exemplified by mom and dad's behavior in daily living. The same ways of life were evident in the extended family, for all but Uncle Everett. He was the exception, always wearing work clothes, never dressing up or even going to church, rarely engaged in family activities and, on occasion, openly using scatological language. Being with him was about the only family experience I had with a cultural outlier.

The world around me provided me a variety of mentors. Mentor, a historical person, was a friend of ancient Odysseus. He was entrusted to educate Odysseus' son while that hero was off to take part in the Trojan War. The word *mentor* captures more than intellectual leadership. It is proverbial for a faithful and wise advisor. A proper mentor cares about the learner, pushes, cajoles and provides moral guidance. The good mentor models best practices, including criticism and praise. Among God's blessings to me has been the provision of significant mentors, especially Christians, but others as well.

★

The first mentor I should note with particular appreciation is Johanna Oranje, a.k.a., Miss Orange, or just "Miss O." She was my teacher at Kalamazoo Christian from the sixth grade through high school graduation. I met her even before she was my teacher because, as a pianist, she accompanied my uncles, Tom and Alvin Vander Slik, who were half of a singing quartet known as the Ambassador Four. For some unremembered reason I was present with them at a practice session. It was in that context of rehearsing that my voice was recorded for me on a wire recorder. What a strange and rare thing to hear how one sounded back then because it was not often one had access to a recorder. My early introduction to Miss O put me on a good footing when she became my teacher.

When I was promoted to sixth grade my class was divided and the better readers were put into Miss Oranje's classroom with the seventh grade. Profoundly Christian, Miss O was the main classroom teacher for both my sixth and seventh grades. In ninth and tenth grades she was my Latin teacher. She always taught music, including choir, throughout the years of my high school experience. Moreover, as a study hall supervisor in a small high school, she was a continuing presence who could provide answers to questions and suggest ideas for problem-solving.

Miss O was a model of consistency. She was diligent in all she did. She revealed the full range of her emotions – joyful when happy and sharp when a word of discipline was needed. I needed such a word of discipline often, of course. She knew something about everything, so she was helpful with all matters of study. Her feelings were expressed in the moment, but her anger or disappointment in one instance did not carry over from one experience to another. Remembering that I now realize how incredibly forgiving she was. I cannot call to mind a lot about the substance of her teaching – certainly it was there – as much as some learning tools. I learned how to outline main ideas from reading and I learned about writing with a beginning, middle and end. Latin taught sentence structure and word meanings along with understandings about the relatedness of different European languages to Latin. Learning Latin was to also learn much about history and culture. Music was another language in which Miss O was fluent. With notes and measures we learned that words needed proper pronunciation, emphasis and projection. Doing music meant being introduced to composers and the messages in their music. Miss O, a plain looking person with no style to her hair or clothing, was a steady, professional presence in our modest school. I was aware of her family name as it related to the Dutch House of Orange, I do not know the importance it may have had in her family heritage. As she taught, Miss O let me know that I had the ability to be a good student, certainly better than often I was in her classes, but she expressed her confidence in me in a positive fashion of encouragement. In my 1953 yearbook she wrote, "The corner of your brain devoted to languages developed a fine bump this year, didn't it? It's been a pleasure watching you grow up, and working with you."

Having shared all these "good" feelings about Miss O., I was at times a plague to her. I think that during the eleventh grade she dismissed me from the choir out of impatience with me for my lack of attention, for needless talking and an accumulation of inconsiderate actions on my part. As a senior I remember a particularly bad scene in a study hall. For whatever reason, she was called out of class and was gone – five minutes or so. The kids, I included, were chatting and doing anything but studying. She came hurrying back, shoes clacking up the terrazzo hall, and could hear the disorder ahead. Her face stony with anger and eyes flashing, she slammed the door behind her. The textured glass window broke into a hundred pieces, falling in toward her, some of them adhering to her skirt. I burst into laughter. My laughing continued as little pieces of glass fell from her clothing to the floor, tinkling as they landed. It was too much. Unfortunately, my laughter, seeming derisive, exceeded the bounds of easy forgiveness. For her my laughter was disrespectful and not what she deserved for all the positive doings she had shared with me over seven years of my schooling. Nevertheless, I acknowledge with thanks that she gave a lot of dimension to my education – in words, language, music, study skills and love for learning – that continues to enrich my life. It was a good thing for both of us that I could graduate and move on to other mentors while she could nurture more worthy minions. Sadly, I note, she did not write an encomium for me in the annual for my senior year.

★

Another Kalamazoo Christian School mentor was Mr. William Clason, a.k.a. "Doc" Clason. The "Doc" reference may have been from his role as basketball and baseball coach – doing needed taping of ankles and assuaging bumps and bruises – the ancillary tasks of a small school coach. Referring to him as Doc Clason implied no disrespect.

Without any assistants and with no school gymnasium of our own, basketball was the primary sport and Clason was expected to coach the junior high team, the "reserves", or B team, and the varsity team. Our high school did not own any version of an indoor practice place. Clason rented a practice gym at one of the local public schools where we practiced in the evenings. He was my coach from eighth grade through the eleventh in what was not for me a notable basketball career. At each level I "sat the pine," and, knowing I would have to do so as a senior as well, I retired to the rooting section with the other non-player students. I do not recall this with bitterness toward him but certainly with some regret regarding my incapability. I was comparatively young compared to my more accomplished classmates and not particularly tall, strong, fast or skilled. As a substitute I did enjoy the privilege of going to all the practices and games, both in town and out of town.

My baseball career under Clason was even more abbreviated. I was reasonably good catcher in junior high, but for high school there was only one team with nine regulars. As a ninth grader I could not compete. I did not hit the fastball, much less the curve. By the tenth grade I was playing some tennis, so with a few others we formed a team for that. Clason supported our innovation and "coaching" for it was handed off to Mr. Muyskens. So, as an athlete, Doc and I were not close, but there was no animosity or disrespect in our relationship.

As a teacher, Clason did history, social studies and mechanical drawing. I took all the subjects with him. Here I found him to be organized, informed and clear. He cared about U.S. history. When I was a senior, he taught a semester of government and a semester of economics. This was the Cold War era, and we talked and argued about a divided Europe, communism and the Iron Curtain. Verbalizing at a mature level of interaction and being taken seriously about significant current events was for me a new and welcome plateau of schooling. Clason tested us fairly but for me these were not just subjects to learn about in order to pass tests. This engagement was about the real world and the issues of adult political life. I took it that way and he appreciated me for my interest and willingness to dialogue.

While the mechanical drawing had no obvious connection to the other subjects with Clason, it was technical, so it connected me somewhat with my dad's work (tools and blueprints) and allowed me to work carefully but at my own pace. Doc was an exacting grader who encouraged me to go as far and as fast as I could go with a minimum of supervision. All Doc's classes were orderly and well-disciplined so paying attention was an easy matter. For me it was high school at its best. Under him I found a substantive area of learning that stirred my mind and imagination. For those reasons I think of Doc as one of my earliest mentors.

★

The world of work helped me grow up. I graduated from mowing grass and carrying golf bags at the country club to a variety of hourly jobs. Millie Brown taught me to stock shelves and bag groceries at Harding's Market. I dusted shelves, carried TVs and cleaned toilets for Bob Slager at his radio and television shop. Working for Uncle Adrian in the printing machinery shop had its already noted ups and downs. I sanitized trade-ins stoves, moved displays and delivered products for Dewey Vandenberg's furniture store. But my most noteworthy mentor in the workaday world was John Scholten, owner-operator of Johnny's Market on Portage Street, across from Miller Road. John was an independent fruit and vegetable entrepreneur who bought wholesale (low) and sold retail (high). It was all about the difference. My former neighbor and high school classmate, Jimmy De Loof, brought me to John to help sell Christmas trees during my senior year in high school. In the spring, when John opened his market that selling season (1954), as he had done regularly for many years, he started me as an hourly part-time worker until school ended and full-time in the summer after that. John was part of the Reformed community. His daughter graduated a couple of years before I did from Christian High. He honored his commitment to the church by operating six days a week from seven in the morning until nine at night. A hands-on boss, he bought wholesale at five in the morning, loaded his pickup, had breakfast, then opened the market. At noon on midweek days he would go home for lunch, take a nap and return. He had a supper break at six and stayed until close. His breaks on Friday and Saturday were shorter.

Everything about the business was done John's way and done well. The market was on a large, valuable property that was accessible by a major road. However, the physical structure was just a long shed that was open air except for a toilet, a small office and a substantial walk-in cooler. To the front was a large canopy extending outward from the roof about eighteen feet, anchored to a series of poles extending from end to end of the building, about fifty yards. Each night John's boys carried heavy screens that were chained to the poles and thereby securely enclosed the market space. In the morning the screens were unchained and carried around to the side of the building. Opening and closing took about twenty minutes, except on Saturday when the cleanup was more thorough, and more products were stored away in the generous sized cooler.

John had several principles for success. Products were always of high quality because John had a keen eye for buying excellent goods. But produce in an open-air market can spoil rapidly, so it was crucial to turn over the goods quickly. We never displayed too much of the vulnerable products, such as strawberries, head lettuce or flowers. We managed turnover, refilling empty spaces as necessary. John dealt with multiple suppliers. Nobody got all his business, so he had alternate suppliers, including a Chicago market agent, competing on price and quality. Our sales volume was large enough that when a wholesale bargain was available (a wrecked railcar of cantaloupe, a semi-trailer of watermelons, and overload of ripe peaches), John could pay cash and offer bargain prices to our customers for the product. Produce items are highly price sensitive. Our hand painted billboard facing the street featuring the price for strawberries could change three times in a day. The grocery stores could not undersell us on price and could not manage quality and freshness as effectively as we did. With prices advertised in weekly newspaper ads, they could not be nimble on prices as we were.

John knew how to manage and motivate boys. Most of the work was done by boys between sixteen and twenty years of age. They unloaded trucks, set up displays, carried flats of plants, bagged potatoes and stocked the shelves. Good young workers were turned into clerks who walked around helping each individual customer, bagging a pound and a half of green beans, twisting the green tops off from the carrots, counting out a dozen oranges and picking out ripe cantaloupe. There were two cash registers, but no adding machines. Each clerk recorded and added up totals by hand, took cash and made change. Hawking his boys, John made sure that no one who could not accurately and quickly figure bills and make correct change would be allowed to handle customers or touch the cash register.

John motivated boys with hourly pay and a sense of importance by doing work well. As a veteran of many summers, I typically worked sixty-five hours a week. When days were blistering hot and work was slow, John would send some boys home. Produce was a cash business. The kids went home with cash money in their pockets every Saturday night. Sometimes there were little bonuses for selling the most watermelon. For a story on watermelons, let me tell about an unexpected semi load that pulled up out front, driven by a couple of down south crackers. The melons were fully ripe, and the sellers badly needed a sale. John bought the whole load cheap on a Wednesday. The melons were stacked in a huge pile and were priced right. The weekend weather was hot. John knew those melons would be overripe by Monday. There were far too many melons to hold over in the cooler. He wanted the pile to be gone by Saturday night closing. For our melon setup near the melon pile was a large outdoor tank containing water, ice and cold melons. Around the tank was a flat apron where melon halves, covered with plastic wrap, were available by the piece. John came to me. "Just keep cutting melons. Don't pay any attention to what I say." Soon I had melon halves and quarters everywhere – rich, red, juicy melons. "Jack, Jack, not too many," he would say in a pleading voice. Then he urged the other clerks to sell the pieces as well as the whole melons. The boys were to "solve" the problem I was making for the boss. And they did. Hardly a customer left the market that day without at least a chunk of watermelon. We cleaned up the whole pile of melons by week's end, while making customers happy on both the quality and price. The boss-psychologist went home with the cash and the kids had fun.

With a couple of summers of experience, I learned how to be number one boy, not really John's manager, but the accountable leader when John was off having to do something else. John showed me that management was about constantly paying attention to quality, competition, caring about customers and keeping track of details. In a quick turnover business, spoilage is the enemy of profits. Moreover, it looks bad, smells bad and discourages the help. Even young clerks are proud to sell quality goods at a fair price. Returning customers reward good clerks with compliments for picking out tasty melons, excellent baking potatoes and sweet peaches for canning. We did work that under poorer supervision could have been tedious. Instead it was engaging and an ever-fresh learning environment where one found out how people tick in a competitive world. Learning from John about food and how markets work has stood me in good stead to this day.

The transition from being a successful student in high school to becoming even a limited success at Calvin College was not easy for me. As noted earlier it took me quite a while to get serious about learning. Experientially I learned a lot of stuff, negative stuff, in the dormitory and outside the classroom. I was not a serious student and I did not get serious academic ideas on the first bounce in the classroom as I had so easily in high school. It took a while for me to take seriously the fact that learning expectations at Calvin were demandingly high. My initial interest in the sciences, in order to be a high school science teacher, was not sustained with successful good work on my part. Despite my deficiencies in chemistry and trigonometry and my dropped class of physics course, eventually I did salvage a minor in biology. It was so because of Henry Bengelink.

Bengelink did the zoology side of biology. I became seriously interested in the natural history part of animal life. He was a conscientious and challenging teacher. I do not know what circumstances prevented him, but the bane of his life was that he never completed a Ph.D. I am guessing that he was a med school student who dropped out, but he salvaged an M. A. in biology at the University of Michigan. It qualified him for teaching at Calvin but only at the rank of assistant professor. He was past the point in life to be able to earn a doctorate. Still he was an effective teacher. He asked questions and expected correct answers. And he was himself an answer man – rarely stumped by student questions. In teaching he was especially exacting with the premeds, pushing them with warnings about how rigorous their road to a doctorate would be.

The most important course for me with Bengelink was a course in teaching methods for future teachers of biology. It was not so much the content as the intensity or seriousness with which he taught and modeled good teaching. We developed media. We did field trips. We went to explore natural life along Plaster Creek. We caught, classified and mounted insects (not "bugs," that term is too restrictive). We made oral presentations. He motivated me to want to teach, as well as to be an avid learner so that I would be substantively prepared to teach with the enthusiasm and diligence he manifested. He drew me in as an admirer and someone I could aspire to emulate. It was not so much a one-on-one relationship. He was simply doing his job conscientiously with every class the way he thought he should. Gradually, increasingly I caught the vision. I came to recognize the positive example he was providing me. Eventually I was able to put his kind of modeling into effective teaching myself.

★

Another special Calvin mentor was John De Beer, a professor of education and a former school administrator. Our relationship was brief but pointed. As a late blooming senior at Calvin, I was finally getting serious as a learner and anticipating a career in education. In my last semester I signed up for an education administration course – something that De Beer taught as much from experience as from the books. Although I did not know De Beer before enrolling in the class, I remembered him for his droll sense of humor. Back when I was a newly enrolled freshman De Beer had proctored a pretest for our college advisors. We took the test in the Chapel, the only place where four hundred students could do what needed to be done all at one time. Laconically, De Beer warned us not to look on our neighbors' papers. Saying that, he displayed a pair of binoculars, asserting to us that no one could escape his searching eyes. Then he unlimbered and held high a lethal looking double-barreled shotgun. After a few seconds of open-mouthed surprise by the freshman crowd, the room rocked with laughter. It was a terrific way to take the tension out of the room while getting the point across about not cheating.

The class I enrolled in was small, eight or so members. De Beer encouraged us to think of ourselves as school principals and we had useful problem-solving discussions. Somewhere near the end of the semester members met with him on a one-on-one basis. When it was my turn he asked if I was serious about a teaching career. The answer was yes although the depth of my commitment was not currently fixed. At that point, however, it was the only career I was considering. Expressing an interest in my vision for the future, he set a second date, saying he would go over my student records and on that basis give me some career advice.

Well, he had me cold for our next session. He remarked that my test scores were pretty good, but that obviously I had squandered my time at Calvin. As he noted, my transcript was littered with Cs and even three Ds. It was now too late to do much about improving my overall grade average. But there were prospects for me to better myself academically. "You come from Kalamazoo. If you are serious about an education career, begin a master's program at Western Michigan. These days they will accept just about anybody. With an M.A., you will have the credentials to get a good teaching career going." He gave me the bad news-good news prescription with gentle candor and easy smiles. He was spot on about graduate admission. Western would then accept anybody and I was as "anybody" as anybody could be.

Upon graduation from Calvin I promptly took De Beer's advice. I took two courses at Western during the summer of 1958 and two during the summer of 1959. Mom and dad let me live at home and John Scholten allowed me to work around my scheduled classes while being employed at the market. Somewhere along the line at Western, I was advised for my degree in social studies education that because I had no political science as an undergraduate, Western would require that five of my courses be in political science. Being single and welcome to live at home, I gave up my teaching contract after two years in Bellflower, California, in order to complete my master's degree in one full year at Western Michigan in 1960-61. That is when I fell into the hands of my next mentor, Leo Stine.

★

Professor Leo Stine taught U.S. Government and he used the first edition of Irish and Prothro, *The Politics of American Democracy* (1959), a text that moved in an innovative, "political behavior" direction that was the emerging paradigm in the political science discipline. (Of course, I was unaware about emerging paradigms in political science at the time. I was simply following the good advice that came from someone wiser than I.) Soon I found my element. I immediately took to both the subject matter as well as to the teacher. The politics of the time, it was the fall of 1960, added urgency and interest to my coursework and class discussions. The U.S. was deeply into the presidential contest between Nixon and Kennedy. The bold political medium of television would show the first presidential debates that fall, followed by the closest election in decades. Besides the national part of the political agenda, there were emerging discussions about a new constitution for the state of Michigan. These were issues for lively talk with a perceptive teacher who loved real-world politics. What was not to like?

By the time I was nearing graduation for my M.A. in education from Western Michigan, Stine asked me what I would do next. Then he made an outrageous suggestion. "Why don't you think about getting a doctorate in political science?" It did not strike me as very "thinkable." I did not hold a self-image of myself as that good a student despite having received a balance of A and B grades at Western. What about those foreign language requirements? What university would I go to? Would any place with a doctoral program admit me? At the time I was shopping for a secondary teaching job. I inquired a bit about public school opportunities near Detroit where salaries were much higher than in the Christian schools. I also checked out the possibility of teaching abroad for the American military, but I did not have enough classroom experience.

Stine kept encouraging. Two foreign languages were not always required, he told me. There were newer ways to meet such requirements. Michigan State University would be a good place for me to go. One day in Stine's office as we discussed the matter, he said, "Western Michigan University has a new president, himself a political scientist who came here from Michigan State. I'll call him up." And he did. So, I became the beneficiary of interest from the Western Michigan University president who passed along the word that, of course, Michigan State would be just the right place for me to go to obtain a Ph.D. in political science.

This was too much, too fast for me. What if I was not good enough or smart enough? I had been successful as a junior high teacher for two years. If I taught another schoolyear, I could get a "permanent" Michigan teacher's certificate. I dithered about the idea of a doctoral program and instead signed a contract to teach junior high and high school at Denver Christian School in the fall of 1961. Meanwhile, the desire to try that Michigan State doctoral program hardened. I would finish the third year of teaching, but if MSU would admit me, I would go to graduate school in the fall of 1962. If I were to fail at MSU I could fall back on that permanent teaching certificate and return to a secondary school classroom. Leo Stine and a couple of others at Western would recommend me so that I could get my foot in the door. I kept in touch with Stine, who continued to assure me that I had what it would take to make it. I developed my resolve as well as my plan from this mild mannered, Methodist professor of political science at Western Michigan University.

★

Well, I did take the plunge and entered Michigan State after one more year of teaching at Denver Christian School. It took a while but after some confidence building successes and some pushing from my new wife (more on her later), I moved through the program. Charlie Press became my Michigan State University mentor. I have already noted his help in getting the job at Carbondale, but I want to fill out the picture here. The educational environment at Michigan State and in the political science department was a whole new world for me. To me the vast campus of more than twenty-five thousand students was intimidating despite the fact that by the time I came there I was already an experienced teacher, in my mid-twenties and the possessor of two university degrees. I could not imagine how I would have survived had I come to that university as a seventeen-year-old freshman. As a graduate student, however, I had a departmental home, so that helped me to settle in.

It did not take long for me to realize that this was a hugely competitive place. Graduate students were in competition with one another. So were the faculty. The young guys were striving for tenure and promotion. The senior faculty were competing for publications, cushy class assignments, book contracts, sabbaticals, graduate assistants and grant opportunities. It was not exactly a hostile environment, but I could feel the ferment of rivalry that was constantly going on all around me.

It took some course work to get a substantive direction established. The faculty member I became most comfortable with was Robert Scigliano. He was interested in national politics and was teaching about Congress, presidents and courts. His legislative seminar convinced me that I would do a dissertation about Congress. He took me on as his graduate assistant, gave me working space in his office and got me started searching the literature and zeroing in on a researchable topic for a dissertation. He agreed to chair my dissertation committee. Meantime, I also took state politics from Charlie Press. I was picked for an internship at the capitol in the legislative liaison's office for the George Romney gubernatorial administration. To my chagrin Scigliano received an offer in 1966 at Boston College, back east where he grew up. For him a dream come true. I was both miffed and concerned. Without an interested full professor as my committee chairperson, I knew that my project could die aborning. I had seen it happen to others.

I went to Charlie Press, figuratively with hat in hand. By that time Charlie was at the top of his game. He had been promoted to full professor in 1965 and elected chairman of the department in 1966. He had already agreed to be on my committee. With everything else on his plate, would he now take over the chairmanship of my dissertation committee?

I think Charlie liked me because, in a way, I was somewhat like him. He was a hard-working midwestern guy with a German heritage. He had worked his way through a bachelor's degree at Missouri. At the University of Minnesota, he eventually completed his M.A. and Ph.D. He had had short appointments at North Dakota State and Indiana University. He came to Michigan State to do community development studies for a local government institute. One of his projects was a study of Grand Rapids. Thus, he knew about Calvin College. He admired two Calvin grads, Walter Devries and Charles Orlebeke, who had done well and completed doctorates in the Michigan State political science doctoral program before I came along. If Charlie Press was not the sharpest knife in the box, he made up for his deficiencies by pairing with others and grinding out the grunt work to produce publications. Two of his co-authors were Charles Adrian and Glendon Schubert, widely admired scholars who were prolific authors of textbooks and academic journal articles. Charlie appreciated that although other graduate students were more talented than I, I was blessed with a Calvinist ethic and good work habits that would help me to the finish line on my dissertation. I note gratefully, then, that Charles Press accepted the chairmanship for my dissertation committee.

The dissertation committee approved my proposal. Charlie Press helped me in every way he could, and one of those ways was to turn me loose on my project. He lightly critiqued me and helped me stay on course until the job was done. Charlie trusted Harold Spaeth to make sure that my scaling methodology was correctly implemented. I was given mainframe computer time to grind out my findings, looking for relationships between congressional constituency characteristics (independent variables) and scale scores for legislative votes by members of the U.S. House (dependent variables) in the 88th Congress (1963-64). Charlie trusted Joe Schlesinger, thought to be the department's most creative scholar, that when he said my dissertation was good enough, it was good enough. It is likely that my chapters looked a whole lot better to the committee members after they knew I had accepted an offer of appointment to my first real job at Southern Illinois University at Carbondale. It was Charlie who was the hero of this part of my story. Without help from Charlie Press the outcome might have been quite different and much less favorable for me.

Indulge me here as I jump forward in time to recount a celebration to honor Charles Press twenty-some years after getting my doctorate. The Michigan Conference of Political Science sponsored a conference and a Festschrift to honor Charlie in 1991 upon his emeritation. A festschrift is a volume of writings intended as a tribute to a noted academician. Two friends, Ellis Perlman and Kenneth VerBurg, put together a program. It was my honor to author the first of eleven articles lauding Charlie's distinguished career. It drew upon and responded to some criticism by Charlie and his colleagues, Charles Adrian and Joseph Schlesinger, of state legislators and executives. My title was "The Michigan Legislature in the Press of Time." I was able to measure and compare career characteristics over forty years of change in Michigan politics. For me it was a sweet privilege to build upon ideas drawn from my mentor to update findings about Michigan politics in the 1990s.

★

The departmental atmospherics at Southern Illinois University-Carbondale were altogether different from those at Michigan State. In contrast to the tensions of rivalry and competition that I took as normal at MSU, SIU-C's Department of Government was a place of collegial consensus and comparative serenity. The department was large, with thirty some members, and it had several new, junior faculty members. I joined the university in the summer of 1967 along with David Everson, from Indiana University. Roy Miller, from the University of Illinois, Champaign-Urbana, came on board in September. Previous recent additions to the department were JoAnn Paine and Stephen Wasby from the University of Oregon and John Baker from Princeton.

Unlike the others with academic year contracts with the Government Department (the name when I arrived, later the Department of Political Science), Everson, Miller and I were recruited to fill twelve month appointments, half-time in the department and half-time in the Public Affairs Research Bureau under David Kenney, as our director. Then a midcareer veteran of the department, he had served as an associate dean of the graduate school where he had much to do with multiplying graduate programs at SIU-C. In the late 1960s SIU-C was an on-the-make university, characterized as the "second jewel" among Illinois state universities, second only to University of Illinois at Champaign-Urbana. SIU-C was pursuing a mounting national reputation and doing so by bolstering its graduate programs. In the Government Department the senior faculty looked to its fresh hires to heighten its scholarship and graduate-level teaching. David Kenney was the departmental veteran tasked to find and nurture promising new talent. He became my mentor.

More than a departmental veteran, David Kenney was a born and bred southern Illinoisan. His gentle accent was native. He was born in Carbondale, went to its public schools and had gotten his own undergraduate education at SIU-C. He had a calm and serious demeanor. He was not one to carry conversation into frivolous thoughts. His words expressed weighty ideas and his career efforts were loftily intended to make the world a better place. Kenney was an ideal choice to carry on the faculty recruitment. Having served fourteen years in the graduate school administration as SIU-C's graduate programs expanded, he was in on the strategy of the university to attain top status in the United States. The number of masters and doctoral programs multiplied and expectations for research and scholarship rose at the same time. Kenney was granted a sabbatical visitation to the University of North Carolina in 1965. Like Michigan State, the political scientists at North Carolina were on the front edge of the behavioral movement in the discipline. Inspired by his sense of renewal and an appreciation for fresh initiatives in political science, Kenney brought back to SIU-C a sense of urgency to move the department toward a more behavioral approach to the study of American politics. In 1966 when Kenney became the department's Director of the Public Affairs Research Bureau, the mandate given to him was to staff it with fresh Ph.D.'s prepared to do behavioral research in political science. As I noted previously, God's timing for my academic preparation and my job search during the spring of 1967 was blessedly opportune.

With Kenney as PARB director and with half my assignment on a twelve-month basis to "do public affairs research and writing," I was free to follow up on my dissertation findings immediately upon joining the department in Carbondale. My earliest papers were published in the Bureau newsletters. My first journal article was accepted and published in the *Social Science Quarterly* in December 1968 in a special issue entitled "Black America." With civil rights a burning issue in the country, my article, "Constituency Characteristics and Roll Call Voting on Negro Rights in the 88th Congress," was quickly republished in a larger volume, *Blacks in the United States*, 1969. Meantime, Kenney accepted and supported my request to join efforts with my fellow Calvin grad, Steve Monsma. Steve had published a textbook, *American Politics: A Systems Approach,* with Holt Rinehart and Winston. The publisher wanted him to complement it with a reader and an instructor's manual. Struggling with his own heavy teaching load at Calvin College while working on his publications, Monsma invited my help. Kenney gave me the green light to join with Steve. After all, our public affairs mandate was a broad one. Soon thereafter I was author of the instructor's manual and co-editor with Monsma of *American Politics: Research and Readings*, 1970. Having experience now with publication issues for a reader, I parlayed my black politics credentials into a volume of my own: *Black Conflict with White America: A Reader in Social and Political Analysis*, 1970.

Kenney's mentoring warranted me to be open to opportunities that would enhance my standing in both the university and the discipline. In 1968 Kenney and Jack Isakoff, a senior professor with long experience in Illinois politics, introduced me to William L. Day, then director of the Illinois Legislative Council, the nonpartisan research arm of the Illinois General Assembly. With the encouragement of all three, I was invited to serve a year in Springfield as the Council's Political Science Research Fellow. With the department's blessing I was given leave for a year to serve in that legislative agency as its research fellow. There will be more to say about that year later, but the experience was enriched by the convening of an Illinois state constitutional convention. David Kenney ran and won election to represent the southern Illinois constituency as a convention delegate, so he was serving in Springfield at the same time as I, giving us opportunity to consult often on the legislative and constitutional processes that were underway. I was a close observer. He was a significant inside participant in the constitution-making process. By the fall of 1970 we both returned to the department and PARB. We co-authored (along with Sam Pernacciaro, then my graduate assistant) an article, "Patterns of Partisanship in a Nonpartisan Representational Setting: the Illinois Constitutional Convention," and a book for the University of Illinois Press, *Roll Call! Patterns of Voting in the Sixth Illinois Constitutional Convention*, 1975. This was collegial cooperation and achievement at its best and it produced significant political science work. The opportunities for productivity on my part came my way because of the mentoring generosity of David Kenney.

★

At the risk of muddying the chronology of my memoir but playing out the theme of this chapter regarding what mentors have meant to my academic life, I will jump forward about my SIU-C career. Let me acknowledge my debt to one more meaningful mentor. God led me into the orbit of this mentor in 1975, one I did not see coming.

By this time, I had become an established associate professor in my department at a juncture when our chairperson, Professor Randall Nelson, was eligible for and desired to take a semester long sabbatical. After a refreshing intellectual respite, he would return to the department and his responsibility as chairperson. There was a modest short-term need for someone to keep his chair warm during the spring semester and deal with the details of departmental administrivia. The choice was mostly Nelson's, with the leave of the department's executive committee and the Dean of the College of Liberal arts. For his own reasons, Nelson thought of me as a "comer," and invited me into the position. I readily accepted and all the relevant others signed off on the arrangement. My duties as acting chairperson began in January 1975. A new treat was having three civil service secretaries under my direct supervision, including one as my "personal" secretary.

The chairmanship brought some departmental issues to the fore – necessitating action on some personnel matters and involvement on my part with administrators above the department level. The personnel issues involved couple of senior people who were not pulling their weight in the department's instructional responsibilities. One was falling short in a jointly taught environmental studies course. I promised to put someone other than Egon Kamarazy into the spot. A bigger issue had to do with Max Turner, a senior public administration professor whose teaching was way out of touch with current scholarship in his subject matter. To explore a possible solution, I talked to Turner's wife, who had a student advisor job at the university. I asked her about the possibility of an early retirement for Max, who had ample years of service in the university retirement system. She did not want that at all. Because my informal approach did not lead to a consensual solution, I called Max on the carpet directly. "There are teaching issues. You are not doing the job." Max was in total denial. There would be no easy out.

After consulting with the real chairman, Nelson, by phone, with the departmental executive committee and with the Dean, I told Max that he was done teaching for the department. He could sit in his office as a tenured faculty member and draw his salary, but we would protect students from his inadequacy by keeping him out of the classroom. Soon thereafter Max did recognize the handwriting on the wall and retire. Not long after that I suppose I should note, he passed away.

Dealing with personnel strife brought me to the attention of Dean Lon R. Shelby, a hard-nosed academic meritocrat. Referring to him as a meritocrat means that he held both himself and others to high standards of performance as a scholar and teacher. One thing he would not do was promote faculty for time in grade. Instead he raised questions. What are the outcomes of the person's classroom teaching? What are the products from research and writing? Are they published and, if so, where? Have they been peer reviewed? How do these evidences of productivity compare to accomplishments by others in the same discipline on this campus or in peer institutions? Shelby was aware of departmental softness at the senior faculty level in political science and he did not like it. Ditto for his own department of history. He approved of the small steps I initiated as acting chairperson. To him these were moves in the right direction, not only for the department but for Liberal Arts as well.

It happened that in the middle of the spring semester of my acting chairmanship that one of Shelby's two associate deans, a sociologist, was elected by his department to its chairmanship. A transition would occur on July 1, 1975. It was up to Shelby to appoint a new associate dean for budget, personnel and research. Frankly, I do not know who all he may have considered, but in April he invited me in for a chat and shortly thereafter asked me to accept the job. With some trepidation I agreed to do so.

Shelby was Dean of and over everything in College of Liberal Arts. We had thirteen departments with more than three hundred faculty and another three hundred graduate assistants. Ten of the departments granted the doctoral degree. I was to be responsible for oversight regarding matters of budget, personnel and research while my counterpart associate dean focused on curriculum, instruction and student issues.

Shelby, a careful and deliberate historian whose specialized knowledge was about medieval Gothic designs and architecture, was meticulous with written communication. Because I worked with him on personnel issues, it was apparent to me that he carefully scrutinized and analyzed things that came to him in writing and, as necessary, he responded in writing that was impeccably exacting. One of the dean's essential powers is determinations regarding tenure, promotion and salary increases. Shelby was deeply engaged in personnel processes and in producing written evaluations because, as a meritocrat by instinct, this was his major mechanism for reshaping the faculty in the departments of the college.

The other managerial instruments were budgets and faculty assignments. Our two biggest departments, Mathematics and English, had the best and worst departmental leadership. Math was well led and robust while English was sloppy and always pleading for help. As I experienced rounds of discussions in monthly college meetings with chairpersons and various one-on-ones with members of particular departments, I came to realize that my own department, political science, was in the middle of the pack of departments at SIU-C in terms of its reputation for quality and scholarly accomplishment.

With Shelby, I learned that academic issues and problems differed for both discipline and local reasons. In English, for example, very well-credentialed candidates for faculty positions were available on the market, but the instructional needs in the department were for teaching composition and rhetoric. Weak, but already tenured faculty in the department's literature subfields did not turn over because those professors lacked the scholarly credentials to move to better positions than the ones they already had. The paucity of faculty vacancies prevented us from building a much better Department of English. The problem for the Economics Department was that the field was booming, but we could only make marginal shifts in positions to enlarge the department. Unless we responded with salary adjustments, our most able economists would be poached away by higher-paying universities elsewhere. Despite good faculty in the Department of Foreign Languages declining student enrollments were simply an American cultural phenomenon, while Linguistics was a growing and more popular discipline, so our department was pleading for more faculty. Computer science was not a coherent discipline, and criteria for excellence in faculty were unclear, but student interest in computer languages and technology was burgeoning. A new phenomenon was ascendant – desktop computers named for fruit trees. Would the future be controlled by mainframes or distributed computing utilizing desktop machines? There was much for me to learn about disciplines apart from political science and there were no dull days.

Included with Shelby, I met early and often with chairpersons and other faculty, inquiring into different issues while always contending with a scarcity of resources. Shelby was terrific as a probing questioner and we listened discreetly to responses. We picked over problems that emerged within the departments. Sometimes student complaints helped us identify unmet needs. Research reports, grant applications, sabbatical requests, tenure and promotion reviews, merit salary recommendations and budget requests all received meticulous attention that led into conversations among the two associate deans with Shelby. I participated in forming and weighing options, but Shelby made the final decisions, communicated them to affected persons and took responsibility for them.

Shelby modeled several important administrative habits. Questioning and listening is the most important process for an academic administrator. To do it well, one must be generous with access and cultivate a reputation for fairness. After listening and careful consideration, one must make a judgment and express it promptly. When Shelby's mind was made up, he would call in the affected persons and, sitting at a small round table for direct eye contact, clearly state his decision. Especially when the decision was bad news – "no" to a request, for example – the decision was stated without circumlocution and the person affected could then make a rejoinder. After that there would be many words of comfort and encouragement, suggestions about future possibilities, consideration of other options and general discussion about the conditions that brought about the decision. I learned that a well explained negative decision would almost always be accepted. With disappointment, yes, but rarely with rancor.

A lesson I was surprised to learn was to be generous with promises of contingent support for requests by faculty. While it is true that we only controlled scarce resources, we did have discretion exceeding that available from the hands of department chairpersons. If a faculty member needed a commitment for funds to match a grant or time to meet terms of funded projects that the department chairman approved, we would commit to the faculty member's request. "Yes, we are there for you!" We would promise the needed support. As Shelby's budget hawk, initially I feared that we would overcommit and get into financial trouble. Not to worry, Shelby assured me. The key in such matters was not to promise "up-front" support. The Dean's office would respond with needed resources after the faculty member, with the departmental chairperson's approval, got the grant or an external application funded. In short, we would put money with externally validated projects, but not until they received that kind of critical confirmation.

The expressed willingness of the dean to come to the faculty member's aid was an affirming message to faculty members and departments. The truth is that we could overcommit because typically less than a third of such requests ever got past external review. Moreover, many faculty projects die aborning for lots of reasons, including sheer faculty member procrastination. So, in matters of this kind, promised contingent support could exceed actual resources without negative consequences.

The association with Shelby was not all work and no play. The chairperson of the Philosophy Department kiddingly complained that outside his office window a plastic bag caught in the tree limbs outside his office looked especially disgusting when it rained. He claimed that it was a gruesome phallic symbol that distracted him from critical thinking about deeply intellectual matters – the ethereal realm which philosophers habituate. Could we do something about it? Totally unexpected by him, we tromped up to his fourth-floor office in hunting regalia, I carried my sixteen- gauge double-barreled shotgun. We burst through the office door threatening to blow out the window of his office and shoot the offending image to smithereens. Chairperson McClure nearly fell on the floor in a paroxysm of laughter.

★

An associate deanship is not a career position. It is performed entirely at the pleasure of the dean. For most of three years my work was intense and demanding but not specialized. It was for me a vantage point for learning about academic administration from those above me – the president and especially the vice president for academic affairs and his associates, the parallel deans and associates in other colleges, and the graduate school administrators. I learned a great deal about the thirteen departments and their disciplines then part of the College of Liberal Arts. The experience at Dean Shelby's right hand added to my credentials, allowing me to put myself into consideration for other administrative opportunities at my home university or elsewhere. It is well to note here that academic administrators almost never come into their positions with managerial training. Qualifications start with scholarly credentials and departmental experience. University administration typically is learned on the job. My mentor, recognized for his own exacting habits, was willing to recommend me for administrative opportunities in our university or beyond. Moreover, I had by that time earned a sabbatical for myself and had a departmental home among colleagues who wanted me back full-time in political science. With God's blessing and my several mentors' help, I was in a sweet place in 1978 at the age of forty-one.

"Being united in Christ, we are like-minded, having the same love and being one in Spirit. We seek to do nothing out of selfish ambition, but in humility." Adapted from Philippians 2: 1-3.

CHAPTER 5.

Becoming a Life Partner

The importance of family was, like so many values that have guided me, inculcated by my early life experiences and I take no credit for that. That credit belongs to my extended family and especially my mom and dad. I had cousins who grew up in typical families. The kids in school were similarly from such families. A word not often heard in the circles wherein I grew up was "divorce." I did not know kids that had to deal with separated parents. When people matured, they married and had children of their own. In our local churches a count of families, not individuals, was the fashion for reporting congregational size. Of course, it was okay to be a single person. Paul had said so explicitly I Corinthians 7, and several teachers at my Christian school were single. But, as I often heard at church during the weddings of cousins and friends, marriage was instituted by God in creation and esteemed by Jesus in his life. It is "an honorable estate" and the normal and usual way of living is to have a family. As average and ordinary as I was growing up, I expected to be "normal and usual" in the matter of marriage.

From the vantage point of my present maturity I know I have always been captive to the feminine mystique. Boys were great as buddies, pals and teammates. But liking girls was ever so different from liking boys. Girls just had an added dimension of charm and allurement. The first girl I remember that attracted me with that special aspect was Kathryn Hoogerheide. I delighted in her caramel blonde pipe curls and upturned, delicate nose when we were both in the third grade. She lived close to school. When I wanted to walk home with her, she ran away. Of course, I chased after her. Her father intercepted me and told me not to ever chase her home again. Even at that early age it was hard for me to deal with unrequited advances and feelings of affection.

My interest in girls went away for a while, but coming to high school at age thirteen, the special attractiveness of girls returned to my mind and feelings. My height deprivation (five feet and a half an inch) limited my aspirations, but a girl new to my ninth-grade class was shorter than I. She aroused feelings of palpitation in me. Christal Morgan was her name. I can only remember embarrassment on our first (and only) date. Kalamazoo had a women's professional baseball team, the Lassies. We planned to double date with Loretta Lemmer and Charlie Block. Something went wrong turning plans into execution. My dad had to drive us to the park because Charlie and Loretta would be late meeting us. I cannot reconstruct what happened later, but just the trauma of beginning a first date with dad as the driver assured that it would be all downhill after that – and it was. Memorable? Yes, for my misery.

A good thing about my freshman year? I did grow such that by tenth grade I was a gangly eight inches taller and my voice had changed to an authentic tenor. I turned my attentions to a lovely blonde classmate named Barbara Niewoonder. I was tall enough for her actually to look up at me – a perfect kissing posture. That was a good thing. In the eleventh grade I grew to nearly six feet and old enough to drive. My date was Margie Mejeur, a perky brunette who lived on the north side of town. My senior year I had a ring to share with a steady, Lois Pollard, an athletic and competitive sophomore who loved to laugh and tease. She and her family went to my home church as well.

There were a few others for dates that, for whatever reasons, did not go longer term. By the limits of my own personality I maintained a habit of serial monogamy with girls. In a small high-school the boyfriend-girlfriend experience was at least as much about chats in the hallway and classrooms as it was about dates after dark. Oh yes, and telephone calls. A boy was expected to call often on weeknights and maintain an animated conversation for at least half an hour. That was another practice in which I found myself deficient. Sometimes before I called, I wrote down some notes so that when the conversation lagged, I could bring up another topic. Preparation trumps spontaneity! Anyway, to the extent that I was comfortable dating, it was just one girl at a time.

Off to Calvin College where, for me, dating was not a major distraction. Early on Ron Gruizenga, my roommate, and I, along with some new dorm buddies, connected with a group of Grand Rapids girls – Norma Van Dam, Mary Jellema, Esther Post, Helen Vanderveen and Shirley Bylesma. We did things together but not one-on-one. These were fun friends rather than dates, although it was evident that Shirley developed an unrequited crush on Ron. Despite some other brief attractions, the lack of a car and the lure of other activities made dating at Calvin a secondary consideration for me. With summer and weekends at home I began an enduring dating pattern with the Milwood church organist, Marge Westra. After high school she was a professional secretary at Upjohn's, a major Kalamazoo industry. Fun, pretty and upbeat, in time she got a bit ahead of me in imagining a settled life in Kalamazoo. I looked forward to experience in a wider world, so with some chagrin but no rancor, we went our separate ways.

On to California after graduation with a contract to teach seventh grade at Bellflower Christian School. My roommate and fellow Calvin grad, Charlie Boerigter, and I were open to the prospects for dating. There were single women teachers. Our apartment mate, Fred Van Swol dated and eventually married Gladys Vander Wal. But in the two school years I spent there, my memories of Bellflower are not about dates and girls.

Back in Kalamazoo to do my master's degree at Western Michigan University I reconnected with Mary Jellema. Our relationship was authentic and significant but more about friendship than romance. She was a complicated and emotional person. The prominence of her father, Harry Jellema, a noted philosophy professor at Calvin, overshadowed her. Whenever and wherever she met someone new to her in the Reformed community, the mention of her name often evoked the question, "Are you related to Professor Jellema?" She hated that. She literally wished that her father was a nameless plumber or something equally inauspicious. Having three brothers and two sisters who had their own intellectual and cultural interests, she, with some petulance, endured the feelings of a middle child. Then, during our dating relationship, her mother died. She felt a distressing sense of loss. My role was to be there for her as an emotional supporter distinct from all the people who felt a connection to her father and her siblings. So, our friendship was more than one of physical affection but it was warm, real, and headed perhaps in a direction toward serious commitment. Then I ran out of time.

Mary came to see me graduate from Western Michigan with my master's degree in the summer of 1961. Her gift was a pewter beer stein engraved with her pet name for me, "Shack." We did some summer things together that year – visits to Lake Michigan and the Jellema cottage near Whitehall. But she, being a Grand Rapids girl and I, putting in my sixty some hours a week at Johnny's Market in Kalamazoo, had circumscribed opportunities for togetherness. I signed a contract to teach in the Denver Christian School starting at the end of August. Given my lingering uncertainty about whether or not I would maybe, probably, go to Michigan State for graduate school in the fall of 1962, I was not ready for a commitment of the heart. Substantial matters regarding the future were unsettled for us both, thus an unpromising basis for nurturing an in-absentia relationship with Mary. The last time we were together before I left for Denver, Mary said something like, "I'm not sure we will ever be together like this again." We parted as affectionate and authentic friends, neither promising the other any special loyalty. Mary's prophecy was fulfilled. In fact, in nearly sixty years since that day our paths have never again crossed.

★

Denver was a whole new ballgame. Unlike going to Bellflower with a partner and roommate, this time I was on my own with just my coral and white 1957 Chevy and a trunk full of clothes and golf clubs. To find a place to live I inquired at Denver University about off-campus housing. They referred me to a receptive family on the south side who had sent a son of theirs off to college. His room was quite sufficient for me. The family was Seventh Day Adventist so, except for differing about Sabbath observing, we got along amicably. A junior high aged daughter packed me a tasty lunch each day when I headed for school. I ate the rest of my meals out, catch as catch can.

I did have a college classmate on staff at Denver Christian High School, Dick Katte. Dick, with his wife Lorraine, made me especially welcome and helped me into a circle of friends. Everyone at DCHS put me at ease as I got my teaching underway. My assignment was a bit unusual – two sections of seventh grade social studies, two sections of tenth grade biology and one class for seniors called Problems of American Democracy, or PAD. Nevertheless, I felt quite suited to my assignments. I had done seventh grade social studies in Bellflower. The PAD was entirely compatible with my master's work at Western Michigan. The challenging item was the tenth-grade biology. Although it was new to me as a teaching assignment, I had two big assets. One was the instruction I got from my mentor, Henry Bengelink, at Calvin. The other was my master-teacher colleague, Mart Van Dyke, who helped me in a hundred practical ways with classes, labs and tips for science teaching. Once my classes were well underway it turned out for me that the favorite part of my assignment was my biology classes.

Church-school-community activities put me in touch with some singles. One bit of socializing brought me into a double date setting on a Saturday night in January. I was with Ida Dewitt and Bonnie Bonnema was with

Arlen Disselkoen. Arlen was a junior bank officer with a buttoned-down demeanor. Ida was a sweet but quiet office worker at a big industrial corporation. Ida had taken me to her company's Christmas gala a few weeks before, but I had not reciprocated the invitation. The date pairings began a bit awkwardly, but Bonnie and I got to kidding each other. After a concert by the Four Freshman on the Denver University campus we were all in my car. The night was young, but I was not ready to go home nor was I anxious to be alone with Ida.

Somehow the conversation increasingly became a give-and-take between Bonnie and me. I had the radio on something raucous and I turned the Chevy onto the interstate highway. I saw a sign that said Cheyenne, ninety-five miles. So, on a lark, I set a new agenda. "Let's go to Cheyenne for dessert" an entirely goofy proposal. That destination is in Wyoming, of course, two hours away. Arlen was dubious. Ida did not know exactly what she thought of the idea. Bonnie replied that as far as she was concerned it would be a welcome adventure, so we went flying up the highway north to Cheyenne, giggling and having a good time. We got there at about eleven o'clock at night, to find the dessert and coffee shops closed. "Not to worry," I said, "we will find the best hotel and it will be open." Well it was. We had coffee and dessert in a downtown hotel café. Now, sitting face-to-face, I got a fuller impression about Bonnie. She was not unknown to me. She too was a Denver Christian teacher, but she taught kindergarten in a building separate from the junior high and high school where I worked. We had been on a discussion panel together at a teacher's conference the previous November, so we were slightly acquainted. Now I came to know her as a vivacious, fun-loving and attractive person, maybe even available. We headed back to Denver, arriving home about two in the morning. I played popular and country-western music loudly both coming and going. I knew it was getting Arlen's dander up. The upshot of the experience was a friendly acquaintance with that cute blonde kindergarten teacher that I had barely met previously.

Sunday, after church, I was at Dick and Lorrain Katte's house for dinner. Al and Sophie Cok were there as well. Keith Katte was just a toddler back then. Lorraine and Sophie had to hear about Saturday night. Themselves young married women, they wanted to urge me into a relationship. They knew Bonnie and everything they had to say about her was favorable. "Take her to the board program on Monday, Jack."

The following Monday night, January 29, 1962, was a school-community event, a travelogue followed by dessert underwritten by the school board. At about five in the afternoon I took a late initiative to see if Bonnie Bonnema would care to join me for the modest (and free) activities. "Well, yes, maybe." But she had some contingencies to take care of. She called back twenty minutes later. Yes, she could go to the school board event with me. We picked up our banter with one another from the previous Saturday night. None of this was lost on my couple friends and fellow teachers. Subsequently I was told, "You guys look made for each other."

I was pretty good at arranging low-budget dates. It was my habit to eat out at modest restaurants, especially Chinese and Italian spots. So, I asked Bonnie to join me on a Friday night. When I went to pick her up, I was dressed rather casually – suntan pants with a shirt and sweater. She appeared in a designer outfit, wearing coordinated hose, heels and gloves. By a country mile she was the best dressed woman in the Chinese diner where I was a familiar patron. It is fair to say her understanding and experience regarding dinner dates on a Friday night was at a much higher plateau than the one I was used to. Later (much later) I would learn from her that when she taught in Chicago, Hugh Meeter (of the pickled herring Meeters) would make dates with her by telegram. They went to toney downtown Chicago restaurants where he was known personally by the maître ds. The next time she agreed to dinner with me I improved on my appearance while she wore slacks and boots set off by a fresh hairdo. After dinner (Italian), we went to a bar where a trio was playing cool jazz. No cover charge, the couple of drinks brought a tab of about ten dollars. That is about as high as I could reach. Eventually, however, we got into a rhythm with one another.

It was something of a Sunday custom for the Kattes and the Coks, Al and Sophie, to have Sunday dinner with one another. Sometimes they included me. With Bonnie and me becoming a "thing," she was added. Sophie aspired to play the role of yenta.

At one of these meals it was suggested that we should all go skiing on a Saturday in March. It sounded like a good idea – a little pricey, but the thing to do even for a flatlander like me now residing in the mountain west. It would be my second or third time ever to go to the slopes.

We departed early, stopping for rented boots and skis on the way. Bonnie needed none of these. She was the most experienced skier in our troop. She had custom boots and skis that she had bought when she skied the Alps in Europe. She looked fetching in her form fitted ski pants, hat, gloves, jacket and dark glasses. Now the ski club sponsor for the high school kids at DCHS, she was saving money for the latest in her sport's fashion: Head skis. Her personal goal was to make "Ski Patrol," to be certified as one of the slope experts who help in times of emergencies for hurt skiers or avalanche victims. One must be a masterful expert skier to help out in rescue services. "Patrollers" function as human ambulance drivers in snow terrain. Of course, I did not know anything about such matters, but it gives a clear indication about our vastly differing skiing skills.

Buying day tickets, we were free to get in as many runs as we could on a beautiful ski day. The snow was powdery and plentiful. I needed to do some warming up on the easy practice slope. Having made a success out of a short run on the bunny hill, ending with a snowplow stop, I thought I was ready for stronger stuff. Bonnie led me to the chairlift which carried us fifteen hundred feet higher on the mountain. The temperature was five or ten degrees cooler up there and the wind was fresh.

"Which run do you want to take?" asked Bonnie. I had no clue. I had not realized that such choices were necessary. I just knew that my job was to stay upright while sliding down the slope for maybe a mile and a half. She told me it was okay to stop along the way if I fell or got tired. "Not a problem," said I. Of course, I had no conception about what would happen next.

We chose a run, color-coded by a sign indicating it was of "moderate difficulty." Although one can ski with friends, even one particular friend, the actual sliding down a hill is a singular activity. People do not ski hand-in-hand except in movies. Separately, then, we headed down the hill. Only a few hundred yards from the beginning point I ran into a patch of moguls. Moguls are a series of substantial bumps on a ski run. They constitute the sort of challenge to skiers that sand traps and water hazards are for golfers. Skillful skiers thrill to twisting and turning through the troughs between the individual humps in the snow. The adventurous body action needed to maintain balance is supposed to be fun as the skier whisks down the slope, always staying under control. Bonnie could do it with rhythm, absorbing the jolting action with the flexion of her knees and ankles. I, on the other hand, smashed forward stiff-legged into a hump, one ski sliding forward while the other dug into a solid mass of snow. I fell forward, feet rolling, the right ski binding coming unbound as it was supposed to, the other not. My body twisted in a way that my leg could not go. No rhythm. Off balance. Falling awkwardly. Sharp pain. Left leg. Prone in a heap and half buried in the powder. Now what?

Bonnie worked her way back and over to me. Good skiers know how to do that. She instantly realized I had done worse than a simple fall. I should quit trying to get up and instead she would return with the Ski Patrol. It took twenty minutes. Two patrollers brought a toboggan and strapped me on. So, despite myself, I got a controlled slide to the bottom of the slope with no more falls. They brought me to a warm shack, stabilized my leg in a cardboard form and told me to stay prone and lay still. Meantime I was instructed to chew down a couple of aspirins.

Fast-forward to the end of the day. It did not make sense for everyone to quit and go home because one guy had a twisted ankle. I got sustenance – hot chocolate and a sandwich at midday. The plan was for the gang to take me to the Denver Clinic (Dutch doctors) in South Denver at the end of the afternoon. The clinic docs took x-rays. My ankle was swollen and turning blue. We had to wait for results. "Yes, you have a pretty badly sprained left ankle and a broken fibula." The fibula is the smaller of a pair of leg bones between the knee and ankle. The solution – a cast from toes to hip and six weeks to let it mend. Someone conferred upon me a lapel button showing a skier with one leg in a cast.

Having been kidded plenty about not being able to get down the mountain without a toboggan, now my friends felt guilty for letting me lie most of the day with a broken leg while they continued to enjoy the slopes. Everyone was very forgiving about the stupidity of my skiing. Dick and Lorraine took me to their home. Lorraine, an authentic nurse, would take care of me. The week ahead was spring vacation from school. Bonnie's task was to go to my landlord and bring me all the clothes necessary for staying with Kattes for a few days. After one week off my feet while benefitting from Lorraine's care, I could get around on my walking cast. I figured out how to manage getting in and out of the Chevy. The following Monday I went to school on my own and got around all day to handle my classes.

It turned out to be fortunate that my left leg was the one that had been broken. Despite the cast I could get into my car right leg first and then swing the left one in. My Chevy had an automatic transmission, so I did not have to shift or use a clutch. I got by, stumping around in my classes and in the halls at school. I had to deal with my coaching assignment for the spring – running the track team. The athletes knew better than to expect me to show them how to do anything. I just organized drills and blew my whistle. The kids did all the rest. The worst part in my healing process was that by the end of the day my ankle was swollen, and my leg felt squeezed in the cast. It gave me burning pain on both sides of the ankle. Nevertheless, the broken bone healed well. I recall my sense of shock when the doctor cut off the cast with a Stryker saw. My leg was so flabby, weak and atrophied. But I got over that quickly and soon felt back to normal.

Six weeks in a cast did intrude somewhat on dating Bonnie. The next memorable event in our togetherness was a Sunday afternoon lecture/sermon. Reverend Peter Eldersveld was the featured speaker. As the "star" of the Christian Reformed sponsored "Back to God Hour," a nationally broadcast radio ministry, he was well known and admired. During her Calvin days, Bonnie had been a member of the Radio Choir that sang for the weekly broadcasts. And, I might note, this occasion was one of the cheap date events Bonnie knew me for. The presentation was held at a public auditorium. We sat in the balcony next to an aisle, so my left leg, still in plaster, could comfortably extend out fully. I do not remember the specifics of the message – just that the good work of radio ministry depended on financial support from benefactors of the denomination at-large, including the faithful in Denver. What I do recall clearly is that as I sat next to Bonnie, both of us in customary Sunday clothes, this was the right sort of partner for me to marry. Along with growing affection, we shared a whole range of values about life, faith, work and play. She was intellectually smart and personally ambitious. We had no overt agreement on our relationship at that point, but the significance of identifying the right life partner came powerfully into my mind for the first time in my life.

Bonnie's extended family was clustered in South Denver. More than once I joined Sunday dinner at Grandma Koops' house. I came to know Bonnie's dad, a widower in pursuit of an eligible widow with the intention of marriage. Helen, Bonnie's sister was married to Bob Verschure, a local attorney, and they had two little girls. Bonnie's Auntie Anne De Graff was the high school secretary, a friendly figure with whom I was well acquainted. As a teacher I came to know Mrs. De Graff as a helpful, caring person before ever meeting Bonnie or the others in her family. There were other cousins and relatives from the two sides of her family – folks quite like my own extended family in Kalamazoo. Understandings were not explicit but with Bonnie's family I could feel the comfort of both acceptance and acceptability.

An important piece of mail arrived in late April. Michigan State's political science department revealed that its admission committee found me acceptable too. I discussed my aspirations with Bonnie as well as my uncertainty about whether I could fulfill the academic requirements at the doctoral level. I notified Bill Kool, Denver Christian's superintendent, that I would not be back to teach school there in the year ahead. When the calendar came to June and high school graduation festivities were over, I set my direction toward Michigan and my intention was to study political science at Michigan State in the fall. My near-term expectations about higher education were much clearer to me than those regarding Bonnie. I gave her a silver dollar, ambiguously saying that she was "my girl," but made no promises and she made no promises to me other than that "we would write." I turned in my final grades, packed the Chevy with my golf clubs and clothes, and bid adieu to my Seventh Day Adventist family that had generously sheltered me. Early on a June morning with a full tank of gas I drove east on I-70 into the rising sun. The gently rolling prairie unfolded before me like a new vista of life. I was twenty-five, unemployed and still unengaged, with a short-term plan, high hopes and lingering questions about where the Lord was leading me.

★

In Kalamazoo mom and dad generously consented to my return to home and we resumed customary daily living. John Scholten had summer work for me. Obviously, I needed to save money to go to graduate school. Working sixty-five hours a week and writing occasional letters at night, I had no trouble honoring my monogamous interest in Bonnie, but I did nothing to advance it. I made a connection with Ron Vander Kooi, son of the Milwood CRC minister, who was already in the sociology doctoral program at MSU. He had an apartment off campus and would welcome someone to share the rent. When summer turned to fall, I was ready to embark on the challenge of doctoral level studies.

Bonnie took the initiative to make a welcome move. I describe it simply here as I have heard her tell it to others. Her dad did marry that eligible widow named Sarah. Sarah had two teenage boys. The little house on Emerson Street would not accommodate Bonnie along with her father's new family. Meantime, Jan Vander Zwaag, previously a teacher in Denver but now teaching in a Christian school in Kalamazoo, urged Bonnie to move, joining up in a new environment. Bonnie had a reservation. Would it be unseemly for her to move into Jack's sphere of living? She took counsel with her father. He asked her a simple question. "What would you do if Jack were not in the picture?" She said she would take the job in Kalamazoo and live with Jan. Her father's response: "So? What is the problem?" Clear in her own mind, Bonnie accepted the Kalamazoo job offer and the living situation with her friend Jan.

After the school year began, both of us settled into our new circumstances. East Lansing is seventy miles from Kalamazoo. Coming home every other weekend, Bonnie and I, no surprise, resumed dating. She was willing to attend Milwood church with me. On mom's invitation she joined my family, as I had hers in Denver, for Sunday dinner and, as they came up, various family get-togethers. Mom took an instant liking for Bonnie, unlike certain earlier responses to a couple of the girls that I had dated previously.

I got off to a surprisingly good start at MSU. But I say that needing to admit my complete naïveté about the other doctoral students around me. I went to enroll in classes just as I had at Calvin and Western Michigan – sign up for classes and pay tuition. To do so I asked for some advice from the then chairman of the department, Professor Joe LaPalombara. He asked what I knew about the behavioral approach to political science. "Nothing much, but I am here to learn." So, he suggested that I sit in on an introductory class for undergraduates. He told me to introduce myself to the current professor for the course, Professor Leroy Ferguson, who would let me attend unofficially without paying tuition. Ferguson was exceedingly accommodating, even walking to classes with me from Berkey Hall where the political science department had its offices. Early on he asked me about myself, taking an interest in my teaching experience. Ferguson then complained that he was back to the campus from a sabbatical, saddled with this big introductory class and not assigned a graduate assistant. Would I be willing to be his assistant if he could work it out? "Yes, yes, of course, if you will help me do whatever it is that you need me to do." A day or two later Chairman LaPalombara signed me up as a graduate assistant for the school year – on the payroll and relieved of having to pay tuition. Moreover, it was explained to me that if my grades were satisfactory the assistantship would be renewed year-by-year. Until that experience, I had no idea that nearly all the other grad students around me received financial support while going to school.

Fortified by this unanticipated improvement in my prospects, my feelings for Bonnie bounded forward. On a Saturday night in late October, Bonnie and I were parked in the Chevy overlooking the lights for the comings and goings of air traffic at Kalamazoo airport. I had not planned it – I had thought about it a lot, of course – but my heart took control of my mouth. "Will you marry me?" She said she had thought about it too. Yes, she would.

Suddenly there was a whole new priority when considering decisions for the future. Having only just begun my doctoral program, I admitted that there were lots of unknowns about our shared future, but whatever they were, we would face them together. She welcomed that and said the future unknowns did not scare her. She added, "I am healthy. I am sound as a dollar." That is a memorable line that I have not forgotten and still tease her with when she mentions her aches and pains these days. More important, we both had to get over our "first child" self-centeredness. The future was about "we," the knitting together of two blessed children of God who had unknown opportunities ahead and a shared desire to form a family with little ones of our own.

A week or two later I was back in Kalamazoo to find Bonnie fretful. "No second thoughts, I hope?" No, but she did have worries about her unlikely ability to have children. How did I feel about that? Would I want out? We talked seriously about the implications and the possibilities. Certainly, we agreed, we would check out the medical prospects. But I reminded Bonnie about my high school illness, a complication with mumps. "Who knows? Maybe I cannot produce children. So what?" If we want children – and we agreed that we did – we will get help from Bethany Christian Services. I think we both felt the challenge in this prospect about a family and we both believed all the more in our rightness for one another because this possible issue did not scare either of us.

My parents were delighted with their prospective daughter-in-law and so was the extended family. Bonnie and I quickly dismissed the idea of a marriage at Christmas break, or on the one-year anniversary of our first date. It made sense to complete the school year in our respective places. We would marry in Denver in June 1963. The twenty-ninth was a convenient date

– the last Saturday of the month, and the sentimental favorite – a year and five months after our first date.

Our first crisis was mostly mine. Having committed to one another, I needed to buy an engagement ring for my fiancé. During Christmas break I would pick out rings. Through dad's company we could buy wholesale from a catalog issued by a Chicago distributor. We knew what we liked, but we had to see the rings to confirm the purchase. I set aside four hundred dollars for the trip to Chicago and the purchase. We drove the hundred and fifty miles to the Loop and found the distributor on the fourth floor in high rise building. I asked Bonnie to wait for me out in the hall while I did the business. Going in I was not impressed with the environs. It was a distribution center that resembled a Sears catalog store more than a jewelry venue. But the goods were there and were authentically beautiful. I liked the main diamond in white gold that was surrounded by baguettes. The price was right – until the clerk wrote up the transaction. I looked at the bill and my mouth dropped open. "What is this additional seventy-five dollars?" Just routine, I was assured – "that is the luxury tax." Today I can laugh, but at the time it was not funny. The deal was cash and carry. We had devoted the day to this Chicago trip. We had yet to drive home. It was my thought to treat Bonnie to a good dinner along the way back to Kalamazoo. But the transaction took just about every cent I had. We had no credit cards in 1963. Out in the hall with Bonnie after the transaction, I was crushed, embarrassed and resentful. But Bonnie said, "Don't worry. It's okay. We'll make it." I had to borrow gas money from my fiancé just get her back home. As a commentary on our lives, my unpreparedness to pay luxury tax reflected the basic way of life in our families. We were not experienced in buying or having the sort of things that society defined and government taxed as luxuries.

During the spring Bonnie did most of the planning for the wedding. It would be in Denver, of course. My folks loved Denver, so we looked forward to having the ceremony there. Bonnie consulted with my mom, but her real confidant in the process was Jan Vander Zwaag. Jan would be the maid of honor. I caught up with progress in decision-making when I came home most weekends. Bonnie and I would sit out on an open-air porch at the girls' second floor walk-up apartment. As we smoked cigarettes and drank glasses of wine, she talked about the church, the decorations, the goodies for the reception and the colors of dresses for the attendants. I would ask Charlie Boerigter to be my best man, necessitating travel for him from California. We discussed our prospects for children, cognizant about our likely reproductive issues. It was a matter of agreement that, issues aside, we would have children unlike my childless aunts, Win and Betty.

Spring evenings were especially warm that year. I remember helping Bonnie work through the guest list on a hot stuffy evening in May. We were sitting at the small kitchen table in Bonnie's apartment, hand-addressing invitations. Perspiration was running down my forehead and off the end of my nose. But we persevered.

Bonnie gained a broad acquaintance with my extended family during a series of showers held in her honor. The custom of helping a family member launch into marriage with the latest in crystal, towels and bedding, small appliances and doodads of every sort was well established and fully respected. Fortunately for me, the groom was the bride's ticket to the entitlement, but the groom did not have to ooh and ahh during the festivities. Moreover, the job of keeping records about who conferred what and writing the thank you notes was not the groom's responsibility either. I can say with admiration that Bonnie not only did all that cheerfully, her gift for administrative detail resulted in thorough records and the elimination of duplicate items.

As soon as the school year details were in the books, Bonnie packed up her pretty girl-car, a white 1960 Impala hardtop (with the red hound's-tooth checked fabric seats) and most of her belongings. She and Jan headed for Denver to turn plans into readiness for the wedding. With my first modestly successful year at MSU complete and the promise of a renewed assistantship upon my return in the fall, I was living at home and booking my usual long hours each week at Johnny's Market, making and saving as much as I could. The week of the wedding I drove my 1957 Chevy to Denver. That week is a blur. We were counseled by Reverend Robert Vermeer, pastor of First Christian Reformed Church where Bonnie's family worshipped, and we accepted his suggestion of Romans 12: 9-18 as a passage for the wedding ceremony.

The Kattes and the Coks held a bachelor's party for me and local male friends. They provided embarrassing ribald gifts for newlyweds. We had lots of laughs. Rehearsal on Friday went as it was supposed to. I do not remember dinner. On Saturday morning I played golf at Cherry Creek with Dick Katte, Al Cok and Bill Kool. I should have had a good cap my head. My brush cut did not prevent sunburn on my scalp and face.

I got to the church little behind schedule. Uncle Adrian Vander Linde had already begun producing a photographic record for my bride. Charlie Boerigter and I got into our wedding clothes. Uncle Adrian took a picture, showing me paying off Charlie on a bet about who would be the last up to the marriage altar. I stiffed him on the bet, however, taking back the money after the picture was taken. I needed it for the honeymoon. At that time Charlie was engaged to Adrea Holthouse and they would marry in Ohio the following December.

When the time came to line up for the ceremony, Hillcrest sanctuary was full of people and the atmosphere was oppressively warm. Brothers-in-law Bob Verschure and John Booden were ushers for us. My brother Jim stood up with me along with Charlie Boerigter, the best man. No air conditioning. I was elated of course but also perspiring. The auditorium of Hillcrest Church, with its flowers and bows on the ends of the pews, was lovely and the bridesmaids were dazzling. Our flower girls, Laurie and Diane Verschure, were just as pixie perfect as flower girls are supposed to be. Then Jane Van Zyteveld, the organist, gave the fanfare for the bride. Bonnie appeared in all her beauty on the arm of her father. As they began down the aisle, I gave her a wink and she returned a significant look with her smile. Her father handed her off to me and after that, all went according to the script. Gordon Werkema sang a solo. We heard the injunctions about giving and receiving in marriage and we spoke the vows. After that we swept down the aisle to receive greetings from friends. Then we were in Uncle Adrian's hands for a pictorial confirmation of the event. As ever, the picture session took too long, and I was wet with perspiration. More than that, I was thirsty, truly dehydrated.

The reception in the church basement was a bit of relief, but by the time Bonnie and I got there, most of the punch was gone. We did the obligatory cake cutting and I went about dutifully offering cigars to the men who wanted them. With the time spent on pictures, the heat and the disappearing punch, people left early. We understood why. We were anxious to change clothes and say goodbye ourselves.

Bonnie had a stylish going away ensemble, including a dress, hat, gloves, matching shoes and the whole bit. We drove away in her well-polished Chevy Impala. (My 57 Chevy, a hand-me-down from my dad, was handed off to my brother, Jim.) Charlie and Adrea went out for dinner with us. Frankly, I was not feeling at all well. I think it was the high emotions of the event, my dehydration and sunburn, followed by the sweet stuff of cake and candy at the reception, followed by a cigar. So, we took kind of a time-out with friends to catch our breath. After dinner we parted from Charlie and Adrea and hit the road for the first stop on our honeymoon. It was a Best Western motel in Cheyenne, Wyoming. I made the reservations there because "going to Cheyenne" was how Bonnie and I commenced our acquaintance.

The reservation was set. We found the motel and settled in. When we turned off the lights and went to bed, Bonnie said, "Did you let the cat out?" That was a laugh for me that allowed a relaxation of my tension. We had both honored God in coming together this night for the first time in our lives as one flesh. We freely entered into a privilege of marriage that God had prepared for us.

Before departing Cheyenne on Monday, we stopped at the state capital and visited the empty legislative chambers. Bonnie accepted the pause for that visit as she would many more times during our marriage. Legislatures are my thing. Then we spent most of the week in Estes Park, Colorado. We hiked around, doing the tourist trails and, memorably, we ate lobster tails. I know that it is atypical to choose lobster when dining in cattle country, but we have always remembered the Estes Park lobsters as one of the premier meals that we have enjoyed together. Lobster continues as a favorite menu selection for us to this day.

We spent July into August back in Denver just enjoying leisure. On a Sunday Grandma Koops had us over to her home for dinner – a standard, wonderful Dutch dinner, with roast beef, plenty of gravy, mashed potatoes, green beans and corn. Helen and Bob Verschure were there along with Laurie and Diane, our flower girls. I think Bonnie's Auntie Anne was there as well. While we sat chatting over dessert Grandma said to me in all seriousness, "Jack, I certainly am thankful you saved Gertrude from becoming an old maid." That gave everyone present a long hearty laugh. Bonnie had to speak in her own defense. "Grandma, I was never going to be an old maid. I had lots of boyfriends." And she did, of course. But it was one of those precious remarks so revealing of a grandmother's love for one of her dear grandchildren.

When summer wound down toward fall, we packed up the Impala with all the wonderful wedding gifts we had received. We said our goodbyes to the Denver friends and family and pointed our car east for Kalamazoo. There was one more marriage related event. My mother hosted a reception at 1010 Par 4 Road for all the family and friends who could not make it to the Denver location of our wedding. We had saved the top portion of the wedding cake, so we could serve that along with cookies, punch and brownies. This time the weather cooperated, so people lingered, and we got to personally thank them all for the generous gifts that would fill our next apartment.

Our next stop was Lansing. The previous spring semester I had shared a third story walk-up apartment with Roger Vander Zwaag, Jan's brother, in the city. The apartment was unoccupied because, for whatever reason, Roger was away. Well after dark we clattered up outside stairway, took the door key from its hiding place, and went inside to stay the night. Feeling like successful cat burglars, we laughed and drank wine before going to bed.

The next day the MSU campus housing office let us into our furnished, married housing apartment, 1543 K Spartan Village. That would be our home until 1966. Bonnie, my smart and experienced educator wife, accepted a kindergarten teaching appointment from the Lansing public schools. Given credit for her nine previous years teaching experience, her salary was well over five thousand dollars per year. My assistantship was not a lot of money, but it meant I did not have to pay tuition.

The next three years were really beneficial for our marriage. We had a supportive Christian Reformed church in Lansing. About a dozen couples in the church who, like us, had one or both partners going to MSU, shared a lot of fellowship. Bonnie and I savored entertainment from sports, attending Big Ten home games very inexpensively with student tickets to football, hockey and basketball. I used the intramural building, especially its racquetball courts, regularly. Housekeeping chores were easy to share. Bonnie undertook her own academic pursuits with evening and summer classes that culminated in a master's degree in early elementary education in 1965. She was so successful in her work that when the Lansing public schools became eligible to initiate a Head Start program, she was chosen to be its first lead teacher. At its initiation, Head Start, a Johnson administration initiative in the "War on Poverty," was a summer enrichment program to improve school readiness for culturally deprived kids. Bonnie worked hard, creatively getting favorable results with the needy kids in her charge. In fact, she held that position for two summers and could have served longer, but for my sake, we departed MSU in June 1967.

★

A major commitment that Bonnie and I shared was to raise a Christian family like the ones in which we both grew up. Unsurprisingly our physical intimacy did not bring a pregnancy. We both had reasons for doubt about our potential for fertility. Dutifully, however, Bonnie consulted a gynecologist, entered into a treatment regimen, charted her body temperature and we timed our sexual activity. Our patience with that lasted less than a year. We simply affirmed anew that having children biologically on our own was not a crucial matter. From before our marriage the idea of receiving children through adoption was to us a joyous prospect. We knew where to begin – Bethany Christian Services, an agency of our church based in Grand Rapids.

We initiated contact in 1964. We had peer support from John and Natalie Klanderman, fellow church members and MSU married housing residents like us, who were seeking to adopt through Bethany. Our interviews at Bethany were professional and encouraging. Our caseworker followed up on our application with thoroughness and care. We had lots of conversations with John and Natalie about adoption issues and our prospects. By the time Bethany had completed its due diligence, we were ready for a child – at least as ready as any typical couple dealing with a first pregnancy. Bonnie put her principal on notice. Prospects were high that Bonnie would not be able to complete her third school-year contract as a kindergarten teacher. Word came near Christmas 1965 that we would soon receive a child. So too would John and Natalie.

The long-awaited invitation to meet "our" child came in late February. Of course, the "ours" was not absolute until Bethany approved. That first meeting in Grand Rapids at Bethany was a success and we were overjoyed and thankful. The lovely infant girl put into our arms gave every sign of accepting us as her parents and David Malefyte agreed in behalf of Bethany. We set a date for the formal reception, then hurried to East Lansing to make all the needed arrangements at home. Most importantly, Bonnie would separate from her kindergarten class at the spring vacation break in the school schedule. Bonnie's principal would take care of replacing her and Bonnie would assist the replacement person before separation took place. On April 8 we went to receive Franci Lynn as a Van Der Slik. Mother and dad Vander Slik (spelled his way) were on hand for the occasion. The ceremony was brief but powerful. We signed papers, took pictures and said our grateful goodbyes.

I have an unimportant, but poignant, memory of the lunch at Bill Knapp's afterwards. The four adults at the table were all focused on Franci. Of course, we marveled at every move she made. By the time our food came Franci was tired enough to fuss and cry. Bonnie could not hold our squirming, sobbing child and eat her lunch at the same time. So, mom took Franci, who quickly settled into her arms and went to sleep. After lunch we separated, my parents going to Kalamazoo while I drove mother and child to Spartan Village.

From the outset, Franci came to us without a schedule. When we received her, she was delivered with a letter intended to describe her likes, dislikes and habits. Her schedule was that she did not have a schedule. She would sleep and eat when she wanted to eat and sleep. The "lesson" for Bonnie and me was that it was up to us to adapt to Franci, not the other way around. Despite our inclination to be pro-active parents, early on Franci taught us that much of our parenting would necessarily be responsive rather than always at our initiative.

A significant step in our marriage partnership centered on the baptism of our child. Although the procedures leading up to the adoption were administratively clear as Bethany functioned under Michigan law, the adoption was not complete for a full year. Bethany had to fulfill aftercare visits and process the proper paperwork. The State of Michigan bureaucracy was responsible to provide legal standing for our parental rights. Meanwhile we and the Klandermans had received babies who we desired to be baptized into our families and the church where we were active members. Typically, the infants of members in good standing with the local congregation received baptism within a few weeks of birth. But what of an infant whose adoption was not yet legally complete? With other matters uncertain in our lives regarding a future job and place of work, we desired that the baptism be completed in what was at the time our home church. We pressed the question with our pastor, Reverend John Hofman, and the church Council. They were both careful and considerate. They affirmed that Bonnie and I were committed to the church and to the care and nurture of Franci. (For the Klandermans it was Kevin.) We accepted the promises of salvation for these kids and pledged to bring them up knowing Jesus Christ as their Lord and Savior. The Council said yes and Pastor Hofman scheduled the baptism. Families assembled and the leaders of our church stood with us in making promises to God about our being faithful parents. It was a tearful but happy moment in the life of our budding family. We looked to the future for ourselves and our newborn children with optimism about the blessings we expected that God had in store for us.

"Lord, you establish peace for us; all that we have accomplished you have done for us.... Your name alone do we honor." Isaiah 26: 12-13.

CHAPTER 6.

A Blessed Beginning at SIU-C

To receive my first university appointment at Southern Illinois University-Carbondale far exceeded the level of Bonnie's and my job expectation. The school was a big time, on-the-make, major institution with more than twenty thousand students. It was comprehensive in undergraduate and graduate programs. The prospective positions I had imagined for myself were at smaller, developing universities or liberal arts colleges somewhat like Calvin College. I had thought and temporized a good deal about returning to Calvin and had concluded that I really was unsatisfied with that idea, at least right out of graduate school. Many of the professors there had returned out of loyalty to the Christian Reformed Church. I admired them for that, but my thought was to consider that possibility later in my career, perhaps after some broadening experience elsewhere. The feeler I received from Earlham suggested a possible exciting prospect at a selective undergraduate school. The Toledo offer I received was not out of range of my expectations, but, as already described, at the time that particular opening did not look to me like a place where I would flourish. Turning it down was a calculated risk.

Not only was SIU-C and the Government Department large, my appointment was a twelve- month contract with half my time intended for public affairs research. Often (typically?) new hires mostly teach large undergraduate classes and must earn their research time. My research time was most generously accorded to me from the beginning of my appointment. Not only that, I had wide latitude in using that time. Scholarship for the classroom that produced textbooks and readers was both allowed, encouraged, and rewarded.

The department and my senior colleagues were exceedingly magnanimous regarding teaching assignments. In my second year I was invited, even urged, to offer graduate seminars. In graduate programs elsewhere senior faculty preserve those opportunities for themselves. My senior colleagues willingly held forth in large classes of undergraduates, allowing me, a freshly bedoctored assistant professor work mainly with graduate students. With my department's recommendation I was approved for graduate faculty status by the university's graduate school. Soon I was invited by departmental graduate students for thesis and dissertation committees.

To illustrate how my estimable fortune worked out, I chose the topic of "leadership" for a 1969 graduate seminar. There was no specific text. Together with a small group of graduate students we systematically reviewed the journals of political science, sociology, and a couple of them in psychology. The seminar discussion built upon the separate findings from each student.

Then each student composed a paper on a subset of the literature relevant to a specific, self-chosen topic. What we did together was more than sufficient for the seminar, but four of the students went further. Working with them we together produced an annotated bibliography generically titled, *Theory and Research in the Study of Political Leadership: An Annotated Bibliography*. With dispensation from David Kenney and resources from PARB, we brought a ninety-page publication out as an "occasional paper," which we distributed at a modest price to scholars and libraries. For the students, George Force, Donald Gregory, Willis Hubbard, and Jack Parson, it was an unpretentious but tangible "publication" for their vitae when time came to seek a job. In 1972 the bibliography was updated with new literature for the time 1969 to mid-1972 by an added contributor, Charles DeWitt Dunn.

In one of my seminars a black graduate student, Thomas F. Slaughter, from sociology, challenged me to propose an undergraduate course in black politics. He made a good argument, one that stretched me to think in a direction toward which I had not yet moved far at all. I had published that one article about congressional voting on "Negro Rights," but that was more about Congress than the context of black politics. Digging into the emerging literature of black politics to develop a course proposal stimulated my interest in that increasingly incandescent substantive area. I spelled out a proposal that my department colleagues agreed to and it went forward through the required College of Liberal Arts approval. Meanwhile my immersion into the substantively growing literature of black politics led me to propose a book, my first solo effort. A small publisher, Charles E. Merrill, responded quickly and positively. With excellent library resources at SIU-C, I was able to identify and then get permission to publish eighteen selections from recent literature that validated a spectrum of black politics ranging from competition through confrontation to combat. I prefaced the book saying, "the book brings together something of what has been learned about the conflict of blacks with whites during the 1960's, with an explicitly reformist objective that social progress will occur in the 1970s" (*Black Conflict with White America, A Reader in Social and Political Analysis,* Charles E. Merrill, 1970, p. viii).

At the conclusion of the reader I was not confident that white America was going to do what was needed for a flourishing and peaceful society. I saw misperceptions among whites about black interests as a white problem not a black problem.

> "This is a problem for all those in positions of leadership in white society. All who approve of conventional or even non-violent modes of conflict to produce both decision makers and the alternatives for policy making have been placed on notice by the directed violence from black communities. Blacks are willing to risk 'calling for the question' in the streets. If it is to be prevented, whites will have to prevent it by meeting black needs. Thus the idea that American society has a 'Negro problem' typifies white misunderstanding of contemporary events. So long as whites assume their own superiority, give priority to protecting themselves from what they consider encroachments by blacks, tolerate the continuation of cumulative disadvantages among underdeveloped groups, the white problem and racial conflict will continue will not be set at rest in American society" (*Black Conflict*, pp. 289-290).

To this day our society has unresolved racial issues, but the basic fabric of social relations is more intact now than it was half a century ago. Thank God for that. But as one who has observed from academe's ivory tower, I have to say that the pace of change has been dilatory at best.

★

In August 1969 Bonnie accommodated my opportunity to spend a year away from SIU-C in order to work for the Illinois Legislative Council, the nonpartisan research arm of the Illinois General Assembly. The ILC was a product of progressive reforms of state government earlier in the twentieth century. When I came on board, there were hardly any partisan staff members working for the legislature. The legislature's membership was large (177 House members and 59 Senate members) and the need for policy research was substantial. ILC provided nonpartisan, objective, documented and timely information in response to requests by members. Most of my staff colleagues were lawyers. I was the only visiting "Political Science Research Fellow" on the staff. With secretarial and printing support, the ILC had a headcount of about thirty people. The Director, William L. Day, had a journalism background and had worked around the statehouse for several decades. He knew where the political bodies were buried.

With direction from Bill Day I learned how to write research memos and how to use law books in the law library. When the Sixth Illinois Constitutional Convention came into the session in late 1969, ILC prepared research for it as well as for the legislature. Director Day gave me an assignment to write a memo about how the convention might present a proposed constitution to the electorate. With an extant history of five previous conventions in Illinois, a review of past procedures, law and precedents had to be given scrutiny. Likewise, I needed to consider recent outcomes in constitutional change that had occurred in other American states and how they were submitted to the voters.

It turned out to be a long and consequential memo that was meticulously vetted by our lawyers as well as the director. My memo confirmed that the convention itself would have wide latitude about how to shape its proposal to the people. It could make a single document that would be voted up or down, or it could have multiple options considered by the voters. After the memo was circulated through the normal channels of distribution, I asked Bill Day if it would be permissible for me to submit a version of the memo for publication by a journal. Presumably, the information could well be relevant to scholars in other states. He judged that doing so constituted no conflict of interest and he recognized the value of my making the subject matter available to a broader audience. The essay was accepted and published by the *Business and Government Review* at the University of Missouri in May-June 1970, well ahead of the Illinois Constitutional Convention ballot at the end of 1970. For me it was a first publication specifically about political matters in my new home state, Illinois.

Part of the privilege of being a research fellow was to simply hang out in the legislative and constitutional convention galleries. I got to know some members well, such as Representatives Gene Hofman, Jim Nolan, and John Connolly. Senator Frank Ozinga was a Christian Reformed member from Evergreen Park, Illinois. His brother, Martin Ozinga, was elected to Con-Con, so I became acquainted with them both as well. It was engaging simply to observe the sessions and hear the arguments on controversial matters. I was present to see one of the biggest political issues of 1970 voted on in the House. Governor Richard Ogilvie proposed a groundbreaking income tax for Illinois to solve its enduring revenue problems. In a historic compromise the bill that passed the House on June 30, just hours before the session ended, imposed a two-and-a-half percent tax rate on individual income and four percent rate on corporate earnings. The compromise set a precedent for a five-to-three ratio between corporate and individual tax rates, a compromise that the Con-Con incorporated into the 1970 Constitution. Voter resentment against the "Ogilvie income tax" was a major factor in Ogilvie's reelection defeat in 1972. Years later the details of that story were authoritatively penned by a statehouse journalist I came to know during that year in Springfield. Taylor Pensoneau authored the book entitled, *Governor Richard Ogilvie: In the Interest of the State,* (Carbondale and Edwardsville: Southern Illinois University Press, 1997).

I spent a lot of time and effort on a project that failed to produce anything more than some enlightenment for myself. I interviewed most of the black members of the Illinois House. The premise was that in my *Black Conflict* reader I developed a dimension of social conflict by blacks with the predominant white society ranging from competition to combat. How did the black legislators of Illinois perceive themselves and their constituents on that dimension? I taped the interviews and secretarial support from ILC eventually produced typescripts of the interviews. From one bright black lawyer-member from Chicago I learned about what he described as "curb to curb justice" on the mean streets of South Chicago. The point was that just off the streets, Chicago law enforcement upon black citizens was both arbitrary and unfair.

The lower house of the General Assembly I observed was then elected according to cumulative voting, a unique arrangement. (Since discontinued, I will not explain here.) However, a consequence the legislature's unique electoral process was that there were Republicans elected from Chicago districts, including some dominated by black voters. I spent a good hour with an elderly black Republican, Genoa Washington, who served three terms in the House. He accounted for his Republican affiliation by explaining to me his family's continuing appreciation for Abraham Lincoln and the Emancipation Proclamation. Harold Washington, a Democrat also in the House at that time, was much more aggressive about race issues and was finding his way upward in Illinois politics. Much later, of course, he became the first black mayor of Chicago.

I regret to say that I never did reckon a meaningful way to elucidate the implications of what I learned from the interviews for any published results. To make meaningful inferences about black respondents for a political science journal, theoretical considerations would call for interviews with appropriately matched white legislators. By the time I recognized that reality, the legislative session was adjourned, and all the members were scattered. It was not feasible for me to come back a year later when a new legislature convened. The work I had done was substantially useless for an academic audience. Let me add that this was neither the first nor the last time I extended myself into a challenging project and unproductively fouled it up.

Another project that year turned to nothing. By happenstance I came into discussions with contract book editor. He was working with a publisher that wanted a series of simplified textbook supplements for college kids. I agreed to produce a two-hundred-page pony – substantially smaller than a standard-sized textbook – to serve students with a basic description of American national government. With Bill Day's permission I spent a lot of the summer of 1970 working at the writing. Somewhere mid-process the editor read a part of my manuscript. It was, for him, too expressive of my political views. Specifically, he disliked some negative criticism I made about J. Edgar Hoover and the FBI. Unsatisfied with my viewpoint, he told me to drop this project and just keep a small advance that got me started. To me it confirmed a lesson about not being greedy and writing for a quick financial reward, but that I should choose my projects with greater regard for consequential scholarship.

With summer ending and my political science "fellow" position expiring, Bill Day asked me to write out my thoughts about the ILC operations and its possible improvement. With the arrogance of a departing young academic, I took him seriously and wrote a long memo. I incorporated thoughts gathered from a couple of the young research staffers that I worked with daily. They lacked the security I enjoyed in my status as an academic fellow to make such criticisms to the director. The central point of the memo was that Bill Day, as director, allowed his office manager, Mary McCarthy, to "protect" him from having to deal with a lot of intra-office issues. She knew how to do it. She provided Bill all the personal attention he desired from matters as small as his coffee in the morning to organizing his lunch dates and keeping in touch with his statehouse friends. Doing so, she controlled access to director, preventing complaints and concerns from getting to his desk. Meanwhile, Mary was playing the part of chief petty officer to the benefit of herself and her staff favorites.

I knew the memo was a minor bombshell, so I wrote it out by hand, preventing any staff typist from knowing its contents or leaking them to Mary. My whistleblowing shook Bill. I left Springfield for Carbondale, not knowing what would result. Years later in earnest conversation with Bill over martinis he told me how revealing he found my memo, and that with some pain he restructured his oversight of ILC's operations, and he undid aspects of Mary's office tyranny.

★

The timing of Bonnie's and my departure from Springfield in the autumn of 1970 matched the arrival in Springfield by my SIU-C colleague, David Everson. Although Dave would have loved to remain at SIU-C, no job was available for his talented wife, Judy. She had earned her doctorate in American Studies at Indiana University, but those credentials were not considered suitable by the English Department to give her an academic appointment at SIU-C. Meanwhile, the Illinois Board of Higher Education had opened a new university in Springfield, Sangamon State University, which would offer upper level courses for juniors and seniors and master's degree students. Sangamon State welcomed both Judy and Dave as founding faculty members in this growing new academic setting. The rental house that Bonnie and I had was pleasing to them both and the timing was perfect. On our departure Judy and Dave moved in and they remained in that house at 7 Owens Lane in Jerome for several years thereafter. We returned to our little green manor at 613 Owens Street in Carbondale.

One of the pedagogic privileges sanctioned for me upon my return in 1970 was to assume the chairmanship for my first doctoral dissertation student. Richard Balkema had a problem. He had done his coursework and dissertation fieldwork. For whatever reason he and his dissertation chairman, Steve Wasby, had a falling out. Wasby announced that he would not serve any longer as Balkema's dissertation chairperson. Casting about, Richard discovered commonalities with me despite the fact that he had not ever been my seminar student. We both had master's degrees from Western Michigan University. I was solidly familiar with the Michigan legislature where he had done his fieldwork research. I was sympathetic with the difficulty in losing a dissertation chairman late in the dissertation process, having had to replace my first pick for chairman of my dissertation committee, Scigliano. The other senior faculty on Richard's dissertation committee (Orville Alexander, Ward Morton, Fred Guild and Max Sappenfield) were willing for me to serve as the chairperson, so Richard did all the heavy work and I consulted with him and critiqued his chapters. He accepted my comments and advice gracefully and responsibly. It turned out that my senior colleagues were happy with the results. Working rapidly in the summer Richard got the job done in time to resume his fall teaching assignment. With his doctorate completed Richard, who already had begun as a faculty member in political science at Valparaiso University, was able to move successfully toward tenure at his school. I received more accolades from my senior colleagues than I deserved for working with Richard and serving as the dissertation chairperson on "The Role of the Standing Committee in the Michigan Senate" (1971). I should add that Dick and I maintained a professional friendship for more than twenty years after this dissertation "crisis" and he was always generous with his praise for me as a continuing mentor. I will have more to say about him later.

I had a much more interactive association in my second dissertation chairmanship with George Force. George took my seminars and worked with me editing two editions of the "Leadership" bibliography. He assisted me with the *Instructors Manual* to accompany Steve Monsma's textbook. George chose a tough challenge for his dissertation, probably one more difficult than I should have let him choose. My naiveté kept me from perceiving the complexity of his self-selected task and soon we were stuck to that tar baby. He titled it, "Legislative Goals and Policy Behavior: An Empirical Inquiry." It was a reanalysis of a noted study of legislators in four states, *The Legislative System* (1962). Being a Michigan State grad, I had a solid connection to one of the original researchers, Leroy Ferguson. (Recall that Fergie got me my original assistantship at MSU.) Moreover, one of my graduate student pals, Eric Carlson, was working at his own study using the same data. With me as intermediary, Eric greatly assisted George by supplying data that otherwise would have been hard to come by. George had to satisfy a much more intrusive dissertation committee than the one formed for Dick Balkema. Along with me as chairperson, George had to respond to David Kenney, Joann Paine, Roy Miller and, from the History Department, Howard Allen. The research analysis and writing took until March 26, 1973, and George's dissertation filled three hundred and twenty pages. By the time of its completion George had already been a faculty member at Slippery Rock University since 1971. So, it took George nearly six years to complete his doctorate at SIU-C following his master's in 1967. By the conclusion of that ordeal, there was no question that George T. Force had more than paid the academic dues for his terminal degree. I was proud of and relieved by his accomplishment. After that George and I had a lively correspondence and saw each other at conventions for more than a decade. Enduring some frustration regarding publications, George took over institutional search at Slippery Rock, keeping his hand in teaching with one course each semester. In 1990 he suffered a heart attack. He recovered but he had pretty much set the discipline aside and quit coming to conventions, so my last letter from him was in 1991.

In 1971 the then new department chairman, Randall Nelson, asked me to see what I could do to help the department's doctoral students find jobs, particularly academic appointments. Having been through the search process as a candidate with help from Michigan State, I emulated Harold Johnson by centralizing files of reference letters and curriculum vitae for those who wanted to be candidates. I recognized that a couple of matters would make the job harder than Johnson's task at MSU. We had a large field of candidates to place – thirteen fellows were seeking placement in that year. The SIU-C Department faculty were not as professionally prominent or reputationally well-connected around the country as the MSU Department members who helped me. I needed to overcome that deficiency.

Doing that *Leadership* bibliography in 1969 had put me in touch with the university's graphic design unit. Its staff had created an original cover for our publication, giving it an attractive, professional appearance. This was the university's creative agency for all kinds of external relations media. I went to the design director to describe my placement problem. How could I get out the word about our doctoral candidates for potential academic placements? The graphic design people came up with some ideas which I mulled over with our job candidates. The winning idea was to renovate the prototypical dull, vintage typescript curriculum vitae into an attractive and compact format. The staff artist, David Hencke, transformed head-shot photos of each candidate into contemporary ink line sketches, showing each face with a shirt collar and a necktie hanging down. He placed the sketch of each candidate on the left or right margin of a well-edited, one-page vita. We assembled the thirteen vitae into an eight and a half by eleven-inch sized booklet. Then Hencke made an engaging collage of his sketches for the front cover of *Candidates for Placement*, Southern Illinois University at Carbondale, Department of Government, Fall 1971. Each vita was on beige colored stock, so that after they were printed each candidate received a supply of individual copies for distribution in the way he wanted to use them (yes, all thirteen candidates were men). The distinctive color of the vita would be hard to ignore when in a pile of prosaic typescript versions from rival candidates. The black cover of our brochure with a collage of line sketches in light green was striking. The inside first page had a letter from Chairman Nelson, introducing our department's candidates. The last page was mine, describing the availability of the credentials and an invitation to request a complete dossier for any or all the candidates. At the end there was a no-postage-necessary mail-back card addressed to me as placement coordinator.

With some help from the Dean of Graduate School, we paid for the brochures and a mailing to every college and university in the country. Although I received some snooty feedback about such brazen marketing from a few of the elite schools, each of our candidates obtained responses. In contrast, my Michigan State mentor, Charlie Press, praised the effort. His New Year's newsletter about MSU's political science people reported that I had "set the rest of us worrying about placement on our ear with an SIU placement brochure which featured sketches of each candidate." In short, Charlie admired it. By the fall of 1971 all our candidates had jobs and I gained the gratitude of the jobseekers as well as from the department's senior faculty. The next year's funding cuts made our effort more modest. After that, the task was referred to the university's Placement Office for a more generic (and less expensive) procedure.

★

For me, the culminating event of 1971 was the department-college-university decision to confer on me both tenure and promotion. Only much later did I come to recognize and appreciate the significance of what happened and how quickly this was conferred upon me. These marks of professional progress came at the initiation of Chairman Nelson and Director Kenny with the consent of the senior faculty. I was a passive participant. The Department's favorable recommendation went through the various levels of university decision-making with no apparent controversy or pushback. Paperwork came through that affirmed my promotion to associate professor with tenure on July 1, 1971, just four years after my original appointment at SIU-C. As I would later learn to know and participate in the tenure and promotion process in association with Dean Lon R. Shelby and the College of Liberal Arts, such a rapid ascent would have been an unlikely event under Shelby's administration. God's timing for me was incredibly generous.

Moses, educated in the wisdom of the Egyptians, went to visit his fellow Israelites. We departed Southern Illinois, "Little Egypt" as it is locally known, to sojourn among our brethren in Grand Rapids. Compare to Acts 7: 23.

CHAPTER 7.

To Calvin College and Back to Southern Illinois

Recall that Steve Monsma drew me into his early accomplishment producing a multi-book publishing arrangement with Holt, Rinehart and Winston for his American politics text. In 1967 Steve departed from his first job at the State University of New York at Plattsburgh. He accepted an appointment as a faculty member in political science at Calvin College and a couple of years later was named chairman of the department. Prior to the 1972-73 school year Steve was named to an "Advanced Christian Studies" award for a yearlong study leave (although continuing as department chairman), enabling him to work full-time on a politics book with a Christian perspective. It was eventually published as *The Unraveling of America* (Inter-varsity Press, 1974). His leave would necessitate a vacancy in political science at Calvin at a time when that department was growing in significance and enrollment.

At Steve's initiation an invitation was extended to me: would I be interested in a visiting year appointment at Calvin, temporarily carrying out Steve's teaching assignment? Beside the academic opportunity such a visit would allow me, Bonnie and I would be close to my extended family and be able to reengage in the Christian Reformed community. My academic preparation resembled Steve's, so I was well-fitted and prepared to easily slip into his classroom responsibilities. I had previously become acquainted with Joe Westra, the senior faculty member in the department, as well as Paul Henry, a new member of the department who joined it in 1970. With little apparent difficulty Steve and his colleagues convinced others that I should be the first and, as far as I know, the only candidate interviewed for the one year visiting appointment.

Bonnie and I talked it over. The thought of being on the Calvin faculty had always been in the back of my mind. My circumstances at SIU-C were so favorable. Should I not stay longer, perhaps later bringing more maturity and perhaps gain some more accomplishments before going to Calvin? Bonnie was somewhat reluctant about the close-knit nature of the Grand Rapids Christian Reformed community. Would she fit in there? Was it okay to move the kids? Franci would be going into the first grade. The Van Der Sliks and the Koopsens in Michigan encouraged us to "come home." Despite reluctance about Grand Rapids, Bonnie was open to the idea of living elsewhere than Carbondale. So, we settled on the idea that a one-year visit at Calvin would be a good thing and maybe it would help us figure out the future prospects for our family.

Procedures for an appointment at Calvin were elaborate and they began early. In February 1972 I was invited for an interview by Dean John Vanden Berg who, years earlier, had been my economics professor. Steve gave me a thorough heads-up about the interview procedure on March 3. He and I would meet with President Spoelhof, then lunch with the political science faculty (Joe Westra, James De Borst, Paul Henry and Robert De Vries). The big event would be an interview with Calvin's Professional Status Committee. Its members would quiz me as a teacher and Reformed Christian as much as for my scholarly work and accomplishments.

The sessions went well. Paul Henry made a strong impression upon me as a person who would be a great colleague. President Spoelhof indulged me for an hour. I am sure he looked up my unimpressive Calvin transcript and thought me to be less than an ideal appointee. But he gave me a pass. He had been president since 1951 and I had the temerity to question him about how he kept fresh for his job after twenty years in it. Our conversation prompted me to fully grasp that he was, and he expressed it by being on top of details in all aspects of college life at Calvin. Fortunately for me, the Professional Status Committee judged me to be satisfactory for a visiting year assignment. In mid-March I received a crisp but detailed letter from President Spoelhof describing all aspects of an offer of appointment. As one who, forty years later, served on Calvin's Board of Trustees, I quote from the Spoelhof letter of 1972 with awe about his command and control of the college in his day. "I expect the faculty to adopt the recommendation of the [faculty] Professional Status Committee and anticipate favorable action by the Executive Committee of the Board of Trustees. I am therefore sending you the terms of offer which I shall recommend. You may regard the following terms as a fixed offer since the Executive Committee would not, on their own, alter them." On that basis I would become a "Visiting Associate Professor of Political Science," serving in the year-long vacancy for Steve Monsma.

An important detail of the letter was the determination of where I fit on the Calvin pay scale. All Calvin faculty were paid according to one salary schedule. There were no "market value" considerations, added factors that were part of the salary game at SIU-C. I was placed at the fourth step as an associate professor. I think that in determining the appropriate step, consideration was given to my three years of teaching experience in the Bellflower and Denver Christian schools. Paul Henry pointed out to me that in any subsequent future appointment at Calvin my salary would be fixed according to my years of service after that initial placement. I did receive one generous extra consideration. Because I would miss making a matched contribution to retirement in Illinois, Calvin paid me an additional twelve hundred dollars "Because you will come to us at a loss in salary and a diminution of your own retirement at Southern Illinois University...." Yes, Spoelhof was on top of all the details. A month later Leonard J. Hoffman, Secretary of the Board of Trustees, informed me that the Executive Committee of the Board of Trustees approved (rubber stamped?) the recommended appointment.

What became embarrassing to me was that my leave without pay became caught up in SIU-C's bureaucracy. On the first of May I wrote Spoelhof an apology, assuring him that I was in good standing with my department chairman and my bureau director, but that the paperwork for my leave was stuck in the office of the Vice President for Academic Affairs. As late as June 21 an associate dean in Liberal Arts wrote a diplomatic letter to the vice president reminding him of an earlier verbal agreement that I would be permitted to take leave and that my department would be allowed to hire a temporary replacement. Sometime thereafter the paperwork was processed, and Bonnie and I went forward with plans to move.

I sent Steve textbook orders. We shared disappointment about a letter regarding a decision from Holt that it no longer wanted a second edition of the Monsma and Van Der Slik reader. During the summer, Steve found us a small bungalow for rent on Kalamazoo Avenue. We made a deposit on it sight unseen. Bonnie proved once more what a trusting wife she was!

I taught three courses at Calvin: a section of American government in the fall semester and two sections of it in the spring, a section of legislative politics each semester and in the fall semester I offered a political behavior course, sort of a beginning methodology course. For the January Interim I proposed a short course in which students would do some interviewing in the black community regarding engagement in local politics. Steve Monsma sent me feedback from the committee reviewing the proposals – maybe what I was proposing would be too intrusive, with white students imposing on black community members. Dennis Hoekstra, then a Calvin assistant dean, had reservations. Calvin really wanted a more general course "that can be pointed to for the benefit of black Calvin students." Unfortunately, mine was the only one proposed, but it was judged to be too specific and research oriented. So, my proposal was not accepted, nor was I asked to redesign it, therefore, during the three and a half weeks of January Interim, I had no teaching assignment.

I found Calvin's teaching schedule demanding. My legislative politics course was essentially a repeat from SIU-C, but the American government course was a new preparation – a welcome one. The political behavior course was also new. I was favorably impressed by the students. Clearly, they were better read and more prepared for class than many of my SIU-C undergraduate students. The Calvin students took their exams and assigned papers more seriously. I was delighted with recording more A's and B's and fewer D's. Also, dropouts and incompletes were rare. Class sizes were good: about twenty-five in legislative politics, about forty in American government and a dozen in political behavior. The kids were respectful but willing to question and discuss. Classroom teaching at Calvin was both demanding for me as well as pleasurable. Recalling the experience reminds me that I do not have class records from Calvin. On my departure it was required that I turn in all my grade records. I should have made a copy of the names and grades of my students for myself, but I did not. Without elaborating then, I do recall Ron De Jong, Sheryl Essenburg, Calvin Exoo, Ruth Hoagland, Kenneth and Marty Ozinga, David Palmer and Mary Vanderlaan. Favorable as my classroom experiences were, I found teaching three courses per semester a grind. With year-by-year repeats teaching would have become easier, certainly. But this experience put into a clearer light for me what advantages I had at SIU-C: a lighter course load and the opportunities of flexibility and intellectual exploration as leader of graduate seminars, plus very substantial research time and support. I remain in awe of Steve Monsma's publishing accomplishments knowing the heavy load he carried as a Calvin teacher and department chairperson.

There were other rich experiences at Calvin. I renewed friendship with Ervina and Edgar Boeve in drama and arts, no longer as a student but as a colleague. Robert Bolt, a historian, was my office mate and he helped me understand and engage in campus life. I heard President Spoelhof make favorable remarks about Dennis Hoekstra, who was newly appointed to the presidency at Trinity Christian College, remarks of consequence to me later on. I played racquetball with Bill Stob, then Dean of Students, and George Marsden, a historian who later wrote famously about *The Outrageous Idea of Christian Scholarship* (Oxford Press, 1997). Richard Nixon was reelected in 1972 but the Watergate scandal was looming. Despite being in the midst of a mostly Republican leaning community I was convinced early on about the seriousness of Nixon's corruption and I voted for George McGovern. At the time I predicted to my students in class that Nixon's insiders, H. R. Haldeman and John Ehrlichman would be implicated. Of course, the corrosive corruption in the Nixon presidency went much deeper than my forecast, resulting in the near impeachment and actual resignation of President Nixon in 1974. The politics of the day made both faculty room and class discussions lively.

★

While in Grand Rapids Bonnie and I had a wide range of choices about where we should worship. Our early interest was in Shawnee Park Christian Reformed Church, a relatively young congregation established in 1961 near the Calvin campus. When we made a visit to a service there someone boldly made a point to Bonnie and me that the congregation really did not need more Calvin faculty members. Maybe another congregation would. A bit miffed, we took that advice and became active attenders at Burton Heights Christian Reformed Church and enjoyed the ministry of Reverend Arnold Brink. He was a mature and thoughtful pastor. Given our temporary status for the school year, we did not become full members of that congregation, but we engaged actively in its fellowship.

While most of my energy as a political scientist was directed toward the classroom, I followed up on matters undertaken previously at SIU-C. I was first author of a paper about the Illinois Constitutional Convention, given at the Midwest Political Science Association in April 1972. After revision it was submitted to the Midwest Association's journal for publication. While at Calvin I got a letter of acceptance for the article on the Illinois constitutional convention from Samuel Patterson with a requirement to get "camera-ready drawings" for figures in the article. That led me to the Art Department at Calvin, where Norman Matthias prepared the requisite india ink figures for reproduction. Meanwhile, Samuel Pernaciarro, of whom I will say more later, and I completed a paper for the 1973 Midwest meeting that we presented in Chicago in May. I wrote a book review that was invited by the *Journal of Politics*. Disappointed about Holt's decision not to publish a second edition of our reader, Steve Monsma and I set that interest aside. In short, while at Calvin I found it much more difficult to participate nationally as a political scientist than was the case when I was at SIU-C. I recognized at that point that my academic socialization at MSU and SIU-C encouraged me to identify myself as a political scientist first and my academic affiliation as secondary. The Calvin faculty identified themselves primarily with the college and secondarily with their disciplines. Calvin faculty intended to be lifers at Calvin, shaping their disciplinary development toward the needs and opportunities of the Calvin community. They were not less scholarly than my secular colleagues, but the focus of their work was more distinctively and intentionally Reformed than my own was. For me a visible token of that approach was a refreshing two-day "Conference on Christianity and Politics" that Calvin's political science department sponsored in April 1973.

Our family remained in Grand Rapids for the summer of 1973. Senator Sam Ervin was leading the Watergate investigation in the U.S. Senate and the hearings were televised. Meanwhile I took part in a Calvin-based seminar, "Mathematics and the Computer in Teaching," funded by the Association of Independent Colleges and Universities of Michigan. It was led by George Van Zwallenberg, of the Calvin Math Department, who tried to help me understand calculus. I was a lost cause for that level of mathematics, but the value of collegial, cross-disciplinary faculty development and Calvin's effort to sustain such faculty enrichment impressed me favorably.

As our sojourn sped toward its conclusion Bonnie and I often discussed whether or not a political science position at Calvin should be or would be in our future. We were favorably impressed with the campus life. The physical campus was indeed beautiful, far exceeding the old Franklin campus where Bonnie and I had earned our undergraduate degrees. My peers, Steve Monsma and Paul Henry, were stimulating and open to collegial cooperation in writing and research. I still had doubts about a career long commitment to Calvin. Bonnie remained unconvinced that the Grand Rapids community was where she would enjoy living on a long-term basis. However, what weighed most heavily in our wishes was the prospect of

Christian schools for our children. If at the time there were a continuing position available at Calvin for me, we would have accepted it and remained there for the family benefits from the church and schools. But that was not in the Lord's plan for us at the time, so we readied ourselves for a return to SIU-C and Carbondale.

★

After Bonnie and I were certain about our looming return to Carbondale, we put the little house at 613 Owens Street on the market. We traveled to Carbondale on a house hunting trip. We looked for something closer to the SIU-C campus that would suit our three children. Having looked at several prospects, we chose a modest ranch at 1602 Briarwood. It was almost love at first sight. The house had a simple floor plan with a large living room, galley kitchen, four mostly small bedrooms and an outdoor patio off from a family room. The yard was of generous size and the front and side were graced with decorative trees and shrubs. On our way traveling back to Grand Rapids Bonnie asked, "How big was …? Where do we put...? Are there two windows in the boys' room?" We could not remember those little details. We just knew that we loved the house. The needed deals came together in a timely way.

Once we moved back to SIU-C, I quickly engaged in continuing work with Sam Pernacciaro. Cheerful and ambitious, Sam was as Italian as I was Dutch. He had gotten an undergraduate degree in 1958 and a master's degree from Northern Illinois in 1965. He was doggedly after his doctorate in the early 1970s. Technically a doctoral student, he really became my colleague. Assigned to be my graduate assistant, I had engaged him, along with David Kenney, in the study of the Illinois Constitutional Convention. The first product of our joint effort was a Midwest convention paper. After that we turned the paper into a journal article. Together again in Carbondale, I was working mostly with David Kenney to enlarge our research into a small book. Sam became a full partner, having done the hands-on computer work to transform roll call votes at the constitutional convention into dimensions of measurement. It took a while, but the Con-Con study resulted in a book that, quite properly, had David Kenney as first author. In fact, *Roll Call!* (1975) was the eighth scholarly volume in a series about the Illinois Constitutional Convention published for the Institute of Government and Public Affairs by the Illinois University Press. As authors we knew, of course, that the readership of such a book would be small. But the book and the series of which it was part would certainly be significant to constitution writers in other states and when, inevitably, Illinois has its seventh constitutional convention, participants will read us again.

Pernacciaro developed a dissertation proposal and went off to a job at the University of Wisconsin-Whitewater. He plugged away at a study of U.S. Senate roll call voting in the 91st Congress. It took a while. During the course of Sam's research, we put together a paper called, "Presidential Aspirations and Senatorial Voting," for the 1973 Midwest Political Science Association. Pernacciaro's dissertation writing dragged on slowly. Helpfully, in the summer of 1974 the SIU-C Graduate School came through with a summer stipend that allowed him to finish up all the final requirements on the dissertation. On August 5, 1974, I was both proud and relieved when Sam completed all his requirements for the doctoral degree. Following a couple of rejections, our Midwest paper was published by the *Journal of Political Science* (Fall 1976) at Clemson University. By that time Sam was at the University of Wisconsin at Parkside. In 1978 I queried Sam, would he care to have me nominate him for a position at a new Illinois university, Sangamon State? Sam declined. Things were going well in Wisconsin. He was buying a house and there were prospects for him to move into administrative responsibilities. At the time I had no inkling that Sangamon State would become a big part of my future. Together Sam and I continued the theme of our research with a later longitudinal study published in April 1979 in *American Politics Quarterly,* entitled "Office Ambitions and Voting Behavior in the U.S. Senate". By that time Sam's appointment at Parkside was secure with tenure.

The mid-seventies years at SIU-C were a time of growth and professional success for me as a political scientist and an academic. Having journal publications, I was invited to referee articles for journal editors as well as to publish reviews of new books in my field. Visibility on campus led to participation in forums and campus television productions. I was regularly teaching legislative politics as a favorite undergraduate course as well as doing seminars for graduate students in the same subject area. A couple of faculty members in the College of Education got funding to hold Taft Seminars for Teachers, offering a rich array of presentations about national, state and local public affairs from a combination of practicing politicians and academic analysts. Taft Seminars, with foundation support in the name Senator Robert Taft of Ohio, were sponsored at selected universities around the country. They were academic refresher courses for social studies teachers in secondary schools. At SIU-C our seminar leaders called upon faculty in the political science department, including myself, to add our expertise. Teaching and interacting with social science teachers from around the state of Illinois was a broadening instructional experience, moving me toward more practical and applied instructional techniques.

With nudges and encouragement from my master-teacher departmental colleague, John Jackson, I connected with Dale Brown. Dale's position was that of an instructional design professional at the SIU-C library's Learning Resources Services unit. Dale functioned as an instructional coach, helping me sharpen my classroom objectives, techniques and media usage especially for my large enrollment undergraduate classes. Dale would press me – what are the ideas and arguments you make in the classroom that your students find difficult to grasp? We would identify the tough spots, go over them together and he would suggest better ways for me to make the ideas I was trying to teach clearer in my presentations to the students. Often the solution made use of overhead slides, bullet points, cartoons and graphic tools. As I describe today what we were doing then the tools will seem quite pedestrian to teachers who use Power Point and advanced graphics in their classes. In the 1970s the use of chalk boards and dittoed handouts was de rigueur. Moreover, because I expected students to do original research on legislatures, I needed to coach them about how to conduct original research. With Dale's help we designed a series of slide and audiotape self-instruction modules that students could use in the university library, leading them into reference material about Congress. The modules also provided an alert to the social science librarians concerning what I wanted the students to explore and how they were expected to work. The result was a marked improvement on term papers, better student performance and grades as well as higher evaluations from the students about my teaching.

Having done the hard work, Brown and I wrote a description of our modules and technology for a relatively new publication about teaching that was distributed by the American Political Science Association – "Self-instruction Modules: Learning to do Research" (Winter 1976). After the piece was published in *DEA News*, Brown was surprised and pleased by the numerous written responses from political science professors and librarians at other universities requesting to see, use and replicate our material. At the time actual sharing was costly. These days, of course, we would be easily able to share them freely via the Internet.

★

My favorite classroom course, American legislative politics, merited a better textbook, and I was convinced that I was the person to write it. Having taught the course repeatedly and polished the material with Dale Brown's help, I looked for a publisher. Merrill, who did my *Black Conflict* reader, was too small. Herb Addison, at Holt, had been the acquiring editor for Steve Monsma's first books. I liked him and he had been good to work with when Steve took me into his textbook project. Even today I recall with delight that Herb took Steve and me to dinner in Washington, D.C., at a French restaurant. It was my first opportunity to have escargot as an appetizer. Now, after several years, Herb had moved on to an executive position at Thomas Y. Crowell. I had sent him a proposal in 1971 and he liked it, handing it off to a political science editor.

Working steadily, it took me several years to generate a suitable book length manuscript. I accomplished little on it the year at Calvin. Like two competing books (Keefe and Ogle, *The American Legislative Process*, Prentice-Hall, 1973; Jewell and Patterson, *The Legislative Process in the United States*, Random House, 1973), I addressed American legislative politics broadly, covering state legislatures as well as Congress. I built my book on a relatively fresh paradigm, David Easton's "political system." Doing so, I characterized the legislature as a subsystem, and used Easton's organizational concepts to interpret and explain how legislatures function. The rest of the book reported data and examples from Congress and state legislatures to expound the political system paradigm.

In due time the manuscript was reviewed and critiqued by an excellent reader, Roger Davidson, then at the University of California, Santa Barbara. His trenchant questions and arcane challenges to my ways of thinking and explaining made me dig deeper. It also helped me improve my favorite course for the SIU-C students. The bulk of the material had passed scrutiny, but by summer of 1975 I was still refining parts of the manuscript. Sadly, I was lagging somewhat on target dates. After that, also like most authors, I was grumbling about slow production turnaround by the publisher. The book was finally ready for the market in the spring of 1977. The book's cover featured original art of an American eagle, quill in talon, writing on a scroll, with numerous inscribed scrolls lying about. The publisher put out an attractive mailer with a generous blurb from Davidson: "I was continually impressed at the wide range of first rate literature [Van Der Slik] was able to integrate into the presentation.... The writing is very solid, with just the right mixture of rigor and casualness." My publisher, Crowell, had brought V. O. Key's *Parties, Politics and Pressure Groups* through five editions. I was very optimistic that my book was "the next big thing," sure to bring fame, fortune and more editions.

To my huge disappointment, the book died an early, practically unnoticed death. During what I was led to believe would be a big splash year, Crowell was acquired by Harper and Row. I was naively unaware what the timing of such corporate capitalism would wreak upon my niche entry into academic publishing. As more experienced authors would subsequently explain to me, Harper and Row's acquiring editor for political science had no stake in a textbook shoved his way labeled with a Crowell imprimatur. So, my book got no marketing support from Harper and Row. Except for books requested in response to the original brochure, the book sank into obscurity quickly. During its first market year I was engaged mainly in SIU-C administration. I was surprised, shocked, really, in January 1978 when I received a curt note from the Harper and Row royalty department that sales were then three hundred and ninety domestic and forty-one foreign volumes, a dismal report. Then the book quickly went "out of print." Engaged at the time mostly in administration I myself never used the book as a text for my own class and apparently hardly any other professors did either.

Another timely negative emerged about the same time. Jewell and Patterson produced two editions of their text, the last in 1977. The Keefe and Ogle text survived, but increasingly the "legislative" course disappeared from political science curricula, replaced by a course on "Congress," and sometimes one on state legislatures. The preeminent text on Congress became *Congress and Its Members*, by Roger H. Davidson, the helpful critic reader of my manuscript, and Walter J. Oleszek, a fellow graduate student during my years at MSU. Their well-conceived book and greater prescience about a changing market produced the text that justly dominated the market I had hoped to penetrate. Their winning work was successfully marketed in fourteen successful editions.

My book was not entirely ignored. I got a note from one of my MSU contemporaries, Jack Soule, by then on the faculty at San Diego State University. He was curious about my dedication, noted in small print on the copyright page.

"For Franci, Gary and Randall – Bonnie and
I have showed them the Way."

That was a question I could not ignore. I sent him a pretty elaborate defense that went like this: God made a covenant with the ancient Jews saying that he would be a God to them if they would faithfully serve him as the only God. The covenant then was to Abraham and his children for future generations. That covenant is still in place and I see myself as a member of it. My obligation is to bring up my baptized children in that faith so they will continue in the covenant, serving God only. I wrote the book for the kids. My dedication was reminding them that Bonnie and I brought them up in that covenant relationship. At the same time, I was communicating that powerful idea to anyone who might pick up my book, even if only a few would recognize the point. Yet it is a significant one that merits proclamation to the world. A couple of years after my exchange with Jack Soule I received a note from a political scientist who was not of my acquaintance, Anne Murphy, from Eckerd College. She too took note of the dedication and something I said in the preface. She was kind enough to say, "Thank you for your gentle witness – and for a GOOD book!" That was encouraging feedback.

Despite heavy disappointment from the lack of market impact with my magnum opus, its completion had real meaning for me. Writing the book was a major solo undertaking and the well-crafted book produced at the end was, I feel, the single best piece of work to come out of my political science career. The sad fact that it did not go to more editions was a black cloud, but I could perceive a silver lining. It was that I was not obliged to update that particular writing project on a continuing basis. I could move on to other ideas and challenges. In God's providence for me and my family there would be other future prospects and opportunities to come.

★

A new young graduate student came my way wanting to focus upon legislative politics. The enthusiastic, always cheerful young man was Thomas Stenger. He took my legislative seminar in the winter of 1974. The student enrollment was small, and Tom was its star. He wrote a good literature review for his term paper, opting after that to make me his dissertation director. The seminar led me to initiate a new line of research. Having written about committee hearings for my textbook, regarding both state legislatures and Congress, I became interested in what I thought of as the "safety valve" function of committee hearings. How often did committees hear from ordinary people – angry, upset citizens who wanted government to act in their behalf? We searched in Congressional hearings records for people who took actual opportunities to personally present their concerns before Congress. Was Congress an effective democratic outlet for tapping off discontentment among disaffected citizens? I devised a study to review hearing records, identify appropriate witnesses and survey them about their experience as a witness before a congressional committee. Tom Stenger did a ton of the library research along with the grunt work of mailing surveys and coding data returned on our questionnaires. With Tom as my co-author, we gave political science convention papers in Nashville (1975) and Chicago (1976). We revised our work for publication and our article appeared in the *Political Science Quarterly* in 1977. Our attempt to expand the results into a book met rejection from Chicago and Rutgers university presses. But the extended work Tom did about how committee staff handled witnesses became the material for his completed doctoral dissertation.

I kept in touch with Tom until his untimely death from cancer at only 37 years of age. He spent six years in political science at the University of Tennessee – Martin, where he thrived. Then he became caught up into congressional politics. In 1982 he engaged with a promising congressional candidate, Robert Clement, in Tennessee's seventh district. (Clement's father, Frank Clement, had been Tennessee's governor from 1953 to 1959). Tom went full-time on the campaign, but Clement lost. Tom's anticipated staff job in Washington disappeared like a vapor. However, Clement landed on his feet, becoming president of a small liberal arts college in Tennessee, Cumberland College. He was able to bring Tom in as a political science professor who also served as director of Cumberland's publicity and led Clement's special projects. Tom was Clement's go-to-guy in various circumstances and together they refreshed the college, reestablishing its four-year status and enlarging its private donations. Tom, who always had a sensitive digestive system, contracted cancer. After a three-year battle against lymph cancer, he passed away in 1988. As Clement said, "Tom was extremely unselfish and one of the brightest people I ever met. He had an outstanding outlook on life." Mournfully I must say, I concur.

★

In 1974-75 the matter of going to Calvin College was back on the family and professional agenda. The year 1974 was, of course, a banner election-year for Democrats, given the political demise of Richard Nixon and the corrosive consequences associated with Watergate. While it certainly cost my Republican friend Bob Vander Laan his election to Congress from Jerry Ford's Grand Rapids district, it benefited my Democrat friend, Steve Monsma. Steve gained election to the Michigan House. Departing Calvin to launch his political career, Steve saw his future in partisan politics. Making this his new career path, he poured his full energy and talents into legislative policymaking. To do so he cleared the way forward by resigning from Calvin College, thereby creating a vacancy unusually apt for my consideration. I had so recently filled in for Steve precisely because we resembled one another in our academic preparation. It was certain that I would receive fair consideration if I were a willing candidate for the position.

Shortly after his election victory I received an exuberant letter from Steve. "I won my election – by almost 70 % of the vote in fact." But then, wearing his department chairman's hat, he went on to tell about the vacancy his resignation brought about. "I have put your name on the list of persons potentially interested in the position." He said Calvin did not need much additional information, but that I should write back about why I would want to be at Calvin. Moved by Steve's appeal and with Bonnie's agreement I did that, expressing my respect for Calvin and its august purposes.

Things at Calvin moved slowly that year, but much more rapidly for me at SIU-C. Randy Nelson advanced me into the acting chairperson position. Not long after the turn of the year Lon Shelby was considering me for the vacant associate dean position in Liberal Arts. In mid-March I wrote John Vanden Berg, then Vice President for Academic Affairs at Calvin, thanking him and the Calvin colleagues for considering me for the position in political science. Having weighed the opportunities and experiences allowed me at SIU-C, I observed that, "These are opportunities to grow and I feel they are beneficial to my future service in God's Kingdom. Therefore, I have decided to accept the associate deanship and remain at SIU-C and I ask that you withdraw my name from consideration for the political science vacancy at Calvin College." As a side note, I expressed my admiration and satisfaction concerning the recently announced nominees for the Calvin presidency. The Calvin community would soon replace Spoelhof with either Tony Diekema, or Nick Wolterstorff that summer. Vanden Berg returned a very generous response, saying in part, "I can only agree with your decision, for it does seem to me to be an unusual opportunity for you to serve at SIU-C." Bonnie and I had concluded at the time that remaining at SIU-C seemed to us to be under God's guidance.

★

After my brief stint as acting chairman of political science in the first half of 1975, I joined Lon Shelby as his associate dean in liberal arts. It was a formative experience for me as I have described in Chapter 3. Lon enlarged my academic vision by including me in all types of conversations and problem-solving sessions with departmental chairpersons about issues in mathematics, anthropology, philosophy, foreign languages, linguistics, psychology, religious studies, geography, sociology, English and economics. This was rich meat that nurtured my on-the-job training as a university administrator. Hours for work flew by and days were long. Often Bonnie would come to pick me up, waiting outside of Faner Hall in a turnaround parking spot. I was supposed to appear after five o'clock, but too often I would be in my own world of work. About half past the hour two bumptious sons would clamber up the stairway and into my office, reminding me, "Mom is waiting." In 1975 Gary was seven and Randy was five.

Having come to my career opportunities through helpful mentors, my associate dean position allowed me to move two talented, but undervalued, people forward in their careers. In addition to a graduate assistant, I had a full-time secretary. That position was classified in the civil service system for the university, which limited the incumbent's salary and upward mobility. My secretary, Kathy Shannon, was super – bright, well-organized and masterfully attentive to all manner of details. Because personnel matters, including appointment papers were a big part of my job, the paperwork was crucial. A particular element of great concern at the time was documenting valid affirmative action steps for all employment searches. Additionally, Kathy had a sharp eye regarding financial accounts. She assisted me in my oversight responsibility to prevent both misspending and overspending by the departments.

It became clear to me that if for any reason in life's contingencies Kathy should leave the job, her spot would have to be filled from the civil service list of secretaries available. Not one in a hundred could handle what Kathy had learned to do in my behalf. So, with Shelby's approval I approached the civil service administrator. Could we do anything to upgrade Kathy's position as well as ensure the future competence of a possible replacement for Kathy? I received very helpful assistance. I did so despite the at-large reputation for civil service as uncivil, sullen and slow moving. At my request the helpfully responsive civil service staff audited the activity and work Kathy actually performed in her position. The audit of these functions revealed that she was engaged in work that civil service defined as accounting. Civil service had definitions for more than one level of that genre of work. Because she was already performing her duties to my satisfaction with great competence, she could continue in the reclassified position as an "accountant trainee." After a few months in the training status, she was certified for the position as it was now classified. The good news was that she would then be paid at the compensation level for a beginning level accountant. The day did come not too much later when Kathy became Kathy Shannon Rink. When John Rink, Kathy's political science bedoctored husband pursued his academic ambitions away from SIU-C, I had to deal with the crucial vacancy.

Having worked with the civil service supervisor to reclassify Kathy, I was now allowed to fill the position with a person already qualified as an accountant trainee, Chris Pretkel. She came to the position with many of the competencies I needed, and she brought a determination to master all aspects of her position. She remained in the position until after my departure. Later, she successfully moved up from the Dean's office to a position of greater responsibility under the Vice President for Academic Affairs. My experiences with both Kathy and Chris proved to me that the sometimes-demeaned civil service could respond in a way that benefited not only the civil service workers but also those for whom they toiled.

★

Having enlarged my comprehension of the university and many of its disciplines through my duties as an associate dean, I wearied of the paperwork. By 1977 I had provided a decade of service to the university, so I was eligible for a sabbatical. In fact, I had been approved for a sabbatical to begin in the fall,1975, but had deferred then in order to work under Dean Shelby. My academic credentials were not yet sufficient for my promotion to full professor. I had tested that in 1977. My department recommended me for promotion to full professor, but Shelby opposed it on grounds that my scholarship fell short of his required standard. With no ill-feeling on my part and with Shelby's consent, I requested a sabbatical leave for the spring 1978. Everyone signed off on it in due course. I did not intend to leave the community, just bury myself in the books, taking a break from the bureaucratic work Shelby expected me to resume in the fall.

It was a good semester in many respects. Quietly in my political science office I worked mostly on the citizen witness book manuscript. I completed work on a couple of papers, one for *Presidential Studies Quarterly* and another on presidential ambitions of Senators, co-authored with Pernacciaro and published in 1979. My essay, "Abortion Policy: A Moderate Political Strategy," was published for a very different audience in *The Banner*, a magazine of the Christian Reformed denomination. What was entirely unexpected was the prospect for a major career shift that came to my attention in the quiet of my office contemplations. I will explain all that later. My next consideration is about the family side of life with the kids and my supremely supportive partner, Bonnie.

"Husbands, love your wives, just as Christ loved the church and gave himself for her." Ephesians 5:25.

CHAPTER 8.

Building a Family of Our Own

***In his autobiography,* My American Journey (1995),** Colin Powell tells how sometime during his midcareer one of his military mentors counseled him: "Don't allow your profession to become the whole of your existence." Good advice I would say, and I agree. Bonnie and I nurtured a home life that quite continuously was held at a respectful arm's length from the expectations and constraints of university affairs.

I think it is accurate to say that Bonnie and I were equal partners in our marriage. We shared our decision-making and worked together to deal with outcomes. But, certainly in our home life, Bonnie was the major partner.

When we settled in Carbondale, she had a dozen years of experience in the classroom. She had lived and taught abroad. She had "invented" kindergarten for Denver Christian. She was innovative, visionary, thoughtful and decisive. She had a natural talent for management and administration. My own socialization to family administration came from parents where dad was the outside guy and mom oversaw everything in the house. So, I was comfortable with the idea that Bonnie was mostly the family manager and I was appreciative for how efficient and prudent she was in her mother and household director roles.

In our second month at 613 Owens Street, the Luttbegs moved most of the furnishings we had been using out of the house, so in anticipation Bonnie set about considering choices for upholstered chairs and a davenport to make the living room truly ours. We bought the needed furniture on credit from Rust and Martin in Cape Girardeau. We found a carpet remnant large enough to cover our living room floor. Adjusted just right, a torn portion could be trimmed away so the carpet fit around a heat register in the floor. I tacked that carpet down myself without any usual padding underneath. We acquired a sewing machine. Bonnie turned sheets into custom-made drapes. A hand-me-down kitchen table and chairs came from my parents. Dad and mom helped us paper one wall of the kitchen with a cheerful white and green design. Our full, dry basement served as a laundry and gradually Bonnie turned part of it into a "family room" with a play area for Fran and a playmate. Our house was not big, but it was more than sufficient for the three of us and it was ours.

The house came with the yard and a garage. True, the floor of the garage was crushed rock, not concrete, but it provided storage for our car and outdoor things. The couple across the street, Jim and Karen Smelser, did not have a garage. But Jim had a power mower and some gardening tools. His arrangement with us was that, as long as we stored his mower and tools in our garage, we could use them. Jim was an assistant basketball coach to Jack Hartman, then basketball head coach for the SIU-C Salukis.

★

The institution that drew our family loyalty was the church. As soon as we settled into our little home, we began looking for a local church. Our Reformed heritage guided us to worship initially at Carbondale's First Presbyterian Church. The physical atmosphere was comfortable, with the traditional oval worship space furnished with dark wooden pews that arced from one side of the auditorium to the other. First Presbyterian had an engaging young pastor, Reverend Duane Lanchester, who was friendly and personable. He and his wife had a youngster about Franci's age. After worshiping there a few Sundays, Duane showed up at our house on a weekday, unannounced, on a bicycle. Informal, casual and modern, we took a liking to him. He and his wife, Karen, came again and we talked about Presbyterian and Reformed history. Duane was enthusiastic about the Presbyterians' "Confession 1967" and its new emphasis on spiritual reconciliation. Soon Duane invited us to a class for new members, so Bonnie and I agreed to attend. All the matters discussed were familiar to us. Indeed, Bonnie thought them elementary. After three or four meetings we were encouraged to join the church. I was inclined to do so. It was a big church. I could be inconspicuous, not quickly obliged to a lot of duties. Bonnie was not so sure, so we held back. On the Sunday morning when our classmates were received as members the associate pastor presided. In disappointingly shallow remarks all he could promise about faith and the church was human fellowship. There was nothing about sin, Christ's sacrifice, spiritual discipline, or growing in faith and practice to God's glory. We departed that pivotal service in dissatisfaction.

Bonnie had heard of a small, more evangelical Presbyterian group worshiping in a local bank's community room. We went directly from the large church to the small. Pastor Hoogstrate was preaching, Bible in hand, to a small group, most of whom were listening, Bibles in hand. It did not take us long to recognize that we belonged in the Evangelical Presbyterian Church, a mission congregation of the Reformed Presbyterian Church, Evangelical Synod. The denomination was centered in St. Louis and our sponsoring congregation was there. "Borrowed Elders" from the home church gave us spiritual support. We made some long-term friends in the tiny congregation: Ruth Bauner, Arnie and Dorothy Ulner, Bill and Glenda Masselink, David and Sue Jones. For a while when I taught Sunday school my class was comprised of Bill and Glenda's two kids, Ted and Marsha. Very accomplished kids. Today Ted is a professor of physics in Berlin. Marcia is a medical doctor in South Dakota.

★

In February 1968 Franci would be two years old. Now that I was established in my position and Bonnie and I had a house, we wanted to add to our family. Despite our move to southern Illinois, Bethany was willing to serve us. David Malefyt asked us to consider, would we be open to a nonwhite child? The question was quite a challenge to our thinking. The university was pursuing affirmative action policies, but Carbondale was a substantially segregated town. Small cities of southern Illinois were still known as "sundown towns," where black people were not welcome after dark. To my surprise and disappointment, my parents quite vigorously discouraged the notion of adopting a nonwhite child, expressing an unwillingness to promise their love to a child of color. Bonnie and I wrestled with Malefyt's question. With some reluctance as well as concerns of conscience, judging that we lacked a supportive community, we informed Bethany that in this matter we preferred not to become pioneers.

Bethany continued to consider us for a second child. Babies available for adoption were not rare in 1968, a few years before *Roe v Wade*. In May we sped to Grand Rapids answering the call to receive our son, Gary Jon, named after my Opa, Gerritt Jan Koopsen. Baby Gary was quite a contrast to Franci Lynn. Gary had a schedule for eating, sleeping and changing. Easily satisfied when kept on a schedule, Gary added a whole new dimension to our home life. Pastor Hoogstrate was delighted to baptize our newcomer.

Gary's adoption brought Bonnie and me to experience the State of Illinois and its courts. The legal part of adoption in Michigan had been easy. Bethany was greatly respected in the state, so the state administration handled the paperwork in a direct agency to agency relationship with Bethany. In Illinois, we had to go to court. Adoptions in Illinois were not new to Bethany, but its clientele was concentrated in the Chicago metropolitan area. Bethany put us in touch with an attorney, Harry DeBruyn, who was also a Bethany financial supporter. DeBruyn arranged for several of Bethany's client families to go to court together in Chicago on a particular day, thus minimizing time and expenses for all of us. Chicago was a long way for us to go, but we were going for a welcome purpose. My sharpest memory of that day was having to go to the Sheriff of Cook County where Gary was "served" for the adoption. The clerk held out the paper until Gary actually took it with his hand. Then she snatched it back, lest he put it in his mouth. Having thus been served, we went before a judge, promising to nurture and care for Gary Jon Van Der Slik as our son. Why could not Illinois do this as easily and conveniently as Michigan? I would come to understand that later. The Illinois political system was there to sustain patronage for its political players – sheriffs, attorneys and judges, don't you get it? So, we paid our court costs, happy to bring home our legally adopted son.

Two dramatic crises with our little children scared me near to death. Fran was always a curious one. I do not recall precisely how it happened, but one of the decorator items in the house was a bunch of plastic artificial grapes. Fran could reach them. She fondled them like a toy. Then she plucked a grape, put it in her mouth and tried to swallow. I saw her choke. I grabbed her, pounded her back and, desperately, held her by her heels head down. Still she was choking. Bonnie took her away from me and put her hand, finger first, into Franci's mouth and throat. Bonnie popped that grape out, and our turning-blue toddler gasped in relief. In a moment she seemed no worse for wear, to my huge relief.

Gary's adventure was just as scary. Before he could walk, we had an exercise play item, a wheeled, plastic platform, called a Crawlagator. He could lay on it, tummy down. It rolled easily on the kitchen linoleum and he liked to play on it, moving around by wriggling his hands and feet. At the back of the room was an exit door on one side and a door to the basement on the opposite side. One day, under my care (?), Gary was grunting and rolling around. I was at the kitchen table reading a book. Gary rolled himself over to the open door and began to move through it. I was up in a flash, but gravity was quicker. Gary tumbled, Crawlagator and all, headfirst down the stairway. I got to him in a split second after he beat me to the basement floor. He bawled with an open round mouth. I snatched him up, holding him and soothing him, scared that he had broken something, but he quieted. Despite a knot on his head, he stayed conscious and alert. After much worry eventually I was sure he was okay. These are the kind of scary parental experiences that evoke prayers of thanks to God for his protecting the angels.

★

Pastor Hoogstrate moved on from our church to a different calling. Our pulpit was supplied by students and faculty from Covenant Seminary, near St. Louis. One we came close to was David Jones, more properly, Reverend Dr. David C. Jones, and his wife, Sue. David was a seminary professor whose special interest was Christian ethics and Sue taught English as a second language to mostly Hispanic newcomers. With sons about the age of Fran and Gary, we kept our acquaintance the year that we lived in Springfield. They came to share Thanksgiving dinner with us. During a memorable wide-ranging conversation, I told David about what was for me a new public policy position. I had until recently supported the aggressive American role in the Vietnam War. But I was sickened by the details reported about the My Lai massacre. If that was "saving Vietnam," our soldiers were pursuing a fool's errand. At the time I sent a handwritten (for greater effect) letter to President Nixon expressing my desire for a change in the war policy.

When arrangements were set for our visiting year (1969-70) in Springfield, we found a lovely house to rent on the city's south side. Actually, it was in the small suburban town of Jerome. The street address was almost familiar: 7 Owens Lane. It was a ranch with two good-sized bedrooms, a living room with a fireplace and an attached garage. It had a large fenced yard, so I needed to buy myself a power mower from Sears and Roebuck. Bonnie loved living in the place.

The actual move from Carbondale to Springfield became quite a challenge. The State of Illinois was willing to pay, so I got a local mover in Carbondale. It was a black-owned company that Bonnie and I chose intentionally. The movers loaded their big box truck on a Saturday. We took the two kids in our 1967 Plymouth on the hundred-and-forty-mile drive, arriving in the afternoon to a clean but vacant house. We waited all afternoon for the moving truck with growing restlessness in the empty house. We had no phone connection yet. Late in the afternoon, a gentleman knocked at our door. He was, he said, the Mayor of Jerome. The State Police had notified him that my mover had a problem on the road and would not show up until tomorrow. After darkness fell, Bonnie spread some light blankets on the carpeted floor for sleeping. The next day we resumed our vigil in the empty house. As afternoon came toward evening, we were both more bored than weary. The kids were justifiably cranky. Bonnie and I agreed that we would take the kids to a drive-in movie. In the car we got a few blocks away when I saw two U-Haul trucks in a caravan. The driver in the front truck struck me as a familiar black face. Yes, that was our load. We led them back to our empty house. Two hours later, Bonnie and I were making beds and putting clothes into closets. Both we and the kids could sleep in our own beds that night.

★

Franci was only three and a half, but she was obviously a smart and curious child. Not far from us there was a preschool, La Petite Academy. Yes, we decided, she should have the stimulation of three half days in school each week. Fran took to school like a goldfish to an aquarium. Sometime during the year there was a reason why Bonnie could not take Fran to school. La Petite solved the problem. A Yellow Cab appeared in the drive, picking up and later delivering home our little scholar.

With 1970 just around the corner, Bonnie and I reopened our connection to Bethany. We felt ready for a third child. Would they meet the need? With no necessity for additional scrutiny of our family, Bethany gave us a yes answer. The call to receive our child came in February. In a rare experience for me, I was home in bed with the flu when the call came. Our child was a boy. It was up to us to come and receive him in Grand Rapids. As I lay in bed, I thought about names. Fran and Gary got family-significant names. We were not going for a Junior or a William or a Julius. I thought about Ronald, my middle name. Bonnie liked her grandfather's name, Martin, but not as a first name. I searched my mind for a name that I thought went with Martin. I came up with a suggestion, Randall Martin. Bonnie liked it. We would call him Randy.

Randy had a tough first year. Born on January 17, he came to us in February. In March he was hospitalized for pneumonia. Getting over that, he contracted an ear infection in June, and was hospitalized eight days. On his third trip he was treated for bronchitis. What he learned in the hospital was that when stimulated by hunger, thirst or need for a changed diaper, to cry at the top of his lungs for attention. It always worked, and it was a lesson he never did forget. In July there was a new problem: our pediatrician recommended special shoes, connected with a bar, to straighten the formation of his feet bones. Randy was special and got his share of uncommon attention.

The year we were in Springfield, we became acquainted with Don and Jean Broden. A couple older than we, Don had grown up in the Chicago area in a Christian Reformed church. There was no Christian Reformed church in Springfield nor any of the RPCES denomination. Don and Jean, with their children, worshiped at Cherry Hills Baptist Church. With their encouragement we made that church our temporary worship home for our visiting year in Springfield and were happy to be there.

We returned to Carbondale and 613 Owens Street in the fall of 1970. But before doing so, Bonnie and I wanted to go to Denver with our three children to see Bonnie's dad and her sister Helen's family. Given Randy's sensitive health, we thought it was necessary to have an air-conditioned car for the trip. The Plymouth we bought while in grad school lacked air-conditioning and I was not convinced that an after-market add-on would be a good idea. So, we shopped in Springfield and settled on a brown, 1970 Ford station wagon with factory air-conditioning. The car transaction took place after the movers had loaded our stuff into a moving van. I had already contacted the credit union in Carbondale for financing the car. The Ford dealer was satisfied with that, but to complete the transaction I needed the title for my Plymouth trade-in. It was my oversight not to have thought ahead about that. Bonnie figured out that the title was unavailable because it was in a chest drawer that was at the front of our van load of furniture. Would the Ford dealer trust me to send the title from Carbondale after the truck was unloaded? After some hemming and hawing, the Landmark Ford dealer agreed. Maybe he needed one more sale that month to meet his dealer quota. Whatever the incentives were for the dealer, the transaction went through. We had the trip to Denver, did all the family things, had fun and, of all things, departed Denver the day after Labor Day in an early-season snowstorm.

A month after buying the Ford, I came home on a Saturday from an out-of-town professional meeting. Bonnie had been home alone coping with three little kids in our tiny house for several days. I promised her a special dinner out when I returned home. "Get a sitter," I said. No kids along for her treat. We headed for Marion, several miles east of Carbondale. Looking for a particular restaurant, I went up and over a railway track – almost. I had what a Ford regional manager later described as a collision with that railroad track. In the moment we called for a wrecker. I instructed the driver to bring the car to the Marion Ford dealer. There I got initial sympathy, a promise to repair my car and a loaner car to get home. Within a week the dealer had the regional manager's decision that the car did not fail, I simply collided with that railroad track. Incredible as that explanation seemed to me, Ford was immovable about the issue. It was up to me to decide whether to make a claim against the railroad. In the meantime, I should work with my auto insurer to repair the damage of that collision.

My insurer counseled me like a Dutch uncle. "You will never get anywhere with a claim against Ford or the railroad. Pay the deductible and we will get it fixed." Dubious as I was about the proposed solution, it turned out that with a straightened frame and careful bodywork that station wagon served our family until 1978.

While the Ford was in repair, our court date in Springfield to finalize Randy's adoption came due. During my year as a research fellow with the Legislative Council in Springfield, I had a staff lawyer colleague who had recently passed his state bar exam. Greg De Porter was eager to be my attorney for the adoption procedure. It would be his first appearance in court representing a client. My SIU-C colleague, Roy Miller, loaned me his red Corvair, General Motors' new, innovatively designed, sporty rear-engine car. Gary and Fran were left in Carbondale while Bonnie and I brought Randy, not yet one year old, to Sangamon County Court. On the road north, a bumpy two-lane Illinois highway, the muffler fell off from the Corvair. There was no fixing it in the moment. I stowed it in the trunk at the front of the car. The rest of the trip we endured a roaring rear engine.

We limped into town, by now nearly late for our scheduled appearance in court. I tried to coast as much is possible to quiet our engine's roaring. Close to the courthouse I found a parking spot with a thirty-minute meter. I swung into the spot and we trotted into the courthouse where a nervously pacing Greg De Porter met us. He had all the paperwork prepared. The baby was served his paper and the judge said the magic words. Finally relaxed, we took our harried but now relieved attorney to the coffee shop for conversation and a piece of pie. Looking out the window, Bonnie said, "Is that the Corvair we drove here? There is a policewoman writing a ticket." What a day of highs and lows.

One of the benefits of being back in a university town was access to the College of Education's experimental preschool. Fran was four and a half, already a veteran of La Petite Academy. She loved school at the university. The classroom was experimental in that college students helped to teach, professors engaged in various studies, and there were observation vantage points where professors, students and parents could discreetly observe classroom activities. Bonnie, an educator-parent, would sit in from time to time, taking pleasure in Fran's joy of learning. Franci was physically small, but obviously a quick and able learner.

The following fall, 1971, Bonnie registered Fran for kindergarten in the public school closest to our house. Bonnie raised a question at the school. Would the school consider advancing Fran to the first grade? The answer was a firm no. The Carbondale school administrators were fixed in the opinion that these newcomer faculty member families would overestimate the specialness of their children. Child age determined grade level designation in this jurisdiction (forever, amen). Fran would go to kindergarten whether she needed it or not. It was a dull school year for Franci.

When school started in 1972, we were in Grand Rapids for my visiting year on the faculty at Calvin College. Fran went to Seymour Christian School. Everything clicked right away. About six weeks into the fall semester we were called to a meeting with Fran's teacher and principal. At the school's initiative we were told that Fran was well ahead of her peers. They had let her try second-grade work and she was successful with it. It was their recommendation that Fran be advanced immediately to second grade. We were both delighted and appreciative for the thoroughness of their analysis. Fran would join a class in which the teacher was prepared to help her fit in and catch up. It was wonderful and rewarding – such a contrast to the intransigent outlook at the public school in Carbondale.

A memorable moment for me came at Calvin Christian Reformed Church, shortly after our Grand Rapids move. The church was large and formal, substantially different from our little fellowship in a rented bank community room in Carbondale. Church was quite full when we arrived. I led Bonnie and the kids to the balcony. From there I thought they could better see and appreciate what was going on. Gary, now three and a half, sat quietly. As the service began, with eyes wide open he poked me. "Dad, what is that noise?" That noise was the sound of a pipe organ playing a prelude. Our young small town, small church kids had never heard an organ in a worship service, and certainly not the music of a full choir.

I think the kids have favorable memories of that year in Grand Rapids. They had lots of chances to play in the snow. Our bungalow had one long second-story bedroom with a down sloping ceiling on each side of the room. It was carpeted and so was the stairway as well. Fran slept at one end near the stairway and the two boys at the other. There was a door from that bedroom out to a small porch over the eating area on the first floor. It is memorable because Bonnie had a yard sale scheduled on a spring Saturday. In the week before it took place the kids came down with chickenpox. So, on the Saturday of the sale the kids were looking down at the comings and goings of Bonnie's customers from that upper-level porch where we had them quarantined.

The toy of the year was Mattel's "Big Wheel." It was a plastic tricycle with a big front wheel and two smaller ones at the back. The bungalow on Kalamazoo Avenue was on a sloping road. The boys could pump their Big Wheels up the hill, then come speeding down past the house. Bonnie happened to buy each boy red canvas tennis shoes. The front toe of each shoe was capped with rubber. I watched with interest as the boys mastered the turn at the corner, followed by a downhill run past our house. How did they stop? By dragging their feet toes down. It only took Randy two weeks in those new shoes and he had "erased" the rubber toes of those new shoes.

Gary had a natural sense of caution. As a result, he always kept within line-of-sight of the front porch. Not Randy. Randy discovered that the Big

Wheel increased his range of exploration. One afternoon Gary was zooming in the driveway and Bonnie assumed both boys were together. Well into her housework Bonnie received a telephone call. A friendly stranger inquired, “Are you missing a little boy named Randy?” The lady gave an address several blocks away, kitty-corner and across a busy intersection. Bonnie hurried over there. There he was, bright eyed and unafraid, munching on a cookie and making happy sounds to the friendly woman’s black dog. It was just an early precursor of occasions when Randy explored beyond the limits set so hopefully by his parents.

Gary was the family’s great anticipator kid. When told that something new was going to happen soon, he would be expectant. My mother and dad lived in Kalamazoo, some fifty miles away. On a particular Saturday we expected them to come for a visit. In those days my dad was a salesperson on the road throughout the midwest. He did not always get home on Friday night. We did not have a time certain for their arrival but “grandma and grandpa will come on Saturday.” Bonnie and I had catch-up chores to do on Saturday. After Saturday morning pancakes Gary disappeared. The other two were playing around the house and in the yard. I was not paying particular attention to anything but the housework. One of my tasks, the laundry, had me going up and down to the basement for batch after batch. It took me until early afternoon to realize, Gary was sitting at the curbside of Kalamazoo Avenue, waiting for grandma and grandpa to appear. Eventually they did, of course, but until they did, Gary was there, patiently waiting. For him that arrival was “the next big thing.”

Being in Michigan for the summer in 1973 meant we joined the Koopsen side of the family for the annual Fourth of July celebration at Indian Lake. Mom’s siblings and their spouses were in their sixties and seventies and glad for the occasion to get better acquainted with our children. The children of my cousin, Louise Bennink, were Marcia and Mary and they had children of their own that were about the ages of my kids. Louise’s husband,

Bud, generously sped the kids around the lake in his big, red inboard boat. For Fran, Gary and Randy this was brand-new excitement. Bud's girls and their husbands were great water skiers. Bonnie and I, not nearly as good, got our turn as well. Of course, there was too much food to eat, with watermelon and ice cream besides. The children got all the swimming they could handle. At the end of the day we piled back into the station wagon for the sixty-mile drive home. As we passed towns along way, the kids got to see their fill of fireworks displays.

When the summer of 1973 drew to a close without any continuing position for me at Calvin College, it was time to move back to Carbondale. As noted already Bonnie and I were looking forward to the bigger, better house that we picked out nearer to the university. The boys would have bunk beds in a room together. Fran would have a room of her own and there was a spare room for Bonnie's sewing. When the truck was loaded, we led the way out of town. The boys were in the back of the station wagon, fist-pumping to the semi driver, who responded with air horn blasts to their great delight.

The Briarwood house was in a great neighborhood for the kids. We had the second house from the corner. Going east two houses, the road turned north. Three houses north was the Stallings family. Their younger son, John, was between the ages of Randy and Gary. For the next several years these pals would play together, walk to school together, fight together and grow together, trading highs and lows of kid relationships. Noel Stallings and Bonnie joined forces on a plan to keep kids safe when going back and forth from John's house to ours. Need I mention? Our street did not have a sidewalk. The solution was a can of pink, asphalt-adhering paint and a four-inch roller. We dad's, Lelan and I, spelled each other at bending down and rolling a thick layer of paint thirty inches left of the gutter in the right-hand traffic lane. Our kids had a special lane that took them around the corner to the Stallings' house and back. It was adequate for walking, biking and Big

Wheeling. The pink line endured weather and traffic until our household move in 1977. We never lost a kid to an accident in our safe zone.

University funding took a hit in 1973-74 with the consequence that my twelve-month appointment was reduced to nine months that school year. The effect was that I was off for the summer of 1974. The kids were four, six and eight. By then, we had two-wheel bikes for each one of us. That summer, more than any other, we rode bikes to the university and the Campus Lake. There was a sandy beach there for students and staff families and it was not far for us to go from Briarwood. Our getaway that summer was brief—up to Michigan for the Koopsen side of the family on the 4th of July.

With unusual time on my hands, I did some needed improvements around the house. Our place came with a double garage, but a single driveway. With help from a church friend, Ken Hees, we laid cement for a larger driveway. The house had a buff brick front façade, but painted siding was a dull gray. With help from the local Sherwin-Williams store, we picked a slate blue paint and I painted all of the non-brick exterior. With encouragement and appreciation from Bonnie, I bought a cable spool from the telephone company. The local lumberyard cut me a four-foot round tabletop from a good quality of exterior plywood. With the core of the spool set up vertically, the base was stable, allowing me to attach the round top to the upper side of the spool. Painted in a bright yellow, we had inexpensive furnishings for the patio in the backyard adjacent to sliding glass doors. Bonnie and I could enjoy a glass of wine while the kids ran through the sprinkler and splashed around in a wading pool. Our budget was tight that summer, but I felt that despite my limited manual skills, we added value, utility and attractiveness to our place.

With the kids getting bigger, it was time for music in our family. The living room at Briarwood had enough space for piano. My political science colleague, Milt Morris, had been looking for pianos in order to begin his two girls on lessons. In his search, he found a baby grand for sale by a woman who was about to move into a mobile home. Unbelievably priced at four hundred dollars, Milt and Merrillie would have taken it, but it was too big for their living room. Milt passed the tip on to me. Bonnie loved the piano at first sight. She played it and inspected it carefully. The piano's accompanying bench was a bit squeaky and wobbly, but aside from some nicks and scratches, the piano was sound and had a lovely tone. We bought it. Soon thereafter, Franci was making music on it. Whenever Bonnie needed a break from the tensions of motherhood, she could lose herself in a time of playing the piano.

Someone pioneered the Suzuki music method in Carbondale. Bonnie caught wind of it. A Japanese music instructional method for learning to play the violin grew out of the observation that children learn their native language simply by hearing and emulating the way their parents pronounce words and sentences. Why not help children learn to play the violin in the same way? It sounded reasonable to us, so all three children had an exposure to the method. They learned to handle their mock violins – a piece of wood extending from a cigar box – and move their faux bows in time as they listened to the sound of "Twinkle, Twinkle Little Star." Not long after that, small violins, one fourth the size of standard instruments, were introduced. The method required that a parent (thankfully, Bonnie was the designated parent) with a full-size violin learn right along with the kids. As the parent learned, the children would emulate the movements, fingering, bowing and sounds. Franci did not care for the violin. Randy's attention span was too limited. But Gary progressed notably well. After a year and a half, he was gaining skill more quickly than Bonnie. She took to sustaining Gary's playing by accompanying him on the piano. Gary stayed with the violin through the fifth grade. Gary's picture was front and center in the local newspaper story about community kids swept up in the Suzuki method. Bonnie and I treasure the clipping from the newspaper to this day.

It was, I think, Gary's first singular accomplishment and provided him a sense of self-worth.

The year Randy turned five, January 17, 1975, Carbondale experienced unusual cold and snow. We had a birthday party planned for Randy. He was going to preschool at the university, so he had school friends as well as neighborhood pals. Carbondale rarely gets much winter snow, but that year just before the planned party, we got about ten inches. What to do with the kids coming to the birthday party? Well, we did what we intended to do when expecting milder circumstances. We took the party out to Giant City State Park. The kids hiked through the snow and rock formations, came back to the house ruddy faced and hungry. Then they filled up on hot chocolate, marshmallows, birthday cake and ice cream. Randy loved being the center of attention and he chose his first girlfriend, Pam Biggs, who was cute as a button.

When the family budget got tight, Bonnie became entrepreneurial. About the time Randy was in kindergarten, it seems that several families we knew had kids whose moms wanted after-school day care. Noel Stallings wanted John to be cared for. A couple of colleagues from my department, Ed Fientje and Joann Paine, needed care for their kids. Bonnie added those children to our two boys and, for a few hours every school day, we had a house full of little boys. With modest prices, Bonnie added a small but steady stream of income into our family budget. Our friends' kids got care from a mom with a master's degree who had for two years served as the lead teacher in the Head Start Program in Lansing, Michigan a decade earlier. In short, she was terrific.

★

Our dear friends, Reverend Wyatt George and Betsy, his wife, were doing all they could to enliven our Evangelical Presbyterian Church. Bonnie was a frequent, multi-purpose volunteer. One of the outreach efforts was Vacation Bible School in the summer. Part of the effort to grow the church involved buying a house on Walnut Street that had a deep lot and a lengthy garage. The basement of the house was a large enough open space to adapt for a worship area. Carpeted, painted and equipped with a piano, folding chairs and a pulpit, we could hold church services downstairs and, at first, provide a living space for the George family on the first and second floors. With growth in both the congregation and the George family, we moved them to a place of their own and the entire house was devoted to church functions.

Following proper church polity, in 1974 we went through the process to become a "particular church." That meant our congregation would no longer be a mission supervised by our St. Louis mother church's elders (Hudson Bennington and Kenneth Lindley), but we would be allowed to call our pastor and have our own elders. Our group had to nominate possible elders for examination regarding profession of faith, doctrinal integrity and way of life. Three of us were examined and two, David Miner and I, were duly ordained. Richard Gilmore, a dedicated and faithful Christian, was passed over by the elders for his views that differed from theirs regarding Reformed theology. Bonnie and I were greatly relieved that Richard did not take offense because of the judgment made about his theological views. He and his family remained as loyal and diligent supporters of our small congregation.

Now a member of the "Session," the board of elders, I became engaged in a variety of both privileges and responsibilities. David and I helped Pastor

George by teaching kids and adults in Sunday school and in new member classes. We advised Wyatt in some tough pastoral issues. We heard professions of faith and examined new members. We regularly took part in Presbytery meetings with pastors and elders from other congregations in the southern Illinois region. I recall a particularly trying situation when an elder brought charges against a pastor for a sexual impropriety. Not only did the immediate charge need adjudication, there had to be a follow-up of reconciliation and forgiveness among the fellow Christians to preserve unity in a church congregation. A particular spiritual treat that came with Presbytery meetings was the celebration of Communion in the intimate company of mature church leaders. Another blessing was to observe the spiritual growth of our young pastor. Wyatt George, always modest and patient with others, was increasingly a leader among his peers. He was ever willing and anxious to think about and try out new ways to minister to the "white fields" ready for harvest (see John 4:35 in the *New American Standard Bible*).

★

In June 1975 we took a family vacation to Denver. For me it was a break as I made a transition from acting department chairperson to my new job as Lon Shelby's associate dean. Bonnie's sister, Helen Verschure, with her husband and kids, were living in Aspen, Colorado and willing to host us to a virtually free vacation in that beautiful mountain spot. We had great weather and did a lot of hiking around. Helen's youngest, David, loved to climb in the hills and we, kids and all, hiked and traipsed about. Somewhere along the trail Randy found a length of heavy rope, some four or five feet long. He carried it around as if it were a living pet. He named it, although I can't recall what.

Grandma Koops was in her mid-nineties and was going to reside in a nursing home. Bonnie's Uncle Ed let us have Grandma's dining room table and chairs. It was a true heirloom, hand-made and carried from Kansas a generation earlier. It had four solid oak legs that could be removed, each weighing about twelve pounds. When compacted together the table was about six feet in length, but it included four more inserts that could be stored beneath the tabletop when not in use. When fully extended, the table was about ten feet long and could accommodate a dozen people around it. It came with six chairs. Bonnie insisted that the table had to come home with us. Sadly, I have no picture, but with the table strapped on top and the chairs inside the cabin of the station wagon, we looked like the Okies moving cross country. The kids created their own wiggle room in the back cabin. Somehow, we made the drive back to Carbondale with the family table that carried with it so many precious memories of Denver life for Bonnie.

Most of my life I have been blessed with health and well-being. Except for my skiing misadventure, I had suffered no broken bones. But in February 1976, things took a different turn. To decompress from the intensity of our office work, Shelby and I, along with anthropologists George Gummerman and Jerry Handler, quite regularly played a mean game of racquetball together. Slamming a ball around the court in friendly but earnest competition allowed us a safe outlet for feelings of frustration or antagonism about job related issues. During our play on a particularly contested point, I had to go left to my backhand side in order to return the ball. I crashed into the wall with my shoulder. My feet went out from under me. I fell heavily on my left side, with that arm underneath the weight of my body. Bad move. I did not want to get up. Play stopped. After some joshing, my playmates lifted me to my feet. There was no question. I was done for the day. My pals took me to the Carbondale Clinic where x-rays revealed a spiral break in my upper left arm.

Having a broken arm is just plain inconvenient. Because it was my left and I am right-handed, I could still write, drive a car, feed myself and pretty much clothe myself. Interestingly, my spiral break did not yield to usual treatment with a cast. My orthopedic specialist (whom I did not know, but who lived not far from me and my neighbor, Gummerman) treated me by wrapping my broken arm tightly to my body. The treatment required that I not lie down to sleep. Instead, I slept (fitfully) for six weeks, upright in my family room lounge chair. At first the kids thought it was great fun to wait on me. That lasted about three days. Fortunately, I was able to get back on the job quickly, signing Shelby's name on the endless paperwork that came my way. In retrospect I can report full healing with no attendant stiffness, weakness or pain.

We took a memorable family vacation in 1976 to Washington D.C. It was the nation's bicentennial year. We went late in the summer, well after the peak of tourist visitors for the Fourth of July celebration. We were house guests of Milton and Merrillie Morris, and their daughters, Marcia and Marlene. Milt, my former colleague who had found our family piano for us, had moved on to be research director at the Joint Center for Political Studies in Washington, D.C. Recognized as a leading black scholar Milt was point person for politically relevant research about black participation in American society. Milton and Merrillie helped us find shortcuts to the Washington attractions and provided us a comfortable home base at their house in Silver Springs, Maryland. I was sorry we had not been able to keep Milt and his family in Carbondale, but his sense of duty to serve a national constituency drew him into greater political visibility in a leading Washington think tank where he accomplished a great deal.

★

When Gary was about ten, he discovered the preeminent sport of his lifetime. We had a family membership in the YMCA so the kids could take part in its various activities. A diligent counselor named Fred got our boys involved in track and field events. In the course of the activities Fred found out that Gary could rather easily run a mile. In practice sessions the mile run became Gary's event. I have forgotten the details of how it came about, but a track meet was scheduled in the community and the final race would be the mile run. Fred asked Gary, did he want to be signed up for it? Yes, said Gary. When the meet took place and the competitors were called for the mile run, just three boys lined up – two high school kids and Gary, then about ten. When the gun went off, the two big kids and one little kid began running. It was Gary's first real race on a quarter-mile track, so he did what he thought he should. He ran right along with the big kids. He stayed with them for two laps (half a mile). Fred was screaming as Gary came around on the second lap – "Slow down!" Fred knew Gary could not hold the pace for the whole mile. So, Gary slowed, but he managed to finish within two hundred yards behind the big boys. To Gary's surprise, at the finish the spectators cheered for him more than for the big boy winner. From then on, Gary knew that he was a distance runner.

Randy's body engine always had an extra gear. Eventually we recognized his elevated vitality as hyperactivity. Bonnie took notice that certain foods seemed to "turn Randy on," and when he was turned on it made discipline much harder to maintain. Bonnie's study brought her to the conviction that artificial colors and flavor enhancers in food triggered the hyperactivity and the negative behavior in Randy. Bonnie adopted the Feingold diet for Randy. She followed the doctor's newsletter, preparing food from clean and natural nutrients. I am sure it did us all good, but it particularly calmed Randy. Bonnie was so meticulous that she kept in touch with Randy's teachers about the matter. Whenever there were treats at school, such as cupcakes or brownies for someone's birthday, Bonnie would anticipate the treats. She would prepare her own and bring them to school so that Randy could participate just like the other kids, but by eating Bonnie's treats he was kept clear of offending ingredients that seemed not to negatively affect his classmates. This special mothering continued until Randy was a teenager.

With three little kids the pressure for pets is inescapable. Neither Bonnie nor I wanted to yield to that pressure. Failing to put the kids off, we tried to mollify them with easily contained pets. We bought an aquarium. We put fish in the tank. We let the kids name the fish. Being on a first name basis with a fish was supposed to give the kids a sense of attachment – affection maybe? The unloved fish died. We tried turning the aquarium into a terrarium. How about live turtles? They could live a long time. Not ours. Ours died. Next, we tried gerbils. They are small desert rats. Conveniently, they do not smell, nor do they make noise. They have more personality than fish or turtles. But gerbils only lasted a little while and they too died.

I am not sure why, but one summer night the overhead garage door did not fully close. The gap to the ground was only three or four inches. In the morning there was a small tiger-colored cat in the garage. Franci was the first to find her. The cat was shy, truly a scaredy-cat, but she took to Franci and Fran took to her. So, as I say, the pressure to keep the cat was "inescapable."

Did each of our children give her a name? I guess so. She was named Fritzel Pipi Sunshine Van Der Slik. We never knew where she came from. Much as I would have given her back had someone claimed her, I did not have a chance. I must say, she was an easy cat to have around. Whenever visitors came into the house Fritzel disappeared to Fran's room. Fran was her faithful caregiver. I already referred to Fritzel as "she." She proved that a couple of years after adopting us. She had two litters of kitties, all of which, fortunately, we could give away. The one that most closely matched Fritzel's buff-orange color was adopted by Lon Shelby's daughter. Fritzel lived a long life with us, still "ours" when Fran went off to college in 1983.

★

Much as we prized our little house on Briarwood, Bonnie and I began to have urgings for something more spacious. An edifice complex took form in our minds. Whenever we took rides in the countryside of southern Illinois, we speculated about the suitability of this house or that lot as a place to turn our imagination into reality. Just a few blocks from Briarwood was a horseshoe shaped street, Hillcrest Drive, with two openings off from Chautauqua Road. Chautauqua ran east directly into the campus. My mentor, David Kenney, had a house on that street. He was one of the earliest to buy a lot and build there. One of his friends bought a lot on the other side of this half circle, but the husband died. For years that choice lot was not developed. With David's connection and a personal loan from him, we bought the lot for nine thousand dollars.

We studied prospects for building a new home. Eventually we went with a firm that sold us a designed and precut Kingsbury home to be erected on our lot. With relatively high ground, we would have a full basement, a main floor, an upstairs with three bedrooms, two bathrooms and a study. With a spacious living room-dining room combination, we could suitably accommodate church meetings. There would be space in the basement for a comfortable "Elijah room," where occasional out-of-town church guests or other visitors could stay temporarily. We rode a rollercoaster of excited imagination.

Of course, we were going to borrow to the max. However, tenured faculty at the university had little difficulty with the Carbondale banks. The building process would take three months. We got a construction loan which, upon completion, would turn into a mortgage. The process began with excavation, foundation and delivery of an unassembled house. The shell went up quickly and the contractor billed the bank monthly. By the time I saw the first month's bill, I found that it consumed half of construction loan. Bonnie and I were now on the terror part of the rollercoaster ride.

We went to see the president of the construction company. He promised a careful review. Charlie Goss was as good as his word. Bonnie and I had previously agreed to a "cost plus" contract. The company was to charge us its cost, plus twelve percent for its profit margin. The reason we agreed to that arrangement was that together, Bonnie and I would put in sweat equity, contributing our labor in whatever ways we could. I committed to doing the painting, wood staining and varnishing to keep the cost portion of our contract as small as possible. Charlie found out that his construction manager had grievously underestimated the cost of the house we chose to build. It turned out that the house we had underway would necessitate spending much more than the estimate and more than our previously negotiated construction loan.

Initially, Bonnie and I felt taken in, swindled and obliged to spend much more on the house of our dreams than was legitimate. But Charlie was an honest man. He gave us a new figure, then assured us that he personally would loan us the amount of money needed to complete the construction. He convinced our bank that the house would justify a larger mortgage, and he promised that after a year in the completed house, if we could not carry the debt, he would buy the place back for whatever amount we had into the mortgage. Misgivings allayed, we stayed with the project.

After the drywall was installed, I spent all my evening hours staining and varnishing woodwork for the louvered closet doors and trim throughout the house. I painted walls with Bonnie's help, paint dripping off the elbow of her right arm. Bonnie's many talents did not include coordinated skill at painting with a roller. We cut back on the Elijah room and its bathroom in the basement. The room space was simply framed in but not walled. When the house was close to completion Bonnie prepared curtains and window drapes at her electric sewing machine. With carpet, painted walls and an equipped kitchen we felt that the house was truly a stately place. The orientation of the house was, as Bonnie planned, properly shaded and the natural growth of trees and vines was preserved. We were thrilled with the results, but we were mortgaged up to our chins.

Bonnie was carefully managing our money and she concluded that we needed to supplement our income. The only reasonable solution was to take in boarders. There were young people, mostly students, who would gladly live off-campus in a suburban home a convenient bike ride away from the classrooms and library. We would sacrifice what was to be my study as well as Franci's bedroom. Fran accepted the framed in Elijah room space in the basement. We installed a large, used refrigerator in the garage next to the back entrance to the house. Bonnie set aside cupboard space in her kitchen and worked out cooking privileges.

Bonnie did all the hard work, finding and qualifying our renters, buffering the interactions between renters and family, handling all the maintenance issues, monitoring telephone charges and, most importantly, collecting the rent. She managed it all for a whole school year. I cannot recite all the ups and downs. Our first tenant was a nurse who worked nights. But she did not stay long. She expected Bonnie to silence the kids so that she could sleep during the day. That simply did not work suitably for our family, so after a short stay she departed. Another loser was "Angela." She was Spanish – "from Spain," she insisted, and not to be confused with Spanish students from "south of the border." Angela was no angel. Tall and pretty, she had suitors. She made a special dinner for one, then departed for the evening, leaving Bonnie's kitchen a grease spattered disaster. Not long thereafter Bonnie overheard Angela during her long-distance telephone call to her parents. She had obvious arguments with her mother. Then, oozing charm, she would speak engagingly with her daddy. Obviously, she was daddy's pet. Her indulgent daddy never said no to anything that Angela asked for. Suddenly, without notice, Angela departed from our house with all her things. Shortly thereafter we received a phone bill with Angela's unpaid international calls costing us over hundred dollars.

But we had good kids too. A quiet Chinese woman doing graduate studies at SIU-C was always kind and thoughtful to us and caring toward our children. A young business student named Tony was from Hong Kong and had wealthy parents. He did not care a lot about his studies, but he liked the freedom that American students experience in campus life. During his stay with us he bought a luxurious Pontiac Grand Prix that made my brown Ford station wagon look pretty provincial. Gold, with a sandalwood interior, the hood was longer and more stylish than that of an undertaker's hearse.

★

In the summer, 1978, we had a week and a half getaway vacation to Michigan, starting on June 17. The occasion for the trip was that I would attend the annual assembly of the Reformed Presbyterian Church, Evangelical Synod. What made it a vacation for the kids and Bonnie was that my mom and dad allowed us to use their Airstream trailer as a place to reside. The Airstream, great for two people, served my parents as a vacation home for winter trips to Florida. They had a lot near a lake at Sandy Pines, not far from Grand Rapids, where they kept the trailer in the summer. They frequently spent weeks or weekends at the lake. They allowed us free use of it for a week, including my days at the assembly. For our family of five the trailer was cozy – maybe cramped is more accurate. But the kids loved it. They could be in bathing suits all day long and there were lots of available playmates. Without much housework, Bonnie was able to work on her tan – much neglected in the blistering summers of southern Illinois. The thrill of the week was a tornado warning – no twister came close – but the storm brought pounding rain like we had never experienced. "Pounding" is the right word when sitting tight in a small, all aluminum trailer in the dark of night.

The assembly was interesting for me. It was held on the Calvin College campus, familiar environs for me having taught there in 1972-73. I was present to see and be seen, in that my pastor, Wyatt George, and the others from the Illiana Presbytery, were supporting me to be put on the Board of Trustees for the denominational college, Covenant College, in Lookout Mountain, Georgia. Their effort in my behalf was rewarded and I looked forward to my participation on the board of the denomination's college.

The other interesting part of the meeting that kept me on the floor and attentive to the proceedings was the fact that my seminary professor friend, David Jones, was the assembly's presiding officer. He confided to me before the denominational business got underway that he was rather on edge about handling the flow of business on the floor of the assembly. It needs to be said that some of the senior delegates had memories of splits and unions in Presbyterianism dating as far back as the conservative revolt led by J. Gresham Machen against mainline Presbyterians before the 1930s. They or their parents before them had been through floor fights with deeply serious consequences. Fortunately, in this year the issues were not so divisive, but the agenda was long. Sometimes discussion seemed endless. Then David would catch my eye. My contribution was to "move the previous question."

Quick yeas and nays would allow David to call for a vote on the issue at hand and move the agenda forward. I got to make "my motion" several times during the week.

★

Thanks to Bonnie's parsimonious management, we made our mortgage and utilities payments during our first year in the new house. In the winter of that year she created most of the Christmas gifts with her sewing machine. We cut a small evergreen growing in our backyard for our Yuletide decorations. We got by spending as little as possible on ourselves, while meeting the needs of our kids. By the late spring of 1978 the Lord shifted our attention to an entirely different and unexpected vision.

Compelled by the Spirit, Paul went to Jerusalem, not knowing what would happen to him there. See Acts 20:22.

CHAPTER 9.

The Trinity Venture

When the southern Illinois dogwood trees blossomed in 1978 Bonnie and I were feeling the crosswinds of life. Perhaps I was more reflective than active because I was at leisure to read and write during the sabbatical granted to me. One digression from my typical work was in writing an essay about abortion policy for *The Banner*, the official magazine of the Christian Reformed denomination. At the time, of course, we were not actually members of the denomination because there was no local Christian Reformed congregation in Carbondale. But our heritage was there – those were "our people." Writing for that venue kept me in touch with my roots.

I saw an abundance of opportunity at SIU-C. Lon Shelby was expecting me back in Liberal Arts by the fall. Nevertheless, with his permission I explored with the Dean of the Graduate School, John Guyon, the prospects for a future broadening move to that administrative unit of the university. My work as a political scientist was prospering. I was overseeing Tom Stenger's dissertation at that time and working on a book manuscript with him. I also had contacts beyond my university. I was SIU-C's liaison to the Illinois General Assembly's legislative intern program. Sam Gove, from the University of Illinois, let go of that program's administration, giving it over to the new senior university in the state capital, Sangamon State University. I was invited to be one of the academics participating in the annual review of new legislative intern candidates at SSU. My department was pleased by my activity in the Midwest Political Science Association. Besides giving and critiquing scholarly papers, I was on the association's nominating committee and a prospect for future association responsibilities.

Bonnie and I had concerns about the home front. Although we were happy with our commodious new house, we were mortgaged to the limit and making ominous sized monthly payments. The income stream from renting to students was not a long-term solution for our finances and those students intruded upon our family life. Bonnie had explored the prospects for teaching in the public schools. Her credentials were too good. Her master's degree and years of experience put her too high on local salary schedules, too expensive to hire. There were plenty of fresh graduates as well as spouses of graduate students who could fill classroom vacancies at lower rates of pay for the public schools. Bonnie considered going into graduate studies herself – a doctorate in psychology was appealing to her – but that would cost more in the short run, with little certainty about job prospects in the community later on. My suggestion, which she took, was to get a license to sell real estate. After all, she had studied the market for our needs several times.

That is when an unexpected position opportunity came to my attention. Trinity Christian College in Palos Heights, Illinois, a southwest suburb of Chicago, was seeking an Academic Dean. It was just a small college of about four hundred full-time students, but the school was supported by the Christian Reformed denomination and located close to several of the denomination's congregations. Those congregations also supported Christian day schools comparable to those Bonnie and I had attended and taught in early during our careers. The Academic Dean position, chief of the faculty, was directly responsible to the President, Dennis Hoekstra. Dennis and I were Calvin classmates, but he, a military veteran, was older than I. I recalled clearly that Calvin's President Spoelhof spoke highly of Dennis when Dennis departed from Calvin to assume Trinity's presidency in 1972. That was a noteworthy confidence builder for me.

I was attracted to the responsibility for all the academic programs of the college. Clearly, I was appropriately educated for a position in a Christian college in the Reformed tradition. The fact that I had Christian school teaching experience, was an alumnus of Calvin and had spent a year there as a visiting faculty member were factors highly relevant to Trinity's board and faculty. Although I recognized that in the world of higher education, my move from a major state university to a small Christian college would be viewed as going from "big time" to "small time," I could well spend my career at Trinity. I was forty-two years old, experienced and productive in my discipline and groomed by my mentor, Lon Shelby, for higher education administration. Like the Calvin faculty I knew, being committed first to the college rather than one's discipline or administrative ambitions would alter my career prospects for the long term.

There were several accompanying considerations relevant to our openness to the Trinity position. Most prominent was the availability of Christian schools for our kids. Franci would be going into the eighth grade, Gary the fifth and Randy the third. The middle schools and especially the high school in Carbondale were not quality or safe places for our kids. Drug issues and drug related problems were rampant, given the market for drugs in this university-student-populated small town. The Chicago Christian schools were a major attraction. Although we loved our house church in Carbondale, we were delighted to think of membership again in a Christian Reformed congregation for our kids as well as for ourselves.

Despite prospects of a lower salary, we could sell our home and get out from under our crushing debt. We took for granted that Bonnie would find us a pleasing house with a more modest mortgage. Moreover, Bonnie, the house finder, could also ply her new trade as a realtor in the Chicago suburbs with much more likelihood of financial success than in Carbondale. With the kids bussed to school, she would have time and good prospects in the business world. Having considered the opportunity in the abstract, as well as the values we wanted to live by, Bonnie and I decided that I should apply for the position.

It was late in the spring of 1978 when I applied. I had references from SIU-C as well as from Steve Monsma. Dennis Hoekstra soon called to invite me to campus. There was not a great deal of process to the candidate consideration. The search committee engaged me in a solid interactive session. The committee included Stephen Mitchell, chairman of the Board of Trustees at Trinity, and Gerald Hoekstra, music faculty member (and no relation to President Hoekstra). They asked penetrating questions and, apparently, found my answers satisfying. Mitchell, a decisive insurance executive who worked closely with President Hoekstra, was favorably impressed and let me know his approval. President Hoekstra apprised me of two significant tasks that would come with the appointment. The college wanted to initiate a degree program in nursing, and it would have to prepare for searching scrutiny from the North Central Association for collegiate accrediting. Of course, the Academic Dean, directly responsible to the President, would oversee the entire academic program and its faculty. The Dean would meet regularly with the Academic Affairs Committee of the Board of Trustees and backstop President Hoekstra at regular meetings with the Board.

In late June Dennis Hoekstra extended an offer of appointment. Although I was not aware of it at the time, he urged faculty and staff to write me, encouraging my acceptance. Several people did so, including the Dean of Students, David Larson, and Jerry Hoekstra, from the search committee. Jerry's letter was strongly supportive and, he added, "My family and I are very happy with the Christian schools here." That was a significant and welcome remark. Rather quickly Dennis Hoekstra and I negotiated a couple of details. I signed the contract on July 4, 1978, with my pay set at just above twenty-five thousand dollars. In the preceding year at SIU-C my salary was nearly three thousand dollars higher.

I apprised Shelby and my department colleagues about my decision. Wyatt and Betsy George let us know we would be missed at our Carbondale church. We put our house on the market, keeping in mind that at worst Charlie Goss would pay us what we had invested in it. Martin Ozinga, who knew me slightly from his time as an Illinois Constitutional Convention delegate, was president of the First National Bank in Evergreen Park and a Trinity backer. He personally assured us of full assistance in securing a mortgage quickly. So, Bonnie and I set out for house hunting in the southwest suburbs of Chicago. After a careful scan of the old, new and used, we settled on a bi-level house on a large corner lot in Oak Forest at 15200 Las Robles for an up-or-down decision. With a referral by Dennis Hoekstra, an experienced builder, Dean Koldenhoven, gave us a courtesy inspection and assured us that the house under consideration was a sound investment. Confident about a mortgage, we made a bid and agreed to a price of seventy-three thousand dollars.

Back in Carbondale we had a busy tag end of summer. I spent time and effort to make the house and yard as attractive as possible. At the university there were still projects in progress – Tom Stenger's dissertation, a book manuscript with him, a writing project with several colleagues regarding the U.S. presidency. I was on Paul Glover's dissertation committee and he was close to finished. A week into August our Carbondale home was still unsold. Word came to me from Trinity that Chris Zichterman, the college registrar, would depart Trinity in mid-September and that those responsibilities would be under my direction. At the time I tried to lure Kathy Shannon Rink to join me at Trinity. I could trust her to handle detail work with great accuracy and dispatch. However, the love of her life, John Rink, was engaged by other career prospects. Kathy thought about it and then bowed out graciously.

Informed that Trinity would have a two-day faculty convocation on August 31 and September 1, 1978, I began to draft some clearly defined goal-setting remarks. Meanwhile, there was progress on the purchase of our new home. True to his commitment to Bonnie and me, Martin Ozinga "dropped in" at the Carbondale airport in his own airplane (on the way somewhere further south with his wife), and Bonnie and I signed the appropriate loan papers for the financing of our Oak Forest house.

On August 15, 1978, we had an acceptable offer to buy the Carbondale house at 45 Hillcrest for ninety-one thousand dollars. It went to a couple from Minnesota. The husband was joining the SIU-C faculty and we would close on the sale on September 15. We moved out the last week of August. When moving day came, we filled the largest U-Haul truck we could get. Lon Shelby served as the truck-packer, stuffing things carefully to the rooftop. I think we had help from John Baker, Don Wilson, George Gummerman and John Jackson. It was a hot day and we slaked our thirst with a generous supply of lemonade. Manhandling the baby grand piano was the hardest single challenge. When we got the truck to Oak Forest, Dennis Hoekstra brought a crew of volunteers to unpack our load. Dennis personally strategized how we would put the baby grand into the living room, then successfully managed it without a scratch.

★

On September 1, my first day on the Trinity payroll, I gave my inaugural presentation to the assembled faculty and staff under a cumbersome title: "Trends in Contemporary American Higher Education and Some Views for the Future at Trinity Christian College." I wanted my remarks to reveal me as an authentic scholar who was well in touch with higher education issues, so that came first. But I was pleased to point out that within the context of national trends, Trinity was well positioned to prosper if we did the work of Christian higher education properly. I wrapped up with these comments:

> Let me summarize by saying that the higher education game is going to be increasingly competitive. Score will be kept by student enrollments and institutional reputations. Academic disciplines will be more sensitive to practical and applied knowledge. The mission and curriculum of Trinity Christian College are very well adapted to the future of higher education. But we have our work cut out for us in making our Christian presuppositions relevant in our scholarship for the classroom and beyond, in dealing with our students as whole persons, and in helping one another. With God's help we can do it.
>
> What is the role of the Academic Dean in this enterprise? I have looked with some care at the job description you developed to seek a Dean. The common denominator I perceive in that description is that the Dean should be a facilitator to the faculty, the students and the Board of Trustees as we carry our mission.... I want to work with you both

individually and as a group to establish realistic targets for achievement. As a faculty we should radiate spiritual and intellectual vitality. As we do this and as the Lord blesses, we can escape the negative consequences of fewer college age students and the stratification of academic institutions. I commit myself to the Lord and to you to work for the accomplishment of these goals.

In October Bonnie and I received a welcome letter from Cherry Realty in Carbondale. All the notes and financial details of the mortgage and sale expenses on the Hillcrest house had been settled. Moreover, we netted nearly eleven thousand dollars on the sale. At the bottom of the letter Charlie Goss penned a very complimentary note about the difficult process we had successfully seen through together, building and selling the Hillcrest house. He wished us well in our departure. With honest candor he had stood by his promise to backstop our building costs. Clearly, he was glad not to have to take the house back and so were we. Now we were in a financially sound position to finalize our mortgage agreement with Marty Ozinga's bank. We committed to a fifty-thousand-dollar mortgage with payments we could manage.

The first administrative issue I needed to address was the vacancy in the registrar position. The appointment would be open in mid-September, so before his departure from the position Chris Zichterman had organized the fall semester with all its classes and the registration of students for the semester was complete. A veteran faculty member, Ed Vander Weele, was willing to undertake the registrar duties, temporarily as an overload, while he continued to handle his responsibilities as a professor of education. Ed gained my confidence in a New York minute. Besides his administrative efficiency as a former Christian school principal, he knew both the college and his colleagues intimately. He could answer my questions about courses and college history. In every respect he was a prince of a fellow and an indispensable supporter as I took hold of the issues at hand. High on the agenda would be the recruitment of an experienced new education faculty member so that Ed could continue as Trinity's registrar.

To anticipate the preparation of a self-study for North Central accreditation, I gave high priority to visiting classes. Of course, I scheduled these sessions with faculty – no surprises. My initial focus was on basic courses – those for freshmen and sophomores. I was looking for stimulating classroom instruction and good rapport between professors and students. I had no protocol for measuring classroom success, but I felt I could distinguish good from bad classroom performance when I observed it. After attending classes I had dialogue with each instructor about what I had witnessed and how that fit into their larger patterns of teaching. What I found out for myself and for the Board of the college was truly delightful. With but one exception, I observed the senior faculty to be consistently strong as teachers. They were professionals, proud of this small but distinctively Christian college. They taught with energy, commitment and competence. To no great surprise, I found the less experienced faculty were not as accomplished in the classroom as the senior faculty and that they needed more help with their teaching and professional competencies.

It happened, providentially of course, that I took a trip from Chicago, headed to St. Louis on a church related matter hanging over from my elder duties in Carbondale. On the way, I had transmission troubles with my car. I limped into a garage in Bloomington, Illinois. I had nothing to do but hang around the garage while my car was diagnosed. What I observed was how the more experienced mechanics helped the others – not doing their work, but clearly coaching them. My otherwise miserable day gave me an experience to share with my Trinity colleagues. I thought about it on the bus ride home. (I reclaimed my repaired car about a week later.)

The notion I suggested to our faculty was that we needed to talk about teaching and teaching techniques openly, candidly and helpfully. Too often in the academic world faculty close the classroom door behind themselves as if what they do and how they do it is a proprietary secret. I particularly wanted for our less experienced teachers to hear from and emulate our genuine superior classroom performers – Gerda Bos, Rich Kooy, Gary Van Dyke, and Derke Bergsma. I contacted my former instructional design consultant at SIU-C, Dale Brown. I invited him to visit Trinity to make some presentations about teaching technology and serve as an advisor to those who wished help. Nothing was compulsory, but a new resource was available to those desiring ideas from a teaching consultant. This would also lay the groundwork for Dale Brown to be able to add evidence about the quality of teaching at Trinity to the eventual self-study of the college for the upcoming North Central review. Having been in the classrooms myself, I gained credibility with the Academic Affairs Committee of the Board of Trustees. Peter Schipma, the Committee's chairman, urged me to design a matrix for faculty evaluation, with weightings for teacher preparation, skills, effectiveness with students and the like. Himself a computer scientist, he wanted a data rich objectification of my faculty evaluation procedures. With faculty input, I fulfilled his request. Serious collegial consideration about teaching effectiveness led to nonrenewal of two junior faculty appointees and the opportunity to replace them with more talented performers.

An issue in which my credibility with the Board helped a great deal was in establishing criteria for faculty – senior faculty first – to be approved for sabbatical leaves. Up to that time only one such leave – to Gerda Bos, Trinity's first full-time faculty member – had ever been approved. From now on criteria for evaluating sabbatical applications would be in place. Decisions would be judged on merit.

In the matter of faculty recruitment, I was delighted to lead the process. It was first my responsibility to justify the declaration of a vacancy. I would consult with faculty and the registrar about potential courses and enrollments, then, collaborating with relevant faculty, draft a position description for the approval of the president. President Hoekstra was careful but decisive and easy to work with. We advertised positions nationally and, wherever possible, I beat the bushes for good candidates. I received the applications, solicited references and filled out dossiers for the prospects. The Dean's faculty advisory committee shared in prioritizing the selection of candidates for interviews. My preference was to rank candidates, inviting the top one first for a campus visit, then either approve or disapprove making an offer to that candidate promptly. At some schools the lockstep pattern is for three interviewees, then a decision and an offer. I preferred the prompt decision and offer in order to get an acceptance from an approved candidate, lest that candidate receive and accept an offer elsewhere. Get the best rather than linger and settle for the second best.

Another important matter was to establish the two dimensions of evaluation. It was primarily the responsibility of the faculty and me to judge the academic fitness of our candidates. The responsibility of the Academic Affairs Committee of the Board of Trustees was to judge the spiritual fitness of candidates for teaching positions at our Reformed Christian college. Members of both groups were in on as much of the interview procedure – a class taught by the candidate followed by a presentation to the faculty about their Christian approach to the discipline of their teaching and some small group interviews – as they could be. Candidate visits were intensive and typically consumed my personal attention for most of two days at a time. I recall with satisfaction that our process brought to Trinity's faculty Norman De Jong, education; Dick Cole, psychology; Bob Rice, history; Maxine Groen, nursing; and Bob Wolfe, biology. Additionally, there were other part-time instructors, examined more narrowly, that added to the range of Trinity's instructional program.

An element missing from the curriculum that I managed to add was a course each semester in political science. My time was fully consumed, so I could not teach it myself. However, I proposed approval for an added course and the social science faculty agreed.

★

Near the end of my first year I was taken completely by surprise in a conversation with President Dennis Hoekstra. He began with generous words of commendation, appreciative that I had dealt well with my responsibilities in my first year and was gaining regard with both faculty and the Academic Affairs Committee of the Board of Trustees. Then came a compliment leading to bad news: "Your good work has given me confidence that the academic program is in good hands. I have decided to move from Trinity to become executive director of the Barnabas Foundation." I must say that rocked my small world to its moorings. What would happen next and with what consequences for the college? How would my responsibilities change? A significant consideration to me when considering the Trinity deanship was my trust in Hoekstra's reputation as Trinity's president. Hoekstra's presidential mentor was Calvin's Spoelhof, who served in the Calvin presidency more than twenty years. When I came on staff at Trinity, I took for granted that Hoekstra's presidency would be a long one too. Obviously, I miscalculated. Hoekstra assured me that by an orderly process the Board would fill the presidency, but I was smitten with misgivings.

Hoekstra hurried on to say that the task already assigned to me to develop a bachelor-degree program in nursing was a Board approved academic assignment regardless of the near-term presidential vacancy. I fully understood that there were big responsibilities ahead for me--initiating the nursing program, conducting the college self-study for North Central review and participating in replacing the president. Despite the simultaneity of these tasks I will take them up separately, saving the matter of the presidential search for later.

What the college needed first for the baccalaureate program in nursing was a qualified nursing director, preferably one with a doctoral degree. The college was blessed by the willingness of a credentialed former African missionary nurse, Maxine Groen, to become Trinity's Director of Nursing Education. She came, bringing her missionary spirit, nursing knowledge and degrees, to spearhead the development of our program. Unlike the bulk of Trinity's curriculum, approval for academic requirements in nursing was subject to state oversight. The "Illinois Nursing Act," the state's statutory language regulating the nursing profession, required that we demonstrate a public need for the program, potential for an adequate faculty, clinical opportunities for nurses in training and adequate financial resources.

Groen energetically dug into the fieldwork and we put together a twenty-one-page proposal with thirty pages of appended material. It described the nature of our Christian college, our philosophy of nursing, the Protestant denominations of most of our potential students, the need for nurses in the southwest metropolitan area of Chicago and assurances from regional hospitals about access for clinical training. When Groen and I made our first presentation to the Illinois Committee of Nurse Examiners, the discussion went relatively well. However, the Nurse Examiners decided that we should "revise and resubmit," and we were counseled to get the assistance of a "nursing educational consultant." We secured that necessary consultant quite promptly, the Dean of Nursing at a nearby Catholic university.

With due diligence we supplemented our feasibility study with another seventy-three pages of supporting documents. Months later at our next appearance before the Nurse Examiners, they became picky. We found that the primary concern of the Examiners was not about nursing needs or the quality of baccalaureate graduates. To the contrary, it was about preserving the opportunities for nurses already in the profession and to protect the existing educational programs that did not bother to produce four-year baccalaureate degreed nurses. Moreover, one particular Examiner expressed concern about a perceived "narrow, moralistic emphasis" in Trinity's approach to nursing education. We went away confident that our program, built upon Christian assumptions about humankind, health and concern for others, could not be legitimately faulted because of our presuppositions were anchored in Christian faith.

Pondering the obstacle before me, I apprehended that approval was more a political matter than a professional one. Knowing that, I was not without some relevant political resources of my own. The Illinois Committee on Nurse Examiners was nominally advisory to the Director of the Department of Registration and Education for the state of Illinois, a gubernatorial appointee. At the time that appointee, James Nowlan, was a former legislator and political scientist quite familiar to me. I took it upon myself to write the Director, challenging the appropriateness of objections to our distinctively Christian premise for nursing education at Trinity. I argued that opposition to our baccalaureate nursing program was a calculated effort of protectionism by the Examiners from diploma schools. In response the Director reminded the Committee members about the limits of their discretion.

At our next meeting, the chastened Nurse Examiners recommended approval so that Trinity could plan for admitting future students. After a site visit of our facilities, clinical locations and scrutiny of our administrative relationships with nearby hospitals, we were recommended for approval. While Trinity would be subject to continuing oversight, the college was permitted to admit students and put the program into effect. (For a fuller treatment of this case study, see my "State Regulation as a Threat to Education for the Professions: A Case in Nursing Education." *State*

Government, 56, No.3, 1983, pp. 105-111.) Although I would not remain at Trinity long enough to welcome the first class of nursing students, the program had appropriate legal standing in terms of Illinois' state nursing education requirements. Maxine Groen took up the responsibility of putting our plans into execution.

★

The task of preparing Trinity's self-study for North Central Association accreditation involved a variety of moving parts. Although I led and coordinated the effort, it was completed because of willing support from the faculty and the other division heads – Fred Van Swol, Director of Business and Finance; David Larson, Dean of Students; Keith Vander Pol, Director of Admissions; and Bob Cramer, Director of Development. Trinity, just twenty years out from its founding, had not yet in its history achieved the usual ten-year accreditation approval from the North Central Association. I was confident about our institutional merits, but I took seriously the concern that the merits needed to be fully explicated and validated in order to gain the legitimacy of North Central approval.

Trinity Christian College had important assets. We had a Reformed Christian perspective – worldview – that proclaimed the Lordship of Christ over all humans and, indeed, all of creation. We would educate our students to be open and passionately engaged about all aspects of nature and human culture. Our faculty was small, but unified in this broad vision of Christian education and human responsibility. Our Board of Trustees and our purpose documents were likewise consistent and articulate about our educational and philosophic assumptions. Trinity's corporate obligation was to provide a Christian preparation that would thoroughly educate our students to go forward and address the needs of a broken and sinful world. The sincerity of our commitments was open for scrutiny but beyond question or challenge.

We possessed a beautiful former golf course as our property. Our buildings were not lavish but were fully suitable. True, we maximized the usage of our existing physical space, but with plenty of grass at hand, the environment for future expansion was evident. Our location southwest of Chicago was in the center of our supporting constituency and adjacent to Chicago Christian High School, an obvious feeder institution. Another close neighbor was the Back to God Hour, the international radio ministry of the Christian Reformed Church. Several of its international staff conveniently provided the college with part-time instructors and the ministry offered student internship possibilities.

To bolster our preparations for the North Central self-study, I drew on a former colleague, John Jackson at SIU-C. He had recently coordinated the SIU-C self-study prior to a successful North Central review. He sent me a copy of his work. I had already brought Dale Brown to the campus, and he helped tighten up criteria for teaching evaluation and the instrument used for course evaluations by students. In the summer of 1979, a faculty retreat allowed me to select a couple of outside educators – Joe Allman, a political scientist, and David Schlafer, a Christian philosophy professor – to sit in on our course development discussions among the faculty. Allman was a fellow grad student with me and had become a confessing Christian since a faculty stint at the University of Oregon. Schlafer was an SIU-C philosophy Ph.D., on whose dissertation committee I had been a member several years before. From different vantage points they contributed trustworthy critiques of our discussions and provided some written feedback based upon their observations. These would all constitute grist for warranting the diligence of our faculty, confirm their academic integrity and verify the quality of Trinity's classroom instruction for the North Central self-study. (After acquainting Allman with the Trinity faculty, I later engaged him on a part-time basis to teach the political science class that the faculty had approved earlier. Both the course and instructor received favorable student feedback. It was a useful beginning for offering more political science courses in the future.)

A matter I did not want to appear as a loose end to our North Central reviewers was our "Semester in Spain," a program that Trinity hosted for college credit. Because the instruction was done on-site in Seville, Spain, by a specially contracted, singularly focused instructor, I sponsored an on-site inspection done by one of our campus English professors, Grace Huitsing. Huitsing was well experienced with language instruction including "English as a second language" issues. She traveled to Saville to observe classes and document procedures during her on-site visit. Her scrutiny and written report not only confirmed the credibility of that off-campus program, it signified that the program was subjected to oversight.

From the beginning of my deanship I regularly circulated a "news and notes" series of reports about any activities or accomplishments by individuals on the faculty and staff. When the time came to organize and draft our self-study, I had the hard data and, section by section, circulated my drafts about our programs and procedures to all the faculty. They corrected my errors and omissions, remedied my shortcomings and made sure I overlooked nobody's accomplishments. After a fully revised draft was complete, Gerda Bos, Trinity's senior English professor, crisply edited the report for continuity, diction and clarity.

The North Central review team examined all our paperwork, asked penetrating questions, listened to our responses and rambled through all parts of our campus. Thereafter we were recommended and approved for the maximum ten-year accreditation, a huge breakthrough and accolade for our young institution. In retrospect I think it is fair to say that what in prospect was a threatening task turned out to confirm a record of accomplishment and reinforce our faculty's commitment to our thoroughly reputable academic program. Our reviewers gave us an occasion to celebrate the merits of Trinity's mission and the quality with which it was fulfilled. The accomplishment was a credit mostly to the faculty, but also to the administrators and the Board of Trustees who oversaw our work and our funding.

★

An important aspect of the Trinity enterprise that I rarely intruded upon was the management of student issues. Academic advisement of students and arrangements for internships was a faculty matter regarding which I gave only occasional attention. Student problems of an academic sort surpassing the handling by a single faculty member usually were sorted out by Ed Vander Weele, my trusted senior academic and registrar. Issues apart from classes were in the realm of Dave Larson, our dependable Dean of Students. When I did engage with faculty about students, typically it was in choosing students for scholarships and awards. It was a genuine pleasure to consider and compare accomplished students for various kinds of recognition. Nevertheless, the year we lacked a president, we had an outstanding undergraduate to nominate for a Harry S Truman scholarship. The student, Jul Medenblik, needed the college to nominate him. His career objective at the time was to fit himself to enter government service. He talked to me about his desire and his qualifications, so I requested him to give me his self-description in writing. He did so admirably, allowing me, with faculty consent, to articulate the Trinity nomination. A couple of lines in the recommendation were these:

"I believe [Mr. Medenblik] will become just the sort of man Harry Truman would have wanted to give a boost at this stage of his life. He is a farm boy of immigrant parents, a bit shy and awkward on first meeting, but beneath that surface is a highly motivated young man who wants to achieve significant positions of responsibility that will be of conspicuous service to his fellow man.... [W]e have agreed that a law degree will offer access to an appropriate range of service careers in which to exercise his great potential. Jul is gifted in both mind and heart. He is a person of utter integrity. I commend him to you for careful consideration."

Well, the Truman scholarship referees passed over Jul just as it does with about ninety percent of the nominees from all around the country. But after graduating from Trinity in 1982 with a philosophy major and minors in English and history, he promptly received his juris doctor degree at the University of Florida *cum laude* in 1984. After practicing law seven years he opted to go to Calvin Seminary and obtained a Master of Divinity degree in 1991. A founding pastor of a newly planted Christian Reformed congregation in New Lennox, south of Chicago, God blessed his leadership such that in less than a decade the congregation grew from four worshipers to seven hundred. Recognized for his gifts, in 2011 he was inaugurated as the President of Calvin Theological Seminary and there he is already a distinguished leader in the Christian Reformed denomination. In God's hands good students are just that kind of treasure!

★

There were welcome differences in our family life that came with residing in the Chicago suburbs, in contrast with our lifestyle in Carbondale. The kids could all now go to Christian schools. But that meant getting up early for the school bus. They were on the corner before seven in the morning. In the depth of winter that meant standing in the dark. The boys, Randy in third grade and Gary in fifth, adjusted easily. Fran, an eighth grader, found things more difficult. There were a lot of pecking order issues among her girl schoolmates and she did not care for that at all. Eventually she followed a strategy of her own making, finding friends among girls who, like herself, chose not to play the pecking order games.

After visiting around to various churches, Bonnie and I settled on the Orland Park Christian Reformed Church. Its pastor, Arthur Schoonveld, was an engaging preacher and we quickly came to love the growing congregation. Fortunately for me, Schoonveld was added to the Trinity Board and made a member of the Academic Affairs Committee. But the very popularity of the church was its peculiar problem. The church Council decided it should plant a daughter church nearby in Tinley Park. We resided in Oak Forest, bordering Tinley Park, so we soon decided we should help relieve the concerns at Orland Park by joining the new effort.

I must say that Bonnie thrived in the new fellowship. She upped her piano skills so that she could play the small electronic organ and, in that way, encouraged good hymn singing. She also organized and led a small choir. Meanwhile I was put on the organizing committee (all men) and, as soon as we became a particular church in December 1979, elected as an elder. Bonnie and I were delighted by how quickly and easily the process of starting this new congregation went, compared to the struggles we had shared in during our Carbondale days.

Under the leadership of our senior elder, Harry Kortenhoven, we moved deliberately about calling a resident pastor. As a consequence, our pulpit was filled by a rotation of different local ministers, week by week. In Christian Reformed practice that meant that on a regular basis pastors of the congregations in our Classis (regional collectivity) would take a turn in our pulpit. For me, a relative newcomer to the area but engaged in a church related college, this practice facilitated my becoming widely acquainted among the broader Christian Reformed leadership of greater Chicago. I was called upon to teach adult classes about doctrinal standards in our congregation and was invited for talks at other congregations (Hope CRC and Wheaton CRC). As an elder and clerk of our Council, I had my turn representing our congregation at Classis Chicago South.

During the spring semester of 1979 we had an authentic crisis on the home front. It was a chilly but sunny afternoon. I was coming home before six in the evening on March 12. Something was wrong in the neighborhood. I saw fire trucks – at our house! Bonnie and the kids were huddled at the curb across the street from our house. The firemen were collecting their hoses and equipment. Obviously, the crisis was over, and the house was still standing.

Bonnie was the hero of the drama. She was home on the upper story of our bi-level home. In the utility room on the lower level clothes for the laundry were separated into different colored piles in preparation for washing. Randy, who had undressed for a shower, added his soiled clothes to a pile of white things. He stopped for an experiment with a match. After it lit, instead of burning his fingers, he dropped it into the pile of clothes. When a blaze arose, he did the right thing, running up to his mom for help. By the time she came downstairs, she recognized a problem beyond her control, slammed shut the door to the utility room, snatched up her naked kid, grabbed a jacket for him, called 911, and shoved the cat and the other kids out of the house. Bonnie's quick thinking limited the fire to the utility room, but the fire did consume most of the stuff stored there. Fortunately, the firemen controlled the fire before it broke through the ceiling or the walls.

We had much to be thankful for – the family was safe, and the house was still structurally sound. But the utility room was a total mess. We had only moved into the house half a year before. An accumulation of unpacked stuff was stashed there. After the fire there were boxes of books and memorabilia in stinky, soggy cartons. Kids' things in the cabinets were destroyed.

The washer and dryer were ruined. Worst of all, smoke penetrated the house and an oily, ashy residue coated the bedrooms, closets, carpets, cabinets and draperies. The situation required a commercial restoration company to spend five weeks cleaning, painting and repairing our place and putting things back in order.

Bernie Velson, at the time Trinity's business director, housed our family for a couple of nights in his home. Bernie then arranged for us to temporarily occupy a small apartment on campus that was usually residential space for students. It was basic, but it met our needs. Once we got home again, diligent Bonnie documented all our losses in impressive detail. State Farm redeemed all our losses and paid for a full refurbishing of the utility room such that it was substantially improved over its original condition. The washer and dryer were new and so were the cabinets and carpets. Our mental anguish was generously compensated, and our house was much refreshed.

★

With the kids doing long days at school, bussed both ways, Bonnie joined Cump Real Estate, with one of its offices only a couple of miles from our home. Its business was mostly residential, and its listings were largely in the south suburban towns near Oak Forest. Bonnie quickly established rapport with her manager and got to work promptly. She volunteered for "floor time," fielding incoming calls about listings, showings and a range of business inquiries. She became good at engaging her callers and making appointments. Soon she had a full agenda, servicing buyers and sellers. Despite extraordinarily high interest rates (near the end of the Carter presidency), she sold houses while more than holding up her end at home

She taught me a substantial lesson about the home front. In November I announced to her that I wanted us to host a Christmas Gala for the Trinity faculty and staff at our house. She agreed. As the time became closer, I checked up. "How are things going? Have you made a grocery and wine list? Do we have enough chairs?" I made sure she knew that this event was important to me as a matter of showing hospitality to those working with and around me. Then she confronted my pushiness. "Which of the important things I am doing should I drop in order to organize your social event? Plans for our family Christmas celebration? The real estate clients I am showing properties? The Christmas music program I am organizing for the church? The menu for our family meals and the weekly laundry regimen?" Yes, the horn sounded, and the bells rang in my head. I got it. Equality in our marriage. I remember. Her agenda was as urgent and important as mine. I needed to be demanding less and doing more at home myself. Moreover, if this was "my" Christmas Gala, I needed to follow through on the arrangements I wanted in place. So, I got my comeuppance and accepted the reminder to be a full and fair partner in the habits of homemaking – lessons that, despite some lapses since then, I have been diligent to follow most of the time in the subsequent years of our marriage. Oh, by the way, we hosted a really well-received party, setting a brief tradition of joyous Christmas celebrations at the Dean's house.

One of the special experiences for Franci came in the ninth grade when she joined the German teacher at school, John Bontekoe, and other foreign language students at Christian High for a trip to Europe. As I recall they bussed through and saw the sights in various parts of Germany, France and the Netherlands. Having jumped a grade between first and second, she was the youngest student in the group, but she held her own and came home with great memories as well as presents for her brothers and parents.

A highlight for Gary during the Trinity years was choosing a puppy for his special pet. Fran had her cat, Fritzel. Randy had engaged in a couple of sad experiences with rabbits. After some alternating pleas and patient waiting by Gary, we went to a pet store. Following careful consideration Gary chose a young, mixed breed, spayed female terrier with small feet – I particularly urged him to prefer a dog with little feet. She was black with white stockings and other markings, so Gary named her Pepper. Affectionate and rather timid, she took to Gary quickly. But we got off to a very poor start with her. Picked up on a Saturday, she spent the first night in the garage. In the morning, as typical, we were all dressed up for church. "Dad, can I put Pepper out in the yard?" Yes, we had a collar and chain. We were off for church and Sunday school, gone about two and half hours. When we got home – no Pepper. The yard was empty, and the chain was unhooked. We toured around the neighborhood, looking everywhere. Of course, it did no good to call "Pepper," "Pepper." She did not yet answer to Gary's name for her.

The upshot was that Pepper was at the dog pound. Animal control had responded to a neighbor's plea about a little whining, crying puppy tied up in our backyard. We, of course, were both happy to claim Gary's dog and miffed that no notice or message had let us know where the dog was. Brought home, Pepper was quickly potty trained and became an indoor friend to all, but clearly Gary's special friend. She was a "downstairs" dog, and she respected Fritzel the cat's privileged upstairs territory.

In Chicagoland we quickly had engaging and supportive friends. One who befriended me was Richard Ozinga who, with me, was an elder on the church Council. He and I were partners in doing visitation to member families. A born and bred South Chicagoan, he was a solid supporter of the churches and Christian schools, including Trinity. Once when I got into a bind because of a car accident (my Celica was totaled – no harm to me and not my fault), Rich graciously loaned me a little yellow Volkswagen of his for a week or ten days. No questions or compensation asked. After

I replaced my car, I returned his. He would not take anything for the generous loan, but it was okay if I made a modest gift to Trinity in his name.

I enjoyed coming to know Harold Verhage, also a fellow elder at Faith Church. Harold was a biologist with a Ph. D. employed by the University of Illinois College of Medicine. He was successful doing research in animal reproduction, getting his study grants and publishing papers. As an academic with the same kind of solid Christian Reformed background as mine, he also had knowledge and experience as a faculty person in a state university. He was a helpful sounding board for me regarding issues of faith and life as well as the academic sort of things we both dealt with in our career activities. We had children of similar age in the Christian schools as well as helpful and creative wives that kept our lives in balance. A man of genuine depth, I was glad to have Harold as a friend.

★

Although the cost of living in Chicagoland was something of a challenge, Bonnie and I found ways to have inexpensive fun as a family. In the summer we would take one-day vacations with the kids, tapping into Chicago's charm. We made a point of visiting the public art sites in the city – the Picasso in Daley Plaza, the Miro sculpture across the street, Calder's Flamingo on West Adams Street, the Buckingham Fountain on Columbus Drive, and the Nuclear Energy sculpture at the University of Chicago. Of course, we visited the Lincoln Zoo, the Field Museum and the Museum of Science and Industry. One particular thrill was to ascend to the top of the Sears Tower with a host. He was Allen Yeh, previously a graduate student in political science at SIU-C. At the time he was a young staffer in the Sears public affairs department. Later we all enjoyed a boat ride on the Chicago River and out into Lake Michigan. Bonnie acutely recalls that at the time all the kids were equally tall (short?) and Fran got aboard at the children's rate. We went to see a Cubs game at Wrigley Field. In those days the Cubs only played day games at home because lights for night games were not installed there until 1988. A more distant summer pleasure was at Indiana Dunes State Park, where we could carry our picnic lunch and play in Lake Michigan. It is funny now how the kids remember the time we went there to be annoyed by swarms of lady bugs. No matter. We delighted in the fun spots within driving distance of our Oak Forest home. Also, of course, grandmother and granddad Vander Slik were closer than ever, as was the Koopsen cottage at Indian Lake with its extended family activities on the Fourth of July.

One other significant event of that summer merits remembering. Bonnie and I had a standing promise to talk together about any issue in our marriage on our anniversary. On June 29, our sixteenth anniversary, Bonnie said, "Jack, it is time for you to quit smoking." It was not a surprising request. I had been an on and off smoker since high school. My consumption never got up to a pack a day, but in my administrative assignments at SIU-C and now at Trinity it was steady and close to that level. My conspicuous critic was Franci, who especially detested my smoking in the car. Often that summer she wore a favorite tee shirt emblazoned with an exclamation: Smoking Stinks! In her certain knowledge she knew that my lungs were turning black. The boys chimed in, "Yeah, dad, you have to quit." My guilt was beyond argument. The family had it right. So, since that 1979 anniversary I have strictly observed my family's "No Smoking" prohibition.

★

What we did not know that summer was that the charms of home, church, Christian friends, Trinity, suburban real estate, Christian schools and the cultural attractions in Chicagoland would be ours for only a short time.

"Hardship does not spring from the soil, nor does trouble sprout from the ground. Yet man is born to trouble as surely as the sparks fly upwards." Job 5: 6-7.

CHAPTER 10.

Paradise Lost

At summer's end in 1979 I felt renewed optimism about the circumstances at Trinity and the prospects for the future. Despite my sense of loss regarding Dennis Hoekstra's departure from the presidency, I realized that he left willingly. He was not leaving unsolved issues or budgetary problems. He was not pressured to move on. His move was not a result of crisis or conflict. I accepted his judgment that Trinity was a rising institution with good, perhaps great, prospects for the future. I was gratified about the confidence he expressed in me. I had solid plans and initial headway in moving forward on the tasks Hoekstra had set for me with the Board's approval.

Upon Hoekstra's summer departure the college was nominally leaderless and that required a solution. As academic dean I was the first among equals who were the college division heads. A new director of business and finance filled a vacancy due to the retirement of Bernie Velsen. Fred Van Swol, who applied for the position at my urging, was given the Board's appointment. I was confident about Fred regarding both his management ability and his style of work. Fred and I had been teaching colleagues at Bellflower Christian School and even roommates for a semester during our single days. As a manager he was both decisive and transparent, but very accommodating to people under his direction. I was delighted when he accepted the Board's offer of appointment. As the newest administrator, Fred was not a prospect for acting president. Nor were the Dean of Students, the Director of Development or the Director of Admissions.

The Board invited my thoughts on the matter, even hinting at the possibility that I might serve as acting president. In my view the acting president needed to be a person well-known in the Reformed community, a person of stature, one with wide credibility and legitimacy as a decision-maker even if that someone lacked higher education experience. When asked for a suggestion, I responded with the name of Martin Ozinga, Jr., President of Evergreen Bank. With permission to pursue the matter, I explained my rationale to Ozinga in a one-on-one meeting. I assured him and the Board that I would willingly serve as Trinity's "acting internal executive," and would deal with academic affairs fully as well as overseeing the campus executives. However, in representing the college beyond the campus, in the churches and other public forums and as the leading fundraiser for the college, the acting president should be recognizable in the spotlight. Ozinga, despite a strong sense of loyalty to college, disappointed me by choosing not to assume that mantle. I do not know how widely the members of the Board went in sounding out others for consideration. However, the notion that I would have "internal executive" responsibilities was accepted.

The person who stepped willingly into the acting presidency was Professor Derke Bergsma, a long-time fixture at the campus. A theology professor with all the appropriate degrees and credentials as a minister in the Christian Reformed denomination, he also had a doctorate in religion from the University of Chicago. He had filled pulpits in churches fifty miles in every direction of the college. He was a beloved teacher both in the college and in the education wings of area reformed congregations. His loyalty to and support for the college were beyond question. Bergsma was willing to carry his regular load in Trinity's classrooms while attending to all the representational, fundraising and ceremonial services that needed to be done by Trinity's Acting President as simply "additional assigned duties." The Board concurred. Bergsma had closely observed my academic work for a year and had expressed confidence that I was moving the academic program in the right direction. In short, Bergsma considered me to be a trustworthy campus administrator. He was an intimate colleague to Ed Vander Weele. Importantly, Bergsma wore the Acting President mantle lightly. He and I quickly established an easy working relationship. He apprised me of any restlessness about issues he sensed out beyond campus and I kept him fully informed about leadership matters on the campus. Helpful to me in every way, Bergsma did not impose himself into campus decision-making. His personal and professional skills brightened the visibility of Trinity Christian College throughout its supportive constituency. Despite the vacancy at the top there was no lack of momentum in the growth and forward movement of the college.

★

I was brimming with confidence and energy about Trinity as fall semester commenced. My focus was not deflected when earlier I received a letter from a search committee at SIU-C. Someone there nominated me for an associate vice president position in academic affairs. Though surprised, I was pleased about the nomination and I was well acquainted with Don Wilson, who was chairing the search. In the wide world of higher education, the position, with its wide-ranging responsibilities, offered a precious opportunity for valuable experience and educational exposure in higher education. Doubtless it could be a worthy steppingstone to advancement at SIU-C or elsewhere. I acknowledged to Wilson my gratitude for the unsolicited nomination because it confirmed some esteem for me at SIU-C. However, my commitment was to Trinity. So, I wrote back to say that I was "not at liberty" to be considered for the position.

I had two significant speaking commitments coming – one to the faculty, and the second to the entire Trinity constituency. The first was at faculty orientation. We would have a couple of days together to talk about anything and everything. Our new faculty members, Norman De Jong, Robert Rice, and Dick Cole would be fresh faces among the faculty. My helpful consultants, Joe Allman and David Schlafer, would be present as well. I wanted to be stimulating but open to feedback. Given a full year of learning the faculty's strengths and weaknesses, I looked forward to this engagement with them.

It was easy for me to share my conviction with the faculty that the job done in the classrooms was authentically meritorious, that there were excellent teachers among our senior staff, but that "the instructional skills of the junior faculty are not as good as those of the senior faculty." I called for mutual assistance among the colleagues and promised the help of an outside consultant, Dale Brown. I pointed out that my reading of hundreds of student evaluations revealed which questions evoked lower ratings – regarding instructor use of "stimulating methods and materials," "appropriate tests," and "a variety of teaching methods." These were weaknesses easily addressed and amenable to coaching, practice and skill development.

I diagnosed as a Trinity problem not the quality of our instruction, but an institutional lack of reputation for excellence. So, I proposed to bring community attention to evening class offerings of particular relevance to potential adult learners. One was a course titled "the ministry of the church through its offices." It would attract lay leaders in our local congregations to the campus. I initiated a "Listeners Program." For twenty-five dollars anyone could buy a semester pass to attend any classes anytime on a not-for-credit basis as long as empty seats were available in the classroom. It was a way for a homemaker with kids in school to sample college courses. Retirees were welcome. People with degrees could update their knowledge. I wanted to let our supporting community know its members were welcome to come on campus and find out how stimulating our courses of study were. Lastly, I urged our faculty to commit some of their scholarship for the classroom into writing. We would not become a "publish or perish" community, but we would turn our expertise into media that would externally validate our credentials as a college with legitimate standing in the world of higher education. I knew I was pressing for a lot, but I got traction for such goals by having practical means and methods for upping our academic game at Trinity.

One of my trial balloons was shot down with criticism and good humor. I suggested an organizational scheme of three divisions – sciences, humanities and fine arts, and social and applied studies. Each division would have a chairperson with some administrative discretion, but the prerogatives of the faculty and its standing committees would remain in place. "While I think there is a certain intellectual integrity to the groupings proposed here, I am open to arguments for different ones. I am not even wedded to the idea of three divisions. Perhaps these issues deserve further thought," I said.

Further thought indeed! It did not take long for the suggestion to take incoming criticism from faculty. In short, the argument was, "We don't need more administrative oversight. Leave things the way they are." The negative judgment from the faculty was unambiguous. Much as I liked my proposal, I gave it up. Yes, I could have brought it to the Board – which doubtless could have imposed it. But imposed arrangements do not work well with faculty. Other issues were more important. My organizational proposal aside, it was essential that we have a faculty happy with how it was organized.

A week later I delivered the Trinity Convocation Address at the Reformed Church of Palos Heights. My selection as speaker was not because we were without a president at that time. I think I was chosen by the Faculty Professional Services Committee earlier. In the preceding year the Convocation Address was given by Professor William Stronks, the Dutch language teacher. Our Convocation was an annual solemn event, with faculty in robes, most Board members present, most of the freshman students and a sprinkling of upperclassman as well. We had a variety of church ministers, lots of parents and other loyalists of the college. It was a celebration with fine music, serious prayer and a litany of commitment to Christian higher education for a cherished student body. Students receiving scholarship awards were individually recognized. At the conclusion of the program there was a reception in the fellowship hall of the church.

The 1979 event was Trinity's twenty-first Annual Convocation, so I made much of the idea that Trinity had "come of age." No longer immature, Trinity's wild oats were behind us. We were entering into an era of strength and vitality. In turn I paid attention first to students, then to faculty and staff, thirdly, to friends, parents, alumni and supporters. I congratulated our new students for rising above the hurdles of cost, making a commitment to a Christ-like morality and for surpassing our admissions standards. I promised them a demanding level of college work and intellectual intimacy with professors who would know and care about them personally.

I spoke to all those present for this solemn assembly by boasting about the faculty regarding their diligence, vision and distinctively Christian commitments. I credited them for being similar to Old Testament prophets. "Perhaps sometimes they will have rough things to say. But they are to sharpen our own thinking, quicken our consciences, and encourage us to a broader vision of how to live out the Christian life in a corrupt and venal world."

To the constituency I promised two things. "We are going to be a growing college," growing not just in numbers, but in excellence. Trinity's faculty and curriculum would combine "Christian perspective, discipline-based learning, and sensitivity to the world of work." Our practice-oriented academic program would, I promised, compete favorably with those at the big, less flexible universities. In doing so, our Reformed perspective about addressing contemporary values would attract, welcome and serve a cultural and religious variety of students. Moreover, we would encourage "listeners" into our classes – constituents would be served in new ways with our evening course offerings as well as the daytime classes. I challenged them to engage with the excellence of our classroom teachers. We would open our doors for people desiring lifelong learning. I praised the accomplishments of past graduates. I asked for help. "Love us. Support us. Help us fulfill our vision. Provide us your money. Entrust us with your children.... [Y]ou are not giving those things away. You are investing in the Kingdom of God." I believed it then and I believe it now, some forty years later.

★

The matter of selecting a new president for the college was the responsibility of the Board of Trustees. In order to be effective, the search committee was relatively small. As the administrator most experienced in academic recruiting, I was named a member of the search committee along with a faculty member and a student. Two prominent constituency members were named, of whom I will say more later. I had input and participation in all the deliberations, but additionally I served as the organizing functionary to the committee. In addition to organizing the search committee meetings I prepared and oversaw the search details, its advertising, responding to inquiries, corresponding with nominees, gathering dossiers, prompting reference letters and following up regarding deadlines. Eventually I organized candidate visits and interview sessions.

Of course, the eventual appointee would be highly consequential to me, but I was optimistic that we would attract someone who would bring talents, energy and vision to the presidency. The faculty was firmly supporting Christian liberal arts education with an applied thrust, a clear legacy of the Hoekstra presidency. The Chicagoland Reformed community was made up of strongly practical people, yet folks dedicated to caring about God's Kingdom. The student body was alive and growing. The college needed a point person who could speak the language of business and entrepreneurship with a working understanding about good Christian undergraduate education. I hoped for one who could arouse community support and stimulate contributors to a sense of commitment.

To no surprise on my part a couple of friends nudged me – would I want to be a candidate? I briefly turned the matter over in my mind. It was too important not to do so. But, with Bonnie's agreement, I quickly came to the judgment that I was not the right person for that responsibility. I was wanting in too many areas. Mainly, I was not experienced enough in the Chicagoland Reformed community for the job. Bonnie and I had been outsiders for more than a decade. Trinity needed an acknowledged Reformed Christian education leader who would bring respect and reputation that would add luster to the college. In my judgment I was not a person of that accomplishment and experience. Relatedly, I did not desire that measure of community visibility – not for myself, not for Bonnie and not for our children. I was completely inexperienced at the tasks of fundraising and without previous engagement in entrepreneurship. Put differently, I believed myself suitably experienced and endowed for the job I had. I wanted to be the campus administrator who could back up the president's outreach. She or he could advocate for the college, fully confident that the campus scene was functioning well with its academic and student life under suitable management.

One person of my acquaintance got the full treatment from me to consider the job. I would have nominated him, but only if he agreed to be nominated. That was Steve Monsma. Steve had the academic credentials, a Ph.D., several years of experience first in a state university, then at Calvin College. He had authored several books and academic articles. He had been elected to the Michigan House, then the Michigan Senate. After an electoral loss seeking the Democratic nomination to the U.S. House, he had been an appointed administrator and subcabinet member for the state of Michigan. He had dealt with interns and had done his own fund raising. Not least in my thinking, we shared a lengthy record of working together with mutual respect. It would have been a delight for me to work under his direction.

But it was not to be. Steve wanted to return as an academic to a Christian college setting. The bumps and conflicts of political life had turned his desires back toward his scholarly interests. He wished for contemplative work – teaching, research and writing. He obtained an ideal appointment that fitted him at Pepperdine University and went on to serve there for a couple of decades as a surpassingly productive scholar.

One candidate did emerge from the Trinity faculty to be considered for the presidency. That was Derke Bergsma, Trinity's professor of theology. As already noted, during 1979-80 he was doing double duty, handling his normal professorial duties while speaking in Trinity's behalf as its Acting President. As a long-term veteran of the faculty who had done everything a faculty member could do, Bergsma had served on every kind of college committee. He had children that graduated from Trinity. Widely acquainted in the Christian Reformed and Reformed churches, he was a popular preacher and teacher. He had huge enthusiasm for the institution and catchy ways of making that evident to others in his public talks. He could hit the ground running. It would have been my delight to function as academic dean under a President Bergsma.

Another attractive candidate was William Stob. Bill Stob was a Calvin College and Seminary grad who grew up in the Chicago suburbs. He had served at Calvin College since 1970 in several administrative capacities. He was an ordained minister in the Christian Reformed denomination, having ministered in four churches before joining the Calvin staff. With a doctorate in education at the time of his candidacy at Trinity, he was Calvin's Dean of Students. Stob was a very personable man, easy to meet. Tall, good-looking and gracious, he had all the tools and credentials to lead the college. Although he lacked any top administrative experience, I judged that he had learned a lot from being on the president's cabinet at Calvin, serving under Calvin's legendary president, William Spoelhof, as well as its then current leader, Tony Diekema. I was acquainted with Stob on a casual basis from the year I taught at Calvin College. He and I had been occasional racquetball opponents.

Despite the formality of a presidential search committee with students and faculty representatives, there were two prominent and predominant members. One was a Reverend Dr. Joel Nederhood, a graduate of Calvin Seminary (1957), with a doctorate in missions from the Free University of Amsterdam (1959). He spent his career in the Back to God Hour ministries, initially doing follow-up with radio listeners, but in 1965 he became director and on-air pastor for the radio ministry. Eventually television broadcasts were his responsibility as well. His highly visible career in the Christian Reformed denomination was a long one that continued past his retirement in 1990. The Back to God Hour's international communications center was adjacent to the Trinity campus. Well-known and widely admired among Trinity's constituency members, Nederhood was an eager participant in the Trinity presidential search.

The second search committee heavyweight was Martin Ozinga, Jr. He was a visible and successful business leader, President of First National Bank of Evergreen Park and Ozinga Brothers Redi-mix Concrete Company. A lifetime church and community resident, during the 1950s he was one of a small group that met and undertook the formation of Trinity as a Christian junior college. Soon the junior college eventuated into a full four-year college status. He and his brothers, Frank, Richard and Norman, were eminent supporters of the college in many ways. As I noted earlier, my acquaintance with Ozinga dated to his serving as an Illinois Constitutional Convention delegate and he had personally assisted Bonnie and me with mortgage financing when we made our move from Carbondale to Oak Forest. Despite Marty Ozinga's unwillingness to fill in as the school's Acting President in 1979-80, his participation on the search committee would legitimize the committee's work. He was a welcome and commanding presence.

It turned out that Nederhood and Ozinga were not sufficiently impressed with my favorites, neither Bergsma nor Stob, despite my best efforts to be persuasive regarding them. It may have been that both these candidates were handicapped by being too familiar to Nederhood and Ozinga. Ozinga had known and remembered Stob since his youth and somehow that did not auger well for Stob. Bergsma, regarded widely and favorably as a teacher and preacher, apparently was not perceived by these men as a commanding leader. Both Stob and Bergsma were weighed seriously, but neither satisfied the standards of these two search committee leaders.

I believe it was Nederhood who proposed consideration of Reverend Dr. Gerard Van Groningen, who had not himself applied for consideration. With degrees from Calvin College (1951) and Seminary (1954), Van Groningen had a master's degree in theology from Westminster Seminary and a doctorate from the University of Melbourne, Australia. He had taught at Dordt College and at this time was an Old Testament professor at the Reformed Theological Seminary in Jackson, Mississippi, where he had been since 1973. His reputation was as an authentic conservative Reformed theologian with something of an international reputation. For reasons unknown to me he had been passed over for any professorship at Calvin Theological Seminary.

Ozinga and Nederhood took it upon themselves to fly to Mississippi in Ozinga's plane in order to exchange ideas with Van Groningen and stimulate his interest in Trinity. They came away convinced that Van Groningen could bring a prominent kind of Reformed leadership to the college. Van Groningen apparently could perceive opportunity in being personally involved in the Chicago Reformed community.

In January I was requested to make necessary arrangements for Van Groningen and his wife, Harriet, to make a campus visit. Most of the interactions went well. The search team leaders were pleased with the proceedings. I was personally uncomfortable with a sense that the man had thoroughly fixed normative presuppositions about running a college. His was a history of mostly seminary experience where "the right to be wrong" is rarely granted. I was dubious that a Reformed seminary in Mississippi would be a likely greenhouse to have nurtured in its theology professors an innovative educational agenda for a Christian undergraduate school in an urban metropolis.

In a note of appreciation sent to me from Van Groningen after the campus visit, he noted that my "service as internal president and... work in curricular affairs had been appreciated. When one is appreciated, one is usually encouraged to continue on. After our discussion I realize that you are confronted with a personal problem and we do hope and pray that the Lord will lead you in the decision you may be compelled to make."

My "personal problem" was whether or not we could serve as a leadership team together. My skepticism about that must have come through to him from our conversations. I was not silent about my concerns with the search committee. I let them know my reservations about the narrowness of Van Groningen's experience in undergraduate affairs. I noted his unfamiliarity with state and federal requirements for affirmative action in student and faculty recruitment. Moreover, he had revealed to me that he wanted to spend much of his time at home in his study writing Old Testament theology. However, he wanted to make the crucial decisions on college matters without engaging in the development of problem-solving. I was not encouraged.

In an odd bit of timing, Peter Schipma, Board member and chairman of the Academic Affairs Committee of the Board, undertook an evaluation of me as academic dean in February 1980. My initial contract was for two years and was nearing expiration. A report to the Board through its Academic Affairs Committee was entirely appropriate. Schipma cited his credentials: Manager, Information Sciences, Illinois Institute of Technology Research Institute. He based his report on material obtained on an informal basis from several members of the Trinity community and through formal interviews with Ed Vander Weele, for administration and Gerda Bos, for the faculty. He also interviewed me. His written evaluation was generous with praise and mild in its criticism. Three pages in length, Schipma commented in paragraphs about communication ("Van Der Slik is known as a listener.... and has an excellent ability to assess what he hears.... He gives and receives when communicating...."), Management ("... has given strong, fair and challenging management.... and is known for fairness in these relationships"), Academic Development ("able recruiter.... effective in guiding the development of faculty") and Functional Techniques ("his procedure in setting forth a new concept is to prepare a position statement, have discussions based upon it, accept oral and written responses, and then make the decision. Several people remarked upon the efficiency and fairness of this technique.") Schipma acknowledged my self-criticism regarding an incomplete policy on the matter of equal opportunity issues. Schipma rounded out his review saying, "Flatly stated Dr. Van Der Slik has performed the duties and functions of Academic Dean at Trinity Christian College in an excellent manner; his qualifications are sound, and his practice has been admirable." He counted me as one of "the Lord's blessings" on Trinity.

Of course, I was grateful for the generous remarks from Schipma, a manager in the fast-moving world of information technology. The evaluation was reported to the Board. The timing was well ahead of the successes that followed in the North Central review and the State of Illinois' approval process for the nursing program proposal. Prospects for continuing as Academic Dean were clear.

★

In January 1980 after the scheduled election of some new trustees for the Trinity Board, the Board held a general session for all the members. As the "acting internal executive" it was a good venue for me to make a presentation about the internal operations of the college, particularly how I did my job with the academic program and matters regarding personnel. The picture I drew had three parts – evaluation of faculty, recruitment of new faculty and the general function of academic leadership.

I began by explaining why I spent so much of my early effort at Trinity doing classroom visits and having discussions with individual faculty members about teaching. To know my area of responsibility I needed to confirm to myself the strengths and weaknesses in the college's core function – classroom teaching in a Christian perspective. Fortunately, I had become firmly confident about the really good work by the senior faculty so that gave me a positive message for the Board. But I made clear I was encouraging collective responsibility for good instruction – that our skilled and effective senior professors should engage collegially with our less accomplished younger faculty, helping them to improve their performance. I had activated a Faculty Evaluation Committee and set a pattern for evaluations of faculty every two years. In that process faculty members would regularly meet with the Board's Academic Affairs Committee.

I outlined our four-step search procedure for new faculty. With a full position description in hand, we would broadly advertise, and, where possible, beat the bushes for qualified candidates. Second, the Academic Dean and Faculty Evaluation Committee would rank the candidates for interview. At interview, the candidate would teach a class, make a presentation to the faculty on a Christian approach to teaching in that person's discipline, and meet with the Board's Academic Affairs Committee. The faculty would primarily judge the academic suitability of the candidate and the Board would primarily examine the spiritual fitness of the candidate to be a Trinity faculty member. If the two distinct judgments were both favorable, I would extend the offer of an appointment. The process was time-consuming, but it resulted in well-chosen appointees.

Regarding my general task of leadership, I discussed curricular development, such as growing offerings in business and computer science while cutting back in our under-enrolled foreign languages and music courses. I sketched the progress on our preparation for the crucial North Central review and the nursing program's state approval process. I noted my enlargement of evening class offerings and community outreach with the Listener Program. Upbeat morale among faculty and students was one of my responsibilities and I praised the faculty for its good spirit and positive regard for the administration and the Board.

Because in their initial contacts with Van Groningen our search leaders found him happy in his seminary professorship, Ozinga and Nederhood did their best to enlist his interest in the Trinity presidency by arranging a campus visit. Clearly the campus visit turned Van Groningen's head and the lifestyle anticipated in the president's manse was attractive. By spring Van Groningen was a willing candidate and his name was preferred by the at-large search committee members, Ozinga and Nederhood. The legitimacy they brought to the search committee gave credence to their recommendation in Van Groningen's behalf. The Board accepted and concurred with the recommendation. Promptly the appointment details were settled.

I was distressed with the appointment decision but not surprised by Van Groningen's acceptance. I had to put aside my preference for either Bergsma or Stob. However, the only person with whom I could freely share my concerns was my wife. It was not for me to rain on Van Groningen's parade. Nevertheless, Ed Vander Weele, with whom I shared so much trust about all aspects of our day-to-day work, was aware of my concerns.

★

Van Groningen presided at the Fall Convocation in 1980 and presented himself well to the students and constituency. The faculty had chosen Derke Bergsma to give the Convocation Address. He celebrated the end of his acting presidency by envisioning future growth and academic success at Trinity in the years ahead. Derke made a graceful effort at transitioning back to his full-time professorial responsibilities.

During the fall semester Van Groningen took an active role in the regular chapel observances by students and staff. With ample preaching skills his messages were helpful and constructive. He was mostly visible in the afternoons, closeting himself most mornings at home in the office constructed for him there. Early on he convinced the Board to undertake a major fund-raising campaign. Because the Director of Development, Robert Cramer, had only a small staff and a modest outreach, Van Groningen contracted with an outside firm to oversee the operation and coordinate the volunteers. The idea and the methodology were promising, but objectives were not clearly defined. The effort did not begin with some major pledges that assured a successful financial drive and a cause for celebration at the conclusion. The effort fell substantially short of success.

In the winter after the scheduled election of some new Trustees, the December Board of Trustees meeting began late on a cold and snowy evening with a quorum, but less than a full membership. After routine initial business, Chairman Luke Schaap called on President Van Groningen for his state of the college remarks. Van Groningen drew out a pile of paper bound notebooks. Containing more than thirty pages of typescript in each, he had crafted an extensive memo describing his sense of what the college was like and what improvements it needed. While it contained some fresh thinking and subjects for consideration, the ideas were purely the President's. They had undergone no scrutiny from any committee of the Board, the administrators or the faculty. One of the specifics, strikingly out of tune in the academic world, was a proposal to change Trinity's designation from "College" to "University." It was presented as a means of raising Trinity's status by simply rebranding the institution. To me it represented a less than well-thought-out idea that would not have survived an open discussion. In the situation the president's monologue and document as presented was too much to discuss systematically, but the board members, including new ones at their first meeting, were overwhelmed by the breadth of the recommendations. Nevertheless, Van Groningen asked for an endorsement in order to move forward with his plans. The Board, reluctant to rebuff the new president's maiden proposals, gave its acquiescence. I was not at liberty to question the substance of any of the proposals. I went home to share my concerns with Bonnie. Van Groningen wanted his guardedly prepared agenda ratified without argument or dissent. That was not the way I understood or wanted to practice collegiality in our Christian college.

During the spring of 1981 I had two significant faculty searches going forward. One was for computer science. At the time Pete Schipma was teaching part-time, but in both mathematics and business courses, computer programming and information technology were emerging curricular needs. We needed full-time staff. Moreover, the college was deficient in applied computer technology for administration and record keeping of all kinds. For the instructional portion of the needs I sought to stimulate Richard Katte to consider a candidacy. A great math and computer science teacher as well as basketball coach at Denver Christian High School, he could contribute much to Trinity despite not fully fitting all the desired dimensions. He accepted a campus visit, but prudently judged that our setting was not where he would flourish.

I identified a prospect from South Dakota, Ron Hansum, whose family lived near Platte. My father and I had hunted pheasants there and I knew some of the people in his extended family. I felt a connection to Hansum, realizing that under his modest demeanor and his master's degree in computer science, he could move us forward. At Trinity we managed to overcome his reluctance about living and working in a major metropolitan area. He and his wife could become comfortable in the Reformed community enclave that Trinity occupied. Hansum accepted Trinity's appointment and eventually became its director of software systems.

The sociology faculty vacancy resulted when Professor James White completed an initial two-year appointment. White was a charismatic teacher, a rough-cut gem who had been recruited mostly by Dennis Hoekstra during his presidency. White was African American, the only such member of the faculty. To my disappointment he chose to move away to a career that eventually led him into local politics in Grand Rapids, Michigan.

A strong sociologist was much needed because we had students who intended to enter various social services professions. I uncovered a promising candidate, Donald A. Clelland, a Calvin graduate (1958), who went on for a doctorate in sociology. At the time he was a sociology faculty member at the University of Tennessee. He was a published scholar in *Sociological Analysis*, a journal about the sociology of religion, and *Social Problems*, the publication of the Society for the Study of Social Problems. Our Faculty Evaluation Committee promptly ranked him as our number one candidate. Clelland came for the interview and underwent all the steps of our process quite successfully. However, at Van Groningen's request, instead of an overnight in the local Holiday Inn, as I usually arranged, Clelland was, at Van Groningen's insistence, a houseguest at the president's manse. Through the course of the evening visit, Van Groningen discerned two things about the candidate. Clelland was an orthodox Reformed Christian, but unconvinced that God's creation was completed in six 24-hour days. Moreover, the President recognized that Clelland's father, a minister, was an acquaintance of his. Van Groningen confirmed by a subsequent telephone call to the father that the son, Clelland, was "soft" on the notion of a "young earth." Made aware of Van Groningen's absolutism about the creation story by the grilling he got from Van Groningen, Don Clelland withdrew his candidacy for Trinity's sociology vacancy. I was devastated. Not only was the result a fiasco, Van Groningen had preemptively interjected his judgment about the doctrinal suitability of a faculty candidate that was the primary responsibility of the Academic Affairs Committee of the Board.

Reviewing the matter with Bonnie, I concluded that I could not do the job I was hired for at Trinity under Van Groningen's constraints. The issues and differences were not mere matters of style or degree. They were, in Van Groningen's perceptions, matters of black and white. As small and fragile as the college was, battles for control between the president and the dean would be totally out of place and harmful to all who loved the college. So, as a matter of love for the college as well as my faculty friends, I would engage in a job search and conclude my service to Trinity at the end of this, only my third year.

My friend and fellow church elder, Rich Ozinga, took me out for lunch. Somehow, he became aware that I was looking for a position elsewhere. He asked why I believed it was necessary for me to leave Trinity. He urged me to "give it a little more thought" – good counsel from a good friend. I shared my concerns with him more fully about why I could not do the work that needed to be done. Van Groningen would want to choose his own person to serve as my successor.

★

Now it would be my turn to find out how marketable I myself was in the academic world. Would two three-year administrator stints, one in a state multiversity and the other in a small Christian liberal arts college, earn me the sobriquet "he's had a checkered career"? Fortunately, I had not gotten entirely away from political science publishing. Some of my work at SIU-C was emerging in books and journals. While at Trinity, I had written some book reviews and articles for *Presidential Studies Quarterly*, *The Annals of* *the American Academy of Political and Social Science* and the *American Politics Quarterly*. I had some writing in Christian outlets: *The Banner* and *Christian Home and School*. I felt unfulfilled regarding higher education administration, so I searched the *Chronicle of Higher Education* for opportunities. Two interviews resulted – a deanship at the University of Texas El Paso and another at Valparaiso University.

The trip to El Paso, so far away, had to include Bonnie. The job certainly interested me. I could imagine the stimulation of the American and Spanish human context. The political science department seemed inviting. The College of Liberal Arts was diverse and interesting. And while in the city with a little rented economy car, Bonnie and I searched out the address for the local Christian Reformed Church – small, but promising. Albeit Bonnie had an immediate aversion to the hot, dry climate. Imagine our house with the front yard of stones, sand and cacti? She could not put herself into such place. No matter. I did not receive an offer and she said, "It's just as well you did not."

I was thrilled when Valparaiso University responded to my application for a deanship with an invitation for an interview. With a Lutheran heritage and more than a century of history, Valparaiso was a major Christian university and its Arts and Science College was its biggest academic unit. The university had a law school and some budding graduate programs. Besides my scholarly record and administrative experience in both public and private institutions, I had an inside admirer. Richard Balkema, who wrote the first dissertation I directed at SIU-C, was a tenured faculty member in Valparaiso's political science department. He encouraged support for me among his colleagues. I credit that for my making the finalist list.

It is difficult to read impressions of approval-disapproval during an interview process. Typically, interviewers are polite and responsive in conversation. At the time I sensed exciting prospects at Valparaiso and could imagine a kinship with the Dean of the Law School. Despite battles and divisions among various Lutherans during the 1970s, Valparaiso seemed to me unscathed. There was, however, a sense of low morale in Arts and Sciences. Some of its departments were experiencing reduced enrollments. Some faculty felt in jeopardy. Nevertheless, Academic Affairs Vice President, Richard P. Baepler, struck me as a creative problem solver, someone I could work under with enthusiasm. President Robert V. Schnabel seemed to me a cold fish whose focus was mostly on university funding. I departed the interview hopeful but uncertain about the impression I made upon the crucial decision-makers. Weeks later I received a crisp courtesy letter thanking me for my interest in the Valparaiso deanship and, more importantly, announcing that the appointment went to someone else.

Losing out on an attractive position is rarely uplifting. It was not something to let my hair down about with my Trinity colleagues. But I did have a comfortable circle in which sharing ups and downs was fully acceptable. Formally called the Associated Colleges of the Chicago Area, its chief academic officers got together on a monthly basis during the academic year for a long lunch and conversation. Trinity was the smallest school in the Association, which included Wheaton, Elmhurst, George Williams, Illinois Benedictine and others. I made a point of going to the monthly meetings where we shared both academic affairs outlooks and just plain small talk. I learned from the men (yes, they were all men), what issues were being contested on their campuses and how their experiences shaped their thoughts and actions. We differed in age, religious affiliation and career prospects, but we had like problems to administer on our own campuses. For example, affirmative action in hiring and the Title IX education amendments affected us all during that era. So did the enrollment tides and changing student interests. We gave each other sympathetic ears regarding our particular defeats and disappointments. I especially recall with affection and respect Dean Peter Veltman of Wheaton. Nearing his retirement, he had rich stories of some thirty years in the education department at Wheaton, where he had faithfully toiled on endless committees and task forces as well as a variety of administrative assignments. His advice on problem-solving: "Keep at it with patience."

A useful idea that made sense to me was to host a reception/dinner/program for Trinity's part-time faculty prior to completing my service to Trinity. Although percentagewise they taught less than a quarter of our classes, they were indispensable to enrich our curriculum. Part-timers were chosen mostly by me along with the principal faculty person in the affected subject area. The perspective we followed was to be sure that foundational courses for the various disciplines were taught by our ranking professors. But advanced courses often could be taught by career practitioners with specialized skills, experience and educational degrees. We had artists who taught particular studio classes; musicians for voice, piano and organ; a native Lebanese minister who taught middle eastern history; a practicing cost accountant for advanced business analysis; a Christian Reformed pastor instructing about church polity.

The event, for which spouses were also present, brought more than thirty part-time teachers together along with the principal faculty members for their disciplines. Typically, part-timers have few if any contacts with the other faculty not in their field of instruction. Moreover, these modestly paid people were also constituents of the college, some with sons or daughters who were alumni, currently enrolled or children likely to become Trinity students in the future. The event gave me an opportunity not only to collectively welcome them and thank them for their importance to our students, but also to bring them up to date on what the prospects were for our growing, changing college. "My talent is in recognizing gifts and abilities people have. My job is to help you, encourage you, find resources for you and push you. [I seek to] organize the work as well as to find and take best advantage of the gifts you bring to this enterprise." The event brought favorable feedback through the principle faculty members.

★

As the spring of 1981 moved forward, I searched for a sociology faculty member while I pressed for a position for myself apart from Trinity. I was still in touch with the Illinois Legislative Council. It worked with the state universities to oversee a legislative internship program with the interns under the General Assembly's leaders of both parties in both houses. While at SIU-C I was the faculty liaison for Southern Illinois University. As a private college dean, I wrote the General Assembly's chairman of the Legislative Council, Representative Ted Leverenz, suggesting that the private colleges should be included. "Send me some names," he wrote back. I used my contacts with the deans in the Associated Colleges of the Chicago Area to do so. I took part in evaluating intern candidates at Sangamon State University (SSU), a new institution in the capital city that took over administering the legislative intern program from the University of Illinois Champaign-Urbana. My former SIU-C colleague, David Everson, was SSU's director of the Illinois Legislative Studies Center. Besides the legislative intern program, Everson was undertaking efforts to improve instruction about state government and politics in secondary schools. In early 1980 he was planning a large October gathering called Crossroads 80, an event that would bring together political practitioners at every level of government with academics from the state's universities, law schools and colleges for discussions both theoretical and practical. Everson invited me to take part.

Soon thereafter SSU approved a position and search for a "Senior Legislative Scholar," who would be assigned to the Illinois Legislative Study Center and would teach in the political studies program. A specific task for the person chosen for the position would be the writing of a book about Illinois legislative politics. In January, John S. Jackson, my former SIU-C colleague, nominated me for the SSU job. I made that position a target for attainment and the timing for me was highly opportune.

By the grace of God my credentials and accomplishments fitted the position description extraordinarily well. I had published a textbook on Congress. I was well qualified to suitably analyze and write about the Illinois General Assembly. I had a year's experience on staff at the Illinois Legislative Council. I had co-authored a book and a journal article about voting in the 1970 Illinois Constitutional Convention. My references came from SIU-C professor David Kenney and William L. Day, former director of the Illinois Legislative Council staff. I was lead co-author with an SIU-C doctoral student, Jesse Brown, of "Legislators and Roll Call Voting in the 80th General Assembly," an essay in *Illinois: Political Processes and Governmental Performance*, a volume edited by Edgar G. Crane, in 1980. I was an experienced and interested participant in continuing SSU's role in administering the General Assembly's intern program. I had had instructional experience in Michigan's legislative intern program.

Meanwhile, at Trinity, President Van Groningen requested from me a written self-evaluation for his consideration. On May 5 I submitted a long memo to him, with a copy to the chairman of the Board's Academic Affairs Committee. It described the efforts I organized for the North Central review – entailing a "college personnel handbook" and the voluminous self-study for the NCA reviewers. My part in recruiting Maxine Groen and moving the nursing program from an idea to a reality was included. I reported a litany of details about faculty evaluation procedures, curriculum development, part-time faculty and the like. I particularly praised the Faculty Evaluation and Personnel Committee's work with me in documenting the evaluations of six of its full-time faculty in a rigorous process during the

1980-81 school year. Single spaced, the memo filled most of six pages. I emphasized my approach – stimulate policy ideas, draft thoughts in writing, circulate them for criticism and better ideas, consult on the merits in a proper forum (faculty or Board committees), make and circulate decisions, then engage in implementation. I concluded, perhaps unwisely, by noting that "my relations with the President have been strained," and that his planning initiative to the Board in the previous December occurred with "no consultation... with administrators of the Executive Council" and that following that surprise, "a variety of committees were given mandates and many member appointments were made," including for faculty members, without consultation with either them or with me. "They, like me, were notified about their appointments." On May 14 Van Groningen and I had a one-on-one conversation about my self-evaluation. It was beyond question that we would not find common ground for working together in the future.

It was my blessing to receive an offer of appointment from Sangamon State near the end of May. The position was well-suited to me. Despite my deep sorrow that my relations with President Van Groningen did not engender mutual confidence for an appropriate working relationship, I recognized the necessity for me to move on. It was abundantly obvious to me that Trinity would be harmed by continuing discord between its top two administrators. I accepted the SSU appointment.

Van Groningen followed up my self-evaluation with a written commentary that confirmed my judgment that my continuation as dean was unwelcome. While he credited me for strong abilities in "planning, execution and supervision," the emphasis of his evaluation was that the dean should submit to the president's decision-making in matters of personnel and policy. "It seems to the President that discussions on differences on the Theology and Philosophy of education and the importance of the process were difficult to discuss [with the Dean], in part at least, because of the personal characteristics of and the attitude displayed by the Academic Dean."

Noting that at the time of this writing I had notified him about my having accepted an appointment at Sangamon State, "the President does not deem it necessary to proceed with making a number of recommendations that he had thought to make should Dr. Van Der Slik continue." Yes, by then the matter of such recommendations was moot.

Summer was a melancholy time. There were many work-related details for me to wrap up at Trinity, likewise for Bonnie at Cump Real Estate. We had to put our Oak Forest house on the market late in the selling season. We needed to do our own house hunting in Springfield, nearly two hundred miles to the south. The need to move was an unwelcome surprise to the kids. It would be hardest on Franci, about to move up to the eleventh grade.

One of my remaining tasks was to prepare for the search to fill the position vacancy made by my departure. Van Groningen worked promptly, asking the Board to rebrand the position as "Vice-President of Academic and Student Affairs" and to appoint himself, three Board members and two faculty to the search committee. After that, President Van Groningen, Dave Larson, the Dean of Students, and I were appointed to write a job description and begin the search. The goal was to close the search by October 15 and fill the position by February 1, 1982. Larson and I were asked to submit a draft to the President in early July. The description was somewhat more detailed than the one used when I was recruited. The description was solid, and I could ruefully see myself in it, were it not for the current incumbent president. By the end of July search began.

For me July was a time for thank you letters. Four were particularly important to me. The first was to Kate Fenner, the nursing professional who served as Trinity's consultant in the nursing program state approval process. She advised us with wisdom and sincerity. She opened my eyes to the political realities that had delayed our progress. Besides expressing thanks, I shared a draft of the article I had in progress about how we surpassed the curricular and political hurdles in dealing with the State of Illinois. Added to my thanks was mention about my departure from Trinity to Sangamon State University.

In the thick of my concluding school year at Trinity, I had heard from Jim Nowlan, who, during the governorship of James R. Thompson, served in several agency directorships and special assistant activities. While he headed the Department of Registration and Education, the agency overseeing nursing education in Illinois, he had been a helpful player, significant to Trinity's gaining approval for its nursing program. I wrote him, inviting his critique of my draft paper, the same version I sent to Kate Fenner. I went on to say that my days at Trinity were down to a small number, and that in my anticipated "senior legislative scholar" position at Sangamon State, Jim and I would likely have future opportunities of cooperation regarding Illinois state politics – a point that later proved to be true.

I wrote Don Clelland at the University of Tennessee reporting that I was unable to fill Trinity's sociology position. Moreover, I informed him that the disagreement between Van Groningen and me about Clelland's candidacy "set the tone for a deteriorating relationship," and that I was departing Trinity for Sangamon State. I expressed my hope that "Some day we will share a table and recall these matters with wry laughter." That is an unfulfilled wish. I have not been in touch with Clelland in the years since.

My fourth letter was to express heartfelt feelings of appreciation to Derke Bergsma, not only for our working relationship during his interim presidency, but over my three-year tenure. "I have felt your support, respect and regard in many ways. Because you made those feelings evident, other less accomplished faculty could respect me as well. You contributed importantly to whatever accomplishments followed from my efforts.... You have my high esteem and I want you to know it." For his own reasons Bergsma decided to depart Trinity in 1982 to join Westminster Seminary California in Escondido. He continued there as a professor of practical theology until his retirement.

Ed Vander Weele and Jack Brothers, who was a professor of business, organized a farewell picnic in the summer. Several faculty members and their spouses took part and they expressed appreciation for what Bonnie and I were able to bring to the college.

I previously noted the joy on the campus when Trinity was conferred accreditation with North Central for ten years. I felt a personal kudo when during my last summer at Trinity the NCA staff coordinator with whom I had contact while our self-study was completed called me to ask permission to use the TCC self-study as an example of a job well done. Of course! Let any interested party know how good Trinity is.

I addressed the need for an acting dean in my place for the fall semester of 1981. I invited Gerda Bos to a lengthy conversation about what would need to be done. Despite her reluctance to add to her always heavy teaching load, she understood that a person of her personal and professional strength would be needed to advocate for the faculty in the months ahead. She accepted my persuasion. I recommended her appointment to Van Groningen and he approved it.

By mid-August it was time for Bonnie, the kids and me to depart for Springfield and a totally different era of our lives. Albeit the swift passage of events during my short tenure at Trinity came to an unwelcome end. Just a year or two before I worked with the expectation that my career would be entwined with Trinity for a long time, maybe until my retirement. There was much yet to be accomplished at Trinity that I wished to undertake. New faculty were on board and I was proud of the veteran folk who gave of themselves so willingly for our students. It was with sorrow that I felt compelled to walk away from them with work I wanted to complete still undone. I took my departure with a sense of personal failure. Part of that feeling of failure was because I could not explain myself to the faculty. To do so would likely be heard as asking for support against the contrary wishes of the Board's newly appointed president. Such choosing up sides would be destructive of needed harmony among the people essential for Trinity's mission. In faith I knew God would supply someone more compatible with President Van Groningen than I was. Thankfully, God in his mercy provided that under these circumstances there was an engaging new position available for me. There would be no interruption of necessary income for our family. The position I was entering was well suited to my interests and experience. Despite a heavy heart I felt equipped for future success at Sangamon State University.

"For I know the plans I have for you," declares the Lord, "plans to prosper you and not to harm you, plans to give you hope and a future." Jeremiah 29: 11.

CHAPTER 11.

Springfield and a New Venture at Sangamon State University

Sangamon State University (SSU) officially welcomed me to the faculty on August 16, 1981. At the time it was a relatively new and innovative institution operating as an upper-division university offering the last two years of undergraduate education as well as a wide array of masters' degree programs. There were prospects for doctoral programs in the future. Established in 1969, it gave substance to a typical Illinois General Assembly compromise. The "upper level" rationale was to provide a capstone degree opportunity for students moving up from the state's burgeoning community colleges. The State created two upper-level new universities, SSU in the "downstate" location of Springfield and Governors State University, in the metropolitan Chicago area near the intersection of Interstate 80 and Interstate 57. On my arrival the student population at SSU was about thirty-eight hundred students.

Despite being new to SSU I had several points of familiarity on which to build. With my family I had spent a full year in Springfield in 1969-1970 when SSU was getting underway. At the time I met its then freshly appointed president, Dr. Robert C. Spencer. A political scientist like myself, he told me about the public affairs thrust that this innovative university was intended to have in its state capital location. Part of his qualifying experience for his appointment at SSU was in having served two terms in the Vermont Senate, a rather atypical academic qualification for a college president.

When Bonnie and I departed Springfield in the late summer of 1970, Dave and Judy Everson took over the rental house in Jerome that we had enjoyed so much. Another point of contact was that in the mid-1970s I had suggested to Sam Pernaciarro that I would gladly nominate him for a position in what was to be a new legislative study center at Sangamon state. At the time neither he nor I was interested in SSU's vacancy.

After leading frustrated national searches for a director, David Everson accepted the directorship of the Illinois Legislative Studies Center (ILSC) and started doing good things in that position. In the fall of 1979 Dave had invited me from Trinity to the SSU campus to serve as his consultant regarding future directions for the center. As former colleagues at SIU-C, he trusted me to offer fresh eyes and opinions. I spent a couple of days on the campus, seeing people, learning about projects underway and considering the talents of the folks on board. I wrote Dave a five-page memo evaluating what I had learned, and I set forth some possible future targets of opportunity. I offered him nine bullet points for "Center Objectives" and I cautioned about wasting time in search of grant funding for center research. Dave liked "several suggestions, even some audacious ideas," which he thought were particularly helpful. He asked if I would take part with him in some future center sponsored conferences about Illinois politics. I agreed to "keep in touch," but let him know that at that time I was fully engaged with my work at Trinity. However, I did say that I appreciated having a connection with Everson, the center and the politics of the Illinois General Assembly.

More than a year later, Everson, fully engaged as director of ILSC, had gotten authorization for a position labeled "Senior Legislative Scholar (Joint Appointment) Legislative Studies Center/Political Studies Program." Everson circulated the position description to everyone on his Rolodex, including me. My former colleague, John Jackson at SIU-C, nominated me for the position. Having received a form letter informing me of my nomination, I reflected on the opportunity. By then I had become uncertain about remaining at Trinity under President Van Groningen. The SSU position had a lot of attraction, but at the time I still harbored ambitions for an administrative opportunity. However, hedging about what might come next, I did follow up on Jackson's nomination with my vita and references. In mid-March Everson invited me for an interview on April 2. It was a positive experience. Among other things, I learned during the interview process that SSU had invested energy and capital into its four study centers, and that ILSC was notably the most successful of the four. Thus, its Senior Scholar position would be well resourced. With cautious candor Everson let me know that along with me, his recruitment efforts had attracted two other highly qualified candidates for the position. He and his search committee were expecting to make a close decision – 'a real nail-biter" -- he said. After talking over my reactions with Bonnie, I wrote Dave a letter addressing how I would undertake fresh research and writing about the Illinois General Assembly. I also called upon David Kenney and

Bill Day, both well-known to Everson and others on his search committee, requesting them to endorse my candidacy at this crucial time of committee decision-making at SSU. They both did so, and both added that they were pulling for me to return to Springfield.

As April moved to a close, I felt growing certainty that I would not stay at Trinity. Conversations at home about moving were unsettling, especially to Franci, so it became a pillow talk item between just Bonnie and me. One of the things I explored with David Everson was about schools in the area for our children. His son, Chris, who was Gary's age, went to the Chatham public school, south of Springfield and not far from SSU. Dave and his wife, Judy, thought highly of its quality. Bonnie scheduled an overnight trip, bringing Fran to visit the school and meet with one of its counselors. My reluctant daughter came back from the Springfield trip much assuaged. She could continue studying French and she could take advanced placement courses in English and social studies. She would be a prospect for the girls' pompon squad and the swing singing group. About that time the thanks-but-no-thanks letter came from Valparaiso, so SSU was my only live job prospect. My one-on-one with President Van Groningen in May definitely closed the door on the notion of remaining in the Trinity position. By God's blessing the official offer of appointment came from the Vice President for Academic Affairs at SSU, dated May 8, 1981. I talked to David Everson some more. The prospects were pleasing. On May 18 I sent SSU my acceptance and promptly notified all my helpful recommenders and thanked them for their support (Randall Nelson, Tom Stenger, John Jackson, Jesse Brown, Bill Day, John Baker and David Kenney). That is when I notified Van Groningen about my intended departure from Trinity.

★

Bonnie took the lead in finding us a house in Springfield as well as in putting our place in Oak Forest on the market. She and I had a week for house hunting during a time when all the kids went to church camp in southern Illinois. We prospected for houses in the Chatham school district. Bonnie made a connection with Ernie Lang, owner of a relatively small real estate company. Although our ideal house was a two-story with four bedrooms, we were stuck without much equity until our Oak Forest house sold. Increasingly we put priority on getting a place to land that was in the right school district. My SSU contract would begin in mid-August.

Ernie Lang had a vacant house listed in a small residential development called Hyde Park. It was close to the university and in the Chatham school district. A ranch, it had only three bedrooms on one floor. It had half a basement and the rest of the house was over a crawlspace. Not a dream house, it was available, modestly priced, and Ernie Lang would arrange financing with a small down payment. An all-electric house, Lang even traded our gas clothes dryer (new after the fire in Oak Forest) for his otherwise matching electric one. We scraped together enough cash to make the down payment and Ernie got us financing. By the time the dealing was done, Ernie was so favorably impressed with Bonnie that he began talking up the idea that Bonnie should join his office as a realtor.

We did not achieve a quick and easy sale of our Oak Forest house. After a while on the market, we were approached by the Tinley Park Christian Reformed chapel. Would we accept a lease-purchase deal? Doing so would be a favor to the church, providing a place for its pastor. For us it was a matter of cash flow to make our mortgage payments with the prospect of a sale in several months. We accepted the offer and eventually got our equity back about a year later.

Before moving we gave ourselves a one-week vacation in a rented Wisconsin lake property owned by Henk Sliekers, the library director at Trinity. Randy, then eleven, solemnly announced to us that we could do as we wished, but he was not moving away from Oak Forest. Randy to the contrary notwithstanding, we made our move on August 22 with the help of our friends. We traveled in a caravan, Bonnie and I each driving a car. Harold and Betty Verhage's son drove the biggest U-Haul truck I could rent. I think we overcame Randy's reluctance about moving by letting him ride in the cab of the big truck. Fred and Gladys Van Swol generously made the trip with us and helped us unpack our things. The three children began attending the Chatham schools three days later.

★

Despite my pain and disappointment about leaving Trinity, I embarked with enthusiasm into my new assignment at this young state university in the capital city of Illinois. I entered SSU as a seasoned academic, forty-five years old, appointed as a full professor with a special title, Senior Legislative Scholar. My state university education and socialization were in universities with long histories – Western Michigan, Michigan State and Southern Illinois at Carbondale. These were traditionally structured institutions with departments organized by discipline. Departments had significant chairpersons. Colleges had the leadership of strong deans. Inclined by personality, pushed by my experiences at Michigan State and confirmed by my work under Lon Shelby, I described myself as an academic meritocrat. My socialization to scholarship required diligent research and study for teaching as well as for publication. Although professors fulfilled an expectation for public service, it was largely overshadowed by teaching and writing.

The university culture at Sangamon State was in many ways a consciously wrought critique of the multiversities that I experienced and with which I was comfortable. SSU's faculty, mostly young and in their first post-doctoral appointments, wanted a less structured, more democratic administrative ethos. With open admission for students, SSU did not have single discipline departments. It had more loosely grouped "programs" that offered a string of courses with few, if any, prerequisites. Individual faculty members shaped their own often idiosyncratic course offerings with little oversight, but collegial approval ("I'm okay, you're okay"). Rather than a chairperson, the program factotum was titled "convener." Indeed, he or she could call the program members together for discussions and decisions of academic concern, such as courses of study and instructional assignments. In a clerkly fashion the convener would report to the "cluster" associate dean.

Between six and ten programs were assembled in clusters, to be loosely overseen by an associate dean. That person's ambiguous task was to give some coherence to the programs, to dialogue with the conveners, to coordinate with other cluster associate deans, and to serve as a middle person between the cluster members and the cumbersomely titled Vice President for Academic Affairs and Dean of the Faculty. While more than a clerk, the associate dean took part in and coordinated personnel tasks regarding appointments, tenure and salary along with keeping a measure of order regarding teaching and research assignments. Student issues with faculty were a regular part of the associate dean's adjudicatory reach.

In the late 1970s SSU had created four centers to fulfill the Illinois Board of Higher Education's expectations that this university would address a public affairs mandate by doing public policy research that would have practical effects in Illinois and beyond. The initial centers were for environmental studies, legal studies, middle sized cities and legislative studies. As I earlier noted, when I joined ILSC, David Everson was already acknowledged for having brought that center to prominence. In addition to Dave, Kent

Redfield directed the legislative internship program with graduate students who had year-long paid stipends for doing staff work at the General Assembly. (Previously Sam Gove ran that program as an element of the Institute of Government at the University of Illinois, Champaign-Urbana.) Appointees were equally distributed among the two political parties and the two chambers of the legislature. Directly funded by the General Assembly, it came with "overhead" support funding that kept our center well-resourced and equipped. Joan Parker was the center's administrative assistant and Dave Everson's full-time aide. There were two or three graduate assistants and other faculty (professors Doh Shin and Jeanne Col) with a percentage of time assigned to the center. We had a combination of full (Jackie Wright) and part-time (Ann Aldrich) secretarial support. The center became my home base during my tenure at SSU although I had continuing affiliation and responsibilities in the political studies instructional program, as did both Dave and Kent.

Immediately and over the years my instructional work was mostly with graduate students although our four hundred level courses were open to undergrads as well. From time to time I taught a seminar on Congress which kept me up to date on the journal articles and new books about congressional behavior. I considered, but decided against, doing a reworked version of my congressional politics textbook and seeking a different publisher than Harper and Row. Another of my course offerings was "Legislative Politics," and that did attract mostly undergraduates, but graduate students could take it for credit as well. It covered both Congress and state legislatures. Students taking this course were nearly all Illinoisans, so it made sense to explain and make concentrated use of illustrations from what was going on in the Illinois General Assembly.

One notable academic element at Sangamon State was its wide-ranging internship offerings for both undergrads and graduate students. Each spring I led an "Applied Study Term" (AST) for undergraduates who wished to have experience with the Illinois General Assembly. Most of the students were political science majors, but that was not required to join the class. Much of my classroom time with these students was in giving them a basic introduction to Illinois government and especially the legislature. Offering the legislative AST meshed well with the annual legislative schedule. In January and February, things moved slowly downtown, so I could emphasize classroom activity. Included were visits to the statehouse to meet both partisan and nonpartisan staffers and, from time to time, certain legislators and lobbyists. By March I would have the students well acquainted with the legislative members and their supporting staff. The students were prepared both intellectually and emotionally to do useful work for individual legislators. With guidance from me I would have them offer themselves to particular legislators as unpaid assistants who would receive college credit for their experiential learning. Often students' first choice was "their" member, a representative or senator from the district where the student grew up. In other instances, I helped students match up with legislators who had expertise or committee responsibilities relevant to the student's academic interest – education, legal studies, environmental science, women's studies, accounting and finance, or the like. Over the years I found women legislators to be especially welcoming to students and willing to be helpful mentors. Examples included Penny Pullen, Jan Schakowsky, Barbara Currie, Judy Baar Topinka, Margaret Parcells, Carole Pankou, Vicki Mosley and Judy Erwin. Most of those were in the House. Sometimes students served the senators, but generally "backbenchers" of the House were more welcoming because their access to leadership staff was more limited than was true for senators or senior representatives.

After students got into the back halls of the legislature, its committee rooms and occasionally on the floor of the House or Senate, they would hear and see the real work of their legislative mentors. Class sessions with me would turn into roundtable discussions with each of the students sharing their learning experiences. Sometimes there were lively exchanges when an intern on one partisan side heard what was "really going on" from an intern on the other partisan side. Then there were reminders – "what we discuss here is confidential. Don't violate confidences." Through these experiences the class would become a group of mutually supporting interns. During the semester of activity, I would visit with the legislative mentors to check on the students regarding how they were fitting in and doing their work. Typically, the mentors were helpful and positive. The students usually prospered in their on-the-job training. The benefits to me were obvious. In class I could draw out of the students what they were seeing and doing. Over time I accumulated contacts with active legislators who benefited from working with my students. I obtained access for frequent one-on-one conversations with legislators of both parties. In addition, the partisan and nonpartisan staff people and lobbyists I called upon to help acquaint the interns with the legislative environment enjoyed their opportunities to play "professor" to my students. My repeated interactions with all these folks turned them into information resources for me in my work.

"Illinois Government and Politics" was a perennial fall semester course for me that I began to teach in the mid-1980s. By then I was well-established at SSU. The course was open to both undergraduate and graduate students, but most of the students were taking the course for graduate credit. The course was offered to students in two distinct programs. Political science, of course. But it was also for graduate students in the Public Affairs Reporting program. Each year about eighteen students were recruited for this one-year master's degree curriculum for journalism students. They were competitively selected graduate students, highly motivated to ready themselves for their spring semester internships in the statehouse covering the capital news during the legislative session. Most had already had some initial experience as journalists. The student enrollment was limited by the internship vacancies available in the statehouse for the various media accredited there – Chicago and downstate newspapers, the Associated Press, along with radio and television reporting units.

I taught the course on a one-night-a-week basis, sessions usually lasting three and a half hours. After lectures on the demography, culture and political patterns in the Illinois electorate, I would devote one or two classes to various institutions (legislature, executive branch, courts) and topics (bureaucracies, lobbies and lobbyists, politics of education, taxation and budgeting). My pattern was to lecture my forty or so students for an hour and a half. After a break I would introduce a guest speaker who was a practitioner in the subject area of my presentation. I would have primed the presenter with questions and issues to address and had requested their views on issues relevant to the topic of the evening. After a thirty to forty-minute presentation by the guest, he or she and I would take questions. I found it a vastly enriching means of teaching. My presentations had to be up-to-date and relevant to the current issues in specific subject areas because the students needed context for hearing and questioning our guest. Of course, having such guests necessitated that I be well informed about the various institutional and policy issues. Most guests engaged in the "visiting expert" role as a pleasant task. Over time I was able to widen my contacts throughout Illinois politics and the students, especially the journalism students, got practice with authentic political insiders at playing their parts as if we were conducting a press conference. Typically, I would follow up the session with a letter of appreciation for my guest to the guest's department director or someone to whom the guest was accountable. Let me add that as the years passed, a sprinkling of my former students assumed professional positions in and around Illinois politics, becoming my "go to" experts and sources for whatever were my current political information needs.

Sometimes ideas for scholarship pop up unexpectedly. Professor Norman DeJong, my colleague at Trinity Christian College reached out to me. He asked me to join him in research about American constitutional history.

Stirred by education issues affecting Christian and public schools and their governance, he urged me to help him in studying American political history regarding the separation of church and state. Challenged by his concerns and stimulated by our friendship, I took up the problem, pecking away at it between 1982 and 1984. By DeJong's diligence a significant book of ten chapters was drafted. My contribution was only two of the chapters, but DeJong generously credited my part on the book's title page. The book is *Separation of Church and State: The Myth Revisited* (Jordan Station, Ontario: Paideiea Press, 1984). My chapters were "The Constitution of the United States," and "The Presidential Election of 1800: Thomas Jefferson's Second Revolution?" A revised version of the constitution chapter was published in the *Christian Scholar's Review*, XIII, No. 3, pp. 217 -235, entitled "Respecting an Establishment of Religion in America." The *CSR* editor characterized my essay this way: "[It] argues that the United States Supreme Court has since the Everson case (1947) persistently misinterpreted the establishment clause of the First Amendment to the Constitution. He supports his conclusion by a close examination of the historical record attending the framing and adoption of the Constitution." Although credit for pushing this research belongs to DeJong, it benefitted from careful prepublication critiques from my SSU colleagues, Steven Daniels and Robert Spencer.

That was not the end of the matter. In 1987 a critical reviewer of the *Separation* book, Gary M. Ross, brought attention to the book and its arguments in the journal, *Fides et Historia*. My recent effort to recover his review was unsuccessful, but I do have the rejoinder that DeJong and I made. We argued that "[F]rom Vinson to the present day the Supreme Court has misapplied history and the religious clauses of the First Amendment," and that our book was a rebuttal to its interpretation of the laws and Constitution. We defended our view of "the historical record in order to affect the shape of the future." We said, "If our efforts add light and disseminate evidence for a reinterpretation of the First Amendment, they will not be in vain." See our "There Where It Is We Do Not Need The Wall," *Fides et Historia* 19, No. 3 (October 1987), pp. 58-61. While I am no longer a close reader of the Supreme Court decisions, the "wall" in America between church and state remains a cracked and irregular one.

★

Returning to the circumstances of my appointment in 1981 and my activities soon thereafter, I should explain my status regarding academic rank and tenure. Having previously served at the levels of assistant professor and associate professor at Southern Illinois, the initial appointment I negotiated at Sangamon State was as a full professor. However, my appointment came without tenure. Having recognized my higher education experience, my SSU offer of appointment noted, "according to our policy...tenure notification [is] mandatory prior to May 1985." As the authoritative language of the American Association of University Professors (AAUP) says, "Tenure... is an arrangement whereby faculty members, after successful completion of the period of probationary service, can be dismissed only for adequate cause or other possible circumstances and only after a hearing before a faculty committee." Unstated, but of great consequence, is the fact that if the candidate for tenure comes up short of merit at the end of the probationary period, the candidate is out of a job.

As advertised, the job description I filled required that I "develop comparative state legislative projects, conduct research and writing on the General Assembly, assist in development of a data archive and teach legislative and state government courses in Political Studies Program." My strategic plan was to quickly enter fully into the teaching responsibilities of my appointment with the consequence of digging deeply into Illinois politics through my continuing scholarship for the classroom and by becoming well acquainted with as many political participants as I could. In consultation with Dave Everson, it became my near-term goal to write a book on the Illinois General Assembly. There was a risk, a tenure risk, because completing such a book before May 1985 was not likely to be possible. But I could immerse myself in gathering the necessary literature and data for such a book. Meanwhile I could pile up some smaller credits participating in professional association meetings, by writing book reviews and giving talks in public venues such as the university's Crossroads 1982 conference.

In the spring of 1982, eight months into my initial appointment, Steve Daniels, then the Political Studies Program convener, asked me to specifically describe what I was doing and what my research and writing intentions were. One of the points I made was that I knew the level of inquiry I would conduct, and I had a tentative title for the book: "Lawmaking in Illinois: Legislative Politics, People and Processes." Referring to a couple of my previous publications, I said that this would be a text intended to communicate insights more than data and methods. I would mentally target my writing for our legislative interns, bright and eager students who wanted to become savvy participants at the General Assembly. The information and descriptions would have to be current and quite sophisticated, but not overly filled with legalistic details. I was myself delving deeply into learning practical specifics of the Illinois legislature, its organization and behavior, through my personal interactions in placing interns under legislative mentors. My previous textbook, *American Legislative Processes*, provided me a broad organizational framework for explaining the Illinois legislative process. My point was to assure my new colleagues that I had a viable strategy regarding scholarship for achieving tenure and becoming a valuable long-term faculty member in Political Studies and the Illinois Legislative Studies Center.

Another prerequisite for tenure is faculty citizenship. Lots of things "count" as such citizenship – advising students, initiating curriculum revisions and doing committee work at various levels in the university. In the SSU organization, that meant at the levels of the "program," "cluster" and university wide. For the program and cluster, I chaired my share of committees. One worthy of note was a committee doing a five-year review of a political studies colleague, Robert C. Spencer. Spencer, SSU's founding president, had been ignominiously fired from the presidency in 1978 but he remained as a tenured political science faculty member. Feeling personally hurt and estranged from most of the faculty, he dug into his teaching. Because I was a newcomer, I was not part of his injury, so it turned out that the evaluation I led was really a healing experience for him. The review committee I led celebrated Spencer's restoration to honor and accomplishment by recognizing and publicly acknowledging his authentic effectiveness with students.

On David Everson's wise encouragement, I became a candidate and was elected as cluster representative to the Faculty Senate. That in turn led to my appointment by the Senate to be one of two SSU faculty members on the Joint University Advisory Committee to the Board of Regents. At that time the Board of Regents governed SSU, Illinois State University and Northern Illinois University. The advisory sessions with the Regents and the Regents' staff, as well as sitting in on the governance sessions, provided me a valuable window for observing and understanding Illinois higher education issues, substance certainly relevant to my state politics teaching and research. After a couple of years of experience as a Regents adviser, an SSU vacancy became available on the Faculty Advisory Committee (FAC) to the Illinois Board of Higher Education. The SSU Senate appointed me to that advisory position. On the FAC I could network with faculty representatives from across the state as well as with the higher education board staff (conveniently based in Springfield). Admittedly "university service" is for many faculty members an unwelcome set of chores to be avoided.

However, the duties I was called upon to do positively enriched my Illinois politics preparation and enlarged my contacts for teaching and research.

Let me here add a small sidelight about SSU politics because the incident occurred at a particular Regents Board meeting. These were two-day events. Routinely administrators from the three universities were present to support their campus presidents. I, along with faculty representatives from the other schools, was there to observe. At the time Michael Ayers was the SSU academic vice president and his chief ally in campus politics, John Munkirs, then SSU budget director, was there as well. The duo of Ayers and Munkirs had made life miserable for SSU's first president, my friend Robert Spencer, a decade earlier. As already noted, I had a small role in reviving Spencer's reputation as a good teacher after his forced retirement from the presidency. Munkirs, the bad cop of the duo, made a point of approaching me during an evening break in the Board's business. The ex-Marine tough guy minimized small talk and, with an eye-to-eye look, said to me, "We're watching you, Van Der Slik. You be careful." No substance was expressed to indicate what I was to be careful about. But Munkirs was there in my face for the purpose of intimidation. Nothing I know of ever came of it, but I was apprised of the reality that bully boy efforts of intimidation were not extinct in this small corner of academia.

Because SSU faculty were pointedly expected to engage in public affairs service, I quickly entered into activities of that kind. At the invitation of the university's public radio station (then WSSR), I was added to a panel as a commentator for its weekly "State Week in Review" radio show. With invited reporters of state politics, I served as a state government commentator on a regular basis. The program was networked all over the state to other public radio stations that opted to carry it.

David Everson sagely suggested that we in the center (Joan Parker, Dave and I) should create a weekly political column. The focus was Illinois, so we named it "The Pulse of Illinois Politics." We produced it for four years marketing it for a small fee to several weekly newspapers in small towns around the state. Whenever the radio station (WSSR) needed an on-air commentary, one of us would recycle a column into an oral essay that filled the station's request.

Having gained some visibility under the capitol dome I was appointed to some legislative groups. Senator Dawn Clark Netsch (later a candidate for governor) appointed me to a committee to study the role and effectiveness of the Illinois Legislative Council, the agency in which I was a research fellow back in 1969-1970. Later, Michael Madigan, Speaker of the Illinois House, appointed me to his Amendatory Veto Task Force. Of thirty-one members I was one of just two academics participating on the panel. Although the results of the work were politically meager, eventually I produced a law journal article about the amendatory veto (*Northern Illinois University Law Review*, Summer 1988, pp. 753-777).

Prior to the tenure deadline, in 1983 my appointment status changed. David Everson had been director of ILSC for about six years. Despite accolades for having done the job effectively, with vision and imagination, Dave did not like the administrivia that went with the job. He was well into an alternate avocational career of writing mystery novels. So, he wanted out of the day-to-day necessities of the directorship. At the time I was quickly put in mind of the consequences upon my academic life when Dennis Hoekstra told me he was leaving the presidency at Trinity. Who can guess what fallout might follow from choosing an outside person to our center directorship? I do not mean to over dramatize the parallel. Everson was not leaving the center, the political studies program or the university. He simply wanted to be free from the directorship. Nevertheless, it did not take me long to decide that it was in my interest to apply for the position.

In April 1983 I forwarded my application. John Collins, director of a different center in the university, was assigned to be the search committee chairperson. A public administration professor, I knew John when he was a junior faculty member at Michigan State. He and I had exchanged some classroom lectures with one another since my coming to SSU. At the time of the search I was uninformed about alternate candidates. I think that budget considerations in the university at the time precluded a national search. So, without much of a wait, I received the appointment effective July 1, 1983. Implementation was simple. Dave and I exchanged chairs. The huge advantage for me was that my appointment was on a continuing twelve-month basis. Compared to my previous administrative duties at SIU-C and Trinity, the scope of my responsibilities at SSU was relatively small and not particularly burdensome. From that point forward the cumbersome "Senior Legislative Scholar" part of my title slipped away simply by disuse. I was a professor of political studies and director of the ILSC.

Fortunately for my tenure consideration, by the time the documentation went forward (1984-1985), I had most of the work done on my largest writing project, *Lawmaking in Illinois*. I drew my colleague, Kent Redfield, into collaboration on the manuscript preparation. Although the book was not available in print until 1986, it had been editorially vetted and substantively approved. It would be published by SSU's Office of Public Affairs Communication, so its director, J. Michael Lennon, was able to affirm the readiness of the work for publication. In the meantime, I already had published additional journal articles and book reviews, so the scholarly writing expectations others had for me were fully satisfied.

As a candidate desiring tenure, I wrote a self-revealing personal essay of twenty-five pages as my request for that status. I even included some biblical quotes and noted my intentions to grow as a professor not only intellectually, but spiritually as well. I detailed the relevant experiences of my four years at SSU. My request gained a crucial positive recommendation from the university faculty's "Tenure Decision Committee," expressed in a two-page recitation of my scholarly accomplishments. The academic vice president, then Michael Ayers, affirmed his recommendation in three pages to the university's president. Ayers carefully noted about me that, "he has performed a few tasks...which I have not mentioned...because these were in his capacity as an administrator. It has been the tradition in the past to try and keep such assessments separate from a faculty tenure decision." On March 19, 1985 President Durward Long sent me his congratulations, adding that "tenure is a historic institutional guarantee of academic freedom to the faculty member, and assures both freedom and responsibility to teach and disseminate the findings of scholarly disciplinary research and inquiry." Yes, I wanted all that and was grateful to receive the assurances that went with tenure. Given the Ayers quote above, note that tenure assured my academic appointment as a professor. Keeping the job of center director would depend upon my continuing merit as the center's administrative leader. I was comfortable with that accountability.

Our family residence in the Hyde Park subdivision turned out to be a fortuitous selection. When we bought it, we expected to find a larger place as soon as we got the equity from the sale of our Oak Forest house. Our easy address, 1 Roosevelt Road, was a corner lot with a north exposure to a stately old farmhouse and barn that predated the subdivision. The homeowners' association provided a central park with a pool, basketball hoop and a pair of tennis courts. There were ample kids of all ages and our children made friendships easily. The idea of moving again lost its charm.

If we had concerns about our kids at the time of move, most of them regarded Franci. All through school she learned easily and well. Her language skills were terrific and off the chart, so English and French were her favorite subjects. She did well in history and social studies because of her comprehension skills. Math and science were of less interest to her. Moreover, in the elementary school at Carbondale she had been roped into some experimental "new math," then shuffled to Chicago Christian for its traditional curriculum. Accordingly, her math foundation suffered. I think, however, that in Chicago she also endured a measure of exclusion due to the cliquishness of both the students and the faculty. She would not "perform" for teachers simply for the purpose of getting A grades. The grade-point result was that she received mostly B's. Meanwhile she read advanced literature of her own choice and acquired a superior vocabulary with an extraordinary ability to express herself both verbally and in writing.

At Glenwood High School in Chatham she fitted in quickly and well. She made friends with a bright social and intellectual equal who also resided in our subdivision, Michelle Levie. They were both chosen for the pom-pon squad, the "Redskinettes." That gave Fran an in with about twenty girls who did afterschool practice and performances at the Friday night football games in the fall and basketball games during the winter. Fran quickly formed her own opinions about favorite teachers and her schoolwork picked up. Teachable and blessed with a sweet voice and a large range, she was chosen for the a cappella choir and the Glenwood Singers, a swing chorus of both boys and girls. She received a part in the musical play, "Little Mary Sunshine." Despite only two years at Glenwood, Franci was a much happier student in those years than she had been in the Chicago Christian School from which we parents expected so much more.

I was able to help Fran into a paying job. One of my friends in the legislature, Representative Gene Hofman, was a Republican from Elmhurst. At my request he became Fran's sponsor for a job as a House page between the time school was out and the House adjourned (usually) at the end of June. Besides a paycheck, pages usually picked up tip money for delivering food and drinks to members on the floor of the House. Like all things political in the General Assembly, Fran's identity was necessarily partisan. She was a Republican page.

Gary too was able to make his way into friendships. As an eighth grader he got on to the junior high cross-country team and there he gained a core of friends. He had the endurance for a two-mile run. In his first summer he played soccer and was on a baseball team. In the ninth grade and after that he was on the basketball teams, first the junior varsity and then the varsity. Along the way he picked up some long-term friends, Joe Murphy and "Big Al" (Alan Anchor). Gary was quiet in class and an average student, so when Bonnie and I would go to school conferences the teacher rarely had a lot to say about Gary, except that "he never causes any trouble."

Randy, by contrast, was conspicuous to his teachers and coaches. In junior high Mrs. Furwerk, a canny, experienced teacher, kept him in hand and saw his potential. Some of the other teachers had less patience with his volatile personality. Sports gave Randy an outlet. Because gym time at school was so crowded, we had to bring Randy to basketball practice at six-thirty in the morning when Randy was in the sixth grade. Bonnie and I will always remember a game in which Randy, time expiring on the clock, threw in a shot from behind the mid-court line. Randy was a good short distance runner in track and a great base runner in baseball. Both boys got along very well at home the first few summers. The subdivision's pool became the go-to spot for all the neighborhood kids. Our boys were brown as berries in the summer and loved their swimming and diving in the subdivision pool.

Of course, I should mention Fritzel and Pepper. Fritzel the cat had total house privileges, but spent much of the time with Franci, who had a bedroom to herself. Pepper, the family dog, had more limited space – the kitchen, family room and front hall upstairs as well as sleeping space in her cage in the basement. Whenever Fritzel entered Pepper's space, Pepper looked embarrassed, like "how am I supposed to deal with her?" There was no open warfare. Pepper seemed to understand that in the hierarchy of the family, she was Fritzel's inferior.

Unquestionably, the person most challenged by our transition was Bonnie. Initially, of course, she was recast as a full-time mother and organizer for the new life routine that the rest of us were pursuing. It was up to her to arrange and harmonize all the accoutrements we had moved from Oak Forest to Springfield. The schedule for each of us was new. Locations for activities were unfamiliar. We had to establish new bank accounts, find a cadre of doctors and dentists, change shopping habits, establish contacts with subdivision neighbors and learn the local travel patterns. Most of the adapting fell to Bonnie. After a couple of months of settling in, isolated and bored at home, she began thinking about work. An option to not starting all over in real estate was to apply for some civil service vacancies at the university. Nothing panned out. It was not a time to get into a teaching job – with or without an Illinois teaching certificate. Because she already had a state license for real estate that seemed to be her obvious prospect. Just a phone call away, Ernie Lang was delighted to give her a desk and dignity in a heartbeat. She accepted his offer.

Lang had a relatively small enterprise. Bonnie received a private office and easily fitted in with Ernie's other associates. She was assigned plenty of floor time because the staff members were few in numbers. Bonnie's disadvantage compared to Chicago was that in the beginning we had few church, university or community connections, so she had to start from scratch to develop local contacts or prospects for referrals. She did all the hard work of prospecting on her own and the primary method was taking floor time, answering calls and showing other realtors' listings. She set about systematically learning the city of Springfield and its outlying suburbs and small towns. I think it took until the spring of 1982 for her to make her first sale. But she stayed with it, worked hard and learned how to meet and beat the competition.

Ernie Lang did add a new dimension to Bonnie's real estate methodology. In addition to his real estate business, Ernie had a small computer services business. As a result, he pushed for computerization by the local realtors' association, wanting to have descriptions of properties in an accessible machine-readable format. Bonnie got interested in the idea and began to experiment with it. Initially she bought a little portable computer and Ernie had machines in the office. As soon as we could afford to buy her something better, she brought home a desktop personal computer. With help from Ernie and the willingness to become a sophisticated user Bonnie got ahead of the game. As others in the business wanted to learn some skills, she began teaching newcomers. In relatively quick order Bonnie was named chairman of the Springfield Board of Realtors computerization committee.

In what seemed at the time to be a setback for Bonnie, Ernie Lang's interest in real estate was declining by the end of 1983. Whatever he had of worth was sold to John B. Clark Real Estate. Bonnie was invited to join Clark's much larger real estate operation, but she was not sure how it would go. Clark had higher expectations about productivity than Lang had. Most of Clark's associates worked seven days a week. Bonnie's agreement with Ernie Lang was that she did not do real estate on Sunday. In his low-key operation that was no problem. Now she had to meet John B. Clark's sales requirement. When Bonnie told Clark her Sunday rules, he did not really object, but he made it clear that she needed to do at least a million dollars a year in transactions or he would let her go. Frankly, he was skeptical she could do it without working on Sundays. Like our Christian Reformed farmers who prayed for rain when it was needed, we prayed for closings in Bonnie's business. They kept coming in and she kept on abiding by her Sunday rule. By 1985 John B. Clark was glad to have her as one of his associates.

What should we do about church? There was no Reformed, Christian Reformed nor Presbyterian Church in America congregation in Springfield. Soon after moving into 1 Roosevelt Road, we contacted the Brodens, friends from our 1969-1970 year in Springfield. With them we connected with two women and their husbands. The women, Sharon DeWind and Sheryl Essenberg, had previously been my students. Sharon had been in my seventh-grade class in Bellflower, California, more than twenty years earlier. Married to Rudy Zuiderveld, they lived in Jacksonville, where Rudy taught organ at the venerable Illinois College. Sheryl, a Calvin graduate who was in my American government class in 1972-73, was an assistant state's attorney for Sangamon County and was married to Dave Ross, a computer information technologist. We began discussions about starting a Christian Reformed congregation in Springfield.

For our immediate worship and Sunday school needs for both ourselves and our kids, we checked out the small Presbyterian Church in Chatham, the much larger Westminster Presbyterian in downtown Springfield and a middle-sized congregation, Third Presbyterian on Springfield's north side. Applying our own litmus tests for appropriateness and spiritual soundness, we judged Third Presbyterian to be our best fit. Pastor Hendricks was suitably orthodox, and the kids got pretty good nurture in Sunday school. However, it became our long-term goal to establish a Christian Reformed congregation in Springfield.

In behalf of our organizing group of eight, I contacted Christian Reformed Home Missions in Grand Rapids, Michigan. We received a visit from Reverend Paul Vermaier and later from Reverend Duane Vander Brug. They suggested that we advertise locally and gather more people interested in forming a congregation. We had some monthly meetings and Home Missions promises about future help. To our surprise Home Missions did not have a roster of "ready to assign" home missionary pastors. That triggered me to write a Soapbox article for *The Banner:* "Needed: Pastor-Leaders for Evangelism," (December 10, 1984, p. 17). The Lord did answer our prayers through Home Missions. With its help we called Reverend Maury De Young to be our pastor and he arrived before the end of 1984. Truly a godsend, Maury knocked on doors and did the groundwork to gather a small band of interested worshipers. He trained us to welcome others. Soon we declared ourselves a mission church in Springfield. "Christ's Fellowship Church." Our numbers were small, but our fellowship was hearty.

In the fall of 1983 Franci accepted our encouragement to enroll at Calvin College. We armed her with a "call home" telephone calling card. But with her own sense of independence and self-confidence, she seemed to fit into dorm and campus life. We knew she was ready intellectually. She received a thirty on her ACT exam. Back home Bonnie was working mightily at real estate sales and it often seemed that just before a tuition-and-board payment was due at Calvin, she would close a house sale. The money was there just when needed. Before the year was out, we heard stories from Fran about a Denver boy named Rich Cok. Bonnie and I giggled about that. Unbeknown to Fran, Rich was the son of Sophie and Al Cok, friends of ours from before our marriage.

As the 1984-1985 school year came to an end Bonnie and I felt like our lives were sailing into smooth waters. She was settled in and successful at John B. Clark Real Estate. My tenure had been approved and I felt I had a promising base for success at SSU. Our newly planted Christian Reformed church was becoming a lively place with a growing mission in the community. Fran was doing well in college. Gary was enjoying team sports and was old enough to drive a car. But there were rumblings in Randy's life that were going to receive a lot more attention.

"Turn away from all your offences; then sin will not be your downfall. Rid yourself of all the offenses you have committed and get a new heart and a new spirit." Ezekiel 18: 30-31.

CHAPTER 12.

Ups and Downs at Home and in the University

Doubtless it was with unjustified self-satisfaction that I thought of myself as a good and responsible parent to my three children. I deeply understood that I was blessed with a loving and compassionate wife who conscientiously cared for all of us. What follows is a story of painfully learning about my inadequacies as a dad and husband. There is some irony in noting that humanly speaking I might have been spared from pointedly learning about and experiencing my shortcomings in such bold relief had Bonnie and I had but two children, not three. But the Lord had something else in view. I needed his rod of correction.

Franci, our oldest, was so intelligent and independent that she was able on her own to overcome whatever difficulties she confronted. She demanded little but got along making modest and reasonable requests from us. She was responsible at school and at home. Socially busy, she got along well with kids her age. It is true that she was sometimes unrevealing to us about whatever turbulence she was coping with. That penchant for holding her feelings within herself was sometimes unsettling to Bonnie, who craved a greater measure of engagement and intimacy with Fran. Fran's very self-sufficiency was something Bonnie experienced as a barrier to a more loving give and take. I did not hold those same expectations of Fran. I felt like she and I were on a similar wavelength. We shopped breezily together for groceries and household goods. As her reading habits became more sophisticated, we swapped thoughts about books. I had hopes that her already obvious intellect and creativity would take her well past my pedestrian academic career accomplishments.

Gary was ever our accommodating son. He was always easy for me to be with. One of our common pleasures was watching Michael Jordan and the Bulls on television. Gary was possessed of a high sense of justice and fairness. It hurt his feelings when others treated him inequitably. Because he was an athlete serious about competing and being on teams, he sometimes felt he got less than an even share when it came to playing time or other athletic rewards. When his feelings were hurt, he would tell us about his sense of injury or harm. He could be comforted. He would take encouragement to go back to the competition and "try harder." Although not a high academic achiever, Gary conscientiously did his assignments, was generous and considerate toward others, spent money frugally and got along comfortably with teachers, coaches and friends. He freely and naturally assumed the role of "good guy" among friends and family.

One of the windows to his inner thoughts was his hand-crafted cartoons about sports, school and his fellow jocks. They revealed his penetrating social insights about his daily life with buddies, teachers and coaches. They brought to expression his wry sense of humor and his insights into petty hypocrisy. Without trying to impress other people, he was the friend other people, including us parents, came to depend upon. He was the guy who did not drink beer and was the safe driver who brought the other kids safely home from late night ventures.

Randy was a different kind of kid. In contrast with his siblings, he was the very personification of the strong-willed child. Certainly, this can and has at certain points in his life served him well, but it often hurt him during his school years, especially in the eighth grade and after. Increasingly as Randy was between eleven and thirteen, he would want to do things his way or not do them as required. Increasingly I responded to his wrongdoing with anger. But anger and disapproval did not produce compliance from Randy. Sometimes to avoid punishment, Randy would offer lying excuses. When his lies were exposed my self-righteous indignation became unreasonable.

Randy did quite well in school through the seventh grade. He got playing time on the basketball team. In track he ran the sprints well and was developing the shoulders to putt the shot. At the end of the season he was on a relay team that qualified to run in the state junior high meet. But Randy did not do something right in practice and the coach dropped him from the relay team. In the fall, on the eighth-grade baseball team something similar happened and the coach took him off the roster. Randy was increasingly moody and undependable both at home and at school. He was late for supper. He lost his schoolbooks. He could not remember his homework assignments. My conversations with him were increasingly matters of finding fault with him. More and more I received back from Randy the same kind of anger I was expressing toward him. Meanwhile, compassionate Bonnie was inclined to be forgiving and accommodating. I mistook Bonnie's efforts to be gentle and patient, believing that Randy needed my firmness more than Bonnie's tenderness. For Bonnie the key to dealing with Randy was to be gently flexible, more accepting and encouraging. She saw my rigidity as robbing Randy of his individuality and then his self-confidence for growing into a secure and emotionally healthy person. I tended to see her flexibility as ambiguity that only allowed him to justify irresponsible behavior. That irresponsibility made it impossible for me to love him by expressing affection and encouragement. I thought I was giving Randy love's due by imposing more discipline. How could I have been more wrong?

Increasingly Bonnie and I were battling one another over the many specific problems and issues that Randy brought home. We resembled the couple under an electric blanket with the two temperature controls in the wrong hands. I wake up too warm, turning the control from five to three. Now she is chilly, and she turns hers from five to seven. Now I'm sweating and frustrated, so I turn the blanket off. She wakes up shivering and turns hers up to ten. The more each person does his/her thing, the more out of balance is the control system. The analogy is not perfect. Randy was not a blanket. But as Bonnie and I tried our contrasting methods for restraining Randy's bad actions, the more she and I were at serious odds with one another and our control system was way out of whack. Meanwhile, Randy was smart enough to play us one against the other.

The shameful result in me was that my anger problem grew into a powerful negative force. I lost the ability to express love to my son with affection and I was in widening disharmony with Bonnie. She suffered a motherly sense of guilt for not being able to "fix" matters by obtaining good behavior from Randy with her positive love. She suffered a loss of self-confidence that she could not shake because of my disapproval of her methods and attitude. She vacillated between feeling guilty and a constant sense of hurt. Randy's misbehavior intensified before a backdrop of disharmony between mother and father. In the meantime, our accommodating children, Franci and Gary, unfairly suffered neglect because as the "good" kids, we as parents gave them minimal attention, support and overt expressions of love. The unfairness was especially galling to Gary. The consequences of our disordered relationships fell upon each one of us.

There was blame enough to go around, but the greatest blame belonged to me for the ways I pushed Randy. In response to my inconsistent discipline shaped in anger, he took to acting out for approval from his friends and, I suppose, to even the score with me. His being the "bad guy" was his best means of punishing me for demanding him always to "be good." So, we fell into a downward spiral of events that eventually led to family alienation and separation.

On a spring evening in 1985 when Randy was in eighth grade the issue du jour was loud music on Randy's stereo blaster. In an escalating shouting match, Randy went outside with the radio tape player, lifted it over head and smashed it violently on the concrete driveway. There were words about Randy killing himself. On a friend's forewarning, we recognized that as Randy's call for help and our need for intervention from others. We should take Randy to the hospital emergency room and, if he would not cooperate, ask for police help. We did both. At the hospital's examining room in a fit of rage, Randy punched a hole in the wall with his fist. That got attention. The resident psychiatrist ordered him locked into a padded room. After an overnight there he remained in the hospital ward for a week.

Bonnie and I took up a false sense of hope. If Randy were mentally ill, we could get him help and soon all would be okay. Together we went through a series of family counseling events with the psychiatric staff at the Southern Illinois Medical School. The focus was with Randy, Bonnie and me. We learned a lot. First, Randy was not mentally or emotionally ill, but he had become sociopathic with smoldering anger, probably exacerbated by some alcohol and drug abuse. Second, my anger problem was severe and destructive to forging a right relationship with Randy. Randy's sense of anger was blocking out any feelings on his part of love, fear or sadness. It freed him to take pleasure in his perversities. Bonnie's inability to "fix things" among us was dragging her down into depression with feelings of inadequacy. Counseling lifted us up some and helped us mesh better for a while, doing more for Bonnie and me than for Randy.

In the fall Randy started ninth grade and he was on the junior varsity football team. That was a good thing and the participation provided some positive success while consuming a lot of Randy's physical energy. But at school he cut classes, was tardy, smoked cigarettes and was suspected of using marijuana. He and a buddy stole some school audio equipment. Whether done as a prank or true thievery, it became a police matter and Randy spent the weekend in juvenile detention followed with probation. Issues at school resulted in in-school detention, so he missed classes, received low grades and became academically ineligible for football. To his perverse satisfaction, Randy became the idolized bad boy for doing the anti-school things that other kids did not dare to do. Meanwhile, Randy resisted the counseling sessions. He became abusive when the three of us headed for an appointment. In response to some particularly coarse shouts I put him out of the car to walk the rest of the way. He responded by kicking in the door and fender of the car.

Randy's refusal of counseling and explicit property damage put Randy in violation of his probation. With action from the probation officer and the police, Randy was back in the juvenile detention center. Bonnie and I met with our family counselor at SIU med school and with the county juvenile probation officer, Marcia Nicklas. My former student, Sheryl Essenberg, then the county's assistant state's attorney for family issues, offered informal advice. Bonnie and I came to realize that Randy's issues would result in greater harm to him long-term unless we used the civil authority of the court in the current situation. However, we did not want him in juvenile detention. Our probation officer suggested Arrowhead Ranch in Coal

Valley, Illinois, where kids of similar size and maturity were re-socialized in clusters of a dozen boys by means of a "positive peer group program." The emphasis was on learning to accept authority, dealing with thoughts of inferiority and controlling acts of anger, lying, stealing, hurting others or using drugs or alcohol. Bonnie and I agreed to pay the required expense, thereby keeping Randy out of a state-run juvenile reformatory. Meanwhile at Arrowhead the boys did schoolwork, completed chores for living together and helped each other deal with differing individual problems. That is where Randy spent eleven months, including his sixteenth birthday. Bonnie and I had hundreds of conversations about our divisive issues, discussions that extended as we traveled the three-hour commute to and from Arrowhead for Sunday visits every other week. Meanwhile, perhaps surprising himself, Randy got good grades on his schoolwork. Active in sports, he began to show his leadership potential there and in his peer group.

By August Randy had earned his release, presumably prepared to deal with peer pressure and equipped to succeed in school. So, he returned home, but within six weeks his habits became irregular. On a Saturday night he did not come home. When he did show up, Bonnie and I were prepared by an earlier telephone conversation with Mr. Muskeyvalley, Randy's group leader at Arrowhead, to insist on Randy's return to the Ranch. It would only be a temporary reprieve. Randy's peer group gave him a tough going over for returning to "using" friends and for failing in his schoolwork.

Mr. Muskeyvalley, Randy, Bonnie and I sat for a solemn conversation. We all agreed that for Randy to live at home and go to Glenwood High would not work. In the highly structured setting at Arrowhead Randy did succeed, but that was not a long-term solution. He had worked the program. Now he had to make it "outside." Bonnie and I, having already explored private school options, had visited and admired a military school in Kansas. We proposed that Randy be enrolled at St. John's Military School in Salina. Randy agreed to "check it out."

After a day's travel to Salina, Randy received a full showing of the school with its academic, military and athletic offerings along with an Episcopal religious heritage. Randy was impressed with the mechanical arts lab and the quality projects produced by the cadets. He came to understand that cadets were measured by multiple criteria: dressing with spit and polish, dormitory life, timeliness, physical dexterity, followership and leadership, school achievement, teamwork in sports and proper engagement in his military company. Bonnie and I were attracted by the incentives for accomplishment that we believed Randy would respond to positively. On the long trip home Randy studied the view book and pamphlets we received. Nearing home, Randy said, "Dad, I want to go there. I'm going to get one of those Silver Swords and become one of those Black Berets."

This was a serious risk-reward situation for Bonnie and me. Obviously, we were hopeful that the rewards would produce the positive results we all wanted, but we recognized the risks. This was going to be a costly venture. Room, board and tuition for Randy at St. John's were more expensive financially than for those at Calvin College for Franci's undergraduate education. Soon too, Gary would be off to Central College, also a private Christian college. Charges for Randy's uniforms were nearly an additional thousand dollars per year. Moreover, parents pay up-front for the schooling. By contract the student must live within the school rules. Failing to do so can cause dismissal of the student at the parents' nonrefundable expense.

Randy was at St. John's for most of three years, years of ups and downs. Unquestionably he benefited from the disciplined atmosphere of the school. There were some long stretches when he earned good grades in school, gained rank and leadership in his company and achieved accolades for football and track. However, certain temptations led to breaking the rules and being busted in rank. During his junior year he had to leave school for a drug and alcohol recovery program in Illinois, but he returned to St. John's in time to finish that year on a high note. He convinced the commandant that he could perform as an officer during his senior year. He started that senior year strongly, was cadet captain of a company, received all-league recognition in football and got good grades. He was even awarded a coveted Silver Sword.

Identified in some matter of insubordination, (I do not remember what) it cost him his officer status. A series of niggling violations kept him a private. Near the end of the school year Randy was caught in an after-bedtime party for a friend who had been dismissed by the school. Following that he had an unauthorized nonstudent visitor in his room. This made Randy subject to dismissal one month before graduation. Bonnie and I traveled to Salina to appeal. As a favor to us, he got "one more chance." A week later he missed bed check after taps. He was dismissed and denied graduation. Hurt, Bonnie and I had to accept that. It was 1989 and he was nineteen years old, out of school and, we told him, on his own. We assured Randy that we loved him but "tough love" required of us that we no longer have him live under our roof or pay his way elsewhere. Staked with a couple of hundred dollars from his school deposit and a free "call home" credit card, it was up to Randy to earn a living and assume full responsibility for himself. Salina, Kansas took on a whole new meaning for his life.

★

In briefer compass let me note what growing up entailed for Fran and Gary. That relationship Fran began with Rich Cok during her freshman year grew much bigger in her sophomore and junior years. She was doing well in her English major. Her favorite instructor was a tweedy, crusty professor named George Harper who was nearing retirement. Fran decided to complete the requirements for a secondary education certificate as well. The two summers after her sophomore year were spent in Denver, living with Aunt Helen Verschure, Bonnie's sister. Of course, Fran was spending much of her time with Rich. During the second summer she prepared for a wedding to Rich including an extraordinary reception in Helen's backyard. The couple returned to Calvin for their senior year. Bonnie and I had, of course, assured them of our financial support for Franci during her senior year. In the spring they candidated together for teaching jobs in the Christian school in Ripon, California. Both received offers and signed contracts. Bonnie and I were in Grand Rapids for graduation in 1987. I was delighted for them. Both Bonnie and I had begun our teaching careers in California Christian schools a generation earlier. This was an answer to prayer, right? Bonnie was not so sure. Her intuition sensed something amiss that was not visible to me. In a matter of weeks, Rich left the marriage, sharing no clues about what he would do next. Sensibly, Fran asked out of her contract and opted to stay in Grand Rapids. She held onto the hope of a marriage reconciliation, but none came about. She was on her own, eventually divorced and choosing to remain for the time being in Grand Rapids without clear prospects for the future. She got a job and sustained herself, but she passed up the opportunity to begin a teaching career. Sorrowfully, I must add, she got little but telephone comfort from Bonnie and me. We were deeply engaged in Randy's issues at the time. Fran, so capable on her own, was rowing her own boat.

Gary patiently suffered the family troubles centering on me and Randy. There were times when he stood up to Randy's abuse in behalf of us parents. He remained dutiful regarding his schoolwork while he competed in cross-country, basketball and track. The summer before his junior year he visited Calvin for a trial experience and came away not favorably impressed. He and his buddy, Joe Murphy, took on the RAGBRAI, a celebrated week-long bike ride across Iowa. He returned from the adventure excitedly telling me about the college he found in Pella. Central College and the town of Pella share a Dutch immigrant heritage and the school has a long history with the Reformed Church in America. I assured Gary that Central College was on my "approved list" of Christian colleges. The next summer he and I did a campus visit. I had an acquaintance at the college who was the basketball coach. He arranged for Gary to meet the cross-country coach and we got a thorough briefing about what Gary could expect from Central's campus life. Graduating from Glenwood in 1986, Gary was up for the adventure of a new away-from-home experience and he quite easily adapted to college and dorm life at Central. He competed in cross-country all four years and Bonnie and I got to see him run several times. Central's colors, red and white, matched those of Glenwood High, so we have pictures of Gary running in red and white from his early small stature to the full-grown version in 1990. Gary pledged the Beta Kappa Epsilon fraternity. His frat pals recognized Gary's quiet style of leadership and respected it. They made him their president for two years. Along with a degree, Gary made some lifetime friends at Central that he still treasures.

Casting about for a career after college, Gary and a pal bought a small school bus to carry their earthly belongings, including motorcycles, through the mountains and into southern California for the next adventure of their lives. Good fortune was in hiding so for Gary it was a vain quest. By New Year's he was back in Springfield. He lived with Bonnie and me as an "only son," to the pleasure of us all. He began to do substitute teaching in the Springfield public schools. He discovered that he was good at it, so he decided to make teaching his profession. The courses needed for certification were at hand at SSU, so steady effort brought success. After certification he already had a favorable reputation in the Springfield schools and was quickly welcomed into a contract to teach fourth grade. In due time

Gary established a settled life as a tenured teacher, a husband to Julie and father to Suzanne and Michele.

★

At the university, with my tenure secure and my teaching patterns established, I wanted to enlarge the scope visibility of the Illinois Legislative Studies Center (ILSC). I had to replace Joan Parker, our excellent assistant to the director, whom I inherited from Dave Everson. Joan had completed an assignment in the Center by writing *The Tax Increase of 1983: Summit and Resolution*, which the university published in 1984. A very creditable piece of legislative research, it led Joan to an opportunity to accept a lobbyist position with the Taxpayers Federation of Illinois. Dave and I were proud of Joan's work and delighted for her as she stepped out to a conspicuous, better paying nonpartisan position downtown. She would continue always as a helpful ally to me and to all of us at the ILSC. My bright young appointee to be my assistant was Tara McClellan. Tara was a Public Affairs Reporting graduate with writing skills and experience reporting from the statehouse. With Dave Everson and Kent Redfield, we strategized about targets of opportunity to make the ILSC's work more noteworthy and conspicuous. Our Crossroads conferences in 1984 and 1986 brought a great mix of political players, including legislators, lobbyists, and agency directors to fraternize with academics, graduate students and interested citizens. We originated a one-day Illinois Legislative Process seminar which we held on campus for people around the state who wanted an inside view about the legislative part of Illinois politics. Besides making ILSC known, it generated revenue for the center. Due to growing popularity, we took the show on the road, offering it in a downtown Chicago hotel (Bismarck) and at a suburban community college location. We sent participants home not only with lecture notes, but with samples of bills, calendars, telephone numbers, office locations and names of key players. Our connections to the General Assembly made it easy for us to invite a real living, breathing legislator to give a lunch talk and answer questions. Feedback from our paying participants was unfailingly favorable.

★

The center became a regular stop for international political visitors. Springfield, home of Abraham Lincoln, received a steady flow of such visitors, so the Springfield International Visitors Center partnered with us on a regular basis, referring to us State Department sponsored travelers wanting briefings about the workings of Illinois state government. Our expertise with such visitors stimulated us to respond to a request for proposal (RFP) from the U.S. Information Agency (USIA). Tara McClellan did the legwork that resulted in a visit during June 1986 from a delegation of about twenty "young leaders" from the Philippines. We mentored them through a three-week itinerary, concentrating on the functional linkages across American local, state and national government. While we did most of the work during two weeks in Springfield, we accompanied the group to Washington D.C. for an additional week where arrangements were hosted by the USIA. The entire venture was a combination of hard work and great fun. One highlight Tara arranged was an evening outing on Lake Springfield on a large pontoon boat. Our visitors were mostly young men and by the second week one of them was evidently infatuated with Tara, but she handled his advances with a deft touch. She maintained her warm and friendly charm while insisting on a strictly "hands off" friendship.

On the Washington leg of the visit one young senator from the Foreign Affairs Committee made a point of meeting and greeting our visitors – Senator John Kerry, later a presidential candidate and then a peripatetic

Secretary of State. Our young leaders were impressed by the tall, imposing U.S. Senate up-and-comer who was only about fifteen years older than they were at that time. Besides hearing from spokespersons from various congressional and executive agencies, we received a VIP tour of the White House. After a whirlwind three weeks with us, Tara accompanied the delegation for a weekend of rest and recreation in Hawaii, followed by two days of briefings about Hawaii government, our island state. Then our guests took the last leg of their journey home to their islands, the Philippines.

Two years later USIA selected our Center to host a smaller delegation, seven legislative staff professionals from the People's Republic of China. With but one exception these visitors could not speak English, so the entourage included in American interpreter. Everson, Redfield and I had to get used to making our presentations a couple of sentences at a time, followed by the interpreter's repeat of our words in Chinese. It was a slow teaching process. Initially give-and-take was awkward, but gradually the interaction improved. We described and showed the group the way the Illinois General Assembly was staffed and served by both partisan and nonpartisan professionals. In contrast to our youthful and often playful Filipino guests, the Chinese were highly formal. It seemed to us that it was up to the senior member of the delegation to ask questions while the subordinate members were deferential and mostly silent. However, before the end of the week-long visit, it became evident that the youngest member of the delegation, Jiang Jinsong, was quite facile both in listening to and speaking in English. Nevertheless, he was obviously reticent to speak except with encouragement by the delegation leader. While I will have more to say about Jiang later, after the departure of the Chinese visitors we had zero follow-up. In 1989 the Tiananmen Square protests in China brought a crackdown there and a chill in the Chinese government's openness to anything associated with the USA. We were on the outside of China's Great Wall.

One of the constants in my work was contacts with the press. Shortly after joining SSU Everson brought me along to the campus public radio station. Rich Bradley, the news director, added me to his discussion panel for "State Week in Review." For thirty-five weeks a year Bradley would convene a panel, three or four of us in the campus studio electronically connected to three or four in the state house studio. The campus group membership turned over gradually as the years went by. The statehouse group always included the radio station's reporter, plus an intern, and one or two other reporters from the media outlets around the state. The selected guest reporters had typically covered the hottest stories in the week past. Each Friday before noon the point was to discuss together for nearly a half hour the state political issues of the week and the personalities engaged in those activities. The program was distributed to public radio stations around the state of Illinois for use as a weekend feature.

All the shows were done spontaneously – taped, of course – but impromptu. With theme music at the beginning and end, Rich Bradley got us started on time and concluded on the deadline. He set the agenda with questions, beginning with the reporters and then asking for commentary from those of us at the campus station. Our skilled leader always kept us on course. Only once after the hundreds of programs we recorded did we ever have a "do-over." Chicago's first black mayor, Harold Washington died literally at his office desk on Wednesday, November 25, 1987. In an exception to usual practice, we had already recorded the show early on that Wednesday because it was Thanksgiving weekend. Bradley called us back for a new session on Friday, devoting the whole program to express tribute to Mayor Washington and to speculate about the politics of his replacement.

Doing the show over the years I enriched my acquaintance with many of the statehouse reporters. Often that familiarity stimulated telephone calls to me for comments on state government news about policy, people and elections. Besides the weekly program Bradley would do election night reports on air as well and I frequently joined him. Eventually I received calls from the area television stations for similar kinds of news and elections comments, giving me substantially greater local visibility to folks interested in Illinois politics.

Dave Everson was often the idea stimulator in our center and one of his good ideas connected with his teaching interests regarding lobbies and lobbying. Because Tara McClellan had an "on air" personality we wanted to put that talent of hers on display. With our television office we worked out a script and taped interviews with some of the local political players. The result was a well-edited, McClellan moderated twenty-two-minute video we called "Why Lobby." We found several uses for the piece, in political science classes, in our Legislative Process seminars and in presentations for political associations whose supporters could better understand what their lobbyists did for them.

To celebrate the Center's first video production, we held a "premier" at SSU's downtown campus on November 12, 1987. Maybe not such a great idea. As anyone close to television production knows, a lot more video is shot than eventually appears in the final edited production. Several minutes of appearances and interviews are edited to just a few seconds with brief sound bites in the resulting production. State Senator John "Doc" Davidson, Springfield's local senator, was one of Tara's interviewees. The video team shot and recorded him at several capital locations. He came to the premier imagining himself the star of our production. To his disappointment the video provided about three short segments in which he was on camera offering his comments. So, having appeared in only about two minutes of our video, Doc went away muttering instead of glowing. For me it was a reminder about how carefully we needed to deal with the fragile ego needs of the politicians with whom we had contacts on a continuing basis.

One idea leads to another, so we put together a day-long seminar on lobbying, offered annually, which served a variety of political associations who sent their supporters in order to increase their involvement in the lobbying process. In addition to academic perspectives from Everson, Redfield and Van Der Slik, we would draw upon noted lobbyists who could speak from their professional experience. Examples were James Fletcher from the Winston and Strawn law firm in Chicago and Randy Witter, partner in the Cook-Witter lobbying firm in Springfield.

Another idea generated in this effort was to publish a handbook, "Guide to Lobbyists." We listed nearly a thousand organization names and their registered lobbyists. For a modest fee the lobbyists could be pictured in alphabetical order in a listing that included the name of their firm, its address and phone numbers. About one hundred and fifty chose to do so in our 1999 edition. It also included the "Lobbyist Registration Act," as amended at that time. A pocket-sized booklet, it was a handy, carry around sourcebook for recognizing who was who in the halls, hearing rooms and galleries of the House and Senate. Although our center got credit in the lobbying community and the legislature for the directory, it was only possible to pull the handbook together because of help from the Illinois Society of Association Executives, the Chicago Society of Association Executives and a looser network of lobbyists known as the Illinois Third House. Special beneficiaries of our work were the members of the General Assembly, who received a free copy of our handbook.

In 1985 Dave Everson and I submitted a proposal to the Taft Foundation to fund a Taft Seminar on our campus. I had previous experience as a presenter at such a seminar when I was at SIU-C. The Taft Foundation funded two-week seminars for social science teachers in selected locations in various states. We made the case, based on recent survey data from Illinois social science teachers, that most of them felt lacking in current information especially regarding state government and politics. We had a capital location with access to the best possible guest speaker list to remedy the teachers' informational need. Funding in the amount of about twenty thousand dollars supported housing and board for thirty teachers and overhead costs for the host institution, in our case, the center. Most of the teachers accepted for the experience opted to take the seminar for college credit. That way the university benefited in credit hour productivity and facility use during the relatively slack time of summer. Our Taft Seminars were funded in 1985, 1987, 1988, 1989 and 1991.

The seminars were intentionally bipartisan and covered party politics from the local to the national level. Moreover, we included and differentiated the executive, legislative and judicial functions. The intellectual substance of the seminars was similar in content and scope for what we did with our Filipino visitors but did not include a Washington D.C. experience. Our helpful friends at the statehouse were happy to be our guest lecturers and a local federal judge was always delighted to discuss and compare his federal bench experience with his earlier tenure as an elected Illinois state circuit judge. The teachers, of course, were a lively "student" group, good at asking questions of the political players that we could bring into the classroom. By the end of their two-week visit in the state capital our teachers had face-to-face familiarity with about forty persons of political significance in the local, state and national governing system. We were able to load the teachers down with all kinds of handouts and political source material that they would find useful in their classrooms. Everson and I were beneficiaries of refreshing contacts with officeholders, staffers, lobbyists and party organizers. By these events we kept ourselves up-to-date and informed for our own teaching, writing and commentary doings. In keeping with the bipartisan emphasis of the Taft Seminars the Taft Institute's director sent Dave and me red on blue neckties featuring donkeys and elephants dancing together. Unfortunately, after the calendar turned into the 1990s Taft's funding was exhausted, so that source of external resources for our Illinois social studies teachers melted away and we closed the book on that summer offering.

Let me add an anecdote from the Taft Seminar experience. One of our guest speakers, the Budget Bureau director in the Thompson administration, was a bit late getting to the campus. Paula Wolff was an acute, tightly wound person, and always a sharp-witted presenter. I first met her in 1970 when she was a staff person during the Constitutional Convention. By now (1987) she had a political science doctorate and was on leave from Governors State University. While waiting for her arrival I was doing a bit of fill for the teachers, talking about the recent development and history of the Budget Bureau as a staff resource to the governor. It assembles budget requests from the agencies, reconciles requests with revenue estimates and these become the basis for about eighty appropriations bills each year for state government operations. "Therefore," I said, "you can understand why most everybody in the executive branch except the governor hates his Bureau of the Budget because nobody gets what they want from its director." On that note, Paula Wolff strode onto the stage and up to the lectern. She laughingly picked up the discussion without missing a beat. The teachers thought I'd been caught in an embarrassing moment. But Wolff confirmed my remarks and discussed candidly what it took to be the point person and take the heat for the governor by being the one to say "no" to the agency heads and legislators, who usually wanted more money in their appropriations than the governor's budget would allow.

The variety of my contacts with political players and interest group associations resulted in a growing number of invitations to talk politics before all kinds of audiences. Many of those were pro bono – to Girl Scout leaders, service clubs and educational groups. Others that could pay, such as the associations for hospital administrators, dentists and the large unit school superintendents, put their honorarium to a center soft-money account. I was the beneficiary of a variety of mementos including framed pictures, paperweights and the like, but mostly coffee mugs. Oh yes, and sometimes a hearty lunch.

Another vehicle of the center's work deserves some explanation. While a great portion of the center staff's energy, including my own, was focused on the Illinois General Assembly, we felt the need to look more widely at state politics. For several years a distinguished political scientist, Malcolm Jewell, edited and published the *Comparative State Politics Newsletter* from the University of Kentucky. When he wearied of that task in 1984, Everson and I offered to take over the *Newsletter* and continue it from our center. Everson would be its editor. In September Jewell notified us about accepting our offer, even taking note that our enthusiasm for the publication led to ILSC's selection over a group at the University of North Carolina. Promptly upon taking over the editorship in 1985, Dave upgraded the publication, steadily improving its substantive reach and journalistic quality. He dropped the word *Newsletter* from the name. It became *Comparative State Politics (CSP)*, publishing relatively short but timely articles about states and state politics. Everson developed a large cadre of contributors because their research was rapidly published and distributed. Although Everson favored essays that compared matters across state boundaries when they were offered, many of the studies described a feature or function within just one state. In contrast with typical quarterly journals of the day, by producing six issues per year *CSP* gave authors and readers information that was fresh. Believing "short articles are best," Everson favored manuscripts of ten to fifteen typed pages. He liked new ideas of course, but also new wrinkles on old themes. A typical issue contained five or six articles plus a book review or two. *CSP*, with about four hundred subscribers, provided national visibility to our center along with an editorial challenge to Everson until his death in 1999. After that the center endured a changing of the guard and publication of *CSP* passed out of existence without Everson's steady hand.

★

After five years of service at SSU following the award of tenure I wrote a self-review document that received committee evaluation and oversight from Dean Alex Casella. After some scrutiny of my accomplishments and shortcomings, I described my need for some intellectual refreshment and time for some more self-directed research. To my disappointment, I was told to do the refreshment part on my own. Because the faculty had formed a collective bargaining agreement and I was a center director, my status was parsed as an administrator, not as a faculty member. Thus, I was not eligible for a sabbatical with time apart from regular duties in order to upgrade my statistical and analytical skills. Nevertheless, I intended to use the time ahead of me to produce some book length scholarship on the U.S. Congress.

Let me note here that by the time I did my five-year post-tenure review, my son Randy was on his own after departing St. John's Military's School. During the stressful time of Randy's teen-years it was my demanding schedule of activities at the university that kept me sane and relatively productive. Despite our painful family issues, Bonnie and I were healing as we together grasped a better understanding of our family difficulties. It was also a time of financial stress with the overlapping years that our kids were engaged in Christian higher education. The 1986-87 school year was especially hard. Fran was finishing at Calvin College; Gary was a freshman at Central College, and it was Randy's first year at St. John's. We bailed ourselves out by some creative refinancing. We were thankful that the Lord had favored us with tangible blessings to meet our needs. My salary on a twelve-month basis held steady. Bonnie's diligence in real estate made it possible for us to support each child with the kind of education we wanted for them. Meanwhile I was sustained by personal support from key colleagues around me – Everson and Redfield, of course, as well as Michael Lennon, Bob Spencer, Wayne Penn, Steve Schwark and Doh Shin. Assisting staffers were there for me as well: Tara McClellan, Ken Mitchell, Marilyn Huff, Sharon Johnson-Dietsch, Jackie Wright, Ann Aldrich, Sheryl Ecklund, Jill O'Shea, Carol Kennerly, and a continuing stream of graduate assistants and students in my classes. By 1990 Fran and Randy were on their own and Gary had graduated from Central College. From that time on the financial pressure eased. Bonnie and I looked ahead with anticipation.

"Let us throw off everything that hinders ... and ... run with perseverance the race marked out for us." Hebrews 12: 1

CHAPTER 13.

Middle Years are for Persevering

From 1969-70, my year as a visiting member on the staff of the Illinois Legislative Council, on to the 1990s I had confirmed to myself the need to open Illinois politics to greater public scrutiny. Of course, I was not alone in that thinking. Many in the press corps took that task seriously. Paul Simon, who worked his way up through both houses of the Illinois legislature, on to lieutenant governor, then U. S. Representative and finally as U.S. Senator, spent a good deal of time and effort writing about and working to illuminate issues and problems in Illinois politics. Bill Miller, a veteran journalist who became SSU's director of the Public Affairs Reporting interns, was such a leader. Yet others in the legislature and elsewhere resisted transparency by keeping political information relatively inaccessible.

Early after becoming associated with the ILSC in 1981 I wrote the director of the Illinois Legislative Information System, a staff unit of the General Assembly, asking for access to computerized legislative records of roll call votes. No response. In 1985 I addressed a like request to a legislative member whom I knew well. No can do. The sort of research I had done for my dissertation on U.S. House voting could not be easily emulated regarding the Illinois legislature because roll call records remained obscure in often delayed hardcopy publications. The patterns of roll call voting by members of the General Assembly were to me a matter of mystery, too impervious for me to analyze systematically. I needed a revelation.

The heavens parted somewhat in 1989. Two young legislative staffers, Craig Roberts and William Dorn, approached me at the university with a proposal to assemble data about Illinois legislators regarding bills, roll call votes, campaign finances and electoral results. They had the skills and means to access what I wanted. These were the sort of data I desired to make publicly available. Fortuitously I learned about and gained access to legislative district population data and maps of districts from a relationship with two scholars at Northern Illinois University, Paul Kleppner and Richard Dahlberg. Using ILSC staff, including graduate assistants, we could pull together historical and other records for tables of information about constitutional amendments, election records, survey data about public opinion, campaign contributions and more, much more. We added a couple of introductory essays. The result was the *Almanac of Illinois Politics – 1990*, four hundred plus pages of politically relevant data including roll call records for ninety Senate roll calls and one hundred and seventy House roll calls. Our *Almanac*, with me as its editor, was a shameless emulation of the widely known *Almanac of American Politics*. The cooperative effort I became able to pull together shed praiseworthy light upon the inner workings of the Illinois General Assembly. It gained the center kudos from academic colleagues and even political players. Bill Dart, chief lobbyist for the Illinois Manufacturers' Association plugged the book by saying, "Rarely has a book contained as much raw data about the Illinois General Assembly and how it operates. A 'must' if you want to be successful at the Capitol." We were successful in keeping the team together for new editions every two years through 1998, growing the *Almanac* in its coverage of the executive branch and judiciary. In the 1996 edition, with co-authorship from Sam Pernacciaro, I published an essay entitled "Role Call Voting in the 89th General Assembly." Doing so overcame a long-thwarted ambition of mine. When I departed the university in 1998, I considered the five editions produced under my editorship a down payment to the people of Illinois at enlarging access to Illinois state politics, thereby enabling greater public scrutiny. I am sorry years later to say that changing interests at the university led to a cessation of the *Almanac* after 2006. An aspiration to turn the *Almanac* in to an on-line publication in 2008 went unfulfilled.

★

In 1989 Kent Redfield and I were invited to a special treat arranged for us by Governor Jim Thompson's staff. Let me set the context in which it came about. In the late 1980s Thompson, first elected as the Illinois governor in 1977, had been around prominently enough and long enough to be one of those mentioned by the media talking heads as a prospect for the presidency when Ronald Reagan's presidency was nearly over. But given the easy ascendance of George H. W. Bush to the nomination and election, Thompson did not make overt moves to fulfill his dream of higher office. He had, however, angled to host the National Governors Association (NGA) meeting before completing his term as governor. The event took place in Chicago during August 1989. Prior to the event Thompson announced he would not run for reelection as governor of Illinois, thus his hosting of the other state governors was seen as a "swan song soirée for the nation's senior governor," as Rick Pearson described it in the *Chicago Tribune* (August 1, 1989). It was a notable big bash. There were events at Wrigley Field, the State of Illinois Center (later named the Thompson Center), the Art Institute of Chicago, a "Taste of Chicago" eating event and a special concert by the Chicago Symphony Orchestra at Navy Pier.

In a thoughtful arrangement by Thomson's higher education staffer, Ross Hodel, about a dozen administration interns were chosen to attend the NGA proceedings. Hodel, always a helpful friend to me, worked up an agenda of private meetings for the interns for times when the governors were in private sessions. Redfield and I were constituted as the "academic talent." Our job was to highlight features of Illinois politics that were similar to and/or different from patterns in the other states. But there was more. Leveraged by the Thompson staff, two distinguished guests met with us and the interns for most of an afternoon to ask and answer questions informally: former U.S. Senator Charles Percy and noted *Washington Post* correspondent David Broder. Percy talked about his career in Illinois, his unsuccessful run for governor and his successes during two terms in the U.S. Senate. Broder, a widely acclaimed and well published Pulitzer Prize winning reporter, spoke knowledgeably about the history and politics of Illinois. Broder had grown up in Chicago Heights and had earned his bachelor's and master's degrees in political science at the University of Chicago. Like many other Chicagoans, Broder was a long-suffering Cubs fan. The meetings with these two noted political professionals was a refreshing and memorable experience for our governor's interns as well as for Redfield and for me.

But let me add a brief note about how political events "really work." The privileges we enjoyed as special guest observers of the host governor were certainly unique and memorable. (For example, the NGA event was my first opportunity to see and hear Bill Clinton, then governor of Arkansas.) Sometime near the end of our schedule the governor's staff kept Redfield and me with the interns, lining us up for a picture. We waited expectantly for several minutes, the staff members nervously fingering their watches. Suddenly Governor Thompson swept into the room, quickly centering himself in the assemblage. Pictures were shot and Thompson departed, really, without a word. In due time Ross Hodel, our functioning host sent copies of our picture with the governor and the interns – a picture confirming the reality of our momentary time with the smiling governor.

★

One of the ways I tried to keep fresh in my profession was by joining and participating in the national and regional political science associations and receiving their journals. The habit of attending the annual conventions started early as well. My Michigan State professors were avid association meeting participants, so I followed their example. The most accessible meeting for me was the Midwest Political Science Association (MPSA). In the early 1960s annual meetings were held at Big 10 universities. The first one I attended was in Madison, Wisconsin and I recall one at Purdue. I joined the American Political Science Association (APSA) in 1963 and attended my first national meeting in New York City in 1966 with travel support from MSU when I was prospecting for a teaching position in the fall of 1967. My next year experience was dramatically different. I was an assistant professor at SIU-C and the APSA meeting was in Chicago. Several faculty and graduate students could attend because at the time we could use the university's DC 3 as a charter, landing at Chicago's Meigs field. I felt an incredible sense of advanced status – truly a gift from God.

The conventions meant a great deal to me over the years. The primary activity was attending panels to hear papers about new research. There were hundreds of panels with typically three topically related paper presentations at each. The authors would orally explain their theses and findings. Then a discussant or two would comment, certainly critically, but often enlarging on the ideas in the papers. Audiences were often small – 25 people or fewer – so those in attendance could follow up with the panel presenters and discussants. Such sessions, about two hours in length, were generally polite and professional. The big guns in the profession would speak at plenary sessions, often to offer more expansive commentaries on politics and statecraft. My first exposure to Condoleezza Rice, a noted political scientist at Stanford, then its provost, was when she spoke at an APSA plenary session, probably in 1993. An international affairs scholar, she would become Secretary of State during George W. Bush's second term. Occasionally political figures – diplomats, members of Congress, executives and the like – would present their views before large political science audiences.

A significant exercise for me as a maturing scholar was to present papers or serve as a panel chair or discussant. My first experience was at the American Society for Public Administration in 1970 commenting about "Where Computers are Not Useful to Public Administrators." I presented a paper at the Midwest meeting in 1972 about roll call voting at the Illinois Constitutional Convention. From then on, I typically gave a paper or served on a panel as a critic or convener every year or so at a national or regional convention. Most consistently I went to the Midwest meeting which regularly met each spring in Chicago. The APSA moved around the country, so I visited Washington D.C., New Orleans, Los Angeles and San Francisco to attend meetings. Giving a paper motivated me to get a project done on time and allowed me to look for collegial interest in my topic. A presentation elicited a preliminary critique and helped me determine whether or not to invest more time and effort into refining the work for possible publication. It was a routine that I went through repeatedly, often with a co-author, and it facilitated successes in getting articles published. Such accomplishments were important to gaining stature and recognition both at one's home campus and in the profession at large. Papers and articles soon brought invitations to review books for journals, a task of modest significance, but one I still enjoy doing.

An additional benefit was the opportunity to connect with friends and colleagues. I would see former professors from MSU such as Charlie Press, Sam Krislof, Harold Spaeth and Bob Scigliano. There would be graduate students that I studied with and who stayed in the profession – Norm Luttbeg, Jim Ozinga, Paul Dawson, Alan Arian and Paul Hain. My Christian college friends were Steve Monsma, Jim Zoetewey and Joe Westra. My former graduate students and SIU-C colleagues would attend – Dick Balkema, Sam Pernacciaro, Steve Wasby, Charles Goodsell, John Baker, John Foster, and John S. Jackson. These and more nominal acquaintances always made the convention a pleasure. The hall for casual get-togethers was where the booksellers showed off their goods. Many of them were generous with freebie textbooks and there I, like others, could meet editors who were willing to discuss proposed books for publication. Without fail I would come home stimulated by fresh thoughts and ideas for teaching and writing.

I did get a bit engaged in political science association governance. Early on when Charlie Press was Midwest president, I suggested my senior colleague, Randall Nelson, to him for a Council seat. Charlie made it happen and later remarked to me what a great contributor Randy was on the Council. A totally blind World War II veteran, he was not only solid as an academic, he could raise all the access issues relevant to persons with disabilities. Later I was appointed to the nominations committee for the Midwest and got Sam Gove slated for a vice president position in 1978. While at SSU I served a three-year term on the Midwest Council, though

I recall making no significant contribution at its meetings. In 1988 I was program chairman for the annual meeting of the much smaller Illinois Political Science Association and rewarded the following year with its presidency. We did inaugurate a journal to which I later made a couple of article contributions. It is still operational, currently publishing a volume every odd year, with volume 16 (stylishly late) having appeared in 2016.

★

At the end of 1986 I turned 50. Looking ahead I still had a desire to become a college or university administrator, preferably a dean, somewhere. Although I did not rule out the prospect of gaining such position at Sangamon State, I thought that there were better prospects elsewhere. I recognized, of course, that my relatively brief years as associate dean at SIU-C and academic dean at Trinity might not mark me as a star candidate, nevertheless I chose to engage in a search. I scoured the *Chronicle of Higher Education* for vacancies and applied for more than twenty. I traveled for interviews at California State Universities at Bakersfield and at San Bernardino. Bakersfield prudently appointed a candidate with a Hispanic heritage. San Bernardino promoted an inside candidate. At the University of Michigan – Dearborn the interview went well, I thought, but not well enough to win an offer of appointment. Westmont, a worthy Christian college in California, solicited detailed responses to challenging questions for a provost. My answers apparently did not carry the day. I was considered for the chairperson position of a large political science department at Bowling Green University. The interview process revealed to me a badly divided department overseen by a tough-minded dean who would hold the department to close account until it would sort out its own problems. I received an honest letter from the departmental search committee saying that the department members were split on whether or not to make me an offer. I needed a greater sense of department member support than that to make a career move. I withdrew my candidacy from further consideration there.

In 1992 I had a serious flirtation with Calvin College, my undergraduate alma mater, for a deanship. The vice president for academic affairs then was a good and trusted friend from my undergraduate days, Gordon Van Harn. The interview went well, but three considerations deterred me. First, the dean position at Calvin was not strongly institutionalized. The dean only marginally controlled tenure, promotion and position control. Calvin had a fixed salary schedule with no merit raises. Most of my SIU-C ideas under Lon Shelby would have little application here. Secondly, the appointment would be term limited to six years and upon retirement from the deanship one would then be assigned to full-time teaching in an academic department compensated on a nine-month basis. In my case that would be in political science. Those constraints contrasted markedly with my situation at Sangamon State – a twelve-month contract, limited teaching and generous time for research and public service. More deterring still – at the time Bonnie would not leave Springfield. A move to Grand Rapids would come just as Bonnie ascended to the presidency of the Springfield Board of Realtors. That office would be the capstone of her many years of service on the Board of Realtors and all its lesser offices. She earned the presidency from long and faithful work and, quite properly, would not be denied. For both her reasons and mine I withdrew from consideration before Calvin formed its short list for a decision.

I should mention one other odd prospect for a career change. I gave talks often to education groups in the state analyzing the matters of education governance and public funding as well as explaining promising approaches for lobbying key players in the state political arena. With encouragement from some friends in the lobbying corps during 1989, I put my name up for consideration to become executive director of the Illinois Association of School Boards. One of my supporters was Heidi Biederman, who lobbied for the Large Unit [School] Districts. I had addressed her superintendents in Springfield meetings several times. So, I had a basis for making my case in writing to the association's president, touting my legislative process knowledge and bipartisan connections. However, as I contemplated what the job would entail, I developed second thoughts. I was certainly supportive of the public schools and their funding needs, but I also had a place in my heart for Christian schools including, of course, Catholic schools that serve a great many Illinois school kids. In zero-sum bargaining that would go with my job, could I argue strictly for public education and treat privates as funding rivals? What about charter schools? Then there was the real world of lobbying – kowtowing to the whims of legislators and raising money for campaigns. I knew too much about what all would go with the job and decided that the observer status I enjoyed in academe was really where I belonged. I withdrew my candidacy. One of my closest lobbyist friends, Earl Struck, later said to me earnestly, "We could have gotten that for you." That friendly remark confirmed for me that Earl's "we" meant lobbying interests that I would be obliged to join in the coalition games that played out in the legislative arena. Yes, academia was a better place for me. Having tested my credentials and experience in several dimensions of the marketplace, I concluded that my place at SSU suited me blessedly well.

★

In 1990 the founding pastor of our struggling Christ's Fellowship Church accepted a call to a Michigan congregation. Maury De Young had accepted the call from our small mission church in 1984 and worked faithfully and hard to develop the ministry and bring in worshipers. For this writing I lack access to CRC Yearbooks for the 1980s and 1990s, so I lack the membership statistics for those years. But it is my estimate that by the time

Maury, worn out by his heavy workload, decided to move on, there were about sixty people in our membership.

Being in a congregation on the periphery of our Chicago South Classis, it was difficult for us to fill our pulpit. We did have several visiting ministers from the Classis. In fact, one, whose name I cannot recall, came from the Chicago area to preach. During his drive home after worship, he felt ill and stopped in a rest area along I-55 and died of a heart attack.

In Springfield we undertook a search process that resulted in a call to Reverend Tim Koster, then in a first charge in Parkersburg, Iowa. Visiting as a candidate he responded favorably to all our interview concerns. In all matters doctrinal and ecclesiastical he would be as conservative and orthodox as we desired. He would, he assured us, follow Maury De Young's example by being evangelical and reaching out in the community with the message of salvation. We had already gotten denominational financing to buy a piece of land on Wabash Avenue in Springfield and had the intent to build a building. Prior to that we had only a spacious home for Maury and his family and we worshiped in rented space. It was our vision to raise a conspicuously Reformed presence in our state's capital community. When Koster arrived and took up his work he chose to march to his own drummer, changing up the worship and, as a matter of great disappointment to me, playing loosely with the sacrament of the Lord's Supper and allowing unqualified persons to exhort from the pulpit. After conferring personally with Koster, I judged him to be headstrong and unwise, little interested in advice. As an elder at the time, and not wanting to be in constant disagreement with our newly called pastor, I asked the Council for a leave from office and permission to attend churches elsewhere. My request was granted. To my sorrow in less than two years the church body came apart and Pastor Tim departed to a small congregation in Michigan. The properties were liquidated, and the funds regained were repaid to the denomination. It was an altogether sorry experience and doubtless several people suffered hurt. In fairness I should add that several years later Pastor Tim wrote me a letter of amends, one that I stubbornly left unanswered for a long time. Only very recently, after prayer for forgiveness, did I express amends to him. Pastor Koster subsequently ministered to a congregation in Sauk Village, Illinois.

Parted from the Christ Fellowship congregation, Bonnie and I visited about for a suitable church home. We found the Methodists compassionate but Arminian and the Presbyterians too liberal. We settled into an independent, nondenominational congregation, then named the Reformed Bible Church. Eventually our friends, the Brodens and the Carders, came to this congregation as well. We were served by a compassionate and godly minister, Reverend DeWayne Bolin. He came into the ministry as an Arminian, but eventually moved to a Calvinist position, except he could not accept infant baptism. We became supportive members of the church, agreeing to disagree about baptism without being disagreeable. By mutual understanding I was not eligible for serving as an elder, but I did do some adult Sunday school teaching. After Bolin's faithfulness in the congregation for some twenty years, Pastor Bolin felt the need to move on, returning to Oklahoma to care for ailing parents. He was succeeded by Dr. Kurt Daniel, a very firm Calvinist who, nonetheless, holds to the doctrine of adult baptism by public immersion. We appreciated Dr. Daniel's steady doctrinal consistency and enjoyed his preaching. Checking matters recently on the Internet I understand that Dr. Daniel is still there and has put a systematic series of Calvinistic teaching materials on the church's website. The church name now is Faith Bible Church.

It was probably in 1994 that Reverend Bob March came to Bonnie and me, announcing that with support from the Presbyterian Church in America, he would work as an evangelist to establish a PCA congregation in Springfield. Would we help him? At first, we demurred. Bonnie and I were reasonably settled and well served in the Reformed Bible Church. But after some consideration, including conversations with the Brodens and the Carders, we judged that a denominationally anchored congregation with the right doctrinal positions on everything, including baptism, was the one we should support. To depart the Reformed Bible Church amicably, Bonnie and I discussed our reasoning with Dr. Daniel and elder Gary Catherwood. We were warmed by their concern for us and we appreciated their willingness to dismiss us to the PCA congregation that we intended to join.

Joining the PCA mission church in 1995 we were accompanied again by the Brodens and the Carders. There were other familiar families from the past including Richard and Marilyn Hollis and Leonard and Juanita Pflug, formerly members of Third Presbyterian Church. With appreciation from Reverend Marsh, Bonnie, Don Broden and Jack Carder soon took over responsibility for receiving the church offerings, keeping financial records, and handling cash management just as they had previously done at Christ's Fellowship and the Reformed Bible Church. Reverend Marsh did his best to attract and build a congregation. Things went reasonably well and headed toward standing as a "particular Church," a congregation with its own elders and presbytery membership. The issue that resulted was, who should be called as pastor? I was made chair of the search committee. Pastor Marsh indicated his desire to continue as the congregation's pastor. With several members on the committee the discussion quickly narrowed to whether or not our evangelist pastor should now be called as the continuing pastor of the congregation.

There were considerations of both sides, but eventually a consensus emerged on the committee that it would recommend Marsh to the congregation. Richard Hollis, not a member of the search committee, learned what the recommendation would be. He decided to oppose it. Between the last scheduled meeting of the search committee and the Congregation Meeting, Hollis privately lobbied some of the younger committee members

– Pete Sherman, for one – and changed their opinion. When the scheduled Congregation Meeting began, I spoke for the search committee's on-the-record decision to recommend extending the "call" to Pastor Marsh, but now a couple of the search committee members expressed different views than they had in the committee discussion. In the secret ballot vote that followed, a majority opposed extending the congregation's call to Pastor Marsh. As a consequence, a whole new search process had to go forward. By the time a declared vacancy, call and acceptance went through the appropriate processes, Bonnie and I had retired from our professions in Springfield and had moved to Florida. We would later learn to our sorrow that the congregation failed to take root under a newly chosen pastor and the congregation fell apart. Despite Bonnie's and my desires and efforts we were disappointed not to leave a healthy Reformed congregation that was anchored in a denomination, in the Illinois capital. It had been our desire that Springfield would have such a congregation with a consistent message about the redeeming purposes of God in today's fallen world.

★

My flirtation with becoming a political player in Illinois renewed my commitment to political science research. One of those ideas I came back from a political science convention with was to study the Illinois congressional delegation. I would alter my focus, away from the legislature toward the Congress again. That had been the institution I studied for my doctoral dissertation and earliest journal articles. Yet the attention would be on Illinois because I would approach current and former Illinois members of Congress for interviews to learn about their cooperative efforts in the policy process. My first step was to sketch out my objectives and research plan to the Everett McKinley Dirksen Congressional Leadership Research Center. That Center is in Ev Dirksen's hometown of Pekin, Illinois, not far from Springfield. The Dirksen Center reviewers judged my project worthy, funding it with a small grant for travel costs. With that outside validation I gained two things – a scholarly endorsement that would open doors of access to members of Congress and legitimacy for the research in the university. My research method was pretty straight forward. I sought to interview as many Illinois Congress members as I could. My interviewing began in early 1990 and extended into 1993. Of thirty-five individuals who served Illinois after the 1981 redistricting, eighteen were interviewed and Senator Alan Dixon responded in writing. The single outsider interviewed was Dr. Stanley Ikenberry, then president of the University of Illinois, one of the rare unelected persons annually invited to meet with the Illinois congressional delegation.

Most of the interviews happened in or near the member's home district office, but two were conducted in Washington, DC. I tape recorded the interviews. They were lightly edited and put into typescript. Each was mailed to the interviewee, who was invited to make corrections or to "revise and extend" his or her remarks, a familiar practice to the members of Congress. A few small changes resulted. The corrected transcripts became my primary source material for my book.

The substantive interviews were a pleasure for me to do. The first was with my local congressman, Richard Durbin, on February 9, 1990. I approached all the sitting members. Some were easy, some were difficult, and several were impossible. Especially disappointing was that I did not obtain access to any of the African American representatives (Collins, Hayes and Savage) nor several senior members (Annunzio, Hyde, Madigan, Rostenkowski and Yates). Four former members did respond (Findlay, Daniel Crane, Martin and Davis). For my last and only repeat interview I met again with Durbin on December 21, 1993. The other currently serving interviewees were Bruce, Costello, Cox, Phil Crane, Evans, Faywell, Hastert (Speaker of the House some years later), Lipinski, Michel, Porter, Poshard, Russo,

Sangmeister and Simon. Two members of Dixon's staff were interviewed, and Dixon responded to my questions in writing.

Result of my work was a one-hundred-and-fifty-page book, *One for All and All for Illinois* (1995). The thrust of my findings was that, despite Illinois being a partisanly divided state with strongly contested elections, during the late 1980s and early 1990s the Illinois delegation worked collectively for national policies that would produce economic benefits in Illinois. That unity of purpose was backed by leadership from Michael and Rostenkowski in the House and Dixon in the Senate. Senator Paul Simon, who graciously provided a foreword for my book, put it this way. "The Illinois delegation meets monthly when Congress is in session. It works on matters that are not particularly partisan or divisive. There is a general understanding that self-restraint is essential in matters we consider if the delegation is to remain reasonably unified and effective. That means that no major battle on the budget will be part of our agenda, nor will issues like abortion or gun control, which are deeply divisive and have strong emotional pulls on both sides." My research confirmed that as diverse as the state of Illinois was and as dissimilar as its congressional members have been, nonetheless there was coherence and common purpose among the members. Both Democrats and Republicans, senators and representatives perceived their collective efforts should forge consensus about shaping governmental tools to favor economic benefits for Illinois. To do so they engaged in bipartisanship in the face of an increasingly partisan congressional climate.

I mention *One for All* to make explicit that my Illinois political research often began with the motive in mind of educating myself about something I knew little about. My research filled out my lack of knowledge by uncovering information that was sometimes obscure or hard to obtain. Then I used what I found out to make what I studied understandable for interested citizens. My professorial job was to comprehend as much about Illinois politics as I could in order to educate my students as well as the general public. I did this with as little partisan bias as I could bring to the job. That describes the mindset I carried into four years of political column writing, seventeen years of participation in State Week programs for public radio, uncounted comments for radio and television news media, hundreds of talks to associations and groups, and the five *Almanacs* that I edited. For Bonnie and me there was a running joke about people questioning her: "Is your husband a Republican or a Democrat? I really can't tell." To me that was a compliment. I was and I am a partisan, and people close to me were aware of that. But partisan analysis was not my purpose in teaching and public commentary. My task was to analyze and to illuminate. So, I took satisfaction in the fact that my partisan inclinations were little known and not easily apparent. Moreover, the absence of my partisan coloration helped me have access for conversations and research through interviews with partisans on both sides of the political fence. Being known for even handedness garnered me trust, opening doors for my research about members of the legislature and the congressional delegation.

Another comment on my work is to note that the university and I cooperated hand-in-hand to disseminate the products of my study. As already noted, my voice and comments about Illinois politics went out across the state from the SSU public radio station. In another of Dave Everson's good ideas, in the 1990s we began a series of televised interviews with secondary figures in state government and politics. The point was to understand what the authentic worker bees contribute to politics and the making of public policy. Eventually I led interviews with more than seventy persons in and around the capital – legislators, staffers, association executives and lobbyists, educational administrators, directors of state agencies and the like. One of the last interviews I did before my departure from the university was with an obscure state Senate backbencher in the minority party from Chicago's South side, Barack Obama. I cringe when I replay it because I pronounced his name as BAR`ak O BAM` a. These recorded interviews were played (and replayed, filling "public affairs" broadcast requirements?) on the university's public station. The *Almanacs* were published and "profitably" sold as university products. My books, *Lawmaking in Illinois* and *One for All* were published by the university's Institute for Public Affairs. From time to time my essays appeared in the university's magazine, *Illinois Issues*. I took satisfaction in helping to establish, institutionalize, add value, and lend quality to these media outlets through which the university was enhancing its reputation as an academic institution with a strong focus on public affairs. Let me give credit here to the supportive people around me. With Tara McClellan, Jill O'Shea, David Joens and a parade of graduate assistants, Jackie Wright, Sheryl Ecklund and Ann Aldrich staffed the ILSC office. David Everson, Kent Redfield, Steve Schwark, Frank Kopecky and Doh Shin were my continuing academic partners. Wayne Penn, Mike Lennon, Marilyn Huff, Nancy Ford and Barbara Ferrara provided university and Public Affairs Institute support. Ray Schroeder opened the campus television venue for me. Rich Bradley did the same at the university's public radio station. Bill Day, Carolyn Gherardini, Peggy Boyer Long and Edward Wojcicki made *Illinois Issues* a magazine of significance in Illinois. These are just some of the helpful people who smoothed the way for me so that I could productively contribute to public discourse about the politics of Illinois.

★

I was never a fitness freak, but it is the case that as a typical academic I spent the greater part of my days sitting on a chair behind a desk. Dennis Hoekstra was a good example to me during my Trinity days as a one who kept fit by running. At the age of forty-two I took up jogging. It was an easy habit to continue in Springfield. We lived not far from Interstate 55 south of town. I had easy access to a service road with a roughly shaped oval that was about two and a half miles in circumference. There were accessible and safe alternate roads to run. It became a well-fixed habit for me to run my routes three or four times a week. Bonnie gifted me with a reflectorized wind breaker outfit that kept me comfortable and visible in the winter months, so I had no excuse for not running during cold weather. Although jogging is not a very imaginative kind of workout, a forty-minute run does allow one to mull over the problems of the day while stimulating one's heart and lungs. I found it both cheap and physically beneficial.

From spring to fall my outside hobby was golf. David Everson and Doh Shin were frequent partners playing on Springfield's public courses. During the summer the university experimented with longer workdays: four or four and a half days a week and weekend building closures. Supposedly the summer arrangements would cut the university's utility costs. I am not sure if it accomplished much for the university, but I liked it. Bonnie and I bought Illinois Lung Association golf passbooks. We would drive to a listed golf course, perhaps as far as fifty miles away, play a round of golf on Friday afternoon at a discount price, then eat dinner at a small-town restaurant. This was nurture for our togetherness in both body and soul. We loved it.

Another matter of note was that by the early 1990s when Bonnie and I were empty nesters we could enjoy owning up-to-date cars. Let me try to recite the coming and going of our automobiles. Earlier I recorded that in 1970 we bought a family-sized Ford wagon. Despite that frame damage when it was nearly new, it endured and served us well until we lived in Oak Forest. With Bonnie doing real estate, she needed a quality car, so we chose a Mercury Lynx wagon. She was happy with that – easy to park, economical, but with tailgate space for real estate signs. I traded the old wagon for a used Toyota Celica. Totaled out in an accident (no injury, not my fault), I got a used Ford wagon (LTD II). It had a backseat that faced the rear and the two boys liked riding there. In Springfield the Lynx engine was ruined when its timing chain broke. Randy was driving but it was not his fault. The problem was simply a maintenance issue. We took our loss and replaced the Lynx with a Mercury Topaz. After I wore out the second Ford wagon, I sold it off and bought a minimally equipped Lynx for my commuting, but it did not survive an accident Randy had with it. I replaced that Lynx with a used Ford Mustang. Someone bashed in the rear of the Topaz. After its repair, the trunk leaked in wet weather. Not appropriate for a serious realtor. In 1986 Bonnie picked out a bronze colored Mercury Sable – a newly designed model with bells and whistles apt for a realtor but discounted because it had a few miles on it. A couple of years later after an engine breakdown on my Mustang, Bonnie got a new blue Mercury Sable and I took the hand-me-down. A few years after that the process was repeated. I handed off the old bronze Sable to Randy (then a dad himself). Bonnie had the new white Sable and the blue one, still in good shape, became mine. We stayed with that pairing until close to retirement. The blue Sable did have some problems by then, but more importantly, with a move planned at the end of 1998, we decided to trade that Sable for a used Plymouth minivan. The minivan was extremely helpful for carrying our family treasures in our two-move sequence that eventuated in our going in Florida in 1998. But I have more to tell you about our last years in Springfield, so let me go there next.

"The boundary lines have fallen for me in pleasant places; surely I have a delightful inheritance." Psalm 16: 6.

CHAPTER 14.

Peripatetic Adventures

Shortly after joining Sangamon State I received an invitation and was listed in *Contemporary Authors*. For a follow-up in 1996 the editors asked for an update and invited a contemplative commentary about myself and my work. So, this is most of what I shared with them for publication.

"Perhaps a writer's motivations for writing change with maturity or, perhaps, they crystallize. My experience is a combination of both. As a budding academic, there were clear incentives for my early writing: I wanted scholarly recognition, exposure for my ideas, and the benefits of tenure and promotion at my university. As a committed Christian with a Calvinistic world and life view, I believe I am called to a vocation of teaching, writing and research. Perhaps Weber was right about Calvinistic work ethic. For me, the motivation and inclination to work at my craft and calling have rarely been lacking.

Increasingly, I have come to think of myself as a missionary for democratic participation. I care about how legislatures connect the people to the authority of government and how legislators seek to work out policies for the good of the people. I am drawn to the complexities of the democratic process so that I can analyze them and explain them to citizens. The primary targets for my work are college students. The scholarship I engage in for the classroom also lends itself to transformation into textbooks. My reading has led me to other writers who explain things well, so I have taken pleasure in editing books of readings. A major focus of inquiry for me since the early 1980s has been Illinois government and politics. Just as intriguing and convoluted as American politics at the national level, Illinois politics has not been as minutely studied or thoroughly explained as national affairs. One of my major efforts has been to assemble detailed information about the institutions and active participants of Illinois politics and lay them open to public scrutiny. That is why, since 1990, I have edited biennial editions of *The Almanac of Illinois Politics* and intend for more editions to come. On my desk at this moment are revisions for *Lawmaking in Illinois* which has been favorably received by students and newcomers to Illinois politics.

The products of my study have been mostly analytical and nonpartisan. The behavioral approach I have practiced is built upon the assumption of the scientific method. The tendency in writing up such research, with its theoretical propositions, methodology and statistical presentation of findings, is to be technical, bland and academic. More and more I feel the need to harbor and nurture a sense of moral outrage. The world does not work well. People are exploited. The weak and poor must be taught to take care of themselves and defended from those who might take advantage of them. Those who are wise need to take advice from the prophet Amos (Ch. 5:15), `Hate evil, love good, and establish justice in the gate!' The preservation of a constitutional democracy is not an end in itself. It must be a means to advancing a just society. I seek to empower ordinary people to exercise their rights and opportunities in the political arena. The goal is justice for all. That is my calling."

As I pursued my calling, my gradually accumulated expertise about Illinois in the American political context increasingly opened unanticipated doors for me. Earlier I noted that I spoke often about American political practices and institutions in Springfield with individuals and groups of foreign visitors from all over the world. Recall the visits by young Philippine leaders and the later Chinese delegation in 1988. That much admired but tragic figure, Abraham Lincoln, attracted a steady stream of scholars, writers and political figures from all over to Springfield. Many came from Africa and, as the communist bloc broke up, Eastern Europe and Russia. Often when guests of the State Department arrived, I hosted and spoke to individuals and small groups.

In late 1992, just after Clinton's election to the presidency, I was taken entirely by surprise when I received a call from someone in Washington D.C. from the U.S. Information Agency (USIA). Would I be interested and available to represent that agency as an "academic specialist in democracy building" in the Philippines? When? In January 1993. Well, of course, I needed to see a full description of the program in writing, confer with my university administrators about my availability, weigh the tasks against my abilities and, most important, huddle with Bonnie about all the implications. And, by the way, "I do not have a passport." That brought a laugh. "No problem. We can expedite a solution."

From the USIA I learned that my assignment would be both complex and demanding. I was to serve two masters. The first was the Local Government Development Foundation (LOGODEF), a nongovernmental organization (NGO) that served as a center for training local government officials. Its executive director was a mature and solid academic, Gaudioso C. Sosmena. He would be hosting several hundred guests -- mayors, vice mayors and council members from cities and towns around the country. National legislation by the Philippine Congress put in place a newly enacted local governmental code, a reform effort following the end of the Marcos government era. These local officials had much to learn about federal-local relations. Would I serve as a resource about American approaches to federalism issues?

I would be equally obliged to another NGO, the Congressional Research and Training Service (CRTS) and its president, Socorro L. Reyes. The CRTS was hosting its third annual two-week seminar-workshop on congressional procedures and the policy process. It would be instructing some forty participants, including staff for the Congress, executive departments and lobbying groups. Included among the participants were persons selected as staff support for a future national constitutional convention. Sosmena would organize and coordinate two weeks of in-service education for local officials and Reyes would do likewise for her Congress-related officials. I would take part in both programs. To a modest extent these two training agendas resembled the programs Everson and I conducted for schoolteachers in our Taft Seminars.

I quickly concluded that although I would need to prepare updated information and lecture materials, including charts, data and overhead slides, this was a highly suitable assignment for me. From my earlier contacts with foreign visitors I was convinced that the scope and practices of Illinois state government provided more suitable examples for developing democracies than the vast American national government and its agencies. My SSU administrators were quick to permit me leave for a short-term assignment off-campus. Most important, Bonnie was willing not only for me to go, but would join the trip and assist me with my duties. USIA agreed to that stipulation when I expressed willingness to pay for Bonnie's round-trip flight. I owed Bonnie that treat. Weeks before, following the election, I had been her travel companion to Hawaii. As president of the Springfield Board of Realtors, she was delegated to represent her local board at the Realtors' national meeting with me attending as her guest. Tough duty for me, I must say. Thanks to the Realtors, among other engaging activities I was able to get some Waikiki beach time, tour Oahu with a University of Hawaii political science friend, Ira Rohter, and hear a high-priced expression of political vision from Colin Powell, one of the A-list speakers at the Realtors' convention.

I worked steadily through the Christmas break preparing my lectures and demonstrations. I bought a new tropical weight dark suit and several business shirts and ties to prepare for the formalities. We departed Springfield on Thursday morning, January 14, 1993, for Chicago. Northwest flew us nonstop over Alaska and on to Narita, Japan. On our arrival it was already Friday evening, so we had an overnight there. We were impressed with the orderliness of all things Japanese, including the white-gloved, uniformed security people in the airport.

Saturday afternoon we flew from Narita to Manila, arriving about ten o'clock at night. The contrast with Narita was total. We felt as if we made a hairpin curve on a mountain road. There was little apparent order in the Manila airport. All around us chaos reigned, and a plethora of people ceaselessly milled about. Instead of lines, people simply swarmed this way and that. It seemed as if by chance that someone appeared holding a placard with my name. He explained that he was my "expeditor." He took my ticket stubs and baggage checks. Twenty minutes later he emerged from somewhere, led us to a pile of our baggage, helped us carry it to a taxi and told the taxi driver where to take us. Our driver fought the traffic with his horn and deposited us half an hour later at our hotel, the Weston Philippine Plaza. It was a stone's throw away from Manila Bay.

Beginning our hotel stay after midnight I experienced a dreadful first night in our room. Our baggage was in a heap on the floor in the middle of the room. The room was high above the hotel's front entrance. My body clock was all mixed up, so I slept fitfully if at all. Every car or truck that delivered anything or anybody to the hotel apparently was required to blow its horn. Before first light I was aroused by crowing roosters. But with morning's light we got organized, took a cab to church, met with an American liaison from our embassy and prepared for duty on the next day.

My daylight hours on business days were tightly scheduled for the next two weeks. The routine was that an embassy driver picked up Bonnie and me at the hotel at about seven in the morning. My guide, Caesar Apostal, a college-educated thirty-year-old Filipino in the U.S. embassy's employ, would have the plan for the day. In the morning we would go to the LOGODEF meetings with Sosmena and the local government crowd. There I would lecture for an hour or so. After lunch the driver would take Bonnie and me, plus Ceasar, across town to the capital area in Quezon City to meet with the congressional studies group. There I would give a different lecture, now discussing congressional processes. While the morning sessions included many more people in attendance (about two hundred), they were respectful and deferential. The afternoon group members, made up of a smaller, younger crowd, were livelier and questioning. In all my presentations it was my approach to share my expertise about American democracy with its warts and all. The Filipinos I was addressing were building a new system of democracy which could benefit as much from our failures as our successes. I emphasized the numerous variations in the American states as options for consideration. But withal, I expressed my thoughts as alternatives and suggestions for Filipino adaptation, not surefire formulae for democratic success. I was serious about avoiding the role of "know-it-all American," foisting the American Way on needy folk. These were thoughtful people experienced with dictatorship who wanted to create a responsive democracy suited to their socio-cultural experience.

Bonnie and I would return to our hotel around five in the evening and enjoy a cocktail before dinner. After each busy day dinner was usually out somewhere by arrangement of our hosts. Rarely were we back to our hotel before nine o'clock for our evening's rest.

A notable hazard that affected my presentations was the fact of electrical power interruptions. "Brown outs" and power outages were almost a daily occurrence. With the handling of overhead slides assigned to Bonnie, I would be holding forth, but the power would fail. Then the overhead projector would turn off. Ditto with videos. Someone would run for a long extension cord to connect the audio and projector to a nearby generator. This was just one of many reminders we received about the ease and quality of our blessed circumstances at home.

There were too many highlights and courtesies lavished upon us to report them in detail but let me mention a few. I had the privilege of spending a solid hour with members of the lower congressional chamber's Rules Committee. I described the unique role of the Rules Committee of the U.S. House. But I also noted that unlike the U.S. House Rules Committee, similarly titled committees in our state legislatures had more limited control over legislation. An interesting time of spontaneous give and take followed.

On an all-day Saturday side trip for Bonnie and me, Sosmena's associate, Pedro (Pete) Burse, took us to the island fortress of Corregidor via a speedboat trip across Manila Bay. We visited its caves and monuments to the World War II dead and heard a recitation of key events there leading to General MacArthur's departure from that location and the Philippine surrender to the Japanese. Another unique experience for me was as the guest of honor at a dinner with Sosmena and his colleagues. When the platter featuring a large whole fish was presented to our table it was placed in such a way that the fish head pointed to me. For me that was a novel, unexpected, rather ceremonial courtesy. A few days later, on our own in Manila Bonnie and I went to explore a shopping mall. We were taken aback by seeing a guard armed with a rifle at the entrance of a local bank. Later at a major store entryway, a sign required persons entering to "check any firearms" before admittance.

During our second week the USIA delivered us to experience Cebu City, characterized as the "Queen of the South" and the oldest city in the Philippines. A seaport and transportation center, it is regarded as the Philippines "second city." An hour away from Manila by air, we arrived in the evening. The next morning, I gave a lecture on "the politics of executive-legislative relations in a democracy." The event was sponsored by the Philippine Department of Interior and Local Government. The invitees were local government officials, journalists, faculty and students from the local universities. Hospitality was warm and it struck Bonnie and me as a portion of the country deserving a much longer stay. My hosts in both Manila and Cebu were interested in my speculations regarding the direction of the brand-new Clinton administration. Even halfway around the world politically alert people were curious about the anticipated role to be played by the new president's law-degreed wife, Hillary. The Philippine experience, where Corazon Aquino had successfully stepped into the nation's presidency as a successor to her husband's leadership against President Marcos, doubtless underlay that interest.

Let me note some items of local color. After we had been driven about metro Manila for our duties, each time we entered the U.S. embassy security men with mirrors affixed to long poles would scrutinize the underbody of our limo looking for any hidden devices. To us it was a disconcerting necessity of caution. We had an experienced driver because getting around the metro area of Manila is hazardous for any amateur's well-being. Intersections lacking signal lights must be negotiated with horns, flashing lights and steady nerves. The competition for space on the roads is especially from jeepneys, homemade diesel-powered minibuses with a Jeep-like front end and a partly open back cabin with longitudinal benches for riders. The jeepney drivers pick up and drop off their fare payers willy-nilly. Another matter of curiosity to me was the ubiquity of chickens crowing in the early morning. Our driver explained why it was commonplace. He, like many men, even those of modest means, owned one or more fighting cocks. It is a sport in much of the world, don't you know?

Before our last Sunday in Manila I made inquiries to reach a local Christian Reformed Church. We got directions and arranged for an early morning taxi. Bonnie and I had no clear idea what sort of congregation we would find. Might it be made up largely of Caucasian missionary families from the U.S.? Our cabbie took us to a gated, up-scale suburban community. He had to surrender his license to get through the security gate. The handsome, airy church building was well attended with a couple of hundred worshipers. The church members, all Filipinos with but a few exceptions, welcomed us warmly. It happened to be a special Sunday in the life of the congregation. New elders and deacons were to be installed. The proceeding was awesomely serious. To our surprise the spouses of the inductees were called upon to publicly affirm the authenticity of each inductee's faithfulness in Christian life. We were impressed with the spontaneous testimonies that ensued. After the service several young professionals whose habit was to have Sunday dinner together, invited us to join them. Among this accomplished group were a couple of popular singers, a professional basketball player and a physician. After dinner and welcome fellowship, they insisted, "No, don't call a cab. We will take you back to the city and to your hotel," and they did.

Monday, February 1, 1993, was the beginning of our time off after a heavily scheduled series of duties. We slept in late. I turned on the television to find Super Bowl XXVII in progress. It was still Sunday back home. So, with giggling pleasure, we watched the game from our bed in Manila's best hotel. We had no dog in the fight. Dallas beat the Buffalo Bills badly. After that our schedule was light. It included receptions and social events. Our hosts were, by the way, most generous with gifts and dinner events to express their appreciation for our visit. The embassy scheduled a small get together for us bringing together several of the "young leaders" I and the ILSC staff had hosted in Springfield and Washington D.C. in 1986. Conversations revealed that some of them were well into the mainstream of political and business life in the Philippines. On Thursday, February 4, the cultural attaché at the American embassy sponsored a cocktail buffet in Bonnie's and my honor. It was for us rather an "over-the-top" event with guests much more distinguished than we were. Then on February 6 it was all over except for the long trip home. On February 7 we arrived, just ordinary commuters flying in from Chicago near the end of the business day, happy to be home in Springfield.

Bonnie and I arrived home to a surprising piece of news regarding Gary. While we were half a world away, Gary and Julie found one another in Springfield. It was quite a discovery for them both. It did not take long before Gary decided that Julie Broster was the love of his life. A spring and summer romance resulted in an accepted proposal of marriage. On a lovely, sunny day in Lincoln, Illinois, on August 14, 1993, they were wed in Julie's home church. Bonnie's memory of the event, sharper than mine, recollected that the bride sang to the mesmerized groom a solo, "Stand by Me," to the delight of the admiring guests. Standing up with Gary were two pals and his brother: Joe Murphy, Allen Anchor and Randy. I have to add an embarrassing memory. Gary planned a Chicago honeymoon. I suggested reservations at the Hotel Bismarck, but I failed to tell him how to find it. After a stressful and luckless search in the city, they made motel arrangements on their own. The crisis passed and true love prevailed. At this writing they have successfully marked their silver anniversary in a loving marriage.

Returning to my chronology, following the Philippine adventure, I fell into a condition of social and emotional depression. Clearly the inner me was in distress related to the upset to my body clock as well as the pressures associated with my preparation for and then the fulfillment of my three weeks of intense activity. The initial symptom was an inability to sleep. I had trouble concentrating on immediate issues and was rattled about decision-making. There are lots of remedies for some of these symptoms, but because this was not my first experience with depression and sleeplessness, I went for help to the SIU medical school in Springfield. I underwent a regimen of counseling and drug therapy that lasted several weeks. This experience harks back to an earlier time of falling rather acutely into a blue funk that I experienced in the spring of 1972. I was teaching a big class at SIU-C, a new preparation for me, on the presidency. It was a presidential election year and the state primaries for the Democrats were raging. I had decided to use an election simulation in the class. Suddenly it seemed to be getting away from me. My depression then went deeply enough that when I interviewed at Calvin College that spring, on that same trip I visited Pine Rest mental hospital. As Bonnie pointed out to me, symptomatic of the depression was my inability to make ordinary decisions to do this or that. After diagnostic tests, counseling was recommended, and I took the advice seriously. I drew upon the assistance of the SIU-C's counseling center, learning that when under heavy stress I needed to let go of some of my immediate tasks and take gratification from other activities instead of trying to overwhelm my problems by simply working harder. Meanwhile, one of my junior colleagues, Bill Shade, along with a couple of my graduate assistants, Marilyn Dantico and Juanita Jones, helped me through managing the simulation and bringing the class I was responsible for to an acceptable conclusion.

There have been two or three other periods of high stress in my life that resulted in several weeks of depression symptoms – while serving associate dean under Lon Shelby, when dealing with mid-teen crises in Randy's life and even after retirement when some investment and property maintenance problems seemed overwhelming. Fortunately, with help from Bonnie and my previous experience, I do recognize my symptoms and seek assistance. I thank God that these periods of depressed emotions have not been long or profound. They did not bring my life to a standstill. In fact, in a usefully humbling way they have impelled me to recognize my limitations and sensitized me to feel compassion for others whose life experiences have brought them low. When one's life is out of balance, professional help to prevent emotional illness from deepening is just as essential and appropriate as medical help for physical illness. Life's realities have pressed upon me a personal recognition that my psychological health, like my physical health, must be cultivated and nurtured. Sometimes that nurture should include acknowledging sinfulness in one's self and asking forgiveness from God as well as those I have hurt. Mental and emotional wellbeing is part of the wholeness that we humans are blessed to enjoy as God's image bearers when we are in proper fellowship with him.

Before I move forward, one more note on the Philippine experience. A month after our return home I received a generous note from Gina Lemley, representing the Bureau of Educational and Cultural Affairs of the USIA. She sent me "a copy of the USIS Manila evaluation report" on my trip. I was delighted to receive warm comments of praise for both the legislative and local government parts of my work. Lemley's observation about the report was, "the Post is extremely satisfied with the outcome of the project (in other words, you were fabulous!). A great deal of gratitude should also go to your wife, Bonnie, for acting as your chief facilitator during the programs. Her assistance apparently contributed even more to the efficiency and effectiveness of your presentations." Well, I do not know exactly to what standard we were compared. Maybe "fabulous" is a typical praise word in Washington speak. But we welcomed Lemley's gracious praise for both Bonnie and me. The entire experience was one of a kind and, to this day, uniquely memorable to us both. A couple of plaques hang on my study wall commemorating the events of that visit to the other side of the world.

★

After getting back to my routine of classes, radio and television events, meeting with international visitors and giving talks to various political and civic groups, I began groping about for a fresh project. Maybe it was the state and local seminar I was teaching or the stimulus of the local government part of the Philippine experience. Whatever the case, I fell for the idea of doing a reader about state and local politics. Paying attention to publishers' advertising, it struck me that readers, which seemed to have gone out of style in the political science literature during the late 1970s and 1980s, were now appearing more commonly in the textbook marketing brochures. I lacked sufficient ambition at the time to author a state and local politics textbook from scratch, but I already knew from experience the problems posed in developing a reader and how to solve them. I had ready access to Sangamon State's excellent public affairs library, so I set about searching for appropriate literature. I accumulated enough material and ideas to draft a proposal for a solicitation that I sent to several publishers that had respectable political science listings. I chatted up editors at the spring meeting of the Midwest Political Science Association in Chicago. In due time a favorable response came from Allyn and Bacon, a solid publishing house in Boston.

After some give and take with the Allyn and Bacon political science editor, Sean Wakely, we settled on a table of contents. The result was *Politics in the American States and Communities: A Contemporary Reader* that was published in 1996. It presented forty selections in ten chapters that filled more than three hundred pages. I will not try to summarize the contents, but I do want to share here what the book, aimed at undergraduate students, provided. I will quote from my preface. I began by explaining the reader's title.

> The first word is *Politics* because this book is centrally concerned with how public issues are developed and resolved and how people try to apply the authority of governments to them. Politics is expressed in many ways: in elections, in protest movements, in compromises that are made in a council meeting, in building more prisons, and in planning how government should be changed for the future.
>
> This book has an *American* focus because its limits are set by the American Constitution, and the governments to be discussed lie within the boundaries of this nation. The challenge I have wrestled with is choosing selections and information that reveal insights about the 50 *states* and thousands of *communities* that fill our huge and diverse country. Some articles deal with institutions – councils, courts, executives. Some deal with people – Chicago's Mayor Richard Daley, Speaker Vern Riffe of Ohio, and Governor George Allen of Virginia. Others analyze processes – elections, lobbying, reforming for the future. Some are written by actual political players – Justice Byron White, Governor Winter of Mississippi, and Supervisor Ann Klinger of Merced County California. The states and communities are the locus of the politics on which this book focuses.
>
> This textbook is a reader. It brings together insights by numerous authors – researchers, journalists, and practitioners – all with their own vantage points and experiences. Each selection has a focus. Some

are broad, while others are narrow. Close reading will show that each author states a purpose or problem to be examined, makes clear how it was studied, describes the important findings, and indicates how those findings affect people in their states and communities. Some writers balance their interpretations, but others conclude by advocating a point of view.

This is a *contemporary* reader. Most of you who read this book were born in the 1970s and left high school in the 1990s. All of the selections I have chosen were first published in the 1990s about recent issues, processes, and events. Of course, some of the authors review some history for you. In Chapter 9 Justice White reflects on the lessons of early English history to explain the need for judicial independence. My purpose here is to make recent scholarship available that deals with the politics of the 1990s.

Then I took up the task of weaving the selected articles together, setting forth the basic framework for understanding each of the book's chapters. Moreover, for each individual article I wrote a lead-in to engage the students by pointing out what was important in the selection for understanding contemporary politics. That was the creative part of preparing the reader. The last, mind-numbing task was to prepare test questions for the teachers who would eventually adopt the book as a classroom text. Of course, the test question booklet was separately printed and only supplied to the professors who adopted the reader for teaching a course.

Sorry, dear reader, I do not know how well the book sold. Certainly, I received reports but not any memorable royalty checks. Most of the earnings had to pay for the copyright permissions to legally reprint previously published works. Never mind. It consistently has been my experience to produce books for relatively little financial return to me. This book was no exception. And, I should add, I did not myself use the book as a text or supplement. My teaching was mostly at the graduate level, so the book was not sufficiently challenging for the graduate students in my classes. There was one special reward. I was allowed a personal dedication. My choice was to say, "To Jessica and Britani. They cannot yet read this book but they are already citizens." At the time of publication these granddaughters, Randy's girls, were grade school kids.

★

In 1994 an interesting new challenge came my way. Norman De Jong, who had joined the Trinity faculty as an education professor while I was dean there, had in recent summers taught a graduate level education law course for Covenant College. Located atop Lookout Mountain, Georgia, Covenant was well known to me. Briefly I had served on its board of trustees the year I joined Trinity. A shift in DeJong's life led him to give up this special summer teaching assignment. When asked to recommend a replacement, De Jong named me.

Covenant College had established a creative summer program serving mostly Christian schoolteachers in a way that enabled them to earn a master's degree in a series of summer courses. Simply put, the on-campus requirements could be fulfilled by participation in three weeks of classes during each of three summers. "School law, Standards and Policy" that I was invited to teach was one of the courses. The format for teaching was to prepare an elaborate syllabus of study including assigned tasks for the students which they received in February before the class ever met. Then in June-July students would reside on campus to take courses. My course was only one week in duration (all day each day), with final writing assignments to be completed by a November deadline.

This teaching challenge drew me in for several reasons. I held in esteem what the program would do for Christian schoolteachers. I knew they would be motivated and self-disciplined to a greater degree than most of the grad students at my state university. Despite the intensity of the one-week meeting time, I was confident that the students would produce the desired outcomes and that their schools and their students would benefit. For me it was a refreshing prospect to teach in a Christian college, something I had not done since my year at Calvin. To have a small class of Christian teachers would be for me a teaching treat. Moreover, I was motivated to delve into a compelling subject area. I was well prepared to teach about the American legal system, lawmaking and school politics. The neoteric aspect was to engage the current legal issues and law cases as applied to schools, teachers, principals and students. So, it was a challenge for me to prepare and execute the teaching. My SSU administrators gave me leave to be off campus for this task.

I conducted the course three consecutive summers from 1994 to 1996. Each summer the Covenant faculty welcomed me. Professors Robert Ashlock and Steve Kaufman were especially gracious. I was temporarily housed in a local motel at the foot of the mountain. In 1995 Bonnie came along and we added some tourist activities to our experiences around Chattanooga.

The students fulfilled my expectations superbly. With eight to ten in the class, the students were already well acquainted with one another. Each class session immediately came alive. The students completed their work on time, shared generously in discussions about issues and ideas and they conscientiously equipped themselves to be better in their own classrooms. Despite the brevity of my service to Covenant, I trust that the students were as uplifted by their performances as I was. Consulting the Covenant College website, I find that the curriculum and format for the master's program continues in a substantially similar way to this day. "School Law, Standards and Policies" is still EDU 745 as it was when I led the seminar and it remains a requisite for a master's degree in "educational leadership" at Covenant College.

★

After the school year began in the fall of 1996, my colleague Doh Shin brought an intriguing proposition to my attention. Doh, I should note, is a Korean American and a solid empirical political scientist. His early education was in Korea, but he came to the U.S. for his graduate degrees and he remained here for his academic career. Doh and I had a long friendship that began when I joined SSU. We were personal friends, fellow golfers and mutually respecting political scholars. Although his academic concentration was comparative politics, his forte was on the development of democracy, especially in the Republic of Korea. We had collaborated on some papers and co-authored two articles – he did the important data analyses – regarding school reform in the United States that appeared in *Social Indicators Research*. I mention that simply to say that the notion of our working cooperatively together was a familiar one.

Doh pointed out that the International Political Science Association would be meeting during the coming summer in Seoul, South Korea. How about proposing a paper for the convention and, necessarily, traveling to his favorite home away from home? At the time Doh was working on a book-length study of changing patterns in democratic development in South Korea. A piece of that research necessarily had to do with the Korean National Assembly, a subject to which I could make some small contribution. Our proposal was welcomed, and the paper was scheduled for presentation in the summer of the coming year. More on that trip in the next chapter

During the fall semester I was a contributing teacher to a graduate seminar held on Monday evenings during the semester. By some selective scheduling I was able to be off campus September 24 to October 10 for a remarkably pleasant and nostalgic tour of the Netherlands with my parents as travel companions. Bonnie and I flew from St. Louis to Detroit where we joined my mom and dad, who arrived from West Palm Beach, Florida. Together we flew on from Detroit to Schiphol, arriving at seven in the morning continental time. I will not over report the details of the trip, but it was truly delightful. At the time I was fifty-nine and the folks were eighty-one, but both healthy and vigorous. It was our shared intention enjoy the country's delights as well as to find our Dutch roots, but not in an overly serious documentary fashion. We picked up a rental car at the airport, one just big enough for four people and our luggage. Dad created the plan and had made reservations. We would make a circle allowing us to get into all portions of the country. Bonnie was the copilot, reading the maps, reckoning the mileage and announcing every twist and turn we were to make. I was the driver, taking instructions from both Bonnie and dad and, of course, operating the manual transmission on our little car. Mother's job was to solve any and all the mini crises we would encounter. She could engage with the locals whenever we lost our way. She alone in our group could speak Dutch fluently.

The first big thing was finding mother's roots. Her mother came from Ouderkerk on the Amstel River. Nearby was Hilversum where mom's parents, Opa and Opu, raised five children, all my mother's siblings. She, as I noted earlier, was the only one of her family born in the U.S. By prior arrangement we connected with mother's cousin and pen-pal, Mein Rensen, as well as with three of Mein's children: Paul, Erik, and Gre, who graciously hosted us for some meals and conversation. All of them conversed easily in English.

For dad's roots we went to Middleharnis, near the North Sea, to meet Elizabeth vander Slik- de Kaiser, a distant relative who had in previous years met with dad's older brother, Thomas. She spoke little English but she showed us the family tree and told us about Johannes, whose bakery was shunned during the 19th century Aufschiden ("the separation."). As noted in Chapter 2, he emigrated to the U.S. for religious liberty and economic opportunity during the 1850s. He was my dad's great grandfather.

We visited Harderwyjk, Opa's hometown. Mom had been there as a child of seven, when her parents took her there in 1922. Back in that day the town was on the Zuider Zee. Today much of the Zuider Zee has been eliminated and its seabed has been reclaimed and occupied. In Harderwijk we went to the Stadhuis (City Hall) to visit the archivist. He showed us records of Opa's birth. He personally led us from his office out to the street and on to the old part of the city where we found Opa's father's carpentry shop. At the time of our visit it was a "Third World" store selling imported products. However, still attached to the ceiling beams were the driving pulleys that powered machines for the craftsmanship of my great-grandfather whom I knew only from a few meager stories told me about him by my Opa.

Up in the north of the country we found the city of Groningen and, not far away, the tiny town of Zyldijk, where Bonnie's grandfather Bonnema, was born. In a small cemetery we identified a Bonnema plot with the names of Hendrik Bonnema and Auktje Wierema, Bonnie's great-grandparents. Some distance away in the town of Sneek we visited the Bonnema Hotel, an inn of modest size. It had a relatively new owner who could tell us nothing about the hotel's history or make the connection with the Bonnema family. But the hot chocolate in the hotel dining room was a welcome treat on the chilly morning when we visited.

The trip was a marvelous adventure that Bonnie and I so much enjoyed by experiencing it with my parents. We found the Netherlands to be a surpassingly comfortable place, with superb roadways and plenty of amenities for visitors. Professional people speak English very well. Distances between places are not great. I have not spoken about the tourist spots including the World War II battle sites and cemeteries, the sea water management projects, the old churches our forebears attended, the historic windmills at Kinderdyjk, a reconstructed post-medieval town and of the art museums of Amsterdam. We visited the Aalesmeer flower auction – biggest in the world – and bought Delft porcelain. The food and beer were first-rate. A special treat in the cities is to eat Indonesian cuisine. *Rysttafel* is a Dutch word that translates to "rice table." It denotes an exotic dining experience learned from the Dutch colonial connection in the Far East. It features numerous tasty side dishes of food shared and consumed with variously prepared kinds of rice. All together this adventure with mom and dad was unquestionably a gift from God and a treasured memory. The compatibility and pleasure of recreation with my parents on this trip would become significant to Bonnie and me when we made decisions about retirement. I will return to that discussion later.

★

The remainder of the fall semester and the spring semester to follow were pretty routine. I gave a variety of talks before and after the November election when Clinton and Gore defeated Dole and Kemp for the presidency. Of greater interest locally was the fact that despite a Republican governor (Edgar) and a Republican majority in the state Senate, Democrat Michael Madigan had regained his speakership in the statehouse by winning back a 60-58 Democratic majority. The hard-won Republican majority in both the House and Senate in 1994 (more later on a research opportunity that brief Republican dominance created for me), gained concurrently with the Newt Gingrich-led victory in the U. S. House, fell away. The policy control

Republicans enjoyed for a single two-year term after 1994 would now have to accommodate Madigan's Democratic leadership in the House. Several groups were interested in having me parse the implications of these latest election results.

After the New Year came and went I had only four applied study legislative interns and the luxury of time for other activities. I looked for ideas that could be developed into a paper. It came to my attention that a new group I had joined, Christians in Political Science, would hold its inaugural association meeting, complete with papers and panels, at Furman University in June 1996. My colleague, Steve Schwark, and I hit on a subject of mutual interest regarding the electorally successful campaigns of Bill Clinton for president. In Clinton's first run for the presidency he had borrowed biblical terminology to cast his campaign rhetoric as "A New Covenant with the American People." Democratic presidents before him had succeeded with the "New Deal," "Fair Deal," the "New Frontier" and the "Great Society." Was there substance to go with Clinton's "New Covenant" or not? It turns out that the New Covenant concept was articulated mostly in and for the 1992 Democratic platform. It was used to argue for an expansion of individual *opportunity* and *responsibility* in order to restore *community* and *national security*. (It covers most everything but world peace.) While these notions were conspicuous in the speeches of candidate Clinton during 1992, they were not evident in policy consideration during Clinton's early presidency. Interestingly, in 1994 when the Republicans gained congressional majorities with their "Contract with America," Clinton brought the New Covenant language back into his vocabulary during his 1995 State of the Union address and, lastly, in his remarks to a breakfast with religious leaders in 1995. Again, however, Clinton did not connect his policy objectives with his rhetorical trope. It was merely vapid campaign talk, empty of substantive meaning. By 1996 he had, in effect, put the New Covenant notion behind him. While our findings were hardly profound, we judged that political scientists would be interested to understand the vacuity of Clinton's slogan for speeches rather than substantive policy.

Schwark and I were pleased that the paper would be heard at the inaugural meeting of the Christians in Political Science. Schwark presented the paper in June 1997. I was unavailable at that time, but he reported favorable feedback at his presentation. We refined the paper to our satisfaction after that and we were delighted to have it published in the *Journal of Church and State* in its Autumn 1998 edition. It is worth noting that this publication markedly bolstered Schwark's credentials when he successfully underwent scrutiny for tenure at SSU.

As I mentioned, Schwark made the presentation of our Clinton-New Covenant paper. My attention was drawn instead toward the People's Republic of China and then South Korea. That is where I next turn attention.

"But you will receive power when the Holy Spirit comes on you; and you will be my witnesses in Jerusalem, and in all Judea and Samaria, and to the ends of the earth." Acts 1:8.

CHAPTER 15.

Venturing to China and South Korea

For several years Sangamon State University had a relationship with a Chinese university in Harbin named the University of Heilongjiang. In a previous year one of my department colleagues, Larry Golden, had gone there as a visiting faculty member, later describing it as a rewarding experience. The arrangement was for SSU faculty to visit in return for hosting graduate students from Heilongjiang for a year of study at SSU. I was game for the idea of being an exchange faculty member and was named by the SSU administration for the engagement in 1997. Of course, I went only on the understanding that by paying for Bonnie's plane ticket each way, she would accompany me. That proposal was accepted. Let me note that with the China visit and the paper presentation in Korea on my summer agenda, I necessarily gave advanced notice to Covenant College that I would not be available to teach the school law course there in the summer of 1997. That ended too soon a promising relationship with the dedicated education faculty at that excellent Christian college.

The expectations at Heilongjiang were surprisingly modest. I would be the guest of the university's English department. Its leaders had no specific expectations about my area of academic knowledge. My mission was first a matter of showing SSU's respect for Heilongjiang and sustaining a university-to-university relationship. Secondly, I would fraternize with the faculty and students of the English department. That my lectures would be mostly about American and Illinois politics was quite acceptable, no better or worse than bringing expertise about agricultural technology or philosophy of science. The idea was simply to offer learned presentations in standard American English and respond to the questions and interests expressed by Chinese faculty and students. In return I would be able to engage with Chinese scholars and students about their culture and educational issues. I even hoped to learn about provincial and local governmental authority and the extent to which they could exercise governmental discretion over regional or local affairs.

With help from the Illinois Secretary of State's office I arranged for a bundle of Illinois "blue books" of state government and a few hundred copies of the handy paperback, *Handbook of Illinois Government,* to be shipped to China in my behalf. I planned out a series of lectures to explain several distinctives regarding American constitutionalism and the place of states in the American governing order. I sketched out and compared the significance of recent American presidents in domestic politics and foreign relations. My remarks would resemble some of the presentations I had made during my visit to the Philippines. Another topic I prepared for was about the role of American universities in educating a variety of students from abroad, including, obviously, the People's Republic of China. After a bit of inter-university negotiation, the agreement was for a six week visit commencing after SSU's graduation – mid-May to the end of June.

On Monday, May 19, Bonnie and I were up before the sun and provided a ride by our neighbor, Jack Carder. Burdened with baggage for six weeks, we arrived at the Springfield airport by six in the morning. There were ticket problems because my ticket was bought separately for me through the university, while Bonnie's was purchased on our credit card. We were shuffled from American Eagle to TWA and back again. I had to be my own Red Cap, struggling with six suitcases that felt like half a ton. Nevertheless, we made it to Chicago. There we learned that our flight for San Francisco was delayed – all day. Eventually we were rebooked to fly nonstop to Japan, finally departing Chicago after seven in the evening. In the meantime, I called my office to email Heilongjiang to say that we would arrive in the afternoon a day late. Two meals, three movies and several snacks later we arrived in Narita, Japan, where we were put up in a hotel near the airport for the night.

In the morning, we were back to the airport and on to Beijing. Upon landing, a bus took us to the terminal. We plunged into a busy flow of unfamiliar faces. Eventually we found a line of folks meeting visitors. Yes, there was a young man holding a sign for Dr. Slik. Mr. Xu Wen-pei, speaking very fluent English, asked us to call him Oliver. He would take care of everything necessary to get us to Harbin. Oliver stood in line for air flight tickets that would take us another seven hundred miles northeast into the region formerly referred to as Manchuria. By train that trip would have taken about fourteen hours. I note the train alternative because at the time Oliver had been required to take that train in order to meet us in Beijing. Air flight travel by young academics like Oliver was relatively rare.

Our hosts did not burden us with heavy duties during our Harbin campus stay. When we first arrived, we had a few easy days to get acclimated. It was agreed that I would give several lectures, but there was no urgency about it. The first one was on June 4, a Wednesday afternoon. There were no classes scheduled for that hour, but students were encouraged to attend. In a hall that would hold three hundred, the crowd was standing room only. I was amazed. Could I imagine the response by Americans students with an afternoon of no scheduled classes, but invited to hear a foreign visitor talk about his own political system? Yes, but I would expect plenty of empty seats. Not only did the Chinese students attend and listen patiently, they very politely asked questions afterwards. Do white people discriminate against nonwhites in the U.S.? What explains the use of drugs and violence by young people in America? How does this matter of affirmative action work in your country? Then, to my surprise, a young woman student asked about the Illinois Secretary of the Treasury, Judy Baar Topinka. Who is she and how did she get her important position? On the earlier questions I acknowledged American cultural and political deficiencies but did my best to put my answers into as positive a context as I could. About Topinka, I answered generally regarding the increasing participation of American women in elective public offices, particularly in state legislatures. Then I invited the student who asked the questions about Topinka to meet with me for conversation after the session was over.

After my talk the questioner about Topinka came to the front of the room with great anticipation. The matters she raised were in response to what she had read in a copy of the Illinois *Handbook*. Those had been supplied to the English Department and distributed to the advanced students. This young woman had chosen the English name "Cookie" for herself. Although Cookie was an English major, she let us know that her real intention was to become a lawyer. She was sagely knowledgeable about emerging private enterprise in China and, anticipating foreign partners, she intended to fill a need for lawyers who would be able to do business in English. She was readying herself for that. Following up her interest, I told her more about Judy Baar Topinka, a proud Czech-American, who had worked her way from the House to the Senate in Illinois and on to the statewide-elected position of Illinois Treasurer. When serving in the legislature Topinka was, as I told Cookie, a willing mentor to some of my legislative interns. Having known Topinka personally I speculated to Cookie that someday Topinka might well become the Illinois Governor. (In fact, in 2006 Topinka was the losing Republican candidate for governor.)

Later during our visit, I participated in a small class that included Cookie and others who had heard my large hall lecture. Together we went over the Illinois *Handbook*, with its photos of legislators, executives and judges currently holding Illinois public offices. Especially noteworthy was U.S. Senator Carol Moseley Braun, an African American. I could pictorially demonstrate that the racial, gender and cultural diversity of Illinois was also reflected in the state's political leadership. The Chinese students inquired about American life – do children watch too much television? Certainly, some do. Am I afraid of the police? No, I answered, but I noted to them that I owned a gun – for hunting pheasants – and I showed them my Illinois gun owner permit. They considered that to be an unthinkable prerogative for a Chinese citizen.

On a Thursday evening I lectured about higher education in United States. I was not sure what sort of people would be in my audience. Because I understood that the exchange I was part of would encourage China-America relations, particularly in higher education, I rather expected Chinese faculty and perhaps even administrators. My Chinese chaperone that evening, a woman graduate student named Ronnie, was uncertain whether she would need to be my translator for this event. About eighty people were in attendance. After Ronnie exchanged greetings with the people present, she assured me that they would be able to understand me in English and that translation would not be necessary. She was relieved about that and so was I. Moreover, there was an adequate overhead projector and screen, so I could use my slides with charts and data. My audience was impressed to learn that at the time China was sending more students to U.S. colleges and universities than any other country. This audience of mostly students inquired briefly with a few questions about higher education. After that they were more interested in matters of American racism and the habits of smoking and drinking among Americans students. One questioner was aware that Bonnie and I had attended a Chinese wedding ceremony (more on that later). She wanted to know how American weddings compared to the Chinese style.

A woman professor, Shao Jin Di, invited me to a small class for a discussion with students on an essay by Bertrand Russell. I no longer have a copy of the text that the students were assigned to read, but it was rather assertive in its presuppositions about atheism, Marxism and particularly pacifism. The essay was reprinted in a paperback text for the students. They had read the assignment before I came to the class. I tried to teach them Socratically, asking the students what evidence Russell had for his argument. My questions were difficult for the students to answer. Rather defensively they expressed that they were taught to accept the validity of whatever was written in their textbook. I found that to be a telling response that explained the students' difficulties with answering my questions. Questioning and debating about the intellectual assumptions that underlie beliefs was not a commonplace practice familiar to these Chinese students and my questioning made them feel uncomfortable. That is not a bad thing to do in college teaching generally, but it is not a pleasing way to present oneself to students in a different culture. So, I backed off with some rather more gracious comments about the essay.

Bonnie was in the class along with me. Jin Di asked her to speak about herself. Jin Di and the mostly female class members were fascinated by Bonnie's career as a businesswoman. The American real estate enterprise, built upon private homeownership, seemed quite mysterious to the Chinese and evoked a number of questions. From then on as we visited with students Bonnie became a regular participant with me and often received questions from both students and faculty about herself and her career.

Let me add a comment here about the classroom where we met. It was not very clean. In fact, one of the girl students offered Bonnie a small mat to place on her chair so that the obvious dust would not cling to her skirt. We learned that the room we were using was not the usual one where this class met. The students had initiated a request for a different one because their usual location was directly across the hall from a smelly restroom. They wanted us to be with them in a more attractive space. This was just one example of how the students expressed to us their hospitality and respect. We found the students to be initially shy but, nevertheless, curious about us as individuals. Our assigned residence was on the top floor of an international dormitory. Students would come to the registration desk and ask that we be called to come down to visit with them informally. It happened several times. They would inquire about American life, sports and cultural questions. The Chicago Bulls were in the NBA playoffs at that time. Several of the young men were knowledgeable about Michael Jordan and were nearly as interested as I was about the then occurring National Basketball Association playoffs. So that was a topic of animated conversation. One young man gave himself the English name "Field," which he chose because he knew the name of the heavyweight boxing champion, Evander Holyfield. He cherished my business card, which I had printed in Chinese, because it indicated I came from Spring*field*, Illinois.

Mentioning English names, I have noted that the students majoring in English gave themselves a name, usually picked from some literature they had studied. One day a couple of weeks into our visit Bonnie and I were running out of personal reading material. We went to the bookstore to search among books published in English. I picked a book of Hemingway's short stories. Bonnie got an Anne Brontë book, *The Tenant of Wildfell Hall*. It was raining when we headed home, so Bonnie was under her small umbrella. I trailed behind without one. Suddenly at my side a student materialized, holding his large umbrella. He offered to accompany me back to our dorm and I accepted. As we walked along, I questioned him a bit. He was studying economics, but he could slowly speak in English with me. I asked him if he had an English name. He hung his head and said no. I asked him if he could say the name "Ronald." The "r" sound does not come easily to Chinese, but he managed it very well. So, I told him that Ronald was a noble name and that, in fact, it was my middle name. I told him he too could have that name. When we parted, I said, "Remember that name, Ronald." He answered, "I will remember it to the end of my life." When I shared the story with others I was informed that Chinese people set great store upon the significance of such unanticipated encounters and that I should not doubt that my Ronald does still cherish the name I imposed upon him during our rainy day encounter.

In retrospect I realize that we were kept from visiting the students in their dorms and cafeterias. Bonnie and I did often walk the campus in the cool evenings, and we could see the outsides of the dorm buildings and get glimpses of students in their rooms. Frequently we observed students reading and studying outdoors or in public places. We were told that they slept six or eight students to a room in their dormitories and that their cafeteria food was a steady but simple diet. By contrast Bonnie and I had a furnished apartment with a bath, a small TV, a couple of simple chairs and two narrow, single beds. I likened it to a Motel 6 that needed an upgrade. But by comparison to the cramped student accommodations, ours was luxurious. However, we did not hear student complaints about their circumstances. To the contrary, the students made it evident that the university setting was for them a privilege not to be taken for granted. In terms of personal appearance, I would say that the students dressed modestly but more attractively, formally and carefully than our American student counterparts.

Our hosts did their best to acquaint us with contemporary life in China. The constant message was that China was a developing nation. Much shabbiness remained from the earlier era of public poverty. The buildings, parks and roadways that were in public view were gloomy, gray and tawdry. The air was sooty, the rivers were nasty, and the buses rattled and clattered. On the other hand, China had come a long way from the days of Mao's heavy hand. A couple of university old-timers gave us hints about how they as intellectuals had to endure Mao's Cultural Revolution. (I learned much more about that after our trip from reading Jung Chang's *Wild Swans*, 1991, 2003.) We saw reminders of the former poverty when we observed wizened old men still dressed in threadbare, blue quilted coats from days gone by.

★

In response to my request of the English Department, Professor Su, the English department chairman, made arrangements for Bonnie and me to attend a Christian Church. We learned in advance that the church was a very busy place. Sunday services were scheduled to begin at six in the morning followed by more services through the day. Because the service would be crowded, a reservation was made that we would attend at one o'clock. Professor Su brought us to the church in a university automobile but he made it clear that he had no intention to attend with us. (Later I was informed that he was a Muslim.) It was Sunday, May 25. The smallish old building was packed with people of all ages and descriptions. Two seats were reserved for us close to the front rail of the balcony where we had a good view of the proceedings. Like a sardine packed in a can, I was squeezed with my knees pressed against the low rail ahead of me. The gathering consisted of more women than men. The worship leader was a woman who read a short passage aloud from her Bible and then appeared to expound the passage. People followed along, most of them having their own Bibles. After half an hour a choir filed into the simple, unadorned sanctuary. There were thirty some robed singers, mostly young adults, including a dozen men. After some animated choir singing with piano accompaniment, the congregation rose to recite together – I think it was the Apostles Creed. A second leader led in prayer, with a Congregational "Amen" after each petition. Then a third woman took the pulpit, read a short Bible passage and began to preach. She spoke very expressively with a confident look, hands in frequent motion and flashing eyes. Later, she read again from early in her Bible. I thought I heard the name "Joseph." She exhorted without apparent notes. Well after two o'clock she looked at her watch but continued preaching. There was a bit of coming in going among people during the service. When a person left a seat, another person quickly came along to fill it. Fortunately for the audience and us, from time to time a breeze blew through the open windows, stirring the air and assuaging the warm temperature. The leader's "Amen" came at nearly three o'clock. Then an elderly man took the podium and closed the worship service with prayer. All the people filed out the church. As we departed, we put some Chinese currency into the collection box. The church folks were cordial, and an English-speaking person asked if we would return the following Sunday. We had to be noncommittal, not knowing what Professor Su would allow. But mostly we were just grateful to find a body of believers who were evidently worshipful and faithful Christians.

One interesting side trip arranged for us by Jack Li, our handler at the college. He took us to the local hospital. There we met a physician who, we were told, did brain surgery. It was apparent that this person of high standing desired an opportunity for conversation so that he could practice his English skills with us. Soon an entourage gathered around us as the doctor showed us through the hospital. Curiously, one young woman took Bonnie's purse, put it over her shoulder and joined us as a dutiful "purse bearer," shadowing Bonnie faithfully every step of our excursion. The rooms where we observed patients were quite barren of equipment. Each room had two, three or four patients. What we Americans think of as nursing attention was provided by relatives who spend long hours at the hospital with their loved ones. It is not uncommon for the relatives to remain in the hospital overnight. Meanwhile, hospital staff seemed numerous and no one appeared to be in a hurry regarding patient care. We were told that in this hospital five heart transplants had been completed and that three patients were still surviving. One of those was in his fifth year of life since the surgery and, for an unexplained reason, resided at the hospital.

Among the departments that we visited was a dental clinic. There we observed a shy twelve-year-old girl receiving braces. A supervisor curiously examined my dental work and expressed his admiration. In another section an acupuncturist inquired whether I had any chronic medical issues. I told her about the swollenness I experience in my left ankle and shin. Willing to allow her attention, I volunteered for treatment. She painlessly inserted four needles which were then connected to a low voltage power source. My treatment lasted about half an hour. I was told that over time about ten such treatments would solve my chronic swelling problem. The last stop was at the apothecary shop. It had two parts. A modern pharmacy that prepared prescriptions looked familiar. The other part was an old-fashioned medicine dispensary with traditional herbs for allergies, arthritis, insomnia, digestion issues and other ailments. Our hosts were most gracious and, after drinking cups of hot water together (not tea, contrary to my expectation), Bonnie reclaimed her purse and we took our leave.

Another interesting site visit arranged by Jack Li was at the studio of an artist-calligrapher. There we were told that the characters of Chinese calligraphy are very old, dated by archaeologists from ancient sources on the shells of tortoises and carved in stone. Practitioners of calligraphy perfected the artful use of brushes for painting their symbols on paper, silk and other surfaces. We observed as our artist stroked the symbols on paper with great care. As in spoken Chinese the paint is applied in varying degrees of intensity to express subtle distinctions of meaning, but always in black. It was explained to us that in contrast to the realism of much Western art, Eastern art is more symbolic, picturing qualities of reality and evoking the imagination. Eastern works of art have multiple foci for attention rather than a single, central object in view. We were shown variations in the roughness/fineness of paintings. The artist expresses emotions and the art may embody a poetic expression. The painter/calligrapher carefully marks his work with a unique seal as well as a signature.

We examined an array of our artist's previous works. Bonnie chose a picture of Chinese cranes painted on rice paper. We were assured that the work could be folded safely for our trip and then unfolded for mounting after we returned home. The cost of the artist's work exceeded five hundred yuan, more than thirty dollars. We are delighted with this work of art, now beautifully framed for us by our daughter, Franci. For us it has graced the entryway of three consecutive homes in the years since it came into our possession and it remains a treasured favorite.

A visit that fell short of my hopes was a session with law school professors. There were three of them. They were gracious and they tried their best to be helpful. My translator was one of the English graduate students. I tried to inquire about the significance of providential and local government officials. Perhaps these matters were "too political" for responsive answers from the law professors. More likely, I think, my translator was understandably in over her head for this chat. She was, I think, too limited in vocabulary to be expressive about governmental issues and unable to put my political questions very effectively or to comprehend the terminology with which the professors responded. Anyway, the translations that came back to me concerning what the legal authorities had explained were not very meaningful. In short, we spent a frustrating hour together in which, despite their good will, I learned little regarding local and provincial political decision-making and policy discretion. Nevertheless, I left the professors on polite terms and promised to send from home a legal tome regarding American private property law that I thought they would find interesting. I kept that promise after returning to Springfield.

★

Perhaps the most extraordinary episode of our Harbin sojourn was to attend, in fact participate in, the wedding of Professor Lienfu's daughter. Our campus liaison, Jack Li, arranged our wedding attendance despite the fact that we had no previous contact with the professor or his family. Bonnie and I came to realize that the professor counted it an honor that we, the university's noted American guests, spent a good part of his daughter's wedding day with the celebrants. I must say that the celebration was a memorable occasion that doubtless cost the professor a small fortune.

With Jack Li as our guide we set forth by minibus after eight in the morning. We went across the campus to an apartment high-rise where we walked up the stairs several flights (an elevator was conspicuously absent) to a spacious residence that was tastefully furnished. With whispered explanations and translations from Jack Li, we could understand the proceedings. There was a stream of family members and friends coming, greeting the bride and the bride's parents, and then departing to make room for more visitors. The bride was beautifully made up, adorned with jewelry and costumed in a white dress with a billowing skirt. She sat prettily on a beautiful bed cover, unmoving, so we congratulated her there. She remained in that pose, receiving congratulations as the numerous guests came and went. Tea was served as we waited for whatever was to come next. Bonnie and I were seated in an honored place not far from the bride.

After an hour or so the groom and his party arrived, all formally suited and handsome. After much bowing and deference to the bride's parents and friends (including Bonnie and me), the groom helped the bride from the bed and took her by the hand. Followed by the groomsmen, the family and the other guests, the groom led the bride out of her home. Outdoors it was a beautiful and sunny day. There was a small musical combo waiting. The players broke into Yankee Doodle when the bride appeared. A photographer took lots of pictures and eventually the bride and groom were on the right and left sides of a luxurious black Mercedes sedan. They extended their hands over the roof of the car while the bride wept at the prospect of leaving her family. The joined hands were to symbolize not just the union of the bride and groom, but the joining of the two families. All the festivities proceeded slowly and with pomp, deference and, except when the bride wept, with much smiling. Then away went the Mercedes with the bridal couple.

Back on the bus, Jack Li took us to a downtown hotel. Inside there was a time of waiting around. The parents, the bridal couple and the attendants gathered around officials with marrying authority, including the matchmaker. More picture taking. There was a public reading of the marriage license. The father of the bride made a speech, including an expression of appreciation for the American friends in attendance – that part in English for Bonnie and me.

Proprieties having been observed, the people queued up to take a rather narrow stairway, ascending six flights of stairs to a reception area. Going up the stairs Bonnie and I experienced again how the Chinese people press closely together in a crowd, not observing our Western habits of maintaining space between people. There were two hundred or more guests and we sat in groups of eight at a table. Delicious food was abundant – meat, fish, shrimp, meatballs, oysters and beautifully baked fish. There were noodles and other forms of starch. For drinks there was beer, juices and Fanta (Coca Cola products reigned in China when we were there). Eventually the bride and groom circulated table to table, supplying a liquor for appropriate toasts. The wedding manager sang several songs, encouraged others to sing (we passed on that opportunity), and then sang Auld Lang Syne for the American guests. The room was noisy and smoky, but the food was marvelous. Eventually we wearied of sitting with just Jack Li for conversation, otherwise looking about with smiles pasted on our faces. Near noon Jack assured us that it would now be permissible for us to depart even though the festivities were far from over. Professor Lienfu thanked us profusely for honoring him and his daughter by our presence. We departed feeling a touch embarrassed by the privileged benefaction we experienced.

There was much more to our campus participation in Harbin. With a few exceptions we experienced generous hospitality, preeminently from Jack Li and from each of two graduate students – Carter and Oliver – who hosted us for dinner in their apartments. We heard optimism from students about their future careers, but concern over the "one child" limits to their families. We felt the presence of a campus lurker, a sixtyish woman who roamed the campus with a broom and dustpan, but whom we believe was meticulously observing and, doubtless, reporting on student behavior, noting particularly if any coeds were pregnant. We sensed the authority of a government quick to quell disorder or spontaneity. Our daily food, apart from special experiences, was plentiful but mostly bland. On at least one occasion our casserole serving included snake meat cut into bite sized slices of a chewy consistency. (I had seen that snake in a terrarium near the kitchen previously, and it was missing after our meal. Enough evidence for me.)

Often the food ingredients were mysterious, translucent mixtures to flavor our rice or potatoes. We washed it all down with a ration of Chinese beer (pijiu, pronounced pee-gee-oh) that usually was served to us at room temperature. We saw a rising metropolis with starkly imposing new concrete structures and countryside clusters of impoverished huts. We glimpsed from bus windows imposing new roadways, but ongoing construction was by hundreds of workers moving earth with picks, shovels and wheelbarrows. China's contrasts were frequent and striking. We realized that there was much more to learn but, frankly, we looked forward to our departure from the constraints of the campus.

★

On June 19 we were introduced to Tiger, a young graduate student about twenty years old who was to be our guide and translator for the "after Harbin" segment of our China immersion. Youthful and endearing, Tiger accompanied us on a bus trip to downtown Harbin. We converted eight hundred dollars into more than six thousand yuan, scrupulously accepting the official exchange rate. We had been forewarned not to deal with any unofficial currency traders who would have paid much more for our American dollars. Tiger bought bottled water for us when we needed it and, from this good beginning, he seemed to us to be a good handler and a people person. He would be our travel partner beginning on Monday, June 23. Over the weekend Bonnie and I wrapped up the contacts with our hosts, leaving some books and small gifts. On Sunday night we managed to compact all our belongings into the six pieces of luggage with which we came to Harbin.

On Monday morning we were up early. There was no hot water, not a new experience, so we refreshed ourselves with some cold water. Shiang

(Carter) and Wen-pei (Oliver) manhandled our luggage. We took some final pictures outside of our dormitory. Professor Su, the English department chairman, drove us to the airport an hour's drive away in a university Volkswagen. With us were David and Carol Alstadt, he, a visiting history professor from Texas. They would be our travel companions.

Waiting for our flight, Tiger was taut as a piano string. He had never flown before, never been to Xi'an or to Beijing, our primary destinations. Xi'an would be first, about three hours away by air (but over thirty hours by train). There were inter-university arrangements for us to be housed for our short-term visits on university campuses in both cities. To my embarrassment, I do not know the names for certain. In both places the quality of the housing was somewhat better than our circumstances at Heilongjiang University. The weather in Xi'an was warmer and the humidity lower than in Harbin.

I will be brief about our tourism, just mentioning some of the places where we stopped including Ban Po Museum and Huaqing Hot Spring. Of course, the Museum of the Terra Cotta Army was an extraordinary site that today is world famous. At the time more excavation was in progress. There we bought three miniature soldiers and a pair of Chinese lions for bookends in my office. The next day we visited the Shaanxi Provincial History Museum and two temples, Big Wild Goose and Little Wild Goose. In the evening we attended the Tang Dynasty (618-907 A.D.) dance show, an hour-long performance of music, dancing and colorful costumes. But to me the most extraordinary visit was to what is called the Forest of Stone Steles Museum. There are thousands of inscribed tablets of stone, ubiquitous physical reminders to me of the Ten Commandments. The inscriptions record history, culture and religions of earlier eras. With these stone witnesses the forefathers in the ages gone by succeeded in preserving the records and wisdom of China for thousands of years. The teachings of Confucius and Mencius are recorded there. There is a Nestorian Christian tablet dating to the third century A.D. when that sect had a presence in Xi'an. To Bonnie, I characterized this location as China's Library of Congress. It is said that the knowledge of the ancient Chinese books was carved into stone to prevent errors of understanding among the people of later generations. This site is more than a national treasure. It is an intellectual inheritance for the whole world.

On Thursday, June 26, Bonnie reorganized and repacked our luggage so that when we got to Beijing, we could store four bags and get by for a couple of days with one bag apiece. A university driver took us to the airport and an easy flight of two hours back to Beijing. Here we were housed at what I understood as the "postal university." (My recent Internet search leads me to think we were at the Beijing University of Posts and Telecommunications). The next day Tiger led the way to "downtown." We took a bus to a subway station. Tiger bounded ahead through the open doors of the subway train, four stragglers following behind. The door closed and the train was off, Tiger looking at us through the window in wide-eyed astonishment. We stood, stranded, and then broke into laughter. About twenty minutes later Tiger was back on the first available returning train. He was much relieved to find us waiting right where he left us.

The big event of the day was a stop at Tiananmen Square, where we acknowledged Mao's Tomb and waved at his huge picture. Close by is China's Forbidden City. It is truly vast and incredibly ornate. It is a collage of imperial locations with many side buildings. Seeing rooms crowded with gold and brass art objects and decorations brought to my mind what I imagine Solomon's court must have been like when the Queen of Sheba came to visit him in Jerusalem. All this was, of course, for the private luxury of the emperors while the impoverished working people resided in mud huts. But the ornately carved elephants, camels and lions projected beauty, strength and dignity. At the end of the day we returned to our campus dorm room via the subway. Again, we crossed Tiananmen Square where we could see decorations and a countdown clock marking time for when Hong Kong would be restored to The Middle Kingdom. It would be in three more days, on July 1, 1997.

Saturday was our day to visit the Great Wall. It would be even more special for Tiger than for us. We would be joined by Wendy, Tiger's fiancé and Tiger's younger sister. The sister, whose Chinese name I do not recall, lacked an English name. So, as we conversed about the matter, I suggested the name Franci. Our Chinese friends accepted it gratefully and liked it immediately. As I explained to our young friends, Franci is the name of our daughter whom we named after Bonnie's mother, Frances. Thus, we passed along some history that added dignity to Tiger's sister and her new name.

We had wonderful weather. There was a long bus ride. On our way we visited the Ming Tombs, thirty miles from Beijing. They were built between 1409 and 1644. There is imposing statuary there among the thirteen tombs. We went on to the Great Wall. This portion that is near Beijing was built during the Ming Dynasty and is called the Badaling section. We took lots of pictures and took pleasure in having Wendy and Franci along with us. Tiger was proud to have them in our company, observing him as the leader of our tourist group.

Sunday, June 29, was a quiet day. When Bonnie awoke, I wished her a happy thirty-fourth anniversary of our marriage. The activity for the day was some downtown shopping. During a store visit I got to see on television rounds two and three of the Holyfield-Tyson heavyweight title fight. The notorious Tyson was disqualified for biting off part of Holyfield's ear. Later, back at the campus dinner was simple but remarkably good – fitting for our anniversary evening. We enjoyed a tasty beef dish, some chicken, shrimp and pigeon, masterfully handling the food with our chopsticks, our one new skill acquired on this trip.

In the evening we were honored by a distinguished visitor. A bit of background is needed here. Recall that in the 1980s my center colleagues and I hosted a Chinese legislative staff group at Sangamon State. In anticipation of my trip to China, I dug out the old files from that visit, recovering the names and addresses of the members of the visiting team. I sent identical letters to each one, hoping for a connection. One response came – from the youngest of the visitors, Jiang Jinsong. When I responded to him, I told him about our host institution and my expectation that our visit would include time in Beijing. He followed up with Heilongjiang University and learned where and when we would be in Beijing. On this, our final evening he came to honor our previous connection with a visit.

He was warmly cordial. By career advancement he had become the deputy director for the research arm of the National People's Congress of China. He brought along as a gift his book on the U.S. Congress, published in Chinese. He asked if he and I could reestablish a relationship and that perhaps in the future we could exchange visits to the U.S. and China. Of course, I assured him of my willingness to seek out opportunities for shared activity in the future. I surprised him with an Illinois bluebook (containing among other records, copies of both the U.S. and Illinois constitutions) with his name embossed in gold on the cover. I signed a copy of my book, *Lawmaking*, for him and we agreed to remain in touch. He promised to send me a copy of the Chinese Constitution. We remained together for the evening until about ten o'clock at night. I, of course, was delighted about his professional success and his hopes to join with me in some future scholarly work. After his departure and before we went to bed Bonnie allowed that if need be, she would come back to China for whatever prospects I found attractive.

Monday was all about the long flight home. Tiger got us to the airport on time. We claimed our four stored bags and Tiger paid the airport tax. On the way we suffered a delay in Tokyo, then a long flight in cramped, narrow seats to San Francisco. Local time in San Francisco was just before noon, more than twenty hours after we woke up in Beijing. The next leg of our travel was to Chicago. We arrived in time to contact our son Gary to say that we would be on time to catch the last short hop of the day to Springfield. When we arrived Gary and Julie were there to greet us at the airport and help us with our ponderous luggage. They brought us home by ten o'clock, the calendar still holding at June 30, the longest day we had ever experienced. Thankfully, God is good and brought us home safely.

As a coda to the China venture let me add that after our travels, I gave some talks about our China experiences to students and faculty on my home campus as well as to community groups – the local Rotary Club and some church gatherings. I kept in touch with Jiang Jinsong and will have more to say about him later. I scheduled a visit with Judy Barr Topinka at the statehouse. She was delighted to hear about Cookie and see her picture. Then Judy and I had a picture taken together that was sent to Cookie from Topinka's office. I knew Cookie would receive that as inspirational. Carter did come to our campus for a year of study thereby enhancing his readiness for career advancement back in China years. Later I heard from Oliver that he was in New York City as a translator for a visiting Chinese VIP trade delegation at the Twin Towers just a week before the 9/11 tragedy in 2001. Obviously, China – U.S. relations have enlarged and become vastly more complex in the years since our 1997 visit. Xi Jinping and Donald Trump leave much to be desired. But I continue to be optimistic that the mutual economic interests that engage our two countries will sustain constructively competitive dealings rather than a variant of Cold War. With good leadership on both sides, proper relations can be maintained to bring increased well-being to China's people and to ours. I pray that that will prove true.

★

Bonnie and I got back to our desks to catch up on events that took place during our China adventure. Doh Shin and I finished some fine-tuning on our paper for the International Political Science Association (IPSA). July was a quiet month. Bonnie and I took a couple of days off to visit Randy and his family in Missouri during the first week of August. A week later we packed our travel bags, passports and travelers checks for a departure to the Republic of Korea (ROK).

On Thursday, August 14, Bonnie and I were up early for the Springfield to Chicago flight. We waited for a delayed departure for South Korea until early afternoon. Joining us were Doh Shin and his wife Hae Lim, for a thirteen-hour flight to Korea flying west over Alaska. We arrived at Kimpo Airport close to Seoul, Korea, by five in the evening on the 15th. It was South Korea's National Liberation Day, marking its independence from Japan and the formation of the Republic of Korea on this day in 1945. The Taegeukgi, the ROK national flag, was in evidence everywhere. The cab ride to the city revealed South Korea's modern roadways, heavy but well-regulated traffic and contemporary high-rise buildings. Our downtown destination was the Hotel President.

During our day and a half to settle in, Bonnie and I made plans to find the Choong Hyun Presbyterian Church on Sunday. Armed with subway directions we found it twenty-one stops away from our hotel. Initially we were directed to the English service with about two hundred worshipers. At the conclusion we were greeted by a Mr. Kim, who invited us to tour the large campus with six buildings including a cathedral for five thousand worshipers at a time. Mr. Kim asked if we wished to attend the main service at eleven o'clock and, of course, we did. We were placed in a balcony area and given headphones that provided foreign visitors simultaneous translation

– the language choices were English, French, German and Japanese. Clearly the Korean Presbyterians were equipped for outreach to international visitors, dutifully fulfilling Christ's Great Commission.

The service celebrated the arrival of a new senior pastor – to be installed at a formal event later in the week. This was his maiden sermon. The sanctuary was beautiful. The broad platform below us was arrayed with flowers. The robed choir numbered nearly two hundred singers, accompanied by an organ and thirty some orchestra members. The offering was collected with velvet offering bags distributed among the worshipers. Then the deacons piled them up before the pulpit in an impressive heap. The message was simple and orthodox, emphasizing Christ's work for our salvation. The pastor's pose was one of humble modesty.

After worship Mr. Kim continued our tour, bringing us to a large lunch area. We were offered soup and kimchi, Korea's famous spicy and sour salad that I quickly learned to enjoy. We spoke of many things with Mr. Kim – Korean churches, international business, politics, North and South Korea relations. We learned that South Korea's president, Kim Young Sam, was one of the elders of this church. We met a Dr. Hong who, we were told, headed a policy studies research institute. Dr. Hong took delight at my mention of presenting a paper about the Korean National Assembly for the IPSA. After more cordiality we thanked Mr. Kim and made our way to the nearby subway stop and returned uneventfully to our hotel.

On Monday Bonnie and I walked from our hotel to the Hotel Lotte nearby where the IPSA meetings were just beginning. Up the elevator to the thirty-sixth floor I went to find the room where I would chair a panel the next day. Empty at that moment I found that the room provided a great view of the city. I attended three panels that day and ran into Socorro Reyes, one of my Philippine hosts in 1993. We had a pleasant but brief reunion. She had chaired a panel on women's issues and was departing the conference for home. I had one other chance encounter, with Professor Dhirendra Vajpeyi, a fellow Michigan State Ph.D., now a professor at the University of Northern Iowa. In addition to our graduate school acquaintance we coincidentally had vacationed together in Cancun Mexico, in 1985 or 1986.

On Tuesday I was dutifully early for the IPSA panel I was to chair. Soon a small audience gathered, but the two paper presenters were tardy. Some fifteen minutes late Professor Jain, an Indian scholar from Delhi, arrived. Within minutes Professor Drago Zajc from Slovenia appeared. He apologized for being late and for not providing papers in advance. He went about the room distributing copies to the audience members and myself. He launched into a presentation about committees, staffing and political parties in Eastern European legislatures. Then Professor Jain gave a plodding presentation about legislative procedures in India. I offered a few polite comments, arousing an exchange with Zajc. We got our audience involved in the discussion, which pleased me. We filled our time. Afterward Zacj invited me to more discussion but I deferred. Bonnie and I had scheduled the city tour for the afternoon. We did meet again a day later. He told me about a political science meeting he was organizing in Slovenia next year. Would I prepare a paper and come? I was polite but made no promise.

The next day as I returned to the Hotel President to attend more panel meetings, sirens went off and a whole raft of officials with armbands appeared on the street. It was a civil defense drill that the local Koreans took very seriously. Most lights went out, traffic disappeared from the streets and people left the sidewalks and took refuge in the subway tunnels. I was with several foreigners who were shooed into a back hall of the hotel. I used a service telephone to call Bonnie in our hotel. She was required to stay in her room. It took most of an hour for the drill. Then the "All Clear" sounded and quickly things got back to normal. Clearly the South Koreans are constantly mindful how near they are to their hostile brethren north of Panmunjom.

The panel for the Shin-Van Der Slik paper was on Thursday. A pair of Danes were there to present a paper about their home legislature. About a dozen audience members were present. The program indicated the name of a panel chairman who failed to appear. Shin and I had previously agreed that I would present our paper and then he would respond to questions. Because we were missing a panel chairman Doh assumed the chairman's responsibility. Doh invited the Danes to leadoff. During their presentation, a Russian professor entered. He came to me whispering that he had just arrived but needed an hour to get his hotel arrangement settled. Could he return in an hour and make a presentation? Of course, why not?

I presented our paper, a study of popular support for representational democracy in Korea. Our data, which not only measured Korean opinion, but also opinion in ten other emerging democracies, was fairly compelling. We showed that Korean citizens were more committed to representational democracy than the citizens in nine of the ten emerging democracies in Europe. Koreans also expressed higher trust in their representatives as well. After our paper, the Russian returned to make his presentation. Our discussant raised a few questions and our audience joined in conversation. It was, for all the miles we came, a rather anti-climactic engagement. Maybe Woodie Allen was correct about such events. "Ninety percent of life is just showing up." Our effort became more consequential later on. A revised version of our paper, "The Democratization of Legislative Politics in Korea," was published in English in the *Korea Journal* (Winter 1997). Let me quickly say that although the journal shows me as the paper's co-author, most all of the research and writing recorded in that publication came from my colleague, Doh Shin. The real reason he pressed me to share credit was to entice me to make the trip to Seoul and to see him in his home situation, a pleasure I undertook willingly.

★

I will not detail all our comings and goings in Korea. We extended our stay in the country for a week after the IPSA meeting and Bonnie and I signed up for a four-day bus tour around the country. We came back to Seoul after a pleasurable trip. Then Doh Shin drew us into relations with his Korean family and professional friends. Bonnie and I enjoyed food, conversation and visits with local academics that were only accessible because of Doh Shin's high academic and social standing in Korea. But I do want to record two very special experiences. The first begins with Hae Lim, Doh's wife, who was in touch with her best friend from her college days in Korea. The friend's husband was now the president of a textile firm. He and his wife, Hae Lim's chum, were members of the exclusive Seoul Country Club. He would be our host for a game of golf. Golf at the country club was a significant status marker in Korea at that time. Doh and I would join the couple (whose name escapes me) for the nearly all-day event.

Having not planned for a golf outing when we departed Springfield, I needed the correct clothing for this privileged country club setting. I had suitable slacks but needed a collared golf shirt and a proper pair of golf shoes. The day before our event I found both at an underground men's store adjacent to the downtown subway station. I do not recall the price of the shirt, but the shoes were thirty-two thousand won for size tens – a rather large size in the Korean marketplace. Because Doh had made a point about the necessity of proper dress at the country club, I called to let him know that I was properly provisioned to meet the requirements. Doh added one more instruction. Take along a change of underwear.

Wednesday, August 27, was sunny and warm, a perfect day for golf. Bonnie and Hae Lim would remain downtown for a shopping adventure. At the appointed time, ten in the morning, Doh and I waited in the lobby of our hotel. A driver in a spotless black Hyundai arrived to pick us up. We sat in the backseat while the driver skillfully sped us through the heavy trafic, taking us an hour south of downtown Seoul. Korea is a hilly land, so we rose to a fairly high-altitude, arriving at a large, rambling clubhouse. There we waited for our hosts, who arrived wearing well-tailored business attire. In an ornately appointed changing area we dressed for our outing. After that I was supplied with a hat, golf glove and a full set of clubs.

The layout offered two separate courses on a mountainside. Our host opted for the easier course, a decision that certainly suited me. To my surprise when we arrived at the first tee, two uniformly attired caddies were there – young women identically clad in slacks, sun hats, white gloves and yellow jackets. Each would manage two golfers, pulling high wheeled carts to carry the clubs. At the first tee my caddie produced a driver, a new ball and a tee. When it was my turn, I promptly drove the ball to the right, out of bounds and down the mountainside. My caddy offered me a second new ball and a new tee. On my second swing the second ball followed the first down the mountain side. For ball number three I returned my driver to the caddie and asked for a long iron. Then I hit safely, but not very far, onto the fairway.

The course was beautiful, the fairways reasonably wide and there were several dog legs on the holes ahead, a few bunkers and huge greens. In fact, each hole had two greens but just one was flagged for the day's play. Altitude shifts from hole to hole were sometimes dramatic. At a couple of places there was an escalator giving respite for the climb from one green to a raised tee for the next hole. Often out of bounds was over a cliff just as on the first hole. As soon as my ball came to rest on the green my caddie would mark the spot and wipe the ball clean, tend the flag and, after the putts, mark down my score. Very proper, formal and dignified. At the fifth and fourteenth holes we could stop for water. At the end of the first nine holes there was a small lunch counter and table area where we were provided noodles with cold consommé, garnished with chopped white radishes and finely sliced green onions. There was plenty of iced tea to drink. The day was hot, so our hosts broke out umbrellas on the back nine, not for rain, but for relief from the merciless sun.

Needless to say, I did not play very well. I lost half a dozen balls, spraying more than a hundred strokes helter-skelter. But the privilege of playing at such an exclusive course with our generous hosts was an extraordinary experience. Upon completion of the last hole I was soaked in sweat. We repaired to the men's locker room. The wide-open shower area was meeting the needs of twenty or so nude men. There were masseurs and barbers available as well as a sauna and pool. After a good shower and fresh underwear our foursome came together for beer, kimchi and some side dishes followed by a platter of smoked duck. After an hour of conviviality Doh and I were ushered out the front entrance to our driver who returned us to our hotel in downtown Seoul. To this day I regard that round of golf, played badly on my part, as a most treasured golf experience.

Another notable experience to share is about the visit Bonnie and I made to Panmunjom. It was a tourist trip arranged by the hotel concierge, but one that excluded Koreans, even Korean Americans such as Doh Shin and Hae Lim. That exclusion was a Korean determination made for security reasons. Our bus tour was well-organized with a full load of more than forty visitors, mostly Japanese tourists. We arrived at Camp Bonifas on the border of the demilitarized zone (DMZ) before noon. At the campus entry point an American military policeman (MP) boarded the bus to scrutinize everyone's passport. The camp entryway led into a small auditorium where Specialist Sawyer, an American noncom dressed in camouflage fatigues and carefully shined boots, came striding onto the platform before us. Projecting a muscular toughness and holding forth in a loud, memorized speech he told us about the potentiality of armed conflict at the border, about mines, tunnels, artillery and search lights—all the paraphernalia of war that give substance to the tension between South and North Korea. We saw pictures of recent VIPs at the site – Clinton, Gore, Albright and others. We were each asked to sign a legal release, lest we be maimed or killed in any possible skirmish with the North Koreans. Then each visitor received the privilege of a guest pass to go up to the actual boundary line.

On our bus we passed through a triple security line – tank traps, a minefield and barbed wire. We passed by two major lookout posts, one Korean and one American. They are up high enough to see anything that might constitute a massing of troops over on the other side of the line. We took what is called "Freedom Bridge" across the Imjin River. We were not allowed to take any pictures in this area from the bus. By the way, there are specially privileged Korean farmers who live here and harvest rice and ginseng. They are prosperous by Korean standards and pay no taxes. But they live under tight security and only people native to this area are allowed continuing residence here.

Before we got off the bus an ROK MP checked our badges and passports, double checking so that no Koreans were included among the visitors allowed on this tour. Our bus went around the Joint Security Area (JSA) and brought us to the famous Conference Room where the two sides conduct formal meetings. On the South Korean boundary side there were five or six ROK soldiers on alert. They stood oddly in a Kung Fu defensive pose. We were given a short briefing there about how conferences are held. We stood on the North Korean side of the line. Outside the windows, two uniformed North Koreans sauntered around and looked at us through the windows. Inside the conference room picture taking is allowed. The conference table is simple, covered with green felt and there are audio cables and microphones running down the length of what is actually "the line" between North and South Korea.

We were ushered back to the bus and taken to an observation point. The North Koreans have a high flagpole and a huge flag -- but it cannot be seen unless there is a very stiff breeze blowing it to full extension. We were taken down the Bridge of No Return. There are checkpoints at each end, but nobody was in the checkpoint on the South Korean side. There are only U.S. and ROK troops up here. (There was a tree-chopping incident recorded at this point in 1976. Two American officers were killed, the senior one was Captain Arthur G. Bonifas. The American camp is named for him.) An armored vehicle accompanied our bus until we left the Joint Security Area to return to the Bridge of Freedom and our point of origin. Looking back across the border, there are North Korean soldiers and observation posts. They have some propaganda signs urging South Koreans to come across and for Yankees to go home. At night they play loud music. On our side the American slogan is, "In front of them all," indicating that this American military unit is the one closest to real military engagement. The hostile appearances are all too real when one is up here close to the line.

We departed on a different road than the one for our arrival, following a superhighway along the Hamgang River. Clearly the South Koreans have built major roadways and railroads that extend right up to the border. The South Koreans are prepared to open contacts and the border quickly if and when the North will accept unification. The young South Koreans we met expressed favor for a united Korea. Helena, one of our South Korean guides, told me during our travels that young, educated professional people highly support unification. Despite the warlike posture along the line, the South Koreans have invested in infrastructure, towns, industry and housing that are easily within artillery range of the North. Many South Koreans have literally bet their lives and treasure on the prospect for national unification someday.

Our travel back to Seoul went quickly and easily. Traffic only became heavy when we neared Seoul, so we were back to our hotel by four in the afternoon. We took a little rest and I caught up on my notes. We had a drink in the room and then went out to eat. Bonnie did not want more Korean food, so we went to the Lotte Hotel and ate in the London Pub. Her choice was German sausage and I ordered Italian spaghetti.

★

Thursday, August 28th was a long day, our day to travel back home. Bonnie and I chose casual dress for the day. We took our time. Bonnie reserved a place on the hotel shuttle for the airport after one o'clock. We went to the Lotte Hotel and bought some pastries and coffee to eat in the food court. We also bought some kimchi to bring home to Pastor Bob Marsh, a Korean War vet who told us about his love for that special dish before we made our trip.

We compacted all our belongings into our travel bags and tightened up the straps around the suitcases. The bellman was on time and took everything downstairs. We checked out and climbed into the shuttle. We were the only customers for this trip. We arrived at Kimpo before three in the afternoon. When we checked our bags through to Springfield, we were reminded to pick them up in Chicago for passage through customs. We paid nine hundred won apiece for airport tax. After walking to the waiting area, we divided a Pepsi because, having spent all our Korean currency, it cost all the local change I had left. At five o'clock Doh and Hae Lim showed up. They had just eaten supper. We reflected on our junket for a bit. Doh and I agreed that it had been a pretty successful visit. He had lined up several future research and funding prospects. I agreed to work on a revision of our paper for publication.

We boarded our plane at about six. The plane was fairly full, but not jammed. We were seated in the rear where the plane narrows, so there were only two seats on the window side, just as we wished. The plane ride was uneventful, featuring two reasonably good meals and two movies. However, I slept through most of the viewing time. Bonnie only got in a couple of short naps. We arrived in Chicago at five in the afternoon, went through customs, changed from the international to the domestic terminal going by way of the elevated train. It took quite a while to get all our bags, probably the penalty for being early -- first in, last off. But there was a handy transfer point for United Air Lines, so we did not have to carry those bags by hand and there was no charge for the carts.

We waited a while for our commuter plane to take us to Springfield. It was dark when we boarded the little commuter. Bonnie said that this was the smallest plane she had been on in a long time, meaning it made her uncomfortable. But the trip was routine. Our kids, Gary and Julie, were ready and waiting for us when we got to the Springfield Airport. Unfortunately, my suit bag did not make the last transfer. But we were home in time for the ten o'clock news. The kids had to teach the next day, so they did not stay but just helped us move our luggage inside. We allowed ourselves a late drink and then went off to bed. Of course, we could not sleep past four in the morning, but we got enough rest to carry us through our first day at home – no place like it! Thank you, Lord, for a safe and glorious trip. Oh yes, my suit bag came by taxi before the next day was over.

"[B]e sure to fear the Lord and serve him faithfully with all your heart; consider what great things he has done for you." I Samuel 12: 24.

CHAPTER 16.

Closing the Circle in Springfield

In 1994 Illinois politics gifted me with a political case study that held my enduring attention until 1999. The background goes like this. As the 1990s unfolded, Illinois' political parties were pretty evenly matched. In 1990 Democrat Neil Hartigan was the Illinois attorney general. Seeking the governorship, he faced the Republican secretary of state, Jim Edgar. A sharp contest was in play for the gubernatorial election to succeed the retiring Republican, Jim Thompson, the state's longest serving governor. Edgar prevailed in the close contest, bringing into office with him as lieutenant governor a former state legislator and longtime acquaintance of mine, Robert Kustra. In that election Democrats maintained majorities in both chambers of the General Assembly. The party balance shifted somewhat in the 1992 election, when Republicans gained majority control in the Senate. Among the issues Edgar and Kustra, both graduates of Illinois state universities, took up was a surprising interest in reorganizing the state university governing system. In Edgar's state of the state address in early 1993 he called for abolishing two of the university governing boards, the Board of Regents (BOR) and the Board of Governors (BOG). He announced the appointment of a task force "to focus particularly on whether the current system [of state university governance], which includes several governing boards, should be streamlined." The task force was cochaired by Kustra along with Arthur Quern, Edgar's appointee to head the state's Board of Higher Education. With little input from others, the taskforce spelled out the Edgar-Kustra plan for a structural reorganization of the affected state universities. The restructure proposal was considered and approved in the Republican controlled Senate that year but died in a committee of the Democrat-controlled House. It never even received floor consideration there.

The 1994 election was a different story. Edgar and Kustra were reelected by a generous margin. Moreover, for the new General Assembly the Republicans gained majorities in the Senate (33 R - 26 D) and, for the first time in more than a decade, a majority in the House (64 R - 54 D). Republicans also achieved control of all the statewide elective positions, an unfamiliar Republican dominance of Illinois partisan offices. Kustra, the Republican point man for higher education restructuring, publicly predicted in early January 1995 that the restructuring would happen soon and that my academic home base, Sangamon State University, would become a third campus of the University of Illinois. Because my previous research project on the Illinois congressional delegation was completed (*One for All and All for Illinois*, 1995), at the time I was casting about in search of a study topic to examine legislative and executive relations in Illinois. Living and working in Springfield, I was professionally acquainted with many of the players in the higher education community as well as those in the legislature and executive branch. Thus, between February 1995 and the spring of 1996 I was ideally situated to observe proceedings and interview the education policy participants – those for, against and otherwise affected by how this issue would be resolved.

The pleasurable part of the research was in observing the legislative action and then meeting with and interviewing many of the major players who were engaged in or by this restructuring proposal. As related in my completed study, *Intruding on Academe* (2001), I conducted twenty-five in-depth interviews, some while the process was going forward and others after the policy determination was made. What would happen to the two target boards? The BOR that governed Northern Illinois University, Illinois State University and Sangamon State University? The BOG that oversaw Chicago State University, Northeastern Illinois University, Governors State University, Western Illinois University and Eastern Illinois University? Would Sangamon State be made part of the University of Illinois system or might it become a campus associated with Southern Illinois University? More importantly, how should the policy process be explained?

I found the interviewees to be both candid and revealing. With permission from the respondents I tape recorded every interview. The tapes were transcribed, corrected, submitted for revisions to the various respondents, and then edited as necessary. The interview records became the primary data for my explanation of the forces at work in the policy process. Among my sources there were three spokespersons for the executive branch: Kustra, the governor's press secretary and the governor's higher education staffer. There were two senators, five representatives and one staffer from the legislature. From the education community I spoke with two university legislative liaisons (a "liaison" in Illinois politics is in effect an official lobbyist for a state-funded entity), three system heads, three campus presidents, one union lobbyist, the chairman and two staff members for the Illinois Board of Higher Education, the board president of the University of Illinois and a University of Illinois senior faculty guru of state higher education politics. It was an elite panel of respondents, a classy group whose members willingly enriched my understanding of what happened in the policy process.

The easy part of writing the book was summarizing the storyline of events in the political process. I could do that adequately by following the newspaper reports and my early interviews while the legislature was in session during 1995. That storyline constitutes the first chapter of nine in my book, *Intruding on Academe*. The hard part of the study was to explain the policy outcome in theoretical and empirical terminology that would be convincing among political and educational policy academics. Allow me a few details. I scoured the political policy studies scholarship available at the time. I settled on three theoretical approaches used in earlier studies of American national government. John Kingdon's insight was to distinguish separate dynamics for *problems, solutions* and *politics* (Kingdon, John W., *Agendas, Alternatives and Public Policies*, 1984). Kingdon argued that "the chances for a problem to rise on the decision agenda are dramatically increased if a solution is attached." He meant that a creative politician says this: "I've got a great solution [reform idea], so let me tell you the unrecognized problem that it solves." Besides observing executives and legislators Kingdon looked at partisan shifts, media coverage and the role of policy entrepreneurs in pulling together policy problems with solutions. Charles O. Jones focused on the policy agenda that a new executive brings in as well as the agenda continuity that the politician may join (Jones, Charles O., *Separate but Equal Branches: Congress and the Presidency*, 1995). In Jones' typology of policy change he pointed to consideration regarding a major policy shift of grand intention in the context of little knowledge about the consequences of the shift. Two other scholars, Frank Baumgartner and Bryan Jones, observed a pattern of policy change that alternates between incremental drift and rapid, major shifts – what they called a "punctuated equilibrium model" (Baumgartner, Frank R., and Bryan D. Jones, *Agendas and Instability in American Politics*, 1993). Armed with the elaborations on these theories by the authors, I dug into my hundreds of pages of interview transcripts to find out what explanations were suitable for my case study.

To my delight, I could identify in my interview data clear conformity to the ideas and regularities of political behavior suggested in the theoretical literature cited above. Governor Edgar had a willing and capable policy entrepreneur in Lieutenant Governor Bob Kustra. Together they could advance a policy solution they favored and shape it to satisfy problems of their own definition. Appointees to the system boards and the Illinois Board of Higher Education made during their first administration muted criticisms from other education players to the structural changes desired by Edgar and Kustra. The election results of 1994 brought firm Republican control to the legislature. The governor and the legislative leaders formulated a fast track partisan strategy for a broad agenda, higher education restructuring included. Thus, there was "agenda continuity..., setting up the possibility for ambitious decision-making and speculative augmentation" (*Intruding on Academe*, p. 92). Under the previous status quo, higher education conflicts were routinely about budgets and fair distribution of benefits across the system of systems. Edgar-Kustra changed the conflicts to matters of policy accountability, administrative costs and decentralization of institutional governments. Their winning strategy brought about significant changes, including winners and losers in the public higher education community. One piece of that change significant to my life and career was to change the institutional anchor for Sangamon State University where I had tenured faculty status. By legislative fiat with gubernatorial approval Sangamon State University became the University of Illinois Springfield (UIS), part and parcel of what throughout my book is referred to as the state's premier land-grant university. Only gradually but increasingly the governance change has altered academic life at UIS, changes coming mostly after my emeritation. Let me just conclude by saying that I completed my author duties in 1999. A journal article about my project appeared in the *Illinois Political Science Review* (Fall 2000, pp. 71-86). The last task for the book-length analysis was to prepare a thorough index. *Intruding On Academe* was published by Southern Illinois University Press in 2001, emerging as my final publication with university support. Slender as it is (135 pages), I am pleased with the completed work.

★

The fall semester of 1994 was the last time I taught my career bread-and-butter course, legislative politics. Over the years I kept my substantive information up to date, but the organization of the course remained much as my book *Lawmaking* was organized. The two texts were Davidson and Oleszek, *Congress and Its Members*, and Van Der Slik and Redfield, *Lawmaking in Illinois*. As always, I assigned students the task of finding answers to specific questions about current individual members of Congress. My habit was to pair contrasting members – one from Illinois with one from a "favorite state," as named by each of the students. With twenty-some students the chance to describe, compare and share with the class about forty-some congressmen always helped me make clear to the students what an interesting mix of characters have been elected to the U.S. House. This teaching, of course, was before having computers in the classroom, but was much enhanced with a generous use of overhead slides to summarize information, explain data tables and illustrate ideas with cartoons, classroom methodology I learned much earlier in advice from Dale Brown at SIU-C.

Looking back at the class list, one name stands out: Abdul Hakim Shabazz, who got his master's degree in public affairs reporting. He went on to get a law degree at St. Louis University and is today columnist whose essays appear in the Indianapolis papers and he does commentary for local television. Those are sidelines to his practice of law.

In the fall, 1995, and spring, 1997, I taught my graduate seminar on Congress. It drew several interesting students. Chris Everson was one of them. Chris, Dave and Judy Everson's son, was on Speaker Michael Madigan's legislative staff. He was the single House staff member I interviewed for *Intruding on Academe*. I quoted him at some length about how House Democrats reacted to the Republican restructuring agenda. Another student, a mid-career lawyer named Doug Martí, commuted from Greenville to take the course. He was a quiet, but diligent, gentlemen. I recall recommending him to a local community college for part-time political science teaching. Later someone forwarded to me a response that he made to a university survey expressing his regard for me and my qualities as a teacher. Jim Montgomery interned for Democrats in the Illinois House and Senate. He went on to be elected mayor of Taylorville for two terms, the youngest mayor ever in that town when first elected at the age of twenty-seven. He went on to get a master's degree in public administration from Harvard's Kennedy School of Government. Shane Voyles got my recommendation for law school. Successful, he is a senior staff attorney for the Illinois Police Benefit and Protective Association in Springfield. It is a favorable memory to me that UIS became an intellectually nurturing institution for numerous place bound students with modest financial resources. Nearly all commuters, they received good upper-level and graduate courses that helped them achieve access to local and state level opportunities in government and politics. I take satisfaction in having had a hand in helping a succession of students gain that kind of educational success during my years in Springfield.

When not working on other things in 1996 and 1997 I set about revising and updating my chapters in *Lawmaking*. It had not been revised since 1989. I did a comprehensive job on the chapters I had previously drafted for the book, but I counted on my co-author, Kent Redfield, to add chapters on campaign finance and party leadership. I brought my revisions to Rodd Whelpley in the spring of 1997. Rodd would bring the revisions together, freshly edit the book and put it into published form for the Public Affairs Institute. To my disappointment Redfield's focus was elsewhere so revisions were not made. I did pull together and bring to market the fourth and fifth editions of the *Almanac of Illinois Politics*, published in 1996 and 1998.

I should note that in May 1996 I made one of my best staff decisions. Jill O'Shea, who was an accomplished assistant to the director in the center for several years, decided to move on. To fill that vacancy, I had the opportunity to hire David A. Joens. David had been experienced in the Illinois Senate as a graduate intern who was subsequently hired on as a Democratic staffer. He had a solid familiarity with the statehouse as well as the state political players. Using the academic credits gained as an intern, David added courses sufficient to complete a master's degree at UIS. Working in my behalf he did a great many things including recruiting and directing graduate assistants, backing up the intern program, organizing programs and conferences and handling routine paperwork. Like others who preceded him in the job (Joan Parker, Tara McClellan, Ken Mitchell, Jill O'Shea, and Steve Hendrickson) he had talents far more than needed for routine work. He followed up on three innovative ideas. One was "The Illinois Political Journal." As a person with Illinois history interests, he loved to prepare weekly short history vignettes matched to dates of the year, scripting them for the campus public radio station. He worked with Rich Bradley producing professional level reports. It was entirely David's project and a creditable one which our local station distributed to other public radio stations around the state. David needed no prompting or oversight from me, just a free hand to do the work. Another contribution very helpful to David Everson and me was in preparing us for the "Inside Illinois Government" television interviews and interviewees. Initially when David Everson and I started the series (Everson's idea), we did our own background research and invited the guests. But Everson wearied of the routine relatively early on, so I continued it as a solo host. With David Joens as my assistant, he took over the guest invitations, prepared background information about them for the interviews and readied our guests for the tapings. Over several years all told I think I hosted or cohosted about seventy-five of these twenty-eight-and-a-half minute television interviews. There were that many because David Joens kept the interviewees coming.

The third item had to do with the Cook-Witter lobbying firm. I had a personal relationship with Bob Cook dating back to when we became acquainted at Cherry Hills Baptist Church in 1969-70. When I joined Sangamon State in 1981, Bob Cook was the executive director of the Illinois Realtors Association and a statehouse regular with whom I kept in touch. Leaving the Realtors in 1985, Cook and Randy Witter opened their contract lobbying firm. One of the firm's customer relations efforts was to produce an occasional newsletter. On a modest contractual basis after 1995 David Joens began to write Illinois history features for the *Cook-Witter Report*. One of those feature stories described the first African American to serve in the Illinois General Assembly. He was John William Edinburgh Thomas from the second legislative district in Chicago. He entered the legislature on January 3, 1877. Dave Joens' interest in John Thomas carried him through a long, arduous program of graduate study, a doctorate in history from Southern Illinois University-Carbondale and a productive dissertation on Thomas that was later refined into a book, *From Slave to State Legislator: John W. E. Thomas, Illinois' First African American Lawmaker* (Carbondale: Southern Illinois University Press, 2012). Let me note that after I departed UIS, David Joens edited the successor volume to my final

Almanac of Illinois Politics 1998, his published in 2000. Dave Joens then moved on to become director of the Illinois State Archives for the State of Illinois and is the author of numerous articles about Illinois history and government. Let me note here the privilege I had at UIS was in nurturing talented people like Joan Parker, Dave Joens, Jeff Stauter, Porter McNeil, Tara McClellan and others who moved on to significant careers related to Illinois public life.

Let me comment briefly on a few of my public activities in the later 1990s. One was becoming an election forecaster for BIFEC, the Business and Industry Federation of Economic Concern (BIFEC) conference. BIFEC was a loose coalition of mostly business lobbyists. Many represented a particular company or industry. Full-time agents of their company or association, some of those were not on-scene, as full-time Springfield lobbyists. Some, in fact, lobbied in additional states wherever the interests of their sponsors were affected by state laws. Each Illinois election year provided two "seasons" for legislative elections – the March primary and the November general election. BIFEC would have pre-election conferences a couple of months before each electoral event. One of the features would be a briefing session on the legislative races – who was contesting and what would be the likely outcome. My "territory" for several of those events was downstate Illinois, meaning districts south of Interstate 80. My forecasting sometimes drew upon scientific polling. Often my information was based upon networking with campaign fieldworkers and gossip with statehouse insiders. Some of my sources were former students and interns who had gained staff positions in mid-levels of state government. Valued intelligence included reports about who was getting what campaign staff support and/or funding from the partisan legislative leaders. I would formulate "Slik's Picks," reporting which candidates were doing well or badly and who were the favorites to win. Being one of the speakers, I would also hear from the commentators who had the inside stories about districts and candidates in Chicago and its suburbs. The information had practical value for the lobbyists. They gained insights that affected their judgment about how to spend their political action committee dollars. Participating in the information exchange enriched my teaching, speaking engagements and the weekly public radio show for which I was a regular panelist.

A related kind of activity was being a commentator on the news for the local television news outlets in central Illinois. Often, I was asked to interpret political events for the local TV news. On several election nights I joined the local reporters to explain the outcomes as changing voting numbers were coming in from around Illinois for statewide offices and legislative contests.

★

Typically I did not do public policy advocacy in my public speaking and writing except as one who spoke for political processes that were open to public scrutiny and civic participation. But there were a couple of exceptions. I wrote and spoke against the state's legalized gambling. I opposed the lottery as a means of raising public funds. I disapproved of the state's riverboat gambling casinos. I made my point of view clear in an *Illinois Issues* opinion piece, "Legalized gambling: predatory policy," in March 1990. I took part as a spokesman in a Midwest gathering for an interest group, the National Conference AGAINST Legalized Gambling, held in Champaign in 1995 or 1996.

In September 1998 I wrote an open letter to President Bill Clinton that was published in the Springfield *Journal-Register*. It called upon Clinton to resign the presidency. I wrote the piece after the Clinton-Lewinsky headlines, not making the case about his sexual sins, but judging that he discredited himself by his denials and because he let high-ranking women in government defend him with untruths that he failed to correct. He made the Secret Service a party to his deceits. His self-centered effort to keep the presidency distracted him from his duties to Americans and allowed troubles around the world to receive short shrift from American leadership. "The distractions that you wish to put behind you adhere to you, not to the office of president. Please spare our people, particularly the young, from what promises to be an embarrassing public denouement following the special prosecutor's report. It is too late for you to receive an honorable discharge from your office, but you can resign and avoid greater public disgrace. It is now time for this nation to put you behind it," I argued. Needless to say, President Clinton did not take my advice. Had he done so, Al Gore would have become president and who knows how that might have affected the outcome of the Bush-Gore presidential election of 2000? Would that have blunted Hillary Clinton's road to the Senate and beyond?

From time to time I wrote newspaper commentaries advocating voting and other forms of political participation. At one point I did run for precinct committeeman for the Sangamon County Republicans. In fact, the incumbent and I scored a tie vote. It was necessary for my opponent and me to go to the county chairman's office where he, Irv Smith, presided over a drawing. I drew the winning ping-pong ball out of a hat. It entitled me to a two-year term. Besides a couple of county party meetings, my main job was to sign off on job applications by people residing in my precinct who were seeking partisan appointed jobs in local or state government. After two years I was up for reelection but the local partisan candidate for mayor, Michael Houston, ran a slate of candidates for precinct positions in order to line up partisan support for his planned candidacy for a statewide office. My defeat after one two-year term meant that my partisan career in Springfield was extremely brief and nearly invisible, doubtless a good thing.

One other bit of advocacy appeared after my emeritation in a January 2006 article in *Illinois Issues*. I argued "Let Children Vote." I made a case for family-friendly public policies that would have likelier political support if children were allowed to vote. "Why shouldn't a family of two parents and two children be entitled four votes? With four children, six votes. Won't our pandering politicians seek to be more appealing to those vote-enhanced families? Of course they will." I wanted the family bias to favor educational policy, school elections and local taxation referenda. "[O]ur electoral rules of the game disenfranchise our most defenseless citizens. That bias ought to be redressed. My proposal strikes a blow for fairness to our children." Sadly, my blow was of little policy consequence. But who knows? Maybe someone will pick up on the idea and advance it thirty years from now.

★

Having mentioned my long-standing friendship with Bob Cook, I am reminded about significant events in Bonnie's public life. The background is that in 1994 I conducted a retreat for the Cook-Witter team. It was sort of a company self-scrutiny intended to help Bob and Randy Witter, the principals, assess their organization and plan strategy for the years ahead in their business. It was a pleasure for me and, according to Cook, a useful exercise that led to some tangible results for the firm. In subsequent contacts with Bob, he discussed other of his interests with me, in particular, his efforts to organize a Fellowship of Christian Athletes group in Springfield. We got around to the need for involving women in that effort. I suggested Bonnie to him. Bob latched onto that and shortly thereafter she was named to the local board of directors for that organization. Six months later she was the chairperson and energetically moving the organization forward. Admiring her leadership skills and success, Bob next suggested her for the board of directors for the Illinois Governor's Prayer Breakfast, a big annual

Springfield event. After a few months on the board, she was made president elect. 1998 was her presidential year. That spring her chosen guest speaker was an articulate female and evangelical black academic, Kay Cole-James, from Regent University. Later in Cole-James' career she was named director for the Office of Personnel Management, a sub-cabinet position in the George W. Bush administration. Bonnie received some criticism about that choice – a strong Christian woman as speaker for the group's annual event. Bonnie also received praise from particular board members who wanted to hear an authentic Christian call to prayer in behalf of the governor and all those serving in Illinois government. Bonnie's choice was one of only three women ever chosen for the honor of giving the annual address during the last half-century. Following Bob Cook's retirement, he thanked Bonnie for fulfilling his hopes by showing herself to be an effective, action-oriented Christian woman willing to take part in Springfield public life and making a difference.

★

In 1996 Bonnie and I began thinking ahead about retirement. That summer we deliberated with James Blackburn, a Christian financial consultant, about the adequacy of our income, insurance, savings, debts, pension, as well as our health, travel and gifting aspirations. Considering the resources and benefits coming our way, he gave us a qualified thumbs up about the adequacy of our stewardship plans. We were unsettled about how long to stay in our careers and whether or not we would remain in Springfield. There would be a variety of politically relevant opportunities for me as an emeritus professor if we chose to stay in the Illinois capital. Bonnie likewise could remain active in a variety of ways. The primary alternative was to pull up stakes in order to live in Florida. Brother Jim was solidly fixed in Port St. Lucie as pastor of its Christian Reformed Church. Mother and dad had settled there as well, having outgrown the habit of summering in Michigan and wintering in Florida.

One tangible step to evaluate the alternatives was to spend a summer week in Florida. We had experience with winter vacations, but was the summer heat too much for us? A week in a condo at Cocoa Beach during August was a good test. A realtor friend of Bonnie's could make such a location available to us for rent. It was hot, of course, but the beach and the breeze were great. We liked the accessible attractions in Orlando and south Florida. So, it became our considered judgment that we could handle Florida summers assuming the availability of a well air-conditioned house. We knew what we did not want – six months in Springfield or any other northern location, and six months in Florida. That had been mom and dad's choice for a number of years. We, however, wanted all our "stuff" in one, relatively comfortable location, perhaps a Florida location.

Adding charm to a Florida move was recalling that extended vacation to the Netherlands that we had experienced with dad and mom. While pursuing our busy lives in Illinois, we had not spent extended time with my folks, just short visits for weekends or holiday stays. But the immensely rewarding time we enjoyed together touring the Netherlands in a closely packed car, along with the many meals on the road and cramped hotels we amicably shared, convinced Bonnie and me that living close to my parents would be a treat. Sharing our leisure with family would be fulfilling for all of us.

On our next Florida trips Bonnie and I poked around the state. Tallahassee, with Florida State University on the doorstep, looked interesting to me, having lots of political and academic possibilities. But, said Bonnie, it sometimes snows in Tallahassee. We checked out the Florida Keys – sun, fun and seafood! No snow there. But getting in and out of the Keys depends upon only one road in and one out of the Keys. When a hurricane threatens, all bets are off. No, probably not the Keys. The University of South Florida was in the Tampa-St. Petersburg area. That looked attractive to me. "Too busy," said Bonnie. We checked out Palm Coast. It is south of St. Augustine, all new and not far along in development, but extremely spread out. There was not even a good hospital system there yet. Generally warm, it had three seasons of weather and varied vegetation. But..., maybe not. How about down on the Gulf side – Fort Myers, Cape Coral or Naples? But that is such a narrow strip of humanity just west of the Everglades and subject to Gulf humidity. I don't think so. Miami-Fort Lauderdale? Not a chance. Too urban. Thus, by a process of elimination we decided to look seriously at the Port St. Lucie area north of Palm Beach. Careful scrutiny did bring a serious downside to me – no significant university with a good research library. But housing and housing prices were right. And, of course, the right church and the immediate family connections trumped the other thoughts. We decided to get serious about that possibility.

In the late 1990s the UIS budget was flat and raises insignificant. My dean at the time was Glen Hahn Cope. It was no mystery that I had one of the top salaries in the university that went with my twelve-month appointment as director of the Illinois Legislative Studies Center. Much of my visibility and public service activity was off-campus. My classroom teaching responsibilities were not as critical to the academic program as they had been in earlier years. I had close to thirty years invested in the State University Retirement System (SURS). Dean Cope inquired, what did I think about "early retirement"?

Bonnie was open to the idea. We were financially able to do it, but not yet fully ready to depart Springfield. We settled on the idea to take a month-long vacation break over Christmas-New Year's 1997-98. By adding some vacation days to time that the university would be closed for the yearend break, I could be away from mid-December to mid-January. Bonnie could make similar arrangements with her work. In our church magazine, *The*

Banner, we found an ad for a rental from a Grand Rapids couple that attended Sunlight Christian Reformed Church when they were in Port St. Lucie. They owned a golf villa in an upscale PGA Village west of Port St. Lucie. They were willing to accommodate our timing.

Since our honeymoon break in 1963 Bonnie and I had never taken a month long vacation during all the years of our marriage. By agreement with my folks as well as Jim and Marge Vander Slik, we would see them for holidays and at church, but not spend a lot of the month with them. Bonnie and I would use the time to check out everything in the region – golf courses, restaurants, libraries, beach locations, shopping malls, churches, theme parks and subdivisions as well as builders and bankers. In fact, we did follow up on all of those explorations. We even had house guests for part of a week. Doh and Hae Lim Shin joined us for half a week during our stay. As our month drew to an end, Bonnie and I were in agreement. We would settle in St. Lucie West, near both church and family. The gated subdivision we favored – Lake Charles – had two competing developers. We checked out the offerings from each of them. We picked out a vacant lot and a four-bedroom model house with about twenty-four hundred square feet of space for our next residence. On the last full day before our departure, we selected our preferred choices out all the builder's options – cupboards, carpets, tile, outside and inside colors and appliances. We requested an oversized garage. We went away confident that everything our new house would need prior to occupancy would be provided. We signed a contract that would be fulfilled before New Year's Day 1999.

We shared our plans with family. It would be a calculated loss to leave Gary and Julie, developing their own roots in the school system and community of greater Springfield. Fran and Eric had already opened their art gallery store in Grand Rapids. Randy and Angela were in a struggling marriage, living near Kansas City, Missouri. The kids were accepting of our decision while my parents were delighted that we would live near them. Bonnie and

I shared confidences about our plans with only a few colleagues. In point of fact, my actual early retirement agreement with the university only became final on my signature in November 1998. I think it was a balanced agreement, certainly good for me. It created a vacancy with staffing flexibility for the university. In addition to a small immediate bump in my annual salary, I was allowed to depart the university at the end of 1998 by vacating my director job at ILSC. I would remain in an off-campus assignment until August 15, 1999. During that time, I would complete some projects and polish off my book, *Intruding on Academe.* After that I would have emeritus status. Just to make sure I was on solid ground, I had my attorney, Richard Hollis, review the details and assure me that my interests were protected in this agreement.

★

The last calendar year at UIS went quickly. In the spring I had a small class of five legislative applied study interns to place with legislators. Only three of the interns completed their assignments and even one of those took an incomplete. I did an unusual amount of traveling. I took part in an Askew Institute in Florida at the end of January. I went to the Southwest Social Science meeting in Corpus Christi during March. There was a LINKS conference in Boston during April where I was a panel discussant. I cannot recall the words in the acronym, but LINKS connected public policy research centers focused on the American states and had a fairly practical orientation regarding state policies and ideas for structural and procedural reforms. At the Midwest Political Science Association in Chicago I chaired a panel regarding "Legislative Process in the States" and I visited Pepperdine University at Steve Monsma's invitation for its conference on religion and public policy in May. On the UIS campus I co-chaired the campus-wide community fundraiser for local charities. In the fall I was the guest of the political science department at the University of Illinois Chicago. I did a "State of the State: Illinois in 1998," a broad gauged description for the UIC undergraduates. I addressed a seminar for graduate students and faculty entitled "Beyond Incrementalism: Changing Higher Education Governance in Illinois," published later by the *Illinois Political Science Review*. That analysis was expanded in my book, *Intruding on Academe*. I gave what was for me an enjoyable seminar lecture for the incoming UIS political science graduate students about the literature of legislative politics. I reflected on how that literature had grown and diversified during my now concluding career. After word got around about my retirement, Bernie Schoenburg devoted part of his political column in the *State Journal-Register* to expressing admiration for my career work. Pete Sherman wrote a longer treatment in the *Illinois Times,* a local weekly, in September.

Late in the late summer of 1998 we put our home on the market and Bonnie promoted it effectively. We spruced up the inside with a professional paint job, changing to white our previously dark colored kitchen cabinets. The large bathroom was freshened up. I do not recall how many showings we had, but Bonnie managed to get us a fair price, selling it to Bill Hickerson, a blind jazz disc jockey at the campus radio station, WUIS. To our surprise the buyer wanted to move in on Thanksgiving weekend. That was a bit of a rush, because our Florida house was scheduled for completion after Christmas, but before the end of the year. As my realtor wife explained to me, when the price is right, the seller accommodates the buyer about when to close the deal.

Moving issues took a lot of doing. We consulted our Florida builder. He could not speed up the completion of our house, but he could allow us to store our household furniture in the garage of an unsold new home in the subdivision near where our new house was located. We could empty the Springfield house in time for our sale closing and deliver our goods to Florida over the Thanksgiving weekend. We made a one-month rental agreement with the Hilton Hotel in downtown Springfield for a well-furnished, stylish suite that also provided us a reserved parking spot. My next decision was to trade in my well-used blue Sable for a deluxe used Plymouth van. Pulling the back seats out of the van we could load it with unneeded household items for give-away, then later store a full range of retained clothes and personal items that we would need in Springfield during December.

On the Tuesday before Thanksgiving I picked up the largest moving van in the U-Haul rental inventory. With muscular help from Dave Joens and some graduate students we packed the moving van with the heaviest and bulkiest of our furnishings. But we had more goods than we could load into the truck. On Wednesday morning I added the largest U-Haul trailer to the back of the moving van and filled it up as well. Arriving a bit late for our real estate closing and embarrassing my realtor-wife, we signed all the papers early Wednesday afternoon following the final vacuum sweeping job in the house. Then we pulled out of the driveway, me driving the U-Haul truck with a trailer behind it and Bonnie in the white Sable, packed with lampshades and fragile items. The Plymouth, filled mostly with winter clothes, was safely garaged for the weekend at Bonnie's real estate company.

That Wednesday Bonnie and I traveled till late at night. A couple of funny miscues gave us plenty of laughs. The first happened before dark in southern Illinois. On Interstate 57 south of Marion, Illinois, we needed to turn east onto Interstate 24. I was leading the way. The exit is on the right after which the road makes a sweeping left turn over I-57. As I proceeded onto the exit, I saw Bonnie in the white Sable tooling straight ahead on I-57, headed toward Cairo, Illinois. Of course, it only took her a minute or two to realize her mistake, but she had to go five miles or so farther before she could exit, turn back and take the east exit onto I-24. Meanwhile I pulled over to the margin of the highway, trusting that Bonnie would do what she needed to do to get back on track. Would you guess? An Illinois state trooper pulled up behind my trailer. "Sir, you can't park your rig on the side of the Interstate." By the time I explained our situation, Bonnie was in sight and the trooper graciously decided that he did not need to issue me a ticket.

A few hours later I needed to fuel the truck. I don't know exactly how I did it, but I got my truck-trailer into a situation where I could not – did not dare – make a turnaround to get out of the fueling location where I had managed to get myself stuck. After standing around looking foolish, I consulted with Bonnie. She knew what to do. Ask a real truck driver to get us out of my pickle. So, she did that and some young prince of the road got into my U-Haul, did some skillful backing and turning, then pulled my truck-trailer around so I could safely exit with a full tank of fuel.

Finally, about midnight in the middle of Georgia, we got to a motel where Bonnie had a reservation. It was on the east side of Interstate 75. I had to take the exit and turn left to an awkward entrance for the motel. I played it safe, going out of my way east until I found a wide, gated parking area where I could make a slow and easy U-turn. Then I could go back and safely park at the motel.

But our difficulties were not over. Our assigned room was not cleaned and made up. The motel was full to capacity. The night staff was minimal. When we recognized our situation, Bonnie went to the front desk. They provided us with an armload full of sheets and towels. She and I changed the linens ourselves. Then we flopped into bed. In the morning the manager presented us with a zero-balance bill, making up for the reserved but unprepared room we had accepted and tidied up ourselves the night before.

Despite my white-knuckle driving experience, we had no more road incidents, making our way out of Georgia on I-75, through the pine forests of north Florida on I-10, around Jacksonville via a bypass and down I-95 to Port St. Lucie. We arrived at mom and dad's place on Thanksgiving evening feeling road weary. We were in time for some turkey sandwiches from their earlier Thanksgiving feast with Jim and Marge. We slept in mom's den. Rising stiff and achy in the morning, dad arranged with a golfing buddy to help us unload our furnishings (including Bonnie's treasured baby grand piano) in the garage of a vacant new house in the Lake Charles subdivision. Nothing creative. Just hard work. After that we walked through the incomplete structure that was to be finished for us at the end of the month. The layout looked just as it was supposed to, but the detritus of construction in progress lay all around both inside and out. Our poking around the unfinished structure drew our future neighbor, Ray Kuchinskas, a former biology teacher who hailed from Pennsylvania, out for a friendly conversation. He gave us a resident's perspective about living in our beautifully maintained subdivision. A fully pleasing prospect for Bonnie and me.

Hard work finished, I turned in my empty truck and trailer at the local U-Haul depot. Mother skillfully recycled her leftover turkey, oyster dressing, yams and the other customary festive accoutrements into a delightful dinner for us. In the evening there was typical family-catching-up-with-the-news. We could tell the folks about Fran and Eric's grand opening of Lapis Moon Gallery in Grand Rapids. Mom and dad had charitably loaned some of the capital needed by our kids to pull off their grand opening. Gary and Julie were now homeowners in a Springfield suburb, safely tenured in their public school teaching jobs. In Kansas City Randy and Angela were struggling in their rocky, immature marriage to support their two little girls, Jessica and Britani. On Saturday Bonnie and I took our leave, able to talk and speculate about our future as we covered the miles back to Springfield in Bonnie's Sable. Most of the hard work – selling the house and moving our goods to Florida – was now completed. Both Bonnie and

I had things to resolve at our respective offices but being in a hotel suite in downtown Springfield was a simple-living treat in the month ahead.

December flew by. I do not recall what all Bonnie finished up, but she had a solid working relationship with her office mate, Shirley Cohen. Whenever either one had scheduling conflicts or other business-related issues, the other would cover – appointments, showings, closings or whatever came along. When appropriate, they split commissions. Bonnie could leave her incomplete deals to Shirley's discretion – no problem.

I had some little and big things to resolve. I mailed off an article review to Keith Hamm, coeditor of the *Legislative Studies Quarterly* – "not publishable in its present form." I advised students who had a way to go in their degree programs. I wrote letters of reference for students headed for graduate schools, law schools and internships elsewhere. A large task was sorting out my library. My holdings were extensive. My *American Political Science Reviews* went back to 1963. I had numerous years of the *Journal of Politics*, Midwest's *American Journal of Political Science*, the *Social Science Quarterly*, *Polity* and several others for shorter periods. My book collection was extensive as well. I contacted Trinity Christian College and the librarian there said he would welcome receiving my books and journals as a gift. We agreed on a date and some students came down in a van to haul away the huge cache of political science materials. I winnowed down my files and records. With great sorrow I threw away transcripts of interviews with black Illinois legislators (retained since 1970), including one for Harold Washington, Chicago's deceased first black mayor. I unburdened my drawers of boxes and boxes of material, tossing the contents into a UIS dumpster. For several years I had kept at my office a dangerous small handgun and other paraphernalia that I removed from Randy's room when he was placed in juvenile detention. The university's security office had a policy of receiving such stuff for safe elimination, no questions asked, so I safely disposed of it all. I kept a choice ten percent of my library holdings and files to bring along to my study in Florida.

I deliberated on the prospect of giving a departing public lecture about the "State of Illinois Politics." I think my Institute would have sponsored it if I had asked. But I did not want to ask. I would rather that someone else had come up with the proposal that I should make such a public presentation. However, no one did, so I let go of that idea.

On the afternoon of December 9, 1998, the Institute of which my center was part put on a retirement event in my behalf, complete with pictures and gags from the past seventeen years. Most of the kidding had to do with my colorful sport coats and ties, ridiculing my peculiar tastes in men's dress wear. I took the occasion to individually name and thank a long roster of people – students, staff, graduate assistants, faculty and administrators. These were people who had made my years at SSU/UIS productive and pleasant. I concluded with a story I had used at Trinity years before about the bird that was in danger of freezing to death on a snow swept prairie. It was restored to vitality by a farmer's son who went out of his way to place the bird in a steaming pile of cow manure. The revitalized bird began to crow. The bird's sounds attracted a fox, who snatched up the bird and ate it in one hungry gulp. The story has three morals: "It is not always your enemies who put you in it. It is not always your friends get you out of it. When you are in it up to your neck, don't crow or bring attention to yourself." I acknowledged that I'd been "in it" several times, but now, wanting to depart safely, I would do so without crowing.

On the day before Christmas the university closed for a break until after New Year's Day. At the close of business, I quietly said goodbye to my faithful secretary, Kathy Bottoms. With a last briefcase full of correspondence, I departed the campus. Days later, Bonnie and I moved into that freshly finished house on St. Kitts Cove, in Port St. Lucie, Florida.

"You, [Heavenly Father,] have made known to me the path of life; you will fill me with joy in your presence, with eternal pleasures at your right hand." Psalm 16:11.

CHAPTER 17.

Retirement Means Breaking Out!

By New Year's Day 1999, Bonnie and I were new Florida residents in a brand-new house in Port St. Lucie, Florida. We were as frisky as two young colts turned loose on a grassy green prairie. Freed by retirement from any formal regimen of work or obligation, there was a world of fun before us to explore and enjoy. The year began on a good footing. The Big Ten's football champion, the Wisconsin Badgers, rolled to a Rose Bowl victory over the UCLA Bruins, 38-31.

Bonnie and I were hardly settled into our new place when Randy let us know that Denise Burkhamer, the new love of his life, had accepted his proposal of marriage. We were delighted with that news. But it necessitated some hurried plans for travel. For reasons of family connections Denise decided that the wedding would take place in Truckee, California and the date would be February 14th. Without much preparation Bonnie and I hit the road west, heading for Truckee through Reno, Nevada. To our surprise when we arrived, it was not just winter there. A recent storm had piled the snow more than five feet high. Despite the challenging weather, there was no stopping the bride and the groom. Denise was charming in cowboy boots and a white wedding gown. The ceremony took place in a restaurant aptly named New Beginnings. The vows were made before a local justice of the peace, and we celebrated with a delightful lunch in the pub, toasting the happy couple with blackberry wine. Their honeymoon fun was in nearby Reno. With a prompt adieu after the formalities, Bonnie and I fled the snow, returning purposefully to Florida's comfortable warmth.

In the days after our quick trip west we searched out golf courses and beaches available for play and exploitation. Mom and dad Vander Slik were as close as a drive and a three wood away. They cheerfully golfed and ate out with us often. Jim and Marge, deeply engaged with their endeavors at Sunlight Christian Reformed Church, were close as well and available to be with us for meal occasions and events for church and family.

The early priority for Bonnie and me was to choose new furnishings and appropriate decorations for our new home. Our rooms were papered and carpeted with light, summery colors. The furnishings we carried from Springfield were dark and not really suitable for Florida decor. So, of course, finding the right bedspreads, towels and decorator items was an enjoyable challenge. Our checkbook was fat. Our credit cards had high limits. I needed half a dozen bookcases in order to unpack my carefully winnowed library. Home Depot had the needed material, so I filled the van, assembled the bookcases in the garage and unpacked and shelved my books. Bonnie needed fewer bookcases but required filing cabinets and a workstation setup. We signed up with Comcast for cable connectivity and put our personal computers online.

One of our early experiments was to take painting lessons. Bonnie had laid aside the watercolor painting that she had learned in Springfield during my visiting year at the Illinois Legislative Council. The moving process brought her easel and old supplies to light. She challenged me despite my protestations about having no ability to draw a straight line without a T-square. It was fun to think about colors, balance and perspective. We invested in some brushes, paper and paints, spending pleasant time together on our sun-drenched patio with its southwest exposure. An afternoon or two a week with watercolors made a refreshing counterpoint to outings at the beach or to the golf course.

In late April I received sad news from Springfield. My close colleague, David Everson, collapsed and died while performing a customary workout on a treadmill. The cheerless duty of writing a eulogy for the university community in his behalf fell to me. Dave was only fifty-seven when he died, intending to take early retirement that would allow him all the time he wished to use writing mystery novels and short stories. As I have often noted, Dave was a fertile source of ideas for our joint work together and a reliable colleague. He took his work seriously but not himself. I will quote a few lines I wrote to memorialize him at that time.

> "Dave was not narrowly specialized in his written scholarship. He authored, co-authored and co-edited a half dozen political science books, and published numerous essays and reviews. He was well read in democratic theory, electoral politics, political parties, lobbying and legislative processes. He loved political biographies. Doubtless he knew more about lobbying and lobbyists in Illinois than any other political scientist. But the main beneficiary of his knowledge and good humor about those topics was an endless stream of students who were eager to

take his classes or do a thesis with him. Dave made teaching/learning a joint venture and students held him in great affection for the way he shared that enterprise with them.

One of Dave's engaging skills was in telling stories. Frequently over the years the staff and graduate students of the Illinois Legislative Studies Center performed as the supporting cast of the Mighty Everson Art Players. Dave wrote, directed and starred in these productions which resembled bits for Saturday Night Live. Often, they expressed political humor, reproving personages like Ronald Reagan, Jimmy Carter or whoever happened to be the top administrator at the university. His story telling skills and creative imagination were professionally recognized in the publication of a half dozen murder mysteries by Ballantine and St. Martin's Press. Not surprisingly his fiction, which always used themes and images from Illinois politics and popular culture, revealed the same dry wit and incisive commentary that long endeared him to his students and friends.

For those of you who did not know Dave well, you missed an authentic good guy and a very gracious friend. For his son Chris he was a pal, a dad and a tremendous mentor. His wife Judy was, as Dave said, his *sine qua non*. Dave, you will be missed."

In the fall of 1999 UIS arranged a public memorial event where many of Dave's friends gathered to recount the pleasurable times that we had all shared with Dave Everson.

I was still obliged to UIS until August 15, 1999. Doh Shin and I completed a report on an Illinois statewide democracy survey and wrote about it for *Comparative State Politics*. In April I went to the Midwest Political Science Association meeting in Chicago, delivering a paper on Illinois higher education governance. I also chaired a panel regarding public education. Most important, I made final galley corrections and I delivered a detailed index for *Intruding on Academe* to the SIU Press. The book would not appear until 2001. Oh, yes, one other detail. Upon my emeritation in mid-August, I owed the university the return of its personal computer provided for my work. The return necessitated a new one for our household. As I recall, Bonnie and I handled it just as we usually did with cars: she picked out a new one for her workstation and I received her hand-me-down.

★

In 2000 I heard from Jiang Jinsong. We had corresponded from time to time since our meeting in Beijing in 1997. It was his desire that I work with him as a doctoral student. That was not practical for me. I did recommend him to Keith Hamm at Rice University. Nothing came of that. Instead Jiang successfully pursued his doctorate in China, completing first a book on the American Congress, then one on the British Parliament, both in Chinese. After that he tackled the subject of the National People's Congress in China, writing in English for a Western audience. Now he wanted me as a political scientist knowledgeable about legislatures to transform his awkwardly written scholarly description into accurate and fluent English prose. Moreover, he hoped his book would be published and sold in the United States, thereby making him a wealthy man.

I took up the easy task of disabusing him about the likelihood of becoming a rich author. In fact, after some introductory consideration of his manuscript, delivered to me online from Beijing, I knew how unlikely interest would be from an American publisher. Jiang, although disappointed, accepted my judgment and my recommendation that he seek publication by a Chinese publisher of books in English. He took those steps and then brought a new request for my consideration. A foreign language press in

Beijing was interested but the quality of the manuscript's English needed major surgery. Jiang's request to me was that I serve as the manuscript surgeon. It was easily apparent that this would be a major commitment of time and effort on my part. It would, however, have scholarly significance. I would learn a great deal about the opaque, inner workings of the Chinese Congress, and I would help Jiang make his knowledge accessible to other English readers around the world. It was evident that, despite Jiang's mangled and stilted prose, he did have detailed insight about his subject and the capability to describe with great specificity the organization and the internal functioning of the People's Congress of China. I took him at his word that he really knew of no one else who could help him. So, with a mix of feelings I undertook the venture to make Jiang's manuscript publishable in suitable English.

Work it was. I labored at Jiang's manuscript for an entire year. It took a great deal of patience to comprehend and then edit the wording, phrasing and sequencing of ideas in his sentences. In early feedback to Jiang I told him that I was trying to "retain the order of your discussion. I have not attempted to reorganize or edit the logic of your discussion. Because I sometimes find your sentences cumbersome, I have shortened them and reduced duplication in the writing. I hope that you find my shortened sentences accurately portray your meaning. Please revise them as you think it is necessary." It was his job to validate my rendering of his explanations of how the Chinese Congress functioned. For me the task took intensive mental energy and concentration, work that I did not care to do for more than half a day at a time. But my appetite for learning about the Chinese legislative process kept me at it and Jiang's chapters kept coming. After my work was completed Jiang's book was accepted by the press and published in 2002 as *The National People's Congress of China*, all five hundred and sixty pages of it. On the copyright page the publisher records, "Written by

Jiang Jinsong. English edited by Jack R. Van Der Slik." Tucked into Jiang's preface is this paragraph:

> My deepest gratitude is given to Prof. Jack Van Der Slik, former Director of the Illinois Legislative Study Center at the University of Illinois. People can hardly believe that Prof. Van Der Slik has spent more than 365 painstaking days and nights on my manuscript. He revised, word by word, the whole manuscript that I wrote in my home-made English, turning it into a book I hope will be read widely by English-speaking people. He also questioned me about possible errors in the draft.

I have no way of knowing what penetration Jiang's book obtained in the marketplace. It was favorably reviewed in a couple of international journals. With Jiang's cooperation I wrote a summarizing overview of the book that I called "A Prolegomenon of the National People's Congress of China: Legislating Consensus and Learning Democratic Participation." I shared it with Jiang and listed myself as his coauthor. The piece appeared in the American Political Science Association's *Legislative Studies Section Newsletter* in July 2003, and there it can be accessed online. In addition to explaining the basic functions of the National People's Congress (NPC), we pointed out:

> The NPC model contributes to the democratic progress of China in two ways. First, the model functions to inculcate democratic ideology into the minds Chinese people.... The model has educated leaders and members of the Communist Party with a sense of democracy.... [A]s the NPC transforms more and more of its constitutional power from paper to practice, the public officials who owe their offices to the NPC will accept the NPC's authority and learn to bear responsibility to its deputies....

> Parallel with the ideological revolution, numerous practical accomplishments by the NPC also contribute to democracy.... Sessions of the NPC Full Congress play out in regular form year-by-year. Sessions of the NPC Standing Committee repeat regularly on a bimonthly basis. The NPC special committees perform every week.... The firm and stable exercise of the highest state power, with a growing sense among the people that congressional government works, has established the NPC's place in the political life of China.

I would add now that I, currently only a distant observer, note with favor China's gradual progress in governing its people with regard for popular responsiveness. Although its one-party government is far less than democratic, increasing freedom of expression by the Chinese people is a positive development for the Chinese, of course, but also for China's relationship with other democratic nations, especially the U.S. Despite recent rocky relations between Presidents Trump and Xi, prospects for peaceful competition between the U.S. and China are feasible and I believe a peaceful trading partnership remains promising. By the way, the prospects for Christian evangelism in China are widely underestimated by the secular Western press.

But enough of heavy talk. In 2002 Jiang Jinsong enjoyed a year-long visit to the U.S. sponsored by the Brookings Institution. I wrote him in October inviting him and his wife for a visit with us over the Thanksgiving weekend. If he would fly in, using his travel allocation, we would handle his expenses and take him to the many Florida tourist attractions. With enthusiasm, he agreed.

Bonnie and I speculated about Jinsong's wife whom we had not ever met. Would she be a modest, quiet presence, walking in humility four steps behind her husband? We had no clue. Not to worry. Luo Xiaolin was bold as brass and all about having a good time. Shortly after their arrival at our home, Jiang bought a video camera to record our visits Disney World, Cyprus Gardens and Sea World. But the irrepressible Xiaolin was not happy until we would go to Miami's South Beach. "Miami Beach is in all the movies. We must go to Miami Beach!" So, of course, we did. I will say that she was better attired in Bonnie's bathing suit than Jinsong was in mine, but tightening the drawstring preserved his dignity while allowing him free play in the ocean. They had great sport together at the ocean's edge and Jinsong got plenty of video evidence about their foray to Miami Beach.

Jinsong and Xiaolin accompanied us going to church for a Thanksgiving service on the following Sunday. They enjoyed fellowship with my parents and Jim and Marge for our Thanksgiving feast. We could share many things including the why of our worship. Jinsong's dedication to his country and governing system was strong, but he was not himself a Communist Party member. Xiaolin, a music teacher and performer, loved all the freedom and well-being of America and could imagine herself as an American. By status, profession and choice Jiang Jinsong will remain a thoughtful and loyal citizen of the People's Republic of China, believing that China's one-party governance eventually will grow its own unique democratic governing system.

Subsequently Jiang and I sketched out a proposal to combine our talents to do a study of citizen representation in provincial and local governments of China. However, despite Jiang's earlier success in gaining Ford Foundation support for his work, the Foundation would not accommodate this venture. I proposed myself for a Fulbright research scholar award. The Fulbright folks would consider me for a teaching assignment, but not for the more exclusive research appointment. So, our connection, extending half a world away, lost its raison d'être, then slowly dissolved. A couple of feeble attempts from me later on failed to renew our relationship. As with my previous friendships in China, this one remains as a pleasant memory of people striving in their own way to make their part of the world a better place. I am grateful for my limited relationships with them.

★

Bonnie developed an appetite for travel while she was a young and single schoolteacher. In 1957-58 she taught at the American military base in Baumholder, Germany. With a coterie of like-minded single women teachers, she visited the tourist sites in the European countries around her – Austria, Switzerland, Italy, France, Spain, Denmark and Sweden. Now that we had time and money, she wanted that for me and the chance for her to renew her visits of more than forty years ago. A key target she had missed was the renowned Passion Play at Oberammergau, Germany. Only presented every decade, it was available in 2000, a worthy travel objective. We became aware that a group from the Coral Ridge congregation of the Presbyterian Church in America was going in a well-organized tour package labeled Alpine Adventure. Slots were still available, and we were welcomed by Ken and Ruth Wackas, the organizers at Coral Ridge. At the time Ken was headmaster at Westminster Academy, the educational ministry of the Coral Ridge church.

Traveling for sheer pleasure was like new air for me and hugely satisfying. Our first European adventure together extended from September 12 to September 26, 2000, and our travels took us to Germany, Austria and Switzerland. From beginning to end we had pleasant company with about a dozen Coral Ridge people. Trying not to be excessive with details, let me share what were highlights for me.

The Passion Play was a huge experience. For those unfamiliar with the Oberammergau history it is necessary to know that the Passion Play has been celebrated in this village decade after decade since the Thirty Year's War in seventeenth century Europe. Accompanying the war, the Black Death plague spread through central Europe in 1632. When it struck Bavaria, many died in Oberammergau. After eighty deaths the town's people pledged to assuage God's anger for their sins by a collective vow to perform the Passion Play as a sign of their remorse and repentance. From that time forward no one else died of the dreaded plague. The first performance of the Passion Play took place in 1634 and in 1680 the time for the performance was moved to the beginning of the decade. Except for 1770 and 1940 the play has been repeated every later decade. We were present for its historic fortieth season.

The plot has not changed. Christ and his disciples enter Jerusalem, they celebrate the Last Supper, there is the kiss of betrayal by Judas Iscariot, the mocking of Jesus by the Roman soldiers, the appearance before Pontius Pilate, the bloody crucifixion and the triumphant resurrection. In 2000 we were told that the production engaged half of the Oberammergau citizens – sixteen hundred adults and over five hundred children were involved. There were a hundred and thirty speaking roles and two players were cast for each of the nineteen major parts. The audience on the day we attended numbered about five thousand. The performance got underway at nine in the morning. By a little after noon the story had advanced to Maundy Thursday and Jesus' capture in Gethsemane. There was a long intermission that allowed lunch and shopping by the audience members. We took our seats for the story to resume at about three o'clock. The crucifixion scene is a long and gory one. The triumph of the resurrection was complete at about five-thirty in the evening. The drama is a terrible and wonderful story told well and dramatically by these unique citizen-actors. We went away richly blessed by the powerful, ever fresh story of Christ's sacrifice and the redeeming love he has for us who believe in his promises about salvation.

From Bavaria we went to Switzerland and the highlight was Geneva. In John Calvin's day Geneva was a city-state. We visited St. Peter's Cathedral where Calvin preached regularly for nearly thirty years. Built before the Reformation, its simple interior reflects its adaptation to a Reformed, rather than Catholic, style of worship. We took a picture of an armchair with an uncushioned seat and an upright, hardwood back – labeled as Calvin's chair. To me it serves as a metaphor for the man— strait-backed, unbending, disregarding about his own comfort but enduring at the center of this church. Nearby is the Wall of the Reformers where Calvin, along with Theodore Beza, Guillaume Farel and John Knox, are immortalized in stone. For many tourists in Geneva the United Nations Building and the fountain in Lake Geneva draw more attention but the reminders of Calvin, his remarkable theological thought and his difficult life, were most touching for me.

A very different special attraction for me was Kehlsteinhaus, what is remembered as Hitler's Eagle's Nest. It was a mountaintop hideaway specially constructed for Hitler, presumably a present for him on his fiftieth birthday in 1938. It was accessible by a series of tunnels and an elevator that ascended four hundred feet through stone to the "House of Hitler." It was intended to be a safe haven for Hitler although, in fact, it was rarely used by him. Late in World War II some feared that the mountain retreat would become the headquarters for a lengthy guerrilla war after the general defeat of the German Wehrmacht. But that supposed strategy was a will of the wisp and not implemented. The once-vaunted Fuhrer died ignominiously in Berlin by his own hand. Americans in the 101st Airborne Division were in on the capture of the Eagle's Nest in May 1945, along with French forces. It became an Allied command post during occupation until 1960. Today it is a tourist site and we visited it on a beautiful, sunny day, able to see the mountains and towns within fifty miles of this location. The lookout point has a simple cross surrounded by benches where tourists may sit and contemplate as well as enjoy the Bavaria countryside. For me it was an awesome place to consider Hitler's demise and the restoration peace to Europe and its people.

There was much else for us to do and see during our tour. While in Munich Bonnie and I visited the Hofbrau House for lunch – white sausages, pretzels and beer. Surreptitiously we took a picture of the young local family near us. The littlest child, not much more than an infant, had a nipple covered bottle of beer. After that light and humorous experience, we looked on the dystopian past by wandering the Dachau concentration camp and its museum. In Innsbruck, Austria, our spirits were lifted when we recalled the 1976 Olympics by walking around the ski jump venue. We went on to ski country near Zermatt, where Bonnie had sunburned her eyes in 1958. Our views and pictures of the Matterhorn were spectacular. We visited the Swarovski factory and museum. Bonnie still treasures her crystal pieces from there. At Lake Brienz, north of the Alps in Switzerland, our tour group stopped on Sunday afternoon at the lakeside for a picnic. After we shared our lunch, William Lewis, an Episcopal pastor in our group, led us in a meaningful communion service. Not long thereafter came day fourteen of our tour, time to part from our traveling companions and fly home. I celebrate this first post-retirement pleasure trip for its power to raise our vision about travel adventures.

★

Bitten by the travel bug, we did not wait long for the next opportunity. It was a significant family matter that triggered our next major trip. Daughter Franci became engaged to marry Kevin Morrissey. Not favoring the idea of a church wedding in Grand Rapids where they both lived, for some now obscure but then romantic reason they chose to have the wedding by the

Pacific Ocean's rim at Laguna Beach, California. We were able to time a West Coast departure for New Zealand and Australia after the wedding, held on Saturday, March 24, 2001. Bonnie and I enriched our part of the adventure by driving west from Florida along Interstate 10, arriving a day ahead of the wedding for the after-rehearsal dinner with Kevin's extended family. Saturday was a lovely day. Fran had reserved an outdoor pavilion overlooking the ocean. The couple, with only a couple of attendants close by their sides, spoke their vows in a picture-perfect gazebo set before the blue Pacific. The guests looked on, clapping their approval. Nuptials completed, Bonnie and I celebrated with the Morrisseys and then we were off to Los Angeles, actually Bellflower.

On Sunday morning we drove first to Garden Grove to attend worship at the Crystal Cathedral. Afterward we went to Bellflower to spend the afternoon with Charlie and Adrea Boerigter. We had lunch and a brief time for fellowship. We would have more time together later upon our return in a couple of weeks. We left our car in Charlie's garage and he delivered us and our baggage to the L.A. Airport. Our departure for New Zealand was at eight-thirty in the evening.

By the time we landed in Auckland, New Zealand, after a twelve-hour flight, it was five in the morning on Tuesday. I greeted Bonnie with a kiss and a happy birthday greeting, pointing out that her calendar event on Monday had evaporated in the time change during our flight. We had chosen a Globus Tour, "Down Under," with twenty-one scheduled days of activity in New Zealand and Australia. The well-planned route took us from Auckland, on New Zealand's north island, to Rotorua. Then we would fly to the south island for a variety of activities. After that the tour moved to Australia. Our leader-guide, Pam Brown, who would be with us all the way, was an excellent organizer as well as a lot of fun. Let me sketch highlights of our exposure to New Zealand first.

In Auckland and Rotorua, we became acquainted with the Maori people. The Maori are Polynesian people who are reckoned to have arrived in New Zealand during the fourteenth century, coming from islands neighboring Tahiti. Until the arrival of Europeans, they were the dominant population. James Cook visited the islands in 1769-70 and judged them suitable lands for colonization. By the early nineteenth century British colonization brought claims of control and they established a colonial government, eventually defeating the Maori people in a series of conflicts in the 1860s and 70s. Treated as second-class citizens, the Maoris engaged in a civil rights movement in the 1960s that brought greater recognition and protection for the indigenous people. They project a proud culture. In our brief encounter it seemed to Bonnie and me that the Maori people enjoy a greater cultural acceptance in New Zealand than indigenous Hawaiians do in Hawaii. We had an interesting home visit with a local family, Denni and Val Mohi. He was Maori and she a European immigrant farmer's daughter. The Rotorua area where they live is heavily populated with Maori people. The Maori constitute about fifteen percent of the entire New Zealand population.

On day six of our visit we flew to Queensland on the south island. The south island is less populated than the north island but it has a fascinating variety of physical characteristics. Bonnie and I opted for several extra activities. The first was an exciting jet boat ride on a series of lakes and streams. Suited up in rain gear and lifesaver vests, the boat's experienced captain zoomed us around the tricky waters. The propellerless jet boat could run on as little as four inches of water, but in fast turns it needs much more depth – at least a meter for a sharp three-hundred-and-sixty-degree turn. We got stuck on a sand bar as a result of one of those total turns, but it was great sport tooling at jet speeds through the waterways. After that we took a tamer, but beautifully scenic, boat tour of Milford Sound, a body of water described as a fjord. Seals were in evidence in the cold water of the Sound. In Fiordland National Park we briefly hiked in an unusual temperate rain forest. The mountains in this area are gorgeous, referred to as the Southern Alps. Bonnie and I, along with our new friends, Wayne and Nancy Bengtson, had to see the glaciers up close. By helicopter we overviewed the mountains, glaciers and rivers, landing briefly in the dry, powdery snow on Fox Glacier.

A long ride on the Franz Alpine train took us from Greymouth on the west coast across the almost unpopulated (except for sheep) prairie to the beautiful city of Christchurch. We wandered the city and overlooked its harbor. Included in our pictures is the classic architecture of St. Michael and All Angels Anglican Church. Obviously, we could not know that a decade later St. Michael's would be devastated by an intense earthquake. At this writing unsettled tensions regarding that location are still a matter of controversy. After the deconsecration of the building there has been an unresolved dispute about plans for rebuilding.

During our short stay in Christchurch I used the internet to learn that the Michigan State basketball team lost to Arizona in the NCAA basketball semifinal and that Duke went on to win the tournament by closing out Arizona. Once more gathering our baggage, we flew west from Christchurch, over the south island and across the Tasman Sea to arrive in Sydney, Australia.

Lest I overdo the delightful details of our Australian tour, let me report on specific episodes during our tour. While in Sydney we took a harbor cruise. It was a splendid sunny day. A cruise highlight was a stunning view of the famous Sydney Opera House. Motivated by our outside view we wished to tour it. Back on shore we lined up for tour tickets. We learned that the Opera House is a performing arts center with several venues. Various groups schedule use of space there, even wedding parties. The opera venue is not huge, but it has superior staging equipment and musical sounds carry with marvelous quality. The seating accommodates an audience of fifteen hundred.

The Concert Hall is much larger than the opera auditorium and the audience seating encircles the stage. On the evening of our tour there was to be a concert. To our delight we learned that seats were available. Bonnie and I, along with a couple of other couples, bought tickets. We returned for the concert beginning at six-thirty in the evening for a wonderful program. It included a world premiere performance of "In Memoriam: Concerto for Amplified Cello and Orchestra." Interestingly, during the intermission we came across the cello soloist, Nathan Waks, and the composer, Matthew Hindson, giving them our congratulations. We were rewarded when they autographed our programs. Thus, the setting, the mood, the novelty and the up-close-and-personal-experience with two of the principles made this event particularly memorable.

On Palm Sunday we flew to Cairns – not a small trip. It is in fact seventeen hundred miles from Sydney. Two key geographic features are special here. We first toured the tropical rain forest by sky rail. That was a cable car venture that traversed about five miles of jungle with several stops along the way. At one point we got a rather dramatic picture of a Golden Orbit Spider. These spiders create huge webs, six or more feet in diameter. Bonnie took a picture of a spider's underside (the only angle she had). But it compares well with images posted on the internet. Of course, we would have taken the opposite side view, but our vantage point was not amenable for that.

The more notable geographical feature accessible from Cairns is the Great Barrier Reef. A huge draw for tourists, the Quicksilver Wave Piercer took us along with more than three hundred other tourists out to the world-famous reef. Extraordinary as the reef is, our experience of it was rather ordinary. We received snorkeling equipment, but the tide was high, and the ocean surface was choppy. Gagging on saltwater, I really did not manage a close encounter with the reef's great charms. (We have done much better with the reefs of Hawaii and Caribbean Islands.) We did, however, enjoy the views of the ocean available from a glass bottom boat. The long rides to and from the reef in the Wave Piercer were a pleasure and our pictures preserved for us memories of the excursion's best parts.

We had two special experiences in the great Australian "Outback." Ayers Rock is an extraordinary sandstone rock dome nearly in the middle of the Australian continent. Also known as Uluru, its aboriginal name, this huge rock formation, ten kilometers around, is now a World Heritage site. It is said to be "the only singular monolith with its composition." Except for the nearby small resort settlement of Yulara, the land in all directions is lightly populated with aboriginal people. They have been ceded ownership of the land around the formation and it has religious significance to them. The size of the formation is about two miles long and a mile wide. It reaches a height of over eleven hundred feet.

The Rock, though formidable, can be climbed. I consulted with Pam Brown about it. She arranged for the bus to bring me out in the morning. The climbing happens early, before the heat of the day. Although I was the only one from our tour group, there were a number of other climbers, mostly young people. A park ranger opened the gate and a dozen or so youths sped to be first to the top. An Englishman of my age, Reg Clark, joined me at a more deliberate pace. After rising over six hundred feet, there is a heavy chain anchored into the rock that lets one pull one's way up hand over hand for a long, difficult ascent. Reg and I rested half a dozen times during this steep part of the climb. Soon the sun came up and the slope became less severe, so we made more rapid progress. Eventually we made it to the crown where there was a marker with direction arrows pointing out distant features of the topography. Of course, the wind was gusty, but as the sun warms the rock the spot can by midday become extremely hot. Our climb took us about an hour and a quarter. We enjoyed the view a while before descending, Reg telling me about his life and profession as a social worker. As a child growing up in London during the war he was sent off to Wales during the blitz and after.

Descending the rock was a bit tricky, but much easier than the climb up. Bonnie was there for pictures. Wayne Bengtson got me a certificate for my accomplishment and Pam Brown signed it. For me the climb, as well as the brief fellowship with Reg, made this a rare and memorable indulgence.

Our next stop, Alice Springs (its Aboriginal name is Mparntwe), is almost 300 miles from Uluru. Alice Springs is a transportation hub in central Australia. It is at about the midpoint between Darwin in the north and Adelaide in the south, straddling the highway on which supersized trucks carried goods in both directions. Early, just after four in the morning on day eighteen of our travels, we rose for the special experience of a balloon flight over the wild Outback. Our particular crew (college age kids) took about twenty of us by bus, with a trailer behind carrying all the needed gear, into no man's land. We stopped from time to time allowing our guides to let small gas filled balloons rise into the air, testing the wind direction and speed. We stopped in a vast open area, setting a huge basket, fans and heater units off from the trailer. We tourists helped unroll a fabric balloon that stretched nineteen stories in length (eventually height). Initially the balloon was partially filled with air by means of fans. As day dawned the heaters kicked in, heating the air and bringing the balloon to buoyancy. The basket was attached, making room for our crowd. Then we were up and away, literally wafting along over trackless, wild, scrub covered countryside – no roads, planted fields or marked locations below us. Twice we spotted wild kangaroos galloping in their peculiar gait down on the ground beneath us. The dawn-steaked sky was resplendent, and the ride was a smooth glide. Far to our left we could see other balloons at similar altitudes to our own. After an hour's adventure and countless pictures in Bonnie's camera, we came down safely despite some crosswinds. Upon landing, we tourists helped our crew spill the air from the balloon, roll it up and stow it, along with the huge basket, the burners and fans, and load them on the trailer behind our bus.

To my surprise the crew brought us to a central location where there were sixty or more people milling about – tourists from similar balloon trips. We were gathered for the combined crews' breakfast preparations. Quite the preparations indeed! We had orange juice, champagne, bread, quiche, chicken drumsticks, chocolate cake and a choice of tea or coffee. Having popped the tops on many champagne bottles, they pressed us to drink it all. Sated to our limits, we bussed back to our Alice Springs motel.

After a flight to Adelaide and another to Melbourne, we took a delightful Trolley Lunch. Mostly with our fellow tour members we rode a circuit around the city, seeing the sights, including the Australian Open tennis setting, and enjoying a grand meal. It featured heavily peppered kangaroo meat for an appetizer, a good whitefish for the entrée and a continuous supply of champagne and wine. We shared a table with our Minnesota friends, the Bengtsons. Our server took delight in teasing Wayne about Minnesota's notorious ex-wrestler governor, Jesse Ventura.

On Easter Day, April 15, we flew home. Rather, I mean we returned to Los Angeles. It was another of those long-lasting western flights. Despite leaving at ten in the morning, we arrived in Los Angeles before seven in the morning. Charlie Boerigter picked us up and we made it to Bethany Christian Reformed Church for the Easter Service. On Monday we had a foursome for golf and a get together in the evening with old friends, the Kortenhovens, Dirkses, Zoeteweys, and Van Wyks at Charlie and Adrea's home. Reclaiming our car from Charlie's garage, two days later we overnighted and stayed a day in Denver with Helen Vershure, Bonnie's sister. The following Sunday we were with Randy and Denise in Nixa, Missouri. On Tuesday we were with Gary and Julie in Springfield, Illinois, also touching base with friends on the UIS campus. By Thursday night, April 23, we were home in Port St. Lucie – much fulfilled by our rich experiences, but glad to put the rigors of travel behind us for a while.

★

Quite a different venture engaged my full attention from January 16 to February 7, 2002. The former pastor to Bonnie and me in Carbondale, Reverend J. Wyatt George, had added a whole new dimension to his life of Christian service in 1999. In addition to his continuing ministry in the Presbyterian Church in America (PCA) congregation in Carbondale, Wyatt had established a connection to a rather large Presbyterian congregation in Kampala, Uganda. Uganda, formerly a British colony, was a nation still healing after the bloody regime of Idi Amin came to an end in 1979. A measure of economic recovery and civic order had come during the presidency of Yoweri Museveni during the decades following a coup in 1986. Touted as a Christian himself, Museveni has helped preserve religious freedom in the country. However, there remains a great deal of poverty in this small (93,000 square miles, smaller than Michigan), land-locked country in central Africa, north of Lake Victoria.

Wyatt's vision began with the idea of giving economic help, by means of microloans, to the "tent making" pastors in small village churches near Kampala, Uganda. Such small congregations, made up mostly of poor parishioners, could not financially support their pastors and teachers. Initially then, Wyatt brought American financial support to such pastors and other church leaders, as seed money for business development. As the effort grew, Wyatt brought instruction in business practices and taught the borrowers about responsible loan repayment. The clientele grew in ever larger concentric circles from pastors to elders and deacons, and then to other church members. His focus was on Christian individuals already effective in small economic ventures. Loans would add support to enlarge such enterprises in productivity, profits and success. Adding prosperity to church leaders and members is an intentional effort to strengthen the churches by teaching the beneficiaries to hold one another responsible and accountable. Success stories stimulate emulation and an increase in prosperity among both the church leaders and their parishioners as well.

Inspired by Wyatt's vision and beginning success, I was allowed serve as his junior partner in visitation during early 2002. Before relating a couple of personal details, let me describe the procedure that Wyatt followed. At the time of our visit there were a couple of dozen loan recipients. We would go to their places of business to see and hear about their enterprise. One pastor had bought a motorbike. His business was providing rides and delivering goods by making his way quickly and efficiently through the hustle and bustle of Kampala's streets and neighborhoods. An elder with land outside the city borrowed funds to mechanize his brick making pursuit. An industrious woman who catered meals at other businesses needed cookware equipment to enlarge her services. A young woman located her soft drink business in the heart of a sewing center where fifty or more seamstresses were at work. She needed a larger, more efficient refrigerator to hold and chill her products. In the countryside a chicken rancher wanted to improve his space for more efficient production. We visited to listen, learn and encourage the borrowers, hearing about their problems as well as their successes.

Both Wyatt and I had numerous opportunities to teach and counsel with the leaders about loan making decisions and issues related to obtaining repayments. There were occasions to visit churches and members not yet eligible to participate in the program or to receive loans. I was invited to exhort in a particular country church on the Sundays when Wyatt was called elsewhere. I used the example of Jesus washing his disciples' feet for a message urging humility. To introduce it I went to my knees to wash the feet of two teenage worshipers. Exhorting was a challenge. Despite wide use of English in Uganda, many people are only fluent in native tongues, so after every sentence or two of teaching, an interpreter would restate the point in the prevailing local language. The challenge for me in that setting was to get into a rhythm for effective public speaking.

A cultural matter of notice to me needs mentioning. The people present in the worship were in their family groups, necessarily including small children. I was impressed with the silence, orderliness, and patience of the little ones. They did not seem to be the wiggle warts so much more common back in my home church. Moreover, it was evident that the ten and twelve-year old siblings were willingly caring for their little two-year-old brothers and sisters. Also noteworthy was the willingness of the people to sing lustily with limited instrumental accompaniment. Worship was in a simple building with plain benches, glassless windows and open-air ventilation. Yet it was uplifting for me to hear the "amens" and "hallelujahs" while looking on the joyful faces.

Let me relate a couple of my personal experiences. The first is simply about the journey to Kampala. My departure was from Miami International. Bonnie and my parents delivered me, but I was alone in checking in baggage and waiting for the afternoon international flight. The objective was to arrive at London's Heathrow for a morning flight along with Wyatt. I arrived in London a bit after six in the morning local time. By nine o'clock there was no Wyatt. I waited at British Airways for my flight to Entebbe, constantly on the lookout for Wyatt. At flight time I stood back until last call. As we had previously agreed, if either of us was late, the other would fly on alone. My next stop was Entebbe, where I arrived at night, after ten o'clock local time, on Thursday evening, January 17. The young lady who had my name informed me that Wyatt would not arrive until hours later but that I should make my way on to Kampala on my own. Despite many people coming and going, I came across no one specifically there to receive me. With help from a local security man, I caught a taxi that took me on a fifty-minute drive in darkness to the Namirembe Guest House address where I had reservations. In Kampala I had a bed for the night. It turned out that Wyatt's Entebbe arrival did not come until Friday afternoon. We finally got together in Kampala late that day. I must say that I found my solo venture rather trying but it was, in basketball terms, "no harm, no foul."

My second story is more fun. I wrote it up shortly after my return home and it was published in Calvin's alumni magazine, *Spark*, in the summer of 2002. This is a lightly edited version.

A Calvin Moment

I was standing on the cement walkway outside the entrance to the American Embassy in Kampala, Uganda, feeling a combination of irritation and embarrassment. I was obviously under the control of two uniformed security officers who bristled with the accoutrements of their trade: lapel radios, nightsticks, sheeny boots and insignias of rank. I felt a little like I had back in the sixth grade when Miss Oranje would take me by the ear to detention for some alleged naughtiness on the playground. Now I had friends waiting on me, held up by my unnecessary and selfish act of taking a picture of the Embassy entrance way. Under the equatorial sun, clothed in a jacket and tie, I was beginning to sweat.

My colleague, Pastor Wyatt George, leads a small organization he calls the Tent Maker Project. We have kept in touch during years since, so my recent retirement from university teaching allowed me the leisure to provide him a helping hand on this trip, my first to Uganda.

Our business this morning was to touch base with the Embassy, laying the groundwork to obtain visas for a couple of people on the Uganda side of the project to visit the United States. That would facilitate fund-raising in

U.S. churches. When we sought entrance to the Embassy, after a long trip through the unbelievable traffic clogging the market areas of the city, we were informed that the posted time for American citizens to see staff was between 1:30 and 3:30 PM. Because it was a little after 10 in the morning, we would be required to return later. Miffed by the bureaucratese, I discussed our options with Pastor George. Then I reached into my bag, took out a small camera and snapped a shot of the Embassy entrance way.

That provoked action by those in uniform. Men with guns came to the ready. They were on me like the flesh flies on scraps around a Uganda meat market. "Did you take a picture? How many pictures did you take? Why are you taking pictures? Turn camera over to me. Let me see your passport." I responded, replied, groveled and then complained. After all, it is my Embassy, isn't it? I am an American citizen. There was no posted notice, "no pictures allowed." With my documents and camera in hand, the security folks consulted together in the local language, exchanged messages on their radios and maintained an officious control over my movements. "May I stand in the shade?" I asked. Yes, it would be allowed.

I was told to wait. The matter was too serious for a determination by those in uniform. Someone from inside the Embassy would have to resolve the matter. My camera and passport disappeared with someone. We waited in the narrowing shade as the sun rose higher, shuffling back and forth with no place to sit. At least the earlier tension among the guards seemed to have eased.

A tall, sandy haired mazunga (white person) appeared, smiling and extending my passport back to me. "When were you at Calvin?" were his first words. I wasn't really surprised, but broke into laughter, because his identity tag was evident, revealing in large block letters a name as distinctively Dutch as mine [Albert DeJong]. So we exchanged short versions of our lives, particularly the happenings since our Calvin days. I introduced him to my colleague, and we talked about what brought us to Uganda. Then we played Dutch bingo about mutual friends at Calvin, and what faculty friends of mine he had studied with as a political science major during the early 1980s. My fellow alum told of his experiences in Niger, New Delhi and traveling with former Secretaries of State Christopher and Albright.

We broke up our kletz. People were waiting for Pastor George and me to get back to other matters. Now enjoying the obvious approval of the Embassy's security chief, I not only received my camera back, I took another picture revealing the Embassy's sign. Then we two alums, half a world away from our origins, wished each other well and took our leave from one another. We were both pleased to have shared a pleasurable and secure moment granted by our loving, sovereign God.

Let me add that we got nowhere regarding our original mission, to move visa requests forward that would allow Wyatt's Ugandan pastor co-workers permission to visit the U.S. Only later I was informed that Wyatt's Ugandan co-workers overcame the bureaucratic barriers and were granted the needed visas to make their way to and from Illinois.

Because I was a visiting political scientist a couple of special opportunities were arranged for me. First was a visit with a former professor at Makerere University, Tim Wangusa. An Anglican with a Ph.D. in literature from the University of Leeds (U. K.), he had been a member of the Ugandan Parliament for a short while. At the time we met he was an advisor to President Museveni. For a while he had been Minister of Education. Later he taught at Makerere University. I asked how he survived the chaotic years during and after Amin. He said, "By keeping my head down" and staying out of politics and government. A poet and novelist, at this writing Wikipedia reports that Wangusa "played a pivotal role in establishing the Department of Languages and Literature at Uganda Christian University," an Anglican university in Mukono. He is listed there as a professor of the department he helped to establish.

Through a gentleman who was introduced to me simply as Brother Micah I was brought to visit with some college age young people gathered for something approximating a Campus Crusade group. With them I mostly discussed the relatively new Bush administration and some issues related to the 9/11 attacks. There were questions about American foreign policy and comments regarding how the U.S. ignores Africa. I tried to be patient and responsive, even to a student who railed against cruel America because Africans died in Nairobi during a bombing incident at the U.S. Embassy there. I responded that the bombing was an anti-American event, a crime by dissident Africans intended to hurt Americans. Certainly the U.S. had compassion regarding the lost lives but was not responsible for the resulting collateral deaths of Africans. Wyatt spoke also and he talked about the challenge Christians face because they are dual citizens. They live day-to-day in their country and they honor the Kingdom of God. After the talks there was a time for tea, cake and informal conversation. It was a good visit and I was delighted to meet with lively Christian students in this African setting.

A few more observations about Uganda and its people. Kampala lies in a basin that I could overlook from the Guest House where we stayed. There was an almost permanent smog over the city from the engine emissions of motorcycles, cars, buses, trucks and generators. That was supplemented by smoke from charcoal fires, the almost universal fuel for cooking food and boiling water. The availability of electrical power and refrigeration was limited. Electricity, inaccessible to many, does not extend far out from the city. People live in incredibly small places. In my visits with people I saw that the men are served by their wives. Often women are on their knees when they are serving at home.

There are lots of orphans in Uganda, a consequence of diseases such as malaria and AIDs. Numerous ten-to-twenty-year-old self-supported young people in First Presbyterian Church were recent converts and intensely serious about their faith. Some expressed the desire to go to a Bible college, become pastors and start churches. They have no expectation that such churches can pay them. They literally will be "tentmakers," earning their living through some enterprise while ministering when and wherever they can. The land in this area is fertile and rains are regular. Subsistence farming is commonplace, so part of the Tentmaker Project is to support agriculture and animal husbandry, raising the vision of the people to become "profitable servants," producing something for the market as well as for their tithe. Modest as Wyatt's program is (in 2001 the loan capital only amounted to $26,000), it expresses uplift and responsibility as part of the Christian life.

A comment on the food. During my visit food was abundant. Recognize that Wyatt and I paid a thousand dollars each for our maintenance so as not to burden our hosts with support costs for us. Some of the money went to cover food expenses when we spent mealtimes with local people. A basic starch is called *matoki*, made from plantains. It is thick, pasty in texture and bland in taste. Often it is covered with peanut gravy that adds flavor. Meat is usually stewed in chunks and it is unmentioned as to whether it is pork, lamb, beef or goat. Generally speaking, I found our meat servings to be pretty chewy and tough. Chicken, more identifiable, is not tender and is small in its parts. A drumstick is less than half the size of those that Americans are accustomed to enjoying. Salads are not common, but bananas, melons, mangoes, pineapples and jackfruit (which grows on trees to a size about like a loaf of bread) are abundant and tasty.

Our departure for home was scheduled for a late evening on Tuesday, February 5. Several people came to the church to say goodbye. Pastor Edward, Wyatt's chief contact in the local church, took us to Entebbe. We departed about sundown. He took us by a back-country route around the city to the highway, avoiding the traffic jams commonplace in Kampala. At the airport check-in was easy and we had time to shop. I found a box of Ugandan tea, a treat I had found to be delicious, and we took time for chips and a cold beer. I gave Wyatt my remaining Ugandan shillings, saving a thousand-shilling bill (worth less than one U.S. dollar) as a memento for Bonnie.

Our plane departed at about ten o'clock in the dark of night and I was able to nap during the flight. Breakfast was served before landing in Heathrow at five o'clock in the morning, London time (eight o'clock in Kampala). Wyatt and I went our separate ways because his flight home departed from a different terminal. We had shared in a spiritually uplifting time together and parted with strong mutual affection. Despite modest resources and almost no institutional support Wyatt has identified Kingdom needs and boldly stepped forward in a faraway place to give of himself in a most generous and personally modest way. He is not going to change the world, but he is affecting the quality of life among some needy African Christians and, more importantly, building up the local churches and their spiritual outreach. He exemplifies what we saints are supposed to do.

I had time to kill in the airport. I pleased myself by finding a small piece of Waterford Crystal for a sugar bowl to replace a missing piece in Bonnie's set. A tight security procedure delayed check-in as I entered the plane, but the flight was easy. Arrival in Miami at two o'clock in the afternoon went well, however, to keep my Ugandan tea I had to pass through the agriculture check line. Bonnie saw me before I saw her. Mom and dad were circling with the car and quickly found us at curbside. It is easy to summarize my feelings about being home with Bonnie in our blessed circumstances: God is so good! All the time!

★

After my Uganda trip I felt it was time for some quieter and more contemplative activities at home. In retirement there should be time for sitting out on the patio with a book, visits to the beach and tee times out at the golf links. Maybe get out those watercolor paints again. Perhaps even do some writing.

Continue to work out your salvation with fear and trembling, for it is God who works in you to will and to act according to his good purpose. Philippians 2:12-13.

CHAPTER 18.

Using God's Unretired Gifts

Has my life and work in this world counted as a response to God's call to serve in his kingdom? I hope I am not lacking in humility when I say that I think that it has. Using the word "counted," I confess to being somewhat of a counting person. That came with my Michigan State education in behavioral political science where I was taught to search out and systematically accumulate and analyze the observable data of socio-political behavior. Also, to succeed in the academic environment I learned to emulate my professors by assiduously keeping a record of my academic accomplishments. Do a good job in the classroom? Yes, that is essential. But do not neglect to itemize a variety of on-the-job professional successes in one's curriculum vitae. I paid attention to that advice and worked at piling up a written record of both minor and major successes. As desired, that record brought me growing professional opportunities and worldly rewards (that I recognize as God's generosity) of position, rank, and salary in higher education.

I take seriously my accountability for the gifts and talents with which God has endowed me. What do I count here? I have a good ability to learn and know – an orderliness of mind that helps me teach, lead and organize others. I can express myself relatively well in speaking and writing. Not just in the moment, but with some considered vision and insight about the future. If those attributes do not obviously sound like Paul's description of God's gifts in I Corinthians 12, reflection suggests to me that they are. They fall under the rubric of "prophecy;" not foretelling, but forth telling. I dare with modesty to say that I have been and am an agent of God's revelation. I share intelligence about God's truth and faithfulness in and to this world. I admit, of course, that I am a fallen member of a fallen people in a suffering creation, but God has lovingly provided the way to salvation for both individuals and his creation. Part of my knowing about that has been reflected in my teaching and writing about politics and citizenship in American life and about human equality and dignity. These are ideas relevant to the redemption of God's creation. God shaped a role for me to use the gifts that he conferred upon me. Thinking through this memoir has crystallized for me a clearer understanding both of God's open hand and his particular generosity to me.

The career God led me into provided structure and order for using the available opportunities of academic life. But emeritation, setting aside the context of the university and the familiar political environment of Springfield, Illinois, closed familiar points of opportunity. Would my gifts continue to have application in other settings? As Forest Gump said, reciting his mama's wisdom, "Life is like a box of chocolates. You never know what you are going to get." Well, mostly true in the moment, but God not only knows, he opens doors for the getting. As a result, the fun of life for me has been in discovering how to use the opportunities he has abundantly provided. With retirement, however, Bonnie and I really could not forecast how we might become useful in a different domain of life. Nevertheless, we came with intentions to seize opportunities.

★

In 2003 Pastor Jim Vander Slik, my brother, accepted a call to minister in the Christian Reformed Church of Modesto, California. Having been the pastor in Port St. Lucie since 1987, many people in the congregation were worried and fretful that our pastorless church would suffer decline. Numerous community people had joined the congregation in response to Pastor Jim's ministry. They knew little about the Christian Reformed denomination or how suitably the vacancy in the pastor's position could be filled. But from my experiences in the denomination I had clear expectations about that and confidence that the Lord would take care of us as we did our part with due diligence.

The open ministry position at Sunlight Church opened two doors for me. First, there was the need for fill-in preachers. The church Council had choices and suitable, qualified ministers were available and willing to serve, but not every Sunday. Because early on a particularly unsuitable person sought to be prominent in leading services, I expressed my willingness to substitute from time to time. In order to legitimize that occasional service, I underwent the scrutiny of the regional classis of our denomination. It licensed me to "exhort." The point for undergoing the scrutiny was to defend the principle that only ordained, or duly approved persons would be allowed in the pulpit to minister at Sunlight. I was not looking to frequently or regularly fill in as the preacher, but I did want to help the congregation's Council maintain denominational standards about the qualifications of the persons who would preach while the church lacked a full-time pastor. In the course of the next several months I did lead our services a handful of times. Doing the biblical preparation to preach was a constructive task for me.

The second opportunity was a larger responsibility. I was named by the Council to lead a search committee to find candidates to fill our ministerial vacancy. I must say that I relished this job, one in which I could use recruiting skills I had practiced in higher education. Moreover, I could bring my computer and Internet tools to bear on the problem. The following is most of an account I wrote after our search was successfully completed. Perhaps I am vain in reporting so much detail here, but I freely acknowledge that I count this search process as enduringly meaningful both for the congregation and for me. I understood and received the responsibility as evidence of God using and blessing my abilities and experience.

Essay on the Search for a Pastor by Sunlight Community Church, 2004-2005.

Technological change alters the possibilities for everyday living. It even intrudes upon our spiritual journeys, our corporate worship and our inter-church relations. I want to relate an account of such change in the matter of choosing and calling a pastor within the Christian Reformed Church in North America (CRCNA).

In my father's day, the calling process was shrouded in mystery, and, frankly, ignorance. The elders studied the [denomination's] yearbook for names of men who had been five years or more in "good" congregations. Congregations voted on trios of candidates chosen by little more than hearsay and intuition. Profiles were unknown and interviews were not commonplace. Communications were slow at best and references came from anyone claiming personal knowledge. Nevertheless, by God's grace, the pulpits were filled, and the work of the Church went forward as congregations multiplied and grew.

In recent years we have become used to seeing pastor positions advertised in the *Banner*. Our denomination has professionalized the exchange of information between searching congregations and pastors looking for opportunities. The middleman organization is the Ministerial Information Service (MIS). Congregations describe themselves in terms of history, demographics and aspirations. They survey their members to identify attributes as well as attitudes and they lay out the realities concerning members and worshipers. Pastors, for their part, tell their life stories, reflect on issues in ministry, and describe their talents and spiritual goals. They name references and provide telephone numbers as well as testimonials. Through the clearinghouse efforts of MIS, pastors can access the profiles of congregations and the congregations, through their search teams, can obtain the dossiers of prospective pastors. Inevitably, candidating by pastors and recruiting of pastors in the CRCNA has, at least in part, come to resemble job marketing in a great many contemporary professions.

Until recently much of correspondence necessary to a search process went by regular mail. Never fast, correspondence across the U.S.-Canadian border has become especially frustrating since 9/11. Internet technology changed the recruitment process for our congregation in many specific ways, and certainly speeded the action along. Our congregation, Sunlight Community Church in Port St. Lucie, Florida, became vacant in August 2003. It took the Council a month to name a Search Team and obtain acceptances from those appointed. The Search Team benefited from a manual by Jon Vonhof, *Managing the Pastoral Search Process* (Freemont, CA: Footwork Publications, 1996), which outlined and explained the steps and details of how to conduct a search for a pastor. After the Search Team clearly understood and agreed to the procedure it would implement, it called an informal congregation meeting/potluck supper. After the dessert and coffee, the Search Team chairperson made a PowerPoint presentation that outlined the key steps to be taken in conducting the search. After some question and answer time, questionnaires were distributed to all present for input to the Team and the eventual pastor prospects. Respondents answered more than 100 questions about their experience in this congregation and others, their attitudes about worship and their desires for stability/change within the congregation.

The Search Team divided up the tasks of information gathering. Who would write the history of the congregation? Who would describe the educational resources of the community? Who would bring together cultural and sociological information about our south Florida community? The tasks were distributed and the Team contracted with a university polling organization to code the survey data from the congregation and rank the preferences of people. Thousands of responses were assembled into percentages and tables. They came back to the Team quickly by email in a format that could directly and easily be inserted into our profile. We took video of activities in a church service, in the education space, and of key aspects in our local community. A voiceover explained the highlights. An elder on the Team gave a personal appeal to prospective pastors to come over and give us leadership. It is amazing how many telling images can be shared in an eight-minute video. As finally edited, our congregational profile was about 32 pages of text and images intended to engage the imagination of Spirit-filled pastor prospects. Included in it were website addresses regarding community resources: colleges, Christian schools, housing developments, cultural locations and the like.

We did not bother to publish the profile for ourselves or for anyone else. We created no cover design or special letterhead. We did not collate and staple our profiles for anyone or generate a set of mailing labels. We did not lease a postage machine. Instead we incorporated our profile into the church web site, including our eight-minute video. For two consecutive months of January and February 2004, our vacancy was advertised in the *Banner.* Along with the typical address and phone number was the electronic address for our web site: www.sunlightcc.org Feel free to check it out.

Of course our Team used all the conventional means to identify possible pastor prospects -- suggestions from members, inquiries to knowledgeable people in the denomination, some cold calls and some letters that began, "you have been mentioned to us as an excellent prospect for our church vacancy...." But most of the pastors who got our serious attention were those who took note of our *Banner* ad and clicked their way to our web site. They could study our profile in the context of the regular advertisements there about our programs, worship services and other scheduled events. Of more than 45 pastor prospects with whom the Team had at least one contact, more than 20 made themselves available by referral from MIS or by requesting MIS to make their profiles available to Sunlight. The profiles came by email. With a few clicks the Team Chairperson could forward the profiles to our widely scattered 11 Team members. Team members could immediately, or at their leisure, access the profiles and print them for their own notebooks. Homework could literally be done at home, not necessitating trips to church to read and study candidate profiles stored at the church in the office filing system.

With e-mailed agendas that specified which candidates would be the subject of discussion, the Team came to meetings well prepared to weigh the strengths of particular candidates and put their preferences into priority order. We solicited videotapes and audiotapes by email and some of the candidates actually attached video or audio of their preaching to their email responses. Video, I should quickly say, is the medium of choice. The Team found it very revealing to hear and view tapes together and discuss their contents.

The close interaction in the Search Team built mutual trust among the members. As we narrowed our focus, particular Team members conducted interviews with references, following an outline of questions formulated and agreed to in advance by the Team. Written notes for the interviews were shared and discussed. With surprising speed our Team came together regarding three most preferred candidates. The Team recommended and the Council, with its Classis appointed counselor, approved those persons for visits and on-site interviews.

With a minimum of long-distance telephone calls, we were able to set visitation dates. With leadership by a particular member, our Team members formulated, revised and set the visitation agendas. The agendas were e-mailed to the candidates for interview, who then worked with the congregation's Worship Committee chairperson to fine-tune the details for morning and evening services via email exchanges. On the last three weekends of March 2004, our congregation was blessed to meet and become acquainted with three candidates who arrived quite well informed about the particulars of our congregation and community. Despite barriers of distance and borders, our Florida congregation leaders could feel familiar with prospective pastors from British Columbia, California and Michigan. That familiarity brought a quick and easy comfort level as we shared fellowship in several small groups, talked informally and worshiped together.

Our search for a pastor, someone who would consider a distant congregation in territory not widely familiar to CRC pastors, has not broken new ground in search procedure. We will not be remembered for a sharp tactical innovation. But our search was hugely facilitated and relatively low in cost because of communication availability using the Internet and email. Moreover these tools reduced the amount of time that the Search Team spent commuting and in meetings at the church going over profiles and sharing details. Because matters moved quickly, we avoided the fatigue and flagging interest that typically accompany long, drawn out procedures.

Of course, we depend on the Lord to bring about an acceptance from the person of his choosing, but we thank him too for the common grace that advances science and technology to the benefit of our unbelieving neighbors as well as ourselves.

What I am delighted to add here is that the candidate provided by God and endorsed by the congregation and the Council, Scott Vander Ploeg, has filled the position since the second Sunday in July 2004. During the years since then the Sunlight congregation has grown and thrived with rich blessings from the Holy Spirit and diligent work by Pastor Scott.

★

In 2004 south Florida was struck with two significant hurricanes. Bonnie and I suffered some damage to our house, but the church building was unharmed. In the aftermath of the storms the director of a locally owned preschool that had suffered substantial damage approached the church. Would we rent out classroom space while the preschool was repaired? Yes, we could do that. The rental arrangement served about sixty students between October 2004 and March 2005. The fallout from this rental arrangement markedly changed our congregation. Not only was the preschool not an imposition, it served as a wake-up message to the pastor and those of us on the Council. More than little children showed up at church each day. Interested parents were coming into our building on a regular basis. At that time in our congregational history the membership was made up mostly of older couples, resembling Bonnie and me. Our Sunday school program was barely limping along. By the time the preschool no longer needed our facilities, several of us were convinced that our congregation should get into the preschool business. Five couples agreed to capitalize the idea and, as rapidly as we could, we organized a preschool program and engaged an administrator and teachers.

Our vision was to establish a preschool with an authentically Reformed theological perspective, but the school would be open to any and all parents, Christian or not. We would teach children that this is God's world that we live in. He gave us minds for learning about him, not only from the Bible but from studying all about the world he created for us. We would be entirely transparent about our Christian perspective in the academic program and the school would be governed by a board under the direction of the church Council. My job was to be chairman of the board. The school was a struggle for a while, but little by little God blessed us with administrators, teachers, students and revenue. Among God's provisions was (is) Florida's state-funded preschool education for four-year-old children. Our school and the staff we employed fulfilled state and local educational criteria so that parents of four-year-olds did not have to pay tuition. The state's public funding does. In the years since Sunlight Christian Academy took root, we have had hundreds of students and we established a solid reputation for quality. Parents, who in many cases did not necessarily come to us for our Christian curriculum, did come for our safe, clean, well-taught, well-run academy with its conscientious and caring teachers and aides. Because of the school's effectiveness, each year some parents recognize that the church sponsoring the school is also the place where they should become worshippers and, eventually, members. Our now financially self-sustaining school has become a hugely effective means of community outreach. I was able to take part in the school's direction from the very beginning until 2012, when Bonnie and I made plans to leave Port St. Lucie. Starting with a tiny initial enrollment the school now serves several hundred students with authentic Christian education.

From 2005 to 2007 I served as an elder and member of the church Council. My duties included my appointment as clerk of both the elders and the

Council. Primarily that is a clerical task, a matter of providing minutes and handling some correspondence. It was a rewarding experience to work with our young pastor and the people who shared a positive vision about how this congregation should grow by reaching out to the community without compromising on the central task of preaching the whole counsel of God about salvation through Jesus Christ alone. Of course, we dealt with issues big and small, striving to teach the meaning of worshiping a sovereign, loving God while also taking care of worship issues, building constraints and paying the bills. Clearly God blessed that effort as growing numbers of people grasped a vision to create startup congregations in the region with the same sort of ministry. Bonnie and I were there to help plan for financing a large new building, and since our departure from Port St. Lucie that vision has become a reality. Pastor Scott's dream is that the Sunlight congregation will be mother church to a series of newly planted congregations in the years ahead.

★

Scholarly writing is the sine qua non of the academic enterprise. As a lifer in academia I willingly pursued opportunities to publish results and insights derived from my research and studies. My writing output was in no way extraordinary and admittedly not widely cited, but it was workmanlike and accepted in a variety of scholarly venues. But what could I do in retirement? I really had no plan for that. I put behind me any expectation about publishing articles in the journals of political science.

A new opportunity for writing came to me through God's peculiarly driven circumstances. In July 2003 Bonnie and I traveled to South Africa. I will save other details about that adventure for later. But during the trip I discovered and bought a timely and fascinating book, *The Afrikaners:*

Biography of a People (2003) by Hermann Giliomee. Once a professor of political studies in South Africa at the University of Cape Town, later he was "Extraordinary Professor of History" at the University of Stellenbosch. Giliomee's book is an unmatched socio-political history of the Afrikaners, who by the mid-twentieth century were the white Afrikaans language users of South Africa. Because the book was such an interesting one, I wanted to write a review of it that would get attention from Americans of Dutch descent. The likeliest outlet was, I thought, *Pro Rege*, the quarterly publication from Dordt College. To my delight, its editor, Mary Dengler, and book review editor, Syd Hielema, accepted that review, publishing it in the June 2004 journal. Learning from that generous reception, as I came across book titles of interest to me, I have suggested books for review to Editor Dengler and a succession of book review editors. In the years since *Pro Rege* has allowed me to publish reviews of a growing list of books, most of them having a political nature. At Editor Dengler's encouragement I have submitted some longer articles, beginning with "Interest Groups and Morality in the Public Square," (2008) and others from time to time since then. The chafing points of politics with moral issues take a variety of forms and engage a diversity of writers with useful perspectives. Editor Dengler and the *Pro Rege* have permitted me to publicly voice my appraisals of issues and books dealing with a variety of public matters.

Another occasional outlet for my views has been *Perspectives: A Journal of Reformed Thought*. The *Journal's* stated purpose is "to express the Reformed faith theologically; to engage issues that Reformed Christians meet in personal, ecclesiastical and societal life; and thus, to contribute to the mission of the church of Jesus Christ." Sometime in 2009 my antagonism toward legalized gambling in the United States stirred me to a writing posture. Oddly enough, the stimulus came from reading that Vladimir Putin, evil leader of the jealous Russian Empire, was taking strong measures to curtail legalized gambling in Russia's urban centers, particularly Moscow. With that example of government doing a good thing, I offered my arguments opposing gambling legalized by the American states. Their lotteries and casinos nourish a hope among many, especially the poor, that for the risk of a few dollars there is a jackpot in the offing. *Perspectives* used my critical argument to express an "As We See It" point of view (January 2010). In May 2011 *Perspectives* carried my review of *American Grace* by Putnam and Campbell. I described it as a "groundbreaking work of socio-cultural research that was written not only for academics but also for anyone who worships or takes offense at religious worship." In January 2012 my viewpoint praised Mormon candidates for president. "We who proclaim Christ as Lord hold a theology that is different from Americans who are Latter Day Saints. But in moral living… Mormons affirm the same commitments we hold dear. If that is cultism at work, we should learn from it. Certainly we can support it with our votes." In short, I argued, Reformed Christians should not rule out supporting a Mormon for president. At that early point in a presidential election year two Mormons were announced Republican candidates: Jon Huntsman and Mitt Romney. After Romney won the Republican nomination, I was invited to make case for his candidacy. I wrote, "Romney's the One" in the October 2012 issue. I asserted that "Romney has a track record of integrity in the private and public sectors. His skill set as well as the prudence, range, and significance of his accomplishments far exceed those of the incumbent president." Between those two essays I made a case for progress in providing a just path to citizenship for aliens who desire to become legitimate Americans (April 2012). Access to *Pro Rege* and *Perspectives* have encouraged me to keep in touch regarding public affairs and to continue expressing my views about current issues in the public sphere.

A long-term outlet for my political perspectives was *Illinois Issues*, the public affairs (mostly) monthly magazine published at the University of Illinois Springfield. My occasional articles there began in 1982 ("Football and Legislative Politics," January 1982) and have appeared from time to time since then. Upon my retirement as director of the Illinois Legislative Study Center the magazine used my piece, "Representational democracy is messy, but our government works." It was sort of a valedictory in which I characterized changes in Illinois legislative politics over the past generation, praising its then current successes at forging consensus on sticky partisan issues through compromise. In January 2006 the magazine published my "Let Children Vote: Kids futures are shaped by today's political wisdom or folly." There I made a case for granting voting privileges to children – basically a family-friendly argument. I cited Illinois for deferred spending on schools. "Why do adult legislators bash kids' programs first? One reason is that kids can't vote." In January 2008 my guest essay, "Orchids and Onions," looked at nationally recognized public policy innovations. What I found was that Illinois was a leading innovator, mostly in the 1980s, but that since then nothing – zip. Zilch! I noted that innovation came when "neither party controlled both the legislature and the governorship," leading to the view that the then current partisan one-sidedness leading to acrimony and personal rivalries needed to be put aside to "set free the sources of innovation in the [Illinois] political system." My "Upshot on Earmarks" appeared in April 2009. This guest essay looked at congressional spending by "earmarks," provisions inserted in a spending bill that allocate money for a specific project, often in a particular legislator's district, bypassing a merit-based allocation process. I took note of Illinois members of Congress and their relative engagement in pursuing and gaining federal spending that way. In October that year my opinion piece was about "Doing the Distasteful." I commented about tax politics, including the notion that leading politicians have themselves "poisoned the air regarding taxes" by unleashing attacks on participants who try to forge revenue policies that can pay the state's bills. "The accumulated liabilities need to be paid off by the benefiting generations (largely the baby boomers and generation X) whose pressure and demands moved politicians to give away the store...."

Instead we need "to protect the enduring right of our children and grandchildren to life, liberty and the pursuit of happiness."

In what was my swansong, the magazine published "Revisiting Restructuring," in September 2010. Fifteen years after reorganizing the governance of state universities, the subject of my book, *Intruding on Academe*, I revisited the subject. I described the advantages and disadvantages accruing to the universities since then, including which universities prospered and which declined. But, I concluded, in 2010 organizational structure was not a matter for concern. The genuine changes needed at that time were all about revenue. "Reverse the state's disinvestment at all levels of Illinois' educable students," I argued.

In 2015 university funding problems necessitated an on-line-only version of the magazine. It survives, but its voice for reason in Illinois politics is muted. I was blessed over many years to have an occasional part in illuminating some of the Illinois political questions of my era while the hard copy magazine was widely distributed.

Several other substantial writing tasks have occupied my attention, but I should mention first a couple of projects that did not become a reality. It bears noting here that over my career I have initiated many more research ideas than I have brought to a successful conclusion. I can readily affirm that failed projects, only a few of which I have mentioned so far, have been a necessary part of my learning process.

The first major postretirement project that I formulated was a study of Martin Luther King. King, of course, was a prophetic preacher who was ever pursuing the task of changing public responses to race issues and policies at local, state and national levels. I wanted to look carefully at the direction, intensity and changes in these opinions over time and how they related to King's actions and decisions. Put differently, how did he affect public opinion and how did public opinion shape the way he acted and spoke about the issues? Was he more of a transactional leader or truly a transforming leader? Well, without belaboring the project idea here, I will note that I sketched out a ten-chapter outline of a book on the subject. During the time I was thinking about the project, Bonnie and I visited the King Library and Archives in Atlanta. Sorrowfully I must say, it was a turnoff experience. Very quickly the staff at the King Library gave me the impression they were hoarding and restricting the use of information about the King legacy. The use of material was fenced by limiting "terms and conditions." Nonetheless, recognizing the breath of my project I wrote a proposal to the Kennedy library in Boston. Was it willing to support my research with financial assistance? Yes, a niggling $300 research award. That meager amount of support convinced me that the undertaking I had in mind was going to necessitate research in a variety of locations with limited access to needed information with high opportunity costs attached. As an "independent scholar" this proposal was beyond my capability to conduct and bring together the data necessary to satisfy my ambition. After months of seriously browsing the project, I set it aside.

Another topic drew my attention. In 1992 Alcee Hastings had become Florida's first elected black member of the U.S. House. He has been regularly reelected after that. (At this writing he still serves in the House.) Hastings' district in South Florida was only a short commute away from Port St. Lucie. I hoped that with that propinquity he would be accessible. As a political figure Hastings is a rare bird. A South Florida attorney, Hastings had a general practice law office for thirteen years. He was appointed as a Florida circuit judge by Governor Reubin Askew in 1976. Two years later President Jimmy Carter appointed him as a federal judge. After trying a racketeering case in 1981 the FBI came to believe that Hastings had accepted a bribe in the case. Indicted and tried, he was found not guilty. Investigated further under a 1980 judicial discipline law via the U. S. Judicial Conference, the issue of his judicial behavior was referred to the U.S. House. The House brought charges of impeachment and in 1989 the Senate convicted him. Denied his federal judgeship but a free man, Hastings returned to the practice of law. By 1992 redistricting in Florida had created a majority African American district in South Florida. Hastings decided to run for the House seat. After winning a runoff Democratic primary election Hastings was elected to the U.S. House at the same time that Bill Clinton gained the presidency. Reelected thereafter, by 2001 Hastings had obtained sufficient credibility among his Democratic colleagues that he was made a member of the House Rules Committee.

While my browsing convinced me that Hastings' story is certainly engaging, my inquiries to him and his staff produced no encouraging response. Of course, I did not need Hastings' cooperation to conduct my research, but I took his unresponsiveness as a considerable discouragement. I decided not to pursue the project. I did salvage a small publishing opportunity from my consideration of Hastings. I authored an encyclopedia entry about him that appeared in the *Encyclopedia of the United States Congress*, edited by Robert E. Dewhirst for Facts on File, 2007 (pp. 252-254).

I took seriously an invitation from Dewhirst to choose additional topics I would be willing to explain for the encyclopedia he was editing. I contributed essays ranging from "apportionment and districting" to the Supreme Court case of "Wesberry v Sanders, 376 U.S. 1" and a dozen other congressional matters in between. I found these bite sized descriptions fun to do and helpful to enhance public understanding about the American Congress. Dewhirst's commendable resource generated an oversized reference volume of nearly six hundred pages.

At about the same time a somewhat parallel encyclopedia focused upon American federalism was under development. It took form as *Federalism in America: An Encyclopedia*, edited by Joseph R. Marbach, Ellis Katz and

Troy E. Smith, published in two volumes by Greenwood Press in 2006. For it I wrote contributions about several acts of Congress that expanded the regulatory reach of the national government. All were legislative successes after the assassination of President John F. Kennedy. They included the Civil Rights Act of 1964, the Economic Opportunity Act of 1964, the Elementary and Secondary Education Act of 1965 and the Voting Rights Act of 1965. My essay on the Voting Rights Act was the most extensive of my entries, appearing on pages 684-689. These four significant legislative initiatives were accomplishments under President Lyndon Johnson and they substantially enlarged popular expectations about the reach and power of American national government in domestic social policy.

★

One of God's gifts, the art of music is an area in which Bonnie and I share some talent – she much more than I. Bonnie sang in notable choirs—both of Calvin's choirs, the Radio Choir and A Capella, the Denver Symphony Chorale, and the Kalamazoo Bach Chorale. Over the years of our marriage we often sang in church choirs. She reads music well and, when pressed, she has played the piano and organ for church services. With help from her coaching I can get along in a church choir following the music until I learn my part. Blessed to be able to hold a tune as a second tenor, most choir directors will always take one more tenor. In 2003 we joined a group, the St. Lucie Chorale. It had about sixty-five singers doing mostly Christian classical music. One evening a week we went to rehearse with the group in the Episcopal Church in Stuart. We liked the level at which the group was singing and so we invested in the proper clothing for our performances – a formal dress for the Bonnie and a tuxedo for me. Most of our occasional performances were given in area churches. However, there were two significant exceptions that warrant a few more details.

The year before Bonnie and I joined the Chorale an English church singing group had been hosted to South Florida to join the St. Lucie Chorale in several performances. In 2004, despite being newcomers, Bonnie and I could share in a reciprocating event in London. Our Chorale would be a component in a mass choir gathered to perform Verdi's *Requiem* in (get this!) London's Royal Albert Hall. We had an entirely delightful experience. Our English choir hosts arranged for particular families to house the American choir members who made the trip. Bonnie and I stayed with Patricia and Michael Sedden in Amersham, a small village less than thirty miles northwest of London. They took us into their charming two-story cottage, built in 1836. They were cheerful and wonderful hosts. Michael was a member of the host choir. The two choirs had some solid rehearsal time together. Then, the day of our public performance, we had an extensive rehearsal in Royal Albert Hall with a mass choir of about six hundred members and a full orchestra. It was a bit raggedy in places, but pretty good. Let me mention one small highlight. The conductor was not satisfied by the volume of sound coming from a young clarinetist. He required the young fellow to play a particularly tricky musical passage all by himself. The clarinetist's response was letter perfect, so the entire choir, along with the orchestra, gave the hero a round of applause. He turned red as a beet. In high good humor after that our conductor assured us that all would go well in the performance.

All concerns aside, the concert did go beautifully before an appreciative crowd. Our calm and steady director gave us clear directions about the ins and outs of the soloists and when we should stand or sit. The music hall is, of course, a world-famous venue where the sound quality is exceptional. We choir members were hugely impressed. My chorale pals as well as Michael Seddon and I agreed, this performance was at the time the greatest highlight of our amateur singing careers.

I will spare the reader more details about our English adventure. Suffice to say that Bonnie and I joined a Trafalgar tour group that took us in a broad circle around England with short forays into Wales and Scotland. We spent time in and around London, visiting Parliament, Westminster Abby, Windsor Castle, the National Museum of Art, Cambridge and other highlight locations. All these were "someday" things we had wanted to do, but we followed up these wishes on this extraordinary trip provided by our singing opportunity with the St. Lucie Chorale.

Our St. Lucie Chorale experience in England had its counterpart in the spring of 2007. Our choir was invited to perform with German partners in Ratingen, Germany. Our director, Alan Rosenberg, had a personal connection with a German choral director, Joseph Waggin, who set the arrangements for our visit. As on the England trip, we were hosted locals, in our case by a German couple close in age with Bonnie and me, Gunther and Sonnhild Wagoner. They were gracious and generous hosts.

Our music was unusual. Our director, Rosenberg, had composed his own *Requiem*, a piece that apparently was admired by Herr Waggin. So, our program was in two parts: Rosenberg's *Requiem* and Rossini's *Stabat Mater*. Curiously, there was a passage in the *Requiem* that Rosenberg never successfully got our choir to sing correctly, but after steady rehearsals with Herr Waggin and the help of his choir, we finally got the hang of it.

On Saturday, March 24, we gave our performance in the Stadt Hall, a beautiful and modern concert venue with a large stage. The program attracted a full house. We did the *Requiem* first and, to my ears, we had never done it as well as that night. The *Stabat Mater* was spectacular. The soloists were terrific, and we heard a duet by two sopranos that was beyond gorgeous. All the choral parts were successful, and the finale was a real rouser. Our audience was hugely responsive with its applause. Everyone went home delighted with the concert.

On the next day, Sunday, we did a small reprise at the local Catholic Cathedral. At ten in the morning about seventy singers from the combined choirs ascended a narrow, circular stairway to a choir-organ loft. Herr Waggin was the Cathedral's music director. He played the organ and near the close of the service Rosenberg directed the choir, singing "Quando Corpus" from the Rossini piece. It echoed soulfully through the Cathedral. We were spiritually moved by this, our final performance in Germany.

Our singing duties completed, Bonnie and I departed from Gunther and Sonnhild. We rented a car and in it we set off for some further adventures – Worms, Heidelberg, Rothenberg, Berlin and other places. But I do want to mention that Bonnie figured out a way for us to find Baumholder. We arrived to find the American military base where she had taught school in 1958-59. There is still an American presence at that location but apparently much smaller than it was when she taught there. We did not approach the gates. We took a few pictures as we overlooked the grounds from the main road. She could recognize the lay of the land and knew where the school was located, but a half century of time had indelicately aged the area she once knew fondly and well. We explored a bit in the town, a nondescript army town that did not seem very inviting. Bonnie hangs onto the memories of what was, memories better than the reality we saw in 2007.

★

Back in Florida, our musical travels completed, I still needed a writing project. My disappointments regarding King and Hastings had the effect of leading me to consider some other biographical subject. What came to mind was a long-standing interest in Dwight D. Eisenhower. So, I did a bit of digging. Coincidentally we had a trip to Denver scheduled to spend time with Bonnie's sister, Helen. Traveling by car we stopped on our way home at the Eisenhower Presidential Center in Abilene, Kansas. A helpful librarian there supplied me with a good bibliography to stimulate my study. It did not take long with the books to stoke my desire to do a full life biography of Eisenhower. To my mind he was an outstanding man, both as a general and as president, and certainly more admirable than any president since his day. The goal I defined for myself was to write a terse but accessible biography that would address the rather thin understanding today's high school and young adults have about World War II and the following decades until Eisenhower passed from the scene. My rendition of Ike's life and times was intended for an unsophisticated reader. I wanted that reader to be able to grasp the train of American historic events as Eisenhower experienced them. I was also writing for teachers who, I hoped, would find the book to be engaging even for students, especially boys, who are reluctant readers.

I took delight in my project. I read the biographies produced by major scholars and journalists: Peter Lyon, Geoffrey Perrett, Jean Edward Smith, Carlo D'Este, Stephen Ambrose, Merle Miller, William I. Hitchcock and Fred Greenstein. Michael Beschloss accompanied his text with a wide array of pictures of Ike and his travels. Herbert Brownell, Ike's appointee as Attorney General of the United States, provided insight about law enforcement and civil rights during the Eisenhower presidency. I read from Richard Nixon's autobiography about becoming and serving as Ike's vice president. In short, I explored widely for source material. After my immersion into Ike's life and actions, I undertook my writing. I made an effort not to be long-winded or technical. Not too many names or arcane military and political terms. Even at that I added a glossary for better understanding of some of those terms that had to be used. After drafting and revising, the manuscript became about three hundred pages of text. The research and writing were the fun part.

The difficult and discouraging part was in seeking a publisher. I am not entirely naïve about getting books published but my experience has been with academic publishers. This book, *Eisenhower: A Man for War and Peace*, was a trade book. Most significant publishers do not welcome unsolicited book manuscripts. Their editors respond to literary agents, not authors. Although I was not really surprised about unresponsive publishers, I did become despondent about form letter responses from literary agents. In 2009 I diligently sought out agencies and agents who proclaimed interest in biography, history, the American presidents and similar terms. My hundred or more letters and emails did not arouse a single promising response. After a year or so of rejection, I stacked my manuscript and correspondence into a corner of my office and ignored it. Disappointed, I turned my hand to some shorter projects for *Illinois Issues* and *Pro Rege*.

In 2012 I came across an article about self-publishing and some of the enterprises committed to marketing such books. I had checked out a few of the more traditional "publish for pay" businesses but decided against investing my money or my manuscript in any of those. However, I did explore and then choose to work with Create Space, an Amazon company. Being a fumble fingered keyboard user, it took me a while to get my self-edited manuscript and cover design into the Create Space system. (I must say, however, how pleased I am with the cover. I used Bonnie's picture of me with a bust of Eisenhower taken in front of the Palm Desert Presbyterian Church in Palm Desert, California.) Today my Eisenhower book is available from Amazon in a downloadable form. I delight to say that month by month for four- or five-years Bonnie's bank account showed small but steady deposits from book sales. Moreover, the listing at Amazon received favorable customer feedback from readers unknown to me. Bonnie has suggested that I do what is necessary to make the book available in paperback, but so far, I have not relished the work required to take up her suggestion. Perhaps if I read some fresh scholarship about my hero, I will be stimulated to revise what I have and include paperback availability for a new edition. Meantime I will simply say that I am happy to have gotten my Eisenhower biography into the public marketplace. I did nothing to market it. Marketing my work has never been a strong point for me.

By the time I got Eisenhower on the Amazon availability list I was well into a new project. It was a political biography of Charlie Rangel. If Charlie Rangel, a black Democrat who represented New York's Harlem district, seems an odd choice, let me account for it. My dissertation research during the 1960s on U.S. House voting identified a dimension of House roll call votes I called Negro Rights votes. One of its vital elements was the roll call vote in the House on the Civil Rights Act of 1964. Rising interest in civil rights during the 1960s made my findings relevant in social studies journals. Recall from Chapter 6 that my first solo journal article was about "Negro Rights in the 88th Congress," published in 1968. My first solo edited political science supplementary text was *Black Conflict with White America*, published in 1970. Drawn to other issues after that, I did not write about racial matters. But issues and people engaged by the need for racial peace in American society remained a concern of mine. My failed post-retirement efforts to focus upon Martin Luther King and Alcee Hastings did not get me fully into black politics. However, thinking about Charlie Rangel did.

During 1970, the year when my *Black Conflict* book came out, Charlie Rangel defeated Adam Clayton Powell to become one of thirteen black representatives, a minority certain to grow because of civil rights legislation and the reapportionment revolution built upon the Supreme Court's one-person-one-vote requirement. After his initial election Charlie Rangel assiduously accumulated congressional influence and seniority. In 2007 he became chairman of the House Ways and Means Committee, a position of power and status in the House Democratic majority. But in a stark denouement in 2009 and 2010 Charlie Rangel was deprived of his chairmanship and later censured on ethics charges. Going down fighting, Rangel complained that his censure was unfair. I decided to dig into the Rangel career to assess the issues that brought him down.

Charlie Rangel led an engaging political life both in Harlem and in the U.S. House. By 2011 Charlie Rangel had been in the House 40 years. The House is a well-studied institution and I was deeply acquainted with the political science literature. This was research I could largely do in my study. Through my university library I could access contemporary journals, the *Congressional Record* and other public documents, the publications of *Congressional Quarterly* and major newspapers, particularly the *New York Times*. There was, however, room for fresh information from on-the-ground research in Washington D.C. and in Rangel's Harlem district. I forged a promising working relationship with a news correspondent in Washington who expressed interest in my project. Despite a long engagement, however, other needs and problems in his career prevented a fruitful partnership, so I completed the project on my own.

This book, eventually titled *Disgrace in the U.S. House: A Political Biography of Harlem's Charlie Rangel,* was a more ambitious project than the Eisenhower biography. Dredging out the details of Rangel's long and complicated career was my kind of fun, so for two full years I took pleasure in all the research. Relatively new ground for me was in comprehending Rangel's Harlem constituency and the larger New York state political context in which Rangel got his career underway. While I did not interview Rangel, I had the benefit of his memoir (written with Leon Wynter) .. *And I Haven't Had a Bad Day Since,* (St. Martin's Press, 2007). Rangel's memoir provided insights about many aspects of his career as he looked forward to becoming Mr. Chairman for the House Ways and Means Committee.

Closely examining Rangel's years in the U.S. House, I found much to admire, even to praise, about Rangel's career. His record as a faithful and loyal advocate for Harlem and its people is indubitable. Running for reelection for his twenty-second term in 2012, Rangel could accurately claim how his Ways and Means position "allows me to fight against Republican efforts to cut Medicare, Medicaid, Social Security and education programs.... I have been able to deliver millions of dollars in resources to our northern Manhattan neighborhoods, to protect vital programs, and create thousands of jobs." Rangel's Ways and Means efforts helped to shift "chunks of the social safety net to the tax code, creating an array of benefits for families, including a new credit for every child younger than 17." (*Disgrace*, p. 400). On an array of social policy issues votes, Rangel could always be counted on to support the liberal policy or spending position.

However, when I sought to discern the ethics issues raised concerning Rangel's civic and office holding responsibilities, I found Rangel wanting. I will not recite the ugly details about his multiple rent-controlled apartments and his solicitation of contributions for a Rangel Center at the City College of New York. His wheeler-dealer role in Harlem's politics was wasteful and secretively unaccountable. Contrary to House rules, "Rangel hid his personal income and his financial assets from public view and then claimed ignorance about his tax liability" (*Disgrace*, p. 419). I linked Rangel's ethical lapses with the low regard for Congress by the American public, concluding my book by saying, "it is the reputation of the House that needs cleansing in the interest of its legitimacy in the eyes of the American people" (p. 428). The last chapter of my book is entitled, "Charlie Rangel – one is enough."

Sadly, I did a poor job of trying to convince a significant publisher to accept my book even though I was on more familiar ground with *Disgrace* than with *Eisenhower*. I queried several university presses. Not surprisingly the SIU Press, my publisher for *Intruding on Academe* in 2001, passed it up. The book would have no particular market appeal in Illinois. I solicited several university presses in New York – Columbia, New York University, Syracuse, Cornell, and Fordham. But I placed my highest hope the State University of New York Press. Despite disinterest by the other presses, SUNY Press invited consideration of my manuscript. It even allowed me to suggest names of possible reviewers. Nevertheless, to my disappointment my draft received negative reviews and the editor turned it down. There is nothing unfair about that. I used the reviews to improve the manuscript, eventually self-publishing *Disgrace in the U.S. House: A Political Biography of Harlem's Charlie Rangel* in 2013 through Amazon's Create Space. My self-published book benefited from the helpful criticism SUNY supplied me.

As noted earlier, I am not much of a marketer. I tried using email to bring my book to the attention of political scientists interested in congressional politics. I requested a review from the editor of the American Political Science Association's Legislative Studies Newsletter, but without success. In short, my pleasure with the book is all about producing it, not about the audience it has (not) attracted. It may be that when Rangel shuffles off this mortal coil, some enterprising journalists will find the book and bring it some public attention. It has been the research and writing that gave me satisfaction from this project.

I guess I identify myself with kids from Lake Woebegone -- a little above average. With ups and downs, hits and misses, I have been favored with a godly family, a loving and supporting wife, a Christian education and a world of prospects. Some opportunities have brought results that others have told me were good and useful. There is nothing in this to be arrogant about. Indeed, I hope that I have not offended others by exhibiting that sin in my life. The better thing I can say is that I am not unfulfilled or afflicted by melancholy or regret for unfulfilled ambitions. Despite shortcomings and disappointments God gave me space and support from people around me to be productive. Working to fulfill my calling has permitted me a joyous life and much satisfaction to share with others. Forgiveness, especially from God, Bonnie and my children, is hugely liberating because it covers over a multitude of my sins of omission and commission. I am enormously blessed and thankful that God put me in pleasant places with stimulating people that drew from me the good that I could do. Giving and receiving--to God be the glory.

But wait, there is more to say. My story is not yet complete.

"The last enemy to be destroyed is death." I Corinthians 15:26.

CHAPTER 19.

A Potpourri of Late Life Doings

The odds and ends of my retirement reminiscences are, I trust, better told in chunks of related experience rather than wedged into a chronology of details. Bonnie and I have received gifts and privileges that warrant celebration as I recount them here. There is much about these gifts being wrapped and ribboned in family and church adornments. We have lived them out in a variety of places, even in exotic settings. With freedom to come and go, to settle here and there for days or weeks and to put time into relationships of affection, our lives have been made rich and we have grown in our love for God and his people. We have experienced so much that can only be understood as "unmerited favor." We recognize and acknowledge that these riches are not our earnings. Grace has been poured out on us by a generous and loving hand. The best we can do regarding all our largess is to be thankful and live out our gratitude in expressive relationships with the people around us. Admittedly, knowing that is easier than doing it. Doubtless that will be seen below, but, I insist, the evidence of grace poured out is unimpeachable. With that said I offer some selective remembering and recounting.

As context for my selective remembering and recounting, let me doodle about "selective remembering." I do not have a lot of documentation for some of the episodes I describe and, as memories go, mine is not always fine-grained. The indulgences that accompany ego have a way of casting the rememberer in a favorable, but undeserved light. So, I caution my readers to consider my reconstructed episodes with some circumspection. With that acknowledgement, on to some narrative.

★

One of the unique connecting points between my father and me has been in the activity of hunting pheasants. I have recounted some boyhood experience at the family farm, but most of our shared hunting activities were later during my adulthood. I do not recall the details of how dad made a connection with Marion and Marie Kuiper, a Christian Reformed family who owned and worked a farm north of Platte, South Dakota. The first time I stayed there with dad and my brother Jim was likely in October 1979, followed by irregular visits after that. But in retirement my time availability was greater than during my working years. Dad's zest for hunting trips was undimmed at the age of eighty-six. So, in 2001 and after that we went together more regularly. After Marion and Marie retired, we shifted to the nearby farm of Marion Kuiper's nephew, Doug Kuiper. He and his wife Gladys made us welcome for several years. Over time the combination of hunters was irregular – sometimes including my brother Jim, nephews

Scott and/or Michael Booden, my son Gary (once), my cousin Ed Davis and, for a couple of years, his son Brent. One year I brought my pastor friend, Maury De Young.

The central drawing card was simply the chance to walk the fields, find and flush the birds and harvest a few for our later feasting when we brought them home. But the overall experience, which became enriched by repetition year-by-year, produced a special kind of bonding. Is it "guy thing"? I suppose it is. For us, though, I think it was mostly a family thing.

The South Dakota pheasant hunt always begins on the third Saturday in October at noon. Dad and I would depart Florida, setting forth in my Dodge minivan on the Wednesday before opening day, drive to Tennessee, eating well at a Greek restaurant in Murfreesboro. The next day would get us past the Missouri River and the next day we would arrive at the farm. After exchanging greetings with Doug and Gladys there would be small talk about farm conditions – too much or too little rain, the quality of the corn crop, the up or down population of birds. Then we would go to town. There we would purchase our out-of-state small game license in downtown Platte at Kuiper's (second or third cousin to our host) Hardware. Always buy something – a box of shells, a new hat or a pair of gloves. Linger and talk with the owner about local changes in the bird population. Where are the hotspots this year? After that we reserve a spot with a local man who cleans and freezes birds for three dollars apiece. Part of the agreement allows him to keep and preserve the pheasant pelts. There is a market for those beautiful pheasant feathers.

Saturday is the big day and typically we enjoyed good weather. Usually Gladys gives Michael or me kitchen privileges for making eggs, pancakes and bacon, washed down with juice, milk and coffee. There is some storytelling time. By a little after eleven in the morning everybody is dressed for the fields. Doug's brothers and cousins arrive. We will be a team of eight or ten hunters. The corn or milo fields are vast, usually a half a mile length. Dad and one or two others will go to the far end of the field by pickup truck. Then the larger group spreads itself, with separations of six to eight rows of corn, as a wide pushing phalanx. We enter the fields at noon sharp and begin to walk toward the blockers at the other end. Naturally the birds run ahead of the walkers. When the birds sense the hunters blocking the far end of the field, most of them do not flush until the end of the corn cover. The pushers slow up their pace, weaving back and forth as they near the field's end, not allowing the birds to double back in the corn. When the birds flush, the hunter closest to a cock in flight gets the shot.

In a typical good year with dry weather these opening-day sweeps quite dependably produce several targets near the end of each sweep. But not every hunter gets a shot on every sweep. Care must be taken to harvest cocks only. Shooting hens is not legal. The fields are mostly a quarter or half of section in size (a section is a mile square and equals six hundred and forty acres), so a given field necessitates several sweeps. Of course, that amount of walking necessitates some breaks to rest, drink water and eat an apple or a candy bar. There is time to celebrate and praise one another about good shots and explain away or kid one another about the missed shots. The bird limit is three cocks a day per hunter, so a limit for ten hunters means a great deal of shooting. In our amateur efforts more than half the cocks we see get away unharmed. Obviously, missing more birds than we hit means we must hunt up a good many.

Doug's relatives break off when the day gets late as they have things to do at home. We guests take a rest break before the next regular feature of the adventure: road hunting. The South Dakota prairie is crisscrossed by county roads, mostly unpaved gravel, that bound the mile-square sections of farmland. These two-lane roads are lined by about twenty feet of prairie grass on each side, edged typically by the farmer's barbed wire fence. It is legal to hunt the roadsides. Moreover, the pheasants are often on the move in the early evening and can be found on the gravel roads.

Road hunting means slowly cruising the back roads, two hunters in the van, in order to find birds along the road. The scenario goes like this. As I turn a corner and I may spot two birds three hundred yards away. They duck into the grass on the side of the road. I drop my hunting partner within about one hundred yards of the birds. Then I slowly drive past the birds, stopping about a hundred yards beyond them. I park in the side of the road, load my gun, and walk back toward my partner. There is a fifty-fifty likelihood that as we get close to one another we will flush the birds. If there is a cock, one or both of us may get a shot. If a bird is downed, a hunter may cross the fence into the farmer's field retrieve it, but one may not, without prior permission, hunt that field. Road hunting until sunset is a lot of fun, especially following an afternoon of long sweeps that have occupied us earlier in the afternoon. At day's end we deliver our catch to town for the help of a bird-cleaning crew. They dress the birds, bag them and hold them in their freezer.

Sunday is a welcome day of rest. Dad and I attend the local Christian Reformed Church. We see Marion and Marie Kuiper there as well as some other familiar faces, people we have met on earlier visits. Marion and Marie have a place in town. Their farm has been passed on to their son.

The rest of the week the hunting is harder and typically less productive. Doug and his relatives are employed and ordinarily unavailable to hunt with us. Depending on who and how many are in our party, we hunt more slowly and in smaller sweeps. We work the creek bottoms and the fence rows. In recent years my cousin, Ed Davis, has come with a pair of hunting dogs. They are great at pointing birds as well as recovering birds that have been downed. It is a special treat to watch a well-trained dog worked the fields to find the birds for the hunters.

Having mentioned our questionable shooting accuracy reminds me of a particular episode. It was mid-afternoon. Four or five of us were taking a break, eating apples and resting, coincidentally close to a stretch of electrical power lines. Yawning, stretching, taking up our guns and getting ready to resume the hunt, two cocks that had been sitting tight in a hummock close by, flushed with a startling whir of wings. We hastily shouldered our guns, blazing away at the receding birds. No apparent effect! But one of the birds swerved into the power lines. Creating a blue flash and a popping sound, the electrocuted bird dropped to the ground stunned and unconscious. Quickly we bounded over to find that cock, adding the otherwise unwounded bird to our bag for the day. Sometimes fortune is more productive than skill.

On Tuesday night the local Christian school sponsors a buffet dinner in the school gymnasium. It is not only a treat for locals, it is a well-advertised event for visiting hunters. The main feature is country canned beef, but there are meatballs and other homemade favorites. Mashed potatoes and various vegetables come in generous proportions. Pie, ice cream and coffee make the meal complete. The older ladies serve the food, the young women keep the coffee coming and clear the tables. The men and boys take care of cleanup. Much of the food is donated and the school gets the revenue for several hundred guests at (then, decades ago) fifteen dollars a head. For dad and me it was an opportunity to have Doug and Gladys as our guests. The evening is completed with the sale of local products – quilts, artwork and craft items. Over the years I have selected a few pieces of Delft dishware for Bonnie – Dutch-produced items not widely available outside the Netherlands.

By the end of Thursday's hunting we are foot sore and weary. Gladys makes us a special dinner of ribeye steaks from her freezer, a treat actually produced on this farm. Doug cooks them outside on a charcoal fire. After watching a baseball playoff game on television, we will settle our accounts with Doug. Then it is time to pack up our things and go to bed early. In the morning we collect and pay for our dressed and frozen birds, pack them, buy some dry ice and seal our coolers. After that we outsiders have a concluding breakfast in town, followed by goodbyes as we separate and head out in different directions.

On the drive home, dad would want to look in at Corsica, a town about thirteen miles east of Platte. It is a smaller, mostly Dutch town, where dad and his brothers hunted during the 1950s and 60s. Alvin and Adrian and those local acquaintances have passed away, but it is a small, pleasant diversion to drive slowly about town and hear dad recall past experiences. After that side trip, it is a pell-mell trip home to see mom and Bonnie and be home for church on Sunday.

After dad's ability for walking the fields gave way to disabling neuropathy, I made the trip alone a couple times, hunting with brother Jim and my cousin, Ed Davis. The last time nasty cold rain shut us down early. I came to the judgment that my hunting days were behind me. Dad had passed on to me his treasured twelve gauge Browning automatic, but I did not use it. I say "treasured," because he bought the gun in the late 1950s as, I recall, a five hundred-dollar (or more) purchase at the time. As he often kidded, he put the gun under the Christmas tree for five years in a row – the only way he could justify to mother such an outrageously expensive gift from Santa Claus to himself. My hunting gun was a sixteen-gauge double-barreled Ithaca lightweight. It was a gun bought by my Uncle Everett Decker probably in the 1920s, for his wife, Betty, my mom's sister. Aunt Betty's interest in bird hunting was short-lived. Initially borrowed by my dad, Uncle Everett let him keep it. After dad bought his Browning dream gun, I received it as a hand-me-down. Both guns went unused for a couple of years. I conferred the Ithaca on Randy as a heritage piece. The Browning would have gone to Gary, but he has no interest in guns. Together dad and I bestowed it on my brother Jim's first son, Bill. A veteran of both the Marines and the Army, he will treat it with the respect it deserves.

★

As already noted, God's blessings to Bonnie and me have been the privilege of travel. With easy access to Florida ports, a particular pleasure has been in cruising the Caribbean. Two trips were made notable by friends accompanying us – Jack and Millie Vander Laan on one, Ed and Pat Teske on another. There is pleasure in having leisure and deep conversation with such friends, views of the azure seas, beautifully served meals and novel port experiences. But certain trips were to enrich our relationships with grandchildren, distant family and even a dying friend.

Randy and his first wife, Angela, had two daughters, Jessica and Britani. Because they lived in Missouri, Bonnie and I did not spend as much time with them as we might have wished while they were growing up. Before Jessica turned sixteen, we asked her, "where in the world would you most like to go?" She came back quite quickly with an answer: Italy. Bonnie arranged for a tour of Italy in 2006 that from start to finish was fifteen days. Jesse flew to us in Florida and after that we together flew to Rome, joining a Trafalgar tour that took us to most of the tourist points of interest – Rome, Pompeii, Florence, Venice, Capri, Assisi, Pisa, and the lake country in the Alps. Jesse was a great traveling companion, always ready on time, careful with her money and willing to try new things. I think the highlight for her and us was in Venice. On June 29 it was her sixteenth birthday and our forty-third anniversary. At a special dinner for our tour group on one of the smaller Venetian islands she was made guest of honor, receiving a special serving of desert and a lot of favorable attention from all our fellow travelers. The tour both began and ended in Rome where we visited the Roman civilization sites and, as well, spent a day wandering among the treasures of the Vatican. The privilege of experiencing all the sights and sounds of such a different culture with our first grandchild was its own reward.

Jesse's sister, Britani, is just two years younger. The obvious question was, "where would you choose to go, Britani?" With no reluctance her rejoinder was "France!" Bonnie made all the arrangements for the trip in June 2008, including Britani's flight to meet us in Atlanta. With some last-minute weather concerns, times for her arrival and our departure together were scary close, but everything worked out. This trip we were in and out of Paris. Britani quickly made fast friends with three or four schoolteachers in our group who were freshly liberated from their classrooms. Britani not only saw and tried new experiences, she got adult perspectives from her new friends as well as from her grandparents. Of course, we visited Avignon, Nice and Cannes. We managed an overnight in Monaco. Going west we gained a view of Spain from a mountaintop and then had time in Lourdes, Normandy and Mont St. Michel. If the highlight for me was to walk the Omaha Beach battlefield and the cemetery, Britani was anxious for our closing days in Paris. The Louvre and its treasures? That was okay, but what she really wanted to do was find a dress, a dressy dress suitable for a prom back home. Bonnie and I were skeptical. In Paris one does not expect a bargain when buying a special gown. But Britani did find a bargain – a beautiful dark silk dress set off by delicate white lace at the neckline. She had the look of a princess. She proudly wore the dress to our tour's Farewell Dinner, and she was the belle of the event. So, our tour ended with Britani's triumph, followed by our flight home and our separation in the Atlanta airport.

What to do regarding Gary and Julie's two girls, Suzanne and Michelle? Gary's girls are several years younger than Jesse and Britani. Despite feeling that touring with teens was a rewarding experience, Bonnie and I wondered if we would be good travel partners by 2015 and 2018. We did not dare to think that we should wait for these girls to be sixteen. We came up with a different idea. In 2010 we invited the two girls together for a Disney cruise in the Caribbean. Where we went was not important to the girls. It was the Disney experience on shipboard that was memorable. We worked out a June departure date. Julie and Gary would bring the girls down to Florida. Bonnie and I would take the kids on a five-day cruise while Gary and Julie had a break using our St. Lucie home. It was a rattling success. Suzanne at eleven and Michelle eight years old, we could choose varying activities on the ship hour by hour. The girls enjoyed the pools and the movies together, but the Activities Center had crafts and cooking opportunities for kids at differing age levels. Suzanne was especially drawn to the fun of cooking and creating tasty treats under the guidance of the Disney kitchen staff. Michelle was adoring all the Disney characters who wandered the ship, especially the gowned beauties like Cinderella. Both girls took an endless number of pictures of them. Each evening meal was distinctive. The waiters were especially skilled at serving and entertaining our youngsters. In addition to activities and meals with the girls, we grandparents had time and opportunity for divertissements of stage and screen. The reassuring thing for Bonnie and me was that anytime the kids were out of our sight we knew they were safe. Usually under supervision, they could always find their way back to our stateroom. At cruise end, Julie and Gary picked us up at Port Canaveral and we had a couple of days to visit Busch Garden and SeaWorld. It was a wonderful week for Bonnie and me. We felt the pleasure of intimacy and shared fun with the kids who generally are distant from us.

Just one more cruise story. I previously described how we made friends with Wayne and Nancy Bengtson during our New Zealand-Australia tour in 2001. We kept in touch, seeing them each year in the winter when they spent January and February on Sanibel Island along Florida's West Coast. We hatched a plan to cruise together around South America from Valparaiso, Chile to Buenos Aires, Argentina. The trip was set for 2007.

Wayne's travel agent made the reservations months in advance. But in the interim Wayne was diagnosed with cancer that was fast-moving. They let us know that they had to cancel their plan to travel with us. Bonnie and I were unsure what to do. We chose to make that trip "around the Horn." It turned out to be a marvelous cruise and we went around the Horn in mild weather, a passage that at some seasons is tempestuous. Besides stops in Ushuaia, the southernmost port of South America, and Montevideo, Uruguay, we visited Port Stanley in the British Falklands. (Why the United Kingdom and Argentina would engage in hostilities for that mostly barren place remains a mystery to me.) Bonnie has dozens of pictures of wild penguins of various shapes and sizes seen at several different locations. I kept a careful record of our trip. After we flew home from Buenos Aires, Bonnie and I worked quickly at putting together the story and pictures of the trip, arranging them in a loose-leaf notebook. We sent it to Wayne and Nancy in Minnesota to share our experience with them despite their inability to literally join us on the trip. Within months Wayne passed away, but Nancy assured us that their vicarious trip by means of our pictures and words was for them a shared pleasure.

★

A distant family connection that prompted some unusual travel was to visit Bonnie's South African cousins. The trip to meet them came about in a peculiar way. In 2002 our Sunlight Church held an auction as a congregational fundraiser. Items sold included homemade baked goods, white elephant furnishings, golf dates, car washes and such. Someone included tickets for two South African safaris at a game preserve. The bidding for the trips was not brisk. After an opening bid of $1500, Bonnie nodded to me and bid $1600. No one bid against us (and half of the price went to the church). So, we laid plans to go to South Africa.

Quickly, however, the plan grew in complexity. Bonnie's grandfather was a Dutch immigrant to the United States in the early 1900s. But his two older brothers migrated a few years earlier to South Africa. Consequently, there were cousins to Bonnie in that country, two and three generations removed. Some were older and some younger than Bonnie and me. Bonnie made connections with them via email.

When we flew to Cape Town, we made a brief contact with a physician-cousin. Then we took our safari on the west side of the country. During that delightful week-long experience, we saw four of Africa's "big five:" leopard, elephant, buffalo and rhino; we missed seeing a lion. Other critters of interest that we saw included impalas, warthogs, baboons, zebras, giraffes, hippos and crocodiles. After that we joined more cousins in Johannesburg. It was a delightful connection. From them we heard echoes of the hardships undergone by the Afrikaners in the preceding years. We were hosted to a "braai" – a family barbecue, featuring roasted meat and vegetables along with choices of beer and wine. A trip into the hinterland near Pretoria brought us to the Voortrekker Monument, a unique symbol marking a high point in the Afrikaners' historic experience, the Battle of Blood River. There is much more to Boer history than I can usefully summarize here. Recall, however, that I bought (and reviewed for *Pro Rege*) Hermann Giliomee's *The Afrikaners: Biography of a People.* It is a well-told history. The Blood River story and much more are recorded there.

Let me note that based on Bonnie's family relationship with the South African Bonnemas, we gained some insight into the current issues of life for the Afrikaners in their country. They were part of the dominant white minority before Nelson Mandela's election in 1994. Some of the older family men had been in the military, others the police. By the time of our visit (summer 2003) they were retired and feeling badly, regarding themselves as part of a recently disadvantaged minority. Their children and grandchildren were departing their country to build lives in Europe or Australia because affirmative action for blacks constrained job opportunities for young white people. Crime, and the fear of aggression moved these aging whites to protect their property and automobiles with security systems, guard dogs and fences around their homes. They carried guns in their cars and handbags.

We were not able to get a good fix on what church life was like in the Reformed churches. However, cousin Esmarie, a 50-ish mom to two teenage girls, spent considerable time with us. On Sunday she took us to worship in a large nondenominational Protestant church that was racially integrated. She and her girls attend there, having adopted a forward-looking approach. They have accommodated themselves to the new social paradigm of racial equality. Apparently Esmarie's husband, who did not attend the church, has not. There was governmental pressure to downplay and marginalize Afrikaans' traditions and language, making English the language of culture and commerce while respecting tribal languages among the blacks. As outsiders Bonnie and I could appreciate and applaud the justice of promoting development for the long-repressed blacks. Nevertheless, we could still have empathy for the concerns of these white relatives who felt their marginalized status and were largely disadvantaged by the overdue cultural changes to which they have had to accommodate, especially in the most recent decade of their lives. Unevenness among the Afrikaners in accepting the new social paradigm obviously put great stress into the lives and relationships within and among families and churches. Suffice it to say that Bonnie and I had an enlightening, too-brief stay with Bonnie's cousins. After departing from them we breathed our prayer of thanks to God that our Dutch forebears were led to the United States, not to South Africa.

★

By choosing retirement living in Florida instead of in Illinois, it was up to us to visit the children and grandchildren in the midwest as well as to have them come and spend time with us in Florida. As much as we have enjoyed those trips to stay in touch, that did not satisfy our felt needs to get all the kids and grandkids together from time to time. Growing up, Bonnie and I had lots of connections to aunts, uncles and cousins. How could we bring that about for our widely dispersed adult kids along with their children? The plan we settled upon was to invest in a timeshare. Piece by piece we bought more and more timeshare credits. Whether we invested wisely or well, I am still unsure. Eventually we accumulated an investment of more than a hundred thousand dollars and on a continuing basis we paid annual fees and taxes on that investment. That is the financial burden of our plan.

Despite some frustrations and disappointments in using our investment, we acquired enough credits to reserve three suites for at least a week in a choice resort location. Bonnie learned how to use our privileges to obtain posh vacations. The operative strategy was to choose a location for a week together over Fourth of July every other year. Our "home base" of ownership was in Myrtle Beach, South Carolina, where we stayed several times. We also managed visits to West Virginia, Branson, Missouri, and Steamboat Springs, Colorado. Early on a couple of times when our credits were insufficient, we made rental arrangements in Newago and Saugatuck, Michigan. Of course, not everyone made it to every get-together. But for Bonnie and me, these occasions continued to be a treat. One of my special pleasures was to prepare a turkey for the Thanksgiving dinner that we never could have in November, but still could enjoy in July. The matter of having a well-fixed expectation to be together every other year provided a talking point and an issue: where shall we go next time? Bonnie made the reservations months in advance. In 2015 our reservation was in Branson, Missouri. Randy and Denise who live nearby, treated all of us to his home-grown fireworks show in Nixa on the holiday evening. Denice hosted a baby shower for Britani, whose son, August, was delivered in August 2015.

Bonnie and I have used timeshare credits to keep in touch with other friends as well as the kids. One of our favorite spots where we made repeated visits was Fairfield Glade in central Tennessee. It is a great place to play golf and do outdoor hiking. Both Randy and Gary spent time with us there. So did Jan and Mart Van Staalduinen as well as Wyatt and Betsy George. We have used the timeshare with Bonnie's sister, Helen, in Estes Park and Pagosa Springs, Colorado, and Sedona, Arizona. Additional fun sites for Bonnie and me have been in Daytona Beach, Destin and Pompano Beach, Florida. Bonnie and I also enjoyed as a "retreat" the unique charms in Santee, South Carolina, the Berkshires of Massachusetts and the historic sites in Williamsburg, Virginia. Annually entitled to a renewal of our points, we accessed a variety of interesting places that stimulated our travel interests while keeping us engaged with family and friends. That has sweetened our retirement savoir-faire.

Reviewing specific pleasures with our adult children – and their children – prompts me to reflect with Bonnie about the matchless privileges we have been blessed to enjoy in the family God made for us. When counting our blessings, nothing other than the gift of salvation means more to Bonnie and me than his gift to us of children. Had nature prevailed in our lives, Bonnie and I would have been childless. But by God's grace, with support from Bethany Christian Services and the encouragement of our Christian family and friends, we were gifted with and had the joy of parenting three precious children. God chose us to nurture, teach and love them. They are and always have been the "secret sauce" that has favored and flavored our lives. It is now fifty and more years that we have cherished them (imperfectly, of course) but with encouragement, criticism, praise, discipline, affection, anger, nurture, sorrow, support, instruction and, the big one, love. Each of them has multiplied and reflected back to us their love. Today they are mature and blessed with partners and families of their own. Bonnie and I have grandchildren, even great grandchildren, with whom we share affection. As Psalm 23 says, our cup of joy overflows with God's good blessings. On our knees, Lord, we say, "Thank you, Heavenly Father, for Franci, Gary and Randy. They, more than anything else in the world, have made our hearts full and our lives complete. We pray for your blessing and forgiveness so we may together receive your salvation and the joy of heaven with you!"

★

A couple of privileges came to me deriving from my duties as an elder at Sunlight Church. In 2005 I was delegated to the Synod of the Christian Reformed Church in North America. It meets annually with representatives from all the denomination's classes (regional bodies). I was one of the two elders, along with two pastors, from Southeast United States. Synod's hundred and eighty delegates have authority over the denomination's church order, principles of worship, statements regarding moral/ethical issues and oversight of educational and outreach organizations. The body's weeklong meetings were interesting. I felt more like an outside anthropologist studying a tribal council than a member/decision-maker in an ecclesiastical assembly. Many of the issues before the participants had lengthy histories with previous incremental actions by prior synods. Veteran members from earlier synods and study committees dominated the issue discussions. There was serious work done in my presence, but I was only marginally engaged in affecting the outcomes. To say this is not to disparage the Synod or its many distinguished participants. The work done was purposeful and pursued with dedicated devotion. Personally, however, I was not able to penetrate beneath the surface of its ecclesiastical affairs

A few old friends were present as delegates: Dick Katte, my college classmate and colleague when I taught at Denver Christian; Stan Mast, in my tenth grade class as a student in Denver, but by this time pastor of a large Grand Rapids congregation; John Kuyers, a fellow church member during our graduate school years in East Lansing. Because the synodical gathering was on the Trinity Christian College campus, I had contact with former faculty including Derke Bergsma, Richard Kooy and Gary Van Dyke. To be on the campus was to appreciate the improvements to the physical plant and grounds of the college in the twenty-plus years since I was the Trinity academic dean. As an admirer of libraries, I was particularly delighted by the breadth of Trinity's collection and study space for students.

Much more consequential and rewarding than my Synod experience was my appointment to the Board of Trustees for Calvin College. My appointment came via nomination from the Sunlight Council, through the Classis Southeast, and with a recommendation from the Calvin Board to the CRC Synod – a well-intended, circuitous route. I began my service in the fall of 2008. The Calvin Board of thirty-two members meets three times a year. Members have three-year terms. Three-fifths of the members come, as I did, from the classes of the Christian Reformed Church and, like me, are limited to two terms. Three come from the alumni association. At-large nominees come by initiation of the Board and the administration. They have a three-term limit.

It was both rewarding and pleasurable to be on the Calvin board. Calvin College (now named Calvin University) is a seriously Christian, high quality educational institution. Bonnie and I are both proud alums. I felt my academic experience, mostly in the state universities, gave me the contextual understanding of higher education that allowed me to be a useful, even insightful, member. Few of my board colleagues had academic experience beyond their own college student years. From my experiential perspective I was able to understand and interpret for them various educational issues, dispassionately distinguishing both faculty and administrator perspectives.

For two years I served on the Student Life Committee and was able to get close to the lead administrator for student life, Shirley Hoogstra. Calvin is a mostly residential college so the life experiences of the students apart from the classroom are of pivotal concern. Hoogstra brought her legal experience as an attorney, her compassionate parenting skills and her insight from a couple of terms on the board when she accepted this assignment from the college. By the time I was on the board she had about a decade of experience in her position. She oversaw the residence hall operations, providing a vital campus life for students while helping them keep on a good moral track. Resident advisors were carefully chosen, well led and reinforced with administrative support. The Calvin chaplaincy was no sinecure. It sustains a vibrant spiritual life among students and their mentors. The voluntary chapels at Calvin ring with exuberant, sincere worship. Our board committee was regularly refreshed by meeting with animated students who took their academic studies seriously while being active with joyful Christian living. I do not recall my college years being that well balanced. (Must I acknowledge that the good old days were not so good?)

For four years I was appointed to the Academic Affairs Committee. Here I felt at home with the Provost, Claudia Beversluis, and the issues of her domain. Board members spent significant time reviewing faculty for reappointments, tenure and promotion. Our committee reviewed recommendations with the deans and the provost in detail. Similarly, academic programs received careful scrutiny and were examined for appropriate levels of staffing, space and resources. While details are not appropriate here, our committee refereed a significant difference of views between the college president and the provost about her continuation as the college's academic leader.

Calvin's presidents have had long tenures of service. However, during my fourth year on the board President Byker served his final year of a lengthy tenure while a search committee sought out a new leader. Although I was not on the search committee, several from the board were. Many candidates were closely examined. The eventual nominee, Michael Le Roy, won the unanimous recommendation of the search committee. Without amplifying let me note that I played the role of challenger in the board discussion of that recommendation, reflecting concerns from some constituents because Le Roy was not a CRC denomination member. After some spirited discussion the board members warmly approved the nominee for the presidential appointment.

I was able to serve two years with the new president (who promptly became a local CRC member). His leadership was, as described during his candidacy, intentionally accomplished with participatory activity by faculty, staff, board members, students and constituents. President Byker brought a feistiness to his interactions that faculty members sometimes found offensive. President Le Roy has inclusively involved all kinds of people in his policy-making process. That has evoked much appreciation from the faculty. Time will tell if the "right" results derive from Le Roy's leadership in policymaking, but the early returns have been hugely favorable.

Besides saying I delighted in the privilege of a board member relationship with the Calvin community, it was a treat for me to be engaged with able, accomplished Christian board members from around the U.S. and Canada who gave time and effort to the board's deliberations. They included lawyers, physicians, ministers, business executives and educators. Several were half my age. By the end of my second term I was the only Calvin grad on the board from the 1950s – specifically, 1958. One member had, in fact, been a student of mine the first summer I taught education law at Covenant College. Christine Metzger joined the board as an at-large member, having been a Christian school administrator in Hoboken, New Jersey. I had an unplanned opportunity to nominate her for board secretary when the executive committee (insensitively) offered an all-male slate. She prevailed in the vote count. Thrilled, she thanked me and, of course, served with distinction.

★

While getting close to higher education by means of the Calvin board experience was meaningful and rewarding, earlier I wondered about putting my teaching skills to work by a return to the classroom to teach political science. It came about, I guess, because I took to visiting the campus of Indian River State College to use its library. The college was emerging from its status as a community college. I was accepted there to teach American national government on a part-time basis. At the time it seemed like a good idea to me. The rewarding part was in developing an entirely fresh course with what I thought were lively, contemporary presentations accompanied by the latest text material. I was delighted that my classroom was equipped with visual projection and internet connectivity. Using that technology in the classroom was a genuine treat that I took seriously. The downside was to have groups of mostly eighteen-year-olds enrolled simply to satisfy a program requirement. Despite my continuing efforts to connect day-to-day political events and news to the substance of how American government is organized and the processes by which it functions, I found student responses bland and disappointing. Reluctantly, I must share blame for their lackadaisical heedlessness of my penchant for American politics, but I could not seem to get past my students' lethargy. (It is a negative indicator when the invitation to ask questions evokes this: "Will that be on the test?")

Having in my pre-retirement mostly taught upper-level and graduate students who came to me with motivation, the dull classroom is not where I want to be. I felt no inducement to continue in the assignment. I led the course three times, enough repetitions to convince myself that I had not chanced upon an atypical cross-section of the student body. But I must add one unique plus: Bonnie attended the course during the first time I taught it. She had not ever before had time or opportunity for being in my classroom other than at church. Though unregistered, of course, she took the tests and passed with flying colors.

★

I volunteered myself for an engaging civic activity in Port St. Lucie. When Bonnie and I moved there in 1998, the population was about 70,000 and growing rapidly. (The 2020 estimated population is 195,000.) In 2002 the City Council authorized a Charter Review Committee that was open for volunteers. I was chosen with eight others. For more than a year we discussed and revised the existing charter with the help of the city attorney. The existing charter provided a nonpartisan Council-Manager government with a broadly empowered city manager position. The Charter Review Committee was strictly advisory, but we made provisions to clean up several legal issues that had troubled the city. I made two procedural recommendations that got a thorough airing. Both had to do with enhancing the leadership ability of the mayor. One was to require that annually the mayor address Council and the people with a public "state of the city" address. It would encourage the mayor's potential as a visionary for the city who could offer an agenda of priorities for civic problem-solving. The second idea was to specify that when the Council voted on official actions, the mayor would vote last. Previously the order of voting changed randomly for all the Council members alike. Putting the mayor always last would, in matters of controversy and close division of votes, make the mayor the decision-maker. These were modest innovations, but I wanted to enlarge the mayor's capacity for community leadership. My "state of the city" requirement made it into the charter. My voting order concept did not. The proposed charter was approved by the voters in November 2004. Except for amended (enlarged) boundaries, the charter continues to shape and empower Port St. Lucie's governing system.

Another kind of volunteering came my way after 2010. The trigger at the time was the death of my mother on November 3 of that year. Let me digress to say what a wonderful mom she was – to me, of course, but also to all our family. Bonnie and I reaped the rewards of being close to mom and dad after our retirement. We had a great celebration at our house for their seventieth anniversary in 2006. We wanted to do one in May 2010, but mom turned it down. "Wait for our seventy-fifth," she said. Her last illness came on too quickly and we anguished about her hospitalization. Competing doctors took actions to extend her life until dad, with my sister Judith and me, agreed to call in Hospice. With Hospice approval, she went under its care and quietly passed away quickly thereafter, half a year before our hoped for seventy-fifth anniversary celebration.

The compassionate care that Hospice extended not only to mom, but to our grieving family led me to become a Hospice volunteer. Not long after some training the volunteer coordinator asked me to engage in home visits with a former schoolteacher. In his late sixties, Adrian, divorced and mostly estranged from his family, had accepted the idea of his impending death from pancreatic cancer. Having endured in misery and nearly died from the harsh effects of chemotherapy, he took counsel with Hospice doctors. Under Hospice care in his home he was relatively pain-free and able to regain a measure of health and vigor for daily living. He could eat and enjoy his food. He even bought a new car to experience a renewed sense of personal freedom. I visited with him, usually weekly, for about a half a year. We often watched his favorite sport, tennis, via his cable television connection. He expressed himself about the tyranny of his chemotherapy treatment for his cancer because it was pressed upon him by the doctors even when it only worked to weaken and sicken him. He turned to Hospice, accepting the judgment that curative therapies could not control the disease. Instead Hospice would provide palliative care focused upon comfort and support.

It was my privilege to have a small part in the support Adrian received. When we first met Adrian was a pretty crotchety fellow, filled with anger, pain and resentment. He fantasized about suing his previous cancer doctors on grounds of malpractice. But, regaining strength after the toxins of chemotherapy eroded, he enjoyed the time of respite from his unstoppable disease. He welcomed the ministrations of the visiting nurses. Allowed a kind of reprieve from his misery, we spent time together in his house (typically two or three hours at a time) and the venting of anger abated. He had energy to engage with more people. He "got right" with one of his children. Out of gratitude to Hospice, Adrian made a heartfelt video for others dealing with terminal illnesses. The message was to accept the Hospice palliative care that focuses on comfort and support and come to terms with an ending to life. Adrian's quiet demise came about seven months after my first meeting with him.

My choice after that was to assist with bereavement services. More training brought me into discussions with grief counselors. Along with training I talked with and witnessed the benefits of that work in my father as he dealt with mom's death. The assignment I accepted was doing "bereavement calls." Patients under Hospice care typically have dear ones and they too can avail themselves of counseling and compassionate service. Some grieving people initiate these contacts, and some do not. My simple task was to telephone the family member or friend of record for the deceased approximately six months after the relevant death. In that contact I would initiate a conversation about the respondent's grief. Most of my responsibility was to listen. I could encourage new or renewed grief counseling with the agency's professional grief counselors. If the grieving one expressed serious unmet need, I would bring that person's issues to the grief counselors for follow-up. Most of my conversations were brief, typically not more than five minutes in length. Making a hundred or more calls each month, only three or four would generate a "needs immediate attention" referral to a professional staff member.

An unwelcome pattern in the responses was to hear the anguish of widows unprepared to cope with their circumstances after the passing of a husband. I took that pattern as a warning to be heeded regarding Bonnie and me. The most common response to my calls was an expression of gratitude for the Hospice service, even for the personal follow-up call that acknowledged the life of the loved one and the grief of the person left behind. I continued in this activity for Treasure Coast Hospice until Bonnie and I needed to get about matters having to do with our relocation.

★

In 2011 our lives were delightfully interrupted by a summer wedding in Springfield. It was all about Franci. Despite her efforts and prayers, Fran had been disappointed in marriage. The details are not spelled out in my story. Those intimate matters belong to her. But, in 2011 she renewed a relationship with a boyfriend she dated in Glenwood high school, Rickey Meredith. Both had history with broken marriages. Joining together they were able to put behind them pains of the past and bring to life a relationship of love. To Bonnie's and my joy, they included godliness and worship in their lives. On June 11, 2011, Gary and Julie Van Der Slik made their home and backyard a charming location for an outdoor wedding.

Thankfully, the weather was pleasant, and the event brought some family together for a simple ceremony. In the years since then Franci and Rickey have knitted together in a strong relationship of love. Their shared talents in music have opened opportunities to perform for audiences in Illinois and beyond. Who knows where success may lead them? Importantly to Bonnie and me, we perceive their love for God and one another as a solid basis for enduring togetherness and joy. Bonnie and I praise God for that.

During 2011 I began to have growing concerns about the future for Bonnie and me. No single trigger brought the matter up as an urgent consideration. It was more a matter of accumulating negatives about our living circumstances. For example, the earlier pleasure we had enjoying our spacious home was giving way to some associated burdens – trimming the towering palm trees out front and keeping our windows inside and out "Dutch clean." There were maintenance issues, including pesky water leaks, dealing with "crazy ant' invasions and other bug problems, and, a big one, rising utility bills. Our pair of air conditioning units that functioned year around for nearly a decade needed repeated attention. When would replacement be necessary? Wonderful as all that space we had for entertaining was, we were finding entertainment of others a declining pleasure. By the way, that whole-house carpeting was showing wear in some places and fading in others.

Mom's passing and dad living in a care facility made me think about how we would deal with future health issues. Bonnie was already living with an artificial hip and two replaced knees. I, who had for many years been a jogger, was advised by Bonnie's orthopedic doctor to cut back to walking and exercising in the gym instead of running. The golf I had pursued with vigor earlier had lost some of its charm as my hitting distance shortened and my wobbly putting stroke worsened. After we hosted a big, joyous party in March 2012 to jointly celebrate Bonnie's and Doug Nagle's eightieth birthdays, we decided that hosting big parties at home should probably be a thing of the past. Even our involvement in church activities seemed "more like work" than it had before. Despite how much she loved her piano in the living room, the patio, large yard and living space, Bonnie acknowledged it might be time for a change. Then there was that "unprepared widow" response I got in doing the follow-up calls for Hospice. We should not allow that to happen to us.

My internet research led us to the judgment that we should find and settle into a "life care community." While initially we would reside in independent living, when more care was needed, we would nearly seamlessly graduate up to and be provided skilled nursing services with memory care, if needed. When we searched out the options immediately nearby, we could not find the full service I was looking for. In particular, the skilled nursing element was typically unavailable. (I came to learn that in Florida part of the explanation is political, but that is too long a story to summarize here.) We closely examined four communities that did meet my criteria. The one in Pompano Beach struck Bonnie as "too urban." One in Stuart had limited housing choices and, I judged, was too pricey. We made a tentative commitment with the community in Vero Beach, but delays in marketing our house resulted in an impasse.

During that impasse Bonnie and I took one of our trips to the midwest to visit our kids. On the way home I suggested to Bonnie a side trip to visit John Knox Village in Orange City (between Daytona Beach and Orlando), a community whose website I had studied. I thought it sounded promising. Despite her reservations about central Florida living, she acquiesced in having a look. At the security gate not far off from Interstate 4 we were welcomed to drive in and casually check out the environs. Bonnie took an immediate liking to the trees, green areas, snug cottages, residential buildings and the lake on the campus. I will not say that it was love at first sight, but the experience was an eye-opener for her and pleasing to me. She was willing to give JKV serious consideration.

Within weeks we had a date for a full orientation and an overnight stay. We deepened our understanding about the physical setting, the housing and the health services. We sampled the restaurant menu several times. We met with residents. After a first campus stay, we repeated it all over again. My father joined us, giving us the benefit of his experience by asking the right questions. Then we dug into the financial details. What would we be buying into?

The way I describe it to others is that we bought into a "community membership." There was a significant, up-front price adjusted according to the size of the residence selected. We chose a two-bedroom unit, half of a cottage, with about eight hundred square feet of space. It includes two bathrooms, a laundry closet and a small but fully equipped kitchen. We are not owners, but we are entitled monthly fee payers. Part of that fee is an allowance for a wonderful menu of prepared meals. Each day we may eat at our choice of four venues. Two offer the same menu options each day. The other two have differing selections. Part of our fee sustains our health care (and is partly tax deductible as a medical expense). Full maintenance of our living space and biweekly housecleaning is provided. A wide variety of social doings and healthy living activities are available. Bonnie did not require a hard sell.

Before we could commit to a decision, we needed to discuss it with my dad. Our village would be hundred and forty miles away from dad's place, not fourteen as was true at the time. Having visited John Knox with us, he appreciated the resources and amenities that would be part of our prospective lifestyle. A downside to him and to us would be our departure from Sunlight Church. Despite our distance we would still be available to him. Dad was ninety-eight years old at the time. "You think that your new circumstances will provide what you need indefinitely into the future. I am okay where I am, whether it will be for two weeks, two months or two years. I think you should go ahead without feeling you need to remain here for my sake." It was a heartfelt statement which we received as more than permissive. It was an authentic encouragement to make a prudent determination helpful for our future lives.

Our buy into the John Knox community necessitated the sale of our home. Built and bought in 2003, its market price had boomed until the Great Recession commenced at the end of 2008. After that buyers were few and the market price declined significantly. We put the house up for sale at the end of 2011, but it did not sell until the late spring of 2013. The sale closed in July (days after the fiftieth anniversary of our marriage). I need not describe the details here, but we had some surprise maintenance issues and several significant stress points before the sale was complete. As I have described to friends, we did not take a bath on the selling price, but we did endure a significant sprinkling.

Our move did not keep us from frequent face-to-face time with dad. He endured a couple of hospitalizations and received a pacemaker. We made the three-hour trip to his Lake Forest Park residence often. On January 24, 2015, we brought together more than fifty family and friends to celebrate dad's hundredth birthday. It was a delightful assembly. Both my siblings were there with their spouses. Each of us got to express our regard for dad to the assembled nieces and nephews. Bonnie and I were pleased that Fran, with Rickey, along with Randy and Denise, were able to join in a fun weekend with us. Beside family there were friends from Sunlight Church and from Lake Forest Park. Dad passed away quietly at the age of 101 on October 8, 2016. We held a simple celebration of his life for family and friends at Sunlight Christian Reformed Church.

★

The tenderness with which God has blessed my dad and mother's lives has also been extended to Bonnie and to me. In the half dozen years we have already resided in JKV, our expectations to enjoy God's grace daily have been fully met. New friends, new doctors, divertissements of the Orlando-Daytona area, new churches and spiritual encounters, new ways of keeping connected to family and old friends—these and more blessings confirm to us anew, God is good. All the time!

Mentioning family connections brings to mind a favor that merits special acknowledgement. Settled in our village, I could not long be without a writing project. The travel venture we made to Korea in 1997 kept me noticing and reading about the on-going rivalry between South and North Korea. The more I thought and read about it, the stronger my urge to analyze and write about it. On an occasion that brought Bonnie and me to Denver I engaged Michael Cordova, Bonnie's and my nephew by marriage to Bonnie's niece, Lauri Verschure Cordova, about my work in progress. Intrigued, Michael was willing to bring the book to publication. In 2017 WildBlue Press published my book, *The Korean Crisis: One People, Two Nations, A World on the Brink.* It is a history and analysis of the seventy-five year rivalry between the North Korean communist regime and the prosperous democracy we know as South Korea. It describes a great unfinished but continuing contest between a people of one ethnicity who were divided by the outcome of World War II and the competing ambitions of the Russian communists and the American devotees to democracy. Michael and his partner, Steve Jackson, generously brought my book to publication even though the major thrust of their business model features true crime and mystery books. I am grateful for their efforts to market a well edited book that I am proud to have bearing my name.

As I have thought upon and recounted my life experiences, I am reminded about the serious implications of who and what we humans are. Jesus Christ said that we will have to "give account on the day of judgment for every careless word" (Matthew 12:36). As this memoir records my life it reveals some of the carelessness that our Savior would judge as offensive. Thanks be to God I do take seriously and joyfully God's promises of forgiveness and redemption. The prosaic accomplishments of my earthly presence are only a puny affirmation of God's power to rescue me from myself and the temptations that have too often led me awry. Thankfully, much more powerful testimonies about God's potency at emancipating and blessing needy people like me come from his Word and his followers.

Setting aside my inadequacies, let me express for Bonnie and me our hope of heaven. We have often joined faithful believers in the prayer, "Lord, come quickly." But I have not been comfortable with some of God's people who dwell constantly in the expectation of the Apocalypse. That it will come in God's good time I have no doubt. If that is during my earthly life, praise God. I will exalt Christ's coming from here. But whether I am here for that or not, if God leaves me in this world as my home I live with his comfort. Said differently, "my only comfort in life and death" (Heidelberg Catechism), is that when my days are complete, Jesus Christ has prepared a place for me in the heavenly kingdom to come. Meanwhile the gift of life on earth is to be used to redeem our time here, using our human talents to give God glory and help humankind flourish. Although in this life my conscious mind is too finite to comprehend the dimensions of the coming heavenly realm, the hope I have for it is certain to be fulfilled. The symbolic representations that the Apostle John wrote about, gates of pearl and streets of gold, provide hints about the precious and breathtaking beauty of the heavenly environment. An image that appeals to me out of my earthly experience is that I will freely roam in an infinite library of sublime expressions of knowledge and wisdom from God. I admire the simplicity of R.C.

Sproul's description: "Every hope and joy we look forward to – and then some – will abound in this wonderful place.... The radiance of the glory of God... will be glowing, brilliant [and] never stop." (*Everyone's a Theologian*, Reformation Trust, 2014, p. 335).

"Never stop." Those are down to earth words that express the awesome notion of eternity. Yes, there is such a thing as apocalyptic truth. John recorded something of what we will experience in Revelation 21: "Now the dwelling of God is with men, and he will live with them. They will be his people, and God himself will be with them and be their God. He will wipe away every tear from their eyes. There will be no more death or mourning or crying or pain, for the old order of things has passed away." He who was seated on the throne said, "I am making everything new!" Then he said, "Write this down, for these words are trustworthy and true."

What can be more trusted than God's promises? Bonnie and I believe them with the gift of faith from the Holy Spirit. May God's Word touch the hearts of those who have read my story.

CURRICULUM VITAE FOR JACK R. VAN DER SLIK (JUNE 2020)

Home

5 -A Westlake Dr. in John Knox Village

Orange City, FL 62763

(386) 473 7718

Email: jackvds7718@outlook.com

Education

M.A., Ph.D. Political Science, Michigan State University, 1967

M.A. Social Science Education, Western Michigan University, 1961

B.A. Social Sciences and Education, Calvin College, 1958

Inter-University Consortium for Political Research, University of Michigan,

Summer 1964

Experience

Professor of Political Studies and Public Affairs and Senior Scholar in the Illinois Legislative Studies Center, Sangamon State University, August 16, 1981 to August 15, 1999 (tenured 1985), August 16, 1999, Professor *Emeritus.*

Director of Illinois Legislative Studies Center, July 1, 1983 to December 31, 1998.

Academic Dean, Trinity Christian College, Palos Heights, Ill., September 1, 1978 to August 15, 1981. Acting Internal Executive, 1979-1980.

Associate Dean for Personnel, Budget and Research, College of Liberal Arts, Southern Illinois University at Carbondale, July 1, 1975 to August 31, 1978.

Associate Professor of Political Science, Southern Illinois University at Carbondale, July 1, 1971 to September 1, 1978; Assistant Professor, September 1, 1967 to June 30, 1971 (tenured 1971); Instructor, July . to August 31, 1967. Acting Chairperson, Department of Political Science, January-June 1975. Jointly appointed to the Department of Political Science and the Public Affairs Research Bureau, 1967-1975. Dissertation director--4 dissertations.

Visiting Associate Professor, Department of Political Science, Calvin College, September 1972 to June 1973.

Political Science Research Fellow, serving the Illinois Legislative Council, an agency of the Illinois General Assembly, September 1969 to June 1970.

Assistant Director, Michigan Legislative Intern Program, January-June 1967.

Teaching assistant to instructor, Michigan State University, 1963-1967.

Three years teaching experience in secondary schools; Bellflower Christian Jr. High, 1958-60, and Denver Christian Jr. High and High School, 1961-62.

Adjunct faculty member in political Science at Indian River Community College, Fort Pierce, Florida, 2005 to 2007.

Adjunct faculty member in the Master of Education Program, Covenant College, Lookout Mountain, Georgia, 1994 to 1996.

Scholarly Research and Writing

Books (author):

The Korean Crisis: One People, Two Nations, A World on the Brink. Denver: WildBlue Press, 2017.

Disgrace in the U.S. House; A Political Biography of Harlem's Charlie Rangel. New York: Create Space by Amazon, 2013.

Intruding on Academe: The Assertion of Political Control in Illinois. Carbondale, IL: Southern Illinois University Press, 2001.

One for All and All for Illinois: Representing the Land of Lincoln in Congress. Springfield, Ill.: Sangamon State University, 1995.

Lawmaking in Illinois: Legislative Politics, People and Processes. Springfield, Ill.: Office of Public Affairs Communication, Sangamon State University, 1986. Second printing with afterword, 1989. (Van Der Slik and Kent D. Redfield).

American Legislative Processes. New York: Thomas Y. Crowell Co., 1977.

Roll Call! Patterns of Voting in the Sixth Illinois Constitutional Convention. Urbana: University of Illinois Press, for the Institute of Government and Public Affairs, 1975. (David Kenney, Van Der Slik and Samuel J. Pernacciaro)

Instructor's Manual for Stephen V. Monsma, *American Politics: A Systems Approach.* New York: Holt, Rinehart & Winston, Inc., 1969.

Books (editor):

English editor for *The National People's Congress of China*, by Jiang Jinsong. Beijing, China: Foreign Languages Press, 2003, pp. iii – 560.

Politics in the American States and Communities: A Contemporary Reader. Boston, Massachusetts: Allyn & Bacon, 1996.

Almanac of Illinois Politics – 1990, 1992, 1994, 1996, 1998. Springfield, Illinois: Institute for Public Affairs. Founding Editor for the first five biennial volumes of a continuing series.

Black Conflict with White America: A Reader in Social and Political Research. Columbus, Ohio: Charles E. Merrill Publishing Co., 1970.

Co-editor, *American Politics: Research and Readings*. New York: Holt, Rinehart & Winston, Inc., 1970. (Stephen V. Monsma and Van Der Slik)

Chapters in books:

"Roll Call Voting in the 90th General Assembly." In *Almanac of Illinois Politics – 1998*, cited above: pp. 9-19. (Samuel J. Pernacciaro and Van Der Slik).

"Jim Edgar's Dilemma, or the Perils of 'Third Way' Leadership." In *State Government: CQ's Guide to Current Issues and Activities 1997-98*. Edited by Thad L. Beyle. Washington, D.C.: Congressional Quarterly Inc., 1997, pp. 107-108.

"Roll Call Voting in the 89th General Assembly." In *Almanac of Illinois Politics-1996*, cited above: pp. 7-16. (Samuel J. Pernacciaro and Van Der Slik).

"The Michigan Legislature in the Press of Time: 1953-1990." In *Forty Years of Change in Political Science: A Festschrift Honoring the Career of Charles Press*, Michigan Conference of Political Science, 1991, pp. 1-10.

"The Early Institutionalization of Congress." Article 13 in *The Congress of the United States: Its Origins and Early Development*, Volume I, in the series, The Congress of the United States: 1789-1989. Edited by Joel H. Silbey. Carlson Publishing Inc., 1991.

"The Constitution of the United States," and "The Presidential Election of 1800: Thomas Jefferson's Second Revolution?" chapters 8 and 9 in Norman DeJong, *Separation of Church and State: The Myth Revisited*. Jordan Station, Ontario: Paideia Press, Ltd., 1985.

"Legislators and Roll Call Voting in the 80th General Assembly," in Edgar G. Crane, Jr. (ed.), *Illinois: Political Processes and Governmental Performance*. Dubuque, Iowa: Kendall/Hunt Publishing Co., 1980. (Van Der Slik and Jesse C. Brown)

"Constituency Characteristics and Roll Call Voting on Negro Rights in the 88th Congress," in Norvall D. Glenn and Charles M. Bonjean (eds.) *Blacks in the United States*. San Francisco: Chandler Publishing Co., 1969, pp. 586-597.

Articles in Professional Journals:

"Charles de Gaulle: A Life of Consequence." *Pro Rege*, 47, No. 4 (June 2019): 21-26.

"Revisiting the American Church-State Relationship: The *Trinity Lutheran Church* Case." *Pro Rege*, 46, No. 1, (September 2017): 26-35.

"Martin Luther's Legacy: Inspiring for 500 Years and Counting." *Pro Rege*, 45, No. 4, (June 2017): 28-34.

"Aspiring to an Odd Job: The American Vice Presidency." *Pro Rege*, 44, No. 4 (June 2016): 35-42.

"Boies and Olson's *Redeeming the Dream: The Case for Marriage Equality*: A Review Essay." *Pro Rege*, 43, (September 2014): 6-9.

"Interest Groups and Morality in the Public Square." *Pro Rege*, 37, No.1 (September 2008): 18-25.

"Beyond Incrementalism: Changing Public Higher Education Governance In Illinois." *Illinois Political Science Review*, 6, No.1 (Fall 2000): 71-86.

"Clinton and the New Covenant: Theology Shaping a New Politics or Old Politics in Religious Dress?" *Journal of Church and State*, 40, No 4, (Autumn 1998): 873-890. (Van Der Slik and Stephen J. Schwark)

"The Democratization of Legislative Politics in Korea." *Korea Journal*. 37, No. 4 (Winter 1997): 39-64. (Doh C. Shin and Van Der Slik)

"Contrarian Congressional Behavior: Bipartisan Cooperation in the Illinois Delegation." *Illinois Political Science Review* 2, No. 1 (Spring 1996): 5-19.

"A Polemic on Educational Reform in the American States." *Social Indicators Research*, 27, No. 3 (November 1992): 205-220. (Doh C. Shin and Van Der Slik)

"The Early Institutionalization of Congress." *Congress and the Presidency*, 16, No. l (Spring 1989): 1-10.

"Mixing Religion and Politics in the American Republic," *Polity* 21, No. 1 (Fall 1988), pp. 201-213.

"Reconsidering the Amendatory Veto for Illinois," *Northern Illinois University Law Review* 8, No. 3 (Summer 1988), pp. 753-777.

"The Plurality of Factors Influencing Policymaking: School Reform Legislation in the American States, 1982-1984." *Policy Studies Review* 7, No. 3 (Spring 1988) pp. 537-562. (Doh C. Shinn and Van Der Slik)

"Congress: The Enduring Partner," *Polity* 16, No. 4 (Summer, 1984), pp. 685-695.

"Respecting an Establishment of Religion in America," *Christian Scholar's Review* 13 (1984), pp. 217-235.

"State Regulation as a Threat to Education for the Professions: A Case in Nursing Education," *State Government* 56, No. 3 (1983), pp. 105-111.

"The President in a Paradigm of Policy Making," *Presidential Studies Quarterly* 9, No. l (Winter, 1979), pp. 65-71.

"Office Ambitions and Voting Behavior in the U.S. Senate: A Longitudinal Study," *American Politics Quarterly* 7, No. 2 (April 1979), pp. 198-224. (Van Der Slik and Samuel J. Pernacciaro)

"Citizen Witnesses Before House Committees," *Political Science Quarterly* 92, No. 3 (Fall, 1977), pp. 465-485. (Van Der Slik and Thomas C. Stenger)

"Ambition Theory and Presidential Aspirations: How the Senators Vote," *Journal of Political Science* 4, No. l (Fall, 1976), pp. 52-65.

"Patterns of Partisanship in a Nonpartisan Representational Setting: The Illinois Constitutional Convention," *American Journal of Political Science* 18, No. 1 (February 1974), pp. 95-116. (Van Der Slik, David Kenney, and Samuel J. Pernacciaro)

"Submission of Constitutional Convention Proposals in Illinois," *Business and Government Review* XI, No. 3 (May-June 1970), pp. 27-34.

"Constituency Characteristics and Roll Call Voting on Negro Rights in the 88th Congress," *Social Science Quarterly* 49, No. 3 (December 1968), pp. 720-731.

Encyclopedias:

Contributor, *Encyclopedia of the United States Congress*, Robert Dewhirst. Facts on File, Inc. 2007.

Contributor, *Federalism in America: An Encyclopedia.* Greenwood Press. 2006.

Member, Editorial Board for the *World Encyclopedia of Parliaments and Legislatures*, George Thomas Kurian, ed. Congressional Quarterly, Inc., 1998.

Contributor, *The Encyclopedia of Religion in American Politics*, Oryx Press, 1998.